The Practice of Enterprise Architecture

A Modern Approach to Business and IT Alignment
Second Edition

企业架构的艺术

业务架构与IT架构一体化实践指南

（原书第2版）

[澳] 斯维亚托斯拉夫·科图采夫（Svyatoslav Kotusev）◎著

傅盛 李强 赵隆兵 ◎译

机械工业出版社
CHINA MACHINE PRESS

图书在版编目（CIP）数据

企业架构的艺术：业务架构与 IT 架构一体化实践指南：原书第 2 版 /（澳）斯维亚托斯拉夫·科图采夫（Svyatoslav Kotusev）著；傅盛，李强，赵隆兵译.
北京：机械工业出版社，2024. 11. --（架构师书库）.
ISBN 978-7-111-76627-8

Ⅰ．F272. 7-62

中国国家版本馆 CIP 数据核字第 2024T7J660 号

机械工业出版社（北京市百万庄大街 22 号　邮政编码 100037）
策划编辑：王春华　　　　　　　　责任编辑：王春华　冯润峰
责任校对：杜丹丹　马荣华　景　飞　责任印制：李　昂
河北宝昌佳彩印刷有限公司印刷
2025 年 1 月第 1 版第 1 次印刷
186mm×240mm·30 印张·668 千字
标准书号：ISBN 978-7-111-76627-8
定价：149.00 元

电话服务　　　　　　　网络服务
客服电话：010-88361066　机　工　官　网：www.cmpbook.com
　　　　　010-88379833　机　工　官　博：weibo.com/cmp1952
　　　　　010-68326294　金　书　网：www.golden-book.com
封底无防伪标均为盗版　机工教育服务网：www.cmpedu.com

本人开始接触企业架构是在 2017 年，在 2018 年，Svyatoslav Kotusev 出版了本书的第 1 版。当时国内能接触到的主流企业架构是 TOGAF®，所以当看到 Svyatoslav Kotusev 在书中有理有据战天斗地的气魄时，我直接震惊了，可真敢写！

而在 2020 年，我因为要制作 EA 课件，冒昧给他写了封信，问可否授权我在国内将他的 "EA 一页纸"（Enterprise Architecture Practice on a Page）以及 "教学包课件" 进行非商用的汉化。Svyatoslav Kotusev 快速地回了邮件，说 "ok"。这也是李强老师和我私底下称呼他为 "雷锋" 的原因——只需要承认他为原作者，我们就可以直接使用他苦心开发的 CSVLOD 模型的相关材料。这是我和 "雷锋" 结缘的开始。

随后在我的推荐下，有幸机械工业出版社能认可并决定引进本书，于是我和李强老师、赵隆兵老师组成了微信的 "EA 三人行" 群组，开始了本书的翻译工作。这本书内容极其丰富，涵盖的学科也很庞杂，且文字非常多。各类专业术语在不同语境下应如何翻译，也给我们带来了不少困难，要如何保留原意翻译的同时让读者读起来顺畅呢？最终我们意识到要克服翻译困难的关键是摒弃自己企图左右逢源的纠结心态，要真正理解作者的意图——实在不行的话，Svyatoslav Kotusev 的邮箱不是还能用吗？

Svyatoslav Kotusev 将自己定位为企业架构研究者，在国内的名气不算太大。近年来介绍他的文章主要有两篇：2023 年陈果 George 公众号文章 "企业架构框架：世纪忽悠"，以及更早的 Thoughtworks 洞见公众号文章 "专访企业架构学者 Svyatoslav Kotusev"。希望能通过本书，将他的见解向读者诸君进一步展现。

本书和其他企业架构类书籍最大的不同之处在于：Svyatoslav Kotusev 采用了近乎考古的方式，查阅了 1700 多份出版物和 500 多份印刷品，希望用史海沉钩的方式帮助企业架构正本清源。在我的认知中，除了史学外，很少会有信息技术学科会进行这样的文献史料分析，更不用说在企业架构学科中有如此丰富、完整资料的收集和分析。对范围如此之广、积累时间如此之长的众多资料进行查阅和分析，Svyatoslav Kotusev 是我有机会了解企业架构历史发展的法则，并对企业架构形成真正新颖启示的第一人了。

从 Svyatoslav Kotusev 的论述出发，我们可以把企业架构研究的具体方法分解为三个步骤。一是鉴别、解读、分析丰富而完整的历史文献与资料，借此厘清企业架构的进程与基本事实，即"从史料到史实"——详见附录 A。二是从第一个步骤所认识到的"史实"中"看到"企业架构发展的某些法则，形成对企业架构基本结构、基本架构工件的认识，即"从史实到史识"——详见第 1 章与第 4 ～ 19 章。三是将第二个步骤中所得出的对企业架构的认识，与对企业架构的总体认识和企业发展的一般法则相对照，获得新的启示，或者形成对企业架构的新认识，即"从史识到史观"——详见第 2、3 章⊖。

另外，书中提及"不断变化的业务目标很快就会令基于业务战略的架构计划过时"。知识结构也是如此。在本书出版前，李强老师已经反馈"EA 一页纸"已经更新到了版本 v2.1，目前"业务流程图被放到重要位置了，就在业务能力旁边"。建议有兴趣的读者前往其官网（https://kotusev.com/）进行了解。

最后，本书是 Svyatoslav Kotusev 对企业架构的个人见解。在百家争鸣中，是否实用、好用，最终都需要靠"实践"说话。读者诸君请自行判断。也期待能听到诸君在企业架构实践中持续精进后的反馈。

全书的翻译工作得到了各方的大力支持，非常感谢机械工业出版社的慧眼选材，以及李强老师、赵隆兵老师的全情投入。尤其李强老师在这方面的研究最深，对我的影响和帮助也最大，六大架构工件的译名也出自他的手笔。虽尽力翻译和审校，但错误和疏漏在所难免，欢迎大家不吝指正。

傅盛

2024 年 6 月 30 日

⊖ 改编自鲁西奇先生历史著作《谁的历史》。当时在飞机上一看此书我一拍大腿，"天作之合"！我几乎可以只字不改，或者只字难改。——译者注

这里为本书设定了一个总体背景，介绍了创作本书的整体历史背景，首先解释了本书的背景、缘起和动机，然后解释了本书的内容、特色和读者对象，最后介绍了本书的结构并澄清了一些重要的术语问题。

第 2 版前言

自 2018 年本书第 1 版出版已过去两年多的时间。本书已被企业架构（Enterprise Architecture，EA）界普遍接受，我在亚马逊上看到了许多读者正面的评价，也收到了很多赞赏的邮件。有人告诉我，本书帮助他们解决了其关于企业架构所听和所见之间持续存在的认知偏差问题。还有人告诉我，本书帮助他们理解了企业架构的运作方式，也帮助其组织建立了企业架构实践。一些来自不同国家的大学讲师写信给我，说他们已决定采用本书作为其企业架构课程的主要资源，这促使我根据本书的内容为大学相关课程开发了一个补充教学包（附录 B 中提供了关于现有教学材料的详细信息）。

然而，本书也有批评者。一些忠实的企业架构框架狂热者声称，尽管有大量的不利证据，但这些框架在某种程度上仍是企业架构的"根本"，我认为这纯粹是狂热的蒙昧主义。其他不那么狂热的企业架构框架支持者认为，书中介绍的模型（特别是企业架构的 CSVLOD 模型）是对现有框架的补充，而非替代。对此，我的回答是，由于企业架构框架的非经验性起源，因此它们之于我的模型，就像宗教之于科学或科幻小说之于研究性文学一样。

有些人抱怨我对企业架构的描述让他们失望，与他们心中所认为的企业架构不符，例如，不以 IT 为中心，平等地拥抱组织的各个方面。在此我要强调的是，本书的意图是准确把握实际情况，而不是夸大希望或猜测应该是什么。此外，我想说的是，组织的现实是出于合理的、客观的原因，在特定情况下根本不可能有什么不同。还有些人因缺乏直接的"按图索骥式"的指导而感到失望，他们认为这种指导才是实用的、可操作的。对此，我只能补充一句：

大多数现实世界的管理问题都太复杂、太多面、太具体,这里无法统一给出简单的解决步骤。因此,所有通用的建议、放之四海而皆准的方法和精确的规则都是骗人的,企业架构从业者不应寄希望于它们,而应多加思考[1]。

我收到的另一个更有趣的系列询问可通过以下问题来举例说明:许多组织会使用企业架构框架,如 TOGAF 或 Zachman,但有谁使用了你的方法?框架是经过验证的,你的模型却没有,我们为什么要相信它们?我们如何知道 CSVLOD 模型真的有效?在我看来,这些问题以及类似的问题恰恰反映了从企业架构学科(似乎不仅仅是企业架构学科)中观察到的真正悲剧性情况:由于肆无忌惮地推广时髦的想法,因此人们彻底困惑了,他们无望地迷失在无尽的炒作中,根本无法区分现实与虚构。为了回答这些问题,我只能再次重申书中反映的两个核心研究结果。一方面,尽管流行的企业架构框架得到了广泛讨论,但所有来自真实组织的现有证据均表明,它们的建议不切实际,且每当这些框架被"使用"时,其使用都纯粹是名义上的和象征式的,因为时至今日有经验的架构师从来都没有认真对待过这些建议。另一方面,企业架构的 CSVLOD 模型和书中介绍的其他模型描述了有成就的架构师根据自身经验(当然,是以我对其故事的解释为准)在组织中实际做的事情,而不管他们是否声明使用企业架构框架。总而言之,无论从何种意义上讲,成功的企业架构实践都不像企业架构框架开出的处方,即使口口声声说是框架,但这些实践往往与 CSVLOD 模型更相关,尽管参与的企业架构从业者从未听说过这个模型。

与此同时,我还在继续研究组织中的企业架构实践,收集新的数据,分析新的证据。在我的实证研究中,我再次惊讶于现实世界中的企业架构实践是如此多样化、奇特和与众不同。可以说,不可能找到两个具有相同流程、工件或架构师职位的企业架构实践,这与行业大师的谈话形成鲜明对比,他们清楚地知道每个公司必须做什么才能在数字化转型时代生存。新的发现和有价值意见成为编写本书第 2 版的主要动机,它们作为更多的细节充实了本书。

更新本书的另一个重要动机是,围绕企业架构的主流论述在清晰度、真实性和现实性方面没有任何改善[2]。例如,商业媒体评论员仍认为企业架构是由业务、数据、应用程序和技术架构(四者是独立且定义清晰的)组成的,就好像这可以在任何真实的企业架构实践中观察到一样[3]。专业记者仍在不紧不慢地用老一套的企业架构框架来迷惑 CIO,即使它们在很久以前就已经被证明是不实用的[4]。不负责任的企业架构培训机构仍然在推广各自的课程和认证,似乎这些框架还没有让试图使用它们的组织浪费足够的金钱[5]。行业"专家"仍在传播着令人震惊的荒谬想法,就好像他们生活在其他星球上一样[6]。关于企业架构的学术文章变得更加"理论化",与现实脱节,与实践无关[7]。与企业架构相关的时尚技术景观进一步丰富了,或者说到处都是利用"敏捷"和"数字化转型"等新流行语炒作的怪异产品[8]。尽管各方均在积极努力着，但在企业架构学科中传播真正的系统性知识这一情况并没有得到改善，甚至恶化了。对于许多基本的企业架构问题，（我们）仍然很难找到任何关于企业架构实践的一致信息以及与企业架构相关的基本问题的基于证据的答案。因此，我们需要一个关于企业架构的值得信赖的知识来源。

第 2 版的材料（来自 2018—2020 年参与的研究）

本书是作者多年进行企业架构研究的成果。作者自 2013 年以来积累的大量数据构成了本书的基础。本书第 2 版的基础材料来自作者 2018—2020 年参与的企业架构的研究活动。特别地，第 2 版得益于从以下活动获得的关于企业架构实践的新信息：

- 分析了近 400 种关于企业架构和信息系统规划的不同出版物，包括历史出版物和本书第 1 版之后新出版的出版物。
- 作者亲自对来自澳大利亚 25 个不同规模和行业的组织的不同派别架构师进行了 30 次访谈，这些组织的企业架构实践成熟度各不相同。
- 作者作为数据分析师对两个较大规模的澳大利亚组织（一个政府部门和一家银行）进行了深入的案例研究，这两个组织的企业架构实践相当成熟。
- 作者作为数据分析师对澳大利亚不同规模、行业和企业架构经验的组织中的各类企业架构从业者进行了 18 次访谈。

因此，本书第 2 版融合了多个组织关于企业架构实践的新经验。然而，一些有价值的发现、观察结果和见解尚未在这一版本中反映出来，它们将在未来被纳入本书的后续版本中。

第 2 版的变化

本书第 2 版新增了几个实质性的补充内容，并对全文进行了大量细小改进。一些改进本应更早出现在第 1 版中却被忽略了；而另一些则是基于第 1 版出版后收集的新经验数据才改进的。第 2 版中最明显的改进包括：

- 第 7 章详细描述了 IT 投资组合管理和预算编制流程、它们在企业架构实践中的地位，以及它们与 IT 计划和其他企业架构相关过程的关系。
- 第二部分，特别是第 11 章，提供了更多流行的企业架构工件例子，并详细地描述了它们在组织中的使用情况。
- 增加了对协作经理和技术设计师的角色、架构师的职业道路（第 16 章），复杂组织中的架构职能（第 17 章），项目检查表和评估表、敏捷企业架构（第 18 章）以及企业架构实践中的一些其他特殊要素的描述。

- 对企业架构的决策路径（第 15 章）、架构治理程序（第 17 章）、企业架构相关的测量方法（第 18 章）、企业架构实践的成熟度（第 19 章）以及企业架构实践的一些其他重要方面的描述进行了大幅扩展。
- 进行了许多内容方面的扩展、修订，并改善了可读性。

简言之，本书第 2 版在结构上并无变化，但极大丰富了细节。

第 2 版致谢

本书第 2 版的出版离不开 60 多位来自不同组织的澳大利亚企业架构从业者和国际企业架构从业者的付出，他们参与了各自的研究活动，花费了宝贵的时间和精力，并分享了他们对企业架构的见解。我非常感谢他们对这项研究的贡献，尽管我没有见过所有人。此外，由于所有参与访谈的人都是匿名的，我只能对有限的几位架构师致以我个人的"感谢"。在这里，我要感谢 Anthony Popple、Chong Ng、Craig Childs、David Whyte、Gary Franks、Ghouse Mohammed、Gideon Slifkin、Jeff Warke、Karen Modena、Malcolm Cook、Marc Campbell、Minnie Tabilog、Nilesh Kevat、Paul Monks、Paul Sagor、Paul Taylor、Peter King、Pramod Fanda、Sam Zamani、Stefan Ziemer、Stewart Pitt、Sylvia Githinji、Vivek Pande 和 Wayne Hepenstall 对这项研究的宝贵贡献。

第 1 版前言

在业界积累了几年的软件开发和架构经验后，2013 年，我开始了在澳大利亚墨尔本皇家理工大学的博士研究项目，主要研究作为整个组织信息系统规划工具的企业架构概念。

当开始博士研究项目时，我已获得了 TOGAF 认证，并且知道了其他流行的企业架构框架，包括 Zachman、FEAF 和 DoDAF。与所有其他博士生一样，我通过研究现有关于企业架构的学术文献开始了我的研究。很快我就意识到，绝大多数现有的企业架构出版物都基于众所周知的企业架构框架的思想。可能和大多数熟悉企业架构文献的人一样，在研究的早期阶段，我得出了以下结论：整个企业架构学科都根植于企业架构框架 [9]（它反映了成熟的企业架构最佳实践），并且源于奠基性的 Zachman 框架 [10]。

然而，在进一步分析现有的企业架构文献时，我发现了一些另类的企业架构使用方法，这些方法所倡导的思想明显与企业架构框架的基本考量不一致 [11]。此外，这些替代方法的作者还批评了企业架构框架思想的不切实际 [12]。这种情况使得人们开始怀疑企业架构框架对企业架构学科的作用和价值。如果企业架构框架真的如企业架构文献所言代表了被人们广泛认可的企业架构最佳实践，那为何其思想会受到严厉的批评呢？如果企业架构框架的思想非常重要、非常基础，那为何人们还要提出使用企业架构的其他不同方法？如果企业架构实践的基本思想非常清晰并且很容易理解，那为何企业架构实践的现象存在多种不一致甚至相互排斥的描述？如果有几种截然不同的推荐方法，那么它们的优势和劣势是什么？

我进一步深入而全面地回顾了现有的企业架构文献，发现了许多关于企业架构框架的有趣事实。首先，我甚至找不到一本出版物能准确展示企业架构框架的基本思想如何在真实的组织中被成功实施[13]。其次，我意识到，几乎所有涉及实际问题的定性企业架构研究都得出了"企业架构框架的思想很难成功实施[14]"的结论。再次，所有关于成功的企业架构实践的定性描述几乎都与企业架构框架的处方（也称为"诀窍""解决方法"）不一样[15]。最后，我意识到，所有关于企业架构框架价值的讨论迟早会走到这样的地步：即使是热情的支持者也会承认，框架不能直接实施，而应该"适应"具体组织的需要[16]。然而，我却找不到任何解释企业架构框架应该如何调整、何时调整以及为什么调整的资料[17]。所有这些事实都令我更加怀疑企业架构框架的真实本质。如果企业架构框架被广泛使用，正如流行的企业架构文献所建议的，那为何找不到它们实际实施的文档示例呢？如果企业架构框架真的是从众多企业架构实践者的实践经验中产生的，那为何许多独立的研究一致得出"企业架构框架思想无法在实践中实现"的结论呢？如果企业架构框架基于真正的企业架构最佳实践，那为何成功的企业架构实践与其基本处方几乎没有相似之处？如果人们普遍认为企业架构框架应适应具体组织需要，那为何没有人试图解释到底应该怎么做？

后来我对信息系统规划和管理文献进行的更广泛研究，帮助我解决了企业架构框架的神秘难题。首先，我对信息系统规划方法的历史开展了调查，发现所有流行的企业架构框架的脉络均可清楚地追溯到 IBM 在 20 世纪 60 年代末推出的开创性的业务系统规划（Business Systems Planning，BSP）方法[18]。其次，我对早期类似 BSP 方法[19]的问题的分析表明，这些问题与现代企业架构框架[20]所反映的问题几乎相同。此外，对信息系统规划[21]而言，BSP 和其他类似的方法被一致认为是无效的。最后，我研究了关于管理风潮[22]（即管理咨询公司积极推广的、有缺陷的、昙花一现的管理相关理念）的现有文献，发现企业架构框架的怪异现象远非独一无二，只是咨询师和大师发明并成功"推销"给公众的另一种管理风潮[23]，此前的管理风潮包括质量圈（Quality Circle，QC）、业务流程重组（Business Process Reengineering，BPR）和其他许多曾一度时髦但现已信誉扫地的管理技术[24]。该发现立即解开了企业架构框架的谜团，并澄清了企业架构学科的总体情况。一方面，企业架构框架概念只是由有才的大师和咨询公司创造的骗人把戏[25]。企业架构框架本质上只是咨询公司的下一次尝试，在新名目下销售同样有 50 年历史的、有缺陷的、基于 BSP 的规划方法，该方法有很长的失败历史。企业架构框架以及它们的众多概念性前身，均由咨询公司人为创造，被定位为信息系统规划的最佳实践，但实际上它们从未反映出真正的最佳实践，也无法成功实施[26]。另一方面，包括从业者和学术出版物在内的整个企业架构学科在很大程度上基于流行的企业架构框架中未经证实的思想。这些框架的有效性并未受到质疑，甚至在没有任何实证验证[27]的情况下被认为理所当然。在企业架构文献中，人们普遍认为现有的企业架构框架定义了当前的企业架构最佳实践，这与事实相差甚远[28]。

这些结论虽然打消了我最初对企业架构框架可疑性质的顾虑，但自然也带来了许多新问题。如果流行的企业架构框架只是成功推广的管理风潮，那么企业架构这个概念是否有真正的价值？如果企业架构框架的建议不能成功实施，那么行业中是否有成功的增值企业架构实践？如果企业架构框架的"处方"是不切实际的，那么在现实组织中，在企业架构名义下，究竟有哪些实践？如果企业架构框架仍然传达了一些有价值的思想，那么成功的企业架构实践在多大程度上与它们最初的"处方"相关联？

在博士研究项目的第一年结束时，我已研究了数十本关于企业架构的书籍和近千份其他出版物[29]。对现有企业架构文献全面分析后，我得到了一长串关于企业架构学科的棘手问题清单，以及对成功的企业架构实践在现实组织中如何运作的模糊猜想。现有文献对企业架构实践的描述过于晦涩、理论化、零散，甚至不一致，无法解释企业架构如何被真正应用。因此，当博士研究项目第二年开始时，在最初经验数据收集之前，我对在企业架构实践中会遇到什么几乎一无所知。当我开始采访已建立企业架构实践的不同参与者时，我意识到我最初的怀疑和后来对企业架构学科现状的结论是正确的。流行的企业架构框架的建议确实未在任何地方得到实施，而实践中架构师的实际活动与基本"处方"完全无关。例如，即使是 The Open Group[30] 提供的 TOGAF 用户"官方"名单中的组织，也未真正意义上遵循 TOGAF 的关键建议（例如，未遵循 ADM 步骤，未开发所推荐交付物），而是实施了其他方法。在该阶段，我的实际观察结果和文献研究结果都明确指出，所有的企业架构框架以及所有其他概念上类企业架构的方法论[31]，均为纯粹的管理风潮，仅基于其作者坊间的保证和自诩的权威，并无成功的实际实施案例。

同时，在真实的组织中，我发现了一个全新的、待开发的企业架构最佳实践世界，它与企业架构框架所推荐的"想象中"的最佳实践大相径庭[32]。此外，我走访多家拥有成熟企业架构实践的公司后观察到，可信赖的企业架构最佳实践在业界已存在相当长的时间，并被许多组织成功采用，尽管它们未被正式研究、概念化或成文于任何地方。相反，真正的企业架构最佳实践仅在个别架构师的头脑中传达，从实际经验中学习，口口相传。更让人吃惊的是，与我在企业架构文献中所见的混乱情况不同，即使在不同的公司，这些企业架构最佳实践也非常一致。这些奇怪的现象带来了一系列令人惊讶的新问题，涉及企业架构文献和实践之间无法解释的关系。如果在文献中发现的典型框架所启发的建议不切实际，那么为什么没人因其无效而试图公开批评和拒绝它们[33]？如果一致的企业架构最佳实践在业界存在了多年，那么为什么没有人试图分析、记录和传播它们？如果企业架构文献和实践之间的差距如此明显，那么为什么没有人试图去弥补这些差距？如果信息系统及其有效的规划对现代组织非常重要，那么为什么现有的信息系统规划文献在很大程度上仍基于管理风潮？

通过进一步的学习和对咨询市场的深入了解，我发现企业架构学科中未被发现的矛盾情况其实非常自然、不足为奇。逻辑上这种情况是由当前咨询业和学术界的本质决定的。一方面，咨询公司只是商业组织，其主要目标是赚取利润，而非研究和传播最佳实践。咨询公司通常热衷于销售可以成功售卖之物，而不考虑其真实效果[34]。其出版活动的主要目的是炒作，推广自己的服务，而非批判性地、客观地分析行业状况[35]。另一方面，学者们通常只对在顶级学术期刊上发表他们的研究成果感兴趣，以便获得晋升并确保其在大学的地位[36]。然而，目前信息系统领域的学术期刊同行评议机制病态地迷恋于所谓的理论贡献，不重视有实际价值的研究[37]。因此，比起讨论现有的理论问题或根据新的经验事实重新调整已建立的理论基础，学术研究人员对开发新的先进理论更感兴趣也就不足为奇了。从本质上讲，大多数企业架构学者对企业架构框架感到非常满意，而令人不快的事实是，这些企业架构框架的建议根本不切实际，只会分散学者对更重要的理论研究的注意力，且不会在企业架构研究社区中引起任何显著的关注[38]。因此，在过去15年的积极研究[39]中，学术界的企业架构学者不仅无法为企业架构制定基于证据的实际指导，甚至无法承认流行框架的风潮本质，无法发现当前企业架构理论和实践之间存在的巨大差距。

在21世纪，使用企业架构进行联合的业务和IT规划可以说是所有大型组织（包括私营组织、公共组织甚至非营利组织）的必要条件。然而，企业架构文献中仍然缺少对企业架构实践有意义的详细描述[40]。系统的、全面的、以证据为基础的关于正运行的企业架构实践的描述难以寻觅。

目前，真实的企业架构最佳实践仅为小而封闭的有经验的架构师群体所知，而对于其他"普通"人而言，企业架构实践在很大程度上仍是由巫师实施的难以捉摸的"黑魔法"，它被无尽的流言蜚语、神话和猜测所包围。毫无疑问，对于新手架构师而言，若想获得对已建立的企业架构最佳实践的基本理解，唯一可能的方法就是加入一个成功使用企业架构的组织，从更资深的同事那里学习这些最佳实践。简而言之，目前了解企业架构的唯一途径是与已理解企业架构的人一起工作[41]。

虽然业界存在经过验证的企业架构最佳实践，且为许多有经验的架构师所熟悉，但目前还没有关于这些最佳实践有意义的描述和分析的书籍。本书打算填补这一重要空白，对企业架构学科中已建立的行业最佳实践进行系统、全面和基于研究的描述。

第 1 版的材料（来自 2013—2018 年的研究）

2013—2018 年，作者基于博士研究项目进行了广泛的实证研究和全面的文献分析，本书第 1 版材料便来源于此。第 1 版的结论主要基于以下活动：

- 分析了 1700 多种关于企业架构的出版物，以及 500 多种自 20 世纪 60 年代以来关于信息系统规划的早期企业架构出版物，包括现有的书籍、学术论文、会议记录、行业报告、供应商材料、网页等。
- 初步对澳大利亚银行业、电信业、零售业、快递业和教育业中 6 家具有至少 3～5 年企业架构实践的大型企业进行了案例研究，其中包括一家企业架构实践获奖企业。
- 随后对 21 家来自不同行业的澳大利亚组织、新西兰组织和国际组织进行了小型案例研究，这些组织的企业架构实践已相当成熟。
- 对 4 家提供企业架构相关服务的澳大利亚咨询公司和 4 家拥有初级或不成熟企业架构实践的澳大利亚组织进行了额外的小型案例研究。
- 对澳大利亚、欧洲和美国的架构师与企业架构学者进行了 20 多次的最终访谈，讨论、验证和确认了生效的关键发现。

总而言之，本书第 1 版所进行的实证研究包括对 35 个不同组织（27 家有成熟的企业架构实践，4 家有不成熟的企业架构实践，4 家咨询公司）的架构师进行的 100 多次采访，这些组织代表了不同的行业（银行、保险、电信、能源、公用事业、制造、快递、营销、食品、零售、教育、医疗、应急服务、政府机构等）。第 1 版的内容要么基于作者在所研究的组织中直接收集的原始数据，要么基于从其他企业架构出版物中发现的、由经验证据证实的二手数据。本书的核心概念模型（即企业架构的 CSVLOD 模型）已被多个独立的企业架构从业者和学者所证实。

第 1 版致谢

非常感谢众多帮助我塑造这些理念、间接对本书做出贡献的人。首先，对于本人研究或实地调查的核心实证部分，我诚挚感谢 80 多位企业架构从业者和 IT 专业人士，他们欣然地花费宝贵时间参与调查、回答问题、分享最佳实践并验证了结果的概念化。若无他们的重要贡献，本书将无法完成。由于严格的保密要求和对每位受访者的匿名保证，我无法（于本书

XIII

内）感谢所有参与研究的架构师，只能感谢那些书面明确允许我于文中提及其姓名的人。在这里，我想衷心感谢 Adam Hart、Adrian van Raay、Andrew Schafer、Chao Cheng-Shorland、Dan Maslin、Darren Sandford、David Johnston-Bell、Eetu Niemi、Frank Amodeo、George Hobbs、Graeme Grogan、Ian Edmondstone、Igor Aleksenitser、Jayshree Ravi、Jeetendra Bhardwaj、Justin Klvac、Ken Ke、Mark Virgin、Martin van den Berg、Michael Baird、Michael Gill、Michael Lambrellis、Michael Scales、Niall Smith、Nic Bishop、Nick Malik、Peter Mitchell、Ralph Foorthuis、Roy Cushan、Sarath Chandran、Scott Draffin、Simon Peisker、Stephen Oades、Suresh Venkatachalaiah、Sven Brook 和 Tim Liddelow，感谢他们对我的研究做出的宝贵贡献。

其次，对于这项研究的历史部分，非常感谢皇家墨尔本理工大学图书馆的工作人员，特别是其文档交付服务（Document Delivery Services，DDS）部门的团队。尤其值得一提的是，我要感谢 Adrian Thomas、Alice Davies、Jennifer Phillips、Kirsty Batchelor，特别是 Marina Zovko 和 Tony Foley，他们为我提供了研究所需的大量信息系统规划方面的古老文献，这些文献通常出版于半个世纪前。这些罕见的书籍和文章（有些甚至是在我的要求下从其他大学和组织的海外图书馆传递过来的）对于解开企业架构学科目前的情况并使之系统化具有至关重要的意义。如果没有这些人的配合，我对企业架构学科及其起源的历史调查可能永远无法进行，特别是附录 A 将不复存在。

最后，我想对我的朋友 Mikhail Efremov 表示特别的谢意，感谢他所做的一切。

本书主题

本书主题是业界所说的"企业架构"。然而，"企业架构"这个术语本身含义相当模糊，使用方式也并不一致。它在文献中有多个不同的定义，对不同的人而言意味着不同的事情，并且经常与"IT 架构"和"信息系统架构"这些术语（这些术语更晦涩难懂，使用方式更不一致）混淆。在不涉及复杂术语争议的情况下，本书的关键主题是有效的全组织信息系统规划，更准确地说，是整合业务和信息系统规划。换句话说，无论采用何种首选术语，本书描述的都是现代组织如何以匹配其业务需求和战略的方式来规划其技术景观。本书充分考虑了全组织信息系统规划的多面性现象，并意图涵盖组织中信息系统规划的所有相关方面，包括所有涉及的参与者、文档和流程，以及它们之间的相互关系。

同时，业务战略、决策、企业建模、系统架构和信息系统并非本书的主题。尽管本书从信息系统规划的角度出发，一定程度上涉及了以上主题，但本书的真正主题是它们的复杂重叠关系。从这个角度看，本书主题可被表述为：通过具体的决策程序，利用企业建模技术将组织的业务战略有效地转化为具体信息系统的可实施的系统架构。

同样重要的是要明白，本书讨论的是"普通"组织中的信息系统规划问题，在这些组织中，某些业务活动是由信息技术支撑或促成的，如银行、零售商、大学、医院、电信供应商和政府机构。本书介绍的规划方法并不适用于结合人、软件和硬件组件的工程系统（如船舶和飞机）、由信息技术控制的制造系统（如机器人工厂和装配线）、有独特运营或需求的特殊组织（如核电站和军事基地），以及许多数字原生公司 [其业务即 IT（如 Google 和 Netflix）]。

本书独特之处

本书从概念和实践的角度对企业架构最佳实践的全部复杂性进行了基于研究的、一致的和全面的描述。此外，本书专注于研究、分析和描述已被业界证明有效的企业架构最佳实践，而非试图发明、提议、规定或"推销"一些新技术。

基于原始研究和实证经验证据

本书完全基于对企业架构从业者所提供的经验证据的全面分析，这些经验证据来自具有特定企业架构实践的真实组织。本书的所有基本结论均基于作者进行的原始实证研究。重要的是，本书仅依赖于已被证明有效的经验证据。

描述性和分析性的风格

本书本质上是分析性和描述性的。它分析并记录了目前行业现存的企业架构最佳实践。但与其他许多关于企业架构的书籍不同，本书描述企业架构实践的全部复杂性，不提供速成秘方或复杂问题的简单答案[42]。本书也不试图猜测应该是什么、应该发生什么或组织必须如何工作，而是如实地描述实际情况。此外，本书并没有提出任何新的企业架构方法论或与其他方法竞争的新方法，而是尽可能客观地分析和描述什么是企业架构，以及成功的企业架构实践如何在真实组织中发挥作用[43]。

客观和实事求是的观点

本书旨在以丰富的事实信息启迪读者了解企业架构的行业现状。本书提供知识的来源，而非灵感的来源。本书根据现有的最佳证据，冷静地描述了企业架构学科的现状，并没有对这种现状是好是坏、是对是错、可取与否做出判断，也没有对未来做出任何预测，例如，不预测将发生什么或目前的情况可能如何改变。本书的唯一目的是以事实为依据提供信息。

描述行业最佳实践

本书描述了真实的、经得起时间检验的行业最佳实践，它们使用企业架构来实现业务和 IT 对齐。本书描述了在行业中逐渐成熟并被证明行之有效的企业架构方法[44]。这些方法即使在某些方面类似于品牌化企业架构的方法论，也是从组织内众多架构师的实践经验中自然形成的，而非在任何咨询公司或大学实验室中人为创造的。

从实践和概念的视角出发

本书以真实的组织术语对企业架构实践进行了直截了当的描述，并用高层次的概念模型解释了企业架构实践的整体机制。根据 Kurt Lewin 的名言："没有什么比一个好的理论更实用。"本书旨在呈现理论上合理的概念模型，描述对企业架构从业者而言有直接实际价值的企业架构实践。一方面，本书非常务实，刻意避免任何与实践无关的纯哲学讨论。它试图为复杂的企业架构相关问题提供易于理解且结构良好的描述，以形成围绕企业架构的实际思考。另一方面，本书所提供的关键描述也清楚说明了相互关联的概念模型，旨在加深我们对企业架构理论的理解。全套的概念模型可以为企业架构实践提供一致且全面的理论视图，解释其不同元素和方面（如文档、流程和参与者）间现有的逻辑联系。本书主要目的之一是通过提供一系列与企业架构的实际情况和需求密切相关的理论模型，弥合当前企业架构的理论和实践之间的明显鸿沟。

系统而全面的方法

本书从整体角度出发，对企业架构实践进行了系统而全面的描述，涵盖了企业架构实践的所有重要方面及其相互关系。一方面，本书将企业架构实践视为一个由相互关联的参与者、文档、流程等元素组成的复杂社会技术系统，描述了这个系统中所有相关元素间的相互关系和交互方式，以解释企业架构实践整体上是如何运作的。另一方面，本书对企业架构实践进行了全面的端到端描述，包括所有企业架构相关的重要主题。显然，本书并未对企业架构实践的所有方面进行充分研究和理解。对于某些方面，本书仅提供了反映其当前理解水平的高阶概述。

引入新的概念

本书引入了企业架构及其实践的全新理论概念，这些概念直接来自对第一手经验证据的分析。由于大多数与企业架构相关的现有理论模型均是直接从流行的企业架构框架中得出的，无法成为分析真实企业架构实践的基础[45]。从本质上讲，本书试图重新定义企业架构的概念，以使对企业架构实践的理论理解与经验现实保持一致。

反映了组织的观点，而非外部顾问的观点

本书从实践企业架构的组织的角度来讨论企业架构实践，而非从组织为开发企业架构文档而聘请的外部顾问的角度来讨论。组织和咨询公司间的这种观点差异对企业架构学科而言非常重要。外部企业架构顾问通常将咨询业务视为一次性的规划项目，通过生成一些企业架构文档来获得报酬，他们可能并不关注这些文档的最终命运。因此，从咨询公司的角度来看，企业架构实践基本上可以等同于创建企业架构文档[46]。然而，组织只有将企业架构文档用于特定目的时（而非仅仅拥有它们）才能获得业务价值。所以，咨询公司的企业架构最佳实践自然专注于创造和"销售"更多的企业架构文档，而组织的最佳实践则专注于维护并使用实用且能增值的企业架构文档集。因此，企业架构咨询业务的最佳实践可能与组织内部使用的企业架构的最佳实践大相径庭，这不足为奇。咨询公司的企业架构最佳实践甚至可能是组织的企业架构最差实践[47]。本书反映的是作为企业架构最终用户（组织）的观点。

使用朴实无华的语言

本书尽可能避免使用任何行业的流行语、时髦概念和花哨术语。一般来说，主流商业和IT文献的论述主要围绕一些最新的流行语（例如，"敏捷"和"数字化转型"）开展，特别地，企业架构学科的历史上充盈着神秘的术语和难以辨认的缩写。例如，AGATE、C4ISR、CIMOSA、E2AF、EAAF、GERAM、IAF、TAFIM、TEAF和TISAF就是企业架构文献中经常出现的部分神秘术语[48]。甚至"企业架构"这个术语本身也只是以前"信息系统架构"的更时髦的标签，"信息系统架构"则取代了以前的"信息系统规划"[49]。

提供大量参考文献和注释

本书提供了大量企业架构方面的参考文献和注释，具体而言，一般在4种情况下参考其他相关出版物并提供注释。首先，当书中提供的某些信息来自这些原始出版物时，便会提供对相关出版物的引用。其次，当其他作者早先表达过类似的观点时，会提供对其相关出版物的引用。再次，当这些出版物中某些值得注意的观点明显与已建立的经验事实相矛盾时，则会提供对其的引用。最后，当为了将书中表达的观点与更广泛的研究方向联系起来并给出整体理论背景时，会提供对其他出版物的引用。本书正文引用的这些文献解释了本书所表达的观点与现有知识体系间的关系。

本书目标读者

本书面向广大读者，包括企业架构从业者、学者、学生和所有其他对现代信息系统规划及对齐业务与 IT 的方法感兴趣者。阅读本书无须具备任何企业架构的理论知识或实践经验，但对业务和 IT 有一定的理解非常必要。

第一，本书对企业架构从业者和其他高级 IT 专家很有价值。本书以架构师可接受的实用语言编写，旨在为在组织中建立成功的企业架构实践提供合理的可操作建议。它提供了一套全面的参考模型和"思考工具"，涵盖了企业架构实践的所有基本面。

第二，本书对企业架构学者和研究人员很有价值。它整合了现有的理论知识，提供了一系列可靠的、基于研究的概念模型，解释了企业架构的概念，可作为进一步研究企业架构的基础。

第三，本书对于对企业架构感兴趣的学生及老师而言很有价值。本书内容按循序渐进的方式编写，无须读者具备任何关于企业架构的先验知识，可为初学者提供良好的企业架构学科介绍。本书也适合作为本科生和研究生企业架构课程的参考书，附录 B 中提供了相关的教学包。

本书结构

本书共 19 章，分为三个核心部分，另有两个独立的补充附录。第一部分包含第 1 ～ 7 章，对企业架构的概念和相关主题进行了总体介绍。第 1 章讨论了 IT 对现代组织的作用、好处和威胁，解释了业务和 IT 对齐的问题，介绍了企业架构概念作为解决这一问题的潜在方案。第 2 章解释了企业架构的一般含义、企业架构实践和企业架构工件，以及架构师和架构职能在组织中的作用。第 3 章讨论了创建企业架构的必要性、实践企业架构的好处、现代企业架构最佳实践的历史起源，阐明了哪些实践不是企业架构实践。第 4 章根据企业架构和城市规划实践之间的类比，介绍了企业架构实践的关键机制和企业架构工件的 6 种基本类型。第 5 章讨论了与使用业务战略作为 IT 相关规划基础有关的典型问题，描述了在业务和 IT 之间建立有效对话的 5 个关键的讨论点。第 6 章描述了构成企业架构实践的三个关键流程，解释了这些流程间的关系，并提供了一个以流程为中心的企业架构实践的高层次流程视图。第 7 章描述了 IT 计划在企业架构实践中的作用，介绍了 5 种不同类型的 IT 计划，解释了它们在企业架构相关流程中的执行，并讨论了 IT 投资组合管理和预算编制流程。

第二部分包含第 8 ～ 15 章，特别关注作为企业架构实践核心要素的企业架构工件。第 8 章详细描述了企业架构的 CSVLOD 模型，定义了 6 种通用的企业架构工件——经营考量、技术标准、业务愿景、技术景观、概要设计和详细设计。接下来逐一对这些关键类型的企业架构工件进行了深入的讨论。第 9 章对经营考量进行探讨，详细描述了流行的经营考量的狭义子类型，包括原则、政策与策略、概念数据模型、分析报告和方向声明。第 10 章对技术标准进行讨论，详细描述了流行的技术标准的狭义子类型，包括技术参考模型、指南、模式、IT 原则和逻辑数据模型。第 11 章讨论业务愿景，详细描述了流行的业务愿景的狭义子类型，包括业务能力模型、路线图、目标状态、价值链和上下文图。第 12 章讨论技术景观，详细描述了流行的技术景观的狭义子类型，包括景观图、IT 资产清单、企业系统组合和 IT 路线图。第 13 章讨论概要设计，详细描述了流行的概要设计的狭义子类型，包括解决方案概述、选项评估和计划提案。第 14 章讨论详细设计，详细描述了流行的详细设计的狭义子类型，包括解决方案设计和初步解决方案设计。第 15 章重温了之前所介绍的企业架构 CSVLOD 模型，对该模型的一些重要方面（包括分类方法的连续性、特定企业架构工件的映射以及该模型的已知情况）进行了深入讨论。

第三部分包含第 16 ～ 19 章，对企业架构的其他重要方面和企业架构实践进行了更高层次的讨论。第 16 章讨论了架构师的角色和技能，组织中常见的架构师职位、架构师区别、架构师关系以及架构师在组织环境中的地位。第 17 章讨论了组织中架构功能的一般作用和结构，以及各种架构治理机制、委员会和程序。第 18 章讨论了企业架构的专用建模语言和软件工具、企业架构实践的定量测量和其他有用技术，以及"敏捷"企业架构。第 19 章讨论了组织中企业架构实践的启动、成熟度以及外部咨询公司在企业架构实践中的作用。

此外，附录 A 对现代企业架构学科的复杂历史起源和本书所述的相应最佳实践进行了扩展讨论和分析。附录 B 介绍了根据本书材料编写的企业架构教学包。

术语说明

企业架构学科目前缺乏一致的、明确定义的和被人普遍接受的术语。企业架构界正在进行的争论表明，即使在基本的企业架构相关问题上，两个架构师间也很难达成一致。例如，企业架构实践的确切边界在哪里，哪些文档应该被视为企业架构工件，"真正的企业架构"和"IT 架构"间的确切边界在何处，以及企业架构是大部分与 IT 相关，还是根本与 IT 无关，这些都还存在争议。可以说，即使有对"企业架构"这个术语的明确定义，也很难得到所有人认可 [50]。同样，通过本书数据收集过程获得的采访经验表明，许多具体的企业架构相关术语（包括特定的企业架构工件、流程和架构职位的名称）都可以特定于组织、个体甚至国家。

此外，即使是在企业架构实践中发挥重要作用的通用术语（如"业务战略""IT 战略"和"运营模式"），在不同情况下对不同人而言也有不同含义。同时，围绕企业架构的过度商业炒作和无休止的道听途说进一步加剧了这种情况，导致企业架构相关术语的语义更加不统一，甚至让人们对一些基本概念有了新的矛盾的解释[51]。

由于企业架构学科中存在的术语问题，我们不可能始终如一地采用一套能被广泛接受的、能被所有人直观理解的企业架构相关术语。因此，读者可能会发现本书所使用的术语与其组织中使用的术语或其他关于企业架构的现有资料有出入。然而，我们已尽最大努力在本书中保持术语的一致。我们鼓励读者密切关注书中所使用的关键概念的定义和描述（首次介绍时**加粗**），但它们可能并不总是准确的，这些概念包括通用的企业架构工件（如业务愿景和技术景观）、狭义的企业架构工件（如业务能力模型和景观图）以及主要的企业架构相关流程（如战略规划和计划交付）。

另外，本书大量使用了"IT"这一前缀，例如，"IT 解决方案""IT 项目""IT 计划"和"IT 投资"。由于企业架构与 IT 有着密切的联系，但其目的是使业务和 IT 对齐，因此，无处不在的"IT"前缀不能省略，但在大多数情况下，IT 应被视为"业务和 IT"的简称，而非"仅有 IT"。换句话说，该前缀意在强调企业架构现象的 IT 特定性，而非将其相关性仅限于 IT 领域。例如，本书中的"IT 项目"通常指的是需要改良 IT 环境的业务改进项目，而"IT 投资"在大多数情况下代表对业务发展的投资，这意味着需要 IT 支撑。同时，所有与 IT 无关的组织变革工作均不属于本书的讨论范围。从这个角度来看，"IT"前缀也可解释为"必然涉及 IT"，需要将"不涉及 IT 的业务"排除在考虑范围之外。

注释

1　正如明茨伯格（Mintzberg，2009，第 162 页）诙谐地指出的，"技术是可用于代替大脑之物"。

2　见 Cardoza（2020），这是一篇典型的关于企业架构的主流文章，其中充斥着奇怪的说法、笼统的陈述、模糊的术语、轻浮拗口的语言和营销辞令。

3　见 Andriole（2020）。

4　最近的一些行业出版物（CompTIA，2017；White，2018b；White，2020a）仍然声称，企业架构与 10 年前（Sessions，2007）四套领先的 EA 框架（Zachman、TOGAF、FEAF 和 Gartner）完全相同。其他文章仍在讨论 TOGAF（White，2018c）和 Zachman（White，2020b）的优点，甚至试图将企业架构等同于 TOGAF（Lewis，2018）。

5　可以说，FEAF 和 DoDAF 是最不负责任的推广案例。John Zachman 的联邦企业架构认证（FEAC）研究所声称："事实证明，这些企业架构框架（FEAF 和 DoDAF）中的每一个，在私营部门和联邦领域都具有直接的适用性和影响力。FEAF 和 DoDAF 都是非常强大的框架，你无须在政府部门工作也能从这其中获得直接的企业架构影响！"（FEAC Institute，2020a；FEAC Institute，2020b）。另一家不那么有名的 EA 培训机构声称，DoDAF"是任何商业或私营部门、国际组织以及联邦机构应用的理想选择"（EA Principals，2020，第 1 页）。然而，在现实中，FEAF 和 DoDAF 代表着有据可查的惊人失败：即使在最初开发这两个框架的组织（即美国联邦政府和国防部）中，这两个框架也以失败告终，造成了数亿美元的巨大经济损失（GAO，2002；GAO，2003b；GAO，2004；GAO，2005；GAO，2006；GAO，2007；GAO，2011a；GAO，2013；GAO，2015；Gaver，2010；Kotusev，2016c）。尽管这些 EA 框架已被证明是不切实际的，并且浪费时间和金钱，但它们仍被推广者奉为"最佳实践"并被继续推广。

6 Stevens（2018，第 1 页）认为"TOGAF 取代了有组织地发展自身企业架构实践的需要"，并建议"在鼓励组织创建自定义 EA 实践时不应重新发明轮子"，而即使是最热情的 TOGAF 推销员也欣然承认，它无法"开箱即用"，而需以组织特定的方式进行定制（Viswanathan，2015）。

7 请参阅最近在最负盛名的学术期刊上发表的一些文章（Ahlemann 等人，2020；Dale 和 Scheepers，2020；Hylving 和 Bygstad，2019）并尝试想象一下它们能有何实际意义。

8 见 The Open Group 的最新标准（O-AA，2020）。

9 Simon 等人（2013）的引用分析表明，流行的 EA 框架（即 TOGAF、Zachman、FEAF 和 DoDAF）确实是引用率最高、影响最大的 EA 出版物。

10 大多数作者，例如，Sessions（2007）、Simon 等人（2013）以及 Lohe 和 Legner（2014）等人都认为，整个 EA 学科都源于 Zachman（1987）的开创性工作。

11 具体来说，我指的是 Wagter 等人（2005）和 Ross 等人（2006）推荐的企业架构方法。这两种方法所提出的企业架构实践方式与流行的企业架构框架的建议大相径庭（Kotusev，2016b；Kotusev，2017a；Kotusev 等人，2015a）。

12 Wagter 等人（2005）批评流行的 EA 框架所推荐的方法只会产生无用的"纸老虎"，而非有效的架构，而 Ross 等人（2006，第 vii 页）则认为，"纸老虎"会导致架构的失败，批评这些方法"远离业务现实，严重依赖于图表中令人头痛的细节，这些图表看起来更像是电路图，而非业务描述，而且这些图表的作用不过是敲门砖而已"。

13 正如 Wierda（2015，第 65 页）所言，"对于一个已有 30 多年历史的课题，几乎没有任何经验能证明其所提出的框架方法确实有效"。关于大名鼎鼎的 Zachman 框架，Ylimaki 和 Halttunen（2006，第 189 页）注意到，"很难找到关于应用或使用 Zachman 框架的科学研究"。"我们花了很大力气寻找有关 Zachman 框架的科学研究，似乎缺乏关于在实践中应用 Zachman 框架以及分析其适用性的科学研究"（Ylimaki 和 Halttunen，2006，第 190 页）。对于 TOGAF 也有类似的看法："迫切需要一些详细的工作实例和用例。尽管有人提出了这样的要求，但 TOGAF 的培训师和 The Open Group 都没有提供。"（Anderson 等人，2009，第 66 页）。我在全面的文献检索过程中也未发现任何流行的 EA 框架的实际实施案例（Kotusev，2017e）。

14 不同的作者不断报告着 EA 框架的不实用性（Buckl 等人，2009；Gaver，2010；Gerber 等人，2007；Holst 和 Steensen，2011；Lohe 和 Legner，2014）。Buckl 等人（2008，第 20 页）报告说："EA 管理框架，如 Zachman、TOGAF 等，通常要么因过于抽象而无法'实施'，要么因过于宽泛而无法在现实世界中使用。"大多数 EA 方法和框架都声称"其规定可用于为整个组织开发 EA，但在此范围内开发架构的尝试通常都会失败"（Trionfi，2016，第 40 页）。但正如 Wierda（2015，第 31 页）所述，"让我们面对这难以忽视的事实：企业架构并不像我们 30 年来所假设的那样真正地发挥着作用"。

15 大量案例研究表明，成功的企业架构实践与企业架构框架及其建议毫无关系（Ahlemann 等人，2012c；Erder 和 Pureur，2006；Gerber 等人，2007；Haki 等人，2012；Holst 和 Steensen，2011；

Murer 等人，2011；Ross 等人，2006；Smith 等人，2012；Tamm 等人，2015）。例如，Holst 和 Steensen（2011，第 18 页）报告说，"最值得注意的是缺乏基于框架的正式 EA 文档工作，正如大部分 EA 文献所建议的"。

16 例如，比较著名的 EA 大师和顾问 Vish Viswanathan 对 TOGAF 的实际使用提供了以下隐晦的解释："组织开始使用 TOGAF 框架般的开放式框架后，随着对其进行定制和调整，使它可适应组织的文化，成为组织自身的'个性化'企业架构模型。随着企业架构在组织中的成熟，TOGAF 框架虽然仍在组织内并为其企业架构供能，但已'光芒淡去'。"（Viswanathan，2015，第 16 页）。

17 Winter 等人（2010，第 6 页）也得出了同样的结论："在分析 EA 管理文献时，很明显，除了 TOGAF 之外，所有受调查的 EA 管理方法都忽略了适应公司特定需求的方法，TOGAF 也仅指出 ADM 应该被适应，而未具体说明如何适应。"

18 我对 EA 框架及其起源的历史分析详见 Kotusev（2016e）和本书附录 A。

19 文献中广泛讨论了 BSP 和其他类似规划方法的实际问题（Beynon-Davies，1994；Goodhue 等人，1992；Goodhue 等人，1988；Kim 和 Everest，1994；Lederer 和 Sethi，1988；Lederer 和 Sethi，1992；Shanks，1997）。首先，这些方法需要大量的时间和人力资源来制定推荐的架构规划。其次，所得出的规划往往过于概念化、技术性过强，通常对商业决策毫无用处。最后，所得出的规划要么只得到部分执行，要么甚至根本从未得到真正意义上的使用——被束之高阁。

20 文献中广泛讨论了流行的 EA 框架存在的实际问题（Ambler，2010；GAO，2015；Gaver，2010；Hauder 等人，2013；Kotusev 等人，2015b；Lohe 和 Legner，2012；Lohe 和 Legner，2014；Roth 等人，2013；Seppanen 等人，2009；Trionfi，2016）。这些问题与之前报告的类 BSP 规划方法的问题基本相同。首先，开发和维护推荐的 EA 工件需要付出巨大的努力。其次，由此产生的 EA 工件通常过于复杂、细节不当，无法满足利益相关者的实际信息需求。最后，所产生的 EA 工件未能很好地融入常规决策和规划过程，最终被置于"象牙塔"中。

21 研究人员不断报告 BSP 和其他类似规划方法的无效性。Lederer 和 Sethi（1988，第 455 页）得出结论："鉴于其巨大的费用和时间消耗，我们的研究结果对 BSP 和类似规划方法的实用性提出了严重质疑。"Goodhue 等人（1988，第 383 页）的报告中提及，"这种方法过于昂贵，其收益过于不确定，而且在组织上难以实施"。Lederer 和 Sethi（1992，第 76 页）总结道："总之，战略信息系统规划人员对类 BSP 的规划方法并不是特别满意。毕竟，它需要大量资源。高层管理者的承诺往往难以获得。当类 BSP 研究完成时，可能还需要进一步分析才能执行计划。计划的执行范围可能不会很广。"

22 管理流行的风潮本身并不新鲜，在管理文献中也有着广泛的研究（Abrahamson，1991；Abrahamson，1996；Abrahamson 和 Fairchild，1999；Aldag，1997；Carson 等人，1999；Donaldson 和 Hilmer，1998；Gill 和 Whittle，1992；Kieser，1997；Miller 和 Hartwick，2002；Miller 等人，2004）。

23 尽管评价方法框架的实用性一直受到质疑（Bloomberg，2014；Buckl 等人，2009；Gaver，2010；Gerber 等人，2007；Holst 和 Steensen，2011；Lohe 和 Legner，2014；Molnar 和 Proper，2013；Trionfi，2016；Tucci，2011），但它们从未被视为管理风潮（Kotusev，2016c）。

24 许多曾经流行并被广泛推广的管理技术后来都被认为是无效的，在很大程度上是无用的。这些公认的管理风潮包括业务流程重组（BPR）、日式管理（Z 理论）、工作丰富化、目标管理（MBO）、质量圈（QC）、自我管理团队（SMT）、T 小组、全面质量管理（TQM）以及许多其他曾经的"银弹"（Abrahamson 和 Fairchild，1999；Carson 等人，1999；Carson 等人，2000；Gibson 和 Tesone，2001；Kieser，1997；Miller 等人，2004）。

25　例如，Wierda（2015，第 28-29 页）对这种情况做了如下描述："这是我们难以忽视的事实：企业架构作为一门学科，迄今为止在很大程度上未能产生预期结果。这体现在很多方面。当然，最重要的一点是，尽管企业架构的概念已经提出了大约 30 年，但企业架构所要防止的混乱局面仍然随处可见。显然，有些东西没有发挥作用。"

26　我在 Kotusev（2016c）和本书附录 A 中对企业架构框架和以往信息系统规划的类似方法的历史问题进行了详尽的分析。

27　遗憾的是，即使是在科学管理研究中，一些时髦的想法也常常未经适当的经验验证就被认为是理所当然的。Aldag（1997，第 13 页）认为，"事实上，学术界常常把管理风潮视为不言而喻的正确，在某种程度上超越了经验证明的需要"。同样，Donaldson 和 Hilmer（1998，第 18 页）认为，"管理研究中的风潮主义使得未经证实和不正确的观点未受到质疑，从而阻碍了智力生产力的提高"。

28　我认为关于 EA 框架作用的主流观点与使用 EA 框架的经验现实之间存在明显的不一致，这是整个 EA 学科的关键问题之一（Kotusev，2017b）。

29　见 Kotusev（2017e）。

30　使用 TOGAF 的组织名单已于 2016 年 6 月从 The Open Group 网站上删除，但仍可在互联网档案中找到（The Open Group，2016a）。不管是不是偶然，这份名单是在我发表了尖锐批评 TOGAF 的文章（Kotusev，2016a；Kotusev，2016d）后不久被删除的。

31　各种大师和咨询公司推荐的众多 EA 方法（Armour 等人，1999b；Bernard，2012；Bittler 和 Kreizman，2005；Boar，1999b；Carbone，2004；Holcman，2013；IBM，2006；Longepe，2003；Niemann，2006；Schekkerman，2008；Spewak 和 Hill，1992；Theuerkorn，2004），虽然没有被明确定位或归类为 EA 框架，但基本上都倡导相同的、有缺陷的规划方法。

32　在 Kotusev（2016h）中，我详细阐述了对企业架构的想象世界和现实世界进行的比较分析。Wierda（2015，第 30 页）早前也承认企业架构存在两个不同的世界："另一个企业架构学科问题的明显迹象是（企业架构）会议和文献中缺乏真正的成功案例。企业架构会议从不讨论任何形式的真正企业架构。它们通常是关于企业架构框架、工具和技术的。这些会议由活跃在该领域的人参与，他们谈论的是应该有效但从未被证明有效的方法论。就好像企业架构世界是一个独立于现实组织世界的世界，是现实世界的某种抽象。"

33　正如 Wierda（2015，第 85 页）所说："30 年都过去了，为什么还没有人喊出皇帝没穿衣服？"

34　例如，知名管理学者 Pfeffer 和 Sutton（2006a，第 66 页）认为，"（管理实践缺陷的）问题很大一部分在于顾问，他们总是因为完成工作而获得奖励，较少因工作出色而获得奖励，且几乎从未被评价为真正改善了事物而获得奖励"。

35　正如 Gill 和 Whittle（1992，第 288 页）所指出的，"咨询公司一般都不愿意对其工作进行独立评估或系统性监督，而且可以预见的是，很少有对其工作公开发表的批判性审查，而这些审查可以帮助人们更好地了解哪些工作有效、哪些无效以及为什么"。同样，Brickley 等人（1997，第 30 页）认为，"出于推广产品的考虑，顾问有可能提供其技术似乎有效的公司的详细信息，而较少提供技术失败的公司的信息"。

36 在顶级科学期刊上发表研究成果对于学术晋升和终身教职至关重要，这一点已得到广泛认可（Athey 和 Plotnicki，2000；Dean 等人，2011；Dennis 等人，2006）。

37 人们普遍认为，在信息系统以及其他与管理相关的学科中，当前的学术期刊、同行评议和职业晋升制度过分强调理论（Bennis 和 O'Toole，2005；Davenport 等人，2003a；Dennis，2019；Hambrick，2007；Hirschheim，2019；Jennex，2001；Kock 等人，2002）。"坦率地说，大学的奖励制度并非为促进以实践者为中心的研究而设计的。作为学术模式的拥护者，我们所做的只是遵循为成功的学术生涯而制定的准则和设置的障碍。显然，遵循这些准则实际上使我们与那些认为我们主要目的之一是促进一线管理的人产生了矛盾"（Buckley 等人，1998，第 34 页）。Michael Myers 认为，"尽管很多人宣称信息系统研究具有实用价值，但现实情况却并非如此。我建议年轻的信息系统研究人员不要把这些'宣称'看得太重。他们能做的最实际的事情就是专注于自己的研究。这样，他们就更有可能成功地在同行评议的学术期刊上发表研究文章。这样，他们就更有可能在好学校中获得晋升和终身教职"。同样，麻省理工学院信息系统研究中心（CISR）的创始人之一、长期担任主任的 John Rockart 也认为，"每一位未获终身教职的教员，特别是'顶尖'学校的教员，都需要了解获得终身教职的真正规则是什么，而不应该听从'相关性'的诱惑。发展新理论或以重大方式扩展旧理论才是奖励……不管其声明了什么"（Kock 等人，2002，第 341 页）。随着信息系统和其他管理相关学科的学术研究而来的实用性不强的问题也早已得到广泛承认（Alvesson 等人，2017；Benbasat 和 Zmud，1999；Davenport 和 Markus，1999；Gill 和 Bhattacherjee，2009；Gray，2001；Kock 等人，2002；Moody，2000；Oviatt 和 Miller，1989；Paper，2001；Robey 和 Markus，1998；Westfall，1999）。例如，Grayson（1973，第 41 页）注意到，"管理科学与'活生生'的管理条件相去甚远，甚至放弃了其可用性。管理人员则对管理科学感到失望，现在往往不愿意认真考虑将其作为解决重要问题的有效工具"。正如 Davenport 等人（2003a，第 81 页）所说，"商业学术领域在大多数情况下对实践中的管理者而言是一片荒地"。

38 Bui（2017）在《信息系统协会通讯》这一颇具声望的同行评议科学杂志上发表的文章可以说是这一奇怪事实最生动的证明。这篇文章对现有的 EA 框架进行了又一次推测性的、高度"理论可靠"的比较，而作者、审稿人和编辑却忽略了一个事实，即这些框架都没有任何成功的实际实施案例，即使之前在实际公司中进行的实证研究得出的结论是"这些框架都是理论性的，不可能实施"（Buckl 等人，2009，第 15 页）。

39 关于企业架构的积极学术研究可认为始于 2002—2003 年（Kotusev，2017e；Simon 等人，2013）。

40 不足为奇的是，多位作者报告称，高达 40%（Zink，2009）、66%（Roeleven，2010）、80%（DiGirolamo，2009）甚至超过 90%（Jacobson，2007）的企业架构规划未能实现业务价值。

41 例如，一位受访的架构师将当前的企业架构学科与中世纪的铁匠手艺相提并论，成为铁匠的唯一途径就是作为学徒加入铁匠行会，然后向师傅学习必要的技能。

42 正如 Miller 和 Hartwick（2002，第 27 页）所指出的，简单、规范、易于"剪切和粘贴"、指明具体行动的建议是管理风潮的真实标志，而真正的管理经典是"复杂、多面的，并以不同的方式应用于不同的企业。管理经典并不附带简单的入门指南，以说明如何做出他们所建议的改变，也没有每个人都必须遵守的简单规则"。

43 Henry Mintzberg（Mintzberg，1979）主张进行纯粹的描述性、归纳性和系统性（或"直接"）研究。

44 正如许多研究管理创新和流行趋势的著名学者所指出的（Birkinshaw 和 Mol，2006；Davenport 等人，2003a；Hamel，2006；Miller 和 Hartwick，2002；Miller 等人，2004；Pfeffer 和 Sutton，2006b），真正的管理创新和真正的最佳实践通常是由业内的集体智慧在对迫在眉睫的业务问题做出反应的过程中逐渐形成的，而非来自特定咨询公司、专家或大师的作品和建议。

45 例如，即使是最广为人知的 EA 学科概念模型，包括 Zachman 框架和 TOGAF 架构开发方法（ADM），也没有在实际组织中成功实施的实例，因此不能用于分析或解释 EA 实践。

46 例如，Lapkin 和 Allega（2010，第 3 页）用以下方式描述了这种常见的咨询方法："顾问倾向于将客户委托视为'项目'。项目的一个特点是有明确的起点和终点。若你和你的顾问都把 EA 当作一个项目，那么通常情况下，EA 会有宣布'结束'之时。到那时，EA 的可交付成果就会被盖上'已完成'的印章后束之高阁，（在大多数情况下）完全被忽视。对 EA 工作采取'以项目为中心'的方法，必然导致客户花费大量资金购买永远无法为企业带来价值的架子软件。"

47 Kotusev（2016h）更详细地讨论了 EA 顾问和客户公司观点的根本差异。

48 例如，见 Matthes（2011）。

49 附录 A 详细分析了 EA 学科及其术语从信息系统计划到信息系统架构再到企业架构的历史演变。Alvesson（2013）认为，对修辞新颖性的不断追求影响了许多知识领域的术语。

50 在学术界和实践界，EA 都缺少一个明确且被普遍接受的定义。Saint-Louis 等人（2019）发现，在 EA 学术出版物中，"企业架构"一词有 160 种不同的定义。正如 Ylinen 和 Pekkola（2020，第 2 页）所说，"EA 研究的一个共同点似乎是缺乏一个被普遍认同的 EA 定义"。在实践者当中，情况也未更佳。正如 Carr 和 Else（2018，第 14 页）所指出的，"架构的集合名词应该是'论证'。这一点在观察无数 LinkedIn 对话时显得非常明显，在这些对话中，即使是最基本的概念，如企业架构的定义，也会引发数百条相互矛盾的评论"。

51 如今在 EA 相关讨论中经常听到的最自相矛盾的观点是，Zachman 框架实际上根本不是一个框架，而 TOGAF 实际上只是一个解决方案架构框架。

本书第一部分总体介绍企业架构的概念和其他相关主题，讨论了企业架构的含义、企业架构在整个组织环境中的地位和作用、企业架构实践的关键构成要素和核心机制，以及在组织中使用企业架构的商业价值和好处。

第 1 章 *Chapter 1*

概　述

本章是对本书内容的总体介绍，特别是对"企业架构"这一概念的介绍。首先，本章讨论了 IT 对现代组织的重要性，以及通过信息系统实现商业价值的问题。接下来，本章对成为业务和 IT 复杂社会技术系统的现代组织进行了分析，描述了实现业务和 IT 对齐的问题。最后，本章介绍了企业架构的概念，它可作为解决业务和 IT 对齐问题的潜在方案。

1.1　信息技术在现代组织中的作用

21 世纪的大多数组织在日常运营中都严重依赖信息技术（Information Technology, IT）[1]。在大多数私人组织、公共组织、商业组织和非商业组织中，IT 系统已成为执行日常业务活动所需的基础设施。即使是小公司，若不利用信息系统，也无法在现代竞争环境中运营，而大型组织为了赋能其业务往往运行和维护着数以千计且各异的 IT 系统。信息系统可以帮助组织运行业务流程，存储必要的数据并促进组织内部的沟通。

自计算的早期起，硬件设备的各种参数一直在以指数的速度不断增长。**摩尔定律**表明，微处理器的计算能力平均每 18 个月翻一番[2]。在大多数情况下，直至今天这一趋势依然有效。同样，大规模数字存储的规律表明，1 美元的存储空间可以存储的数字数据量大约每 15 个月翻一番[3]。除了原始的处理能力和存储能力，计算机技术和数字设备的其他方面也表现出类似的发展轨迹。例如，计算机的能源效率、互联网带宽、相机像素分辨率、数字传感器等都以接近指数的速度提高[4]。

随着现有 IT 系统计算能力和功能的稳步增长，它们对组织的影响也持续增加。信息系统自 20 世纪 50 年代末诞生以来，在组织中的作用已经从纯粹的技术和支撑功能（如数值计算和批量数据处理）逐渐演变为更具战略性的能力（甚至可以赋能业务）[5]。因此，许多公司的业务方法论也相应地发生了转变。最值得注意的是，许多金融组织和电信组织基本上都已变成了专门从事金融和电信工作的 IT 公司。更多的传统行业，包括农业、建筑业和教育业，也受到了开创性的 IT 驱动趋势的深刻影响。IT 的广泛采用也影响了组织的结构、决策模式，甚至是管理工作的本质[6]。

在过去的几十年间，组织对 IT 系统和基础设施的资本投资一直在稳步增长。例如，在美国，私人企业对 IT 的投资（包括硬件、软件和通信设备）已从 1980 年的不到 1000 亿美元增加至 2010 年的超过 5000 亿美元。此外，IT 投资占总资本投资的比例从 1980 年的 32% 增长到 2010 年的 52%[7]。目前全球 IT 支出正以每年 3% ～ 4% 的平均速度增长，从 2016 年的约 3.4 万亿美元上升到 2019 年的 3.7 万亿美元以上[8]。不同行业的 IT 预算也以相同速度增长。例如，从 2005 年到 2019 年，平均 IT 预算在总收入中的占比几乎增加了 50%，从 2005 年占收入的 3.60% 到 2019 年占收入的 5.38%，年复合增长率约为 3%[9]。据统计，组织在 IT 方面的投资比其他类型的资本投资有更高的生产力收益[10]。

随着时间的推移，信息系统正变得更强大、更多样化、更经济实惠，也更无处不在。复杂的商业应用程序现在可部署在专用主机服务器上，托管于云端，运行在网络浏览器内，甚至可安装在数以百万计用户的手持移动设备上。现有的套装业务导向信息系统包括可定制的企业资源规划（Enterprise Resource Planning，ERP）、客户关系管理（Customer Relationship Management，CRM）、供应链管理（Supply Chain Management，SCM）、商业智能（Business Intelligence，BI）、企业内容管理（Enterprise Content Management，ECM）、知识管理（Knowledge Management，KM）以及来自全球和本地供应商的许多其他系统。同时，信息系统的价格正逐步降低，这使不同的 IT 系统比以往任何时候都更容易被组织所接受。即使是最小的公司，现在也可以从简单的云托管订阅式 IT 解决方案（用于会计、财务和人力资源管理）中获益。

新兴技术带来了新机会，不断为组织优化当前业务流程、消除已识别出的低效业务并重组现有的业务单元。由于创新潜力和变革能力，信息系统往往能成为重大组织变革和重组的主干。对于许多现代公司来说，商业战略的成功执行可能在很大程度上等同于实施这一战略的相应信息系统的成功交付。

近来，信息技术对组织以及整个社会的作用不断增强，人们通常将这种效果称为**数字化转型**，也有人称之为数字革命甚至全面数字化[11]——这些基本无法定义的流行语恰当地说明了当今行业的整体状况[12]。数字化转型由无处不在的数字信息、几乎无限的连接和大规模的处理能力所推动，它与社交网络、移动设备、分析、云和物联网等技术密切相关[13]。数字化公司的特点是以客户为中心的程度更高，客户体验更好，对客户需求的理解更深入，提供综合的多渠道（甚至全渠道）产品和移动优先战略，而其技术景观往往代表灵活的**数字化平台**，将所有常规业务操作自动化，通过标准化的应用程序接口（Application Program

Interface，API）提供可复用的内外部服务，这些公司与合作伙伴公司无缝整合成大型商业生态系统 [14]。

1.2 信息技术对组织的益处和威胁

正确使用信息系统可为企业带来无数的商业利益和多样的创新机会。例如，IT 系统有助于改善业务流程，降低成本和延迟，激活分析能力，支持行政决策，实现与合作伙伴的及时信息共享，促进员工间有效的知识交流，促进协作和合作，提供新的客户沟通渠道，创造新的产品和服务，甚至开发全新的商业模式。从本质上讲，合适的信息系统可为任何行业的几乎任何组织带来切实的商业价值。

信息系统可以帮助公司执行商业战略，获得战略**竞争优势**。组织可利用 IT 系统在下列领域取得竞争优势 [15]：

- 运营卓越和成本领先：IT 系统可用于实现业务的完全自动化，消除延迟和偏差，避免人工劳动，实现标准化、精细化和可预测的业务流程。
- 产品差异化和领导力：IT 系统可用于促进新产品的设计，支持团队合作、协作和创新，向市场提供独特的、创新的产品或服务。
- 亲近并聚焦客户：IT 系统可用于收集和存储客户数据，分析客户的需求和偏好，确定广泛客户群，针对特定客户群（甚至特定客户）开发高度定制的产品。

然而，21 世纪的动态技术环境不仅为改进现有的产品和服务创造了机会，也为开发新的产品和服务创造了机会，而且也对许多组织造成了相当大的威胁。所谓的**颠覆性技术**有可能击溃整个行业，取代当下的市场领导者，重塑全球竞争格局 [16]。例如，相对而言，最近出版业严重受到电子书的冲击，而唱片业则严重受到基于互联网的音频文档传输技术的冲击 [17]。同样，射频识别（Radio-Frequency Identification，RFID）标签的出现对物流、航运和快递公司而言是一种颠覆性的技术趋势。现在，移动设备、大数据、Facebook、Twitter、YouTube 等社交媒体的快速传播可被视为对许多行业而言危险且潜在的颠覆性趋势。未来，物联网、工业 3D 打印、机器人、人工智能、量子和边缘计算、虚拟和增强现实、免费在线教育平台、远程医疗、生物识别技术、区块链技术、电动无人驾驶汽车等可能会颠覆许多传统行业。颠覆性技术是企业高管关键利益所在，能极大地改变许多组织的商业战略。

除个别颠覆性技术外，数字化转型时代的特点还包括**颠覆性商业模式**，这种模式挑战着许多成熟公司和行业的传统模式。这些模式通常建立在重组创新的基础上，即基于旧观念的新组合、现有资源的重新安排、现有技术的新组合或对新环境的适应 [18]。例如，在数字化转型浪潮中崛起并质疑其所在行业传统商业模式的知名公司包括亚马逊（零售）、Uber（出租车）、Airbnb（酒店）、PayPal（支付）和 TripAdvisor（旅游）[19]。成熟公司的大量利润份额可能会受到跨界踏入行业的潜在数字公司的威胁 [20]。

由于信息对现代社会的重要性和影响，因此组织中使用的信息系统被严格监管。许多国家的政府均通过立法颁布了**合规法案**，旨在规范对企业 IT 系统中所存储的敏感信息的访问、共享、转移、保存和保护。例如，美国的《萨班斯 – 奥克斯利法案》（Sarbanes-Oxley Acts，SOX）、《健康保险携带和责任法案》（Health Insurance Portability and Accountability Act，HIPAA）、欧盟的《通用数据保护条例》（General Data Protection Regulation，GDPR）以及其他国家现有的类似法律，制定了一套复杂的规范来处理金融、个人和健康相关的信息。公司有责任遵守各种数据保护法案所管辖范围的要求，并可能因不当使用或处理个人和商业敏感信息而被处以巨额罚款。此外，若组织未能按照法规在调查中及时提供计算机取证程序所需的信息，也可能遭受相当大的处罚。

因此，信息系统为组织提供了众多益处、机会、威胁和义务，对企业的重要程度有增无减。对信息技术的有效控制和有意识的管理对 21 世纪的大多数公司而言极其重要。组织中信息系统的管理和规划不再只是简单的 IT 工作，而是企业高管的直接责任 [21]。

1.3　实现信息系统的商业价值

为了提高组织中业务流程的质量而富有成效地使用信息系统并不仅仅等同于安装必要的硬件和软件，而是需要始终在人员、流程和技术这三个宽泛的组织方面保持一致并协调变革 [22]。**人员方面**包括员工的所有角色、技能和责任，以及动机、报酬、态度及文化等问题。**流程方面**包括所有常规任务、作业程序和相关规定，以及信息需求、决策权及执行者的自主程度。**技术方面**包括所有软件、硬件和基础设施组件，以及技术支持、访问管理、安全、监控及维护安排。

为了引进新的影响度高的 IT 系统并充分发挥其业务优化的潜力，组织应在上述三个基本方面逐个实施适当的变革措施，且这些变革措施应相互协调。具体而言，人员方面可以包括以下行动：

- 为新 IT 系统的未来用户提供必要的教育和培训。
- 解释使用新 IT 系统的好处，应对阻力。
- 处理与新 IT 系统相关的政治和权力再分配问题。
- 改变对新 IT 系统的态度和文化偏见。

流程方面包括但不限于以下行动：

- 引入由新 IT 系统支持的新业务流程。
- 修改受新 IT 系统影响的现有流程的任务。
- 停止由新 IT 系统自动化的多余业务操作。
- 修改与新 IT 系统相关的决策规则和程序。

技术方面包括以下行动：

- 建立新 IT 系统和所需的基础设施。
- 确保新 IT 系统对终端用户可用，并授予用户适当的访问权限。

- 为新 IT 系统的终端用户提供服务台支持。
- 确保对新 IT 系统的技术支持、监控和维护。

为从新 IT 系统中获益，组织的人员、流程和技术方面的相互关系应同步处理，忽视其中一些关键方面可能带来某种后果，详见图 1.1。

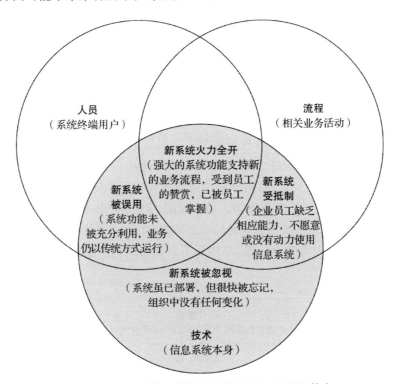

图 1.1　与 IT 系统相关的组织的人员、流程和技术

为了实现新系统的商业价值，需要对组织的三个方面进行协调一致的改变，因此不应把这些部署看作由 IT 部门推动的表面的 IT 项目，而应将之视为涉及业务和 IT 代表的相互合作的成熟业务改进项目。简而言之，组织中新信息系统的成功部署通常代表着精心策划的业务计划。

1.4　组织即社会技术系统

由于信息系统在企业中无处不在地被使用、扩散和渗透，21 世纪的大多数组织基本上都经历了业务和 IT 的融合。目前，无论公司大小如何，在大多数公司中，即使是最简单的日常业务活动，也完全依赖于基础的信息系统。在许多公司中，若无适当的 IT 支撑，任何业务运营都无法进行。现代组织的业务能力往往主要由其 IT 系统的能力决定。

业务和 IT 的融合意味着组织业务流程和信息系统间存在不可分割的相互关系。从这个角度来看，现代组织代表着非常复杂的**社会技术系统**，由不同但相互作用的参与者、业务流程和 IT 系统组成，这些组成要素有共同的目的和目标[23]。组织的业务可被看作能够执行的所有业务能力的合集，其中每个业务能力包括执行该能力所需的所有相关角色、流程、信息系统、数据资产和物理设施。从本质上讲，现代公司的业务活动和实现这些活动的技术景观代表了"一枚硬币的两面"，它们相互依存[24]。

此外，现代组织代表着分散、动态和不断发展的社会技术系统。通常情况下，公司不存在单一的权力和决策中心（对所有的规划决策负责）。相反，组织中的决策通常分布在多个全局和局部的决策者间，这些决策者之间利益各不相同，且往往相互冲突。组织也可以被认为是自我进化的实体，属于组织系统的众多参与者通过日常决策和行动逐渐改变该系统架构。组织中独立的参与者、流程和 IT 资产会被定期修改和替换，但不会停止或中断常规业务运营。因此，组织总是有机地而非机械地演进。

现代组织中的业务经理和 IT 专家是相互依赖的伙伴，他们各司其职。一方面，业务经理可被统称为组织的"前端"，负责分析外部商业环境（如市场机会、客户需求和竞争动向），确定整个组织系统演进的理想方向。另一方面，IT 专家基本上构成了组织的"后端"，负责优化技术景观，使组织系统朝着业务经理定的方向演进。简而言之，业务决定需要做什么，而 IT 则对这些决定做出响应。图 1.2 展示了现代组织是一个复杂、分散、由业务和 IT 组成的社会技术系统的观点。

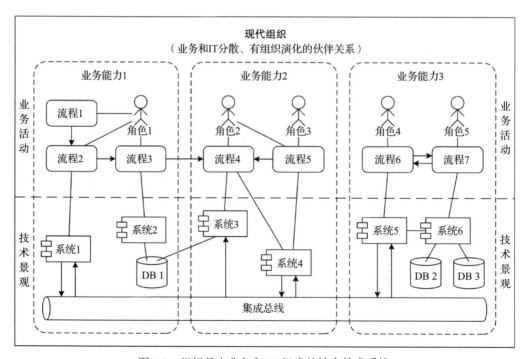

图 1.2　组织是由业务和 IT 组成的社会技术系统

现代组织由密切相关的业务和 IT 组件组成，其复杂性和分散性从规划的角度来看，至少有两个关键影响。第一，业务和 IT 融合的最重要的影响是，必须同步组织业务和 IT 正在进行的所有架构性变化，其方式类似于协调与独立 IT 项目相关的人员、流程和技术方面的变化（见图 1.1）[25]。独立业务流程的增量式改进通常对应于对基础信息系统的有限修改，而较大的业务转型往往对应于对整个技术景观的重大重组。

第二，作为由多个组件组成的复杂系统，组织应在平衡整体利益和局部利益的基础上进行规划。一方面，某些规划决策对特定业务单元而言可能最佳，对整个组织来说却是次优。另一方面，从整个组织的角度来看，一些规划决策可能可取，却忽略了特定业务单元的重要需求。有效的规划决策应考虑并尊重整个组织的战略需求，以及独立业务单元的战术需求。

例如，地方企业领袖可以决定优化一个特定的业务流程，以大幅提高相应的业务能力，这本身可能是一个很好的想法。然而，如果更改流程需要开发一个额外的信息系统，引入一项全新的技术或复用主数据，那么这些业务改进可能成本高昂得不合理、技术上不可行或从 IT 角度来看不可取。此外，若从整个组织的角度来看，各个业务能力不会被认为具有战略意义，那么更改流程对长期业务目标的总体贡献可能微不足道。因此，即使某个重要的业务需求被成功解决，其对整个组织的总价值增加也可能是微不足道的，甚至是负面的，这取决于所产生的 IT 费用和实施解决方案后对组织的影响。

为了最大限度地提高组织整体绩效，应避免上述无效规划决策。组织应该努力使技术景观的短期变化和长期变化与其业务计划、战略和目标保持一致。换句话说，现代公司必须努力实现业务和 IT 对齐[26]。

1.5　业务和 IT 对齐的问题

在组织中有效地使用 IT 需要实现业务和 IT 的对齐[27]。**业务和 IT 对齐**意味着组织的 IT 目标、IT 计划和 IT 系统与其业务目标、业务计划和业务流程对齐[28]。简而言之，业务和 IT 对齐是指组织的所有信息系统以最优的方式与真正的业务需求相一致。业务和 IT 对齐会增加组织在 IT 方面的投资回报，从而提高整体的业务绩效[29]。当组织中所有负责 IT 项目的 IT 专家都以 CEO 和其他高管所定义的整个组织的最佳利益为出发点时，就能实现理想的业务和 IT 对齐[30]，此时所有 IT 项目都能提高整个组织系统的总体质量（见图 1.2）。更具体地说，当业务和 IT 完美对齐时，每个 IT 项目都：

- 满足局部短期业务的需求和要求。
- 有助于实现整体长期战略目标和目的。
- 以一种可预测、具有成本效益且无风险的方式实施。
- 充分利用和再利用组织内现有的 IT 资产。
- 不会产生需要在未来维护的冗余资产。

- 若合适，可在后续 IT 项目中作为一种资产被加以利用。
- 建立在组织计划于未来继续使用的技术之上。
- 与其他类似的 IT 项目同步部署。
- 不会引入超出必要的复杂性。

为了实现业务和 IT 对齐，整个组织应努力明确只有单一"大脑"，其始终能够根据内部和外部环境的所有可用信息在所有领域做出对整体和局部而言最优的业务和 IT 决策。

然而，组织中的个体参与者根本没有能力做出如此完美的决策。没有一个组织参与者有足够的能力单独代表整个组织做出最优的规划决策，也没有足够的能力落实这些决策。一方面，个人的知识和专长仅限于自身狭窄的专业领域，可能不知道其他领域的关键信息，无法在决策时考虑到这些信息。例如，业务经理可能不知道有什么技术可以解决紧迫的组织问题，而 IT 专家可能不知道新技术与现有业务问题相关。此外，决策者个人也会受到各种认知偏差的影响，从而降低决策的有效性 [31]。另一方面，即使权威的管理者也不能轻易地让其他人遵循其决定，除非其合理性被理解和认同。若已做出的规划决策被其执行者认为是不充分的，则其实施很可能会被抵制、破坏或仿造。

因此，业务和 IT 的对齐需要集体决策，应有多个组织参与者共同参与。具体来说，只有通过在各利益相关者之间有效协调所有与业务和 IT 相关的变化，才能在实践中实现业务和 IT 对齐。理想情况下，组织中所有提议的变化都应被关键的业务和 IT 利益相关者理解和批准，以确保这些变化满足基本关注问题和利益。

1.5.1 对齐过程中涉及的相关参与者

在实践中，完美的业务和 IT 对齐不易实现。在真实组织中，理想的业务和 IT 对齐需要参与业务和 IT 决策及 IT 系统实施的所有相关参与者相互理解和认同。这些参与者服务于组织的不同职能领域，在组织架构中处于不同的层次。他们有着不同的职位、职责、背景、受教育程度、能力、专业知识、目标、利益、关注点、规划视野、个性、心态和对现实的看法。本质上，从业务和 IT 对齐的角度看，相关参与者几乎包括组织中所有业务经理和 IT 专家，上至 CEO 下至初级软件开发人员都应包含在内。此外，即使是最大公司的 IT 部门，通常也不会雇用对开发、运行和维护整个 IT 环境所需的所有技术都很了解的 IT 专家。因此，许多组织的 IT 项目通过咨询或外包由专门从事相应技术工作的合格合作伙伴和供应商提供。从业务和 IT 对齐的角度来看，这些代表客户组织参与实施 IT 系统的外部第三方也可被视为相关参与者。

协调大量互不相同的参与者将对组织提出巨大挑战。具体而言，从业务和 IT 对齐的角度来看，导致计划和活动协调不力的大部分问题的是相关参与者间三个不同方面的多样性。首先，所有的相关参与者可被粗略地划分为业务参与者和 IT 参与者。一方面，**业务参与者**对商业战略和流程、商业机会和问题、客户需求和偏好、竞争优势和劣势、相关的法律和法规、市场份额和利润都很了解。业务参与者几乎不了解 IT，通常认为大多数与 IT 有关的谈话是毫无意义的技术废话。另一方面，**IT 参与者**对技术、系统、供应商软件包、应用程序、编程语言、数据库、操作系统、服务器、网络和硬件都很了解。即使 IT 参与者很了解业务术语，也可能无法从业务参与者的角度理解不同软件和硬件对于组织的整体业务性能的相对重要性或相关性。这种知识和背景的差异阻碍了业务参与者和 IT 参与者理解彼此[32]。

其次，所有相关参与者都可被大致分为战略参与者和战术参与者。一方面，**战略参与者**关注长期的商业和 IT 战略规划、商业和 IT 环境中新出现的全球趋势、整个组织的商业和 IT 能力、战略伙伴关系、颠覆性的影响以及其他可能长期影响整个组织业务的基本因素。战略参与者可能不知道其高阶计划究竟如何才能落地，也不知道独立业务单元的关键战术需要、需求和问题。另一方面，**战术参与者**关注的是业务和 IT 战术规划，在业务单元中执行特定的业务流程，引入具体的局部变化，进行渐进式的优化，部署具体的 IT 系统或项目，并在短时间内解决其他紧急问题。战术参与者可能并不清楚旨在实现关键局部目标的活动将如何有助于实现战略参与者制定的长期整体（或全球）愿景。这种规划视野和范围上的差异抑制了战略参与者和战术参与者间就长期和短期目标、全球和地方需求、重要和紧急需求之间的平衡达成一致。

最后，所有相关参与者可被粗略地分为内部参与者和外部参与者。一方面，**内部参与者**对自身组织的具体情况非常了解。他们了解所在组织如何运作，也了解有哪些角色、业务流程、系统和技术。内部参与者可能并不知道前瞻性技术、供应商最新产品、现有产品的具体功能或既定的行业最佳实践。另一方面，**外部参与者**（如顾问、合作伙伴、供应商和外包商）非常了解其利基市场或领域。他们是特定技术、产品或方法的专家，并倾向于实施最新的行业最佳实践。外部参与者可能不知道客户公司的具体组织特征，包括客户独特的需求或机会、历史或文化、业务流程或技术景观的特殊性、传统标准或路径限制。这种观点上的差异阻碍了内部参与者和外部参与者之间的有效沟通。

1.5.2　对齐过程中涉及的主要参与者群体

前文讨论的三个方面的多样性展示了使不同决策者群体相互分离和疏远的主要边界。这些边界阻碍了不同参与者间的有效沟通、相互理解和协作，破坏了组织中的业务和 IT 对齐[33]。具体而言，所有参与战略决策和 IT 系统实施的相关参与者都可以有条件地被这些边界分为五类：业务高管、IT 高管、业务单元经理、IT 项目团队和第三方[34]。**业务高管**包括所有负责战略规划和做出投资决策的高级业务经理，如首席执行官、其他高级主管和业务单元负责人。**IT 高管**包括所有负责根据业务需求安排 IT 部门工作的高级 IT 经理，如 CIO、IT 主管、IT 交付和支持主管。**业务单元经理**包括所有负责日常运行常规业务流程的业务经理和运营人员，如普通销售经理、营销专家和产品设计师。**IT 项目团队**包括所有负责实施新 IT 项目的项目经理和 IT 专家，如业务分析员、软件开发人员和基础设施工程师。**第三方**包括所有外部承包商、外包商、顾问、产品供应商和交付伙伴，其根据行业最佳实践为组织实施特定的 IT 解决方案。这五类相关参与者及其基本关注点被三条主要边界分开，如图 1.3 所示[35]。

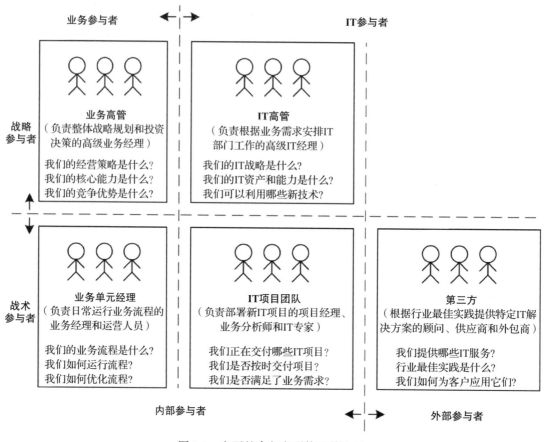

图 1.3 主要的参与者群体及其边界

1.5.3 参与者之间沟通不畅是错位的根源

从业务和 IT 对齐的角度来看，图 1.3 所示的三条主要边界极大地复杂化了组织中不同参与者群体的沟通、协作和相互理解。同时，不同参与者之间沟通不畅和缺乏相互理解往往导致信息系统规划的不充分，相关利益者的基本利益往往相互冲突，这未得到考虑。反过来，不充分的信息系统规划最终会导致业务和 IT 错位——IT 项目只解决一些即时需求，却无法优化整个组织系统（见图 1.2）。业务和 IT 的错位表现为组织中各种与 IT 相关的低效率，包括以下状况：

- IT 项目提升了最不重要的业务能力。
- IT 项目解决了局部业务单元的紧急需求，但并未推动整个组织实现长期的战略业务愿景。
- 业务高管不了解 IT 预算用于何处，以及 IT 在何时交付何物。
- 不同的业务单元以不同的方式部署相同的业务流程。

- 不同的业务单元无法访问其业务所需的数据。
- 商业上最敏感的数据被储存在最不安全的 IT 系统中。
- 脆弱的遗留系统威胁着关键的业务运营。
- 未经验证的技术或方法导致故障频繁发生。
- 技术景观过于复杂、不灵活且难以改变。
- 每个新 IT 项目都会引入昂贵的供应商新产品或新技术。
- 现有的平台未被利用,所有的 IT 系统均从头开始部署。
- 已有的最佳实践未被重新应用,每个新 IT 项目都在"重新发明轮子"。
- IT 预算被用于支持重复的或多余的 IT 系统。

由不充分的信息系统规划引起的潜在问题清单还可以继续列下去,但业务和 IT 之间持续的错位最终会导致 IT 投资的浪费、对 IT 的普遍失望和整体业务绩效的降低。图 1.4 展示了沟通不畅、IT 规划不充分与随之而来的业务和 IT 错位之间的联系。

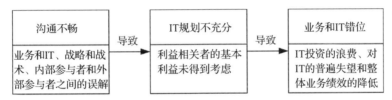

图 1.4　沟通不畅、IT 规划不充分与业务和 IT 错位之间的联系

业务和 IT 对齐问题是一个不可避免的、固有的、天然的问题,需要在目标和关注点相互冲突的多个参与者群体间建立有效的沟通。这是一个难以解决的问题,并无简单明了的解决办法。改善组织中的业务和 IT 对齐问题是一个极具挑战性且重要的实际目标。在过去的 40 多年里,实现业务和 IT 对齐以及改善信息系统规划一直是 IT 高管最重要的问题之一 [36]。

1.6　企业架构即解决方案

组织经常使用一套特殊的文档来促进不同参与者群体间的沟通,以改善信息系统规划,从而实现业务和 IT 对齐 [37]。这些特殊文档被统称为企业架构(EA)。换句话说,企业架构是一套文档,这些文档有助于参与战略决策和实施 IT 系统的所有相关参与者建立有效的沟通 [38]。

EA 文档可以为每一个群体的相关参与者(见图 1.3)提供必要的信息,满足其利益,反映其关注点,回答其问题。尽管不同的参与者有着不同的角色、利益和专业知识,EA 文档仍能帮助他们进行合作和相互理解 [39]。例如,对于业务参与者而言,EA 文档提供了关于特定规划决策商业影响的相关信息;而对于 IT 参与者而言,同样的文档提供了关于这些决策 IT 影响的相关信息。EA 文档为战略参与者提供了关于特定规划决策长期后果的相关信息,为战术参与者提供了关于特定规划决策短期结果的相关信息。对于内部参与者而言,EA 文档提供了有关基于现存行业最佳实践规划的解决方案的相关信息；而对于外部参与者而言，同样的文档提供了关于组织内部细节和具体情况的相关信息。

因此，企业架构有助于缩小所有相关参与者群体间的沟通差距，消除阻碍组织内有效合作的三条主要边界（见图 1.3）。通过帮助组织网络中不同参与者更好地沟通，企业架构加速了信息的传播和组织内部的知识共享。从本质上讲，企业架构的使用使组织作为一个由不同的、独立的和相互作用的参与者组成的分散网络更接近理想的状态（即单一"大脑"），能根据所有可用信息在所有领域做出整体和局部优化的业务和 IT 决策[40]。因此，在每个规划决策中，所有利益相关者的基本利益均得到尊重和考虑。信息系统规划质量的提高反过来又促使业务和 IT 更好地对齐，此时所有 IT 项目都倾向于优化整个组织系统的架构（见图 1.2）。

上述机制解释了为什么使用企业架构的组织可实现更好的业务和 IT 对齐，即增加 IT 投资回报，提高对 IT 的总体满意度，提高整体业务绩效。图 1.5 显示了企业架构的使用、有效沟通、充分的 IT 规划以及由此产生的业务和 IT 对齐之间的联系。

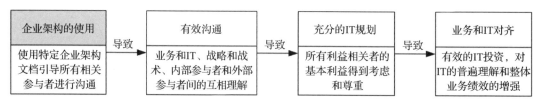

图 1.5 企业架构的使用、有效沟通、充分的 IT 规划与业务和 IT 对齐之间的联系

简而言之，通过引导所有参与业务和 IT 规划的相关参与者进行有效沟通，企业架构能够成功地将业务高管定义的高层战略计划转化为整个组织具体 IT 项目团队的具体战术活动。

1.7 本章总结

本章讨论了 IT 在现代企业中的一般作用，分析了 IT 的潜在利益和威胁，解释了如何实现信息系统的商业价值，描述了现代组织作为由业务和 IT 组件组成的复杂社会技术系统的本质，解释了实现业务和 IT 对齐的问题，介绍了企业架构的概念——以此作为解决长期存在的对齐问题的潜在方案。本章关键信息可归纳为以下几点：

- 数十年来，IT 的力量以指数方式增长，其在组织中的作用也从纯粹的技术和支撑功能演变为战略性的业务赋能能力，这可以简要地概括为"数字化转型"。
- IT 具有几乎无限可能的商业应用范围，尽管成熟的公司和行业也可能受到颠覆性技术趋势的挑战，但它仍可帮助公司在卓越运营、产品差异化和客户亲和力方面取得竞争优势。
- 21 世纪，组织中对 IT 的有效控制、管理和规划已是企业高管的直接关注点和责任，不能再简单地被委托给 IT 经理。

- 在组织中卓有成效地使用信息系统并不仅仅等同于安装必要的硬件和软件，而是需要在人员、流程和技术方面进行复杂、协调及和谐的变革。
- 现代组织是业务和 IT 的复杂社会技术系统，业务和 IT 组件只能同步改变，所有的规划决策都应考虑到整体和局部利益。
- 当组织的 IT 目标、IT 计划和 IT 系统与业务目标、业务计划和业务流程相一致时，组织对 IT 的有效使用即达成业务和 IT 对齐。
- 参与战略决策和 IT 系统实施的参与者的多样性破坏了这些参与者之间富有成效的沟通，导致不充分的规划决策，并最终造成业务和 IT 间的错位。
- 作为一组特殊文档，企业架构能使不同的参与者群体进行有效的沟通，有助于提高信息系统规划的质量，从而在组织中更好地实现业务和 IT 对齐。

1.8 注释

1 "信息技术"（information technology）一词的发明或普及，通常归功于惠斯勒和利维特（Whisler 和 Leavitt，1958）。

2 请见 Brynjolfsson 和 McAfee（2014）以及 Brynjolfsson 和 Hitt（1998），以了解这一经验法则的图示。

3 见 Laudon 和 Laudon（2013）以及 Brynjolfsson 和 Hitt（1998），以了解这一规律的图表说明。

4 有关技术进步的详细讨论，请见 Brynjolfsson 和 McAfee（2014）。

5 见 Withington（1974）、Somogyi 和 Galliers（1987）、Rockart（1988）和 Karpovsky 等人（2014）。

6 见 Brynjolfsson 等人（1994）、Hitt 和 Brynjolfsson（1997）以及 Pinsonneault 和 Rivard（1998）。

7 这些统计数字由 Laudon 和 Laudon（2013）(第 1 章）提供。

8 这些估计数字由 Gartner（Costello 和 Rimol，2020；Pettey 和 van der Meulen，2016）提供。

9 这些统计数字由 Kappelman 等人（2014）和 Kappelman 等人（2020）分别提供。

10 见 Brynjolfsson 和 Hitt（1996）。

11 见 Brynjolfsson 和 McAfee（2014）、Westerman 等人（2014）、Weill 和 Woerner（2018）以及 Ross 等人（2019）。

12 Grover 等人（2018，第 224 页）将数字化定义为"利用信息技术改善业务的任何方面——流程、产品、服务、资产、信息或互动——从而提高对客户的价值"，即组织中对 IT 的任何使用。与此类似，Vial（2019）得出结论，在主要学术媒体发表的 282 篇有关数字化转型的出版物中，约 90% 没有对数字化转型做出任何定义，而剩下的 10% 则提供了模糊的定义，其中没有一篇符合良好定义的标准［相比之下，Saint-Louis 等人（2019，第 11 页）指出在 305 篇讨论企业架构的文章中，只有"约 42% 的文章未包含对 EA 定义的介绍"］。Vial（2019，第 119-121 页）报告称，"我们的分析表明，循环的、术语不清晰的、概念及其影响的混淆等挑战，阻碍了 DT（数字化转型）概念的清晰性"。在现有定义的基础上，Vial（2019，第 118 页）提出了以下深奥且毫无意义的数字化转型定义："通过信息、计算、通信和连接技术的组合，引发实体属性的重大变化，从而改善实体的过程。"

13 见 Ross 等人（2019）。

14 见 Weill 和 Woerner（2018）。

15 此三大竞争优势领域与 Porter（1980）提出的三大通用战略以及 Treacy 和 Wiersema（1997）提出的三大价值学科大致对应。

16 克里斯坦森（1997）对颠覆性技术现象进行了最"经典"的描述和分析。

17 关于创新性颠覆技术以及相应的被淘汰或边缘化技术的其他例子，见 Laudon 和 Laudon（2013）（第3章）以及 Valacich 和 Schneider（2011）（第2章）。

18 见 Brynjolfsson 和 McAfee（2014）。

19 Weill 和 Woerner（2018）提供了许多其他由 IT 促成的颠覆性商业模式的公司案例。Weill 和 Woerner（2018）区分了4种可行的数字商业模式，其特点是不同程度的客户知识和与合作伙伴的整合：供应商（最落后的一种）、全渠道、模块化生产商和生态系统驱动者（最先进的一种）。

20 Weill 和 Woerner（2018，第25页）报告称，美国大型企业的高管"估计平均46%的收入将受到威胁"。

21 企业高管积极管理 IT 的必要性很早就获得了广泛认可（Jarvenpaa 和 Ives，1991；Martin 等人，1995；Rockart，1988；Rockart 和 Crescenzi，1984）。正如 John Rockart 所说，企业高管必须将 IT 纳入他们的"企业理论"中（Martin 等人，1995，第166页）。

22 从信息系统的使用中获益所需的组织变革的复杂性和多面性很早就被认识到了（Benjamin 和 Levinson，1993），现在甚至在基础的"IS 101"课程中被强调（Laudon 和 Laudon，2013）。

23 由于组织系统的结构错综复杂、层次分明，因此电子工程学学科往往与一般系统理论（GST）（Hoyland，2011；Kloeckner 和 Birkmeier，2009；Syynimaa，2017）和系统思维（Gotze 和 Jensen-Waud，2013；Veryard，2013）联系在一起。正如 Fehskens（2015a，第12页）所解释的，"企业架构师经常大谈企业是系统的系统，但实际上，作为企业架构师，我们可能认为系统中的所有东西都可能是系统的系统"。

24 在不同的理论模型中，组织往往被概念化为复杂的系统，由各种不同但又相互关联的要素组成，既有"硬"要素（如战略、结构和流程），也有"软"要素（如动机、文化和技能）。自 Chandler（1962）初步发现战略与结构之间存在紧密联系以来，不同的人提出了许多更复杂的组织系统分析模型，包括"钻石"模型（任务、结构、技术和人员）（Leavitt，1965）、"星形"模型（任务、结构、流程、奖励和人员）（Galbraith，1977）、McKinsey 7S 模型（结构、战略、系统、风格、员工、技能和上级目标）（Waterman 等人，1980）、MIT90s 模型（战略、结构、管理流程、人员和技术）（Rockart 和 Scott Morton，1984；Scott Morton，1991）以及其他一些不太流行的模型（Burke 和 Litwin，1992；Nadler 和 Tushman，1980）。不过，就本书而言，组织可被视为主要由业务能力、流程、IT 系统和基础设施组成的社会技术系统。

25 所有将组织概念化为由不同要素组成的复杂系统的理论模型都在强调：所有构成要素，如战略、结构、文化、技术和流程之间需要和谐、相互对齐和动态平衡（Galbraith，1977；Leavitt，1965；Nadler 和 Tushman，1980；Scott Morton，1991；Waterman 等人，1980）。不过，本书主要关注业务活动与 IT 环境之间的对齐。

26　Rockart 等人（1996）很久以前就认为业务和 IT 的对齐对组织来说是必要的。

27　在这里以及在本书中，业务与 IT 的对齐主要从广义上理解为狭义上的对齐（即 IT 满足当前和未来业务需求的能力）加上 IT 效率（即 IT 以最低成本和最少延迟满足这些需求的能力）。

28　业务与 IT 的对齐通常根据 Henderson 和 Venkatraman（1993）提出的开创性对齐模型来理解，即业务战略、IT 战略、组织基础设施和流程以及 IT 基础设施和流程这四个关键要素之间的相互一致性（Avison et al、2004；Baets，1992；Broadbent 和 Weill，1993；Burn，1996；Burn 和 Szeto，2000；Chan 和 Reich，2007；Coltman 等人，2015；Gerow 等人，2014；Gerow 等人，2015；Grant，2003；Luftman 等人，1993；Sabherwal 等人，2001）。该模型源于麻省理工学院信息系统研究中心（CISR）开展的"20 世纪 90 年代管理"研究项目（Venkatraman，1991），本质上代表了更全面的 MIT90s 模型（Scott Morton，1991）的狭义"切片"。然而，Ciborra（1997）和 Renaud 等人（2016）对这一对齐模型提出了批评和质疑。

29　许多研究都证实了业务与 IT 的对齐对组织整体绩效的积极影响（Byrd 等人，2006；Chan，2002；Chan 和 Huff，1993a；Chan 和 Huff，1993b；Chan 等人，1997；Chan 和 Reich，2007；Chan 等人，2006；Cragg 等人，2002；Gerow 等人，2016；Gerow 等人，2014；Gerow 等人，2015；Johnson 和 Lederer，2010；Kearns 和 Lederer，2000；Luftman 等人，2017；Schlosser 等人，2015；Tallon，2007；Tallon，2011；Tallon 和 Pinsonneault，2011；Wagner 等人，2014；Yayla 和 Hu，2012）。

30　Kaplan 和 Norton（2004a，第 62 页）解释道，"当所有员工都有共同的目标、共同的愿景，并了解其个人角色如何支持整体战略时，组织即已对齐"。

31　文献普遍认为，个人决策者容易受到危险的认知偏差的影响（Hammond 等人，1998；Kahneman 等人，2011；Lovallo 和 Kahneman，2003；Sibony 等人，2017），而建立集体决策流程是将这些偏差的负面影响降至最低的最典型的建议解决方案（Davenport，2009；Kahneman 等人，2011；Sibony 等人，2017）。

32　文化差异一直被认为是阻碍组织中不同职业群体实现相互理解的主因（Schein，1996）。Grindley（1992）和 Ward 和 Peppard（1996）等人详细讨论了文化差异阻碍业务和 IT 专业人员间有效沟通的具体情况。

33　业务和 IT 利益相关者间缺乏有效沟通、相互理解和伙伴关系，被公认是业务和 IT 对齐的最重要阻碍因素之一（Lederer 和 Mendelow，1989a；Luftman 和 Brier，1999；Luftman 等人，2006；Luftman 和 McLean，2004；Luftman 等人，1999）。

34　作为外部战略参与者的管理咨询公司（如 McKinsey 和 BCG）也可作为第六组参与者加入，并在图 1.3 中进行相应排列。不过，这部分内容不在本书讨论范围之内。

35　本模型的灵感主要来自 Fonstad（2006b）的工作以及麻省理工学院信息系统研究中心（CISR）对 IT 参与模型的其他相关研究（Fonstad，2006a；Fonstad，2007；Fonstad 和 Robertson，2004；Fonstad 和 Robertson，2005；Fonstad 和 Robertson，2006a；Fonstad 和 Robertson，2006b；Ross 等人）。

36　自 1980 年以来，年复一年，无数的美国和国际 IT 主管调查一致表明，改进信息系统规划和实现更好的业务和 IT 对齐被认为是 IT 管理的首要关键问题之一，乃至通常被视为最重要的问题（Badri，1992；Ball 和 Harris，1982；Brancheau 和 Wetherbe，1987；Broadbent et al、1989；Caudle 等人，1991；Dickson 等人，1984；Galliers 等人，1994；Hartog 和 Herbert，1986；Herbert 和 Hartog，1986；Kappelman 等人，2014；Kappelman 等人，2016；Kappelman 等人，2018；Kappelman et al、2017；Kappelman 等人，2020；Kappelman 等人，2013；Kappelman 等人，2019；Luftman，2005；Luftman 和 Ben-Zvi，2010a；Luftman 和 Ben-Zvi，2010b；Luftman 和 Ben-Zvi，2011；Luftman 和 Derksen，2012；Luftman 等人，2015；Luftman 和 Kempaiah，2008；Luftman 等人，2006；Luftman et al、2009；Luftman 和 McLean，2004；Luftman 和 Zadeh，2011；Luftman 等人，2012；Luftman 等人，2013；Moynihan，1990；Niederman 等人，1991；Parker 和 Idundun，1988；Pervan，1994；Watson，1989；Watson 和 Brancheau，1991；Watson 等人，1997）。

37　Farwick 等人（Farwick 等人（2011）对 29 名 EA 从业人员进行的调查表明，业务与 IT 的对齐被普遍视为 EA 实践的首要目标。同样，Rodrigues 和 Amaral（2013）组织的、63 名 EA 专家参与的国际德尔菲法研究也将业务与 IT 对齐视为企业架构最重要的价值驱动因素。

38　业务和 IT 利益相关者间的有效沟通、相互理解和伙伴关系被广泛认为是业务和 IT 对齐的最重要推动因素（Chan 和 Reich，2007；Cybulski 和 Lukaitis，2005；Johnson 和 Lederer，2010；Kuruzovich 等人，2012；Lederer 和 Mendelow，1989a；Luftman 和 Brier，1999；Luftman 等人，2006；Luftman 等人，2017；Luftman 和 McLean，2004；Luftman 等人，1999；Nath，1989；Preston 和 Karahanna，2009；Reich 和 Benbasat，2000；Schlosser 等人，2015；Schlosser 和 Wagner，2011；Tan 和 Gallupe，2006；Teo 和 Ang，1999；Wagner 等人，2014；Wagner 和 Weitzel，2012）。

39　从社会学的角度来看，EA 文件可被视为不同业务社区和 IT 利益相关者间的边界对象（Abraham，2013；Abraham 等人，2015；Abraham 等人，2013；Dreyfus，2007；Korhonen 和 Poutanen，2013；Magalhaes 等人，2007；Poutanen，2012；Valorinta，2011），即帮助不同社会群体合作、协作并成功追求共同目标的特殊对象，尽管各群体的专业知识、关注点和背景各不相同（Star，2010；Star 和 Griesemer，1989）。

40　从社会学的角度来看，使用企业架构的组织可被视为一个复杂的参与者网络，在这个网络中，各利益相关者通过使用 EA 工件进行互动，即把自身利益写入 EA 工件，并受到其他利益相关者也写入的 EA 工件的影响（Sidorova 和 Kappelman，2011a；Sidorova 和 Kappelman，2010；Sidorova 和 Kappelman，2011b）。Sidorova 和 Kappelman（2011b，第 39 页）认为，"企业架构工作有助于达成对齐，从而在企业利益背景下对齐内部参与者的利益，并将这种对齐写入架构工件中"。

第 2 章 *Chapter 2*

企业架构的概念

上一章介绍了组织中的业务和 IT 对齐的问题，以及企业架构的概念。本章聚焦于企业架构的概念，更详细地讨论了其关键方面。本章首先正式介绍企业架构的概念，以及使用企业架构以改善业务和 IT 对齐的做法。然后讨论了作为企业架构基本组成部分的企业架构工件及其基本属性。最后讨论了架构师在企业架构实践中的作用，以及架构职能在组织中的地位。

2.1　何为企业架构

企业架构可被定义为一个特殊文档（工件）的集合，从综合业务和 IT 的角度描述组织的各个方面，旨在弥合业务和 IT 利益相关者之间的沟通差距，促进信息系统规划，从而提高业务和 IT 的对齐度（重要的是，该定义可能与其他来源所提供的企业架构定义不一致[1]）。企业架构通常描述业务、应用、数据、基础设施，有时还描述组织中与业务和 IT 相关的其他域，如集成或安全。即使企业架构通常涵盖了与业务规划直接相关的具体方面（如业务流程、组织作用或甚至相应的业务单元架构），但它通常仍主要围绕着 IT，提供大部分与 IT 相关的观点，且目前主要与 IT 规划相关，或更准确地说，与业务和 IT 联合规划相关。例如，企业架构可以描述当新信息系统被引入时，具体的业务流程和角色将被如何修改。

2.1.1　企业架构的本质

作为一个特定文档集，企业架构提供了有效的工具以促进参与战略决策和 IT 系统实施的不同参与者群体间的沟通、协作和理解。使用具体的 EA 文档去支持讨论，有助于缓解因业务和 IT、战略和战术、内部和外部参与者的知识、责任、利益和目标不同而产生的沟通问题（见图 1.3）[2]。从本质上讲，企业架构可被看作组织中不同业务和 IT 利益相关者的沟通媒介，能实现有效的知识共享、决策平衡和规划协作。

通过促成相关参与者之间的有效沟通和合作，企业架构可在帮助组织做出最佳的规划决策的同时，考虑到参与战略决策和实施 IT 系统的所有业务和 IT 利益相关者的利益和关注点。具体来说，对于业务高管而言，EA 文档解释了每个规划决策对组织业务战略的影响。例如，对于业务高管而言，EA 文档可以提供以下基本问题的答案：

- 该决策对我们的长期业务目标有何贡献？
- 实施该决策需要哪些财务投资？
- 该决策何时可以实施？

对于 IT 高管而言，EA 文档解释了每个规划决策对企业 IT 战略的影响。例如，对于 IT 高管而言，EA 文档可提供以下基本问题的答案：

- 为实施该决策，需引进或重新使用哪些技术？
- 该决策对我们技术景观的质量有何影响？
- 哪些团队和合作伙伴应参与实施该决策？

对于业务单元经理而言，EA 文档解释了每个规划决策对本地业务流程的影响。例如，对于业务单元经理而言，EA 文档可提供以下基本问题的答案：

- 该决策如何满足我们的本地需求和需要？
- 该决策如何修改我们已有的业务流程？
- 该决策如何改变我们日常使用的信息系统？

对于 IT 项目团队而言，EA 文档解释了每个规划决策对独立 IT 项目设计的影响。例如，对于 IT 项目团队而言，EA 文档可提供以下基本问题的答案：

- 为执行该决策究竟需要做什么？
- 可用什么方法来实施该决策？
- 该决策究竟是如何修改我们的技术景观结构的？

最后，对于第三方而言，EA 文档解释了每个规划决策对特定合同或外包协议结构的影响。例如，对于第三方来说，EA 文档可提供以下基本问题的答案：

- 实施该决策需要满足哪些基本要求？
- 我们可以提供什么产品或技术以实施该决策？
- 现有的技术景观如何促进或阻止该决策的实施？

EA 文档对以上提供的不同业务和 IT 利益相关者的问题清单远非完整和详尽[3]。然而，它阐述了 EA 文档的通用意图，即提供与参与信息系统规划的所有主要行动者所关注的每项规划决策有关的关键信息（见图 1.3）。使用企业架构来讨论、协商和平衡所有相关利益者的利益，有助于组织实施协调良好的变革，并做出最佳的规划决策，即以技术上最优化和无风险的方式，以最小的成本实现短期和长期目标的决策，同时不引入过度的复杂性或破坏整体的一致性。作为支持不同组织参与者群体沟通的工具，企业架构的本质如图 2.1 所示。

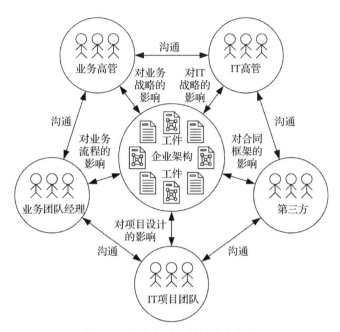

图 2.1 作为沟通工具的企业架构

2.1.2 企业架构与传统架构的区别

尽管架构的概念通常与建筑物和其他建筑对象相关联，但企业架构与传统架构并无太多的共同点[4]。与建筑不同，组织是动态的社会技术系统（见图 1.2），无法通过设计或工程来建造[5]。反之，组织可被认为是极其复杂的、有机的、有生命力的实体，随着时间的推移而逐渐演进或生长，而非以精心策划的方式建造[6]。没人会像传统架构师设计建筑物那样去设计组织。在现实世界中，不存在完美规划的公司。成功的组织是良好管理演进的结果，而非精心、慎重和详细规划的结果。

从这个角度看，"企业架构"一词无法像"建筑架构"代表建筑物的架构那样，直接从字面上理解为企业的架构[7]。企业架构并非类似于经典架构的全面蓝图或组织的详细总体规划[8]，而是一套实用的灵活描述，有助于管理和控制组织在业务上的演进，也有助于从业务和 IT 角度管理和控制组织的发展[9]。此外，由于组织作为有机实体不可能像建筑般拥有实体架构，因此"企业架构"这个词似乎只是因为一些复杂的历史原因而得以广泛流行[10]，但现在它纯粹是一种比喻，在概念上毫无意义，非常混乱，且在很大程度上是一种误导[11]。基本上，今天的"企业架构"一词只能被看作一个有条件的、奇特的总括性术语，代表组织中用于信息系统规划目的的各种文档的全部集合，但没有其他概念上的意义或实际意义。

2.1.3 企业架构域

企业架构的信息内容——作为一套从综合业务和 IT 角度描述组织的文档——涵盖了对

业务和 IT 而言很重要的组织各面，通常称为 **EA 域**（或 EA 领域）。特别地，EA 文档所反映的组织的典型面包括但不限于以下 6 个常见的域 [12]：

- 业务——**业务域**从业务运营的角度看待组织，如能力、流程、任务、角色、位置、价值流、客户体验等。
- 应用——**应用域**从终端用户应用的角度来看待组织，如应用程序、企业系统、在线网站、移动应用、定制软件、供应商产品等。
- 数据——**数据域**从其核心数据的角度来看待组织，如数据实体、数据结构和呈现格式、数据库、仓库和存储、主数据源、大数据等。
- 集成——**集成域**从组织系统集成机制的角度来看待组织，如接口和连接、交互协议、集成总线、消息中间件、ETL 平台等。
- 基础设施——**基础设施域**从其底层 IT 基础设施的角度来看待组织，如硬件、服务器、数据中心、操作系统、系统软件、云、网络、电话等。
- 安全——**安全域**从组织安全机制的角度来看待组织，如防火墙、认证方法、身份和访问管理系统、加密协议等。

这些常见 EA 域的集合可以松散地表示为域的多层栈，其中较低的层支撑较高的。例如，来自应用域的应用程序使来自业务域的业务流程自动化。来自数据域的数据被来自应用域的应用程序所使用。来自集成域的集成机制连接来自各个域的应用程序和数据。基础设施域的基础设施被用来承载来自相应域的所有应用程序、数据库和集成平台。最后，来自安全域的安全机制渗透到所有其他域的业务流程、应用、数据、集成方法和基础设施。然而，不同的组织层和各自 EA 域间的依赖关系是有条件的，可能并不总是像上面说明的那么明确。图 2.2 中展示了组织作为代表不同 EA 域的多个层次间的关系图。

虽然业务域与任何特定技术无关，可被视为非技术和技术中立，但所有其他 EA 域都与各自的技术直接相关，可被视为**技术域**。此外，位于栈高层的 EA 域往往与业务经理更相关，而较低层的域往往对业务受众不太感兴趣。在此基础上，所有常见的 EA 域也可以被松散地划分为业务赋能域和业务支撑域。一方面，**业务赋能型 EA 域**占据了栈的顶层，可被视为功能域。常见的业务赋能 EA 域包括业务域、应用域和数据域。这些域基本上定义了 IT 系统所提供的核心业务功能。它们是大多数商业利益相关者直接关心和"可见"的。例如，业务经理自然会对其业务流程如何运作、可以使用哪些应用以及哪些数据可供使用感兴趣。所有与业务赋能 EA 域相关的、影响业务功能的规划决策通常都与业务利益相关者商定。另一方面，**业务支撑型 EA 域**占据了栈的底层，可以被视为非功能域。常见的业务支撑型 EA 域包括集成域、基础设施域和安全域。这些域与 IT 系统的具体业务功能几乎没有关系。对于大多数业务利益相关者而言，它们在很大程度上并不相关，也不可见。例如，业务经理通常对其信息系统的整合、基础设施和安全方面不感兴趣，只要这些系统被充分整合，在可靠的基础设施上运行，并有合理的安全性。大多数与业务支撑型 EA 域相关的规划决策通常不影响任何业务功能，可能不会与业务利益相关者讨论。图 2.3 显示了常见的 EA 域中业务赋能型域和业务支撑型域的栈情况。

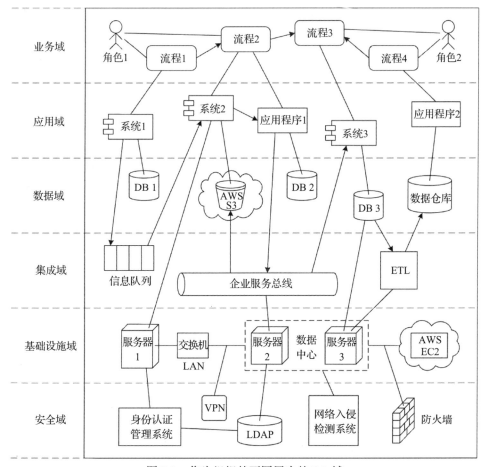

图 2.2 作为组织的不同层次的 EA 域

图 2.3 常见 EA 域的栈

一般来说，企业架构可描述特定组织中从业务和 IT 间关系的角度认为重要的任何域。图 2.2 和图 2.3 中所示的 6 个 EA 域只是许多公司企业架构中最常见的域。

2.2 企业架构实践

企业架构实践（**EA 实践**）也可称为企业架构管理（**EAM**）[13]，是一种组织实践，使用被称为 EA 工件的特定文档，用于改善业务和 IT 利益相关者间的沟通，促进信息系统规划，改善业务和 IT 对齐[14]。企业架构实践是一种复杂的、多方面的组织实践，包括所有与 EA 相关的工件、人员、流程、软件及其交互。企业架构实践的严格边界非常难以定义。企业架构实践基本上渗透了整个组织，涉及从 CEO 到普通项目组成员的众多参与者，并极大改变了大多数与 IT 相关的决策过程。一般而言，企业架构实践可说是最复杂的、难以解释的，甚至是难以捉摸的组织实践之一[15]。

企业架构实践并非独立的活动，而是组织机体的组成部分。启动企业架构实践意味着为组织引入深刻而复杂的变化，影响其人员、流程和技术的方面。企业架构实践无法孤立地工作，需与其他组织流程相结合，最重要的是与战略管理和项目管理相结合[16]。基本上，企业架构实践"位于"战略管理和项目管理之间，企业架构实践的作用是不断将抽象的业务经营考量转化为具体的 IT 解决方案设计，以最优化的方式实施这些经营考量。本书中的所有术语，如"IT 解决方案""IT 项目""IT 计划"和"IT 投资"，应主要理解为涉及 IT 的业务优化工作，这意味着在所有三个关键的组织面引入协调的变化：人员、流程和技术，见图 1.1。

企业高管进行的**战略管理**过程将来自外部业务环境的相关信息作为输入，并产生指导组织的抽象业务经营考量作为输出，如目标、目的、计划和需求。企业架构实践将这些抽象的业务经营考量作为输入，并产生具体的、可实施的 IT 解决方案设计，准确描述需要做什么，如何以及何时满足业务经营考量，以此作为输出。最后，由 IT 项目团队执行的**项目管理**过程将这些可实施的设计作为输入，并产生与其相对应的最佳 IT 解决方案作为输出，进而实现由业务高管定义的抽象业务经营考量。重要的是，所有这些过程都是连续的、同时进行的，且意味着不断地反馈。在常规组织流程的上下文中，企业架构实践的位置如图 2.4 所示。

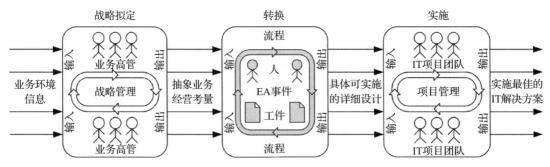

图 2.4　在组织流程上下文中的 EA 实践

企业架构实践在高层战略业务规划和低层 IT 系统实施之间提供了一条连接纽带。通过在组织的战略管理和项目管理过程中发挥中介作用，企业架构实践能够有效协调参与战略决策和 IT 系统实施的所有相关人员的计划和活动，从而改善业务和 IT 对齐。实践企业架构并不意味着对组织进行"架构设计"，而是讨论其预期演变。

2.3　企业架构工件

构成企业架构的独立文档通常被称为 **EA 工件**[17]。EA 工件从不同的角度对组织进行描述，这对参与战略决策和实施 IT 系统的各种参与者来说非常重要。它们可被看作企业架构实践的关键因素和基石。从本质上讲，企业架构实践是围绕着使用特定的 EA 工件集以改善不同参与者之间的沟通。EA 工件是企业架构实践的"主力"，它能使企业进行有效的决策和集成组织中业务和 IT 的规划。在集体决策中系统地使用 EA 工件，可将信息系统规划的规范化方法与临时的、无组织的方法区分开来。

不同的 EA 工件被不同的参与者在不同时刻用于不同的目的，并在组织中发挥着不同的作用。EA 工件在其基本特性、特征和属性方面可能非常多样化。特别地，从其属性的角度来看，所有 EA 工件在企业架构实践中的信息内容、常规意义和生命周期方面都会有所不同。

2.3.1　企业架构工件的信息内容

从其信息内容的角度来看，EA 工件可使用不同的表示格式，提供不同级别的细节，涵盖不同的范围，描述不同的 EA 域，并关注不同的时间点。另外，从其物理特性的角度来看，EA 工件可使用不同的存储方法，具有不同的容量。

首先，EA 工件可有不同的**呈现格式**。也就是说，EA 工件可用文本、图形，有时也可用表格格式，或者使用这些格式的混合格式进行呈现。纯文本的 EA 工件只包含纯文本。纯粹图形化的 EA 工件只包含图表和模型，有时使用特殊的建模语言或符号创建，如 ArchiMate。纯粹的表格式的 EA 工件只包含有行和列的表格。混合的 EA 工件可以以不同的比例包含所有这些表示格式的元素。

其次，EA 工件可提供不同**级别的细节**。EA 工件中包含的描述粒度范围很广，从非常高级的抽象概念（如业务和 IT 能力、总体概念规则和执行层面的经营考量）到相当低级的细节（如具体的业务活动、具体的 IT 系统及其组件）。

第三，EA 工件可涵盖不同的**组织范围**。从其范围来看，EA 工件的覆盖范围从整个组织、业务线和业务功能到狭窄的组织域、单独的变革计划，甚至是单一的 IT 项目。通常情况下，覆盖范围较广的 EA 工件不太详细，而覆盖范围较窄的 EA 工件则更详细。

第四，EA 工件可以描述企业架构中不同的**域**。EA 工件中经常描述的 EA 域包括但不限于业务域、应用域、数据域、集成域、基础设施域和安全域（见图 2.2），以及多个不同域的所有可能组合。

第五，EA 工件可关注组织的不同**时间状态**，即描述一个组织在不同时间点的状态。通常在 EA 工件中描述的所有状态都可有条件地分为当前状态（现在）、短期未来状态（<1年）、中期未来状态（2～3年）和长期未来状态（3～5年）。EA 工件也可描述多个时间状

态的组合，以及不同状态间的过渡。例如，EA 工件可描述组织的当前状态、计划在短期和中期内对该状态进行的改变，以及实施这些改变顺序。此外，一些 EA 工件甚至可以是无状态的，即不关注具体的时间点。例如，EA 工件可描述组织的一些永恒使命，这些使命在过去相关，现在相关，在未来也相关。

在物理上，EA 工件可使用不同的**存储方法**。在最简单的情况下，EA 工件可以被存储为普通的文档，这些文档是在通用的文本编辑器、图表工具和电子表格软件中创建的，这取决于其呈现格式，最常见的是使用无处不在的 MS Office 套件。例如，图形化的 EA 工件通常在 MS Visio 中开发，表格格式的工件通常在 MS Excel 中维护，而文本的 EA 工件和混合格式的工件最典型的是在 MS Word 中创建。在更复杂的情况下，架构信息可以存储在配置管理数据库（CMDB）中，甚至存储在 EA 专用软件工具提供的特殊存储库中。

最后，EA 工件可以有不同的**容量**。在大多数情况下，EA 工件的物理容量可用其印刷页数和这些页面的大小来大致衡量。EA 工件的页数从一页到数百页不等。页面本身的大小也可从标准的 A4 格式到较大的 A2 或 A1 格式，再到可能占据办公室整面墙的巨大海报。EA 工件的容量自然与其组织范围和详细程度相关，即更广泛的范围和更高的颗粒度需要更大的容量，反之亦然。然而，当架构信息被存储在专门的软件库中时，容量的概念在很大程度上失去了意义。

2.3.2 企业架构工件的双重属性

EA 工件最基本的特性之一是其信息内容的双重属性。**EA 工件的双重属性**意味着这些工件提供的信息同时与两个不同受众相关，满足这两个受众的信息需求，并以吸引这两个受众的形式呈现。其双重属性允许使用 EA 工件作为参与战略决策和 IT 系统实现的不同参与者群体的沟通和合作手段（见图 2.1）。EA 工件的双重属性可被视为支撑企业架构实践的最基本机制之一，并使不同的利益相关者能够有效合作[18]。

EA 工具的双重属性可以是显式的或隐式的。一方面，**显式的双重属性**是指 EA 工件的不同部分与不同的参与者群体相关，例如，EA 工件的某些部分主要是为业务利益相关者准备的，而同一工件的其他部分主要是为 IT 利益相关者准备的。另一方面，**隐式的双重属性**是指 EA 工件的相同部分被不同的参与者所解释，例如，EA 工件中的同一图表与商业和 IT 利益相关者相关，但对每一方都有明显不同的影响。换而言之，EA 工件的双重属性意味着要么向不同的参与者提供不同的信息，要么对不同参与者提供具有不同意义的相同信息。然而，EA 工件显式和隐式的双重属性经常被结合在一起。

上面讨论的 EA 工件的双重属性，特别是显式的双重属性，可通过一个流行的 EA 工件（通常称为解决方案概述）的特定示例清楚地说明，该示例从业务和 IT 的角度提供一个拟议的 IT 解决方案的高级描述。该工件通常有多个不同的部分，是为业务和 IT 利益相关者准备的，他们可在此处找到关于 IT 解决方案的最关键问题的答案。图 2.5 显示了基于解决方案概述示例的 EA 工件的双重属性。

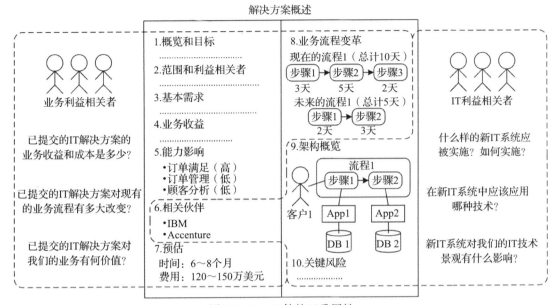

图 2.5　EA 工件的双重属性

由于其明显的双重属性，图 2.5 所示的解决方案概述有助于业务和 IT 利益相关者就新 IT 计划的启动做出最佳的集体规划决策。特别地，基于这个双重属性的 EA 工件，业务利益相关者可以评估并保证拟议 IT 解决方案积极的业务价值，而 IT 利益相关者可评估并批准其通用技术的可行性。利用双重属性 EA 工具对复杂的规划决策进行全面评估，可从业务和 IT 的角度提高这些决策的质量，从而提高组织中与 IT 相关的规划工作的整体效率。然而，并非所有有用的 EA 工件都具有双重属性。

2.3.3　企业架构工件的两种含义：决策型和事实型

从它们在企业架构实践中的一般意义来看，所有的 EA 工件都可被分为决策型 EA 工件和事实型 EA 工件。一方面，**决策型 EA 工件**代表了所做的规划决策，即各利益相关者就所需的未来行动路线达成的正式协议。如这些工件可体现组织中各种与 IT 相关的规划决策，包括以下决策：

- 从业务和 IT 的角度看，组织需如何工作？
- 组织应在何处投资其 IT 资金？
- 特定的 IT 解决方案应如何实施？

决策型 EA 工件总会对未来有一定的影响，这通常意味着组织会有一些变化。由于所有关于未来的规划决策都需要利益相关者的讨论和共识，因此这些工件总是由所有相关的利益相关者合作开发或更新，并以这些利益相关者便于理解的格式呈现。例如，它们通常为高效团队合作、易于编辑和分发[19] 而优化。决策型 EA 工件在本质上是主观的、推测的和特定于人的。它们只基于贡献者对未来理想行动方向的知情意见，并主要由利益相关者[20]的利益决定。从本质上讲，决策型 EA 工件在企业架构实践中发挥着主要作用，为有效沟通、平衡决策和协作规划提供了工具（大多数决策型 EA 工具具有双重属性，见图 2.5）。其一般目的是帮助做出由所有利益相关者批准的最佳规划决策。在决策型 EA 工件被创建和批准后，所有的利益相关者应准备好根据这些工件所反映的相应规划决策去采取行动，这可能需要执行具体的行动（如构建一个新的信息系统），或者只是在随后的决策过程中考虑到这些决策（如优先考虑未来的 IT 投资）。由于任何有关期望的未来想法总意味着集体决策，因此所有描述未来状态的 EA 工件，以及所有对未来有具体影响的无状态 EA 工件，从其在企业架构实践中的普遍意义来看，可以自动被认为是决策型 EA 工件。

另一方面，**事实型 EA 工件**代表记录在案的客观事实，即组织当前实际情况的反映。例如，这些工件通常会记录组织现有技术景观的某些方面，其中包括以下客观事实：

- 企业技术景观使用了哪些技术。
- 组织拥有、运行和维护哪些 IT 资产。
- 现有 IT 系统和数据库是如何相互连接的。

与决策型 EA 工件不同，事实型 EA 工件并不意味着任何规划决策，对未来也没有影响。由于客观事实通常不存在争议，也不需要任何真正的决策，这些工件可以只由特定的参与者开发或更新，但需以方便未来用户的格式呈现。例如，它们通常为信息的长期存储、可搜索和分析而优化。事实型 EA 工件只基于公认的"硬"数据，并在很大程度上独立于参与开发的具体人员。基本上，事实型 EA 工件在企业架构实践中起着支持作用，为开发决策型 EA 工件提供所需的信息基础。其一般目的是帮助捕捉和存储关于组织的客观事实，从 IT 相关规划的角度来看是很重要的。在事实型 EA 工件被创建后，它们可被任何参与者用作规划的参考材料。由于仅是对现状的记录且并不含任何真正的决策，因此从企业架构实践中的普遍意义来看，所有只描述现状的 EA 工件可自动被视为事实型 EA 工件。表 2.1 总结了上面描述的决策型 EA 工件和事实型 EA 工件之间的主要区别。

表 2.1 决策型 EA 工件和事实型 EA 工件

工件	决策型 EA 工件	事实型 EA 工件
状态	要么是未来状态，要么是无状态	只有当前状态
展示	做出的规划决策	文档化的客观事实
意义	总是对未来有影响	对未来没有影响
开发	由所有的利益相关者合作开发	仅由特定的参与者制定
格式	为高效团队合作、易于编辑和分发而优化	为信息的长期存储、可搜索和分析而优化
性质	主观的，即基于特定人群的利益和意见	客观的，即以公认的事实为基础，不受特定人群的影响
作用	主要的，即为沟通、决策制定和规划提供工具	支撑的，即提供制定决策型 EA 工件所需的信息基础
目的	帮助做出最佳规划决策	帮助存储对 IT 规划重要的事实
结果	利益相关者根据做出的决策采取行动	任何参与者均可用其作为参考材料

然而，如前所述，一些 EA 工件可同时描述当前和未来的状态。因此，这些罕见的 EA 工件可同时结合决策型 EA 工件和事实型 EA 工件的属性。例如，EA 工件可描述当前状态，因此自动归类为事实型 EA 工件，也可描述对当前状态未来变化的一些建议，因此也同时属于决策型 EA 工件。在这种情况下，各自的 EA 工件应根据情景而被分为事实型 EA 工件或决策型 EA 工件。具体来说，从当前状态所有变更角度来看，这些工件应该被视为事实型 EA 工件，但从建议未来变化的所有变更角度来看，应该被视为决策型 EA 工件。然而，在某些情况下，如果未来状态的描述已被其他决策型 EA 工件所批准，即反映了之前在其他地方已经做出的规划决策，则这些描述仍然可以包含在事实型 EA 工件中。

2.3.4 企业架构工件的两个生命周期：永久型和临时型

从企业架构实践中的生命周期的角度来看，所有的 EA 工件都可分为永久型 EA 工件和临时型 EA 工件。**永久型 EA 工件**是长期存在的 EA 工件，通常会存在多年。它们与组织一起共存和发展。永久型 EA 工件被一次性创建，然后根据组织及其商业环境的不断变化，在必要时进行更新。它们既可以以主动的方式被一次性开发，也可以在必要的基础上被动地生成，即随着时间的推移在组织中逐渐地积累。在被开发后，这些工件被不断地使用和维护，偶尔也会在它们变得不相关时被丢弃。大多数涵盖了超出特定 IT 计划或项目范围的 EA 工件往往是永久型 EA 工件。

临时型 EA 工件是短期的 EA 工件，通常只存在几个月甚至几周。它们是过渡性的、单一用途的和一次性的。临时型 EA 工件是在特定的时刻为特定的目的而创建的，按计划使用，然后立即被丢弃或归档。由于其寿命很短，通常无须更新或维护。所有涵盖狭窄范围的 EA 工件（如单独的 IT 计划或项目）往往是临时型 EA 工件。同时，所有的临时型 EA 工件往往是决策型 EA 工件（见表 2.1）。表 2.2 概述了上述永久型 EA 工件和临时型 EA 工件的主要区别。

表 2.2　永久型 EA 工件和临时型 EA 工件

工件	永久型 EA 工件	临时型 EA 工件
范围	宽广范围，超出了特定的 IT 计划	狭窄范围，仅限于特定的 IT 计划
寿命	寿命长，通常存在多年	寿命短，只存在几个月甚至几周
使用情况	一次性创建，定期更新，不断使用，偶尔丢弃	为特定目的而创建，按计划使用，然后立即丢弃

2.3.5 企业架构工件的示例

上面讨论的 EA 工件的信息内容、一般意义和生命周期可用流行的 EA 工件（原则、景观图和解决方案设计）的具体例子来说明（这些工件和许多其他类型的 EA 工件将在第 9 ～ 14 章详细讨论）。这些典型 EA 工件的示例以及从它们的信息内容、意义和生命周期的角度进行的分析见图 2.6。

EA工件示例

EA工件	原则	技术景观图	解决方案设计
示例	原则1：标准化业务流程 描述：…… 原因：…… 影响：…… 原则2：单一顾客视角 描述： 原因： 影响： 原则3：业务连续性 描述： 原因： 影响：	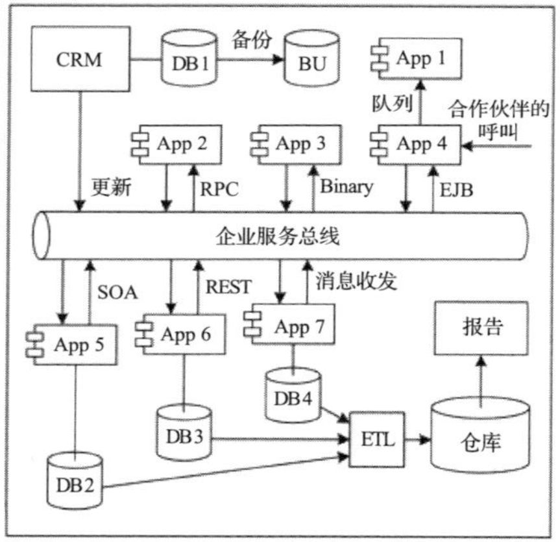	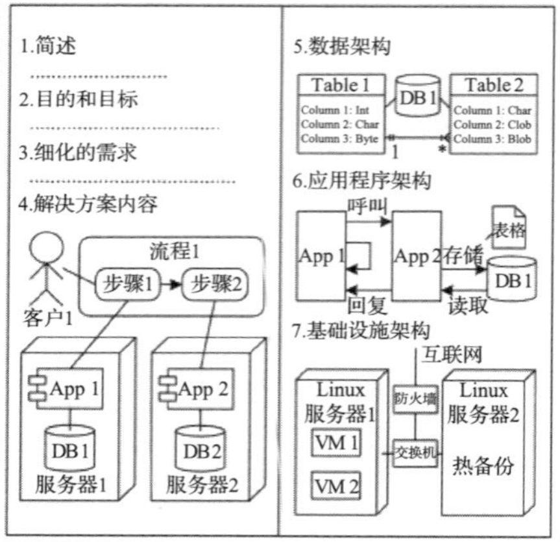
描述	定义整个组织需要如何工作的通用命令，每年更新	特定业务功能中当前技术景观的快照，保持最新	即将实施的特定IT项目的详细技术描述

EA工件分析

	原则	技术景观图	解决方案设计
格式	文本	图形	混合（文本和图片）
细节	非常低度细节	低度细节	高度细节
范围	整个组织	业务功能	独立IT项目
域	业务	应用程序、数据和集成	业务、应用程序、数据和基础设施
状态	无状态（未聚焦特定时间）	当前状态	短期未来状态
存储	微软Word	微软Visio	微软Word
容积	少量常规页面	一张大页面	数十个常规页面
双重属性	是	否	是
含义	决策型	事实型	决策型
生命周期	永久型	永久型	临时型

图 2.6　典型的 EA 工件示例及其分析

尽管从信息内容、意义和生命周期的角度来看，各种 EA 工具可能非常不同，但所有的 EA 工具仍有一个至关重要的共同属性：所有 EA 工件都毫无例外地像其他工具一样，只有当它们被具体的人用于特定的目的以促进某些活动时才有价值。因此，所有 EA 工件在制作时都应对其未来的用途和意图有一个明确的想法，而 EA 工件所反映信息的内容、结构、呈现形式和复杂性应与其目的密切相关 [21]。

即使有可能从各个角度描述整个组织的所有业务单元，而开发出无数种各异的 EA 工件，但仅仅描述组织的某些方面以达到不明确目的的 EA 工件是无用的，应避免。闲置的 EA 工件对组织而言浪费了时间和金钱。反之，从所有可能的描述中，成功的企业架构实践只选择了有限的子集，即对决策有帮助的最有价值的描述，并将其具化为 EA 工件。在企业架构实践中，EA 工件并非单纯的描述，而是信息系统规划中成熟的工作工具。

2.4 企业架构实践中架构师的作用

企业架构实践中的关键角色是**架构师** [22]。架构师在组织中充当首席信息系统规划师和业务及 IT 相关计划的整合者。理想的架构师是有效的沟通者、团队合作者、创新者和系统思考者，在业务和 IT 方面均有丰富的知识。这些特性使架构师能与各种业务和 IT 利益相关者沟通，了解其关注点，并提出最佳的规划决策，满足所有各方的基本利益。尽管架构师通常来自 IT 部门，并有 IT 背景，但他们并不完全属于 IT 专家或业务专家的阵营。相反，架构师是连接业务和 IT 的 "T 型" 专才，即寻找满足业务战略和需要的最佳 IT 战略和解决方案的专家。

2.4.1 架构师的一般职责

架构师是 EA 工件的主要拥有者，是业务和 IT 之间对话的促进者。他们在组织、建立和运行企业架构实践中起着关键作用。即使架构师本身不能成为企业架构实践的发起人或最终受益者，他们也是大多数 EA 相关过程的主要参与者之一。架构师的典型职责包括：

- 分析外部技术环境。
- 研究内部组织和 IT 环境。
- 与各种业务和 IT 利益相关者沟通，了解其关注点。
- 促进不同利益相关者群体间的对话和交流。
- 在不同的利益相关者间充当中间人。
- 寻找、提出并讨论最佳的规划决策，以满足所有利益相关者的关注。
- 开发和更新 EA 工具，以支持讨论和文档化所达成的协议。
- 确保执行反映在 EA 工件中的商定的规划决策。
- 同行评议和批准其他架构师开发的 EA 工件。
- 建立和维护 EA 库。

- 设置必要的软件工具以处理 EA 工件。
- 建立、运行和优化 EA 相关流程。
- 参与其他需要架构师专业知识的特殊活动，例如，供应商合同谈判和并购的技术尽职调查。

由于企业架构与传统架构不同，因此企业架构实践中的架构师也与传统架构师不同[23]。他们并不像古典架构师设计建筑那样设计组织或技术景观，而是与相关的利益相关者讨论并就其期望的演变达成协议。传统的架构师往往被认为是孤独的策划者或独具慧眼的远见者，能创造出宏伟的设计，而企业架构实践中的架构师首先是积极主动的关系建设者和充满活力的团队成员，能够找到折中的方案并协商出双方都满意的规划决策。做个比喻，他们在组织环境中的角色最合适被描述为沟通者，而非设计师或工程师。

重要的是，架构师的职位是专家，而非管理岗。架构师通常没有直接下属，也未被赋予任何行政权力或决策权。架构师必须用他们有说服力的意见柔和地影响决策过程，且他们对大多数组织决策没有最终决定权。架构师的建议必须通过明确的论证和说服以"推销"给真正的管理者——他们被授权代表组织对技术的采用、资金的分配、项目的启动或取消做出正式的决定。

尽管架构师在组织中的职责是多样化和多层面的，但所有架构师的最关键职责之一是开发必要的 EA 工件，以支撑企业架构实践。

2.4.2 架构师作为企业架构工件的开发者

架构师是企业架构实践中所有 EA 工件的关键开发者。他们亲自负责让相关的利益相关者参与进来，收集必要的数据并完成开发 EA 工件所需的所有其他活动。然而，由于其不同的含义、目的和性质，决策型 EA 工件和事实型 EA 工件的典型开发和更新过程有很大不同（见表 2.1）。

一方面，决策型 EA 工件的开发和更新是一个复杂的、创造性的、棘手的过程[24]。由于对决策型 EA 工件的所有修改，包括其初始开发和可能的后续更新，均需所有相关的利益相关者就未来的行动方案达成共识，因此这些工件总是由架构师和他们的利益相关者合作开发[25]。多个利益相关者群体行使不同的权力，代表着不同甚至冲突的观点，这往往使决策型 EA 工件的开发成为高度政治化的过程。从本质上讲，合作开发决策型 EA 工件就是规划的实际过程。尽量架构师通常作为其发展的促进者或推动者，但从本质上说，决策型 EA 工件是团队集体工作的产物。这些工件通常以主动方式创建。

开发或更新决策型 EA 工件通常始于对具体规划决策的需要。首先，架构师组织与这些决策的所有相关利益者的非正式初步对话。在这些讨论中，利益相关者和架构师就可行的规划决策达成基本共识。然后，架构师将建议的规划决策正式发布为新的或更新的 EA 工件，并与相关的利益相关者合作，用必要的细节详细说明这些工件。在此合作过程中，所产生的 EA 工件会被最终完成，并与所有的直接利益相关者达成非正式的协议。最后，已完成和最终确定的 EA 工件需经过正式的集体批准程序，并最终成为代表所有参与其中的利益相关者和架构师共同做出的规划决策的正式文档。从这一刻起，所有参与方都承诺按照这些决策行事。例如，为了制定原则或解决方案设计（见图 2.6），架构师可能会安排一系列与利益相关者（分别是业务高管和 IT 项目团队）的会议，讨论其观点和关注点，根据收集到的意见提出 EA 工件的初始版本，与利益相关者一起组织研讨会来详细说明和完成这些工件，然后将这些工件的最终版本分发给所有利益相关者，供其正式批准和签署。EA 工件被签署后，所有参与方都承诺将他们的决策与新建立的原则保持一致，或完全按照开发的解决方案设计中的描述来实施 IT 解决方案。

重要的是，EA 工件的主要价值是在开发过程中实现的。多个利益相关者在开发决策型 EA 工件上的集体合作有助于这些利益相关者的沟通，实现相互理解，并在考虑到所有各方的基本利益的情况下产生最佳的规划决策。当实际的 EA 工件完成时，这些工件中正式的关键规划决策已经做出。基本上，最终决定的 EA 工件只是记录了利益相关者在开发过程中达成的协议。从这个角度来看，利益相关者开发决策型 EA 工件的合作努力要比实际产生的工件作为有形的正式文档更有价值。换句话说，对于这些工件，过程比产品本身更重要。最关键的成功因素是所有利益相关者及时参与开发过程。

另一方面，事实型 EA 工件的开发和更新是一个更简单、更常规和更直接的过程。与所有利益相关者合作开发的决策型 EA 工件不同，事实型 EA 工件通常是由个别架构师单独开发的，或者只有极少的其他参与者参加（见表 2.1）。这些工件通常是在必要的基础上被动地创建。

事实型 EA 工件的开发或更新通常始于对特定文档化事实的需求。首先，架构师从所有相关来源收集必要的原始数据，这可能包括研究可用的文档，询问有能力的人，以及从现有的 IT 系统或库中提取数据。当收集到足够的所需事实信息时，架构师会创建新的或更新现有的 EA 工件，详细准确地记录所发现的事实。由于事实型 EA 工件只描述了"是什么"，并不意味着任何规划决策，也对其无任何影响，因此完工的事实型 EA 工件通常不需要由任何其他参与者批准。尽管如此，架构师仍然可以做出决定，回到提供原始信息者处，以验证所生成的 EA 工件并确保其正确性。在这些工件被创建后，所有的参与者都可使用其进行规划。例如，为了开发或更新景观图（见图 2.6），架构师可以阅读最近 IT 项目的可用文档，采访 IT 支持部门的成员，搜索中央配置管理数据库，然后制作景观图，将所有收集到的事实描绘在一页紧凑的图纸上。架构师还可以回到 IT 支持团队处，仔细检查并确认所生成描述的准确性。从这一刻起，任何人都可以把新的景观图作为当前状态的参考基线，用于决策。

与决策型 EA 工件不同，事实型 EA 工件的主要价值是在开发后实现的。事实型 EA 工件的开发过程在本质上是高度机械的，没有任何内在价值。然而，在事实型 EA 工件开发完成后，这些工件的价值体现在作为支撑决策型 EA 工件开发的信息基础。从这个角度来看，实际生成的事实型 EA 工件作为有形的正式文档，要比架构师开发这些工件付出的努力更有价值。换句话说，对于这些工件而言，产品比过程更重要。与事实型 EA 工件相关的最关键的成功因素是描述的准确性和更新性。图 2.7 总结了上面讨论的开发或更新决策型和事实型 EA 工件的过程及其比较。

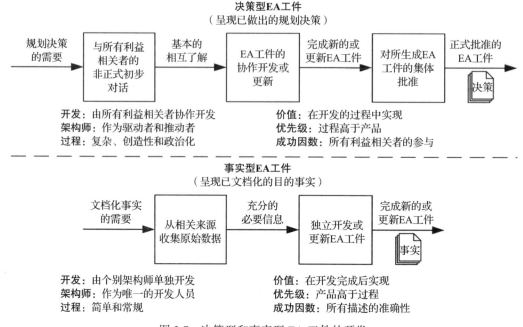

图 2.7 决策型和事实型 EA 工件的开发

理解决策型 EA 工件和事实型 EA 工件之间的深层区别很重要。对决策型和事实型 EA 工件使用适当的开发流程对企业架构实践的成功绝对关键。虽然将事实型 EA 工件作为决策型 EA 工件来开发没有任何意义，但将决策型 EA 工件作为事实型 EA 工件来开发，很容易被认为是开发这些工件以及实践企业架构的"捷径"。然而，所有试图以类似于事实型 EA 工件的方式来开发决策型 EA 工件的做法都具误导性，并且极其危险，且可能对企业架构实践产生灾难性的后果。

以类似于事实型 EA 工件的方式来开发决策型 EA 工件（即仅通过采访相关的利益相关者，然后为他们创建决策型 EA 工件），不可避免地会用一厢情愿的想法、善意的幻觉和理想主义的想象来取代真正的实际规划。组织中所有重要的规划决策都必须与利益相关者讨论并达成一致，而无法由其他人代表他们做出[26]。此外，由于架构师没有正式的管理权限，因此他们无法执行任何决策，而只能说服他人相信其合理性。因此，架构师在很少或没有真正的利益相关者参与的情况下创建的决策型 EA 工件通常会被忽视，且从未付诸应用。因此，在开发决策型 EA 工件时，如果只代表真正的利益相关者来制作这些工具，就会把整个企业架构实践从沟通的驱动力变成无用文档的工厂。将利益相关者排除在相关决策型 EA 工件的讨论之外，消弭了使用企业架构作为沟通工具的本质（见图 2.1）。简单而言，把决策型 EA 工件作为事实型 EA 工件来开发，很容易将企业架构实践毁掉。此外，在没有事先与其他利益相关者讨论并得到他们同意的情况下，即使架构师对决策型 EA 工件的格式进行"无害的"改进，也会造成严重混乱，应予以避免。

2.4.3　企业架构工件、架构师和其他参与者

　　企业架构实践包括架构师和其他组织参与者，他们通过创建和使用 EA 工件进行沟通。然而，从决策型 EA 工件和事实型 EA 工件的角度来看，架构师和其他参与者的角色，以及他们在企业架构实践背景下的沟通和互动模式大为不同（见表 2.1）。

　　一方面，作为所有决策型 EA 工件通用开发过程的一部分（见图 2.7），架构师不断与各种业务和 IT 利益相关者沟通，分析其利益和需求，提出满足所有利益相关者需求的最佳规划决策，将这些初始决策正式化为 EA 工件，然后经过反复循环，进一步讨论、完善和澄清这些工件，直至利益相关者达成最终协议，并由所有参与方正式批准已提议的规划决策。即使架构师仍然是决策型 EA 工件的主要开发者，但提供意见并批准所生成工件的各种利益相关者本质上充当着该类工件的共同开发者。

　　另一方面，作为所有事实型 EA 工件的通用开发过程的一部分（见图 2.7），该类工件唯一的开发者（架构师）从各种来源收集所有所需的数据，然后创建或更新相应的 EA 工件。图 2.8 显示了 EA 工件、架构师和上述企业架构实践的其他参与者之间的关系。

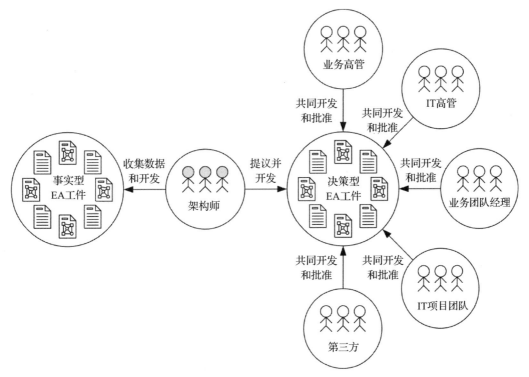

图 2.8　EA 工件、架构师和其他参与者之间的关系

通过领导与利益相关者的持续讨论，架构师提出在决策型 EA 工件中表达的最佳规划决策，并使这些决定得到批准，并在每个规划决策中实现所有关键利益相关者的利益平衡。由此产生的规划决策考虑到了所有相关业务和 IT 利益相关者的关键利益，从而改善了组织中业务和 IT 的对齐。由于关键利益相关者的积极参与对开发出代表相应的 IT 相关规划决策的决策型 EA 工件而言绝对必要，因此企业架构实践从根本上说无法在其他利益相关者 [27] 不参与的情况下由架构师单独进行。因此，组织信息系统规划的有效性并非架构师一人之事，而是事关整个组织。

2.5 组织中的架构职能

从组织上看，企业架构实践通常由**架构职能部门实施**。架构职能部门是独立的企业职能部门，通常直接向首席信息官报告，负责企业架构实践和整个组织的业务和 IT 对齐。从本质上讲，组织中的架构功能可以被看作 IT 部门的专门规划子单元。

作为支撑型的组织职能，架构职能并不为组织价值链增加任何直接的业务价值。与其他支撑型职能（如会计和人力资源管理）类似，架构职能的主要目的是赋能和支撑主要的增值组织活动（如生产和销售）。

组织所雇用的全部架构师通常都在架构职能中。根据组织的规模、结构和复杂性，架构职能可能会雇用不同类型的架构师和架构经理，即其他架构师的经理。不同类型的架构师通常有不同的职责，并可能专注于不同的 EA 域（如应用域、数据域或基础设施域，见图 2.2）或范围，从整个组织到独立的 IT 解决方案。例如，组织中常见的架构师类型包括首席架构师（chief architect）、企业架构师、主架构师（principal architect）、领袖架构师（lead architect）、域架构师、平台架构师、程序架构师、解决方案架构师等。然而，这些职位和头衔的确切含义是针对特定组织的，在不同的公司中可能有很大的差异。

除了雇用独立架构师之外，架构职能部门通常还主持一个或多个**架构治理机构**，即涉及架构师和其他相关业务和 IT 利益相关者的特别决策委员会。这些治理机构负责确保不同利益相关者有足够的参与度，并履行必要的**治理程序**，其中包括做出集体的具有架构意义的规划决策，以及审查、批准和正式授权决策型 EA 工件（见表 2.1）。

2.6 本章总结

本章讨论了一般的企业架构现象和使用企业架构的实践，EA 工件作为企业架构的独立组成部分及其关键属性，以及架构师和架构职能在组织中的作用。本章的核心信息可以归纳为以下几点：

- 企业架构是特定文档或 EA 工件的集合，从集成业务和 IT 的角度描述组织的各个方面，旨在弥合业务和 IT 利益相关者之间的沟通差距。

- 企业架构实践是一种复杂而多面的组织实践，它使用 EA 工件来实现业务和 IT 利益相关者之间的有效合作，促进信息系统的规划，提升业务和 IT 的对齐。
- EA 工件是构成企业架构的独立文档，为参与战略决策和实施 IT 系统的各参与者提供了组织的不同视图。
- 从其信息内容的角度来看，EA 工件可以非常多样化，使用不同的呈现格式，提供不同的详细程度，涵盖不同的范围，描述不同的域，关注不同的时间点，并使用不同的存储方法。
- 许多 EA 工件具有双重属性，即这些工具提供的信息同时与两个不同的参与者群体相关，满足这两个群体的信息需求，并使它们之间的沟通富有成效。
- 一些 EA 工件代表了由所有利益相关者集体制定的规划决策，并对未来有一定的影响，而其他工件只代表了文档化的客观事实，对未来没有影响。
- 永久型 EA 工件只需创建一次，定期更新，不断使用，偶尔丢弃；临时型 EA 工件是为特定目的而创建的，按计划使用，然后立即丢弃。
- 架构师是企业架构实践中负责信息系统规划的关键人物，也是 EA 工件的主要开发者，尽管所有决策型 EA 工件总是由各自规划决策的所有利益相关者共同开发的。
- 架构职能部门是负责企业架构实践的特定支撑型组织级职能部门，雇用所有的架构师，主持一些架构治理机构，通常体现为 IT 部门的规划子单位。

2.7　注释

1　如前所述，企业架构并无一个公认的定义（Kappelman 等人，2008；Korhonen 等人，2016；Kotusev 等人，2015a；Lapalme，2012；Nurmi 等人，2018；Radeke，2010；Rodrigues 和 Amaral，2013；Saint-Louis 等人，2017；Saint-Louis 等人，2019；Schoenherr，2008；Simon 等人，2013；Ylinen 和 Pekkola，2020）。此外，EA 学科既没有就企业架构是"名词"（即计划）还是"动词"（即规划）达成共识，也未就它是与规划工作（即规划方法）有关还是与规划对象（即景观结构）有关达成共识。具体而言，文献中至少有 5 种清晰但不一致的 EA 定义。第一，早期的作者倾向于将企业架构理解为一个整体的描述性蓝图，或者一套全面的蓝图，它能详细地定义组织及其 IT 环境。Spewak 和 Hill（1992，第 xxi 页）将企业架构定义为"数据、应用和技术的高阶蓝图"，Zachman（1997，第 48 页）将其定义为"一套与描述企业相关的描述性表述"，而 FEA（2001，第 5 页）则将其定义为"战略信息资产基础，其中定义了任务、执行任务所需的信息以及部署新技术的过渡流程"。第二，后来的一些作者将企业架构理解为一个松散的模型或计划集合，有助于组织业务和 IT 方方面面的对齐。Niemi（2007，第 1 页）将企业架构定义为"管理和发展组织所需的所有模型集合"，而 Simon 等人（2013，第 2 页）则将其定义为"一个结构化的、统一的计划集合，用于综合呈现企业业务和信息技术景观"。第三，一些作者将企业架构理解为一种将组织战略转化为行动的规划活动。Gartner 将企业架构定义为"将业务愿景和战略转化为有效企业变革的过程"（Lapkin 等人，2008，第 2 页），而 Federation of Enterprise Architecture Professional Organizations（FEAPO）

则将其定义为"为成功制定和执行战略而进行企业分析、设计、规划和实施的定义明确的实践"（FEAPO，2013，第 1 页）。第四，一些作者将企业架构理解为组织及其技术景观的内在非物质逻辑结构，即使不着文字，这种结构依然存在。Ross 等人（2006，第 47 页）将企业架构定义为"业务流程和 IT 基础设施的组织逻辑"，而 Ahlemann 等人（2012a，第 16 页）则将其定义为"若将企业看作社会技术系统，则（EA）为其基本组织，以及指导其设计和开发的原则"。第五，一些作者隐含地将企业架构简单地理解为一种物理技术景观及其结构模式以及作为其基础的一系列构成技术（Birkmeier 和 Overhage，2012；Chorafas，2001；Ellinger，2006；Engels 和 Assmann，2008）。此外，一些作者对企业架构的定义相当矛盾或模糊。Bernard（2004，第 33 页）将其定义为"一项管理计划和一种文档编制方法，共同为企业的战略方向、业务流程、信息流和资源利用提供可运作的协同视图"。然而，Schekkerman（2008，第 31 页）提出的企业架构定义可以说是最晦涩难懂的："企业架构就是要了解构成企业的所有不同要素，以及这些要素之间的相互关系"。出于多种原因，本书有意坚持第二种思想流派（Niemi，2007；Simon 等人，2013），并将企业架构定义为促进业务和 IT 整合规划的各种文件的松散集合。这一定义强调了企业架构的真正实际意义，并与本书的目的和结构相一致。其他一些支持此定义的更具体的论据，见 Kotusev（2019a）。

2 如前所述，EA 文档或工件可被视为不同职业群体间的边界对象，使其之间能进行有效的沟通与协作（Abraham，2013；Abraham 等人，2015；Abraham 等人，2013；Dreyfus，2007；Korhonen 和 Poutanen，2013；Magalhaes 等人，2007；Poutanen，2012；Valorinta，2011）。

3 Jung（2019）对企业架构应回答的典型问题进行了实证研究。

4 企业架构与建筑架构间的类比最初是由前 IBM 营销专家兼首席 EA 大师 John Zachman 提出的（Sowa 和 Zachman，1992a；Zachman，1987；Zachman，1996；Zachman，2001；Zachman，2003；Zachman，2006；Zachman，2007；Zachman，2010a；Zachman，2010b），随后被许多其他 EA 大师所利用（Bernard，2012；Boar，1999b；Holcman，2013；Schekkerman，2006a）Sowa 和 Zachman（1992a，第 591 页）认为，"当应用于信息系统时，架构一词是一种将计算机系统的构建比作房屋的构建的隐喻。它将描述信息系统的视角与建筑师设计和建造建筑物的视角进行了比较"。"无论对象是实物（如飞机）还是概念（如企业），都没有什么区别。挑战是一样的。如何逐件设计和建造，使其既能达到目的，又不会降低价值和增加成本"（Zachman，1996，第 4 页）。后来，Zachman（2006，第 37 页）认为，"架构就是架构。架构是什么并不重要：建筑物、飞机、汽车、计算机等。描述性表述的基本顺序是一样的"。然而，这种类比是完全不恰当的，只能被视为一种欺骗性的营销伎俩，与信息系统规划的经验现实无关。Doug McDavid 认为，"John Zachman 倡导的错误概念是，建立企业信息系统就像造飞机一样。事实上，企业信息系统更像是生物体的神经系统"（Greene 等人）。"我们可以把飞机设计和企业建模都称为建模。但是，我们不能忽视它们之间的根本区别。飞机可在时间和空间上'凝固'，而企业，就像任何社会组织一样，无法'凝固'，每天都在重建。执行流程和遵循程序的方式在不断变化，有时甚至连相关人员都没有注意到"（Stecher，1993，第 285 页）。正如 Gaver（2010，第 72 页）所指出的那样，"John Zachman 首次提出的与古典建筑的类比是错误和不完整的，我们需要重新审视并纠正这种类比"。知名管理学者 Pfeffer 和 Sutton（2006b，第 35 页）认为，"商业理念市场的另一个缺陷是，其充斥着随意的类比，而这些类比却能以某种方式赢得经理们的青睐"。

5 企业工程学科的理念（Bernus, 2009；Bernus 和 Nemes, 1996；CIMOSA, 1993；Dietz 等人, 2013；Doumeingts, 1989；Kosanke 等人, 1999；Mertins 和 Jochem, 2005；Williams, 1994）似乎只能应用于计算机集成制造（CIM）装配线或工业工厂，而不能应用于以客户为中心的后工业企业。正如 Bloomberg（2014，第 1 页）所指出的，"企业并非如机器或建筑一般的普通系统，也不能如此进行架构或工程设计"。

6 Holst 和 Steensen（2011，第 20 页）强调了成功 EA 实践的有机而非机械性质："科学的 EA 学科需要在方法上变得更加有机。成功 EA 实践的实证研究结果证实了这一点，即缺乏大型正规化文档框架的机械概念，也缺乏任何基于理论的差距分析概念或详细的现状和未来架构。"

7 不过，也有一些作者明确宣扬这种有缺陷的类比，例如 Covington 和 Jahangir（2009，第 1 页）："正如架构提供了建造大楼的蓝图一样，企业架构提供了将业务战略与 IT 对齐的蓝图和路线图。"

8 创建类似于经典建筑架构的组织综合架构描述的想法，一直被认为是不切实际的（Basten 和 Brons, 2012；Beeson 等人, 2002；Erder 和 Pureur, 2006；Kim 和 Everest, 1994；Lohe 和 Legner, 2014；Schmidt 和 Buxmann, 2011）。"虽然有些作者强调必须有一套完整的架构描述（如 Zachman, 1987），但由于创建和维护此类模型的工作量很大，因此这在实践中通常并不可行"（Schmidt 和 Buxmann, 2011，第 174 页）。"公司认识到，由于存在许多不同的利益相关者、整体组织的复杂性和过大的范围，完成 EA 文档并不可行"（Lohe 和 Legner, 2014，第 115 页）。正如 Beeson 等人（2002，第 320 页）所指出的，"在大多数情况下，业务环境和内部 IS 开发环境的复杂性和不稳定性，再加上普遍存在的复杂的 IT 系统遗留问题，使得稳定或完全明确的业务模式和 IS 架构无法实现"。

9 这种将企业架构视为管理组织演变的工具的观点受到了 Murer 等人的优秀著作（2011）的启发。

10 "企业架构"一词的流行主要归因于过去几十年来，众多企业架构大师积极、持续、不负责任地推广着将组织与物理工程对象进行类比的错误做法。最广为人知的 EA 大师 John Zachman 就非常积极地利用这种推测性类比来推广和普及 Zachman 框架（Sowa 和 Zachman, 1992a；Zachman, 1987；Zachman, 2006；Zachman, 2010a；Zachman, 2010b）。"由于 Zachman 框架分类是在建筑物、飞机和其他复杂工业产品的描述性表征（即架构）结构中根据经验观察得出的，因此有大量证据表明，该框架是企业架构的基本结构，从而产生了与描述企业相关的描述性表征的整体集合"（Zachman, 2010b，第 61 页）。"Zachman 企业架构框架简单地定义了企业架构的样子。我发现该联系并不神秘。我回看了工业时代的产品，试图理解什么是与工业产品相对应的架构，然后我简单地以企业之名去描述一组设计工件，其是为描述任何东西（包括企业）而创建的"（Zachman, 2006，第 37 页）。"这就是与描述飞机、机车、建筑、计算机以及所有工业产品相关的描述性表征的集合。我只是把企业名称放在描述性表征上，因为我对工程和制造企业感兴趣"（Zachman, 2010a，第 41 页）。"为什么有人会认为企业的描述性表征会与其他任何已创建的事物的描述性表征有什么不同呢？"（Zachman, 2010a，第 41 页）。

11 Fehskens（2015b，第 26 页）用以下方式解释了"企业架构"一词的隐喻性质："我们必须承认，在'企业架构'中使用'架构'一词充其量只是一种隐喻，而不是同构断言。如果我们要论证'企业架构之于企业，就如同建筑架构之于建筑'，那么我们就必须能论证得出'企业架构之于建筑架构，就如同企业之于建筑'。对企业和建筑进行比较和对比后发现，它们除了均为由人设计、制造和使用的工件外，几无其他共同之处。"同样，Bente 等人（2012，第 35 页）指出："传统的建筑实践主要关注桥梁、汽车或飞机等纯技术系统，而 EA 则关注社会技术系统。人的因素将复杂的行为属性带入企业的运作中。因此，架构一词在字面上并不像传统上用于技术系统那样适用于企业。"Potts（2013，第 29 页）认为，"从架构的角度来看，企业是自行决定其架构的，所以是特例。企业可以不断重新设计自己的架构，而其他类型的实体则无法做到这点"。出于这些原因，企业架构与经典架构之间的类比是不恰当的。与其像一些作者（Kerr，1989；Pavlak，2006；Rerup，2018；von Halle，1992；von Halle，1996）所建议的那样，试图模拟或学习经典架构，不如明确承认并理解企业架构的独特性。

12 Behara 和 Paradkar（2015）阐述了同样的 6 个 EA 域，而 EA 文献中大量代表性的传统观点则定义了 4 个 EA 域［业务、数据、应用和技术（BDAT）］，这种观点现在已经过时，已无法反映当前的行业现状。

13 术语"企业架构管理"（EAM）可视为本书所用术语"EA 实践"的同义词。该术语在欧洲似乎更为流行，尤其很受德国和瑞士的作者欢迎（Ahlemann 等人，2012c；Hauder 等人，2013；Lange 等人，2016；Weiss 等人，2013；Winter 等人，2014）。因会造成术语不一致，故本书有意避免使用这一术语。具体而言，在"X 管理"等术语中，X 通常代表管理对象，即正在处理的某种有价值的资源（如资产管理、财务管理或人力资源管理）。然而，在本书中，企业架构被理解为促进规划的文件集合，即管理工具，而非管理对象或被管理的组织资源。因此，"企业架构管理"一词与本书采用的企业架构定义并不一致。

14 与企业架构本身类似，EA 实践也没有一致或普遍接受的定义。

15 目前，可以说还没有任何书籍或概念模型对 EA 实践的各个方面进行全面、系统、有依据和一致的描述。本书尝试提供这样的描述。

16 将 EA 实践与其他组织流程整合起来的必要性、整合的基本要求等已广为人知（Lohe 和 Legner，2012；Lohe 和 Legner，2014）。EA 实践与特定组织流程的整合也得到了广泛研究（Ahlemann 和 El Arbi，2012；Blomqvist 等人，2015；Fonstad 和 Robertson，2006b；Legner 和 Lohe，2012；Lux 和 Ahlemann，2012；Radeke 和 Legner，2012）。

17 关于哪些文件应被视为 EA 工件，哪些不应被视为 EA 工件，目前尚未达成共识。在本书中，所有在组织 IT 相关规划活动中使用的文件，从组织级规划到项目级规划，以及就信息系统结构提供或多或少具体建议的文件，都被视为 EA 工件。业务战略文件、商业案例和项目管理计划则不被视为 EA 工件，虽然其在 EA 实践中发挥着重要作用，但其通常不会提供有关信息系统结构的任何实际建议。同样地，规范组织中架构职能工作的各种程序性文件，包括架构授权、治理机制、报告结构和其他与"元架构"（即架构职能的架构）相关的文件，在本书中也不被视为 EA 工件，原因同上。

18 从社会学的角度来看，正是这种双重属性使得 EA 工件成为促进不同社会群体间合作的有效边界对象（Abraham，2013；Abraham 等人，2015；Abraham 等人，2013；Dreyfus，2007；Korhonen 和 Poutanen，2013；Magalhaes 等人，2007；Poutanen，2012；Valorinta，2011）。

19 协作工具必须具有显著的灵活性，才能在不同的利益相关者群体间起到沟通工具的作用，这一事实早已被认识到，例如 Henderson（1991）就指出了这一点。

20 从社会学参与者 – 网络理论的角度来看，利益相关者合作开发 EA 决策工具是利益写入的完美范例，即人类参与者将其基本利益写入实物，而实物则在未来代表这些利益并影响后续的决策过程（Hanseth 和 Monteiro，1997；Sidorova 和 Kappelman，2010；Sidorova 和 Kappelman，2011b；Walsham，1997）。

21 人们很早就认识到，正在解决的任务与该任务相关的信息呈现之间的 "认知契合" 往往会提高问题解决者的绩效（Smelcer 和 Carmel，1997；Vessey，1991；Vessey，1994；Vessey 和 Galletta，1991）。

22 在第 16 章之前，本书特意使用了 "架构师" 这一通用术语，而未区分不同类型的架构师（如企业架构师和解决方案架构师），第 16 章将详细讨论这些类型的区别。

23 Wierda（2017，第 200 页）解释说："企业架构师的定位与物理结构架构师的定位大相径庭。物理的架构过程是人类活动的一部分，古老而成熟，变化相对缓慢，通常具有非常明确和具体的目标。而企业则面临着巨大的自由度（当然是在变革之初）和很大的不稳定性。"

24 组织决策是一个极其复杂的课题，不在本书讨论范围内。March（1994）全面概述了组织决策的各个方面。

25 如前所述，使用企业架构的组织可被视为复杂的参与者网络，其中各利益相关者将其利益写入相应的 EA 工件中（Sidorova 和 Kappelman，2011a；Sidorova 和 Kappelman，2010；Sidorova 和 Kappelman，2011b）。

26 Bass（1970）等人很早就认识到，试图为他人做计划会产生许多负面影响。Pfeffer（1981，第 207 页）认为，"（一旦）某些支持者参与决策，即使这种参与是象征性的，而非实际的，也会影响到对决策的承诺"。

27 正如 van der Raadt 等人（2010，p. 1954）指出的，"EA 利益相关者的积极参与是 EA 成功的关键因素之一"。

企业架构实践的作用

上一章详细讨论了企业架构的概念和该概念的不同方面。本章讨论企业架构和企业架构实践在更广泛的组织、管理和历史背景下的地位。特别地，本章首先解释了现代组织对企业架构的天然必要性、沟通在企业架构实践中的核心作用、实践企业架构的好处以及企业架构在各行业和组织中的适用性。接下来，本章讨论企业架构的历史渊源和本书中描述的现代EA 最佳实践。最后，本章消除了人们对企业架构的普遍误解，并澄清了企业架构实践不是什么。

3.1 企业架构的必要性

企业架构并非偶然的现象，而是许多现代组织自然而然需面对问题的天然解。大型国际公司雇用了成千上万名 IT 专家来开发和维护数以百千计的不同信息系统，支持其日常业务运营。即使是小规模地方组织也可以部署几十或几百个对业务至关重要的信息系统。如此大规模的技术景观，绝不能以机会主义的方式管理，而需要运用系统的方法进行规划。此外，今天许多公司的竞争优势在很大程度上取决于对 IT 的有效利用。在现代组织中，任何商业战略的成功执行往往意味着（有时甚至等同于）支持这一战略的相应信息系统的实施。这种业务和 IT 职能间关键性的相互依存关系，要求我们采取严谨的方法来协调业务和 IT 相关的计划。因此，在现代组织中实现业务和 IT 利益相关者间的相互理解变得势在必行[1]。然而，业务和 IT 处于不同的知识域，在不同的业务和 IT 社区的代表之间建立有效的沟通一直很麻烦。因此，企业架构现象的出现是迫切的需求——事关现代组织对优化其广泛技术景观及改善具有不相容业务和 IT 背景的各利益相关者间的合作、沟通和伙伴关系，是一种完全自然的反应[2]。简单地说，对企业架构的需求是必须的，而非偶然的。

此外，由于受到以下三个不断发展的行业趋势的影响，企业架构将继续存在，其重要性在未来只会有增无减。第一，IT 系统正不断变得更复杂、全面和多样化。如果说以前典型的业务经理几乎不了解 IT，那么在未来，一个普通的业务人员要了解 IT 是如何运作的将更具挑战性。第二，企业对 IT 的普遍依赖性在不断增加。越来越多的手工操作转为自动化操作，越来越多的分析能力在软件中实现，越来越多组织中的传统人类角色被计算机取代。第三，信息技术对商业的创新潜力也在不断地增长。通过有效利用 IT 获得竞争优势的新战略机会以非常快的速度出现。如果说以前典型的企业管理者还没有完全意识到 IT 的全部创新潜力，那么在未来，普通的企业人员将更难理解 IT 能为企业提供哪些突破性的机会。因此，对于企业管理者而言，未来理解 IT 只会更加困难，而他们对 IT 的依赖和对 IT 所提供的竞争优势的依赖只会增加。这些外在的趋势表明，作为弥合业务和 IT 间差距的工具，企业架构的重要性在未来可能会增加。

企业架构的使用影响了从战略规划到项目实施的多个组织流程，涉及从 CEO 到项目组成员的多个角色，并深刻地改变了规划和执行 IT 驱动的组织变革的普遍机制。如前所述，实践企业架构可以被认为是最复杂的组织实践之一。此外，企业架构似乎代表了过去 20 年中最重要和最广泛适用的管理创新之一，其产生了一个全新的企业职能，甚至是一个独立的专门职业，反映出 IT 在现代组织必不可少的重要性。

3.2　沟通是企业架构实践的基石

如前所述，企业架构实践是多面的组织活动，涉及方方面面，其中包括多个不同的要素，如人、工件、流程和软件工具。实践企业架构意味着各种各样的任务和行动。然而，企业架构实践首先是一种沟通实践。可能除了相对较小的企业架构实践的子集与通过事实型 EA 工件保持当前状态的准确参考文档（见表 2.1）外，企业架构实践的所有要素基本上都服务于一个共同的统一目的，即让参与战略决策和 IT 系统实施的各参与者能更好地沟通。简单地说，企业架构实践的不同要素只是提高沟通和决策质量的手段。然而，这些要素涉及组织中沟通和决策的不同方面。

例如，作为企业架构实践的独特而关键的要素（见图 2.1），尤其是双重属性工件（见图 2.5），EA 工件支撑着不同利益相关者间的对话、减少口头沟通带来的模糊性、将达成的协议文档化，并为各个规划决策提供耐用的展示。结构化的 EA 相关流程有助于在适当时邀请所有相关方参与对话，并确保每个人的重要利益和关切点得到满足。正式的治理安排确保所有重要的规划决策得到广泛的沟通、清晰的理解、明确的批准，并得到利益相关者的正式认可。各种软件工具通过方便地创建、讨论、分发和展示 EA 工件来支持沟通过程。标准化的建模方法、语言和符号旨在实现对架构图进行明确的解释，并促进不同参与者相互理解。甚至架构师自身也作为沟通过程的指挥者和各方权衡的谈判者。图 3.1 显示了企业架构实践的各种要素和有效沟通与决策的关系。

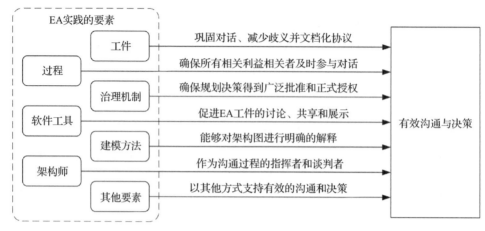

图 3.1　企业架构实践的要素和有效沟通与决策的关系

重要的是，作为企业架构实践的一部分，沟通几乎总是意味着（甚至需要密集地）面对面接触，形式包括直接的个人谈话、小组会议、研讨会或演讲。一方面，面对面的会议和口头互动是必要的，因为讨论复杂的组织问题，允许不同的解释，需要丰富的沟通媒介，以尽量减少决策者间的误解[3]。因此，重大的规划决策很难通过广泛的电子通信手段——如电子邮件和即时通信工具——进行辩论。即使是电话和先进的视频会议也不能完全替代现场对话[4]。

另一方面，所有的知识、考虑和关注远未能被正式化，被明确地反映在文档中，甚至被清晰地表达出来[5]。例如，企业领导人对未来理想行动方向的设想往往基于直觉，设想的复杂性（如果有的话）很少能被完整地阐述。在这些情况下，需要利益相关者能即刻亲自参与决策过程，并对各自的规划决策做出直接贡献。因此，EA 工件只能作为补充，而不能替代公开的口头交流。成功的企业架构实践既需要使用 EA 工件，也需要参与者当面探讨[6]。

3.3　实践企业架构的收益

以严谨的方式实践企业架构可为组织带来许多好处[7]。不同的 EA 工件和企业架构实践的其他要素为促进沟通、提高决策质量和实现更有效的信息系统规划提供了强有力的手段（见图 3.1）。正确使用特定类型的 EA 工件所带来的直接好处包括但不限于：

- 提高 IT 投资的有效性——具体的 EA 工件有助于将 IT 投资集中在最具战略意义的业务域，并确保组织通过投资于 IT 而实现其关键长期业务目标。
- 提高 IT 投资的效率——具体的 EA 工件有助于估算独立 IT 投资的短期商业价值，确保每个 IT 项目均有积极的财务回报，并提供合理的商业价值。

- 降低 IT 运营成本——具体的 EA 工件有助于限制所支持的技术、产品和供应商的数量，并确保拟议的 IT 解决方案不会引入不必要的额外维护费用。
- 降低技术和合规风险——具体的 EA 工件有助于遵循基于成熟技术和符合相关立法规范的一致实施方法，并确保拟议的 IT 解决方案不会引入任何不可接受的风险。
- 降低 IT 环境的复杂性——具体的 EA 工件有助于减少所使用的技术和方法的多样性，整顿技术景观，并确保新的 IT 解决方案不会引入过多复杂性。
- 增加现有 IT 资产的再利用度——具体的 EA 工件有助于管理和再利用现有的企业 IT 资产，并确保新的 IT 解决方案在可能和需要的情况下利用现有系统、平台或数据库。
- 减少重复和遗留系统的数量——具体的 EA 工件有助于识别潜在的重复系统，管理 IT 资产的生命周期，确保多余和遗留的 IT 系统及时退役。
- 提高 IT 规划的敏捷性——具体的 EA 工件有助于规划 IT 环境的变化，探索可用的实施方案，并确保新的 IT 解决方案能够无缝地融入现有的 IT 环境中。
- 提高项目交付的速度——具体的 EA 工件有助于加速新 IT 项目的交付，并确保在实施时尽量减少所有 IT 解决方案不必要的延误。
- 提高项目交付的质量——具体的 EA 工件有助于以更加一致、平稳和可预测的方式交付新的 IT 项目，并确保所有的 IT 解决方案满足基本的业务和架构要求。
- 改善整体概念的一致性——具体的 EA 工件有助于避免做出不一致或不相容的规划决策，并确保所有的 IT 解决方案与基本的业务和 IT 考虑相一致。

当企业的 IT 目标、计划和系统与其业务目标、计划和流程相一致时，利用某些类型的 EA 工件进行有效的沟通、平衡的决策和严谨的规划会有直接的收益，最终帮助企业实现整体的业务和 IT 对齐。业务和 IT 对齐的改进反过来又会给组织带来许多收益，这些收益可被看作实践企业架构的间接普遍收益。企业架构实践的间接业务收益包括但不仅限于：

- 更好的卓越运营、客户亲密度和产品领先度[8]。
- 提高进入新市场的速度和组织的敏捷性[9]。
- 提高整体管理满意度[10]。

图 3.2 显示了使用企业架构和具体 EA 工件的直接收益以及间接普遍收益间的联系。

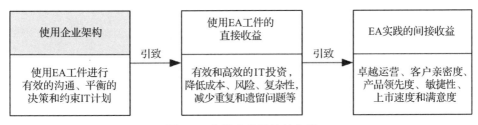

图 3.2　实践企业架构的收益

重要的是，架构职能以及通用企业架构实践的业务价值，与会计或人力资源管理（HRM）等其他支撑性组织职能类似，不易计算、衡量或以其他方式用财务术语量化。与会计或人力资源管理职能一样，架构职能是一个成本中心，无法为组织价值链带来直接的业务价值。此外，企业架构实践是一个持续的组织活动，而非一次性的项目。要估算企业架构的总投资以及 EA 工作的回报（ROI）几乎是不可能的。因此，几乎无法定量评估企业架构实践对盈亏底线[11]的确切贡献。实践企业架构的收益在本质上是定性的，不能直接转换成金钱。与会计或人力资源管理实践类似，企业架构实践不可能有任何经典意义上的商业案例[12]。

另一方面，在现代社会中，如果没有规范的会计实践（例如，在餐巾纸上写下年度销售数字），或者没有规范的人力资源管理实践（例如，随意雇用和提拔人员），一个成功的大型组织很难被建立。同样地，如果没有规范的企业架构实践，也很难建立一个成功的大型组织，例如，临时在原有基础上部署任意的 IT 系统。可以说，若不使用企业架构来控制和推动信息系统的演变，就不可能管理数十、数百甚至成千上万种信息系统。在大型组织中，企业架构是有价值的，并非因为其提供了一些具体的额外收益，而是因为其允许组织以一种受控的方式进行变革和演进[13]。在大公司中，使用企业架构是唯一的选择。就像会计或人力资源管理一样，企业架构在本质上可被视为现代社会的"必要之恶"。企业架构实践不再是一种选择[14]。

3.4　哪些组织在实践企业架构

企业架构的使用似乎可以使所有雇用 30 ～ 50 名以上 IT 专家的组织受益，这些组织的 IT 被用来支持主要的业务活动。例如，企业架构被广泛地应用于全球各种商业公司，包括银行、农业、保险、零售、高科技甚至石油行业[15]。此外，企业架构甚至在非营利组织中也被广泛采用，包括医院、大学和警察部门，以及国家政府、部委、机构和海关部门[16]。使用 EA 工件来改善业务和 IT 利益相关者之间的沟通并不针对特定行业，而且广泛适用于全球大多数公司[17]。可以说，不同行业的企业架构实践几乎没有明确的差异。

2010 年，几乎三分之二的大型组织实践着企业架构[18]。目前，发达国家绝大多数的大公司要么已在实践企业架构，要么计划在不久的将来开始实践。

3.5　企业架构的历史起源和现代最佳实践

信息系统在商业上的广泛采用始于 1959 年左右，当时 IBM 推出了它的第一台晶体管大型计算机，即 IBM 1401 和 7090 系列[19]。当时，人们已经广泛了解到计算机对许多组织的业务、对已有的管理实践，甚至对整个社会具有相当大的颠覆性潜力[20]。1965 年，在具有强大操作系统、时间共享和多任务支持的创新的 IBM 360 系列出现后，大型计算机在组织中的商业应用进一步扩大。到 20 世纪 60 年代末，计算机已在许多领先的美国公司中广泛应用，这些公司大多为高级计算机管理人员设立了永久职位（现代 CIO 的原型）[21]。从那时起，整个组织的信息系统规划问题得到了极大的关注，并因此提出了首批规划方法 [22]。

信息系统对许多组织的业务越来越重要，这加剧了实现业务和 IT 对齐的长期问题，以及对有效的战略信息系统规划的需求 [23]。为了解决业务和 IT 对齐的紧迫问题，自 20 世纪 60 年代初以来，不同的供应商、咨询公司和个人专家提出了许多正式的、详细的、按部就班的**基于架构的规划方法**，最初其被定位为战略信息系统规划方法，后来被定位为企业架构框架，旨在将一个组织的业务战略转化为信息系统的可操作计划 [24]。在不同历史时期的方法论和框架中，最广为人知的包括早期的 BSP[25] 和 1970 年代的 Method/1[26]、1980 年代的信息工程 [27] 和战略数据 / 信息规划 [28]、1990 年代的企业架构规划（EAP）[29] 和 TAFIM[30]、2000 年代的 FEAF[31] 以及 2010 年代以来的 TOGAF[32]。这些规划方法在市场上有不同的名称，包括战略信息系统规划、战略数据规划、信息架构、企业架构。

然而，所有这些方法论和框架本质上代表了相同的逐步正式规划方法，仅有略微不同的变化，它以某种形式意味着分析 IT 系统的当前支持，定义与战略业务目标相一致的未来架构，然后制定行动计划或路线图，从当前状态迁移到所需的目标状态。尽管几十年来，这些基于架构的规划方法被出于商业动机的供应商冠以各种行业"最佳实践"的头衔，但实际上没有一种在实践中成功运作 [33]。例如，似乎是受到"领先的行业专家"建议的启发，美国联邦政府在 1999 年启动了臭名昭著的联邦企业架构（FEA）计划，为所有政府机构开发企业架构，最终只交付了一堆基本无用的架构文档，据报道浪费了超过 10 亿美元 [34]。由于无休止地大力推广有缺陷的、基于架构的方法论，以及随之而来的众多实践的失败，架构的概念在很大程度上名誉扫地，甚至"架构"这个词后来在许多组织 [35] 中也成了一个"贬义词"。

总之，许多基于架构的规划方法和框架，虽然围绕架构进行了大量炒作，促进了企业架构的概念，并激发了架构思维，但仍未能为架构文档（即 EA 工件）的实际使用提供多少有价值的建议。正如管理学中通常发生的那样，真正的管理创新和最佳实践在行业中逐渐出现并成熟，这是众多从业者为解决最紧迫的业务问题无数次尝试后的结果 [36]。同样，就企业架构而言，真正的企业架构最佳实践是在行业中出现和成熟的，因为几十年来无数的 IT 规划者试图解决许多组织中糟糕的业务和 IT 对齐的长期问题 [37]。换句话说，一致的企业架构最佳实践的出现是由业务和 IT 一致性的迫切需求引起的行业自然反应，而非一些顾问、大师或"某某之父"的刻意产物 [38]。众多的企业架构方法论和框架可能启发了当前的企业架构最佳实践，但肯定没有在任何真正意义上发明或定义它们 [39]。从这个角度看，企业架构框架可以说对实际企业架构最佳实践的发展做出了贡献，就像战争对现代医学的发展所做出的贡献一样，即刺激甚至迫使它们发展，而自己却没有提供任何特别有用的想法。由于它们在本质上的不同，因此除了一些 EA 工件确实被开发并用于信息系统规划，真正诞生于行业的企业架构最佳实践与带品牌的企业架构框架和方法论的建议几乎没有重叠。矛盾的是，尽管对于许多人来说，企业架构的概念与流行的企业架构框架（如 TOGAF、Zachman、FEAF 和

DoDAF）密切相关，甚至是同义词，但所有这些框架与本书中描述的实际 EA 最佳实践的关系却很小，这些最佳实践是在一段时间前出现的，经过多年的具象化，至今在业界成熟起来[40]。这些最佳实践根本无法从任何现有的企业架构框架或方法论中得到。此外，本书所介绍的大多数企业架构最佳实践的系统描述，在任何其他关于企业架构的现有资料中都难以找到。附录 A（EA 的起源和现代 EA 最佳实践）对 EA 学科的起源和相应的最佳实践做了详尽的历史分析。

3.6　企业架构实践不是什么

自 21 世纪初以来，企业架构一直是一个"热门"的、被广泛讨论和过度炒作的话题。今天许多关于企业架构实践的描述都是未经证实、误导性的、不现实的，甚至完全是虚构的[41]。若想消除围绕企业架构实践的众多神话和谣言，重要的是先了解企业架构实践不是什么。

3.6.1　不是纯粹的技术规划

企业架构实践不应该与 IT 部门内部所完成的纯技术规划和决策或 IT 架构相混淆。因此，从企业架构实践的角度来看，许多技术性问题（如选择合适的技术、应用框架和编程语言，特定网络拓扑结构的优势，系统集成方法或其他架构模式）在很大程度上与企业架构不相关，本书也未就此讨论。尽管大多数架构师以前都是 IT 专家，而且大多数架构职能部门都向 CIO 报告，但企业架构实践的通用目的是弥合业务规划和 IT 规划之间的差距，从而提升业务和 IT 的对齐度。成功的企业架构实践自然需要与业务规划紧密结合，而与业务规划脱节的 IT 独立规划只会导致错位。

3.6.2　不是万能的方法

尽管企业架构实践对大多数依赖 IT 的大型组织来说都是有益的，无论其所在的类别或行业是什么，但并不存在容易复制的"万能"方法或通用的循序渐进方法来组织成功的企业架构实践[42]。成功组织中的企业架构实践，虽然通常遵循本书描述的高阶模式，但在许多低阶细节上，如具体的企业架构工件、架构师的角色或企业架构相关流程的特殊性，总有其特殊性。工作中的企业架构实践不能简单地从其他公司"逐字复制"，而需要在内部建立，然后不断地进行微调，以适应独特的组织需求。本书目的只是描述在多个组织中发现的成功企业架构实践的一般性规律，而不是为企业架构实践提供一套精确的操作指南或"银弹"。

3.6.3　不是自动化的规划

企业架构实践是使用特定的 EA 工件进行有效沟通、平衡决策和规范信息系统规划的实践。然而，使用 EA 工件并不能自动生成组织中的规划。换句话说，企业架构实践本身并不能以自动化、准机械化的方式将业务战略转化为具体的信息系统。EA 工件只是帮助不同的参与者进行合作，实现相互理解，并在考虑到所有利益相关者最佳利益的情况下制定合理的规划决策。在企业架构实践中，规划工作本身仍然只能由人完成，而非由 EA 工件完成。EA 工件仅促进了信息系统的规划过程，而非使其自动化。EA 工件虽然对规划很有用，但无法为人们做出任何艰难的规划决策，例如选择合适的技术、确定战略投资的优先级或定义合理的解决方案结构。它们既不能代替人们计划和实现协议的能力，也不能使实际的计划活动自动化。

3.6.4　不是（人员）能力的替身

企业架构实践可以帮助组织中的人员做出最佳的规划决策并实施这些决策。然而，企业架构实践无法将无能力（人员）的思想和行动转变为有能力的思想和行动。例如，企业架构实践不能帮助无能力的企业高管制定成功的业务战略，因为他们不知道当前的业务趋势和市场机会[43]。企业架构实践不能帮助无能力的 IT 领导制定成功的 IT 战略，因为他们不了解最新的可用技术及其能力。同样地，企业架构实践也不能帮助无能力的 IT 专家实施 IT 解决方案，因为他们不熟悉相关技术，也不能按时交付高质量的工作。换句话说，企业架构实践虽然能促进信息系统的规划和交付，但却无法弥补相关人员的不胜任。

3.6.5　不是专职专家的工作

企业架构实践需要多个业务和 IT 利益相关者积极参与规划过程。架构规划不能只由孤立的架构师或专家代表整个组织来进行。任何计划，无论其质量如何，都是无用的，除非这些计划的所有基本利益相关者清楚地了解这些计划是如何制定的、为什么会做出某些决策，以及当情况发生变化时应该如何修改这些计划。因此，成功的企业架构实践需要业务代表和 IT 代表参与协作规划工作。虽然企业架构实践的关键角色是架构师，但架构师的角色意味着让所有相关的业务和 IT 利益相关者参与规划活动中，而非企业架构实践的唯一参与者。任何由一小群架构师代表其真正的利益相关者所产生的架构计划，最终都会被束之高阁[44]。

3.6.6　不是一次性的规划项目

企业架构实践是持续的组织活动，需要不同参与者不断沟通和协作，而非一次性的规划项目或活动，生成一些完美的计划[45]。在已建立的企业架构实践中，持续的规划和沟通过程本身比实际规划更重要[46]。成功的企业架构实践需要所有利益相关者对计划进行持续的讨论和调整，而 EA 工件仅仅被视为支持这种讨论的工具，甚至是这种讨论的副产品[47]。企业架构实践意味着密集的组织学习，并随着时间的推移而成熟，因为其主要利益相关者通过使用 EA 工件学会了协作。同时，大量描述理想未来快照的 EA 工件，作为单一的一次性规划工作，通常最终会束之高阁，而无法改善业务和 IT 的对齐度[48]。与持续重新调整计划的成功企业架构实践相比，即使是不连续或间歇性的规划也只能产生有限的效果。

3.6.7 不是特定的技术实践

企业架构实践是技术非相关和供应商中立的实践。它与任何特定的技术、方法或范式无关。从这个角度来看，企业架构实践可被认为是一种通用的组织实践，有利于信息系统的规划，而不管组织愿意使用什么具体的系统、产品或技术。由于企业架构实践旨在实现有效的沟通、知识共享和决策平衡，因此其主要焦点不是技术，而是人（因此，各企业架构最佳实践在本质上相当稳定，其发展速度比技术慢得多）。所以对于企业架构实践来说，组织是否要利用大数据、人工智能或任何其他技术革新，是否要部署基于云的或内部部署的解决方案，是否要从 IBM、HP 或 Oracle 购买必要的产品，是否要坚持面向服务架构（SOA）、微服务或任何其他架构风格[49]，基本上与企业架构实践没有关系。企业架构实践的作用只是在选择合适的系统、产品、技术和方法方面提供做出最佳决策的帮助，以满足组织的需要。

3.6.8 不是企业建模

企业架构实践不应该与企业建模相混淆[50]。尽管实践企业架构意味着某种形式的建模，并且使用专门的建模符号或语言来创建 EA 工件可能是有益的，但企业架构实践和企业建模的实际重合度相对较低。成功的企业架构实践包含建模，但并不多。首先，企业架构实践是一个比建模更复杂、更广泛的活动。使用企业架构实践不仅需要开发 EA 工件，还需要涉及多个不同的参与者，让他们进行富有成效的沟通，建立一致的决策过程和治理机制。建模本身只是企业架构实践中一个狭窄且相对不重要的部分。其次，作为企业架构实践的一部分而创建的所有 EA 工件都是为了明确具体的目标而务实地开发的，通常是为了促进不同利益相关者间的沟通或支持对特定问题的决策[51]。这些工件应该足以满足其目的，而无须完全正确。创建全面的模型，准确描述组织的每一个细节，并非企业架构实践的目标。为建模而建模是无用的活动，在企业架构实践中应该避免这种活动[52]。最后，用复杂的建模语言或符号创建的图表对于大多数业务利益相关者来说几乎无法理解，在企业架构实践中的应用也很有限。大多数实际有用的 EA 工件使用简单和直观的格式来表示，不依赖任何正式的建模方法。先进的或"正确的"建模对于企业架构实践并不是特别重要[53]。

3.6.9 不是企业工程

企业架构实践不应与企业工程相混淆。即使企业架构实践包括一些带有定量估计的分析工作，它也不意味着任何类似于传统工程中使用的严格分析——合成程序[54]。企业架构实践通常不需要制作任何正式的蓝图或使用任何复杂的计算[55]。与"硬性"机械工程相比，企业架构实践可以被认为是"软性"有机规划方法，它依赖于务实的文档、非正式的讨论和快速的估算，而不是细致的图纸、严格的流程和精确的计算[56]。真正的组织是令人难以置信的复杂生命系统，无法用传统的工程方法来设计[57]。在大多数情况下，企业工程只能被视为一种不适合现实世界的乌托邦式想法，而企业架构实践是一种务实的、被广泛采用的管理真实组织演进的方法。

3.6.10　不是系统思考

企业架构实践不应与系统思考相混淆[58]。虽然系统思考肯定比非系统思考要好，且系统思考被广泛认为是架构师最关键的能力之一，但组织中业务和 IT 之间的错位不能仅仅通过思考来解决。与计划、决策和行动协调不力有关的管理挑战需要合作的改善，而不是应用更好、更系统的思维。思考是一种孤立的活动，不能帮助解决因个人知识有限和决策者利益冲突而产生的组织问题。尽管企业架构实践无疑可从其参与者的系统思考中获益，但它仍主要依赖于制度化的协作和决策过程。因此，企业架构实践不能等同于系统思维的运用，它远不止是思考。企业架构实践首先意味着实施有效的沟通方式，而不是有效的系统思考。简而言之，实践企业架构主要是指沟通和行动，而非思考。

3.6.11　不是突破性的解决方案

尽管企业架构实践提供了一套行之有效的规划工具和方法来解决组织中的业务和 IT 对齐的问题，但它不应被视为能够完全消除这一问题或大幅提高生产力的神奇解决方案。任何复杂的组织和管理问题都不可能被完全解决，只能降低到可接受的水平。虽然不负责任的顾问和大师们经常承诺，通过应用他们所提倡的技术[59]，企业效率会有数量级的提高，但在现实世界中，这种彻底的改善并不可能，也无法实现。因此，成功的企业架构实践可以使业务和 IT 对齐问题得到控制，并实现组织绩效各方面的逐步提高，但它们并不能令绩效成倍提高。组织和他们的领导应该通过建立企业架构实践来预期可以有适度但健全和持久的效果，而非推销员经常兜售的对所有问题简单、即时和突破性的解决方案。

3.6.12　不是企业架构框架的实施

如前所述，实践企业架构不应与实施流行的企业架构框架相混淆，例如 TOGAF、Zachman、FEAF 和 DoDAF。尽管这些框架被积极推广，并与企业架构的概念密切相关，但它们只是市场驱动的管理风潮，与工作中的企业架构实践无关，也没有成功实施的例子[60]。所有试图在实践中遵循企业架构框架实际建议的尝试都会导致失败[61]。从这个角度来看，流行的企业架构框架只能被看作被证实的反模式，也就是应该避免的不切实际的方法。无论是具体的细节还是一般的想法，成功组织中的企业架构实践在任何真正意义上都不像这些框架所开的处方。例如，成功的企业架构实践从未填满 Zachman 框架的单元格，从未遵循 TOGAF 架构开发方法（ADM）的步骤，也从未开发 TOGAF 推荐的大量 EA 工件，即使是在开放集团自己提供的 TOGAF 用户名单中的组织[62]。此外，成功的企业架构实践甚至没有遵循大多数企业架构框架所倡导的一般高阶顺序逻辑，即制定一个理想的未来状态的全面计划，然后实施这个计划[63]。虽然流行的企业架构框架是营销专家和管理大师的无用产品，但本书所讨论的真正的企业架构最佳实践是在业界出现和成熟的，与这些框架没有太多共同之处[64]。

3.7　本章总结

　　本章讨论了现代组织对企业架构的需求、沟通在企业架构实践中的作用、实践企业架构的收益、企业架构在不同行业的适用性、企业架构的历史起源和现代 EA 最佳实践，最后澄清了企业架构实践不是什么。本章的关键信息可归纳为以下几点：

- 企业架构不是一个偶然的或人为创造的现象，而是许多现代组织在努力管理其广泛的技术景观并使其与业务需求相一致的自然问题的解决方案。
- 企业架构实践首先应被视为一种沟通实践，其大部分要素实际上涉及沟通的不同方面，这种沟通主要意味着各种形式的口头、面对面的互动，并辅以 EA 工件。
- 实践企业架构会给组织带来许多好处，最终会带来更好的卓越运营、客户亲密度和产品领先度，并提高上市速度、整体组织敏捷性和管理满意度。
- 企业架构适用范围广，不受行业限制，可以说，所有雇用至少 30 ～ 50 名 IT 专家以及 IT 系统的组织都能从中受益。
- 现代企业架构最佳实践在组织中已出现了一段时间，经过多年的发展，在行业中成熟达致目前的状态，与积极推广但却完全无用的企业架构框架并无真正的关系。
- 企业架构实践不应与企业建模、企业工程、系统思维、纯技术和自动化规划、一次性规划努力和企业架构框架的实施相混淆。

3.8　注释

1　Rockart 等人（1996）就认识到，企业与 IT 间必须建立富有成效的合作关系。

2　边界对象通常是在异质社区人员间的合作过程中自然形成的（Nicolini 等人，2012），因为这些对象有助于表示和转换这些社区边界上的知识（Carlile，2002；Carlile，2004）。毫不奇怪，某些形式的边界对象被广泛应用于人类活动的许多不同领域，以促进不同利益相关者群体间的交流，例如航空航天工程（Bergman 等人，2007）、软件开发（Smolander 等人，2008）和项目管理（Doolin 和 McLeod，2012）。

3　长期以来，在文献（Daft 和 Lengel，1984；Daft 和 Lengel，1986；Daft 等人，1987；Trevino 等人，1987）中已经认识到，传达模棱两可的信息会导致相互矛盾的解释，这需要以即时反馈、多种信息线索、语言多样性和个人关注为特征的丰富沟通媒介（方可避免）。不出所料，明茨伯格（2009，第 26 页）发现"60% ～ 90% 的管理是口头的"。

4　Pentland（2012，第 65 页）完全证实了上述观点："最有价值的沟通方式是面对面。其次是电话或视频会议，但有一个前提：随着电话或会议参与人数的增加，这些技术的效果也会降低。最没有价值的交流方式是电子邮件和短信。"

5　知识管理文献（Alavi 和 Leidner，2001；Grover 和 Davenport，2001；Hansen 等人）。

6　Wenger（1998，第 111-112 页）解释了利用实物工件和个人对话来弥合不同职业群体间交流界限的必要性，他解释道："为了利用个人对话和实物工件的互补性，让实物和个人同行往往是个好主意。文档可让人对某一主题的看法不那么片面，而人则可帮助解释文档并协商其相关性。当两者结合时，实物工件的模糊性和个人对话的片面性可以互补，成为富有成效的互动资源。只要有足够的合理性，访问者带着精心制作的工件，确实可以提供实质性的联系"。

7　关于实践企业架构的好处的论断多种多样，几乎数不胜数。Boucharas 等人（2010）在现有的 EA 文献中发现了 100 种不同的企业架构收益，而 Kotusev（2017e）发现了 97 种不同的 EA 出版物讨论了实践企业架构的收益。

8　Ross 和 Weill（2005）的调查在统计上证实了这些收益。

9　Bradley 等人（2011）和 Bradley 等人（2012）。

10　Ross 和 Weill（2005）的调查从统计学角度证实了这些收益。

11　Holst 和 Steensen（2011）认为，衡量企业架构的确切价值要么不可能，要么无关紧要。

12　一些作者（Cameron，2015；Lyzenski，2008；Rico，2006；Schekkerman，2005a）提出了一些计算投资回报率和为企业架构提供商业案例的方法。可以说，这些方法不过是推测而已。

13　一位执业架构师描述了一种态度："我们从未担心过实践企业架构是否真的有利可图，但我想说的是，我们也从未衡量过管理是否有回报。EA 只是管理层使用的一套工具，如果我们没有 EA，管理层就会做其他事情来治理这个领域。"（Holst 和 Steensen，2011，第 18 页）

14　EA 实践的价值也可以用类似于下面这个著名笑话的方式来解释："如果你认为教育很昂贵，那就试试无知吧。"

15　分见 Gerber 等人（2007）、Gonzalez（2011）、Murer 等人（2011）、Hungerford（2007）、Hungerford（2009）、Smith 等人（2012）、Smith 和 Watson（2015）、Tamm 等人（2015）、Kotusev 等人（2016）、Toppenberg 等人（2015）和 Richardson 等人（1990）。

16　分见 Venkatesh 等人（2007）、Anderson 等人（2009）、Kotusev（2018）、Rees（2011）、Janssen 和 Hjort-Madsen（2007）、Pheng 和 Boon（2007）、Alsoma 等人（2012）、Kiat 等人（2008）、Findlay（2006）、Lynch（2006）、Gregor 等人（2007）和 Rauf（2013）。

17　在最近的一次 EA 调查中，"19 个国家的从业人员提供了调查反馈，反映出企业架构的全球覆盖范围"（Carr 和 Else，2018，p.3），"几乎所有主要行业细分领域均被观察到，凸显了 EA 学科的广泛适用性"（Carr 和 Else，2018，p.13）。

18　Ambler（2010）对北美、欧洲和亚太地区 374 家公司的调查显示，在雇用 100 名以上 IT 专家的组织中，63% 的组织采用了企业架构，6% 的组织正考虑开始 EA 实践。

19　见 Laudon 和 Laudon（2013）(第 5 章）。

20　见 Lewis（1957）、Whisler 和 Leavitt（1958）、Hoos（1960）、Anshen（1960）　和 Garrity（1963）。Lewis（1957，第 84 页）认为，尽管最初对计算机的炒作和期望过高，但"显而易见，计算机在未来的作用是巨大的"。

21　见 Taylor 和 Dean（1966）和 Dean（1968）。

22　见 Evans 和 Hague（1962）、SOP（1963b）、Dearden（1965）、Glans 等人（1968b）、Hartman 等人（1968）、Honeywell（1968）、Kriebel（1968）、Blumenthal（1969）、Thompson（1969）、Schwartz（1970）和 Zani（1970）。刻意设计组织这一更为普遍的理念也并非新鲜事物（Galbraith，1973；Galbraith，1977）。

23 如前所述，从 1980（Ball 和 Harris，1982）到 2019（Kappelman 等人，2020），无数针对 IT 高管的美国和国际调查都一致表明，迫切需要更好的信息系统规划以及业务与 IT 的对齐。

24 Kotusev（2016e）和本书附录 A 详细分析了信息系统规划方法和 EA 框架的历史演变。

25 见 BSP（1975）、Orsey（1982a）、Vacca（1983）、BSP（1984）、Lederer 和 Putnam（1986）以及 Lederer 和 Putnam（1987）。

26 见 Arthur Andersen（1979）、Arthur Andersen（1987）、Lederer 和 Gardiner（1992a）以及 Lederer 和 Gardiner（1992b）。

27 见 Martin 和 Finkelstein（1981）、Arthur Young（1987）、Inmon（1988）、Finkelstein（1989）、Martin（1989）和 Davids（1992）。

28 见 Martin（1982b）及 Martin 和 Leben（1989）。

29 见 Spewak 和 Hill（1992）以及 Spewak 和 Tiemann（2006）。

30 见 TAFIM（1996a）和 TAFIM（1996b）。

31 见 FEAF（1999）和 FEAF（2013）。

32 见 Perks 和 Beveridge（2003）和 TOGAF（2018）。

33 大量研究证明（Beynon-Davies，1994；Bloomberg，2014；Davenport，1994；GAO，2015；Gaver，2010；Goodhue 等人，1992；Goodhue 等人，1986；Goodhue 等人，1988；Holst 和 Steensen，2011；Kemp 和 McManus，2009；Kim 和 Everest，1994；Lederer 和 Sethi，1988；Lederer 和 Sethi，1992；Lohe 和 Legner，2014；Periasamy，1994；Shanks，1997；Shanks 和 Swatman，1997；Trionfi，2016），所有这些循序渐进的信息系统规划方法以及后来的 EA 框架在其整个发展历程中都是无效的。此外，不同时期的研究人员和从业人员一致认为，这些方法存在根本性问题（Gaver，2010；Goodhue 等人，1992；Hamilton，1999；Stegwee 和 van Waes，1990）。

34 见 GAO（2002）、GAO（2003b）、GAO（2006）、Gaver（2010） 和 Kotusev（2016c）。Gaver（2010，第 52 页）报告说，“迄今为止，联邦政府在企业架构上花费的资金已超过 10 亿美元，其中大部分被浪费了”。“美国联邦政府的大多数部门和机构报告说，他们期望在未来某个时候从各自的企业架构项目中获益。这表明，联邦政府开发和使用企业架构的真正价值在很大程度上仍未实现”（GAO，2011a，p. 64）。

35 政府机构的架构师甚至发现，完全避免使用“A”字是有益的，“在许多（政府）机构中，架构并不是一种广受好评的做法。与会者称，‘业务转型的当务之急’等词汇更有助于获得支持”（James，2008，第 1 页）。同样地，Jeanne Ross 讲述了以下有关架构的故事：“实际上，我曾被邀请到一个非营利性组织发表关于架构的演讲，但‘请不要使用架构这个词。在这里它是一个坏词。’”（Kappelman，2010，第 12 页）。“事实上，架构在一些公司已成为一个坏词，主要是因为这些公司的架构师更多地被视为障碍，而非解决问题的人”（Ross 等人），Gartner 报告称，“许多重新启动的项目发现，与‘EA’一词相关的负面‘包袱’太重，难以克服，而叫别的名字会更简单有效”（Bittler 和 Burton，2011，p. 4）。

36 正如 Miller 和 Hartwick（2002，第 27 页）所言，“管理通常不会在学者或顾问的著作中产生，而会在实践者对经济、社会和竞争挑战的反应中产生”。Birkinshaw 和 Mol（2006，第 84 页）也认为，真正的管理创新通常诞生于组织之中，其动机是迫切的业务需求：“不满可以被视为未来的威胁、当前的问题或摆脱危机的手段。但重要的一点是，管理创新通常是对组织面临某种形式的挑战做出的反应。技术创新有时是在实验室里创造出来的，而并没有考虑到它们可能会解决什么问题，而管理创新则不同，它们往往是在必要时出现的。"

37　在企业使用 IT 初期，许多企业都开发了自己的信息系统规划方法（Carter 等人，1991；Cerpa 和 Verner，1998；Corbin，1988；Davies 和 Hale，1986；Flynn 和 Hepburn，1994；Martinsons 和 Hosley，1993；McFarlan，1971；McLean 和 Soden，1977；Palmer，1993；Penrod 和 Douglas，1988；Periasamy，1994；Reponen，1993；Rush，1979；Sporn，1978；van Rensselaer，1979；van Rensselaer，1985）。与 BSP 和其他广为推广的品牌方法相比，这些方法在组织中普遍存　在（Earl，1993；Finnegan 和 Fahy，1993；Flynn 和 Goleniewska，1993；Galliers，1986；Galliers，1987b；Galliers，1987c；Galliers，1988；Goodhue 等人，1988；Hoffman 和 Martino，1983；Periasamy，1994；Premkumar 和 King，1991；Vitale 等人，1986）。此外，许多自创方法比 BSP 和类似的正式规划方法更有效（Doherty 等人，1999；Earl，1990；Earl，1993；Earl，1996；Goodhue 等人，1988；Periasamy，1994；Segars 和 Grover，1999）。与此同时，架构概念本身也被普遍认为有前途且有用，尽管与 BSP 和其他基于架构的方法论的最初设定有很大偏差（Hamilton，1999；Periasamy，1993；Periasamy，1994；Periasamy 和 Feeny，1997）。从历史上看，许多公司通过反复试验、充分实验、无数次失败、重组和重启，方才成功地建立了内部信息系统规划和架构方法（Burton 和 Bittler，2011；Earl，1996；Hobbs，2012；Holst 和 Steensen，2011；Wierda，2015；Zink，2009）。

38　知名管理学者 Pfeffer 和 Sutton（2006c，第 91 页）认为："对大师的关注掩盖了商业知识是如何及应如何开发和使用的。知识并非由孤独的天才产生的，辉煌的奇思妙想会在其巨型大脑中神奇地产生。这是一种危险的虚构。"

39　Birkinshaw 和 Mol（2006，第 82 页）认为，外部思想纯粹是启发性的，而非规范性的，这在管理创新中非常典型："在所研究的管理创新中，包括学者、顾问和管理大师在内的外部变革推动者，往往为管理创新提供了最初的灵感，他们经常帮助创新成形并使其合法化。这些外部机构很少（如果有的话）真正发展新做法的本身，但他们为实验过程和随后的验证阶段提供了重要的投入。"

40　正如 Haki 等人（2012，第 1 页）所指出的，"EA 框架被建议作为 EA 实施的指导方针，但我们的经验表明，很少有公司遵循此类框架所规定的步骤"。Ahlemann 等人（2020，第 14 页）也报告了类似的观察结果："令人惊讶的是，在所有 8 个研究案例中，没有迹象表明特定的企业架构管理（EAM）框架对 EAM 价值的产生有重大影响。特别地，具有长期 EAM 经验的公司明确表示，特定的 EAM 框架与 EAM 的成功无关"。

41　Schekkerman（2004）和 Sessions（2007）的出版物可谓最令人震惊的围绕 EA 实践进行纯粹推测的例子。这两份出版物都宣称框架对 EA 实践的重要性，然后讨论了框架的优缺点、局限性和适用性。然而，这两份出版物都没有提供在实际组织中使用 EA 的经验实证。因此，这两份出版物只能被视为与实际 EA 实践无关的科幻小说。

42　如前所述，真正的管理最佳实践通常是复杂的、多方面的，不可能简化为适用于所有组织的简单、易于重复的分步程序（Miller 和 Hartwick，2002；Miller 等人，2004）。正如明茨伯格（Mintzberg，2009，第 10 页）所指，"管理并无一种最好的方法，需取决于具体情况"，而"任何管理公式唯一能保证的结果就是失败"（明茨伯格，2009，第 16 页）。

43 Ross 等人（2006）在第 3 章中描述了 Delta Air Lines 的例子，该公司破产的原因是在出色的 EA 驱动下实施了有缺陷的业务战略。

44 将架构规划委托给专门的架构师团队的危险是显而易见的，Ross 等人（2006，p. 65）指出，"在许多公司，企业架构设计是一个小规模 IT 人员的责任，他们在密室里呆上几个月，画完一本书的图表后才出来。这些架构设计最终大多被束之高阁"。

45 Gartner 提出了以下建议："请记住，企业架构不是一个有明确起点和终点的'项目'，而是一个持续、迭代的过程，它永不结束。"（Lapkin 和 Allega，2010，第 1 页）然而，遗憾的是，一些学术作者仍然在企业架构方面使用"项目"这一误导性术语（Alaeddini 和 Salekfard，2013；Banaeianjahromi 和 Smolander，2019；Dang 和 Pekkola，2019；Nikpay 等人，2017）。

46 正如 Dwight Eisenhower 的名言："计划不算什么，规划才是一切。"

47 正如 Beeson 等人（2002，第 320 页）所言，组织中的业务和 IT 对齐并非源于总体规划或模式，而是"源于对规划和目标进行调整和再调整的持续过程，在这一过程中，制定局部和相对短期的计划，并根据当前对业务关键利益的理解进行权衡"。

48 Thomas 等人（2000，第 2 页）生动地说明了实际使用架构进行决策的重要性，而不是仅仅生产和"拥有"。"人们普遍认为，只要构建了架构，所有者和运营者就会随之而来。然而，历史表明，很少有组织真正'运作'着架构——所有者和运营者并未到来。从一开始就存在的固有缺陷是缺乏标准框架或方法，无法将架构纳入决策过程"。

49 许多出版物讨论了企业架构与 SOA（Alwadain 等人，2016；Banerjee 和 Aziz，2007；Kistasamy 等人，2010；Sweeney，2010）、微服务（Bogner 和 Zimmermann，2016；Kleehaus 和 Matthes，2019）、云（Chelliah，2014；Ebneter 等人，2010；Mahmood 和 Hill，2010）、大数据（Gong 和 Janssen，2017；Vanauer 等人，2015）、物联网（Drews 等人，2017；Zimmermann 等人，2015）以及其他技术（Masuda 等人，2016）之间的关系。可以说，这些讨论不过是猜测而已，但至少如果企业架构被明确理解为业务和 IT 联合规划的工具的话，正如本书所理解的那样。

50 Lankhorst（2013）基本上将 EA 实践等同于企业建模，而成功的 EA 实践并非如此。

51 正如 Basten 和 Brons（2012，第 225 页）所说，"EA 建模活动应始终关注收益。实际上，这意味着要考虑所有将建模的工件和模型的收益"。

52 下面的故事（Hobbs，2012，第 85 页）生动地说明了为建模而过度建模的危险："一家组织建成了一个庞大的、屡获殊荣的架构，并对其进行了详细记录（仅架构图就覆盖了会议室内从地板到天花板的四面墙壁！），似乎涵盖了所有可能发生的情况。但问题只有一个：它太复杂了，以至于试图使用它的人都不知道从何下手。那些试图使用该精心设计的架构的团队，最终已大大超越解决方案的工程设计收场，导致范围、时间和成本严重超支。在经历了几次广为人知的项目失败和付出数百万美元的后果后，该组织最终重组了其 EA 的成果，并任命了新的领导层。他们摒弃了精心设计的目标架构，转而采用更为简单务实的方法。"

53 Blumenthal（2007，第 63 页）举例说明了为 EA 工具选择简单、面向利益相关者且直观易懂的展示格式的重要性："问题是 EA 信息往往难以理解。必要的数据可能有，但表现形式太差，以至于决策者难以使用这些数据。如果信息不易懂、不易用、不易看，那么它很快就会变成'书架上的陈设'，和积灰相差无几。当然，结果就是利益相关者不满意。"

54　如前所述，企业架构在本质上与建筑物和其他复杂工程对象的传统架构截然不同（Bente 等人，2012；Bloomberg，2014；Fehskens，2015b；Gaver，2010；Potts，2013）。

55　一些 EA 大师（Bernard，2009；Boar，1999a；Boar，1999b）主张开发正式、完整的严格企业架构工件集，类似于工程图纸。这些建议不切实际，与信息系统规划的现实经验完全不符。同样，正如 Niemi 和 Pekkola（2017，第 325 页）所指出的，"在实践中，对 EA（工件）的分析要比文献中介绍的无数复杂的技术分析方法简单得多"。

56　如前所述，成功的 EA 实践本质上是有机的，而非机械的（Holst 和 Steensen，2011）。

57　如前所述，企业工程学科的理念（Bernus，2009；Bernus 和 Nemes，1996；CIMOSA，1993；Dietz 等人，2013；Doumeingts，1989；Kosanke 等人，1999；Mertins 和 Jochem，2005；Williams，1994）无法应用于绝大多数后工业化组织。

58　在文献中，企业架构实践与系统思维密切相关（Khan，2013；Krishnamurthy，2014；Laverdure 和 Conn，2013；Rabaey，2014）。Simon 等人（2014，第 7 页）称，系统思维"可被视为企业架构的基本原则"，而 Ugwu（2017，第 5 页）则认为，"企业架构是一种将系统思维作为工具去整合和对齐所有组织层面的方法"。Veryard（2013）提出了四个原因解释 EA 界对系统思维的浓厚兴趣：系统思维为企业架构提供了理论基础；系统思维与企业架构相辅相成、相得益彰；系统思维与企业架构做着非常相似的事情；系统思维与企业架构相互竞争。

59　首席 EA 大师 John Zachman 报告说，"早期数字表明，保守地说，采用基于企业架构的方法，实施成本要低 10 倍，速度要快 6 倍"（Zachman，2003，第 3 页）。Clive Finkelstein 是著名的前电子工程学信息系统规划方法（信息工程）的创始人之一，他早先曾承诺要提高生产率，他曾说，"今天，通过使用信息工程，我们经常能实现比软件工程高出 10 ～ 20 倍的有效生产率"（Finkelstein，1989，第 vii 页）。不用多说，所有这些承诺都是虚构的。

60　Andriole（2020，第 1 页）写道，"有很多框架都有奇怪的名字，如 TOGAF、Zachman 和 FEAF。其中有些框架复杂得让人眼花缭乱。我从未见过成功实施过这些框架的人。当然，有些人在此处或他处实施了部分内容，但没有一个人能真正持续地将 TOGAF、Zachman 或 FEAF 的使用制度化。这些框架都太难了，以致无法长期使用，更不用说将其作为持续的最佳实践了"。我在 Kotusev 中详细分析了流行的 EA 框架的有害性和过时性（2016c）。

61　见 Gaver（2010）、Lohe 和 Legner（2014）和 Trionfi（2016）。

62　具体而言，作为本书研究的一部分，我们对 The Open Group（The Open Group，2016a）提供的 TOGAF 用户列表中的五家组织进行了研究，但这些公司均未真正遵循 TOGAF 的关键规定（Kotusev，2016a；Kotusev，2016d）。

63　如前所述，为整个组织创建全面架构规定的想法一直被认为不切实际（Basten 和 Brons，2012；Beeson 等人，2002；Erder 和 Pureur，2006；Kim 和 Everest，1994；Lohe 和 Legner，2014；Schmidt 和 Buxmann，2011）。附录 A 详细讨论了流行的 EA 框架的起源和问题。

64　如前所述，真正的管理创新和最佳实践通常在领先组织或实践者群体中逐步形成，而非由某些咨询公司、学者和思想领袖所"创造"（Birkinshaw 和 Mol，2006；Davenport 等人，2003a；Hamel，2006；Miller 和 Hartwick，2002；Miller 等人，2004；Pfeffer 和 Sutton，2006b）。

企业架构和城市规划

前面几章对业务和 IT 的对齐问题、企业架构的概念以及利用企业架构改善业务和 IT 之间对齐度的实践进行了详细介绍。本章在企业架构和城市规划实践紧密类比的基础上，详细解释企业架构实践的核心机制，包括文档、参与者和流程。特别地，本章首先从组织规划和城市规划的角度讨论了两者的相似性。然后，本章非常详细地描述了 6 种通用类型的 EA 工件和城市规划文档，以及它们在企业架构和城市规划实践中的特定类型作用。最后，本章解释了不同类型的 EA 工件和城市规划文档间的关系和互补性。

4.1 作为城市规划的企业架构实践

企业架构实践是复杂的、多面的组织实践，代表着各种人员、EA 工件和流程的复杂互动。企业架构实践的通用机制远非微不足道，最好能用其他更直观的领域的近似类比来解释[1]。具体来说，使用企业架构来管理组织演变的做法可与城市规划的做法相比较[2]。

城市规划和企业架构实践之间的密切类比，为企业架构是什么以及如何运作提供了一个清晰而优雅的说明。城市规划实践的目的是组织城市景观，实现可持续发展，使城市更宜居。同样，企业架构实践的目的是组织技术景观，使其可持续发展，且更加有效率。利用城市规划的隐喻，构成企业技术景观的独立信息系统可比作城市内独立的建筑，而系统架构可比作建筑架构[3]。

继续使用这个比喻，业务高管可比作愿为居民利益发展城市的城市管理者。IT 项目团队可比作建筑项目团队，包括瓦工、水管工和其他工人，负责建造独立的建筑。最后，架构师可与负责城市规划技术方面的城市规划师进行比较。表 4.1 总结了 EA 与城市规划实践的主要参与者的共同点。

表 4.1 EA 与城市规划实践的主要参与者的共同点

企业架构	城市规划	企业架构和城市规划的共同点
业务高管	城市管理者	业务高管和城市管理者都从最终价值的角度看待组织或城市,对组织或城市的长期繁荣感兴趣,但不了解其技术基础设施
IT 项目团队	建筑项目团队	IT 项目团队和建筑项目团队都有责任按时完成项目,但可能不会意识到它们的长期影响和最终价值
架构师	城市规划师	架构师和城市规划师都有责任将业务高管或城市管理者的长期终极价值角度转换为 IT 项目团队或建筑项目团队的短期技术角度

城市规划和企业架构实践都是持续的活动,旨在控制复杂的动态系统的持续演变(见图 1.2),而非设计一些静态的物理对象。此外,从规划的角度来看,城市和组织有许多共同的特性:

- 城市和组织都有一些对于最终用户来说"可见"的有价值的对象,以及一些支持这些对象的"不可见"的技术基础设施。
- 城市和组织都不可能在每个细节上均得到完美的规划。
- 城市和组织的未来需求在原则上是可预见的,但难以详细描述。
- 城市和组织都无法从零开始设计和建造。
- 城市和组织都是同时运行和发展的,它们不能被停止、修改,然后再恢复。
- 城市和组织都不能被完全改变,而只能进行逐步的、范围有限的小规模增量修改。
- 城市和组织的重大变化不会在一夜之间迅速发生,而需要相当长的时间来实施。
- 城市和组织都是以一种持续的、依赖路径的方式缓慢发展的。
- 城市和组织的未来发展总受其现有结构、以前的规划决策和其他自然约束的限制。
- 即使成功地解决了当前的问题,糟糕的规划决策仍会大大阻碍城市和组织的进一步发展。
- 城市和组织的演变永无止境,没有明确的最终状态。
- 城市和组织都没有单一的最佳发展方式,而是有多种可供选择的发展方案,具有不同的优势和劣势、收益、成本和风险。

由于城市和组织的这些相类属性,城市规划和企业架构实践中的所有规划决策都必须考虑一些类似的考量,而这些考量往往相互冲突。这些关注点包括但不限于以下规划考量:

- 每个规划决策都应从可见的最终价值角度和不可见的技术基础设施角度令人满意。
- 每项规划决策都应满足具体的短期需求,并解决当前的问题。
- 每项规划决策也应有助于实现抽象的长期目标。
- 每项规划决策都应考虑到当前的结构,并在可能的情况下利用它们。

● 每项规划决策都不应给未来的发展带来障碍。

基本上，从规划的角度来看，城市和组织面临着非常相似的问题。为了克服这些问题，城市规划和企业架构实践都采用了特定的工具来平衡不同利益相关者的利益冲突，并促进最佳决策。城市规划的实践围绕具体的规划文档，帮助管理城市的平衡发展。同样地，企业架构的实践也围绕具体的 EA 工件，帮助管理组织在业务和 IT 方面的平衡演变。

4.2 企业架构工件和城市规划文档的六种类型

企业架构是特定 EA 工件的集合，用于管理组织演变的不同方面。同样地，城市规划文档也用于管理城市发展的不同方面。在成功的企业架构实践中使用的所有 EA 工件都可以分为六个通用的基本类型：经营考量、（技术）标准、（业务）愿景、（技术）景观、概要设计和详细设计。这六种通用类型的 EA 工件在企业架构实践中起着关键作用，在城市规划实践中也有直接的类似作用。

在成功的企业架构实践及城市规划实践中，经营考量和（技术）标准描述了定义组织或城市的某些规则，（业务）愿景和（技术）景观描述了组织或城市的高层结构，而概要设计和详细设计则描述了组织或城市的具体计划的渐进式变化。一方面，经营考量、（业务）愿景和概要设计从"可见的"最终价值的角度来描述组织或城市，即从组织的商业角度和从城市的宜居角度。经营考量、（业务）愿景和概要设计被业务高管或城市管理者分别用来管理技术景观或城市景观。另一方面，标准、景观和详细设计从支持主要增值实体的"不可见的"技术基础设施的角度来描述组织或城市，即从 IT 基础设施的角度和城市基础设施的角度。（技术）标准、（技术）景观和详细设计由架构师或城市规划师用来组织技术景观或城市景观。

六种通用类型的 EA 工件和城市规划文档中的每一种都回答了关于组织或城市的不同问题，并提供了一个独特的观点。具体来说，经营考量回答了组织或城市如何从商业或宜居的角度来组织的问题。（技术）标准回答了组织或城市如何从信息技术或城市基础设施的角度来组织的问题。（业务）愿景回答了从商业或宜居角度看一个组织或城市的高层结构是什么的问题。（技术）景观回答了从信息技术或城市基础设施的角度看一个组织或城市的高层结构是什么的问题。概要设计回答了从商业或宜居的角度对一个组织或城市提出了哪些具体的改变。最后，详细设计回答了从技术或城市基础设施的角度对一个组织或城市提出了哪些具体的改变。图 4.1 显示了定义上述六种通用类型的 EA 工件和城市规划文档的分类法。

经营考量、（技术）标准、（业务）愿景、（技术）景观、概要设计和详细设计是 EA 工件和城市规划文档的六个通用类型。每种基本类型在 EA 或城市规划实践中都有其独特的作用、目的、用途和价值。

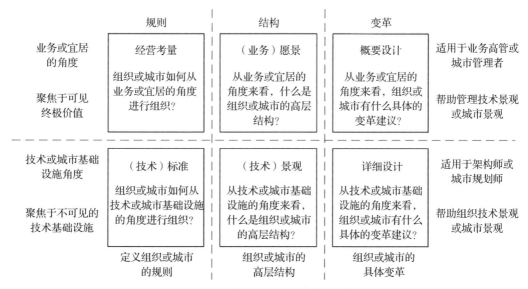

图 4.1　EA 工件和城市规划文档的分类法

4.2.1　经营考量

经营考量是定义整个组织或城市的抽象的高阶准则或必要条件。这些总体要求对业务高管和城市管理者很重要，同时也对整个技术景观或城市景观有重大的技术影响。例如，对于城市而言，经营考量可以由定义交通政策的城市化原则、对特定建筑风格的偏好或通用的扩展要求来表示；而对于组织来说，经营考量通常由定义流程标准化和数据集中化政策的架构原则或业务连续性要求来表示。图 4.2 显示了与经营考量相关的 EA 工件和城市规划文档的典型例子。

企业架构（架构原则）　　　　　　　　　　　　城市规划（城市生活原则）

| 业务流程在所有呈现点上都是标准化的
所有业务线都使用共享的客户列表
即使系统出现故障，所有业务仍能正常运营 | 所有地点均可通过公共交通工具和私人车辆到达
所有建筑都保持传统建筑风格
所有建筑都与行人规模匹配 |

图 4.2　与经营考量相关的 EA 工件和城市规划文档

经营考量代表了规划决策（见表 2.1 和图 2.7），因此，经营考量总是由组织的业务高管和架构师或城市的市长和城市规划师根据整体战略愿景协作制定。经营考量为整个组织或城市阐明了最基本的规则和基本要求，由所有高级利益相关者共享，且不常改变。由于其隐含的双重属性（见图 2.5），经营考量向业务高管或城市管理者传达一种与价值相关的含义，但向架构师或城市规划者传达另一种与基础设施相关的含义。例如，架构原则指出"所有业务线都使用共享的客户列表"（见图 4.2），对业务高管和架构师有不同的含义。对于业务高管来说，这一原则意味着公司可向同一客户交叉销售不同业务线所提供的产品；而对于架构师而言，同一原则意味着所有支持不同业务线运作的 IT 系统应使用单一的共享客户数据库[4]。经营考量在本质上是长期不变的，是永久型 EA 工件（见表 2.2）。它们只为组织或城市一次性建立，然后定期被更新以保持相关性。

在达成共识后，经营考量为所有的进一步讨论提供了一个共同的基础，并影响所有的规划决策。经营考量的双重属性使业务高管和城市管理者能够潜移默化地塑造技术或城市景观，尽管经营考量通常没有明确提到任何技术或城市基础设施。

4.2.2 （技术）标准

（技术）标准是高度专业化的底层技术准则，规定了技术或城市景观应该如何组织和建设。这些准则对于架构师和城市规划师而言非常重要，但对于业务高管和城市管理者来说基本毫无意义。例如，对于城市来说，标准可由建筑标准来表示，它规定了用于特定目的的特定建筑材料、对某些类型建筑的特殊要求或交通车道的宽度；而对于组织而言，标准通常由技术标准来表示，它规定了使用特定的应用平台、特定的数据库管理系统或成熟的集成模式。图 4.3 显示了与（技术）标准相关的 EA 工件和城市规划文档的典型例子。

企业架构（技术标准）	城市规划（建筑标准）
所有应用程序都应该在Java EE平台上实现 所有数据库都应使用Oracle RDBMS平台 企业服务总线应该用于集成所有应用程序	砖砌墙体宜采用高铝水泥 所有住宅建筑都应使用塑料玻璃 所有车道宽度应达到3.0米

图 4.3　与（技术）标准相关的 EA 工件和城市规划文档

（技术）标准代表了技术规划的决策，是由架构师或城市规划师据其对业务高管或城市管理者的最佳利益和关注点的理解而集体制定的。与双重属性的经营考量——它总与业务高管或城市管理者达成一致——不同的是，（技术）标准对于业务高管和城市管理者来说几乎不可见，因为它们反映的是高度技术性的规则，难以理解且不相关。（技术）标准是永久和相对稳定的。它们随着有前途的新技术或更好的方法的出现而定期更新，代表了 IT 系统或建筑施工中公认的最佳实践。

（技术）标准在建立后，会影响所有单独的 IT 系统或建筑设计，以及技术或城市景观的整体结构。它们有助于降低复杂性，实现技术或城市景观的同质性，重复使用经过验证的技术最佳实践，并确保其符合现有的监管规范。此外，（技术）标准可加速新的 IT 系统或建筑的建设，减少建设成本并降低相关风险。

4.2.3 （业务）愿景

（业务）愿景是抽象的，通常只用一页图就提供了整个组织或城市的高阶视图。通常，它们描述了组织或城市在未来 3 ~ 5 年内的战略发展计划。（业务）愿景中所反映的长期战略对于业务高管和城市管理者而言至关重要，同时从技术角度来看也对技术或城市景观有直接影响。例如，对于城市来说，（业务）愿景可用城市分区图来表示，显示未来应建设城市的哪些区域；而对于组织而言，（业务）愿景通常用业务能力地图来表示，显示未来应提升哪些能力。图 4.4 显示了与（业务）愿景相关的 EA 工件和城市规划文档的典型例子。

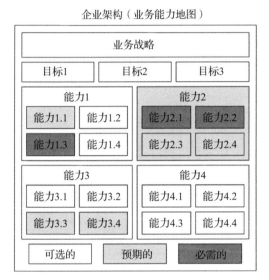
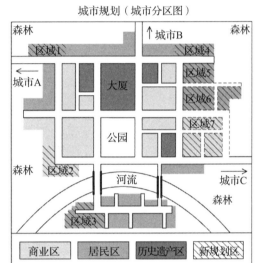

图 4.4　与（业务）愿景相关的 EA 工件和城市规划文档

　　（业务）愿景代表了由业务高管和架构师为组织（或由城市管理者和城市规划师为城市）根据长期战略合作制定的规划决策。（业务）愿景与"经营考量"一致，反映未来的总体方向，并建议为执行业务战略或执行城市发展战略应该做什么。特别地，（业务）愿景通常阐明了具体的业务能力或城市区域。基本上，它们代表了所有高级利益相关者所认可的对未来的看法。由于其隐含的双重属性，（业务）愿景对业务高管或城市管理者传达的是一种意义，而对架构师或城市规划师则是另一种意义。例如，对于业务高管来说，图 4.4 所示的业务能力地图表明，他们的公司将提升某些符合业务战略和目标的业务能力；而对于架构师来说，同样的业务能力地图表明，他们的 IT 部门应该专注于提供新的 IT 系统，改善这些"热图"的业务能力[5]。（业务）愿景虽是永久性的，但本质上是不断发展的。它们只为组织或城市一次性建立，然后根据战略计划的最新变化持续更新。

　　（业务）愿景在制定后为指导未来投资和优先考虑拟议的 IT 或建设项目提供了合理的基础。尽管（业务）愿景中往往没有明确提到任何技术或城市基础设施，但（业务）愿景的双重属性使业务高管和城市管理者能够潜移默化地朝着正确的方向发展其技术或城市景观。（业务）愿景有助于战略规划，帮助所有相关利益方对组织或城市的长期发展重点达成共识，从而提高未来信息技术或建设投资的战略有效性。

4.2.4 （技术）景观

（技术）景观是具有不同范围和阶层的正式模型或图表，从技术角度描述了技术或城市景观。这些图对于架构师和城市规划师来说至关重要，但对于业务高管和城市管理者来说几乎毫无用处。例如，对于城市来说，景观图可以由描述地下高压电线、中央煤气和水管的基础设施图来表示；而对于组织而言，景观图通常由描述主要应用程序、系统、数据库及其连接的景观图来表示。图 4.5 显示了与（技术）景观相关的 EA 工件和城市规划文档的典型例子。

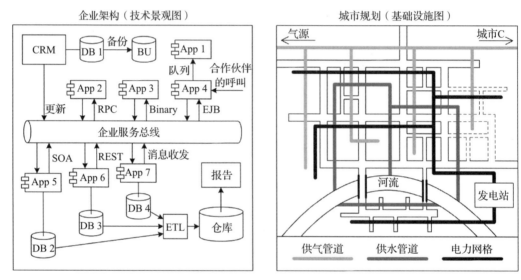

图 4.5　与（技术）景观相关的 EA 工件和城市规划文档

（技术）景观代表了文档化的事实型 EA 工件（见表 2.1 和图 2.7），因此可由个别架构师或城市规划师独立为组织或城市开发和维护。与总是由业务高管或城市管理者共同开发和批准的双重属性的（业务）愿景不同，景观图是纯粹的技术图表，主要关注技术或城市基础设施。它们通常被业务高管和城市管理者认为是毫无意义的技术废话，并不直接反映其任何战略关注。（业务）愿景通常着眼于未来，代表着积极主动规划工作的结果，而（技术）景观则更多是为了准确地捕捉当前技术或城市景观的"原有"状态。从本质上讲，它们提供了现有技术或城市基础设施的基线或清单。（技术）景观是永久的，并且与组织或城市共同演变。在（技术）景观发生变化后（例如，在新 IT 系统或建筑被建造或移除后），它们会以被动的方式更新，以保持最新状态。

（技术）景观主要由架构师或城市规划师使用，通常有几个不同的目的。首先，它有助于架构师或城市规划师了解哪些技术或城市基础设施是多余的、不适用的或老化的，并据此做出替换计划。其次，景观有助于准备单个 IT 或建筑项目的设计，并找到将新项目与现有基础设施连接的最佳方式。（技术）景观设计有助于技术或城市基础设施的合理化，重新利用现有资产，减少不必要的配套设施的重复使用，加速新 IT 系统或建筑的规划。

4.2.5 概要设计

概要设计是对单个 IT 或建筑项目的高阶描述，以便业务高管和城市管理者理解它们。它们为决策者提供了关于拟议的新 IT 系统或建筑的相关摘要信息，但不包含足够的技术细节来实际执行它。例如，对于城市来说，概要设计可用建筑模型来表示，显示建筑物的草图、总面积、大概成本和完工日期；而对于组织而言，概要设计通常用解决方案的概述来表示，描述建议的 IT 解决方案的本质、整体影响、估计成本、时间和风险。图 4.6 显示了与概要设计相关的 EA 工件和城市规划文档的典型例子。

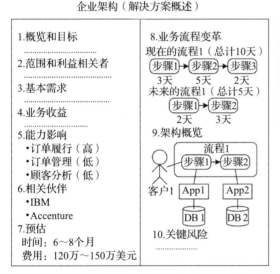

图 4.6　与概要设计相关的 EA 工件和城市规划文档

概要设计代表着规划决策，且总是由架构师和业务高管为所有拟议 IT 项目合作创建，或由城市的规划师和管理者为所有拟议建筑项目据其基本要求而创建。概要设计通常由（业务）愿景发起，以让由业务高管或城市管理者批准的整体战略落地。同时，其启动方式与"经营考量"一致，以便与商定的整个组织或城市的通用原则保持一致[6]。在制定概要设计时，架构师或城市规划师也会利用（技术）标准和（技术）景观来重复使用已有的最佳实践，并规划新的 IT 系统或建筑与现有基础设施的连接。由于其明确的双重属性（见图 2.5），概要设计向业务高管或城市管理者传达的含义有别于向架构师或城市规划师所传达的含义。例如，图 4.6 所示的解决方案概述对于业务高管来说，描述了拟议的 IT 解决方案将如何影响业务、哪些业务流程将得到改善、需要哪些财务投资，以及何时可交付解决方案；而对于架构师而言，同样的解决方案概述提供了 IT 解决方案的高阶描述，若项目得到业务高管的批准，即需要交付。

在开发完成后，概要设计为 IT 或建筑项目的商业案例提供信息，并作为这些项目的主要讨论点。一方面，概要设计允许业务高管和城市管理者了解具体的 IT 系统或建筑的价值、时间表和成本，而无须深入了解实施的复杂技术细节。另一方面，基于概要设计，业务高管和城市管理者可确保所有拟议的 IT 或建筑项目与经营考量相一致，并与（业务）愿景中反映的总体战略方向保持一致。因此，概要设计有助于做出明智判断，并能对所有拟议项目的资金进行合理的决策。这帮助业务高管和城市管理者根据战术和战略利益的平衡来批准具体的 IT 或建筑项目，并确保资金得到合理使用。概要设计的性质是临时的和短暂的（见表 2.2）。概要设计在 IT 或建筑项目的早期阶段被创建，用于支持决策，但在这些项目启动或被拒绝后即被丢弃。即使概要设计仅简单地提到技术或城市基础设施，但其双重属性使得业务高管和城市管理者能够控制所有的 IT 或建筑投资。概要设计有助于确保每个新 IT 或建筑项目以可承受的价格提供合理的战术和战略价值，最大化成本效益比，从而提高所有投资的效率。

4.2.6 详细设计

详细设计是对单独 IT 系统或建筑的细致技术描述，以供实施者操作。详细设计为 IT 或建筑专家提供了交付项目所需的精确技术信息，但对于业务高管和城市管理者来说，这些信息基本上无关紧要。例如，对于城市来说，详细设计可用正式的建筑图纸来表示，并对其几何形状进行精确测量；而对于组织而言，详细设计通常由解决方案设计来表示，详细描述 IT 系统的所有典型"层"，包括其应用、数据、技术和安全要素。图 4.7 显示了与详细设计相关的 EA 工件和城市规划文档的典型例子。

详细设计表示由架构师和 IT 项目团队为所有 IT 项目集体开发的技术规划决策，或表示由城市规划师和建筑项目团队为所有建筑项目开发的技术规划决策，其基础是此前由业务高管或城市管理者批准的相应概要设计[7]。详细设计提供了构建 IT 或建筑项目所需的详细且具体的技术信息，还精确地解释了新 IT 系统或建筑如何遵循（技术）标准规定的既定技术准则，以及新 IT 系统或建筑如何与（技术）景观中描述的现有基础设施相连接。由于其双重属性，详细设计向架构师或城市规划师传达了一种含义，而向 IT 或建筑项目团队传达另一种含义。例如，对于架构师来说，图 4.7 所示的解决方案设计描述了 IT 系统如何遵守既定的组织范围内的原则、标准和方法，重新利用适当的战略性 IT 资产，并废弃多余的、冗余的或遗留的系统；而对于 IT 项目团队而言，同样的解决方案设计也会详细说明对 IT 系统的业务要求以及具体实施计划。

在开发完成后，详细设计为各个项目的项目管理计划提供信息，并由负责按计划实施项目的 IT 或建筑团队使用。详细设计是临时性的，仅在各个项目的期限内有效。它们在 IT 或建筑项目的后期阶段产生，以支持其实施，但在这些项目交付后会被丢弃。尽管详细设计通常没有明确描述任何组织范围或城市范围的经营考量，但其双重属性使 IT 或建筑项目团队能默默地创建全面优化的 IT 系统或建筑。详细设计有助于保证单个 IT 系统或建筑的良好技术质量，并确保满足业务高管或城市管理者的所有基本要求。

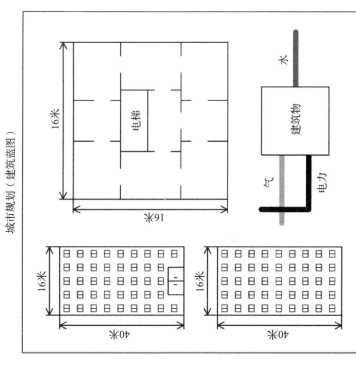

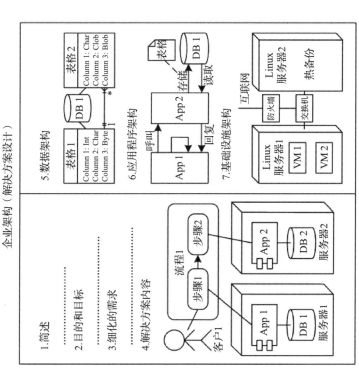

图 4.7　与详细设计相关的 EA 工作和城市规划文档

4.3 不同类型的企业架构工件间的关系

经营考量、(技术) 标准、(业务) 愿景、(技术) 景观、概要设计和详细设计这六种通用类型的 EA 工件和城市规划文档是 EA 和城市规划实践的基础。这些工件代表了企业架构实践的六块基石，提供了六处支点——所有与 EA 相关的过程都围绕其进行。如上所述，这六种通用类型的 EA 工件和城市规划文档具有复杂的关系，并相互影响。一个 EA 工件与其他工件所反映的规划决策相一致，可使业务和 IT 视角、战略和战术计划、组织和项目级决策、全局和局部关注、通用和特定观点间建立起联系并可追溯。对不同类型的 EA 工件间现有相互关系的清晰理解有助于更好地理解企业架构实践的通用机制。

作为定义整个组织或城市的总体概念规则，经营考量基本上影响所有其他类型的 EA 工件或城市规划文档。具体来说，它们影响 (业务) 愿景的发展、(技术) 标准的选择和 (技术) 景观的演变，以及概要设计和详细设计中描述的所有 IT 系统或建筑的架构。例如，要求所有业务线与共享的客户名单合作的考虑，可能会推动创建与这一要求相一致的 (业务) 愿景，为选择符合所有业务部门的合适数据库和集成标准提供信息，影响 (技术) 景观向拥有集中客户资源库的方向演变，并要求所有概要设计和详细设计连接到同一个客户数据库。

作为定义整个组织或城市的全面技术规则，(技术) 标准为开发特定 IT 系统或建筑的概要设计和详细设计提供了具体的实施准则。通过塑造单个 IT 或建筑项目，(技术) 标准最终也塑造了描述这些项目产生的技术或城市景观。例如，要求所有应用程序在 Java EE 平台上实施的标准，自然会指导新 IT 项目的概要设计和详细设计中的技术选择，最终形成基于 Java 的景观。

作为对整个组织或城市所期望的未来的高瞻远瞩，(业务) 愿景开启了为实现此未来所需的特定 IT 或建筑项目的新概要设计工作。这些愿景还可以指导适当的 (技术) 标准选择、(业务) 景观的演变和详细设计的发展。例如，包含订单管理能力战略改进的 (业务) 愿景将激发新 IT 项目的概要设计，以提高此能力，指导与订单管理相关的适当 (技术) 标准的选择，建议 (技术) 景观的总体未来方向，也可能影响相应详细设计中特定的项目级决策。

作为从技术角度对现有技术或城市景观的高级描述，(技术) 景观为概要设计和详细设计中描述的所有新 IT 系统或建筑提供了环境。例如，描述当前景观结构的 (技术) 景观，允许在概要设计和详细设计中规划现有和新信息系统间的交互。

作为单独的 IT 或建筑项目的高阶描述，概要设计为开发更细节的详细设计提供了初步基础，描述了如何实现这些 IT 系统或建筑。例如，概要设计规定了新 IT 系统应该做什么，应该如何工作，为进一步规划技术详细设计提供了起点，解释了该系统应如何在物理层面工作。

作为单独的 IT 系统或建筑的低阶技术描述，详细设计代表了最具体、最详细和最局部化的规划决策。它们被所有其他类型的 EA 工件或城市规划文档所反映的 "此前"、更高阶的规划决策所塑造和影响，但并不直接影响任何上述工件或文档。然而，详细设计提供了在相应的 IT 或建筑项目完成后更新现有景观的基础。上述不同类型的 EA 工件间的基本关系如图 4.8 所示 [8]。

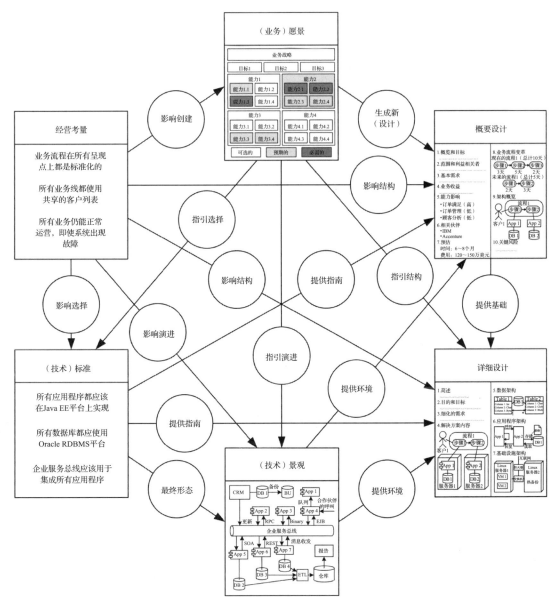

图 4.8　不同类型的 EA 工件间的关系

4.4　不同类型的企业架构工件的互补性

如上所述，六种通用类型的 EA 工件和城市规划文档均在 EA 或城市规划实践的背景下实现特定目的。从本质上讲，经营考量、（业务）愿景和概要设计为业务高管和架构师间或城市管理者和城市规划师间提供了沟通的"接口",支持协作决策并促成有效的伙伴关系。这些接口允许业务高管或城市管理者塑造、指导和控制其技术或城市景观的发展,通过"经营考量"设定总体基本原则,通过(业务)愿景定义总体战略方向,通过"概要设计"批准实现这一方向的具体战术步骤。详细设计也为架构师和 IT 项目团队间或城市规划师和建筑项目团队间提供了一个类似的沟通接口。该接口允许架构师或城市规划师通过将全面优化的技术决策嵌入具体的本地(IT)项目来优化其技术或城市景观。然而,(技术)标准和(技术)景观在很大程度上只被架构师和城市规划师用作参考材料,以优化技术决策。

由于六种通用类型的 EA 工件和城市规划文档在 EA 或城市规划实践的背景下都发挥着独特的作用,因此它们可被看作互补的甚至是协同的。经营考量(如架构原则和城市生活原则,见图 4.2)、(技术)标准(如企业技术标准和建筑标准,见图 4.3)、(业务)愿景(如业务能力地图和城市分区图,见图 4.4)、(技术)景观(如景观图和基础设施图,见图 4.5)、概要设计(如解决方案概述和建筑模型,见图 4.6)和详细设计(如解决方案设计和建筑蓝图,见图 4.7)在 EA 和城市规划实践中的作用总结如图 4.9 所示。

经营考量 (架构原则和城市生活原则)	**(业务)愿景** (业务能力地图和建筑分区图)	**概要设计** (解决方案概述和建筑模型)
谁在使用它们? 业务高管、架构师,或城市管理者和城市规划师	**谁在使用它们?** 业务高管和架构师,或城市管理者和城市规划师	**谁在使用它们?** 业务高管和架构师,或城市管理者和城市规划师
它们是如何使用的? 协作建立并影响所有规划决策	**它们是如何使用的?** 协作开发后指导未来的投资和项目	**它们是如何使用的?** 协作开发后知会项目投资决策
为什么使用它们? 提高整体概念的一致性和对齐的一致性	**为什么使用它们?** 提升对未来投资的战略有效性	**为什么使用它们?** 提升所有投资的成本-收益率和效率
双重属性:是 **意义**:决策 **生命周期**:永久	**双重属性**:是 **意义**:决策 **生命周期**:永久	**双重属性**:是 **意义**:决策 **生命周期**:临时
(技术)标准 (企业技术标准和建筑标准)	**(技术)景观** (景观图和基础设施图)	**详细设计** (解决方案设计和建筑蓝图)
谁在使用它们? 仅架构师或城市规划师	**谁在使用它们?** 仅架构师或城市规划师	**谁在使用它们?** 架构师和IT项目团队,或城市规划师和建筑项目团队
它们是如何使用的? 在建立后影响所有项目设计和景观结构	**它们是如何使用的?** 维持现状以支持技术决策制定和项目规划	**它们是如何使用的?** 协作开发后指引项目实施
为什么使用它们? 减少复杂性、风险和成本,实现同质化和合规性	**为什么使用它们?** 合理使用基础设施,重复使用资产,以及加速项目规划	**为什么使用它们?** 根据要求提升项目交付质量
双重属性:否 **意义**:决策 **生命周期**:永久	**双重属性**:否 **意义**:事实 **生命周期**:永久	**双重属性**:是 **意义**:决策 **生命周期**:临时

图 4.9 不同类型的 EA 工件的作用

图 4.9 强调了六种通用类型的 EA 工件的互补性。尽管不同类型的 EA 工件被不同的人用于不同的目的，但当在成熟的企业架构实践中一起使用时，这六种类型的 EA 工件会相互加强，并改善组织中整体业务和 IT 的对齐。特别地，这些工件的正确组合使用可确保组织中的所有 IT 项目：

- 满足本地的短期需求和要求——所有的 IT 项目都是由业务高管根据概要设计的意向批准的，其详细要求在详细设计中被记录和解决。
- 为长期战略目标做出贡献——所有 IT 项目的概要设计都与架构师和业务高管的经营考量和（业务）愿景对齐，并确定其优先次序。
- 以可预测的、具有成本效益的、无风险的方式快速实施——架构师确保所有 IT 项目的详细设计都遵循（技术）标准规定的成熟实施方法和最佳实践。
- 重复使用和利用现有的 IT 资产——架构师确保所有 IT 项目的概要设计和详细设计都能利用（技术）景观中描述的可重复使用的 IT 资产。
- 不创造多余的 IT 资产——基于（技术）景观，架构师确保新的 IT 项目的概要设计和详细设计与现有系统不重复。
- 若合适，在未来可作为 IT 资产被重复使用和利用——架构师确保 IT 项目的详细设计在必要时可被重复使用。
- 建立于组织有意在未来继续使用的技术之上——架构师确保所有 IT 项目的概要设计和详细设计都基于（技术）标准所允许的技术。
- 与其他类似项目的实施保持一致——架构师确保所有 IT 项目的概要设计和详细设计都遵循（技术）标准所推荐的和经营考量所建议的既定方法。
- 不引入不必要的复杂性——基于（技术）标准和（技术）景观，架构师确保新 IT 项目的详细设计不偏离既定的方法，不会使（技术）景观复杂化。

上文对企业架构概念的介绍性解释，为所有主要的 EA 工件类型及其实际使用提供了简化而准确的观点。基于城市规划中简单、直接和直观的类比，该描述提供了一个易于理解、直接和整体的模型，解释了企业架构是什么、如何运作、如何使组织受益及其价值如何在实践中交付。

4.5　企业架构的 CSVLOD 模型

经营考量、（技术）标准、（业务）愿景、（技术）景观、概要设计和详细设计（CSVLOD）是企业架构的基本核心要素，同时在城市规划中也有直接的相似之处。一方面，经营考量、（业务）愿景和概要设计帮助业务高管或城市管理者管理他们的技术或城市景观。也就是说，经营考量有助于定义工作的基本规则，（业务）愿景有助于确定长期战略方向，而概要设计则有助于采取正确的战术步骤来实现这一战略。另一方面，（技术）标准、（技术）景观和详细设计帮助架构师或城市规划师组织其技术或城市景观。具体来说，（技术）标准有助于复用已被证实的技术方法，（技术）景观有助于利用现有的技术资产，而详细设计则有助于详细规划个别技术的变化。

上述六种类型的模型（即企业架构的 CSVLOD 模型）将企业架构的概念解释为六种互补类型的 EA 工件的集合（见图 4.9），并提供了一个强大的基于证据的企业架构概念[9]。尽管表面上很简单，但企业架构的 CSVLOD 模型反映了构建成功企业架构实践的所有关键 EA 工件、参与者和活动的本质。CSVLOD 模型及其与城市规划的密切类比，令企业架构实践的基本机制非常易于理解。本章简要介绍的企业架构 CSVLOD 模型将在本书中进一步作为解释企业架构实践各个方面的基础，并在第 8 章中详细描述，而 CSVLOD 模型定义的六种通用的 EA 工件将分别在第 9 ～ 14 章中详细讨论。

4.6　本章总结

本章解释了企业架构实践的关键机制，并基于企业架构和城市规划实践的密切类比，说明了六种基本类型的 EA 工件及其相互关系。本章的核心信息可以归纳为以下几个要点：

- 由于与组织和城市规划相关的典型挑战的相似性，企业架构实践在概念上与城市规划实践相似。
- EA 和城市规划实践均基于六种基本类型的文档：经营考量、（技术）标准、（业务）愿景、（技术）景观、概要设计和详细设计（CSVLOD）。
- 经营考量是定义整个组织或城市的抽象且高阶的准则或必要条件，为后续讨论提供共同基础，并影响所有的规划决策。
- （技术）标准是高度专业化的低阶技术准则，规定了技术或城市景观应该如何建设，并影响所有单独的 IT 系统或建筑以及整体景观结构的设计。
- （业务）愿景是抽象的，通常只有一页图，描述了整个组织或城市的高阶视图，并为指导未来投资和确定拟议的 IT 或建筑项目的优先次序提供了合理的基础。
- （技术）景观是具有不同范围和阶层的正式模型或图表，从技术角度描述技术或城市景观，帮助技术或城市基础设施的合理化，加速新 IT 系统或建筑的规划。
- 概要设计是对单独的 IT 或建筑项目的高阶非技术性描述，可被业务高管或城市管理者理解，用于讨论、评估、批准和资助拟议的项目。
- 详细设计是对单独的 IT 或建筑的详细技术描述，可供 IT 项目团队或建筑项目团队使用，并在业务高管或城市管理者批准后用于实施相应的项目。
- 经营考量、（技术）标准、（业务）愿景、（技术）景观、概要设计和详细设计是相互关联、相互补充甚至相互协同的。

4.7　注释

1　如前所述，企业架构和建筑架构间常用的类比在概念上存在缺陷，不能充分体现企业架构实践的一般含义（Bente 等人，2012；Bloomberg，2014；Fehskens，2015b；Gaver，2010；Potts，2013）。

2　人们经常将 EA 实践与城市规划相提并论（FEAPO，2013；Robertson，2010；Schulte，2002；Sessions，2007；Sessions 和 de Vadoss，2014）。然而，即使是最详尽的比较，也没有超出一般概念或非常高阶的概念类比（Ahlemann 等人，2012a；Burke，2003；Schmidt 和 Buxmann，2011）。

3　van der Raadt 和 van Vliet（2008，第 103-104 页）在解释企业架构时也使用了同样的比喻："与物理世界的架构相比，EA 提供了城市规划的机制，软件架构就是一栋建筑的架构。"

4　从社会学边界对象理论的角度来看，这种双重架构原则提供了一个完美的例子，说明边界对象对不同社会群体的代表具有不同的意义，并促进了他们之间的交流（Carlile，2002；Carlile，2004；Nicolini 等人，2012；Star，2010；Star 和 Griesemer，1989）。

5　从边界对象理论的角度来看，这种双重业务能力图也是不同职业群体间边界对象的一个很好的例子（Carlile，2002；Carlile，2004；Nicolini 等人，2012；Star，2010；Star 和 Griesemer，1989）。

6　从社会学参与者 – 网络理论的角度来看，新的概要设计与业务高管先前批准的既定经营考量和业务愿景保持一致，亦即内含人类参与者利益的实物代其保护这些利益，这是利益象征的完美范例（Hanseth 和 Monteiro，1997；Sidorova 和 Kappelman，2010；Sidorova 和 Kappelman，2011b；Walsham，1997）。

7　从参与者 – 网络理论的角度来看，新设计与先前商定的概要设计保持一致，也是利益归属和象征的很好的例子（Hanseth 和 Monteiro，1997；Sidorova 和 Kappelman，2010；Sidorova 和 Kappelman，2011b；Walsham，1997）。

8　经营考量、技术标准、业务愿景、技术景观、概要设计和详细设计间的关系在 Kotusev（2017f）中已有描述。

9　企业架构的 CSVLOD 模型已在一系列简短文章（Kotusev，2016g；Kotusev，2017c；Kotusev，2017f）中被初步介绍，该模型基于早期的高阶模型定义了 4 种一般类型的 EA 工件：原则、业务愿景、技术标准和模型（Kotusev，2016f；Kotusev 等人）。

Chapter 5 第 5 章

业务与 IT 之间的对话

上一章以企业架构和城市规划做类比，对在工作中通过企业架构实践实现业务和 IT 对齐的做法进行了说明。本章将特别关注企业架构实践的沟通方面，详细讨论业务和 IT 利益相关者间的对话。本章将首先描述最典型的实际问题——企业架构实践的输入。接下来，本章将讨论 5 个常见的要点，它们提供了一块对业务和 IT 代表都有意义的中间地带，便于他们建立富有成效的对话。最后，本章将分析这些要点间的层次和关系，介绍企业架构不确定性原则。

5.1 将业务战略作为架构规划基础所面临的问题

正如第 2 章所讨论的，企业架构实践的一般组织作用是将业务高管在战略管理过程中确定的抽象业务经营考量转化为新 IT 解决方案的具体可实施设计（见图 2.4）。在大多数组织中，战略管理过程的主要产品是高层**业务战略**，它定义了整个组织的长期发展方向。正式的组织业务战略通常包括但不限于以下共同要素：

- 核心使命宣言。
- 组织愿景和价值观。
- 竞争和环境分析，如 SWOT、PEST、五力模型等。
- 战略目标。
- 量化可测量的关键绩效指标（Key Performance Indicator，KPI）。

从常识来看，直接从顶层业务战略开始进行信息系统规划，以更好地实现业务和 IT 对齐，似乎合乎逻辑。换句话说，直观的假设表明：企业架构实践应把业务战略作为所有更进一步的 IT 相关规划工作的关键输入 [1]。尽管乍听起来该假设很合理，但现实世界中对齐业务和 IT 的实践经验表明：作为未来 3 ~ 5 年总体规划的狭义业务战略，其带着一些目标和关键绩效指标，很少能为架构规划提供充分基础，原因至少有以下四个 [2]。

5.1.1　业务战略通常是模糊的、未知的或根本不存在 [3]

尽管业务战略通常旨在为整个组织提供一些正式的长期计划，但对于许多高级业务利益相关者而言，业务战略提供的实际指导可能过于模糊或抽象 [4]。例如，许多业务战略宣称要成为行业领先的服务提供商或为客户提供优质产品，这其实很模糊、很抽象。通常情况下，即使是以足够清晰的方式表达出来，业务战略也会被不同管理层的利益相关者误解或异读（即给出不同的解释）。一些企业领导可能公开表示对战略的赞同，私下却并不认同。在某些情况下，一些高层决策者可能会误解组织的业务战略，或者对此一无所知 [5]。此外，在极端情况下，即使一些长期目标确实存在于业务领导的头脑中，但组织可能根本就没有共同认可的、正式的、成文的业务战略 [6]。业务战略不明确或不存在往往是由于高层管理人员对于特定方向不够坚持，甚至故意决定不采取任何行动 [7]。在一些组织中，业务战略也可能出于政治原因保持秘而不宣 [8]。缺乏明确定义的、人们相互认同的且能被广泛理解的业务战略——这在实践中经常出现——基本上会破坏基于业务战略的架构规划工作 [9]。

5.1.2　业务战略很少会为信息技术提供明确的方向 [10]

即使组织的业务战略已被明确定义，已为所有业务高管所熟知、认同和分享，仍往往无法为信息技术提供任何明确的指导。换句话说，业务战略往往不包含任何具体的技术建议 [11]。例如，鼓舞人心的使命宣言、激励人心的企业价值观、雄心勃勃的市场份额目标、财务业绩的目标指标、关于品牌定位的决策，甚至向特定市场扩展的意图，通常都很少甚至不提供关于实现这些目标可能需要何种类型的新信息系统的指导 [12]。令人惊讶的是，即使是明确制定的业务战略和战略目标，对于 IT 规划者来说也几乎没有任何作用 [13]。这些与将业务战略转化为可操作的 IT 计划有关的问题，往往迫使架构师代表整个组织做出重大规划决策，而这些决策主要基于他们自己的猜测 [14]。上述规划的业务和 IT 方面的概念不一致，使业务战略作为企业架构实践和通用信息系统规划输入的实际价值降至最低 [15]。

5.1.3　业务战略通常不稳定，且经常变化 [16]

即使组织的业务战略足够具体，并且可以得出一些与 IT 相关的可行计划，但由于其不稳定和易变的性质，仍然不能为信息系统规划提供强有力的基础 [17]。换句话说，在许多公司中，业务战略变化过于频繁，以致无法为 IT 相关的规划工作提供可靠的基础 [18]。不断变化的业务目标很快就会令基于业务战略的架构计划过时。例如，组织的战略重点可能会迅速改变，因为它试图抓住新的商业机会或应对竞争者近期的计划。同时，这些业务重点的变化可立即破坏所有基于先前重点制定的 IT 相关计划 [19]。在极端情况下，基于业务战略的架构计划甚至可能在完成前就已过时。许多公司的业务战略具有不可预测、易变和不稳定的性质，这使得基于业务战略的架构规划几乎没有意义，也降低了业务战略对企业架构实践的重要性。

5.1.4 业务战略往往需要特定于战略的、不可复用的 IT 系统 [20]

即使组织的业务战略清晰、稳定和可行，也往往需要实施高度特定于战略的信息系统，这些系统对当前战略可能必不可少，但从长远来看，对组织基本无用。换句话说，为执行当前业务战略而交付的特定 IT 系统往往是独特的，在该战略逐渐失效后，它在未来将无法被利用。即使是稳定而持久的业务战略也可能只活跃 3 ～ 5 年，但为支持这些战略而实施的信息系统往往可以在企业中"存活"10 年甚至更久。这些系统将逐渐使企业技术景观复杂化，阻碍其演进，并降低 IT 的战略灵活性。此外，这些系统还需要 IT 人员支持，自然而然会导致维护成本增加和 IT 预算膨胀。由于 IT 系统的寿命通常比所要实现的特定业务战略要长得多，因此这些系统可被看作当前业务战略的资产，但对于下一个战略而言却是一种负担 [21]。从本质上讲，当某个业务战略失效时，所有专门为它而交付的信息系统就会变成组织的 IT 负担。在经过数年的业务战略转换后，公司往往会积累大量孤立的遗留系统。

由于这种影响，追逐最新的业务战略往往会导致无数遗留系统，给企业的长期发展带来重大问题。持续聚焦于提供与当前战略需求相一致的新 IT 系统最终会导致"对齐陷阱"，即组织的技术景观逐渐变得越来越复杂、脆弱和低效 [22]。此外，只关注当前业务战略的架构规划并不允许公司发展任何真正可复用的 IT 能力，这些能力远比个别战略重要 [23]。但是，当 IT 总是对最新业务战略和需求做出反应时，它就会成为一个持久的瓶颈，而非在未来提供机会的战略资产 [24]。

5.1.5 业务战略对企业架构实践的作用

出于上述四个原因，狭义的业务战略（如一般的商业计划、使命、目标）很少为企业架构实践提供特别有用的输入 [25]。业务战略可能过于晦涩、模糊或与 IT 无关。例如，从 IT 的角度来看，"成为市场上最值得信赖的服务提供商"或"变成一个以客户为中心的完美组织"的使命宣言，以及"在未来 3 年内将年总收入提高 10%"或"至 2024 年将零售领域的市场份额扩大到 20%"的战略目标，几乎毫无意义。

对于信息系统规划而言，即使是稳定而明确的业务战略，也可被认为既太抽象又太具体。一方面，即使业务战略已相当详细，但对于启动具体的 IT 计划，甚至对于确定需要何种类型的 IT 系统而言，都可能过于抽象，更不用说提及具体说明这些系统的细节了。另一方面，即使业务战略在未来 3 ～ 5 年内相当稳定，但对于确定组织在当前战略（在与 IT 系统从最初部署到最终报废的整个生命周期相对应的时间段内）之外所需的基本 IT 能力，它可能仍然过于具体。换句话说，从 IT 系统发展的角度看，业务战略过于"宽泛"，但与此同时，从 IT 系统支持和维护的角度看，它又过于"狭窄"。基本上，业务战略既没有规定 IT 现在应做什么，也没有规定 IT 在未来 3 ～ 5 年内应该提供什么。图 5.1 总结了上述问题。

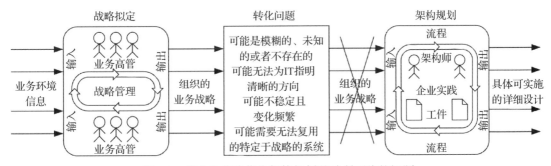

图 5.1 将业务战略作为架构规划基础所面临的问题

上述四个典型的业务战略问题阻碍了基于业务战略的架构规划工作，并将业务战略作为企业架构实践输入的实际作用降至最低。业务战略虽然为企业架构实践和信息系统规划设定了整体的"软"环境，但很少为具体的 IT 规划活动提供足够的"硬"数据。因此，在大多数组织中，企业架构实践和信息系统规划不能仅基于业务战略进行。为了规避基于业务战略进行架构规划的典型问题，业务利益相关者和架构师通常会专注于讨论与业务战略无直接关系的其他经营考量，并为做出具体的 IT 规划决策提供更坚实的基础[26]。

5.2 业务和 IT 利益相关者之间的关键讨论点

由于业务战略本身很难作为信息系统规划的坚实基础（见图 5.1），因此，为了制定最佳的 IT 规划决策，应该考虑和讨论组织的其他要素。相比模棱两可、难以捉摸和不稳定的业务战略，这些要素应为企业架构实践提供更稳定、更清晰、更可操作的输入。此外，这些要素应能够提供与业务和 IT 相关的"中间地带"，以便建立有效的沟通，实现业务和 IT 利益相关者之间的相互理解。

为了使业务和 IT 能建立富有成效的伙伴关系，业务和 IT 对齐的"中间地带"应该对双方都有意义，且可解决业务和 IT 的问题。从规划的角度来看，业务和 IT 的"中间地带"应易于理解，对业务和 IT 利益相关者均有价值。具体而言，这个中间地带应向业务受众解释相应规划决策的商业价值，为 IT 代表提供一些可操作的建议。然而，与业务战略类似，大多数纯粹针对业务的概念（如竞争优势、内部优势、机会、细分市场和客户体验）并未向 IT 提供任何明确的、可操作的启示，因此，对于大多数 IT 利益相关者来说基本没意义。同样，大多数纯粹针对 IT 的概念（如应用程序、系统、数据库、基础设施和网络）也未能明确地追溯至商业价值，因此，对大多数业务代表来说几乎无意义。无论是典型的业务概念还是典型的 IT 概念，都无法提供一个对双方均有意义的适当"中间地带"。换句话说，这些典型的业务概念和 IT 概念通常无法用于在业务和 IT 利益相关者之间建立富有成效的对话。

此外，业务和 IT 的中间地带应适合不同规划范围的讨论。一方面，中间地带应该反映一些即时和短期的业务重点，可追溯至组织业务战略，也可提供超越当前战略的长期业务展望。另一方面，中间地带应反映一些即时和短期的 IT 需求，可以简化为未来 3 ～ 5 年的具体 IT 计划，同时也为所需的 IT 能力提供一个长期视点。

基本上，这些中间地带的规划考量应能够提供某些**讨论点**，这些讨论点无论何时对业务和 IT 都很重要。这些讨论点应允许在不直接讨论业务战略的情况下，做出与业务战略和长期业务愿景对齐的、与 IT 相关的协作性规划决策。

尽管不同的组织、团队和个人经常会找到自身基于组织的、基于计划的，甚至基于个人的特定讨论点，以建立业务和 IT 之间的建设性对话，但在许多组织中发挥重要作用的常见讨论点包括但不限于以下 5 个：

- 运营模式——全局流程标准化和数据共享要求。
- 业务能力——组织需要改进的具体能力。
- 具体业务需要——组织需要解决的具体需求。
- 业务流程——特定 IT 解决方案的高层次流程变革需求。
- 业务需求——特定 IT 系统的详细业务需求。

这 5 个关键讨论点及与常见的业务概念和 IT 概念的关系如图 5.2 所示。

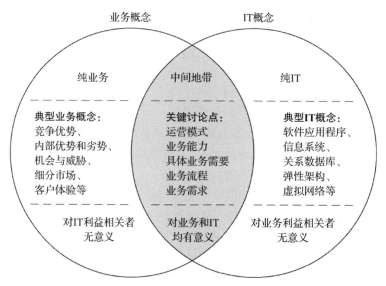

图 5.2　业务和 IT 利益相关者之间的关键讨论点

重要的是，包括上文提及 5 个讨论点的列表远非完整无缺。图 5.2 所示的关键讨论点显然不是唯一可能的讨论点，而是最典型、最常用的讨论点，用于不同的规划范围，促进众多组织中业务和 IT 利益相关者间的沟通。这些讨论点提供了共享话题，业务和 IT 利益相关者可围绕这些话题建立并展开有效的对话，进而取得相互理解。

讨论点背后的核心基本思想在概念上与前面讨论的双重属性企业架构工件机制非常相似（见图 2.5）。通过与双重属性企业架构工件的类比，这些讨论点可被视为同时对业务和

IT 利益相关者具有同等意义的双重属性概念。

5.2.1　运营模式 [27]

运营模式呈现出整个组织流程标准化和数据整合的理想水平 [28]。组织运营模式定义了哪些业务流程是标准化的，以及哪些业务数据是在其主要业务单元间共享的。由于业务流程的标准化也意味着底层应用程序的标准化，因此运营模式本质上决定了关键业务赋能企业架构领域（即业务、应用程序和数据）的全面标准化和整合需求。

根据组织的最高层结构，主要业务单元可能代表不同的业务线、业务职能、产品部门、市场细分部门、区域办事处或其他独立的业务部门。一方面，所需的**流程标准化**水平表明这些业务单元应以相同的方式执行相同的业务流程的程度。跨业务单元的业务流程标准化对组织来说既有好处也有坏处。它有利于提高品牌认知度、全局效率和可预测性，但同时也限制了局部的定制和创新机会。为了确定各业务单元所需的流程标准化水平，高级业务和 IT 利益相关者应共同决定组织在多大程度上可以从其业务单元以相同方式运作中获益。

另一方面，所需的**数据整合**水平表明组织的业务单元应在多大程度上相互分享运营数据。与流程标准化类似，跨业务单元的数据共享对组织而言也利弊参半。例如，它可以向客户展示"单一面孔"，实现端到端的事务处理，提高透明度、协调性和敏捷性。但是，数据整合会增加不同组织单元间的耦合度，需在不同的业务单元间实现对共享数据实体的共同理解并开发标准的、共同认可的定义和格式。为了确定跨业务单元数据整合的理想水平，高级业务和 IT 利益相关者应共同决定业务单元中事务的成功完成在多大程度上取决于其他业务单元数据的可用性、完整性、准确性和及时性。

从业务和 IT 的角度来看，有关必要的标准化和数据整合水平的决策对整个组织有关键而深远的影响。这些决策相互独立，两者共同定义了四种可能的运营模式：多样型、协调型、复制型和联合型。每种运营模式都意味着不同的业务结构，对应不同的技术景观，支持不同类型的业务战略 [29]。

多样型模式是一种流程标准化水平和数据整合水平俱低的运营模式，适合高度分散型组织（由不同的、独立的业务单元组成，如包含独立的业务线甚至子公司）。从业务角度来看，这些组织中的业务单元通常管理自治，执行独特的业务操作，设计自身业务流程，有独立的事务，很少或没有共享的客户和供应商。从 IT 角度来看，这些组织的技术景观通常由所有业务单元共享的全局 IT 服务和基础设施以及特定业务单元拥有的本地应用程序和数据库组成。这些技术景观的核心元素是薄薄的一层共享基础设施和技术服务，它们支持业务单元的所有本地 IT 系统。这些景观预期的关键 IT 能力是不限制本地独立性的同时，通过共享 IT 服务和基础设施来提供规模经济。从战略角度来看，多样型模式在很大程度上依赖于独立业务单元在服务客户和创造利润方面的独立性、灵活性和自主权。多样型模式可能不适合进行任何集中策划式的业务创新。在业务战略中，这些公司可利用来自相关但不整合的业务单元的自然协同效应，以及共享技术标准、IT 基础设施和服务获得的规模经济和成本降低。此外，它们还可以引入一些共享的组织范围内的业务服务或职能（如人力资源、财务或采购）并从中受益。这些组织的有机增长通常是通过现有业务单元的本地增长或建立新业务单元来实现的。只需要将新业务与现有架构进行最小限度的整合，这些公司便可轻松地通过收购的方式实现增长。然而，为了从收购中获益，现有的业务单元和新的业务单元间有必要形成战略性市场协同。

协调型模式是一种流程标准化水平低、数据整合水平高的运营模式，适合由不同但相互依赖的业务单元（例如，不同的业务职能或产品部门）组成的分散型组织。从业务角度来看，这些组织中的业务单元通常管理自治，执行独特的业务操作，设计自身业务流程，可提供自己的本地产品或服务，但依赖于其他业务单元的事务，有共享的客户、产品、供应商或合作伙伴。从IT角度来看，这些组织的技术景观通常由全局数据库（如客户、产品和供应商）、所有业务单元共享的IT服务和基础设施，以及特定业务单元拥有的本地应用程序组成。这些技术景观的核心元素是中央数据中心——存储着业务单元所有本地应用程序可访问的共同信息。这些景观预期的主要IT能力是通过标准技术接口提供对共享数据的全局便捷访问。从战略角度来看，协调型模式主要依赖于提供卓越客户服务、鼓励本地创新、发现交叉销售和追加销售机会、提供透明关键事务和供应链流程的能力。协调型模式可能不适合进行基于降低成本的竞争。在业务战略中，这些公司可利用业务单元的深厚流程专业知识来吸引新客户或向现有客户销售更多产品，还可利用现有的IT基础设施在业务单元间进行全局数据共享。例如，全面共享的客户库有助于公司深入了解客户，包括其真正需求、购买习惯和模式，从而帮助公司开发更有针对性的产品，从整体上改善业务决策。通常这些组织的有机增长是这样实现的：引入新的客户群甚至进入新的市场，通过已建立的销售渠道向现有客户提供创新产品，或扩展现有服务以满足新的客户需求。这些公司也可以通过收购实现增长，方法是通过为现有产品提供新客户或为现有客户提供新产品。但是，被收购组织的信息系统应适应共同的数据标准，并被整合到现有的全局数据库。

复制型模式是一种流程标准化水平高、数据整合水平低的运营模式，适合由相似但独立的业务单元（例如，销售相同产品或服务的独立区域办事处）组成的分散型组织。从业务角度来看，这些组织中的业务单元通常管理自治，但遵循集中定义的业务流程，执行类似的业务操作，有独立的事务，本地管理自有客户，很少或没有共享客户。从IT角度来看，这些组织的技术景观通常由全局标准化的应用程序和数据库（这些应用程序和数据库由本地特定业务单元拥有）以及全局IT服务和基础设施（这些服务和基础设施由所有业务单元共享）组成。这些技术景观的核心元素是可复制的IT系统——支持核心业务流程，被部署于所有业务单元。这些景观所预期的基本IT能力是为标准化的业务流程提供标准化的信息系统集，以优化全局效率。从战略角度来看，复制型模式主要依赖于可实现一致客户体验的高效的、可预测的和可重复的业务流程，以及组织范围内的流程创新能力。复制型模式可能不适合用于建立复杂的客户关系。在业务战略中，这些公司可利用标准化的业务流程和支撑性的IT系统迅速扩展到新市场，提供新产品或服务。例如，标准的业务实践和信息系统可被迅速部署于新的业务单元或地点，以最小的启动成本复制业务，从而产生新利润。这些组织的有机增长通常是通过在新的市场或地区复制现有的最佳实践并引入新的全局产品或服务来实现的。这些公司也可以通过收购来实现增长，方法是用全局标准化的业务流程和 IT 系统"撕裂和替换"被收购竞争对手的本地业务流程和 IT 系统。

联合型模式是一种流程标准化水平和数据整合水平双高的运营模式，适合由相似且相互依赖的业务单元（例如，相互关联的市场细分部门）组成的集中式组织。从业务角度来看，这些组织中的业务单元通常管理集中，执行类似或重叠的业务操作，运行标准化的业务流程，有全局一体化的事务，有共享客户、产品或供应商。从 IT 角度来看，这些组织的技术景观通常由所有业务单元共享的全局应用程序、数据库、IT 服务和基础设施组成。这些技术景观的核心元素是全局可访问的信息系统——支持所有业务单元的核心业务流程，通常以全面的 ERP 系统实现[30]。这些景观预期的主要 IT 能力是提供标准的 IT 系统和全局数据访问，以增强标准化的业务流程。从战略角度来看，联合型模式主要依赖于最大限度地提高效率和减少业务流程的可变性，使用集成数据，最大限度地降低成本，确保提供一致的客户体验。虽然联合型模式一般适合用于提供商品化产品和服务，但它可能不适合进行基于高度创新产品的竞争，因为它可能有太强的限制性，令业务单元无法进行任何本地实验。在业务战略中，这些公司可利用全局标准化和整合所有业务单元的所有应用程序、数据和 IT 基础设施所带来的巨大规模经济。这些组织的有机增长通常是通过扩展其产品线和在新市场上引入现有产品或服务来实现的。这些公司也可以通过收购实现增长，方法是将被收购竞争对手的定制信息系统替换为标准的组织范围内的 IT 系统。图 5.3 中总结了上述四种运营模式的关键特性。

复杂的大型公司往往在不同的组织层面建立不同的运营模式[31]。例如，一个组织可能在整个组织的最高层采用多样型模式，以便使其三个核心业务单元完全独立，而这些业务单元又可能根据具体的本地需求分别采用协调型模式、复制型模式和联合型模式[32]。

由于从业务和 IT 的角度来看，每个运营模式都会对整个组织产生深远而持久的影响（见图 5.3），因此运营模式为高层业务和 IT 利益相关者提供了一个非常方便的讨论点。一方面，每种运营模式都意味着一个组织的业务架构的具体方式。通过坚持某种特定的运营模式，企业高管决定了组织需要如何运营才能在商业环境中茁壮成长。运营模式的选择决定了一个组织能做好什么，以及做不好什么。每种运营模式都有利于某些业务战略的成功执行，但同时也抑制了其他战略的实施。此外，每种运营模式还塑造了整体的组织报告结构，并定义了独立业务单元的自主权和决策责任级别[33]。因此，企业高管应清楚地了解运营模式对组织长期未来的影响。另一方面，每一种运营模式都需要一种特定的方式来构建组织的技术景观。通过理解和坚持特定的运营模式，架构师和 IT 高管可使技术景观与企业最基本和长期的需求相一致。从本质上讲，企业高管对某种运营模式的选择为架构师提供了明确的建议，即企业的技术景观应该做好什么，无须做好什么。通过对齐技术景观与运营模式，有利于组织在运营模式支持下通过 IT 执行一系列不同的业务战略。此外，组织的运营模式也塑造了其架构职能的高阶结构，以及架构职能中的具体架构角色，这一点将在第 17 章中讨论。

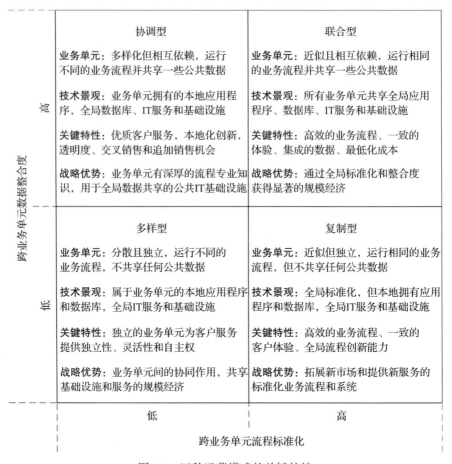

协调型	联合型
业务单元：多样化但相互依赖，运行不同的业务流程并共享一些公共数据	**业务单元**：近似且相互依赖，运行相同的业务流程并共享一些公共数据
技术景观：业务单元拥有的本地应用程序，全局数据库、IT服务和基础设施	**技术景观**：所有业务单元共享全局应用程序、数据库、IT服务和基础设施
关键特性：优质客户服务，本地化创新，透明度、交叉销售和追加销售机会	**关键特性**：高效的业务流程、一致的体验、集成的数据、最低化成本
战略优势：业务单元有深厚的流程专业知识，用于全局数据共享的公共IT基础设施	**战略优势**：通过全局标准化和整合度获得显著的规模经济
多样型	复制型
业务单元：分散且独立，运行不同的业务流程，不共享任何公共数据	**业务单元**：近似但独立，运行相同的业务流程，但不共享任何公共数据
技术景观：属于业务单元的本地应用程序和数据库，全局IT服务和基础设施	**技术景观**：全局标准化，但本地拥有应用程序和数据库，全局IT服务和基础设施
关键特性：独立的业务单元为客户服务提供独立性、灵活性和自主权	**关键特性**：高效的业务流程、一致的客户体验、全局流程创新能力
战略优势：业务单元间的协同作用，共享基础设施和服务的规模经济	**战略优势**：拓展新市场和提供新服务的标准化业务流程和系统

纵轴（左侧）：跨业务单元数据整合度 高／低

横轴（底部）：低 高 — 跨业务单元流程标准化

图 5.3 四种运营模式的关键特性

运营模式是业务和 IT 利益相关者间最抽象的共同讨论点。比起追求某种特定的业务战略，采用某种特定的运营模式是更具基础性和深远意义的组织决策。任何业务战略都反映了某些猜测性的期望，这些期望在未来不可避免地会发生变化，而运营模式的选择则反映了更多的基本性考量，这些考量在可预见的未来不会改变。换句话说，一项业务战略是基于什么会改变的假设，而一种运营模式则是基于什么不会改变的前提。此外，四种运营模式中的每一种都从本质上划定了可供组织使用的一系列兼容的业务战略[34]。任何运营模式都可以支持符合其核心假设业务战略的快速实施，但同一运营模式也可能阻碍与这些假设不一致的业务战略。例如，基于价格领先的整个业务战略族可能完全适用于复制型模式，但不适用于协调型模式，因为在协调型模式中，技术景观由专门为本地需求定制的各种应用所组成，无法引入全局标准化所带来的大规模经济。同时，基于客户紧密关系的整套业务战略可能完全适用于协调型模式，但不适用于复制型模式，因其技术景观由许多独立的本地数据库组成，无法提供不同业务单元间的客户信息全局共享。同样，运营模式的选择对整个组织引入新产品或服务、拓展新市场和整合新收购的能力也有重大影响。因此，运营模式表明一个组织应该和不应该追求哪些战略机会。每一种运营模式都为战略的执行提供了不同的基础，并为增长提供了不同的机会和挑战。从这个角度来看，运营模式可被视为企业战略的驱动力。

虽然大多数组织可确定与每个运营模式相关的某些流程和数据，但其可从选择一个单一的运营模式并在未来坚持使用该运营模式中获益[35]。通过规定组织 IT 环境的最基本要求，首选运营模式为 IT 提供了一个稳定的、可操作的组织视图。具体来说，目标运营模式可帮助高级业务和 IT 利益相关者准确地确定哪些核心流程和数据应被全局标准化，或整合到所有业务单元中，并相应地规划技术景观。对标准流程和共享数据的清晰理解允许组织建立真正可重复使用的 IT 能力，不仅能支持当前的业务战略，也可支持未来的业务战略。从本质上讲，与所需运营模式紧密结合的技术景观代表了一个数字化平台，或者说是一个运营主干，它可被组织在未来利用起来，以执行所有后续的业务战略，而不仅是为当前战略提供孤立的 IT 解决方案[36]。坚持一个特定的目标运营模式有助于组织建立可重复使用的 IT 平台，避免出现前文所述的常见问题——今日战略 IT 资产变为未来遗留 IT 负债。此外，这些反映运营模式基本要求的数字化平台可以主动而非被动地识别潜在的战略机会。由于其深刻和深远的组织影响，运营模式的概念自然适用于非常长远的全球业务和 IT 规划，其范围超过 3 ~ 5 年。作为企业架构实践的一部分，关于所需运营模式的决策通常通过架构原则（见图 4.2）或其他双重属性 EA 工件来表达，帮助执行层面的利益相关者记录关键的组织范围内的流程标准化和数据共享需求，尽管这些决策也可以只在业务和 IT 领导之间达成口头协议并得到广泛理解，而不明确地反映在任何 EA 工件上。

选择某种特定的运营模式本质上代表了整个组织对某种业务方式的承诺。尽管坚持任何特定的运营模式都可能有风险，但从长远来看，不坚持某种运营模式可能风险更大。特别地，缺乏对任何特定运营模式的关注会抑制永久 IT 能力的增长，这种能力超越了单独的、不断变化的战略。运营模式不确定的组织根本没有能力积累和复用任何全局 IT 资产。因此，这些公司由于无法利用已有 IT 平台，往往不得不每次都从头开始实施任何业务战略。转换运营模式是一项重大的组织工作，通常需要在组织中进行深入和根本的变革。即使有时这些变革是必要的，但公司通常不会特别频繁地改变运营模式。

5.2.2　业务能力[37]

业务能力是组织执行特定业务活动的一般技能或才能。所有组织业务能力的完整集代表了组织为经营其业务所能做或需要做的一切。业务能力是多方面的概念，包括所有基本的业务流程、程序、人员、知识、激励和其他资源（包括信息系统），以实现这些能力[38]。例如，业务能力"营销活动管理""客户行为跟踪"和"财务报告"分别反映了组织管理营销活动、跟踪客户行为和报告财务结果的能力。同时，每一项能力都能抽象出支持所有相关业务流程、角色和 IT 系统。业务能力的这种多维性有助于在整个组织环境中定位 IT 项目，也就是说，将其理解为业务项目，不仅意味着要安装新信息系统，而且还要以互补的方式解决各自能力的其他方面，例如，修改现有操作程序或为系统用户提供适当的培训（见图1.1）。

对应其不同的业务职能，业务能力可被认为是组织中一致的、独立的和独特的工件。基本上，所有组织业务能力的阵列反映了整个业务的高阶总体结构。此外，一个组织的主要业务能力通常不会改变。改变仅发生在其核心业务模式发生重大转变的情况时。出于这个原因，业务能力提供了一幅稳定的业务视图，它通常比具体的业务战略或企业结构更持久，更遑论那些具体的项目、流程或IT系统。

由于每个业务能力既代表业务执行有价值的事情的才能，也代表了实现这种能力的所有基础IT资产的集合，因此业务能力为高级业务和IT利益相关者提供了非常方便的讨论点。一方面，业务能力与大多数企业高管的思维过程产生了共鸣。例如，企业领导人通常了解他们的业务战略和业务能力之间的关系。舍弃讨论通常无法为架构规划提供任何真正基础的任务声明、市场份额或财务目标，企业高管可以准确地说明哪些业务能力应被改进以实现这些目标。这种对业务能力的关注使企业高管能以更透明、具体和可操作的术语来表达他们的业务战略。另一方面，业务能力也与大多数架构师的思维过程产生了共鸣。例如，架构师通常了解业务能力和基础信息系统间的关系。架构师不需要猜测哪些IT系统可能是实现某些模糊的战略目标所必需的，而可以使用业务高管确定的战略能力作为IT相关规划活动的基础。具体的业务能力通常会向架构师提供合理清晰的建议，即可能需要引入新IT能力和系统来提升所需的能力。然而，并非所有能力提升都可通过IT来实现，因为许多需改进之处往往在与IT无关的业务能力的其他维度上，如人员、动机和技巧。

作为企业和IT利益相关者之间的讨论点，业务能力比运营模式更详细。运营模式只定义了企业及其IT环境的基础"永久"结构，而业务能力则表明，根据当前的业务战略，哪些地方需要对业务和IT进行改进。然而，业务能力仍然是一个与业务战略的抽象水平相当的高度抽象概念。由于其高度的概念性，业务能力为描述整个组织或其主要业务单元（如业务线、业务职能或部门）提供了便利的广泛抽象。由于业务能力在很大程度上对其基础流程、参与者和系统的具体细节一无所知，因此它们对粗略的概念性规划非常有用，通常具有长达3～5年的长期规划视野。具体来说，业务能力作为业务的高阶抽象，可在组织范围内的战略规划会议上讨论，以决定组织在未来需要改进哪些地方。同时，作为高度抽象的概念，业务能力不适合在具体的业务流程或IT系统层面上进行更详细的规划，这也毫无用处。作为企业架构实践的一部分，对业务能力的讨论通常由业务能力图（见图4.4）或其他类似的双重属性EA工件来支持，帮助高级业务和IT利益相关者决定将来哪些业务能力应得到提升。

如前所述（见图5.1），虽然业务战略本身通常无法为架构规划提供可操作的基础，但将同一个业务战略转化为一组战略性业务能力，可为IT相关的规划工作提供更明确、更清晰、更健全的基础。从本质上讲，业务能力提供了一个适当的细节层（即业务战略的下一细节层），以促进战略架构规划。从这个角度来看，业务能力为将业务战略转化为行动提供了一个宝贵的机制。在许多情况下，在关于业务和IT对齐的讨论中，需改进的一组具体业务能力基本上可替代业务战略。这一特点往往使业务能力成为业务和 IT 领导之间战略对话的关键讨论点，可帮助弥补高层业务利益和关键 IT 关注点间的差距。然而，在一些公司中，其他概念上相似且密切相关的概念（如业务活动）可代替业务能力用于类似目的——作为战略业务和 IT 规划的一部分。

5.2.3　具体业务需要

具体业务需要指常规的想法，即利用 IT 解决一个特定的业务问题，以实现一些理想的业务改进。基本上，具体业务需要可以被视为包含必要 IT 组件的拟议业务计划或项目[39]。例如，"加速抵押贷款流程""为客户提供个性化折扣"和"提高需求预测精度"等具体业务需要描述了一些有待解决的业务问题。同时，每一项业务需要通常都意味着企业技术景观的具体变化，以解决相应的问题。

由于具体业务需要代表的是特定业务改进的机会，并建议对技术景观进行具体的修改，因此它们为业务和 IT 利益相关者提供了非常方便的讨论点。一方面，业务高管通常了解具体业务需要对组织业务的相对重要性。识别具体业务需要的业务高管能评估解决这些需要所带来的预期组织利益，并评估解决相应问题所带来的整体商业价值。例如，高级商业利益相关者可粗略估计，若具体商业需求被成功解决，可节省成本、提高服务质量、缩短上市时间或提高客户满意度。另一方面，架构师了解为实现具体业务需要，可能需要对技术景观进行哪些类型的改变。架构师通常能够阐明并提供一些可能的技术方案。例如，架构师会探索可能适合解决具体业务问题的潜在方法，评估当前可用 IT 资产的状况，并粗略估计解决这些问题所需的现有技术景观变化幅度。

具体业务需要比业务能力更详细。业务能力只是建议组织应于何处进行改进，而具体业务需要则建议大致应该做什么。它们为协商某些业务域所需的变化和增强提供了适度抽象。特别地，讨论具体业务需要有助于理解：组织的不同部分在未来可能需要何种类型的 IT 解决方案。然而，对于整个组织战略业务和 IT 规划而言，具体业务需要是相当详细的抽象概念，往往被认为过于狭窄。同时，具体业务需要仍只提供关于所需 IT 解决方案的高级建议——通常被认为对于更详细的架构规划而言过于宽泛。从本质上讲，具体业务需要是中级抽象概念，在高度概念化的战略计划和实际执行间架起了桥梁。围绕具体业务需要的讨论范围通常局限于单独的业务域。例如，个别业务单元、职能或能力。由于具体业务需要提供了组织计划的适度抽象，因此它们通常被用于规划中期未来，最长可达 2 ～ 3 年，在某些情况下用于更长的规划范围。作为企业架构实践的一部分，对具体业务需要的讨论通常由 IT 投资路线图或其他类似的双重属性 EA 工件推动，这些工件帮助高级业务和 IT 利益相关者优先考虑和安排未来要与 IT 一起解决的候选业务需要。

5.2.4　业务流程

业务流程是一连串的具体活动，由特定的参与者执行，通常使用支撑型信息系统，旨在产生一些有价值的业务成果。业务流程的特点还包括某些物质或非物质的输入和输出，例如，有形产品或信息。运行既定的流程是一种常规的日常组织活动。例如，业务流程"签发保险单""运送订购的产品"和"制作年度报告"分别定义了员工在定期和可重复的基础上完成的签发保险单、运送产品和制作报告的基本步骤和任务。同时，每一个流程通常都利用一些专有 IT 系统以促进其单独步骤的自动化甚至是整体的自动化。

业务流程代表着特定业务活动的集合，也明确反映了实现这些活动的基础信息系统的作用，因此它们为业务和 IT 利益相关者提供了非常方便的讨论点。一方面，企业领导通常了解独立的业务流程对组织业务的作用。IT 计划的业务发起人通常能够评估现有业务流程的具体变化对业务的影响，并理解改进这些流程的业务收益。例如，商业利益相关者可评估通过利用新信息系统加速甚至完全自动化特定业务流程的整体业务价值。另一方面，架构师了解信息系统在支持特定业务流程中的作用。IT 计划的架构师能够阐明 IT 部门应交付什么以实现业务流程的预期变化。例如，架构师可确定需要部署哪些 IT 系统来支持特定业务流程，系统应提供哪些基本业务功能，系统运行可能需要哪些业务数据，以及系统顺利运行需要获得哪些基础设施支持。

作为业务和 IT 利益相关者间的讨论点，业务流程比具体业务需要更详细。业务需要只提供了关于解决特定问题可能需要的 IT 解决方案类型的粗略建议，而业务流程则对这些解决方案应该如何运作，以及具体的组织活动应该如何改变提出建议。业务流程为协商单个 IT 解决方案的预期业务影响提供了适当的抽象。具体而言，讨论某些业务流程的理想变化有助于理解新 IT 解决方案应该做什么，以及它们应如何高水平工作。然而，业务流程过于详细和细化，无法促进整个组织的战略规划工作，且对于具体说明的新 IT 系统详细功能要求而言，仍过于抽象。因此，围绕具体业务流程的讨论范围通常被限制在单独的 IT 计划中。由于业务流程为组织活动提供了相当详细的描述，因此它们只能用于未来 1～2 年相对短期的规划，而对于长期规划则难有用武之地。作为 EA 实践的一部分，对业务流程的讨论通常基于解决方案概述（见图 4.6）或其他双重属性概要设计，帮助企业和 IT 利益相关者决定新 IT 解决方案应如何修改当前的业务流程。

5.2.5　业务需求[40]

业务需求或系统需求是特定 IT 系统的详细功能和非功能说明。业务需求从业务角度描述了特定 IT 系统的预期行为。例如，业务需求可规定用户应提供什么输入数据，当用户按下一个特定按钮时应发生什么，应如何准确地计算一个特定的数字，或者每秒钟应该处理多少事务。同时，这些业务需求中的每一个还包含着某些在软件或硬件中实现该需求的底层系统组件。

由于业务需求明确地从业务和 IT 的角度反映了 IT 系统所期望的行为，因此为业务和 IT 利益相关者提供了非常方便的讨论点。一方面，业务利益相关者通常理解 IT 系统具体商业需求的作用和目的。IT 项目的业务发起人或主管代表通常能够为其项目制定合理且详细的商业需求，并根据商业重要性对需求进行优先排序。例如，业务利益相关者通常能从纯粹的功能角度描述其对新 IT 系统应如何工作的期望，并解释哪些功能对业务来说更关键。另一方面，架构师也了解 IT 系统具体业务需求的作用。IT 项目架构师能提出并描述新 IT 系统的详细结构，以解决必要的业务需求。例如，根据 IT 系统的业务需求，架构师可指定在这些系统中应使用什么技术，应开发哪些系统组件，这些组件应如何相互作用，以及这些组件应使用哪些数据实体。

在业务和 IT 利益相关者间所有的共同讨论点中，业务需求是最详细的，比业务流程还要详细。虽然业务流程只提供了关于所需 IT 解决方案的大致建议，但业务需求提供了对所需 IT 系统的精确描述。它们提供了适当的实施层面的抽象，用于协商单个 IT 系统的预期业务行为。具体而言，讨论业务需求有助于理解新 IT 系统应该是怎样的，以及它们应如何工作。由于其极低的抽象水平，业务需求只适用于短期架构规划，通常涵盖未来 6 ～ 12 个月的立即可操作的前景。出于同样的原因，围绕具体业务需求的讨论范围也只限于单个 IT 项目。作为业务和 IT 间的讨论点，详细的业务需求很难对更广泛的组织范围以及长期的业务和 IT 规划有所帮助。作为企业架构实践的一部分，业务需求的讨论通常围绕着解决方案设计（见图 4.7）或其他双重属性详细设计，帮助项目级业务和 IT 利益相关者就新 IT 系统具体的功能需求和非功能需求达成一致。

5.3　关键讨论点的层次结构

运营模式、业务能力、具体业务需要、业务流程和业务需求可以说是与各自的组织范围和时间跨度相关的最常见讨论点，但远非业务和 IT 利益相关者间唯一可能的便利讨论点[41]。简单地说，它们只是业务高管和架构师在规划企业与 IT 的关系时可共同协商的最典型事情。这些关键讨论点有助于业务和 IT 利益相关者启动对话，实现相互理解，并最终提升业务和 IT 的对齐度。从本质上讲，是这些讨论点而非业务战略为企业架构实践提供了可操作的输入，后者通常不适用于该目的（见图 5.1）。图 5.4 显示了关键讨论点作为企业架构实践输入的作用。

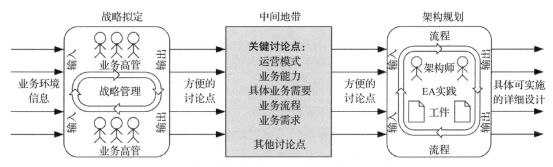

图 5.4　关键讨论点在企业架构实践中的作用

上述 5 个关键讨论点在抽象程度、适当的组织范围和规划时间跨度上有很大不同。例如，运营模式提供了一个非常抽象的讨论点，适合在公司最高层面进行非常长期的全局业务和 IT 规划；而业务需求则提供了非常详细的讨论点，适合在项目层面进行非常短期的本地架构规划。表 5.1 总结了业务和 IT 利益相关者间 5 个关键讨论点的主要属性。

表 5.1　业务和 IT 间 5 个关键讨论点的主要属性

讨论点	抽象水平	规划范围	规划时间跨度	关键业务关注点	关键 IT 关注点
运营模式	非常抽象	非常广泛（整个组织）	非常长期（>5 年）	何种运营模式适合整个组织的业务	为实现所采用的运营模式，需要怎样的技术景观总体结构
业务能力	抽象	广泛（整个组织或主要业务单元）	长期（3～5 年）	为执行业务战略，应改进哪些业务能力	为提高战略业务能力，需要哪些 IT 能力
具体业务需要	适度	适度（个别业务域）	中期（2～3 年）	未来应解决哪些具体的业务需求	需要什么类型的 IT 解决方案以解决所识别的业务需求
业务流程	详细	狭窄（个别 IT 计划）	短期（1～2 年）	具体的业务流程应如何改变	需要哪些系统、数据和基础设施以改变所要求的业务流程
业务需求	非常详细	非常狭窄（个别 IT 项目）	非常短期（<1 年）	应提供哪些具体的业务功能	需要什么技术结构的 IT 系统以提供必要的功能

此外，上述关键讨论点可被看作决策的不同"层次"，其中更抽象层次上的规划决策形成了更详细层次上的所有后续规划决策[42]。例如，关于目标运营模式的最高层次总体决策提出了未来要推行的兼容业务战略的特定范围（见图 5.3）[43]。然而，由于前文讨论的基于战略的架构规划中的常见问题（见图 5.1），业务战略可被看作纯粹的业务概念，在业务讨论中发挥关键作用，但并不能为业务和 IT 之间的讨论提供方便。反之，追求特定组织范围内的业务战略的决策表明，为执行该战略，一些特定的业务能力将在未来得到提升。同样地，提升战略业务能力的决策表明，为提升这些能力，未来需要解决具体业务需要。解决具体业务需要的决策表明，为解决这些需求，未来要对当前的业务流程进行具体的改变。最后，以具体方式修改业务流程的决策表明了对未来要交付的新 IT 系统的具体业务需求，以实现对业务流程的必要修改。

基本上，上面描述的规划决策序列代表一条相关决策链，这些决策渗透并贯穿于组织的各个层面，帮助更多的局部和短期规划决策与全局和长期规划决策对齐。这些规划决策和支持它们的相应关键讨论点形成了在不同组织层面都很重要的规划决策层次。这种讨论点的层次结构、相关的规划决策及其关系，可以用金字塔模式轻松展示。金字塔的低层代表在较高组织层次上做出的更基本的、全局性的和长期的规划决策，而金字塔的高层代表在较低组织层次上做出的更不稳定的、局部的和短期的决策[44]。金字塔的较低层自然是所有较高层的基础，并为其提供了概念基础。上面描述的关键讨论点和相应的规划决策的金字塔如图 5.5 所示（作为重要规划决策的业务战略，并非业务和 IT 间的方便讨论点，但为完整起见，也将其作为运营模式和业务能力的中间环节显示出来）。

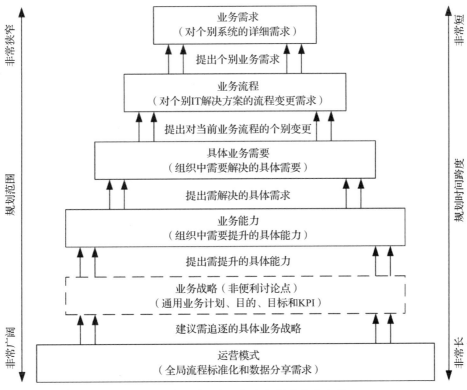

图 5.5　关键讨论点和相应规划决策金字塔

5.4　企业架构不确定性原则

业务和 IT 利益相关者间的 5 个关键讨论点的主要属性表明，讨论点的抽象水平与其适当的规划范围和时间跨度间是明显的负相关（见表 5.1）。特别地，适合最广泛组织范围和最长的时间跨度的讨论点和相应的规划决策是最抽象的，而最详细的讨论点和相应的规划决策适合最狭窄的范围和最短的时间跨度。由于大多数与 IT 相关的规划决策都反映在相应的决策型 EA 工件中（见表 2.1），因此完全相同的结论自然也与工件有关，即涵盖最广泛组织范围的 EA 工件是最不详细的，反之亦然（见图 2.6）。

这种对所有讨论点和相应的 EA 工件基本属性的一般概念模式的解释，可被表述为 **EA 不确定性原则**。EA 不确定性原则表明，组织既可为更广泛的范围和更长的时间跨度进行较抽象的规划，也可为更狭窄的范围和更短的时间跨度进行更详细的规划，但无法为广泛的范围和长时间跨度进行非常详细的规划 [45]。

这一普遍原则通常对企业架构实践中所有可能的讨论点和 EA 工件都有效。

本质上，EA 不确定性原则划定了组织中与 IT 相关的规划工作的实际边界，因为所有明显偏离这一原则的讨论点和 EA 工件均可被视为不切实际。然而，出于两个非常不同的原因，对这个基本原则的不同偏离均不切实际。一方面，高度抽象的讨论点和 EA 工件专注于狭窄的组织范围和短时间跨度的规划，对于所有实际目的来说毫无用处，因为它们对于预期的范围和时间跨度而言过于高级和模糊。例如，在个别的 IT 计划的实施步骤中，讨论一般业务需要（例如，自动化包裹调度过程）基本上没有意义，更不用说所需的业务能力或目标运营模式了，因为这些讨论缺乏在这个阶段 IT 项目组所期望的必要的实施层面细节。换言之，对局部短期未来的高度抽象描述无任何实际价值。另一方面，试图使用高度详细的讨论点和 EA 工件专注于广泛的组织范围和长时间跨度的规划，在实践中根本无法实现，因为这些范围和跨度存在巨大的内在不确定性。例如，讨论整个组织的具体业务需求（例如，为客户提供基于位置的服务）的 5 年未来愿景，这几乎是不可能的，更不用说具体的业务流程或业务需求了，因为无法提前为整个组织预测未来 5 年的所有细节。换句话说，高度详细的全局长期未来状态的描述实际上是不可能的。

因此，所有不符合 EA 不确定性原则的讨论点和 EA 工件，要么无用，要么无法实现，在这两种情况下，它们都不应该被用作企业架构实践的部件。基于前面描述的 5 个常见讨论点（见表 5.1），EA 的不确定性原则如图 5.6 所示。

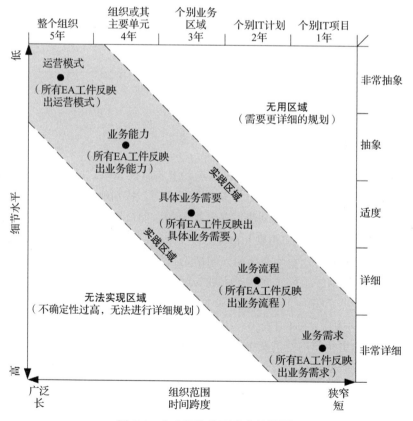

图 5.6　企业架构的不确定性原则

由于有助于促进业务和 IT 间对话的可能讨论点不仅限于图 5.6 所示的 5 个关键讨论点，因此 EA 不确定性原则本质上定义了讨论点和 EA 工件的整个实践区域，即所有潜在有用的讨论点和 EA 工件的范围。此外，这一原则还表明，组织通常难以用正式的方式进行全面的规划，而只能通过从更长期的、抽象的和全局的规划中推导出更短期的、详细的和局部的规划[46]。

5.5　本章总结

本章讨论了将业务战略作为架构规划基础的典型问题，描述了业务和 IT 间的 5 个方便讨论点，为制定 IT 相关的规划决策提供了比业务战略更好的基础，并介绍了 EA 不确定性原则。本章的关键信息可以归纳为以下几个要点：

- 尽管有普遍的直觉假设，但狭义的业务战略实际上很少为企业架构实践提供有用的输入或为信息系统规划提供良好的基础，因为它本身是模糊的、难以捉摸的、不稳定的和与 IT 无关的。
- 业务和 IT 利益相关者间富有成效的讨论往往围绕 5 个关键的讨论点进行：运营模式、业务能力、具体业务需要、业务流程和业务需求。
- 运营模式代表整个组织流程标准化和数据整合度的理想水平，它为长期的业务和 IT 规划提供了最高阶的抽象，通常超过 3～5 年的时间范围。
- 业务能力代表组织执行特定业务活动的通用能力，为未来 3～5 年的长期业务和 IT 规划提供方便的高阶抽象。
- 具体业务需要代表用 IT 解决特定业务问题的一般想法，它为未来 2～3 年的中期业务和 IT 规划提供了适度的抽象。
- 业务流程代表旨在产生一些有价值业务成果的具体活动序列，它提供了相当详细的抽象，对未来 1～2 年的短期业务和 IT 规划有用。
- 业务需求代表对个别 IT 系统的详细功能需求和非功能需求，它提供了非常详细的抽象，只适合一年以内的短期规划。
- EA 不确定性原则表明，组织既可在较宽的组织范围和较长的时间跨度内进行较抽象的规划，也可在较窄的组织范围和较短的时间跨度内进行较详细的规划。

5.6　注释

1　许多 EA 大师（Bernard，2012；Carbone，2004；Finkelstein，2006a；Holcman，2013；Longepe，2003；Niemann，2006；Spewak 和 Hill，1992；Theuerkorn，2004）认为，架构师可以而且应该直接从顶层业务战略、目标和目的中得出 IT 的架构计划。Gartner 分析师声称，"未来态的 EA 直接源于业务战略"（Bittler 和 Kreizman，2005，第 4 页），甚至将企业架构定义为"将业务愿景和战略转化为有效企业变革的过程"（Lapkin 等人，2008，第 2 页）。Schekkerman（2006a，第 6 页）以

最引人注目的方式阐述了一个观点："无战略，则无企业架构。"van't Wout 等人（2010，第 11 页）几乎一字不差地重复了同样的观点："无战略，则无架构。无愿景，亦无架构。"Parker 和 Brooks（2008，第 46 页）认为，业务战略和企业架构密切相关，但实际上这是"先有鸡还是先有蛋"的两难选择。这些建议与信息系统规划的实际情况不符。

2　Kotusev 等人（2020）详细讨论了主流 EA 文献中对业务战略作用的认识以及业务战略的四个实际问题（2020）。

3　业务战略的这一问题早已广为人知，并被众多作者讨论过（Baets，1992；Banaeianjahromi 和 Smolander，2016；Bhide，1994；Brown，2010；Burton 和 Allega，2011；Burton 和 Bradley，2014；Campbell，2005；Cantara 等人，2016a；Cantara 等人，2016b；Chan 和 Reich，2007；Flynn 和 Hepburn，1994；Galliers，1986；Hackney 等人，2000；Lederer 和 Mendelow，1986；Lederer 和 Mendelow，1987；Lederer 和 Mendelow，1988；Lederer 和 Mendelow，1989a；Lederer 和 Mendelow，1989b；Rosser，2000；Segars 和 Grover，1996；Sillince 和 Frost，1995；Slater，2002；Vitale 等人，1986）。

4　Campbell（2005，第 657 页）报告说，"（我的研究）结果表明，实践者在考虑对齐时主要关注的是如何应对其实际使用的业务战略的模糊性"。

5　Baets（1992，第 206 页）报告说，"作者在一家排名靠前的欧洲银行进行的初步研究清楚地表明，许多负责代表银行执行企业战略的中层管理人员无法确认企业战略"。

6　Gartner 的调查显示，"三分之二的企业领导者不清楚他们的业务战略是什么，也不清楚它基于哪些基本假设"（Cantara 等人，2016a，第 2 页）。同样，Slater（2002，第 85 页）报告说，对 Cutter Consortium 的调查发现，"几乎三分之一的受访者根本没有正式阐明的商业规划"。对 500 家发展最快的美国公司中的 100 名创始人进行的调查表明，其中只有 28% 的人有正式的商业规划或战略（Bhide，1994）。早些时候，Lederer 和 Mendelow（1989a，第 11 页）报告说，"9 名信息系统主管表示，有时企业高层主管没有明确界定的使命、目标和优先事项，也不知道未来的计划"。Vitale 等人（1986，第 268 页）指出，"许多信息系统管理人员都会感到非常幸运，因为他们能够清楚地了解组织的发展方向，从而使 IS 和组织的工作相匹配。但许多组织并未明确其战略"。

7　Lederer 和 Mendelow（1989b，第 16 页）报告说，"一些受访者（IT 管理人员）坚持认为，企业高管更喜欢灵活性，而书面计划则失去了这种灵活性。书面计划更难修改"。

8　Sillince 和 Frost（1995，第 111 页）报告说，在国家警察部门，"从政治角度看，变革的商业战略并不那么明确，政府对这些战略一直很矛盾。因此，警察的目标也并非全然明确"。

9　Hauder 等人（2013）的调查显示，84.8% 的欧洲和美国组织认为，业务目标不明确是对其 EA 实践的重大挑战。Chan 和 Reich（2007，第 299 页）指出，"在以往的调整研究中经常会出现这样的问题：企业战略往往是未知的，即使是已知的，也是不明确或难以调整的"。正如 Brown（2010，第 6 页）所言，"人们所信奉的理想是，应有明确的业务战略作为信息系统规划的基础。但实际上，业务战略往往是无形的、不明确的，或者出于政治原因故意含糊其词"。在 Gartner 的一项 EA 调查中，"38% 的受访者表示，其业务战略要么不存在，要么未被充分理解"（Burton 和 Bradley，2014，第 3 页）。Gartner 对 EA 从业人员的另一项调查发现，"6% 的受访者不了解其业务战略状况""1% 的受访者表示他们没有业务战略""16% 的受访者表示他们从高级管理层处听到了不同的想法，但战略未得到明确的传达""44% 的受访者表示他们有业务战略，但未得到广泛的理解或支持"，只有 "33% 的受访者表示他们的业务战略被充分理解"（Burton 和 Allega，2011，第 1 页）。

10　许多作者广泛承认并讨论了企业战略的这一问题（Burton 和 Bradley，2014；Lederer 和 Mendelow，1986；Lederer 和 Mendelow，1987；Lederer 和 Mendelow，1988；Lederer 和 Mendelow，1989a；Lederer 和 Mendelow，1989b；Ross，2005；Ross 等人，2006；Segars 和 Grover，1996；Slater，2002；Weill 和 Ross，2008）。

11　Segars 和 Grover（1996，第 387 页）报告说，"许多 IS 规划人员注意到，组织的战略方向并未以易于理解的方式传达。在某些情况下，战略方向是用难以解释的术语或文件传达的"。正如 Lederer 和 Mendelow（1987，第 393 页）所说，"最高管理层未能以 IS 人员能够理解的方式传达企业目标"。

12　正如 Ross 等人（2006，第 6 页）所说，"关于'利用协同效应'或'贴近客户'的重要性的一般性陈述，对 IT 而言很难落实"。同样，Slater（2002，第 86 页）也指出，"业务战略通常都是基于很高层次的视角落笔。它们经常谈论市场、销售和分销渠道以及增长目标，但很少涉及公司如何完成工作"。Burton 和 Bradley（2014，第 3 页）报告说，"根据过去 12 个月内与 500 多家 Gartner 客户的互动，我们发现 60% 以上的组织所定义的'战略'实际上是一系列业务目标和预期成果"。早些时候，Lederer 和 Mendelow（1989b，第 16 页）报告说，"在其他情况下，企业规划是冠冕堂皇的泛泛之谈，或仅仅是财务目标，无法转化为 IT 规划"。

13　Lederer 和 Mendelow（1987，第 393 页）对这种情况做了如下描述："最高管理层告诉一位受访者，组织的主要目标是将销售额提升某个百分比，而 IS 应提供帮助实现这一目标的系统。这对需要开发哪些具体系统几乎没有提供实质性指导。"同样，"财务副总裁说，其目标是'最大限度地提高本组织的财务灵活性'，但无法说明应如何做到这一点。这一目标过于笼统，IT 总监无法为信息系统制定支持计划"（Lederer 和 Mendelow，1989a，第 11 页）。

14　Lederer 和 Mendelow（1988，第 74 页）对这种情况做了如下描述："'增加一定百分比的市场份额'的目标并不能定义某个计算机应用，系统管理员只能自行得出结论，有时甚至是错误的结论。"

15　与对象 – 关系阻抗失配［即面向对象的编程语言与关系数据库（Ireland 等，2009）之间的转换困难］类似，业务和 IT 相关规划间的转换困难可以称为业务 –IT 阻抗失配。

16　许多作者都广泛承认并讨论了业务战略的这一问题（Kotusev 等人，2016；Lederer 和 Mendelow，1987；Lederer 和 Mendelow，1988；Lederer 和 Mendelow，1989a；Lederer 和 Mendelow，1993；Ross，2005；Ross 等人，2006；Sauer 和 Willcocks，2002；Segars 和 Grover，1996；Vitale 等人，1986；Wierda，2015）。

17　正如 Lederer 和 Mendelow（1989a，第 11 页）所说，"即使高层管理者对自己的规划有足够详细的了解，不稳定的环境也可能会使这些规划变得不适用"。正如一位受访的 IT 高管所指出的，"每季的董事会议都会风云变幻，我们总会带着一系列新的信号回来"（Lederer 和 Mendelow，1993，第 323 页）。

18　一家非常活跃的零售企业的架构师生动地说明了这种情况，"该组织的问题在于，在 12 个月内，其已改变了三四次方向。因此，你不可能获得符合这些时间框架的那种稳定性"（Kotusev 等人，2016，第 34 页）。Sauer 和 Willcocks（2002，第 41 页）报告说，"大多数接受调查的电子商务公司 CEO 们和 CIO 们通过缩短开发和规划周期来应对日益动荡的商业环境。半数人的规划不超过一年，半数有基础设施规划者每季度更新一次"。不出所料，Hauder 等人的调查（2013）显示，71.4% 的企业认为其基础设施规划的更新周期会超过一年。（2013）的调查显示，71.4% 的欧洲和美国组织认为快速变化的组织环境是其 EA 实践面临的重大挑战。

19　美国一家大型金融组织的架构师生动地说明了这一问题，"我们做了大量工作，使自己与组织战略保持一致。我们对自己的分析充满信心，并着手在所开发的企业模型内运行。但是，我们在确保维护这些模型方面做得不够好。仅仅过了几个月，战略和业务的关键方面就发生了变化"（Segars 和 Grover，1996，第 388 页）。

20　与前三个问题不同的是，企业战略的问题并没有得到广泛承认，但仍有一些作者进行了讨论（Ross，2005；Ross 等人，2006；Shpilberg 等人，2007；Weill 和 Ross，2008；Weill 和 Ross，2009；Wierda，2015）。

21　Wierda（2015，第 134 页）认为，"人们很少意识到，如果你用每隔几年就改变方向的战略来构建一个平均寿命为 15 年的景观，那么最终很可能会一团糟"。"具有讽刺意味的是，最不确定的因素之一就是公司本身的战略。系统的平均寿命为 15 年。公司战略平均只有 4 年的保质期。换句话说，在一个系统的架构及其大部分周边系统存活的时间里，组织的战略会发生 4 次变化，而这种变化往往是相当激进的"（Wierda，2015，第 140-141 页）。MIT 的研究人员也发现并积极讨论了业务战略和信息系统生命周期不同的问题（Mocker，2012；Ross，2011）。Mocker（2012）解释说，IT 与业务存在于不同的"时区"。

22　Shpilberg 等人（2007，第 52 页）用以下方式描述了 Charles Schwab 的"对齐陷阱"情况："公司的各个部门都在推行独立的计划，每个部门都旨在满足自身的竞争需求。IT 部门为了满足不同（有时甚至是相互冲突）的业务需求，创建了一系列拜占庭式的重叠系统（拜占庭风格的第二个特征是整体造型中心突出。在一般的拜占庭建筑中，建筑构图的中心往往十分突出，那体量既高又大的圆穹顶，往往成为整座建筑的构图中心，围绕这一中心部件，周围又常常有序地设置一些与之协调的小部件），这些系统可能会暂时满足个别部门的需求，但却无法推进公司的整体业务。"

23　Weill 和 Ross（2008，第 1 页）用以下方式描述了这种情况："IT 组织试图在满足一系列即时业务需求的同时，建设自身能力。结果，在大多数情况下，IT 变成了意大利面条——维护成本不断增加，上市速度也放缓"。

24　Ross（2005，第 1 页）用以下方式描述了这种情况："IT 部门只能在个别战略计划公布后才能与之保持一致。因此，IT 成为一个长期存在的瓶颈。"

25　我认为，关于业务战略在 EA 实践中的作用的主流观点与基于战略的架构规划的经验明显不一致，是整个 EA 学科的关键问题之一（Kotusev，2017b）。

26　Wierda（2015，第 141-142 页）以如下方式解释了企业战略在 EA 实践中的作用："因此，从（当前）业务战略或从该战略衍生出的一系列原则出发，是许多企业架构方法的根本缺陷。这种瀑布式的方法几乎永远不会奏效。当然，这并不意味着当前战略不起任何作用。我们当然不应该制定与之相冲突的解决方案。但是，简单地把当前战略交给架构师，让他们将其转换为企业架构的起点，几乎肯定会失败，因为早在企业架构的结果显现前，战略就会发生变化。这意味着公司董事会成员必须更直接地指导企业架构。董事必须把眼光放长远，这样才能指导那些并不立即受当前战略和当前环境影响的事务。"

27　本节以及本书中所有关于运营模式的进一步讨论均基于 Ross 等人（2006）的研究以及 MIT 信息系统研究中心（CISR）对运营模式的其他相关研究（Mocker，2012；Robertson，2007；Ross，2005；Ross 等人，2019；Ross 和 Weill，2006；Weill 和 Ross，2008；Weill 和 Ross，2009）。不过，Reese（2008）和更早的 Gunton（1989）也讨论过类似的观点。

28　Ross 等人（2006，第 25 页）对运营模式的概念做了正式定义，将运营模式正式定义为"向客户提供商品和服务所需的业务流程整合和标准化水平"。遗憾的是，"运营模式"一词虽被不同作者广泛使用，其含义却大相径庭。Treacy 和 Wiersema（1997）也使用了这一术语，但将其定义为实现特定价值规范的业务流程、组织结构、管理系统、信息系统和文化的互补和协同组合。"运营模式是由运营流程、业务结构、管理系统和文化组成的，这些因素同步作用以创造某种卓越的价值"（Treacy 和 Wiersema，1997，第 32 页）。因此，本书中的这一术语不应与其他作者讨论的任何其他"运营模式"相混淆。换句话说，本书中使用的"运营模式"一词应完全按照 Ross 等人（2006）的定义来理解，即"运营模式"是指组织范围内流程标准化和整合的必要水平。

29　Gunton（1989）很早就认识到这些决策对信息系统规划的根本重要性。Gunton（1989）（第 2 章）认为，整个组织的 IT 基础设施规划应从决定最终用户必要的自主程度（与流程标准化近似）和耦合程度（与数据集成近似）开始。这两项规划决策共同决定了信息系统的四种通用战略之一：终端用户计算环境（类似于多样型）、分布式信息系统（类似于协调型）、办公公用网络（类似于复制型）和企业信息引擎（类似于联合型）。从历史上看，在大型组织的信息系统规划中，关于集中、分散和在各业务单元间分配计算资源的决策发挥了重要作用（van Rensselaer，1979；van Rensselaer，1985）。

30　ERP 系统或企业系统的架构通常意味着业务流程的标准化和数据的集成（Davenport，1997；Davenport，2000；Ross，1999）。因此，这些系统自然适用于统一运营模式。

31　Weill 和 Ross（2009）认为，组织应为报告业绩的每个层面指定一种运营模式。

32　正如 Weill 和 Ross（2009）所指出的，当不同的组织层次采用不同的运营模式时，子单元的运营模式必须至少与其母业务单元的运营模式同样标准化和一体化。简单地说，子单元的运营模式只能向分类法的右上角移动（见图 5.3）。罗伯逊（Robertson）（2007）举例说明了在不同组织层面结合所有四种运营模式的复合型组织。

33　组织的运营模式决定了其 IT 治理安排和机制（Weill 和 Ross，2004；Weill 和 Ross，2008；Weill 和 Ross，2009）。

34　组织的运营模式与其整个组织的关键价值观相关（Treacy 和 Wiersema，1993；Treacy 和 Wiersema，1997；Weill 和 Ross，2004）。具体来说，卓越运营信条主要基于标准化的低成本交易系统，自然与复制型和联合型模式高度相关。客户亲和力主要基于共享的客户数据库和知识库，与协调型模式高度相关。最后，产品领导力主要基于灵活性、创造力和人与人之间的沟通，可以说与多样型模式有一定的相关性。四种运营模式与 Porter（1980）提出的三种通用战略（即成本领先、集中专一化、差异化）之间也存在非常相似的相关性。Gunton（1989）对业务驱动因素、组织工作流程和信息技术基础设施的自主程度和耦合程度间的关系进行了更复杂的分析。

35　Ross 等人（2006，第 28 页）认为，"每家公司都应将自己定位在如图 5.3 所示的象限之一，以明确自己打算如何为客户提供商品和服务"。

36　Ross 等人（2016，第 7 页）将数字化平台或运营主干定义为"确保核心运营效率、可扩展性、可靠性、质量和可预测性的一系列业务和技术能力"。Ross 等人（2006）、Weill 和 Ross（2009）以及 Ross 等人（2019）提供了有关规划、构建和利用数字化平台的进一步信息。

37　业务能力作为商业和 IT 利益相关者的方便讨论点，在文献中得到了广泛讨论（Greski，2009；Keller，2015；King，1995；Scott，2009；Swindell，2014）Amiri 等人（2015）从理论上解释了业务能力为何能非常有效地弥合企业与 IT 代表间的沟通鸿沟。（2015）。

38　Hadaya 和 Gagnon（2017）认为业务能力是由 8 个核心基本要素组成的抽象复合体：业务职能、业务流程、组织单位、专有技术资产、信息资产、技术资产、自然资源存量和品牌。

39　并非企业的所有业务需求都需要改变其技术景观。许多重要的业务举措可能根本与 IT 无关。改变既定资本投资的评估标准和优先次序，或改变员工招聘和晋升的 HR 战略，可能并不需要对现有信息系统进行任何重大修改。因此，所有对具体业务需求的进一步分析都是为了便于业务和 IT 部门间的讨论，这些分析只适用于具有一定 IT 组件的业务需要。与此同时，没有 IT 组件的具体业务需要和计划，尽管对于组织可能非常重要，但从 EA 实践的角度看却无关紧要，几乎不可见，这一点在后面第 7 章中讨论。

40　Wiegers 和 Beatty（2013）和 Wiegers（2005）等人详细讨论了 IT 系统详细业务需求的开发、记录和管理。

41　一方面，业务和 IT 利益相关者之间存在的讨论点非常多，甚至可能难以穷尽。在整个组织的层面上，这些讨论点包括关键成功因素等，这些因素在很久以前已被证明非常有用，可方便地将高阶的战略目标抽象为对 IT 更具体的要求（Boynton 和 Zmud，1984；Bullen 和 Rockart，1981；Munro 和 Wheeler，1980；Rockart，1979；Shank 等人，1985），而在单独的 IT 解决方案层面上，这些讨论点包括执行业务流程所需的信息等。另一方面，并非所有情况下这 5 个关键讨论点都相关。新的 IT 解决方案可能并非为了改进现有业务流程，而是为了提供一些对流程没有明显影响的其他改进，如为决策提供更准确、更及时的信息。

42　Nowakowski 等人（2017，第 4851 页）对这种情况做了如下描述："EA 规划始于较高的抽象水平，以便与决策者进行讨论。当规划接近实际执行时，计划就会变得更加详细。EA 规划的高度抽象意味着只讨论高阶概念，而隐藏实施细节。这是因为实际决策是由利益相关者做出的，而他们往往没有时间或专业知识来根据高度抽象的规划做出决策。然而，通常情况下，一旦规划获得批准，就会进入更详细的规划阶段，这就需要更详细的可视化，并整合不同的利益相关者。"

43　Ross 等人（2006，第 26 页）认为，"运营模式是关于支持何种战略的选择"。

44　Jaques（1990）和 Jaques 与 Clement（1994）讨论了组织级别与适合该级别的规划期限间的关系。

45　标题"企业架构不确定性原理"的灵感来自物理学中存在的与海森堡不确定性原理的松散类比，即在任何一个时间点上，基本粒子的位置或动量都可被精确测量，但两者不能同时被精确测量。

46　Tamm 等人（2015，第 190 页）报告说，在一个成功的 EA 实践中，"高阶 EA 愿景是在前期创建的，但更详尽的架构细节是在转型计划期间按需定义的"，这清楚地说明了 EA 不确定性原则的作用。与此同时，Schekkerman（2004，第 13 页）等人提倡的将企业架构视为"企业的完整表达"的观点，在概念上存在缺陷，在实践中也无法实现（Basten 和 Brons，2012；Beeson 等人，2002；Erder 和 Pureur，2006；Kim 和 Everest，1994；Lohe 和 Legner，2014；Schmidt 和 Buxmann，2011）。

第 6 章 *Chapter 6*

企业架构实践的流程

第 5 章讨论了企业架构实践的沟通方面，并讨论了业务和 IT 之间对话的具体内容。本章特别关注企业架构实践的流程方面，并就关键的企业架构相关流程进行深入讨论。本章将首先描述构成企业架构实践的三个核心流程及其在组织上下文中的意义。然后将讨论这些流程间的关系和信息交流——实现协调和协同作用。最后，本章将为企业架构实践提供一个全面的高层次流程视图，并解释所有主要元素（包括不同的参与者、企业架构工件、企业架构相关流程、外部业务环境和组织技术景观）间的交互。

6.1　企业架构实践的三个流程

企业架构实践是一种复杂的组织实践，包括不同参与者的各种活动。由于这些活动的并行性和交织性，企业架构实践无法被表示为具有明确步骤的单一顺序流程[1]，而只能被表示为围绕企业架构 CSVLOD 模型所描述的六种通用企业架构工件的不同流程。

具体来说，构成成功的企业架构实践的所有活动可以归纳为三个不同的流程：战略规划流程、计划交付流程和技术优化流程[2]。这三个流程是由不同参与者同时执行的，且相互关联。执行每个流程都意味着开发和使用特定类型的企业架构工件。战略规划围绕经营考量和业务愿景进行，计划交付围绕概要设计和详细设计进行，技术优化围绕技术标准和技术景观进行。

一方面，战略规划和技术优化是连续的，基本上是非结构化的，有些不正式。这些流程很难被分解成具有具体输入和输出的独立步骤的可重复线性序列，因此我们只能解释这些流程的一般本质和意义。另一方面，计划交付是一个有限的线性逐步流程，有具体的输入和输出。

6.1.1 战略规划[3]

战略规划是一个与企业架构相关的流程，将外部业务环境的相关基本因素转化为更具体的经营考量和业务愿景，为业务和 IT 提供一般规则和方向[4]。组织通常只有一个涵盖整个组织的战略规划流程实例。但是，那些高度分散的、具有局部决策自主权的组织（例如，采用多样型或协调型运营模式的公司，见图 5.3），除了拥有全组织的集中战略规划外，还可能拥有若干独立但相互关联的战略规划流程，它们可能分别涵盖主要业务单元，如业务线、业务部门。

来自外部环境的相关基本因素通常包括各种经济、技术、社会、人口、法律、政治、生态、客户和竞争者因素。虽然这些基本因素（如新市场正在开放，竞争对手改变战略，消费者改变生活方式，通货膨胀等）可能非常抽象，对信息技术没有明显影响，但经营考量和业务愿景提供了将这些抽象的业务因素与随后的 IT 相关计划联系起来的概念性桥梁。经营考虑和业务愿景虽然使用的是对业务高管有意义的通用商业语言，但也为 IT 部门提供了一些高阶的指引和指导。本质上，战略规划的主要目标（即制定经营考虑和业务愿景）是从基本的外生因素中得出大致的长期架构计划，并阐明业务和 IT 的未来行动路线，包括一些关于未来需要执行的个别 IT 计划的建议。从这个角度来看，这个流程的整体意义可以最好地概括为从战略到组合。

战略规划流程与常规的战略管理活动（如环境分析、竞争优势识别、目标制定等）密切相关，已被纳入年度业务规划周期，由业务高管和架构师协同执行。战略规划关注的是中长期规划，一般由以下问题驱动：业务环境如何变化，我们应如何应对？业务高管和架构师会一起讨论影响组织的基本环境因素，阐明这些因素对业务和 IT 的影响，就所期望的未来联合行动路线达成协议，并将由此产生的规划决策文档化为经营考量和业务愿景[5]。一方面，经营考量有助于阐明和记录关于组织需要如何从业务和 IT 角度工作以获得成功的通用协议。这些决策可能包括对以下基本问题的回答：

- IT 在组织中应扮演什么角色？
- 哪些 IT 能力应向整个组织提供？
- 应遵守哪些与 IT 有关的政策？
- 需要何种程度的业务连续性和安全性？
- 哪些基于 IT 的业务创新应被采纳？

另一方面，业务愿景有助于阐明和记录更具体的协议，即长远来看组织需做什么的协议。这些决策可能包括对以下问题的回答：

- 长远来看，IT 应为企业提供什么？
- 未来的 IT 投资应投往何处？
- 应进行哪些类型的 IT 投资？
- 何时应进行 IT 投资？

● 应以何种顺序进行 IT 投资？

战略规划流程是连续的、结构松散的，不能被简化为预先定义的有序步骤。它主要由许多会议、报告、研讨会组成，参与其中的包括业务高管和架构师，他们通过讨论做出各种规划决策[6]。然而，战略规划也意味着所有利益相关者对最终确定的经营考量和业务愿景定期（通常以一年为基础）进行正式批准和签署。从时间角度来看，这一流程的活动可涉及重要的业务日期、时期和事件，例如财政年度、预算周期、董事会会议或业务战略的更新。业务高管和架构师通常会讨论理想的运营模式（见图 5.3）、所需的业务能力，以及具体业务需要（见表 5.1）。由于经营考量和业务愿景都是决策型企业架构工件（见表 2.1），因此整个战略规划流程可被看作多个独立经营考量和业务愿景同时进行的开发和更新过程的相互交织结果，这些单独的经营考量和业务愿景代表了具体的集体战略规划决策（参见图 2.7）。

战略规划的最终结果是由业务和 IT 代表商定的经营考量和业务愿景的集合，它们定义了业务和 IT 的一般规则和长期方向，与外部业务环境的战略需求相匹配。尽管经营考量和业务愿景仍然是高层次的，但与抽象的基本环境因素相比，它们为业务和 IT 能力的战略发展提供了更具体的指导，也为进一步的详细规划提供了共同的基础，有助于阐明未来要解决的与 IT 相关的具体业务需要。

6.1.2　计划交付 [7]

计划交付是与企业架构相关的流程，将具体业务需要或更少见的具体技术需要转化为有形的 IT 解决方案，并以最佳方式实现它们[8]。组织通常有多个计划流程实例（即多个独立的 IT 计划）它们并行运行并同时交付不同的 IT 解决方案。每个 IT 计划（或小型计划的 IT 项目）作为计划交付流程的一个实例，都提供自身的 IT 解决方案，以解决特定的业务或技术需要[9]。

计划交付是一个端到端流程，为特定业务（有时是技术）提供 IT 解决方案——从最初的想法概念一直到最终部署可运行的 IT 系统。由于每个需要（need）都可以通过多种方式解决，不同的 IT 解决方案具有各自的优势和劣势，因此计划交付流程的目标首先是为具体的需要选择可用的最佳实施方案，然后根据首选方案及时且无风险地交付实际解决方案。从这个角度来看，这个流程的整体意义可以最好地概括为从需要到解决方案。计划交付侧重于短期、立即可操作计划，一般由以下问题驱动：解决相关需要和相关需求的最佳方式是什么？

计划交付流程与常规的项目管理活动（如范围界定、估算、日程安排、资源配置、监控等）密切相关，遵循典型的有步骤的项目交付生命周期（有几个连续的阶段和控制关卡），如范围界定、估算、规划、构建、测试和部署[10]。然而，无论项目生命周期的具体阶段和关卡如何，计划交付流程总是包含两个固定的连续步骤：启动和实施（尽管大型 IT 计划可能需要一些迭代功能）。启动步骤意味着制定 IT 计划的目标，生成潜在的实施方案，评估其优缺点，选择最合适的方案，然后让所有业务利益相关者批准拟议的高层次 IT 解决方案（在一些圈子中，这些活动被称为可行性研究）。实施步骤意味着在 IT 专家批准 IT 解决方案后，对其进行实际技术实施、测试和部署。

启动步骤涉及业务高管和架构师。在这个步骤中，业务高管为新的 IT 解决方案制定具体目标和基本要求，而架构师则针对这些目标和要求提出可能的解决方案。概要设计是关键的企业架构工件，它能使业务高管和架构师在启动步骤中进行有效沟通。具体来说，概要设计提供了关于拟议 IT 解决方案的以下问题的答案：

- 拟议 IT 解决方案在概念上是什么样子的？
- 拟议 IT 解决方案将如何修改现有的业务流程？
- 拟议 IT 解决方案的近期和长期商业价值是什么？
- 拟议 IT 解决方案对整体业务有什么影响？
- 拟议 IT 解决方案的成本是多少，何时可以交付？

通过提供这些关键信息，概要设计可帮助业务高管对拟议 IT 解决方案做出明智的批准决策，确保每个解决方案以合理的成本带来可观的战略和战术商业价值。概要设计允许业务领导在权衡分析的基础上选择最理想的解决方案，当无可接受的解决方案时，则允许在早期阶段取消 IT 计划。业务高管和架构师在启动阶段的讨论通常围绕用新 IT 解决方案修改特定业务流程展开（见表 5.1）。由于概要设计是决策型企业架构工件（见表 2.1），因此计划交付流程的整个启动步骤可被看作新概要设计的合作开发过程，代表有关具体 IT 计划的高层次规划决策（见图 2.7）。

概要设计是对 IT 计划的商业案例的补充[11]。商业案例是特定于业务的文档，只为新 IT 计划提供详细的财务证明，而概要设计则同时涉及计划的业务和 IT 方面，简要解释如何实施相应的 IT 解决方案，以及这些解决方案的好处来自何处。概要设计通常是与新 IT 计划的相应商业案例同时制定的，并为这些商业案例中的时间和成本估算提供依据。概要设计和商业案例是由高级业务领导批准的所有 IT 计划实际实现的关键文档。在这两份文档被认可和签收后，实施步骤就开始了。

实施步骤涉及架构师、IT 项目团队和一些业务代表。在这个步骤中，架构师、项目团队和业务代表共同阐述概要设计中描述的经批准的高层次 IT 解决方案的业务需求，制定详细的实施计划，然后由项目团队交付解决方案。详细设计是关键的企业架构工件，可使架构师、项目团队和业务代表在实施步骤中进行详细的规划和有效的合作。特别地，详细设计描述了所有与实施新 IT 系统有关的重要架构决策，包括以下问题的答案：

- 何种业务需求应被解决？
- 应开发或安装哪些新的软件？
- 应使用哪些数据类型和实体？
- 应部署哪些服务器和硬件？
- 新 IT 系统应如何与现有系统交互？

通过提供这些关键信息，详细设计可帮助架构师、IT 项目团队和业务代表为新 IT 系统制定最佳实施计划，以满足业务和架构的要求。在实施步骤中所有参与方的讨论通常集中在新 IT 系统应该满足的具体业务需求上（见表 5.1）。详细设计是决策型企业架构工件，实施步骤可被看作新详细设计的合作开发过程，代表关于具体 IT 系统的详细规划决策。

详细设计是对 IT 项目管理规划的补充 [12]。项目管理计划是纯粹的文档，只为交付新的 IT 项目提供管理方面的考量，而详细设计则侧重于结构和技术方面并彻底描述各种系统组件及其关系和内部细节。详细设计通常与新 IT 项目相应的项目管理计划同时定稿，并为交付日程安排、资源需求、质量保证策略等提供依据。详细设计和项目管理计划是 IT 项目所有参与者在开始实施工作之前商定的关键文档。在这两份文档被批准后，实际的硬件部署、软件安装和代码编写就可以开始了。

在实施步骤的后续总结阶段，项目团队使用已完成的详细设计来交付已获批的 IT 解决方案，而架构师则监督项目团队，以确保实施的系统符合其详细设计。最后，这些系统被移交给 IT 运营和支持团队进行持续维护。同时，业务所有者安排所有剩余的组织措施来实现其商业价值，如用户培训和新系统带来的流程改进（见图 1.1）。计划交付流程每个实例的最终结果是新的 IT 解决方案，它被完全集成到组织结构中，解决某个特定业务需要，满足特定业务需求，并同时提供短期和长期的业务价值。

6.1.3　技术优化

战略规划流程阐明了与 IT 相关的具体业务需要，并与业务环境的战略需求匹配，而计划交付流程则将这些需要转化为有形的 IT 解决方案，同时满足本地业务需求，并为全局业务战略做出贡献。然而，从长远的角度来看，仅仅解决战略需要还不够。即使不断交付与业务战略完全匹配的新 IT 解决方案，也不可避免地会使技术景观复杂化，（组织）逐渐纠结于各种系统的相互联系，使 IT 资产成倍增加，所需支持技术激增，进而引入了遗留和冗余问题。这些副作用增加了 IT 预算，降低了 IT 的战略敏捷性和灵活性，提高了与 IT 相关的风险，并最终会给组织带来实质性问题 [13]。最后一个与企业架构相关的流程是技术优化，其旨在缓解这些负面影响。

技术优化是与企业架构相关的流程，将企业技术景观的当前结构信息转化为旨在优化该景观的具体技术合理化建议 [14]。组织通常只有一个技术优化流程实例，它涵盖整个技术景观。然而，局部技术自主权较高且高度分散的组织（如具有多样型或协调型运营模式的公司，见图 5.3）可能有几个相互关联的技术优化流程实例，它们分别包括主要业务单元（例如业务线、业务部门）的技术景观。

技术优化流程旨在识别潜在的低效率问题、风险和当前技术景观中的其他技术瓶颈（如重复的、不充分的、被滥用的或遗留的 IT 系统，以及老化的基础设施、过度的复杂性等）并提出纠正措施，以改善景观的整体质量和适应性。这些措施通常包括精简技术景观中的问题区域，停用或替换不适宜的 IT 资产，以及整合多余的技术。技术优化流程还旨在减少"架构债务"，这一点将在第 18 章讨论。从本质上讲，技术优化流程的主要目标是厘清、简化和合理化整个组织的技术景观和技术组合。从这个角度来看，这个流程的整体意义可以最好地概括为结构到合理化。

与战略规划和计划交付不同，技术优化是一个"内部"的 IT 内务管理流程，相对独立，可能不会与任何其他常规组织流程或活动相结合。技术优化流程主要由 IT 部门的架构师执行，其他 IT 专家和领导（包括 CIO）也会参与其中。技术优化关注的是目前的情况，偶尔对未来进行谨慎的展望，一般由以下问题驱动：当前技术景观有什么问题，我们应如何改进？技术标准和技术景观可帮助架构师对当前技术景观进行"健康检查"，评估其对业务的整体充分性，分析其战略能力和制约因素，控制其复杂性、关联性，并在此基础上进行优化。一方面，技术标准提供了关于当前技术栈、实施方法和最佳实践的信息，包括以下问题的答案：

- 使用了哪些技术和供应商的产品？
- 采用了哪些方法和最佳实践？
- 哪些技术和产品是多余的？
- 哪些技术、产品或方法会引起问题？
- 当前的技术和方法是否满足一般的业务需要？

另一方面，技术景观提供了关于现有 IT 资产及其状态和相互关系的信息，包括以下问题的答案：

- 哪些 IT 资产是由组织维护的？
- 哪些 IT 资产未被积极使用或提供了重复的功能？
- 哪些 IT 资产不再受供应商支持？
- 哪些 IT 资产在未来可能会引起问题？
- 现有的 IT 资产是否足以满足组织的业务需要？

与战略规划类似，技术优化流程也是连续的，在很大程度上是非结构化的。它很少或根本不需要高级业务利益相关者的参与，而是由架构师定期访问各种 IT 资产的业务和技术所有者以了解其状态和问题，架构师、IT 主管和主题专家针对必要的景观改进多次举行会议和非正式讨论。架构师会审查、分析和更新技术标准和技术景观。具体来说，在技术标准中，架构师将一些技术、方法和实践标记为理想的、当前的或战略的，而将其他的标记为不理想的、废弃的或退役的。架构师还可以引入新的技术标准或者删除一些不相关的旧标准。在技术景观中，架构师将一些 IT 资产标记为"健康"、可复用或战略性的，而将其他资产标记为"不健康"、不可复用或要退役的。架构师还可以为技术景观制定更详细的改进计划。技术优化流程通常意味着由首席信息官或其他 IT 主管定期（通常以一年为基础）正式批准更新的技术标准和技术景观。由于大多数技术标准是决策型企业架构工件，大多数技术景观是事实型企业架构工件（见表 2.1），因此整个技术优化流程可被看作各种流程的组合，包括由个别架构师记录技术景观的现状和对景观未来做出集体决策（见图 2.7）。

技术优化的最终结果是一组反映在技术标准和技术景观中的技术合理化建议，有助于实现更充分的、整合的和精简的技术景观。这些建议可作为常规业务导向 IT 计划的一部分，在某些情况下也可作为特殊的架构计划单独交付。

6.2　不同企业架构相关流程间的关系

如前所述，战略规划为业务和 IT 提供一般规则和方向，帮助阐明与 IT 相关的具体业务需要；计划交付实施 IT 解决方案，解决具体业务需求；而技术优化生成技术合理化建议，优化整个技术景观。表 6.1 总结了战略规划、计划交付和技术优化流程的基本属性。

表 6.1　战略规划、计划交付和技术优化流程的基本属性

流程	战略规划	计划交付	技术优化
实例	只有一个实例（在高度分散的组织中则有多个）	有多个实例，即每个活跃 IT 计划都有一个实例	只有一个实例（在高度分散的组织中则有多个）
目标	阐明业务和 IT 所期望的未来行动方向	针对具体需要提供最佳 IT 解决方案	提高企业技术景观的整体质量
意义	从战略到组合	从需要到解决方案	从结构到合理化
问题	业务环境如何变化，我们应如何应对？	解决需求和所有相关需求的最佳方式是什么？	当前技术景观有什么问题，我们应如何改进？
关注点	中长期规划	短期计划	目前的情况和一些未来展望
性质	连续、基本非结构化	有两个主要步骤：启动和实施	连续、基本非结构化
整合	与常规战略管理活动相结合	与常规项目管理活动相结合	未与任何常规流程或活动结合
参与者	业务高管和架构师	启动步骤：业务高管和架构师 实施步骤：架构师和项目团队	仅架构师
企业架构工件	经营考量和业务愿景	启动步骤：概要设计 实施步骤：详细设计	技术标准和技术景观
输入	外部业务环境的基本因素	具体的业务需要，有时还有技术需要	组织技术景观的当前结构
活动	非正式的讨论、会议、演讲和研讨会，以及定期的正式批准和签字	启动步骤：可能的部署方案讨论 实施步骤：实际技术部署	大量的非正式讨论和定期的正式批准
讨论点	运营模式、业务能力和具体业务需要	启动步骤：业务流程 实施步骤：业务需求	业务和 IT 之间很少或没有讨论
输出	经营考量和业务愿景中反映的业务和 IT 的高层次战略规划	新的 IT 解决方案	反映在技术标准与技术景观中的技术合理化建议

表 6.1 中描述的三个流程在很大程度上都是独立的，并且追求不同的目标。然而，这些流程是协同的，彼此之间有密集的信息交流。即使每一个流程都只为组织带来一些有限的利益，但这些流程组合起来可以让我们发展和保持企业技术景观的最佳结构，使其与业务环境的战略和战术需求严格匹配。具体来说，成功的企业架构实践要求信息在这些流程的两两之间（战略规划与计划交付、计划交付与技术优化、技术优化与战略规划）进行有效的双向流动。

6.2.1 战略规划与计划交付

战略规划流程既不提供任何 IT 解决方案，也不准确描述交付物，只是为业务和 IT 提供一些高阶的规则和战略方向，这些规则和战略方向反映在业务和 IT 代表共同商定的经营考量和业务愿景中。计划交付是"下一个"与企业架构相关的下游流程，它将这些抽象的规划转化为有形的 IT 解决方案，并以最佳方式实施。从本质上讲，"计划交付"弥补了战略规划和实际落地的 IT 解决方案间的差距。

战略规划所产生的经营考量和业务愿景为新 IT 计划的启动提供了适当的基础，即为启动计划交付流程的新实例提供了适当的基础。也就是说，业务愿景为未来的 IT 投资提供了长期的指导，说明了应实施哪些类型的 IT 计划，而经营考量则提供了概念性的规则，说明了应如何实施这些计划。换言之，业务愿景代表了某些 IT 解决方案的计划性业务需要，而经营考量则提供了这些解决方案的初始需求。例如，业务愿景可能建议在未来提升某种业务能力（见图 4.4），而经营考量则可能指出所有的业务运营都应是弹性的和自恢复的（见图 4.2）。这些建议形成了规划好的业务需要，以提供一个高度可用和可靠的 IT 解决方案，增强所要求的业务能力。作为该业务需要的结果，一个新 IT 计划被启动，以探索这种需要，讨论潜在的实施方案，并提供最好的 IT 解决方案来满足业务需要。换句话说，业务愿景和经营考量中列出的规划业务需要和需求会被详细地阐述为具体的 IT 计划，并进行实施。

由于经营考量和业务愿景是业务高管间达成一致的，且隐含地反映了外部业务环境的战略需求，因此所有从业务愿景中产生并与经营考量对齐的 IT 计划都与长期业务目标自动地保持一致。理想情况下，所有的 IT 计划都应出自业务愿景，并与经营考量对齐，以提供战略竞争优势。然而，非常多变的现实世界经常迫使组织对不可预测的业务需求、有利可图的短期机会、预期外的监管变化等原因造成的意外紧急需要迅速反应。出于这个原因，在现实世界中，新 IT 计划要么来自业务愿景所提供的规划好的业务需要，要么来自外部业务环境中直接传来的紧急业务需要。正如第 7 章所讨论的，现实中公司的 IT 投资组合通常是计划内 IT 计划和紧急 IT 计划的混合体 [15]。

然而，并非所有最初在业务愿景中确定的规划好的业务需要都能以合理的方式实施。例如，作为计划交付流程的一部分，对具体业务需要的 IT 解决方案进行基于概要设计的详细讨论，可能会得出这样的结论：所有可用的实施方案都太昂贵、风险太大、耗时太久而不可取。对于业务高管而言，这可能意味着并没有简单的方法来按照最初的计划实施已批准的业务战略，战略规划可能需要被审查和纠正。被取消的 IT 计划基本上会触发战略规划流程，并可能迫使业务高管和架构师根据新的现实情况来调整之前商定的经营考量和业务愿景。

战略规划和计划交付流程协同作用所带来的主要结果是所交付 IT 计划的战略有效性。所有来自业务愿景的 IT 解决方案不仅能满足短期的业务需求，带来即时的业务价值，还能为长期的业务目标做出重大贡献。这些解决方案逐步建立了与战略和战术业务需要密切相关的组织技术景观。

6.2.2　计划交付与技术优化

在现实的公司中，大多数 IT 计划都不是为了具体业务需要而从头开始实施的全新计划。相反，新 IT 计划通常受制于当前 IT 环境。它们必须考虑到现有的技术景观，并逐步修改以提供所需的业务功能。因此，计划交付流程并不只是为具体业务需要凭空实施新 IT 解决方案，而是在整个组织的技术景观中引入某些持久变化。

同时，技术景观不可控的复杂性增加了维护成本，降低了敏捷性，给组织的业务带来了额外风险。为了降低 IT 环境的复杂性，技术优化流程生成了具体的技术合理化建议，旨在简化和优化现有的技术景观。然而，这些合理化建议并不会自动实施，必须通过具体的 IT 计划来实现。

由于其目的具有双重属性，许多 IT 计划基本上同时追求两个不同的"正交"目标，打算既满足具体业务需要，又对当前的技术景观进行一些技术改进。计划交付和技术优化流程间的有效信息交流有助于组织成功地结合以上目标。在成功的企业架构实践中，以业务为导向的常规 IT 计划通常都能满足业务需要，同时还能维护、清理甚至改善技术景观。

（组织可以）通过将技术优化流程中产生的相关技术合理化建议纳入常规 IT 计划的设计中，以满足具体业务需要，从而同时实现这两个目标。例如，在计划交付流程的早期启动步骤中，架构师参考了关于适当利用技术景观和技术标准所提供的现有 IT 资产和技术的合理化建议，提出可能的解决方案。因此，与业务高管讨论的新 IT 解决方案的概要设计隐含地反映了架构师对优化技术景观的某些技术考虑。在计划交付流程的后期实施步骤中，架构师还要确保详细设计中反映的最终系统实施计划包含技术景观和技术标准提供的相关技术建议。具体来说，新 IT 系统的详细设计应与现有 IT 环境无缝对接，并与拟议实施方法和既定最佳实践相一致。此外，在某些情况下，详细设计还可能包括一些额外的行动或工作用于改善技术景观。

技术优化流程向计划交付流程提供的各种技术合理化建议是多样化的。例如，它们可能包括但不限于以下建议：

- 复用特定的 IT 资产、产品或技术。
- 遵循某些实施方法或实践。
- 与特定现有 IT 系统进行整合。
- 替代特定遗留 IT 系统的功能。
- 迁移、转换或充实某些遗留数据库的数据。
- 停用被新 IT 解决方案取代的特定 IT 资产。
- 为未来 IT 计划创造一个可复用的 IT 资产。
- 率先引进新技术或产品。
- 尝试新的概念验证方法或实践。

将各种技术合理化建议纳入常规业务导向的 IT 计划的设计中，可使这些计划与现有 IT

环境和谐地结合起来，有时甚至可以改善 IT 环境，且仍然以最小的开销提供所需的业务功能。为确保相关技术建议在新 IT 解决方案中得到考虑，其概要设计和详细设计通常由负责技术优化流程的其他架构师进行同行评审。在某些情况下，当重要的具体技术合理化建议不能作为常规 IT 计划的一部分来实施时，（组织）可启动纯技术性质的单独架构计划来实施这些建议，这一点将在第 7 章讨论。

然而，计划交付流程也会向技术优化流程反馈。例如，描述 IT 环境当前状态的技术景观在所有 IT 计划的完成阶段会被增量更新，从而反映技术景观的近期变化。同样，在率先使用新技术或已证明特别有效的方法并成功实施创新的 IT 计划后，技术标准也经常会被更新。现有技术标准也可记录一些从具体的 IT 计划实施中学习到的新最佳实践。

计划交付和技术优化流程间协同作用的主要结果是所交付 IT 解决方案的技术优化。所有包含相关技术合理化建议的 IT 解决方案不仅使用成熟的技术、方法和最佳实践来满足特定的计划内业务需要或紧急业务需要，而且还可以保持甚至改善组织技术景观的整体质量。这些解决方案逐步构建出简化的、一致的和最新的技术景观。

6.2.3　技术优化与战略规划

技术优化流程的目的是使技术景观合理化，提高其整体质量，并增加其与业务需要的总体关联性。架构师对技术景观的未来演进做出许多技术决策。特别地，架构师经常要决定哪些技术应被引进、使用或退役，以及哪些 IT 资产应被视为战略资产、当前资产或遗留资产。

为了能评估企业技术景观的状况并对组织 IT 资产和技术组合的理想发展做出明智决策，架构师应从业务角度了解组织的理想战略方向。这种总体战略方向是由战略规划流程提供的，并反映在经营考量和业务愿景中。经营考量描述了业务高管希望其组织如何工作，而业务愿景则解释了业务高管希望在未来从 IT 中获得什么。这些信息是技术优化流程的基础，可帮助架构师做出与预期的未来业务计划一致的合理技术决策。从本质上讲，经营考量和业务愿景引导技术标准和技术景观向正确的战略方向发展。

技术优化流程也影响着战略规划。尽管 IT 可以促进业务战略的执行，但通常情况下，并非所有战略方向都能得到当前可用 IT 资产和技术组合的有效支持。换言之，现有的技术景观可能会促进或阻碍特定的战略业务方向。例如，与某种运营模式（见图 5.3）紧密结合的技术景观可能会促进那些利用该运营模式的核心 IT 能力的业务战略，但也会使所有与该运营模式的基本假设不一致的战略失效。因此，合理的业务战略不能仅仅基于业务高管一厢情愿的理想主义愿望，而应该考虑到 IT 平台的实际能力和局限性。技术优化流程所提供的有关 IT 战略能力和局限性的信息可帮助架构师更好地理解 IT 能够（或不能）向业务提供什么。在技术标准和技术景观的指导下，架构师不太可能批准不可行或不现实的经营考量和业务愿景。因此，技术优化流程支撑着战略规划，并促进形成可行且现实的业务战略。

技术优化和战略规划流程协同作用的主要结果是战略业务方向和战略 IT 能力间有效的相互关系。所有战略业务决策不仅指导着组织 IT 资产和技术组合的演进，而且还受到当前

IT 组合的影响。战略规划和技术优化间的联系所促成的有效决策有助于建立一个与长期业务目标相对应的技术景观。

6.3　企业架构实践的高层次流程视图

　　整个组织的企业架构实践基本上由战略规划流程、计划交付流程和技术优化流程组成。这些流程相互关联，相互之间交换特定的信息以实现协同作用。这些流程还与外部业务环境和组织技术景观相互作用，从而在内外环境间建立理想的动态联系。图 6.1 显示了这三个流程及其主要参与者、支撑企业架构工件和相互关系。

　　图 6.1 是企业架构实践的高层次流程视图，显示了主要流程，并描述了谁在执行这些流程、哪些企业架构工件对这些流程很重要，以及它们之间有哪些信息交流。一方面，这个流程视图准确地解释了企业架构实践如何将参与战略决策和 IT 系统实施的相关参与者（见图1.3）联系起来。另一方面，这个流程视图显示了企业架构实践大致的端到端信息流，并确切地解释了企业架构实践如何将外部业务环境的基本因素和迫切需要转化为有效的企业技术景观。图 6.1 中进一步阐明了成功的企业架构实践总意味着复杂的、全面的和普遍的组织变革——包括人员、流程和技术的相关方面。

　　重要的是，即使架构师是企业架构实践及所有流程的关键参与者和推动者，但如图 6.1 所示，其他利益相关者大量参与企业架构相关流程对企业架构实践的成功绝对必要。虽然技术优化流程在很大程度上可由 IT 部门的架构师单独完成，但战略规划和计划交付流程不能由架构师单独完成，需要利益相关者自觉参与[16]。例如，如果高级业务高管没有充分参与战略规划流程，那么架构师就必须独自代表整个组织做出关键的战略业务决策。这些决策将永远不会被业务高管认真对待并付诸行动，而为制定经营考量和业务愿景而投入的规划努力将白白浪费。如果业务高管没有充分参与到计划交付流程的启动步骤中，那么架构师就必须独自做出关于特定 IT 计划必要性和价值的关键业务决策，并给出更好的实施方案。这些决策永远不会得到业务高管的支持和资助，而概要设计中描述的 IT 计划也永远不会进入实施步骤。最后，如果 IT 项目团队没有充分参与到计划交付流程的实施步骤中，那么架构师就必须代表所有项目参与者做出项目级的具体实施决策。这些决策将永远不会得到项目团队的尊重和承诺，而详细设计中描述的拟议实施计划，即使再完美也会被忽略。

　　一般来说，利益相关者不充分参与相应的企业架构相关流程会导致"象牙塔"综合征，即架构师创造的企业架构工件对潜在的利益相关者来说是无法解释的、不相关的和无用的。由于大多数企业架构工件（除了大多数技术景观和一些技术标准）都是决策型企业架构工件（见表 2.1），因此利益相关者的积极参与对其发展至关重要（见图 2.7）。因此，任何在"象牙塔"里创造的、没有真正利益相关者参与的企业架构工件通常都会被忽略和搁置。它们既不能促进决策，也不能改善业务和 IT 的对齐，而在这些工件上付出的努力只能白白浪费。在这种情况下，企业架构工件开发本身就成了一种目的，即为架构而架构[17]。

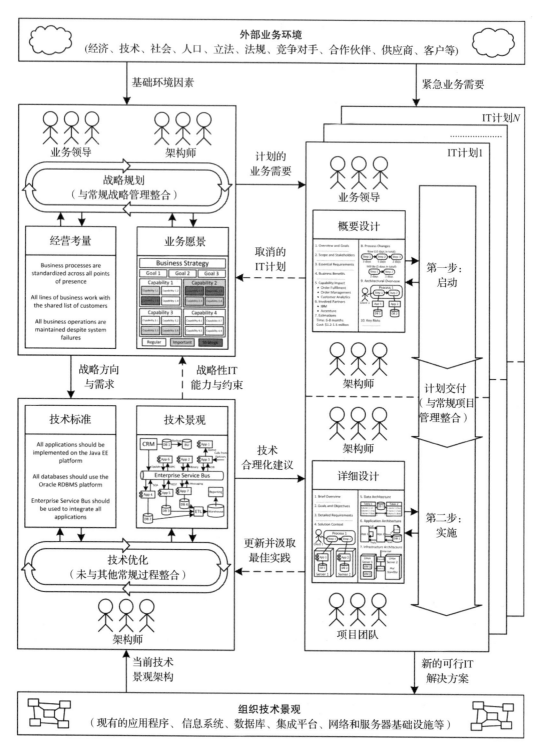

图 6.1 三个企业架构相关流程之间的关系

6.4 本章总结

本章详细描述了构成企业架构实践的三个关键流程，解释了这些流程的关系，并从流程的角度提供了企业架构实践的高层次视图。本章的核心信息可以归纳为以下几个要点：

- 企业架构实践包含三个不同的流程：战略规划流程、计划交付流程和技术优化流程。它们具有不同的目标、参与者和成果，并围绕不同类型的企业架构工件展开。
- 战略规划流程围绕经营考量和业务愿景展开，计划交付流程围绕概要设计和详细设计展开，而技术优化流程则围绕技术标准和技术景观展开。
- 战略规划将外部业务环境的相关基本因素转化为更具体的经营考量和业务愿景，为业务和 IT 提供一般规则和方向。
- 计划交付将具体业务需要或更少见的具体技术需要转化为有形的 IT 解决方案，并以最佳方式实现它们。
- 技术优化将组织技术景观的当前结构信息转化为旨在优化该景观的具体技术合理化建议。
- 尽管在很大程度上这三个关键企业架构相关流程独立运行，且在企业架构实践中有不同的目标，但这些流程是协同的，彼此间有密集的信息交流。
- 尽管架构师是企业架构实践的主要参与者，但其他各方的积极参与对于成功而言也绝对关键。

6.5 注释

1 许多流行的企业架构框架和方法论（Armour 等人，1999b；Bernard，2012；FEAF，1999；Schekkerman，2008；Spewak 和 Hill，1992；TOGAF，2018）都规定了企业架构实践的详细步进式流程，但这并不现实，在成功的企业架构实践中从未被遵循过。正如 Haki 等人（2012，第 2 页）公正地指出，"我们的实践经验表明，企业在采用 EA 时采用的方法多种多样，很少遵循 EA 框架或方法论所规定的步骤"。同样，Lewis（2018，第 1 页）指出，"本应帮助你改进公司架构的框架和方法很少兑现承诺。相反，它们将 EA 功能变成了象牙塔中的白皮书工厂"。正如笔者早前所报告的（Kotusev，2016d；Kotusev，2016f；Kotusev 等人，2017），即使是在 The Open Group（The Open Group，2016a）提供的 TOGAF 用户列表中所包含的组织中，也未遵循 TOGAF 架构开发方法（ADM）的步骤。附录 A 详细讨论了包括 TOGAF 在内的现代步进式 EA 方法的起源和问题。

2 这三个流程代表了本书中定义的 EA 特定流程。它们不应和其他与企业架构无关的、标题相同或相似的组织流程相混淆。这些过程也非常类似于 Ahlemann 等人（2012c）早先阐述的三个 EA 相关过程：战略规划、项目生命周期以及运营和监控。EA 社区的一些成员认为，架构治理是 EA 实践中的一项独立活动，应作为第四个 EA 相关流程加以区分。然而，围绕着大多数 EA 工件，各种治理程序已渗透到所有 EA 相关流程和活动中。因此，本书中的架构治理并非独立的流程，而是所有其他 EA 相关流程的一个基本要素，并在后面的第 17 章中详细讨论。

3 如前所述，EA 的特定战略规划流程不应与常规的"正常"战略规划混淆，即作为战略管理的一部分，由业务高管确定业务战略、目标和目的。

4 Radeke 和 Legner（2012）也对与战略规划流程相关的活动进行了详细讨论，这些活动与本文所述活动类似。

5 Ross 和 Weill（2002b）讨论了作为战略规划过程的一部分，企业高级管理人员应做出的一些与 IT 相关的关键决策。

6 人们很早就认识到，高级业务经理的工作非常"混乱"，他们的大部分时间都花在计划内和计划外的会议和谈话上（Kotter，1982；Mintzberg，1971；Mintzberg，1973；Mintzberg，1975；Mintzberg，2009）。

7 与战略规划和技术优化不同的是，即使在未采用企业架构的组织中，也存在某种形式的计划交付流程。在这些公司中，IT 计划的实施根本无需严谨的架构规划，即不使用任何企业架构工件。

8 Wagter 等人（2005）、Beijer 和 de Klerk（2010）以及 Lux 和 Ahlemann（2012）也对构成本文所述计划交付流程的活动进行了详细讨论。

9 计划交付流程只涉及对组织技术景观带来巨大改变的重大 IT 计划，如开发新的信息系统或停用现有的信息系统。与此同时，独立 IT 系统中的许多小修改（如重新配置、错误修复或微小的功能改进）通常可作为例行变更请求在服务台登记，然后由相关 IT 专家单独实施，无需任何架构参与和监督。这些小的修改并不是主动交付流程的主题，在 EA 实践中也基本无关紧要。为了将具有架构意义的 IT 项目与无关紧要的项目区分开来，企业通常会制定正式的检查表，其中包含具体的评估标准，以帮助估算所需变更的规模和影响。

10 大多数项目交付方法都推荐这样或类似的项目生命周期阶段，其中包括 Rational Unified Process（RUP）(Kruchten，2003)、PRINCE2（OGC，2017）和 PMBOK（PMI，2017）等。

11 如前所述，商业案例通常不被视为 EA 工件，因为它们不提供有关 IT 系统的任何架构信息。尽管如此，商业案例在 EA 实践中仍发挥着重要作用。

12 与商业案例类似，项目管理计划通常不被视为 EA 工件，因为它们不提供任何有关 IT 系统的架构信息。然而，项目管理计划在 EA 实践中仍发挥着重要作用。

13 Shpilberg 等人（2007）将这些负面影响所造成的情况称为"对齐陷阱"，并对其进行了更详细的分析，且通过技术优化提出了潜在的解决方案。

14 Koenig（2019b）还详细讨论了与技术优化流程相关的各种技术、方法和最佳实践。

15 正如 Konkol 和 Kiepuszewski（2006，第 10 页）所解释的，"不应将 EA 战略工作与项目组合和项目规划混为一谈。IT 战略是项目组合（最终是预算）规划流程的重要输入，但并非唯一输入。任何 IT 组织都必须既要实施与战略相一致的项目，又要实施应对当前业务部门困境和痛苦的项目"。

16 Ambler 的调查（2010，第 1 页）指出了 EA 实践的三大成功因素："业务领导者积极参与企业架构项目群，IT 领导者积极参与企业架构项目群，企业架构师必须是项目团队的积极参与者。"

17 为架构而开发架构是整个 EA 学科面临的一个重大问题（Kappelman，2010）。BT（前 British Telecom）的首席架构师就生动地说明了这一问题，"架构就像火锅套装和三明治机一样，很少被使用。我们偶尔会把它们拿出来看看，然后就会想我们为什么要花钱买它们。我们的经历与许多其他大公司的经历如出一辙：架构作为对世界的博学而优雅的抽象，却未获得任何动力，无法在其声称要模拟的世界中找到牵引力"（Fonstad 和 Robertson，2004，第 1-2 页）。

第 7 章 *Chapter 7*

IT 计划和企业架构

上一章讨论了企业架构实践的流程，并详细讨论了三个主要的 EA 相关流程。本章特别关注单独的 IT 计划在企业架构实践中的作用，及其在关键 EA 相关流程中的流。本章首先定义了 IT 计划的概念，解释了 IT 计划和业务计划之间的区别，讨论了 IT 计划在企业架构实践中的作用，阐明了它们与 EA 工件、讨论点和 EA 相关流程的关系。接下来，本章描述了 5 种不同类型的 IT 计划（它们在企业架构实践中具有不同的含义、起源和目的）及其在相应 EA 相关流程中的具体流。最后，本章讨论了 IT 投资组合管理和预算编制流程、它们在企业架构实践中的地位以及与 IT 计划和其他 EA 相关流程的关系。

7.1 IT 计划的概念

IT 计划是企业架构实践中的关键工作单元。组织的所有 IT 相关规划只有通过执行具体的 IT 计划才能实现。任何 IT 计划的成功实施都会引入一个已部署的 IT 解决方案，或对技术景观的其他理想修改，以及随之而来的由这些 IT 变化带来的业务改进。每个 IT 计划都有一些特性，包括但不限于以下的属性：

- IT 计划意图解决的具体组织需要或问题。
- IT 计划的目标、目的和成功标准。
- 明确的范围，以描述预期变化的程度。
- IT 计划需要满足的基本要求。
- 商业案例，以描述有关 IT 计划的财务细节，包括必要的初始投资和预期的未来回报。

- 对实现 IT 计划感兴趣并提供必要资金的执行赞助者。
- 单独的预算分配，以资助 IT 计划的实施。
- 负责协调所有相关活动的专职管理人员。

小型 IT 计划可能相当于单个 IT 项目，而大型计划可能代表了由多个相关项目组成的成熟的转型计划。然而，即使是多项目 IT 计划，通常也有一个共同的基本想法、统一的目的和商业案例，将其所有的子项目组合为一个单一的、清晰的组织工作（尽管多项目计划的商业案例往往会分阶段进行）。例如，将不同地域部门使用的各种传统 CRM 系统整合到一个共享的企业 CRM 平台的 IT 计划，可能需要执行几个单独 IT 项目。这些项目共同构成一个连贯的变革计划：升级网络基础设施，在各部门之间提供必要的带宽容量，将所有客户信息从本地数据存储迁移到全局数据库，然后用新系统替换各部门的旧 CRM 应用。

IT 计划是一个多方面的概念，对不同利益相关者具有不同的意义和影响。从架构的角度来看，IT 计划主要代表对景观结构的修改，应加以规划和优化。从技术的角度来看，IT 计划代表某些应实施和部署的 IT 解决方案或系统。从终端用户的角度来看，IT 计划代表对特定业务流程的前瞻性改进。从管理的角度看，IT 计划代表应被协调和管理的组织变革项目或计划。从财务的角度看，IT 计划代表平常的货币投资，应加以评估、论证和资助。从业务发展的角度来看，IT 计划代表应被解决的具体业务需要。出于该原因，大多数 IT 计划作为业务和 IT 利益相关者之间的讨论点，直接对应具体业务需要（见表 5.1）。

7.2　IT 计划还是业务计划

如前所述，现代公司代表着业务和 IT 的复杂社会技术系统（见图 1.2），其人员、流程和技术方面的所有变革必须协调起来才能带来价值（见图 1.1）。因此，每一项变革计划实际上都代表一种复杂的工作，可能会影响到组织的所有三个方面。实施变革计划所带来的人员和流程方面的变革可被解释为其**业务组件**，而随之而来的技术方面的变革可被视为其 **IT 组件**。从这个角度来看，变革计划可以有业务组件、IT 组件或兼而有之。所有含业务组件的计划都可被视为业务计划，而所有含 IT 组件的计划均可视为 IT 计划。

只含业务组件的计划代表了组织业务上的某些改进，无须对其技术景观进行任何改变。这类计划针对具体的业务需要，例如，在现有信息系统基础上简化业务流程、培训员工或加强其激励方案。这些及其他类似的变革与 IT 无关，与企业架构实践无关，不需要架构师参与，因此不在本书讨论范围之内。

只含 IT 组件的计划代表了组织技术景观的某些改进，并不直接影响任何业务活动。这类计划解决了具体的技术需求，例如，升级老化的 IT 基础设施、更换网络设备或增加更多的硬件容量，尽管没有提供任何新功能，仍能满足未来潜在的业务需要。这些及其他类似的变革是针对 IT 的，需要架构参与，属于企业架构实践的范畴。

最后，同时具有业务组件和 IT 组件的计划代表复杂的组织改进，既优化业务运营也优化技术景观。这类计划还针对具体的业务需要，通常意味着引入新的信息系统来实现某些业务流程自动化，为决策者提供额外信息，或建立与客户沟通的创新渠道。这些及其他类似的计划代表了当今所有组织变革工作的主体，也是企业架构实践和本书的主要重点。图 7.1 总结了上述三种类型的变革计划及其特性。

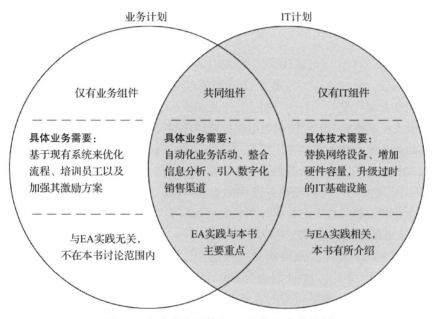

图 7.1　包含业务组件和 IT 组件的变革计划

　　如图 7.1 所示，一般的企业架构实践（特别是本书）只聚焦于 IT 计划，即有大量 IT 组件的组织变革计划。然而，这些计划也可包括业务组件。换句话说，本书中的 IT 计划不能理解为仅包含 IT 组件的变革计划，而应理解为包含 IT 组件的所有变革计划。

　　一方面，包含业务组件和 IT 组件的变革计划是企业架构实践的核心。其典型用途是用 IT 满足一些业务需要，例如，实现综合财务报告、提高信用风险分析的准确性，或为客户引入语音认证。这些计划代表了企业架构的使用所要解决的业务和 IT 对齐问题的本质（见图 1.5）。因此，在企业架构实践中讨论的绝大多数变革计划都属于此类，除非另有明确说明，本书中的 IT 计划都是指同时具有业务组件和 IT 组件的变革计划。根据重点和受众的不同，这些计划既可作为含业务组件的 IT 计划，也可作为含 IT 组件的业务计划。

　　另一方面，只含 IT 组件的变革计划处于企业架构实践的外围，但仍反映了重要的组织工作，不能忽视。它们的典型用途是满足一些纯粹的技术需要，例如，将现有的信息系统迁移到一个新数据中心或应用最新安全补丁。这些计划通常只占组织中所有 IT 计划的一小部分，需在企业架构实践中进行一些特殊处理。

7.3 IT 计划在企业架构实践中的作用

企业架构实践的一般含义本质上可大致归结为解决与 IT 计划相关的两个不同问题。第一，企业架构实践的目的是了解在未来应实施哪些 IT 计划。这个问题意味着塑造最理想的 IT 计划组合，从而为组织带来最大的商业价值。第二，企业架构实践的目的是了解这些计划应如何实施。这个问题意味着从技术角度出发，寻找最理想的方式来实现每一项计划[1]。

从这个角度看，IT 计划可被认为是企业架构实践的"中间环节"，连接高阶的抽象计划和低阶的实际执行。例如，作为与单独 IT 计划相对应的关键讨论点，具体业务需要在范围、层面和详细程度方面代表了"均衡"讨论点（见图 5.6）。所有比具体业务需要更抽象的讨论点（如运营模式和业务能力）可被视为组织范围内的讨论点，而所有比具体业务需要更详细的讨论点（如业务流程和业务需求）可被视为特定的计划讨论点（见表 5.1）。从本质上讲，讨论运营模式和业务能力，以及其他可能的高阶讨论点，可帮助业务高管和架构师决定哪些 IT 计划是组织所需要的；而讨论业务流程和业务需求，以及其他可能的低阶讨论点，可帮助架构师和企业利益相关者决定这些计划到底应如何实施（见图 5.5）。

上述 IT 计划在企业架构实践中的作用举足轻重，可澄清前面所讨论的企业架构实践的流程视点（见图 6.1）。第一，战略规划流程通常被认为是业务高管和架构师的共同工作，以形成全组织范围内所需的 IT 计划组合。作为该流程的一部分，在其他规划决策中，他们可选择目标运营模式，确定所需的业务能力，并最终制定、优先考虑和安排具体业务需要，以便在可预见的未来用各自的 IT 计划来满足这些业务需要。所有这些规划决策都反映在相应的经营考量和业务愿景中。第二，一般而言，计划交付流程可被视为架构师、业务利益相关者和 IT 项目团队的集体工作，通过找到最优化的实施方案，交付 IT 计划，以满足作为战略规划结果的业务需要。作为这个流程的一部分，在其他规划决策中，他们可能会确定业务流程中所需要的变化，规定新的 IT 解决方案的具体业务需求，然后实施这些解决方案。所有为具体 IT 计划做出的规划决策都反映在概要设计和详细设计中。第三，技术优化流程通常可以被看作架构师为所有 IT 计划的决策提供信息的工作。作为该流程的一部分，他们分析组织的技术景观，确定其对未来 IT 计划的潜在影响。所有关于当前技术景观的重要事实和关于其未来发展的计划都反映在相应的技术标准和技术景观中。由于技术优化流程主要由架构师单独进行，几乎不需要业务利益相关者参与，因此这个流程通常不包含业务和 IT 间的任何具体讨论点。上述 EA 相关流程、IT 计划和讨论点间的关系如图 7.2 所示。

从候选 IT 计划的清单到独立计划的详细阐述，基本上划定了企业架构实践中战略规划和计划交付流程的边界。战略规划建议哪些 IT 计划是可取的，而计划交付则详细说明并交付每项计划。

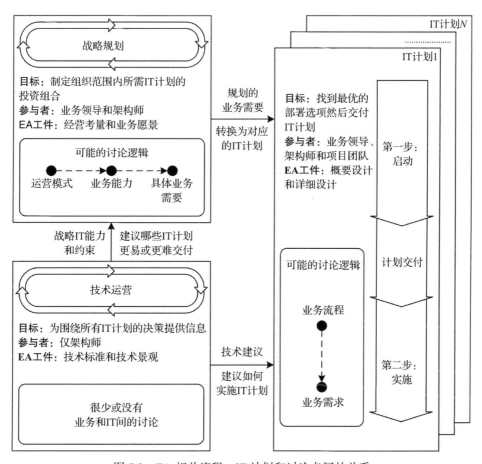

图 7.2　EA 相关流程、IT 计划和讨论点间的关系

7.4　不同类型的 IT 计划

从企业架构实践的角度来看，所有 IT 计划都是通过连续的计划交付流程以相同的方式交付的，这包括两个自然而然的步骤：启动和实施（见表 6.1 和图 6.1）。然而，不同的 IT 计划可能有不同的起源和动机。尽管在理想状态下，所有 IT 计划都应只来源于战略规划流程，但在现实组织中，出于许多实际原因，这个流程不能被视为新 IT 计划唯一的来源。此外，即使是直接源于战略规划的 IT 计划，也可能有不同的潜在动机。具体来说，从起源和动机的角度来看，有 5 种常见的 IT 计划：基本计划、战略计划、局部计划、紧急计划和架构计划。作为企业架构实践的一部分，这些计划的处理方式略有不同。

7.4.1　基本计划

源自战略规划流程的**基本计划**是包含业务组件和 IT 组件的变革计划（见图 7.1），旨在满足特定的基本或"永久"业务需要。基本计划在本质上无关战略，并不能满足当前战略所规定的任何业务需要，而是专注于一些更深层次的业务需要，这些需要对组织非常重要，但与任何业务战略无关。这些需要由全局业务如高管和架构师以自上而下的方式确定，通常基于所采用的运营模式的要求（见图5.3）。例如，如果目标运营模式意味着所有业务部门管理供应商业务流程的标准化，则全局业务高管可能会直接提出一项新的IT计划，以标准化的方式对所有业务部门中某些流程（如新供应商的注册）自动化，即使获批的未来三年业务战略可能不需要对供应商管理流程进行重大改进。同样，如果组织中的一些基本产品管理或会计流程是人工执行的，那么从长远看，无论当前的业务战略如何，将所有这些流程数字化可能是有益的。

可以这么说，每个组织都有一套明确的"永久性"业务能力（如客户关系管理或供应链管理），这些能力应通过IT技术实现良好的自动化，以高效的方式运营业务，并最终支持任何业务战略的执行。这些战略中立的业务能力为基本计划和相应的IT投资提供了主要目标。简而言之，基本计划所实施的业务对企业而言永远必要和有用。从本质上讲，其帮助企业从不断变化的业务战略中抽象出来，并开始发展永久性的IT赋能能力。定期执行基本计划可构建真正可复用的数字化平台，支持所有更进一步的业务战略[2]。然而，在实施基本计划的同时，企业高管和架构师应该确保这些计划也具有积极的商业案例，并带来一些战略和战术上的业务价值。

7.4.2　战略计划

源于战略规划流程的**战略计划**是包含业务组件和IT组件的变革计划，旨在满足具体的战略业务需要。这些计划与当前的业务战略密切相关，并满足执行战略所需的关键业务需要。换句话说，它们直接来源于业务战略，是其执行的一部分。战略性业务需要是由全局业务高管和架构师以自上而下的方式确定的，通常以所需业务能力为基础。例如，如果当前的业务战略需要提升客户关系管理能力，则全局业务高管可能会直接提出一个新的IT计划，以简化与该能力相关的一些流程（如开具客户发票），从而立即促进战略的执行。

基本上，战略计划可被视为战略执行的关键"主力"，帮助组织实施其业务战略。然而，在实施战略计划的同时，企业高管和架构师应确保这些计划不会在当前战略隐退后，成为下一个潜在业务战略的债务型遗产。为此，战略计划可以与一些更稳定的规划考虑对齐，例如，与目标运营模式相一致（见图5.3）。此外，如果业务战略受到持续或激进变化的影响，那么业务高管和架构师可考虑从战略计划退到基本计划，以确保其IT投资的长期业务价值。

7.4.3　局部计划

局部计划是指由战略规划流程中的业务组件和IT组件组成的变革计划，旨在满足具体的局部业务需要。这些计划可能与整个组织的业务战略无关，但侧重于个别业务单元的关键战术需要[3]。与基本计划和战略计划不同，局部计划由负责管理具体业务单元的本地业务高管（如这些业务单元的负责人）根据各自业务单元战术需要的重要性，以自下而上的方式提出。在被提出后，局部计划会由全局业务高管和架构师进行讨论，他们会根据这些计划对整个组织业务的重要性和整体组织的适应性来决定实施与否。

通常，拟议的局部计划被登记为正式的**业务提案**（也可称为项目提案、计划提案或投资提案），通过特殊的提案表格来记录这些计划背后的想法、意图和理由。这些表格由当地业务高管填写，并提交给高层领导考虑。从不同业务部门收到的所有业务提案都被收集到 IT 计划的公共池中，然后由全局业务高管挑选其中最有价值的建议，进行进一步的阐述并考虑实施。例如，若直销部门负责人需要一个 IT 解决方案来实现电子邮件营销活动，并提交了相应的业务提案，则全局业务高管和架构师应该评估该局部计划对当前业务战略和整个组织的贡献程度（例如，它如何提高战略业务能力并与所采用的运营模式保持一致），然后决定是否应该交付这个计划。作为战略规划流程的一部分，获批的局部计划将与其他基本计划和战略计划一起被列为优先事项并安排实施。

7.4.4　紧急计划

紧急计划是包含业务组件和 IT 组件的变革计划，其目的是满足具体的紧急业务需要。这些紧急业务需要的出现可能有多种多样的原因，包括之前被忽视的关键问题、新的运营需求、最近相关政府法规的变化或竞争对手意想不到的战术动作[4]。所有这些业务需要在本质上都是未曾预料的和不可预测的。因此，紧急计划是无规划的 IT 计划。

与源自战略规划流程的基本计划、战略计划和局部计划不同，紧急计划基本上直接源自外部商业环境。迫切的业务需要可由组织中的任何业务高管以自下而上的方式确定，一旦业务需要被认为是至关重要的，相应的 IT 计划可立即启动以满足它们。然而，如果这些需要不是特别关键，或者可以推迟，那么就应该通过常规的战略规划流程将其作为典型已规划的局部计划来处理，即与全局业务高管讨论，确定优先次序，并计划在未来的某个时刻实施。

由于紧急计划通常是某些不可忽视的业务需要所决定的，因此其实施通常被认为是必选的和强制性的。出于这个原因，业务高管和架构师应该尽量使紧急计划与组织的总体战略方向保持一致，并确保这些计划不会破坏整体的技术和业务一致性。

理想情况下，企业应该完全避免制订紧急计划，并通过严格的战略规划流程对所有确定的业务需求进行"筛选"，以便对其进行正式的调整、确定优先次序并排进日程。然而，在现实的公司中，紧急计划并不罕见，而且往往在所有实施的 IT 计划中占很大一部分。根据不同的因素，包括特定行业的竞争性质、商业环境的总体波动性和企业架构实践的成熟度，紧急计划在所有 IT 计划中的总体比例在不同的组织中会有很大的不同[5]。

7.4.5　架构计划

架构计划是为改善组织技术景观的整体质量而实施的变革计划。与上面讨论的其他 4 种类型的 IT 计划不同，架构计划并不直接满足任何具体的业务需要，也不提供任何新业务功能，而是提供一些非常理想的技术改进措施[6]。换句话说，虽然其他类型的 IT 计划实际上代表了某些包含 IT 组件的业务计划，但架构计划并无业务组件，仅有 IT 组件（见图 7.1）。尽管商业利益相关者几乎看不到它们，但架构计划对于组织的业务而言仍非常重要。例如，这些计划可能会整合重复系统，停用遗留的 IT 资产，更换老化硬件，升级过时软件，或安装新技术基础设施，以维持不间断的运作并满足未来的业务需要。通常，架构计划会解决一些现有的架构债务问题，这一点将在第 18 章讨论。

架构计划作为技术合理化建议直接来源于技术优化流程（见图 6.1）。特别地，它们由架构师根据对现有技术景观及其问题、瓶颈和限制的分析，以自上而下的方式提出。在提出建议后，架构师会与相关的 IT 高管讨论，根据这些建议对技术景观质量和组织业务的重要性来决定实施与否。与所有其他类型的满足具体业务需要并由相应的高级业务利益相关者发起的 IT 计划不同，架构计划通常由 CIO 或其他高级 IT 领导直接发起，这一点将在本章后面讨论。从交付的角度来看，架构计划通常遵循常规的两步计划交付流程，唯一的例外是，这些计划的 IT 利益相关者代替其缺失的业务利益相关者行事，即在启动步骤中批准高阶实施方案，然后在实施步骤中提出更详细的要求。

由于架构计划并不提供任何新业务功能或能力，因此除了可能的成本节约外，它们基本上未向组织提供明显的战略或战术业务价值。从这个角度来看，理想情况下，组织应避免完全执行纯粹的架构计划，而应努力优化其技术景观，将其作为常规业务计划的一部分，以尽量减少不必要的 IT 开销，即定期将可取的技术改进纳入基本计划、战略计划和局部计划的设计中，以实现每个 IT 计划的业务和技术目标。然而，在现实的公司中，远非所有的景观优化都可作为常规业务计划的一部分方便地实施。因此，即使拥有成熟企业架构实践的组织也会定期执行一些纯粹的架构计划，尽管这些计划与常规业务计划的数量相比较少。

7.5 不同类型的 IT 计划流

上述 5 类 IT 计划（即基本计划、战略计划、局部计划、紧急计划和架构计划）是从企业架构实践的角度区分的关键计划类型[7]。除了特殊的架构计划外，所有计划都包含业务组件，本质上代表了含 IT 组件的业务计划（见图 7.1）。尽管所有这些类型的 IT 计划都通过计划交付流程实施，但在企业架构实践的背景下，每一种类型都有独特的流。表 7.1 总结了这 5 类 IT 计划的主要特性。

表 7.1 5 种类型 IT 计划的主要特性

计划	起源	动机	启动	性质	关注的问题
基本计划	战略规划流程	发展永久性能力，并构建可复用的数字化平台	由全局业务高管直接发起	自上而下，有计划地进行	确保积极的商业案例、战略和战术价值

（续）

计划	起源	动机	启动	性质	关注的问题
战略计划	战略规划流程	执行当前的业务战略	由全局业务高管直接发起	自上而下，有计划地进行	确保当前战略之外的持久业务价值
局部计划	战略规划流程	满足业务单元的基本战术需要	由本地高管提出，并由全局高管批准	自下而上，有计划地进行	确保与业务战略对齐，并与组织适配
紧急计划	外部业务环境	满足关键、意外和紧急的业务需要	由任意业务高管确定并立即执行	自下而上，无计划	尽可能地与总体战略方向保持一致，确保整体的一致性
架构计划	技术优化流程	优化技术景观的结构	由架构师提出，由 IT 高管批准	自上而下，有计划地进行	尝试将所需的架构改进纳入常规业务计划中

不同类型的 IT 计划在企业架构实践中的流可通过将这些计划映射到企业架构实践的流程视图中来说明（见图 6.1）。具体来说，基本计划、战略计划和局部计划从战略规划流程到达计划交付流程，该流旨在确定需要哪些 IT 计划来支持组织的业务。紧急计划直接来自外部业务环境，这是组织不确定性的主要来源。架构计划从技术优化流程到达计划交付流程，该流旨在确定需要哪些 IT 计划来改善技术景观的技术质量。最后，对于所有类型的 IT 计划，计划交付流程的作用是确定这些计划应该如何执行，然后实施相应的 IT 解决方案。图 7.3 描述了不同类型的 IT 计划流。

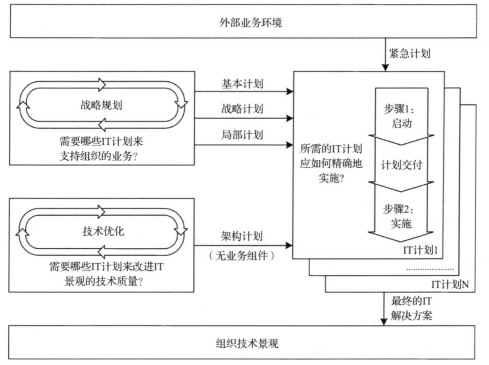

图 7.3　不同类型的 IT 计划在企业架构实践中的流

作为 EA 实践的一部分，基本计划、战略计划、局部计划、紧急计划和架构计划定义了作为 EA 实践的一部分，为改变企业的技术景观而完成的实际实施工作的本质。然而，组织中的许多 IT 计划往往结合了多种不同类型计划的特性，并可能与多种类型相关。例如，IT 计划往往可以同时满足基本和战略，或者战略和局部的业务需要。此外，在关注具体业务需要的同时，所有这些计划都可以（而且最好也应该）对现有技术景观进行一些技术改进。因此，上面讨论的 5 种类型的 IT 计划应被看作各种可能计划的纯粹原型。

7.6　IT 投资组合管理和预算编制流程

如上所述，IT 计划是企业架构实践中的关键工作单元，所有与 IT 相关的规划都通过执行各自的计划而变成有形的系统。然而，所有 IT 计划的实施都需要资金。组织必须拨出一定数量的资金来支持每一项 IT 计划，例如，组建一个项目团队，购买必要的软件许可，采购基础硬件，聘请外部合作伙伴或顾问。

因此，在做出相应的资金决策之前，组织中的所有 IT 计划都只是建议的计划。只有在分配了必要的 IT 资金后，拟议的计划才能真正实施。

然而，在任何组织中，为实施新 IT 计划提供资金的 IT 预算是有限的。因此，所有可取的计划不一定都能实际执行。因此，企业必须从所有竞争资源的 IT 计划中选出可纳入预算的最有价值的计划 [8]。为此，企业通常会建立系统的 IT 投资组合管理和预算编制流程。

7.6.1　IT 投资组合管理和预算编制流程的作用

讨论拟议的 IT 计划，分析其价值并决定哪些计划应得到资助的组织流程通常被称为 **IT 投资组合管理**（简写为组合管理）。分配必要的资金和资助 IT 计划的伴随流程通常被称为**预算编制**。这两个流程相互结合，IT 投资组合管理是一个执行层面的决策流程，而预算编制在大多数情况下是一个纯粹的行政流程。

作为 IT 投资组合管理流程的一部分，高级业务和 IT 领导会分析下一个预算周期的所有候选 IT 计划，在可用预算的范围内挑选出最关键的计划（例如，根据其价值、成本、风险、战略调整以及发起人的相对权力和权威），并制定方案，记录相应的资金决策 [9]。由此产生的**工作安排**（有时也可称为 IT 投资规划或投资幻灯片）列出了所有已选定在下一个预算周期执行的 IT 计划，并附有简述、估计成本、确切开始日期和其他补充信息。该工作安排本质上代表着一项正式的短期 IT 投资企业规划。它通常由业务和 IT 高管［包括高级财务官（如 CFO）］批准和签署，然后推动所有后续的预算编制和实施活动。其他未被列入当前工作安排的 IT 计划通常被推迟到下一个预算周期或不确定的未来。

不同的组织可使用不同的预算编制周期来进行 IT 投资规划。一些公司可能采用与其管辖范围内常规财政年度严格一致的年度预算编制周期。其他组织可能喜欢更灵活、更短的预算周期（如每季度或每两个月），甚至持续进行财务拨款。一般来说，预算编制周期的长短受到所需敏捷程度的影响，这一点将在第 18 章讨论。此外，即使在当前的预算编制周期内，也允许对已批准的工作安排进行修正和修订，这取决于期间实际花费的资金数额。例如，如果在预算周期开始时，一些 IT 项目所需投资比预期少，那么新项目就可以插入工作安排中，以利用剩余资金。

IT 投资组合管理流程的主要目标是使所有组织的 IT 计划总价值最大化。为实现该目标，公司通常会努力提高增值能力较强的基本计划和战略计划的比例，并尽量减少其他增值能力较弱的 IT 计划的比例，特别是紧急计划和架构计划。然而，由于许多实际原因，大多数组织的投资组合往往以不同的比例包括所有 5 类 IT 计划。一方面，所有真实的公司都在固有的不确定的商业环境中运作，且经常被迫启动紧急计划，以即时响应关键的环境变化。另一方面，所有真实的组织都有着并不完善的技术景观，并经常被迫执行纯粹的架构计划，以提供所需的技术改进。这些技术改进并不能作为常规业务计划的一部分来实施。一般来说，组织应该规划 IT 计划组合，以提高其整体战略地位和对外部商业环境需求的总体适应性[10]。

7.6.2　IT 投资组合管理在企业架构实践中的地位

IT 投资组合管理是组织中主要的 IT 相关决策流程之一。该流程并不意味着开发任何 EA 工件，由业务和 IT 领导而非架构师驱动，甚至在未实践企业架构的组织中也以某种形式存在。投资组合管理通常不被视为架构过程，本书也未将它与战略规划、计划交付和技术优化（见表 6.1 和图 6.1）流程相提并论。随后的工作安排通常也不被视为架构文档。

然而，IT 投资组合管理流程在企业架构实践中发挥着重要作用，并与主要的 EA 相关流程密切互动。具体来说，由于需要资金以生成新的计划交付流程实例，因此所有 IT 计划实际上都要经过投资组合管理流程，而非直接从其他 EA 相关流程获得，如图 7.3 所示。如果不经过既定的组合管理和预算编制程序，任何 IT 计划都无法启动（尽管小型计划可通过其他简化方式获得资金，这一点在本章后面会论及）。对所有入选的 IT 项目而言，投资组合管理流程本质上就像过滤器，它只从大量可取的项目中接纳最有价值的，所有 IT 项目都必须通过它才能被执行。从概念上讲，投资组合管理"围绕"计划交付流程，从而将其与所有可能的新 IT 计划来源分开，即从战略规划、技术优化和外部业务环境中分离出来。

即使不生成或更新任何 EA 工件，IT 投资组合管理流程通常也利用一些现有的工件来促进 IT 计划的决策。最重要的是，早期概要设计（见图 4.6）通常在 IT 项目获得资金前制定，它提供了对价值、时间和成本的粗略估计，使业务和 IT 领导能够充分评估。经营考量和业务愿景（分别见图 4.2 和图 4.4）有助于评估各种 IT 计划的整体组织适应性、战略一致性和长期贡献，尤其是那些在审慎的战略计划外自发涌现的紧急计划（见表 7.1）。技术标准和技术景观（分别见图 4.3 和图 4.5）也可为 IT 项目的决策提供参考，但应从技术适用性的角度出发。IT 投资组合管理流程在企业架构实践中的地位如图 7.4 所示。

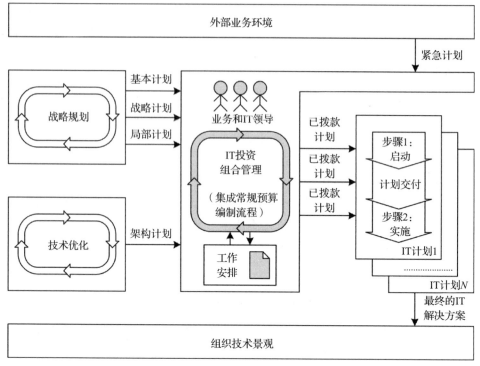

图 7.4 IT 投资组合管理流程在企业架构实践中的地位

如图 7.4 所示，将 IT 投资组合管理流程置于与 EA 相关的关键流程的上下文中，有助于澄清该流程在企业架构实践中的普遍意义，以及各种 IT 计划的组织流。然而，在现实组织中，IT 计划的资金获取情况通常更加细微、复杂和灵活。例如，在大型的、复杂的和分散的公司中，主要的业务单元（如业务线、业务职能或部门）通常有单独预算、局部 IT 投资组合和独立预算编制流程。首席信息官和其他 IT 高管通常控制着小规模的预算，从而能够简化必要 IT 计划的资金安排，这些安排无法被高级业务经理完全理解，例如，不具明显业务价值的架构计划。在某些情况下，个别业务高管也可以控制自身预算，并自行决定如何分配预算来资助其认为重要的 IT 计划。此外，集中的投资组合管理和预算编制流程主要集中在重大投资上，而次要的 IT 计划往往可通过其他不太正式的渠道绕过这些流程而获得资金。

7.7 本章总结

本章定义了 IT 计划的概念，阐明了 IT 计划和业务计划间的关系，讨论了 IT 计划在企业架构实践中的作用，从 IT 计划的角度分析了三个关键的 EA 相关流程的意义，描述了企业架构实践中的 5 种不同类型的 IT 计划，解释了其在三个 EA 相关流程中的具体流，最后介绍了 IT 投资组合管理和预算编制流程。本章的关键信息可以归纳为以下几个要点：

- IT 计划是一个多方面的概念，代表了企业架构实践中的关键工作单元，它满足具体的组织需要，其规模可从单一的 IT 项目到多项目的转型计划不等。
- 企业架构实践中的大多数 IT 计划实际上是包含 IT 组件的业务计划，有些计划可能仅包含 IT 组件，但没有 IT 组件的变革计划与企业架构实践无关。
- 战略规划流程旨在制定全组织范围内所需的 IT 计划组合，计划交付流程旨在交付每一项计划，而技术优化流程旨在为所有 IT 计划的决策提供信息。
- 在企业架构实践中，可以从起源和动机的角度来区分 5 种不同类型的 IT 计划：基本计划、战略计划、局部计划、紧急计划和架构计划。
- 基本计划是由全局业务高管以自上而下的方式直接提出的计划中的 IT 计划，目的是满足具体的基本业务需要、增强永久性能力，并构建可复用的数字化平台。
- 战略计划是由全局业务高管以自上而下的方式直接提出的 IT 计划，旨在满足具体的战略业务需要和执行当前的业务战略。
- 局部计划是由本地高管以自下而上的方式提出的计划中的 IT 计划，旨在满足个别业务部门的具体战术需要，并得到全局高管的批准。
- 紧急计划是由任何业务高管确定的计划外的 IT 计划，然后被立即执行，旨在满足具体的关键、意外和紧急业务需要。
- 架构计划是由架构师以自上而下的方式提出的计划中的 IT 计划，不包含业务组件，旨在优化组织的技术景观结构，并由 IT 高管批准。
- 基本计划、战略计划和局部计划从战略规划中进入计划交付流程，架构计划从技术优化中进入计划交付流程，而紧急计划则直接从外部业务环境中进入计划交付流程。
- 所有拟议的 IT 计划都要经过 IT 投资组合管理流程，其中最有价值的计划会被业务和 IT 领导选中，列入工作安排，并提供资金，否则会被推迟到下一预算周期。

7.8　注释

1　此前，Tarafdar 和 Qrunfleh（2009，第 346 页）从业务和 IT 对齐流程的角度提出了相同的观点："战略级 IT– 业务对齐过程需要确定对支持和实现业务战略非常重要的应用程序，而战术级 IT– 业务对齐过程则需要确保所设想的应用程序得到实施和部署。"

2　有关规划、构建和利用数字化平台的更多详情，请见 Ross 等人（2006）、Weill 和 Ross（2009）以及 Ross 等人（2019）。

3　在战略规划过程中无法考虑业务部门的本地需求，往往会导致所谓的"野生"信息系统激增，这些系统都是在本地临时开发的，无任何规范的规划（Tambo 和 Baekgaard，2013）。

4　当所有事先确定但在战略规划流程中仍未考虑的可预见业务需要（由于 EA 实践不成熟或出于任何其他原因）成为业务利益相关者的紧迫需要时，也可从 EA 实践的角度将其视为紧迫需要。

5 在不同组织的信息技术投资组合中，紧急项目所占的总体比例似乎非常具有行业特性，取决于行业的活力，并且在不同行业之间存在巨大差异。据受访架构师粗略估计，在公用事业、能源和教育行业，这一比例约为 10% ~ 20%，在银行和保险行业接近 40% ~ 50%，而在零售行业则高达80%。Mendelson 和 Pillai（1999）等人就如何客观地估计、衡量和比较行业活力提出了一些想法。

6 有时，即使是技术景观中纯粹的技术变化，也可能为业务利益相关者带来明确的意义，并能满足特定的业务需要。整合数据中心并将某些应用程序或数据库迁移到一个新的、符合 PCI 标准的数据中心的基础设施相关举措，可能会使企业能处理更大数量的信用卡支付交易。这种与基础设施相关的 IT 计划和类似计划不应被视为架构计划，即使 IT 基础设施中的大多数改变纯粹是技术性的，并不提供任何新的业务功能，且通常与业务利益相关者无关。

7 这种将 IT 计划划分为 5 种不同类型的做法，与 Radeke 和 Legner（2012）提出的将 IT 计划划分为3 种不同类型的粗略的分类方法高度相关：战略性业务和 IT 计划、战略性架构计划和新兴计划。具体而言，战略性业务和 IT 计划与基础、战略性和局部计划相对应，战略性架构计划与架构计划相对应，而新兴计划则与紧急计划相对应。

8 实际上，各组织拟议的信息技术投资不仅要与其他 IT 投资竞争资金，还要与所有其他类别的资产投资（如土地、建筑物、车辆和机械）竞争资金。

9 Jeffery 和 Leliveld（2004）等人对当前的 IT 投资组合管理最佳实践进行了一些讨论。

10 Wierda（2015）将启动新的 IT 计划与走出好棋相提并论，目的是在未来固有的不确定性中改善我们在棋盘上的整体位置。

第二部分 *Part 2*

企业架构工件

本书的第二部分聚焦于企业架构实践的核心要素——企业架构工件。该部分讨论了架构实践中最有形和最"硬"的一面,包括构成企业架构的具体物理文档、其典型的信息内容与表现形式、在架构实践中的开发与使用,以及它们在组织环境中的实际作用和目的。

第 8 章 *Chapter 8*

企业架构的 CSVLOD 模型

我们在第 4 章中通过将企业架构与城市规划进行类比，简要介绍了企业架构的 CSVLOD 模型。本章将对 CSVLOD 模型进行更正式、更详细和更综合的描述。首先，本章解释了 CSVLOD 模型对架构工件进行分类的两个维度——内容（What）与方式（How），以及它们的必备属性。随后，通过这两个维度产生的交集，本章描述了 6 种 CSVLOD 模型定义的常规类型的架构工件：经营考量、技术标准、业务愿景、技术景观、概要设计和详细设计。最后介绍了在本书中进一步使用的企业架构的 CSVLOD 模型、其主要特征及所阐述的价值。

8.1 企业架构工件的分类维度

通过对企业架构和城市规划进行类比，我们在第 4 章中阐述了企业架构实践的核心机制，并介绍了 6 种在实践中发挥关键作用的常规类型的架构工件（见图 4.1 和图 4.9）。这 6 种架构工件构成了完整的企业架构 CSVLOD 模型，为本书奠定了基础，并被广泛用于解释企业架构实践的各个方面。

CSVLOD 模型为企业架构提供了一个完整的概念性描述[1]，尤其是定义了架构工件的基本类型以及这些架构工件在企业架构实践上下文中的基本属性。CSVLOD 模型的核心要素是架构工件分类方法，同时根据架构工件所扮演的主要角色与属性，将各种架构工件分为相互关联的 6 组。

具体来讲，CSVLOD 分类法用两个正交维度对架构工件进行分类，这两个维度可以帮助我们更好地理解不同类型架构工件的普遍特性。第一维度，即纵向维度，将所有架构工件分为规则类、结构类与变革类。第二维度，即横向维度，将所有架构工件分为以业务为中心与以 IT 为中心。

8.1.1　第一维度：内容

将架构工件所描述的内容作为 CSVLOD 分类法的第一维度，据此维度将所有架构工件划分为规则类、结构类和变革类。

规则类架构工件描述了定义组织或部门的通用性全局规则，一般为文本形式。规则类架构工件通常是特定类型实例的集合而非具体实例（例如具体的能力、计划、流程、系统或数据库）。规则类架构工件可以定义组织中的所有业务流程应该如何执行，或者技术景观中的所有信息系统应该如何实施。它们属于永久型 EA 工件（见表 2.2），最稳定且很少变更，创建一次后定期更新。规则类架构工件为其他所有的规划决策提供了基础，通常用于回答如下问题："我们如何工作或希望如何工作？"。规则类架构工件通常为无形的且不可计数，比如，规则类架构工件虽然约定了在所有服务器上安装 Linux 操作系统，但此时一个组织中实际运行 Linux 的服务器可能有 0 台、1 台、50 台或 1000 台。因此，规则类架构工件的主要目的是帮助实现组织内所有规划决策和方法的一致性和同质性。

结构类架构工件描述了一个组织或其组成部分的高级结构，通常用图形表示。与规则类架构不同，结构类架构工件通常与具体但相对抽象的实例相关（如具体的能力、动机、流程、系统和数据库）并描述了不同实例之间的关系。例如，某个结构类架构工件在描述不同 IT 系统是如何关联到具体业务能力的同时，也描述了这些系统之间的彼此连接。结构类架构工件是长期存在的，通常创建一次后持续更新。结构类架构工件虽然相对稳定，但也会跟随组织及其计划而变更。结构类架构工件为组织的规划决策提供了高级"地图"，通常回答了诸如"我们有什么或想要有什么"的问题。结构类架构工件一般是有形的和可计数的，描述了具体的实例及其关系。所有结构类架构工件的一般用途是帮助我们理解组织中哪些变革是最迫切的，以及如何实现这些变革。

变革类架构工件描述了对组织提出的具体增量变更需求，如单独的变更计划或项目[2]。它们通常以文本和图形的混合格式来表示。变革类架构工件仅仅描述了具体实例及其内部细节，如不同的流程步骤、系统组件、功能需求、数据对象和通信接口。变革可能会精确描述一个新的 IT 系统需要如何实施，以及该系统将如何修改特定的业务流程。与规则类和结构类架构工件相比，变革类架构工件是临时型的（见表 2.2），通常为特定目的创建并随后丢弃。变革类架构工件是最不稳定的架构工件，生命周期相对较短，一般仅限于相应变更计划（如项目或程序）的时间范围内。变革类架构工件代表了一个组织的战术计划，通常回答了如下问题："我们现在到底要改变什么？"。变革类架构工件通常是有形的，非常详细地描述了具体且可感知的实例，它们一般用来详细地规划组织的各种改进措施。表 8.1 总结了规则类、结构类和变革类架构工件之间的主要差异。

表 8.1　规则类、结构类和变革类企业架构工件

架构工件	规则类	结构类	变革类
描述	定义一个组织或其部门的一般全局性规则	一个组织或其组成部分的高级结构	一个组织对于特定目的的增量变更
范围	非常广泛，涉及整个组织	广泛，通常涵盖组织的大部分领域	狭窄，仅限于独立的 IT 计划或项目
格式	一般是文本格式	通常为图形	文本和图形的混合格式
回答的问题	我们如何工作或希望如何工作	我们有什么或想要有什么	我们现在到底要改变什么
生命周期	永久型，创建一次后定期更新	永久型，创建一次后持续更新	临时型，为特定目的创建，随后丢弃
角色	作为其他规划决策的基础	促进决策的高级"地图"	一个组织的战术计划
目的	帮助实现所有规划决策的一致性和同质性	帮助理解需要哪些变革并如何实施它们	帮助对一系列独立变更做出详细规划

8.1.2　第二维度：方式

以架构工件描述对象所采用的方式作为 CSVLOD 分类法的第二维度。据此维度，所有架构工件都可以分为以业务为中心和以 IT 为中心。**以业务为中心的架构工件**与技术无关，使用明确易懂的业务语言，如资金、客户、能力、业务目标和竞争优势。这类工件天然地覆盖了业务领域，也可能涵盖其他（尤其是赋能业务的）架构领域（例如应用程序和数据，见图 2.3），让不懂 IT 的人也能理解。以业务为中心的架构工件采用了相当"软"的描述，往往是简短和非正式的，并使用高度直观的表现形式，仅包含与高管受众相关的必备信息。以业务为中心的架构工件主要面向业务高管[3]，始终具有双重属性（见图 2.5），旨在促进业务与 IT 利益相关者之间的伙伴关系和有效协作，可以被解读为业务和 IT 之间的沟通"桥梁"。它们由架构师和业务高管共同开发，或者至少要得到业务高管的明确认同[4]。以业务为中心的架构工件的主要目的是帮助业务高管在无须了解技术细节的情况下管理 IT。

以 IT 为中心的架构工件往往是纯技术的，并使用了高度 IT 化的特定语言，如系统、应用程序、数据库、平台和网络。此类工件通常涵盖各种技术架构领域（如应用程序、数据、集成、基础设施和安全，见图 2.3），有时也会涵盖业务领域（如特定的业务流程或需求）。以 IT 为中心的架构工件主要是"硬"描述。与以业务为中心的架构工件不同，它们可以更加正式、庞大和详细，以提供所有与实现相关的特定信息，有时会使用专用和复杂的建模符号。以 IT 为中心的架构工件主要面向架构师和其他 IT 专家，主要作为 IT 部门决策和项目实施的参考资料。从本质上讲，它们可被视为对业务不可见的内部 IT 工具。所有以 IT 为中心的架构工件主要由架构师开发，在必要时邀请其他 IT 利益相关者参与。所有以 IT 为中心的架构工件是为了帮助架构师根据自己对商业利益的最佳理解来组织 IT。以业务为中心和以 IT 为中心的企业架构工件之间的主要差异参见表 8.2。

表 8.2 以业务为中心和以 IT 为中心的企业架构工件

企业架构工件	以业务为中心	以 IT 为中心
语言	与技术无关的业务语言	特定于 IT 的技术语言
领域	高级业务领域和其他相关领域	应用程序、数据、集成、基础设施、安全等领域，有时还包括业务领域
格式	简短直观，大部分是非正式的，只包括最重要的信息	可以是大量且正式的，使用严格的符号并包含完整的细节
利益相关者	业务高管和架构师	架构师和其他 IT 专家
角色	业务与 IT 之间的沟通桥梁	对业务不可见的内部 IT 工具
目的	帮助业务高管管理 IT	帮助架构师组织 IT

8.2 企业架构工件的六种常见类型

上述两个维度（即内容和方式）的交叉产生了一个用于对架构工件进行分类的六单元分类法。该分类法定义了 6 种在成功的企业架构实践中扮演主要角色的架构工件。具体来讲，所有以业务为中心的规则类架构工件统称为经营考量，描述了定义组织中架构决策的一些总体业务考量因素。所有以 IT 为中心的规则类架构工件统称为技术标准，代表了特定于 IT 的技术标准，这些标准塑造了组织中所有 IT 系统的设计。所有以业务为中心的结构类架构工件统称为业务愿景，提供了从组织中抽象出来的业务愿景，它们通常存在于组织所规划的长期未来状态中。所有以 IT 为中心的结构类架构工件统称为技术景观，从技术角度描述了组织技术景观的某些重要部分。所有以业务为中心的变革类架构工件统称为概要设计，对于被 IT 所驱动的具体变革行动计划，呈现了对业务高管而言易于理解的概要描述。所有以 IT 为中心的变革类架构工件统称为详细设计，对于 IT 所支持的特定变更计划，此类工件提供了详细的技术设计。

CSVLOD 分类法定义的 6 种主要架构工件类型如图 8.1 所示。

CSVLOD 分类法解释了不同类型的架构工件在基本概念上的差异。每种架构工件的主要属性在很大程度上取决于其在分类法中所处的位置。比如所有与经营考量相关的架构工件都同时具有以业务为中心的架构工件和规则类架构工件的共同属性。而所有与详细设计相关的架构工件都具有以 IT 为中心的架构工件和变革类架构工件的共同属性。无论如何，6 种通用类型架构工件都有自己专属和特定的属性，从而定义了各自在企业架构实践上下文中的独特作用和用法。

CSVLOD 分类法所定义的每种架构工件都囊括了大量具有相似属性和用途的子类。与每种架构工件相关的具体工件种类可能会非常多（甚至是无限的），但对于每种架构工件而言其子集（子类）都是有限的，在不同组织中具有非常相近的含义。无论企业架构实践的成功程度如何，总是可以找到存在于有限子集中的各种具体架构工件，它们共享常规类型架构工件的基本属性。虽然所有架构工件都可被归为 6 种通用类型之一，但是很多有用的架构架构工件描述的内容是什么?

	规则	结构	变革	
以业务为中心	经营考量 (以业务为中心的规则)	业务愿景 (以业务为中心的结构)	概要设计 (以业务为中心的变革)	**语言**: 与技术无关的业务语言 **领域**: 高级的业务领域和其他相关领域 **格式**: 简短直观, 大部分是非正式的, 只包括最重要的信息 **利益相关者**: 业务高管和架构师 **角色**: 业务和IT之间的沟通桥梁 **目的**: 帮助业务高管管理IT
以IT为中心	技术标准 (以IT为中心的规则)	技术景观 (以IT为中心的结构)	详细设计 (以IT为中心的变革)	**语言**: 特定于IT的技术语言 **领域**: 各种技术领域, 有时还包括业务领域 **格式**: 可以是大量且正式的, 使用严格的符号并包含完整的细节 **利益相关者**: 架构师和其他IT专家 **角色**: 对业务不可见的内部IT工具 **目的**: 帮助架构师组织IT

架构工件描述对象的方式是什么?

描述: 定义组织或其部门的一般全局性规则 **范围**: 非常广泛, 通常涉及整个组织 **格式**: 文本 **回答的问题**: 我们如何工作或希望如何工作? **生命周期**: 创建一次后定期更新 **角色**: 作为其他规划决策的基础 **目的**: 帮助实现所有规划决策的一致性和同质性	**描述**: 一个组织或其组成部分的高级结构 **范围**: 广泛, 通常涵盖组织的大部分区域 **格式**: 通常为图形 **回答的问题**: 我们有什么或想要有什么? **生命周期**: 创建一次后持续更新 **角色**: 促进决策的高级"地图" **目的**: 帮助理解需要哪些变革并如何实施它们	**描述**: 一个组织对于特定目的的增量变更 **范围**: 狭窄, 仅限于独立的IT计划或项目 **格式**: 文本和图形的混合格式 **回答的问题**: 我们现在到底要改变什么? **生命周期**: 为特定目的创建, 随后丢弃 **角色**: 一个组织的战术计划 **目的**: 帮助对一系列独立变化做出详细规划

图 8.1　进行架构工件分类的 CSVLOD 模型

工件是独特并特定于组织的, 无法被归类到 6 种架构工件相应的子类中[5]。简而言之, 你可以将任何架构工件放入 6 个概括性的大类中, 但可能无法将其精确地放入任何一个子类中。

　　在成功和成熟的企业架构实践中, 根据受欢迎程度, 所有架构工件的狭义子类型都可以被有条件地分为三类[6]:

- **必备架构工件**——在大多数（超过 50%）已有的企业架构实践中使用的架构工件子类。
- **常见架构工件**——在大约 25% ～ 50% 已有的企业架构实践中使用的架构工件子类。
- **不常见架构工件**——在大约 10% ～ 25% 已有的企业架构实践中使用的架构工件子类。

多数架构工件子类在不同组织中经常使用不同的叫法，并没有任何统一和跨行业的命名标准。因此，在本书后续内容中使用的子类名称，要么代表了各个架构工件最常使用的名称，要么代表了能够精确传递其被认可的、具有实际意义和最具描述性的名称。

8.2.1 经营考量

经营考量描述了对业务重要且与 IT 相关的全局概念性规则和基本的考量因素。它们是与业务高管和架构师都相关的双重架构工件（见图 2.5）。经营考量通常关注具体时间点或长远未来。它们一般为简短的书面陈述，使用简单直观的格式进行表达。在成功的企业架构实践中使用的与经营考量相关的具体架构工件，包括但不限于以下 5 个明确的子类：

- 原则（必备）——影响组织中所有决策和规划的全局性高级指南。
- 政策与策略（常见）——通常是具有限制性的总体组织规范，在某些领域提供强制性规定。
- 概念数据模型（不常见）——对组织的业务而言至关重要的主要数据实体及其抽象定义和相互关系。
- 分析报告（不常见）——从高级管理层面做出的技术分析，包括相关的技术趋势及其对组织业务的潜在影响。
- 方向声明（不常见）——传达组织范围内具有深远影响的主要决策的概念性信息。

经营考量代表了组织的规划决策，描述了从业务和 IT 角度而言组织应该如何工作（参见表 2.1 和图 2.7）。它们由业务高管和架构师共同开发，影响所有的"下游"架构决策。经营考量作为永久型架构工件，创建并发布后跟随业务环境的变化而更新。

经营考量可被视为组织进行信息系统规划的大环境，其主要目的是帮助组织在基本原则、价值观、方向和目标上达成一致。正确使用经营考量架构工件可以提高业务与 IT 之间在整体概念上的一致性。

8.2.2 技术标准

技术标准描述了与组织 IT 系统相关的全局技术标准、规则、模式和最佳实践。它们不是双重性质的架构工件，主要与架构师相关。通常，技术标准关注特定的时间点或当前状态，可以用各种格式进行表示，一般使用严格的符号。在成功的企业架构实践中所使用的与技术标准相关的具体架构工件，包括但不限于以下 5 种子类：

- 技术参考模型（必备）——用结构化的图形展示组织中使用的所有技术。

- 指南（必备）——针对 IT 的实施级规定，适用于特定而窄众的技术范围或领域。
- 模式（常见）——在 IT 系统设计中，针对普遍问题所采用的可重复使用的解决方案。
- IT 原则（常见）——针对全局并特定于 IT 的高级指南，影响组织中所有与 IT 相关的决策与计划。
- 逻辑数据模型（不常见）——通用数据实体及其关系在逻辑甚至物理层面上基于特定平台的定义。

技术标准主要呈现了所有 IT 系统应该如何实施的规划决策，以及当前方法和技术的事实（见表 2.1 和图 2.7）。它们由架构师和技术主题专家共同开发，用以打造针对所有 IT 计划的架构。作为永久型架构工件，技术标准建立在必要的基础上，并跟随技术进步而更新。

技术标准可以被视为在 IT 系统实施过程中经过验证并可重复使用的方法。所有技术标准架构工件的目的是帮助实现技术一致性、技术同质性和监管合规性。正确使用技术标准可以加快新 IT 计划的交付，并降低与 IT 相关的成本、风险和技术景观的总体复杂性。

8.2.3　业务愿景

业务愿景从业务角度提供了对组织的高级概念描述。它们是与业务高管和架构师都相关的双重架构工件。业务愿景通常聚焦于 3 ～ 5 年的远期未来，一般以简短和非正式的格式进行表示，通常为简单的一页图表。在成功的企业架构实践中使用的与业务愿景相关的具体架构工件，包括但不限于以下 5 种子类：

- 业务能力模型（必备）——对组织整体的业务能力、它们的关系与层次的结构化图形表示。
- 路线图（必备）——在具有直接业务价值的特定业务领域中，所有已规划 IT 计划的结构化视图。
- 目标状态（常见）——对组织在长期所期望的未来状态，绘制的高级图形描述。
- 价值链（不常见）——对给组织带来增值的业务链，绘制的结构化图形描述。
- 上下文图（不常见）——组织当前运作流程的高级图形描述。

业务愿景主要描述了对于长远的规划决策，IT 应该为组织提供什么。它们由业务高管和架构师共同开发，随后用于指导 IT 投资，识别后确定优先级并启动新的 IT 规划。作为永久型架构工件，业务愿景在创建一次后跟随业务战略优先级的持续变化而更新。

业务愿景可被视为业务和 IT 部门对组织及其未来所持有的一致看法。所有业务愿景的整体目的是帮助实现 IT 投资与长期业务成果之间的一致性。正确使用业务愿景工件可以提高 IT 投资的有效性和战略一致性。

8.2.4　技术景观

技术景观提供了对组织技术景观的高级技术描述。它们主要与架构师相关，不是双重性质的架构工件。技术景观通常关注当前状态并采用严谨的格式进行表示，一般使用正式建模符号（如 ArchiMate）的复杂单页视图。在成功的企业架构实践中使用的与技术景观相关的具体架构工件，包括但不限于以下 4 种子类：

- 景观图（必备）——使用技术性质的"方框和箭头"，描述组织技术景观中不同范围和颗粒度的技术方案。
- IT 资产清单（常见）——当前可用 IT 资产的结构化目录，描述这些资产的基本属性和特征。
- 企业系统组合（常见）——结构化地呈现了所有必要的 IT 系统与相关业务能力的高级映射。
- IT 路线图（常见）——所有完成规划并对业务没有可见影响的纯技术性 IT 计划的结构化视图。

技术景观代表了当前 IT 环境的实际情况和对未来发展的一些规划决策（见表 2.1 和图 2.7）。它们由架构师开发和维护，用于合理化技术景观、管理 IT 资产生命周期和实施新的 IT 规划。作为永久型架构工件，技术景观是在必要的基础上创建的，并随着技术景观的持续发展而更新。

技术景观可以被看作 IT 领域的参考资料库。所有技术景观的总体目的是帮助理解、分析和修改 IT 环境的结构。正确使用技术景观可以提高复用性并减少重复的 IT 资产，在增强 IT 灵活性的同时减少对遗留 IT 系统的依赖。

8.2.5 概要设计

概要设计是面向独立 IT 计划的高级描述，对于业务高管而言，这些描述内容都是可以理解的。它们是与业务高管和架构师都相关的双重性质架构工件。概要设计通常聚焦于 1 ～ 2 年的中期未来，一般为文本描述和简单图表的混合。在成功的企业架构实践中使用的与概要设计相关的具体架构工件，包括但不限于以下 3 种子类：

- 解决方案概述（必备）——业务高管可以理解的特定 IT 解决方案的高级描述。
- 选项评估（常见）——对特定 IT 计划实施方案可用的高阶备选列表及各自优缺点。
- 计划提案（不常见）——对拟议 IT 计划及其理由的早期概念性描述。

概要设计代表了应如何实施特定 IT 计划的规划与决策思路。它们由架构师和业务高管共同开发，用于评估、批准和资助特定的 IT 计划。作为临时型架构工件（见表 2.2），概要设计在 IT 计划的早期阶段生成以支持决策，随后存档。

概要设计在本质上可以看作拟议 IT 计划的收益、时间和价格标签。所有概要设计的一般目的是帮助评估拟议 IT 计划的总体业务影响和价值。正确使用概要设计可以提高 IT 投资的效率和收益率。

8.2.6 详细设计

详细设计为项目团队提供了可操作的独立 IT 项目的详细技术描述和功能描述。它们是与项目团队与架构师都相关的双重性质架构工件。详细设计一般着眼于不超过一年的短期未来。它们一般用文本、表格和复杂图表的混合格式来表示，可能数量庞大并使用类似于 UML 这样的正式建模符号。在成功的企业架构实践中使用的与概要设计相关的具体架构工件，包括但不限于以下两种子类：

- 解决方案设计（必备）——可供项目团队操作的、被批准 IT 解决方案的详细技术规范和功能规范。
- 初步解决方案设计（不常见）——针对被批准的特定 IT 解决方案所制作的初步高阶技术设计和功能设计。

详细设计代表了具体的 IT 项目应该如何实施的规划决策。它们由架构师、IT 项目团队和业务代表共同开发，随后用于项目团队的实施。作为临时的架构工件，详细设计在 IT 计划的后期生成，用于支持项目实施，随后被归档。

详细设计可被视为架构师和项目团队之间的沟通桥梁。它们的一般目的是根据业务和架构的要求，帮助实施经批准的 IT 项目。正确使用详细设计可以提高项目交付的整体质量。

8.3 企业架构的最终 CSVLOD 模型

上述 6 种通用类型的架构工件构成了企业架构的 CSVLOD 模型。这 6 种类型的架构工件是企业架构实践的基础，都可以在绝大多数成熟和成功的企业架构实践中找到。除了大多数技术景观和部分技术标准是事实性质的架构工件外，其他类型的架构工件（包括一些技术景观和大多数技术标准）都属于决策性质的架构工件（见表 2.1 和图 2.7）。

尽管与每种通用类型相关的特定架构工件都具有高度特定于组织的特征，可能非常多样化，但每种通用类型的架构工件都有一些一致的子类：5 种经营考量子类、5 种技术标准子类、5 种业务愿景子类、4 种技术景观子类、3 种概要设计子类和 2 种详细设计子类（24 种不同的子类又可以分为 8 种必备架构工件、8 种常见架构工件和 8 种不常见架构工件）。在成功的企业架构实践中，通常仅会使用 10 ～ 15 个不同架构工件的有限集合，并不需要使用全部架构工件。尽管在成功企业架构实践中被发现的所有工件都可以归入 CSVLOD 模型定义的 6 大分类象限中，但也有很多组织"发明"并使用了特定于自身的架构工件类型，而这些特殊的架构工件很难归类到 24 个子类中。企业架构的 CSVLOD 模型如图 8.2 所示。

在第 2 章中，我们将企业架构定义为从整合业务和 IT 角度，描述组织各个方面具体架构工件的集合。图 8.2 所示的 CSVLOD 模型通过对不同类型的架构工件及其属性和用途的回答，澄清、补充并完善了企业架构的定义。企业架构的 CSVLOD 模型为以下问题提供了答案：

- 哪些类型的架构工件构成了企业架构？
- 不同类型架构工件在概念上有什么区别？

子类：
原则
政策与策略
概念数据模型
分析报告
方向声明

子类：
业务能力模型
路线图
目标状态
价值链
上下文图

子类：
解决方案概述
选项评估
计划提案

经营考量

（以业务为中心的规则）

内容：对业务至关重要且与IT相关的全局概念规则和基本考量因素

含义：从业务和IT角度决定了组织需要如何工作

用途：由业务高管和架构师共同开发，影响其后所有的架构决策

目的：帮助就基本原则、价值、方向与目标达成一致

收益：提高了业务和IT之间的整体一致性

业务愿景

（以业务为中心的结构）

内容：从业务角度对组织的高级概念描述

含义：决定了IT在长久的时间范围应该向组织交付什么

用途：由业务高管和架构师共同开发，用于指导IT投资、识别并确定优先级、启动新的IT计划

目的：帮助实现IT投资和长期业务结果之间的一致性

收益：提高IT投资的战略有效性

概要设计

（以业务为中心的变革）

内容：业务领导可理解的，对独立IT计划的高级描述

含义：决定具体的IT计划应该如何实施

用途：由架构师和业务领导共同开发，然后用于评估、批准和资助特定的IT计划

目的：帮助评估拟议IT计划的总体业务影响和价值

收益：提高IT投资的效率和投资回报率

技术标准

（以IT为中心的规则）

内容：与IT系统相关的全局技术规则、标准、模式和最佳实践

含义：决定所有IT系统应该如何实现，以及当前方法和技术的一些实际情况

用途：由架构师和技术主题专家共同开发，用于塑造所有IT计划的架构

目的：帮助实现技术一致性、技术同质性和监管合规性

收益：更快的计划交付，降低成本、风险和复杂度

技术景观

（以IT为中心的结构）

内容：组织在IT领域的高级技术描述

含义：关于当前技术景观的事实和其未来发展的一些决策

用途：由架构师开发和维护，用于合理化技术景观、管理IT资产生命周期和规划新的IT计划

目的：帮助理解、分析和修改技术景观的结构

收益：增加可重用性和敏捷性，减少重复和遗留系统

详细设计

（以IT为中心的变革）

内容：可供项目团队操作的独立IT项目的详细技术和功能描述

含义：关于具体IT项目应该如何实施的决策

用途：由架构师、项目团队和业务代表共同开发，然后由项目团队用于实施IT项目

目的：帮助组织根据业务和架构需求实施已批准的IT项目

收益：提高项目交付质量

子类：
技术参考模型
指南
模式
IT原则
逻辑数据模型

子类：
景观图
IT资产清单
企业系统组合
IT路线图

子类：
解决方案设计
初步解决方案设计

图 8.2　企业架构的 CSVLOD 模型

- 不同类型架构工件的基本属性是什么？
- 不同类型架构工件的使用者是谁？
- 不同类型架构工件是如何被使用的？
- 不同类型架构工件的作用和目的是什么？
- 不同类型架构工件之间的关系是什么（参见图 4.8）？
- 不同类型架构工件支持哪些流程（参见图 6.1）？
- 不同类型架构工件如何使组织受益？

本书所述的企业架构 CSVLOD 模型（见图 8.2）为企业架构这一概念提供了全面且基于实证的解释，并为进一步解释企业架构实践所涉及的各个方面奠定了基础，我们将在第 15 章进行回顾并深入分析。

8.4　本章总结

本章详细描述了企业架构的 CSVLOD 模型，包括对架构工件进行分类的两个维度（内容和方式），以及通过两个维度交叉所产生的平面坐标，分类出 6 种通用类型的架构工件。本章的核心信息概括如下：

- 所有架构工件都可以根据所描述的对象分类为规则（描述定义组织的全局规则）、结构（描述组织的高级结构）和变革（描述对组织提出的具体变更）。
- 所有架构工件都可以根据其描述对象的方式分类为以业务为中心的架构工件（非正式、简短、使用与技术无关的业务语言）和以 IT 为中心的架构工件（正式、大量，使用特定于 IT 的技术语言）。
- 以上两个分类的纵横交叉将架构工件进一步细分为 6 种通用类型：经营考量（以业务为中心的规则）、技术标准（以 IT 为中心的规则）、业务愿景（以业务为中心的结构）、技术景观（以 IT 为中心的结构）、概要设计（以业务为中心的变革）和详细设计（以 IT 为中心的变革）。
- 经营考量描述了对业务重要且与 IT 相关的全局规则和基本注意事项。通常表现为 5 个特定的架构工件子类：原则、政策与策略、概念数据模型、分析报告和方向声明。
- 技术标准描述了与 IT 系统相关的全局技术规则、标准、模式和最佳实践。通常表现为 5 个特定的架构工件子类：技术参考模型、指南、模式、IT 原则和逻辑数据模型。
- 业务愿景从业务角度提供了组织的高级概念描述。通常表现为 5 个特定的架构工件子类：业务能力模型、路线图、目标状态、价值链和上下文图。
- 技术景观，提供了对组织技术景观的高级技术描述。通常表现为 4 个特定的架构工件子类：景观图、IT 资产清单、企业系统组合和 IT 路线图。
- 概要设计对各个 IT 计划提供了业务高管可以理解的高级描述。通常表现为 3 个特定的架构工件子类：解决方案概述、选项评估和计划提案。

- 详细设计为项目团队提供了对独立 IT 项目而言详细且具有可操作性的技术及功能描述。通常表现为 2 个特定的架构工件子类：解决方案设计和初步解决方案设计。

8.5 注释

1 如前所述，CSVLOD 企业架构模型最初是在一系列短文（Kotusev，2016g；Kotusev，2017c；Kotusev，2017f）中提出的。

2 由于与变更相关的所有 EA 工件的范围仅限于单独的变更计划，因此从形式上看，这些工件代表了通常所谓的"解决方案架构"，即单独的 IT 解决方案架构。然而，考虑到许多概念和实际原因，解决方案架构最好仅被视为更广义企业架构的一个狭义子集。从这个角度来看，所有解决方案架构工件（即变革类）都应被视为特殊类型的企业架构工件。

3 Gorry 和 Scott Morton（1971）以及 Mintzberg（1972）等人早就认识到，高级业务经理在决策时主要依赖"软"的、结构松散的信息（如口头交流、有根据的意见和综合观点），而非正式文件和详细报告。

4 Ross 等人（2006，pp. 65-66）报告说，"我们观察到有让高管参与的两种成功战略：由 IT 推动的高管层讨论和高管层批准且由 IT 主导的设计"。

5 事实上，这一规则也有一些例外，一些实际的 EA 工件不能严格地与 CSVLOD 分类法定义的任何单一的通用类型相关联，但这些工件通常仍然可以与两个相邻的通用类型相关联，这一点在后面的第 15 章中将会解释。

6 将 EA 工件分为必备工件、常见工件和不常见工件，是基于 27 个非咨询组织所反馈的使用情况，这些组织的 EA 实践已经建立并相当成熟，作为本书最初研究工作的一部分进行了研究。整个研究过程在 Kotusev（2019a）中有详细描述。

第 9 章 *Chapter 9*

经营考量

上一章我们深入介绍了企业架构的 CSVLOD 模型，并定义了 6 种通用类型的架构工件。本章将详细讨论经营考量（基于业务的规则类架构工件）的各个方面及其在架构实践中经常使用的具体子类。本章首先描述了所有经营考量的共同属性，包括其特定类型的信息内容、开发和使用场景、在架构实践中的作用以及相应的组织收益。随后，本章将详细讨论常见的经营考量工件子类，包括原则、政策与策略、概念数据模型、分析报告和方向声明。最后，本章提供了经营考量架构工件在架构实践中的额外关注点和建议。

9.1 经营考量作为企业架构工件的通用类型

经营考量是以业务为中心的规则类架构工件（见图 8.1），描述了由高级业务利益相关者和 IT 利益相关者共同定义的全局业务规则，共享了以业务为中心的架构工件和规则类架构工件的公共属性。与经营考量相关的具体架构工件包括：原则、政策与策略、概念数据模型、分析报告和方向声明（见图 8.2）[1]。

9.1.1 信息内容

经营考量描述了对业务而言至关重要并与 IT 相关的全局性概念规则和基本考量，记录了某些在组织范围内对 IT 有直接影响的重要业务决策。经营考量中反映的全局性决策从根本上解答了以下及类似的问题：

- 整个组织应该如何运作？
- 对于一个组织而言，哪种运营模式是可取的？

- 哪些业务流程应该在各业务部门之间实现标准化？
- 哪些类型的数据应该被标准化并在整个组织内共享？
- IT 在组织中的一般作用和目的是什么[2]？
- 一个组织应该怎样使用信息系统，不应该怎样使用信息系统？
- 哪些技术趋势可能会对组织的业务产生破坏性影响？
- 哪些 IT 驱动的创新对于一个组织而言可能是战略性质的？

所有上述问题都代表了组织范围内具有重要意义的关键业务决策，不应该由 IT 主管单独代表整个组织做出决策[3]。假设 IT 主管做出了一个直觉决策来优化成本，即用单一集中式 ERP 系统取代为特定业务部门定制的本地 IT 系统，但这一决策可能与实际的业务战略相矛盾，比如为高端溢价市场提供高度定制和灵活服务的业务战略。同样，为了提高灵活性，IT 主管决定维护本地客户数据库，这一决策可能与企业级业务战略相矛盾，比如利用不同业务线来增加交叉销售的机会。一方面，从业务角度来看，IT 主管决定采用某种尖端创新技术的决策，可能与该技术的战略潜力以及整个组织对创新的态度和风险承受力不一致。另一方面，不采用某项"热门"技术的决策可能会损害一个组织的长期战略定位。

为了避免类似的不一致，经营考量中记录了业务部门和 IT 部门之间达成的基本协议，涵盖了组织及其业务上具有深远意义问题的共识。因此，对于业务高管和架构师而言，所有经营考量都是对两者具有直接利益的双重属性架构工件（见图 2.5），代表了业务和 IT 部门对基本业务需求的一致理解。经营考量既反映了业务以特定方式进行运营的期望，也反映了 IT 实现这种期望的能力。在通常情况下经营考量与整个组织都紧密相关。在大型、复杂和分散的公司中，主要业务部门（如业务线、业务职能部门或分部）也可以定制自己的经营考量，以反映与组织整体经营考量相一致且符合本地业务部门需求的特定战略。

重要的是，就像具体的变革计划（见图 7.1）一样，并非所有重要的业务决策都会对 IT 产生显著影响。比如人力资源战略定义了潜在候选人的期望素质、晋升标准和不同职位的薪酬范围，尽管对业务而言至关重要，但与 IT 基本无关，可能不会带来任何与 IT 有关的实际后果。同样，一个组织的法律和财务战略通常不会影响与 IT 相关的决策。由于这些领域的战略决策与 IT 没有直接联系，因此与它们相关的内容很少出现在经营考量中，这与业务流程、数据处理和技术采用要求有关的战略决策相比具有显著区别。

经营考量通常关注长远的未来。一方面，很多经营考量实际上是永久的，并不会涉及任何特定的时间点，特别是大多数原则和政策与策略。它们定义了某些基本原则，这些原则在过去、现在和未来都可能有效，除非被修改或被删除。另一方面，一些经营考量可能会侧重于长期未来，包括方向声明和大多数分析报告，甚至某些原则。这些经营考量为整个组织定义了一些有价值且与 IT 相关的战略目标和目的。

经营考量一般以简单直观的格式进行表示，对于管理层的业务受众而言易于理解。经营考量中提供的概念性建议一般非常抽象，往往不需要准确的细节、精确的数字或大量的描述，在不同场合可以进行不同的解读。经营考量可以使用任何适合的表达方式来方便地传达这些概念性信息，在大多数情况下都是使用简单和技术中立的语言写就的简短陈述，在形式上通常以 Word 文档进行存储和分发。

9.1.2　开发与使用

经营考量代表了一个组织应该如何从业务和 IT 的角度进行工作的集体规划决策（见表 2.1）。作为战略规划流程的一部分（见表 6.1 和图 6.1），经营考量是由业务高管和架构师（见图 2.7）根据他们对组织在未来应如何运作以实现长期目标的共同理解而制定的。在制定经营考量时，除其他内容外，业务高管和架构师通常会讨论并就期望运营模式的核心要素达成一致，比如主要业务部门之间希望的协同方式、全局性的流程标准化和数据集成机会（见图 5.3）。一些经营考量，特别是政策与策略，可能直接来源于外部合规法案或行业法规的要求。业务高管应该清楚地理解经营考量对业务的意义，架构师则应清楚地了解经营考量对 IT 的影响。此外，业务高管和架构师应该自觉承诺按照制定的经营考量开展工作。作为常规战略治理机制的一部分，经营考量通常由业务和 IT 双方明确签署，如第 17 章所述。值得注意的是，尽管经营考量文档主要由架构师创建，但其关键内容来源于业务高管所期望的特定工作方式。经营考量中反映的关键规划决策始终是由高级业务利益相关者做出的，架构师的作用仅仅是促进这些内容的开发，比如帮助业务高管做出正确的规划决策并了解其影响，随后参考信息系统规划的目的以清晰明了的方式对经营考量进行呈现。

创建后的经营考量将会影响整个组织或其主要业务部门中所有与 IT 相关的决策过程。比如，记录在经营考量中对客户采用单一视图的要求，对组织不同层面的 IT 而言可能会产生不同的影响，比如，选择可靠与安全的存储技术来创建共享的客户存储库；部署集成得当的基础设施，以便能从各地运行的 IT 系统中访问中央客户数据库；取消当前或规划中与单一客户视图这一决策相矛盾的 IT 计划，甚至修改所有新 IT 项目的设计，以便能与单一客户数据库协同工作。经营考量中记录的采用新战略技术的决策，可能会敦促组织制定相应的准则来规范该技术的使用，随后启动新的试点项目来测试该技术，并强调通过升级当前 IT 环境以实现与新技术兼容的必要性。同样，记录在经营考量中限制离岸数据中心存储敏感商业数据的策略，可能会在整个组织和项目层面对 IT 产生重大影响。

对内，经营考量为 IT 相关规划决策提供了可靠基础，并持续巩固了所有与业务高管和架构师相关的架构思维过程。从而可以更正式地将评估所倡议计划与经营考量的一致性作为企业架构常规流程的一部分。比如，所有概要设计和详细设计通常都由其他架构师进行同行评审，并在各自的投资项目治理过程中依据经营考量来进行评估，如第 17 章所述。为此，概要设计和详细设计可以包含特定的子部分，明确地说明相应 IT 计划与经营考量的一致性。与此类似，业务愿景与经营考量的一致性通常在业务高管对其进行年度正式批准的过程中予以评估，而技术标准与经营考量的一致性则可以在 CIO 的批准过程中进行评估。

虽然经营考量为 IT 相关计划提供了通用准则，但是一般都允许 IT 计划与经营考量之间存在合理并有据可查的偏差，"政策与策略"例外。比如，即使经营考量中规定了所有业务单元的业务流程都应该统一使用组织范围内的标准IT系统，但由于业务高管追逐极其有利可图的短期机会或为了满足关键的本地需求从而主动决定偏离经营考量，从而导致某些特定部门的系统仍然可以实施。暂时偏离经营考量等决策，可能会收到来自相关架构债务规模的告知和指引，如第18章所述。

除了临时的方向声明和一些分析报告外，经营考量具有很长的使用寿命，是永久型架构工件（见表2.2）。经营考量在创建后会跟随组织业务战略和外部业务环境的变化而缓慢演进。具体来讲，经营考量在执行委员会重新批准业务战略后，通常会被定期审查和重新批准，一般每年进行一次，以反映战略业务重点、技术、立法和其他相关环境因素的最新变化。作为定期年度审查过程的一部分，如果已确认的经营考量被认为与组织无关或不适用，则可能对其进行修订甚至废弃。比如发现某些原则与当前业务战略不一致时，则可以废除这些原则；如果发现相应的监管规范已被修改，则可以中止某些政策与策略。

9.1.3 角色与收益

经营考量表示了信息系统规划的总体组织环境，为所有参与战略决策和IT系统实施的相关人员建立了一个共享的知识库。从全局来看，经营考量可以被解读为整个组织及其主要业务部门的"指南针"，指出了哪些大方向是正确的或错误的，哪些规划决策是可取的或不可接受的。对于一个组织具体应该走向何方并需要完成哪些任务，经营考量几乎没能提供任何指导，但其依然决定了企业实现期望目标的可取方式，并通过设置"护栏"使组织在整个旅程中始终保持在正确的轨道上。

所有经营考量架构工件的目的都是帮助所有直接利益相关者就基本原则、价值观、方向和目标达成一致。高级业务利益相关者和IT利益相关者使用经营考量来展开讨论，并就什么对组织而言是重要的以及组织应该如何运作达成共识。这种共识支持了所有与IT相关的计划，同时防止架构师做出有损于最佳商业利益的不当规划决策。

正确使用经营考量可以提高业务和IT之间在整体上的概念一致性。IT相关计划与业务需求之间的概念一致性在规划的各个方面都有着积极表现，并最终为整个组织带来各种间接收益。换句话讲，经营考量有助于确保一个组织中所有的IT系统都按照业务高管所期望的方式实施。

9.1.4 与相邻类型的差异

经营考量作为以业务为中心的规则类架构工件，与技术标准和业务愿景相邻（见图8.1）。尽管技术标准也描述了一些定义组织的全局性规则，但其描述的规则是纯技术性的，业务高管无法理解。技术标准的影响在很大程度上仅仅限制在特定于IT的决策（比如什么是实施特定IT计划的最佳方式），而经营考量则代表了组织范围内的总体规则并在投资组合层面影响了业务和IT决策（比如公司从整体来看需要哪些IT计划）。与技术标准不同，经营考量直接反映了业务高管认可的组织核心利益，为高级业务利益相关者提供了控制IT的重要手段。从本质上讲，经营考量能够让业务高管间接地管理 IT 而无须确切了解 IT 的工作原理。业务愿景中也提供了一些类似于经营考量的概念化业务描述，但其提供的描述更为具体、场景化和多变。经营考量与业务愿景的区别是，经营考量侧重于意义深远且本质上非常稳定的业务，很少依赖于最终的业务优先级，比如关键业务部门之间的关系或对特定颠覆性技术的态度。经营考量通常描述的是一个组织希望如何工作，而不是想要做什么。经营考量虽然会影响业务愿景，但并不指导未来的 IT 投资，也不会为启动新的 IT 计划提供任何实际的指导，只是为所有未来的投资确定了一个总体背景，并为整个组织提供了一个健全的决策框架。

9.2　与经营考量相关的特定企业架构工件

在当前的企业架构实践中经常使用的经营考量子类包括：原则、政策与策略、概念数据模型、分析报告和方向声明。原则是必备的架构工件，政策与策略是常见的架构工件，概念数据模型、分析报告和方向声明是不常见的架构工件。

9.2.1　原则（必备）

原则（有时也可以称为准则或驱动因素）定义了影响组织中所有规划和决策的全局最高准则[4]。在大多数成功的企业架构实践中，原则被认为是经营考量的一个基本子类。

原则定义了对于组织而言什么是重要的以及应该如何保持竞争力，通常为简短的书面说明。原则中提供了某些通用的指令或要求，用于处理业务与 IT 之间相互关系的各个方面。原则非常抽象和宽泛，可以在不同场景下被赋予不同解释。组织可能在各种场景下采用各种方式来使用原则，某些时候甚至相互矛盾。原则的概念性特征使其有机会与组织哲学和价值观发生联系。

对一条原则的定义通常包括标题、声明、根本原因和可能影响[5]。当然也可以对原则采用其他方式进行定义，比如描述、推理、先决条件、使用环境和使用说明[6]。声明为原则提供了更广泛的定义；根本原因解释了该原则的起源；可能影响则描述了遵守该原则带来的结果。比如，"业务连续性"的声明可能为"即使在非常紧急的情况下，关键业务的运营也不应被中断"；其根本原因可以解释为"通过全天候不间断的业务运营，从而提供完美的客户体验，并根据业务战略建立最值得信赖的服务提供商声誉"；而可能影响之一会规定"所有关键信息系统和数据库，在地理上应具有分散并随时可用的备份"。

原则通常用于定义与运营模式相匹配的集成和标准化要求（见图 5.3），即指出哪些数据应该被共享，哪些业务流程应该在所有业务单元中被标准化[7]。例如，"单一客户视图"原则明确说明了在协同或统一的运营模式下，所有相应业务单元之间需要共享客户数据的要求。而"标准化业务流程"原则明确说明了在复用或统一的运营模式下，所有相应业务单元之间应实现特定业务流程标准化的要求。

组织通常会在高级业务利益相关者和 IT 利益相关者达成一致后制定 5 ~ 10 项全局性指导原则，某些情况下甚至会得到董事会技术委员会的正式批准，从而对 IT 相关决策进行支持。为了方便，可以将原则分为几个主题类别（如业务、数据和系统）并保存到一份简单的 Word 文档中。大公司通常会创建原则的层次结构，包括组织范围内的总体原则和与特定业务部门相关的具体的本地原则，这些本地原则都衍生于全局原则。原则（常规原则和非常规原则）的示意如图 9.1 所示。

原则1：标准业务流程 声明：.............. 根本原因：.............. 可能影响：..............	原则1：标准业务流程 描述：.............. 原因：.............. 先决条件：.............. 使用场景：.............. 注意事项：..............
原则2：单一客户视图 声明：.............. 根本原因：.............. 可能影响：..............	原则2：单一客户视图 描述：.............. 原因：.............. 先决条件：.............. 使用场景：.............. 注意事项：..............
原则3：业务连续性 声明：.............. 根本原因：.............. 可能影响：..............	原则3：业务连续性 描述：.............. 原因：.............. 先决条件：.............. 使用场景：.............. 注意事项：..............

图 9.1　原则（常规原则和非常规原则）

确立的原则会成为所有 IT 相关决策过程的基本驱动因素，所有计划和决策都需要与原则保持一致并在其他架构工件中有所体现。在对新开发的架构工件进行批准时，通常会对这种一致性进行某种正式评估。比如通常在大多数情况下，所有 IT 计划的概要设计和详细设计都可能包含特定的子部分以容纳相关原则的检查清单，从而明确说明在相应 IT 解决方案中应该如何准确地使用这些原则。原则也可用来评估和考虑拟议 IT 计划的优先级，以及从整体上根据组织适应性来确定可能的实施方案。通常，这些原则为制定更技术性的 IT 原则奠定了基础（见图 10.4）。但是，并非所有组织都能从原则中受益，可能因为没能有效制定与原则相关的重大规划决策，而仅仅使用了一些陈词滥调或空泛的流行辞藻，这种情况同样发生在大公司身上（如类似于无处不在的"先用后买，先买后建"行业标准和"数据就是企业资产"的原则），本章后续将做进一步讨论。

9.2.2　政策与策略（常见）

政策与策略（也称为安全政策、云策略、访问策略、信息交换策略等）是定义组织总体规范的具体经营考量工件，通常具有限制性，并在某些领域有强制性规定。在成功的企业架构实践中，政策与策略是经营考量的一种常见子类 [8]。

政策与策略通常为文本描述，规定了组织在任何情况下都不能做什么。原则一般非常抽象并可被广泛解释；政策与策略则更为精准、明确和无歧义，不会引起太多讨论、再次解读或争议。原则通常提供了"积极"的指导（即组织应该做什么），政策与策略则提供了"消极"的指导（即组织不应该做什么）。政策与策略定义了 IT 相关计划的决策边界和限制。

政策与策略具有限制性，一般与安全、合规与风险相关。例如，可以明确说明内部用户和外部用户应该如何访问组织的信息系统，应该如何区分这些用户的责权，哪些信息可以与合作伙伴共享，哪些类别的应用程序可托管在公司数据中心之外或云端，各种数据记录可以保留多长时间以及何时应该被销毁[9]。

政策与策略可以记录组织内部某些特定的决策（这些决策控制了信息和 IT 系统的使用），或者来源于外部的合规政策标准（这些标准面向所有特定行业或处理特定类型敏感数据的公司）。例如，大多数国家现有的国家隐私保护立法（如欧盟的 GDPR）、特定国家的政府法案（如美国的 SarbanesOxley、Gramm-Leach-Bliley 和 HIPAA）和国际合规标准（如 PCI DSS）就对处理、存储和分享特定类型的信息进行了严格的限制。所有这些外部法规对组织中信息系统的规划和使用都具有重大影响。

政策与策略具有天然的限制性，常用于处理敏感类型数据（如金融和个人信息）的组织，以及银行和医疗能严格监管的行业。政策与策略通常以 MSWord 的高级文档格式表示，列出并描述与组织相关的主要外部和内部监管规范。政策与策略的示意如图 9.2 所示。

	国家隐私政策	政策1：个人数据必须存储在国内 描述：……
外部		政策2：销毁不需要的个人资料 描述：……
	萨班斯–奥克斯利法案	政策3：记录所有对账户系统的访问 描述：……
		政策4：保留审计记录和邮件5年 描述：……
内部	数据安全策略	政策5：禁止在移动设备上使用敏感数据 描述：……
		政策6：以加密格式存储信用卡数据 描述：……
	数据交换策略	政策7：不与第三方共享关键数据 描述：……
		政策8：与可信的合作伙伴共享客户数据 描述：……
	云托管策略	政策9：只使用与PCI DSS兼容的云 描述：……
		政策10：不要在云中存储与健康相关的数据 描述：……

图 9.2　政策与策略

与只提供期望准则的原则不同，政策与策略通常更为严格并具有强制性。政策与策略一旦确立，就成为所有与 IT 相关决策过程的限制性约束。因此，对政策与策略的偏离通常没有丝毫的讨论余地，也不被允许。本质上，原则以一种柔性规定的方式驱动了决策，而政策与策略则以一种硬性规定的方式限制了不可接受的规划决策。

在批准其他更具体的架构工件时，通常会检查并确保它们是否遵循政策与策略。比如，新 IT 计划的所有概要设计和详细设计都必须严格遵守已制定的政策与策略。此外，政策与策略通常为制定更详细并针对 IT 的技术标准提供了基础，从而将高层次的监管规范转化为具体可操作的实施规定。比如，已制定的合规政策与策略要求记录对公司会计系统的所有访问，那么技术标准就可以从技术角度来明确规定如何满足这一要求。

9.2.3　概念数据模型（不常见）

概念数据模型（也称为公司数据模型、企业数据模型、信息模型或简版数据架构）提供了对组织业务至关重要的主要数据实体的抽象定义，并描述了各个实体之间的关系。在架构实践中，概念数据模型被认为是经营考量的不常见子类。

概念数据模型被表示为简单和直观的数据图表，以面向业务的方式描述了组织中使用的主要信息实体，通常围绕不同的主题域进行组织，如财务、客户、设施和人力资源。高阶概念数据模型通常定义了一个组织所拥有的主要数据实体、其分组和依赖关系；而低阶概念数据模型则更详细地描述各种数据对象、其主要属性和相互关系。某些时候，概念数据模型也可能会包括补充词汇表，用来说明关键数据类型及其属性的含义。

概念数据模型提供了数据实体在实施层面的概念描述，抽象了其存储的具体技术细节。概念数据模型在本质上是相对稳定的，同一行业不同组织中的概念数据模型看起来也相当类似。例如，保险公司可以采用行业标准 ACORD 信息模型[10]作为其概念数据模型的基础。

概念数据模型允许业务高管明确定义了哪些信息对业务重要，提出标准的命名约定，并就核心数据实体的语义达成一致，比如在组织上下文中准确定义出"客户"或"产品"的确切含义。一方面，数据资产的结构和可用性可能会对业务产生重大影响。比如，通过提供所有客户的出生日期可以有效开展生日营销活动，提供所有客户的家庭地址就可以定制特定于地点的产品。另一方面，概念数据模型提供的关键信息定义决定了处理相应数据的所有 IT 系统的设计。比如，如果概念数据模型将客户数据的实体属性定义为姓名、出生日期、地点和电话，那么每个获取客户数据的 IT 系统都应该捕获到姓名、出生日期、地点和电话这 4 个属性，而所有的客户数据库都应该以适当的格式存储这些属性。

概念数据模型为基于业务的讨论提供了通用词汇和定义，促进了对关键数据实体的共同理解，有助于消除非一致定义造就的数据孤岛。此外，概念数据模型可以提高所有业务部门的数据在组织范围内的一致性，并促进了合作伙伴之间有效的数据交换。概念数据模型（高级模型和低级模型）的示意如图 9.3 所示。

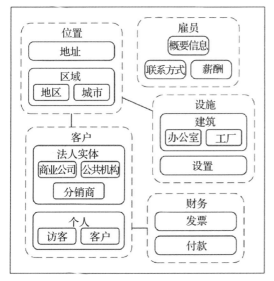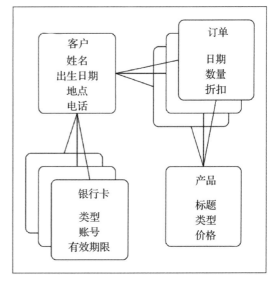

图 9.3　概念数据模型（高级模型和低级模型）

概念数据模型一旦开发完成，就提供了以数据为中心的高级规则，这些规则塑造了组织中与数据管理相关的所有架构决策。概念数据模型影响了所有业务应用程序、存储系统和底层集成平台的逻辑设计，因为这些都是与数据有关的操作。为了在整个组织中保持数据的唯一性和一致性，所有 IT 系统都必须遵循已建立的概念数据模型。它们通常也为开发更详细、更低层次和特定于平台的逻辑数据模型提供了基础（见图 10.5）。概念数据模型可能对严重依赖于信息并需要对数据进行高度集成的组织更为有用，这些组织通常具有协同或统一的运营模式（见图 5.3）。

9.2.4　分析报告（不常见）

分析报告（也称为白皮书、立场文件、战略文件等）是从管理层面对相关技术趋势及其对组织业务的潜在影响进行分析的文件。分析报告是经营考量的不常见子类，在架构实践中相对少见。

对于组织所处的技术环境，分析报告通常呈现了其业务分析结果。分析报告旨在描述重要的技术趋势及其对组织业务的潜在影响，以及组织对这些趋势的预期反应。这些描述中可能包括以下和类似问题的答案：

- 哪些新技术可能与组织的业务相关？
- 组织应采用或忽略哪些新技术？
- 从技术角度来看，组织的优势和劣势是什么？
- 技术环境为组织提供了哪些机会和威胁？
- 对于具有战略重要性的技术，组织应选择哪些产品供应商或服务提供商？

　　在多数情况下，分析报告是由严重依赖于 IT 的大型公司开发的，有助于在早期阶段发现商业和技术环境中的"结构性变化"，从而得以迅速识别和及时采用颠覆性技术。分析报告可以采用多种不同的形式，包括**技术成熟度曲线**、**技术雷达**、**SWOT 分析**与**供应商分析**。

　　技术成熟度曲线侧重于从技术成熟度来评估新兴技术，而技术雷达侧重于从技术与组织适配的就绪程度来评估新兴技术。技术成熟度曲线有助于根据新兴技术成熟度的 5 个生命周期阶段（技术萌芽期、期望膨胀期、泡沫破裂低谷期、稳步爬升复苏期和生产成熟期）[11]来评估新兴技术，而技术雷达则有助于按照新兴技术的 4 个准备阶段（暂缓、评估、实验和采纳）[12]来评估新兴技术。以上分析报告都有助于组织在采用新技术方面做出明智决策，考虑到相应技术与组织的相关性和潜在的战略重要性、技术的整体成熟度和相关的采用风险，技术采用决策通常由业务高管和架构师共同制定[13]。分析报告（技术成熟度曲线和技术雷达）的示意如图 9.4 所示。

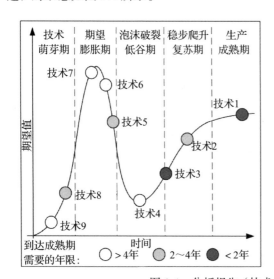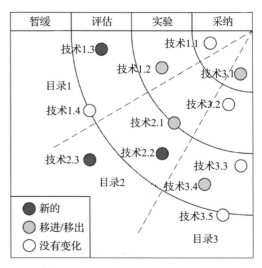

图 9.4　分析报告（技术成熟度曲线和技术雷达）

　　SWOT 分析侧重于组织的整体技术地位，从技术角度确定组织的优势、劣势、机会和威胁，分析了组织的 IT 能力与业务和技术环境的现状和未来趋势的总体一致性。供应商分析是一种更为小众的架构工件，侧重于选择战略供应商或提供方，关注评估和选择合适的战略供应商、合作伙伴或服务提供商，通常使用类似于 Gartner 的魔力象限和 Forrester Wave[14]的分析技术，根据组织环境中的适用性来评估和确定技术市场上的可用产品。分析报告（SWOT 分析和供应商分析）的示意如图 9.5 所示。

　　与所有其他经营考量工件类似，分析报告为组织提供了一个总体的决策框架，为各种业务和 IT 相关的决策提供信息并产生影响，包括具有重大长期影响的战略决策以及具有本地影响的项目级决策。

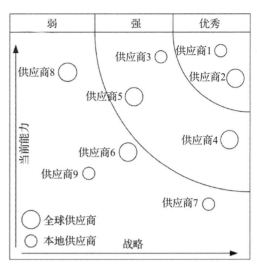

图 9.5　分析报告（SWOT 分析和供应商分析）

9.2.5　方向声明（不常见）

方向声明（可称为架构战略、战略文件、立场文件和治理文件，或用于各种特定领域的标题，如数字渠道战略、ERP 战略或数据仓库战略）是描述概念信息的工件，传达了组织范围内具有深远影响的重大决策。方向声明是一种不常见的经营考量子类，在架构实践中相对少见。

对于整个公司或主要业务单元而言，方向声明通常代表了对未来设想方向进行战略决策过程所产生的结果。方向声明可以声明整个组织打算以某种特定的方式前进，遵循特定的方法，满足特定的全局需求，做某些特定的事情，或者仅仅提议利用一些有希望的新机会。比如，方向声明可以阐明组织希望将其所有非关键的业务应用程序迁移到云端，在统一 ERP 平台的基础上整合所有的企业信息系统，或者为个别业务单元专门开发满足独特需求的定制 IT 系统。在通常情况下，方向声明传达的战略指令旨在从技术角度改善组织的整体适应性，比如消除对业务有损的重要 IT 能力差距。

在某些情况下，方向声明被视为组织 IT 战略的组成部分之一。虽然 IT 战略可能会涉及与 IT 相关的各个方面（如解决方案交付、系统维护、采购方式、员工教育等），但方向声明更关注与企业技术景观结构相关的架构问题。因此，作为组织流程的一部分，可以同时对方向声明和 IT 战略进行开发或更新，比如每年一次。

方向声明是所有经营考量中最注重行动的架构工件。其他经营考量工件仅仅描述了一个组织应该如何工作或仅仅分析了技术环境，而方向声明则指出了一个组织在未来应该走向何方，并解释了选择这个方向的理由。即便如此，方向声明仍然没有提供任何具体细节来说明到底应该如何行动。从本质上讲，方向声明只说明了整个公司需要走向何方，但并没有具体说明应该如何去做。

　　分析报告从技术角度分析了组织的总体定位，方向声明则提出了解决分析报告中对应建议的高级战略，因此方向声明可以被认为是对分析报告的补充。方向声明的示意如图 9.6 所示。

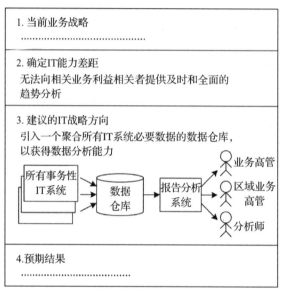

图 9.6　方向声明

　　一旦获得高级管理层批准，方向声明提供的战略要务就会推动组织的所有后续决策过程。方向声明通常为制定更具体的业务愿景提供了基础，也可能影响关键的技术选择过程以及技术景观的整体演进。在批准相应架构工件时，通常会评估所有下级规划决策与获批方向声明之间的一致性。

　　经营考量通常是永久型架构工件，没有预设的时间框架。但大多数方向声明依然被视为生命周期有限的临时型架构工件（见表 2.2）。即便如此，只要能够与表明的战略意图保持相关性，它们的生命周期也可能很长。制定方向声明并广泛传播的目的是在整个组织中宣扬具有深远意义的全局 IT 规划决策，这些规划决策可以跟随实施进行更新，以指导进一步的活动。当这些决策方向消失时，原有的方向声明将失去作为架构工件的价值而归档。换言之，根据相应战略意图的持续时间，方向声明既可以遵循临时型架构工件的典型生命周期，也可以因恒久不变的战略意图表现出某些永久型架构工件的特征（如定期更新）。

9.3　关于经营考量的其他问题

　　除了利益相关者在开发过程中参与不足的普遍危险外（见图 2.7），与经营考量实际使用相关的最大威胁是试图开发琐碎和包罗万象的经营考量工件。从规划的角度来看，这种经营考量工件几乎没有增加任何实际价值，只会分散人们的注意力。经营考量只有在能够指导其他决策过程时才能发挥作用，即帮助我们了解哪些具体的规划决策符合组织的需要，哪些选择是不可接受的。换句话讲，有价值的经营考量可以用来明确分辨 IT 相关规划决策是否适用于组织。因此，有价值的经营考量本身就代表了某些概念性、全局性和总体性的规划决策，从而指导了更具体、更局部和更低层次的规划决策。

可以通过一个简单的"冒烟"测试来判断所建议的经营考量是否代表了真正的规划决策，或仅仅是普遍的陈词滥调：有意义的经营考量总是意味着某种权衡，可以有潜在的分歧，并且在被否定时仍然有意义 [15]。例如，"所有 IT 系统都应该是有效和高效的""所有 IT 系统都应该为特定的目的而开发"或"所有 IT 系统都应该被基本的业务需求所驱动"，上述所宣称的原则显然是适用于所有组织的通用声明，因为没有任何组织需要非业务驱动的无效、低效和无目的的系统。这类原则对于所有实际目的而言都是毫无用处的，无法代表任何真正的规划决策，应该避免 [16]。相比之下，有效的原则通常特定于组织并反映独特的组织需求，不能简单地从其他公司拷贝而来 [17]。比如，对所需运营模式的基本要求进行定义的原则（即哪些业务流程应该或不应该在不同的业务部门之间进行标准化，以及哪些数据应该或不应该在全局范围内共享，见图 5.3）代表了意义深远的规划决策，这些选项中的每一个都会对业务和 IT 产生长期而深远的影响。同样，"所有部署在零售店的 IT 系统都应该在不稳定的互联网连接下能正常工作"和"所有面向客户的 Web 界面都应该通过单点登录机制进行访问"的原则代表了整个组织的重大规划决策，这些决策经过了明确的权衡并对业务和 IT 都有影响 [18]。在某些情况下，有意义的原则可以阐明组织对所需核心 IT 能力的具体决策，对所采用的业务模式而言至关重要 [19]。

同时，有些原则听起来微不足道，但实际上代表了重要的商业决策。比如声明"所有 IT 系统都应为高可用性和业务连续性而设计"和"所有 IT 设备都应该高度安全"的原则看起来是通用的，因为没有公司希望拥有不可用或不安全的系统。然而在现实中，类似的原则通常表明一个组织需要 IT 系统具有更高的容错性和安全性，超过了某些合理的默认期望值（比如保证服务正常运行时间为 99.99% 或更高），并且其业务高管准备在必要的 IT 基础设施上投入额外的资金以实现这些期望的水平 [20]。尽管这些原则从表面上看微不足道，但它们中的每一个都代表了一个重要的全局性规划决策，这些决策对于业务和 IT 而言都有具体的要求和利弊。比如，为关键业务系统使用热备服务器、实时数据备份或多因素身份认证（MFA），意味着要在业务连续性、信息安全、用户便利性、开发时间和成本之间做出不可避免的妥协。在达成一致后，这些原则将指导所有"下游"的技术选择和项目级的规划决策。

同样，分析报告建议组织应该采用最近发布的 Windows 操作系统，并将其安装在所有基于 Windows 的计算机上，或者建议所有基于网络的应用程序能够支持流行的互联网浏览器及其最新版本的功能，这些建议基本上都是微不足道和无用的。它们不包含任何重要的规划决策，不应该被编制。相反，评估潜在颠覆性技术的总体准备情况、成熟度、适用性、可能采用的机会和不采用将带来何种风险的分析报告,代表了与技术相关的关键业务问题。比如对引入云、大数据、RFID 或区块链技术的长期后果进行全面评估及进行采用的相应决策,对整个组织都是至关重要的。任何采用或不采用的决策都会给业务和 IT 带来相当大的机会、风险以及深远的影响。

9.4 本章总结

本章从信息内容、开发、使用、目的和收益的角度讨论了作为通用类型架构工件的经营考量,然后详细描述了经营考量的流行子类,包括原则、政策与策略、概念数据模型、分析报告和方向声明。本章的关键信息可以归纳为以下几点:

- 经营考量描述了对业务重要并与 IT 相关的全局概念性规则及其基本考量,呈现了信息系统规划的总体组织环境。
- 经营考量是永久型决策类架构工件,由业务高管和架构师合作完成,第一次开发后,根据业务环境的持续变化进行定期更新,并影响其他所有的架构决策。
- 经营考量有助于在组织内部就基本原则、价值观、方向和目标达成一致,最终提高业务和 IT 之间的概念一致性。
- 原则是必备的经营考量工件,定义了从全局影响所有决策的高级准则,并帮助业务高管和架构师就如何在组织中使用 IT 的基本要求达成一致。
- 政策与策略是常见的经营考量工件,定义了组织的总体规范,以及相关的限制性和强制性规定,并帮助业务高管和架构师就组织不能如何使用其 IT 资源达成一致。
- 概念数据模型是不常见的经营考量工件,提供了关键数据实体及其关系的抽象定义,并帮助业务高管和架构师对企业数据资产的所需结构达成共识。
- 分析报告是不常见的经营考量工件,对相关技术趋势进行了管理层面的分析,帮助业务高管和架构师对创新和颠覆性技术达成共识。
- 方向声明是不常见的经营考量工件,传达了在组织范围内具有深远影响的规划决策,并帮助业务高管和架构师就业务和 IT 未来最普遍的行动方案达成一致。
- 在架构实践中,对经营考量有效使用的最大威胁是试图建立毫无价值的经营考量,这些经营考量的建立只是走过场并分散了大家的注意力,实际上并不能代表任何真正的规划决策,也无法为后续的决策过程提供指导。

9.5 注释

1　如前所述,在本书中,非 EA 专属战略文件不被视为 EA 工件。但若其仍被视为 EA 工件,则组织使命、战略目标和目的也可以与经营考量松散地联系起来。

2　Nolan 和 McFarlan(2005)区分了四种不同的 IT 应用模式,它们决定了 IT 在组织环境中的作用和目的：支撑型、工厂型、周转型和战略型。

3　经营考量通常反映了 Ross 和 Weill（2002b）所讨论的一些与 IT 相关的关键业务决策。

4　原则是最早和最广为人知的 EA 工具之一，至少可以追溯到 King（1978）的著作。这些原则在 20 世纪 80 年代末被积极地讨论（Davenport 等人，1989；PRISM，1986；Richardson 等人，1990；van Rensselaer，1985），10 年后又以格言的形式出现（Broadbent 和 Kitzis，2005；Broadbent 和 Weill，1997；Weill 和 Broadbent，1998），至今仍在 EA 文献中备受关注（Greefhorst 和 Proper，2011）。

5　原则的流行形式包括声明、根本原因和影响，似乎源自 PRISM 框架（PRISM，1986；Rivera，2013），至少从 20 世纪 80 年代末开始就以这种形式使用（Davenport 等人，1989；Richardson 等人，1990）。

6　Hanschke（2009）描述了这种定义原则的格式。

7　在全局流程标准化和数据整合方面，原则或格言很早以前即被认为是在不同业务单元间建立所需的协同作用的有效工具（Broadbent 和 Kitzis，2005；Broadbent 和 Weill，1997；Davenport 等人，1989；van Rensselaer，1985；Weill 和 Broadbent，1998）。

8　尽管目前大多数公司都受到一些政策的约束，但这些政策并非一直正规，也不总是被专门用作 EA 工件——作为促进业务和 IT 利益相关者间沟通的文件，并整合到各自的 EA 相关流程中。因此，"政策与策略"被认为是"经营考量"的一个常见子类型。

9　Koenig（2019b，第 237 页）概述了美国制定的数据保存政策："Federal Energy Regulatory Commission 要求公司将某些类型的定价信息保留 5 年。U.S. Department of Labor's Occupational Safety & Health Administration（OSHA）规定，某些与健康相关的记录必须保存 30 年或个人就业期限加 30 年。U.S. Equal Employment Opportunity Commission 执行的就业法规定，有关求职者和人事记录的文件应保存一年至三年。根据《健康保险可携性和责任法案》（HIPPA）的隐私规则，卫生与公众服务部要求将某些记录保存 6 年。"

10　见 ACORD（2020）。

11　炒作周期的概念由 Gartner 提出并推广（Fenn 和 Raskino，2008）。

12　见 Thoughtworks 技术雷达（Thoughtworks，2017）。

13　Fenn 和 Raskino（2008）描述了在组织中跟踪、评估、优先排序和引入技术创新的详细方法（即所谓的 STREET 流程）。

14　分别见 Gartner（2017）和 Forrester（2017）。

15　Meyer（2014）将这一特性称为"可证伪性"，并将可证伪原则与陈词滥调对立起来。

16　将泛泛之词宣布为原则是徒劳的，有效原则在不同情况下能够被颠倒为对立面，这一点很早就得到了承认（Davenport 等人，1989；PRISM，1986）。Davenport 等人（1989，第 133 页）解释如下："陈述'数据是资产'这样的原则很有诱惑力。这很容易达成共识。但数据不一直是资产吗？这种说法对决策毫无帮助。这是陈词滥调，不是行动指南。如果一个原则是有力的，则其反面也应是一个有意义的陈述。"Beijer 和 de Klerk（2010）对好原则的理想属性进行了更详细的讨论。

17　正如 Davenport 等人（1989，第 133 页）所说，"好原则反映出制定原则的组织"。

18 关于制定有效原则或格言的详细建议，可参见许多作者的著作（Broadbent 和 Kitzis，2005；Broadbent 和 Weill，1997；Davenport 等人，1989；PRISM，1986；Weill 和 Broadbent，1998）。

19 Treacy 和 Wiersema（1997）认为，掌握卓越运营规律的组织需要有集成低成本交易处理的 IT 能力，掌握产品领导规律的组织需要有实现人与人之间沟通、合作和知识管理的 IT 能力，而掌握客户亲和力规律的组织需要有共享客户信息和专业知识的 IT 能力。同样，Ross 和 Weill（2002a）根据不同的战略驱动因素确定了 5 种通用架构风格：大批量交易处理（与产品效率驱动因素相对应）、实时响应（与客户响应驱动因素相对应）、分析和决策支持（与市场细分和风险管理驱动因素相对应）、工作组支持（与知识共享驱动因素相对应）和企业系统（与集成和标准化驱动因素相对应）。Gartner 也提出了类似的观点（Rosser，2002a；Rosser，2002b）。

20 Ross 和 Weill（2002b）强调了与 IT 相关业务决策对所需容错和安全水平的重要性。

第 10 章 *Chapter 10*

技 术 标 准

第 9 章重点介绍了企业架构 CSVLOD 模型定义的第一种通用类型的架构工件经营考量。本章将详细讨论企业架构工件的下一个通用类型（以 IT 为中心的规则）——技术标准——的各个方面，及其在企业架构实践中经常使用的具体子类。本章将首先从描述所有技术标准的共同属性开始，包括其特定类型的信息内容、开发和使用场景、在企业架构实践中的作用以及相关的组织收益。随后，本章将详细讨论技术标准中经常会使用到的狭义子类，包括：技术参考模型、指南、模式、IT 原则和逻辑数据模型，以及与技术标准相关的一些其他企业架构工件。最后，本章将提供关于实际使用技术标准作为企业架构实践的一部分的额外关注和建议。

10.1　技术标准作为企业架构工件的通用类型

技术标准是以 IT 为中心的规则类企业架构工件（见图 8.1）。它们描述了由架构师定义的全局性 IT 特定规则，并共享了以 IT 为中心的企业架构工件和规则类企业架构工件的基本公共属性。与技术标准相关企业架构工件的具体示例包括：技术参考模型、指南、模式、IT 原则、逻辑数据模型和其他一些类似但不太流行的企业架构工件（见图 8.2）。

10.1.1　信息内容

技术标准描述了与 IT 系统相关的全局性技术规则、标准、模式和最佳实践。本质上，技术标准从技术角度定义了一个组织中所有 IT 系统的实施方式。技术标准中所反映的实施级指南解决了以下和类似的技术问题：

- 在 IT 解决方案中应该使用哪些技术和产品？
- 在 IT 解决方案中究竟应该如何使用现有技术？
- 在 IT 解决方案中应遵循哪些实施方法？
- 在 IT 解决方案中，哪些系统组件应该被重复使用？
- 应该如何组织并集成 IT 系统？
- IT 系统之间的互动应该使用什么协议？
- 主要的数据实体应该采用什么方式存储在 IT 系统中？
- IT 解决方案中应遵从哪些法规？

所有这些问题都体现了与大多数业务利益相关者无关的、甚至无法被他们所理解的非常具体的 IT 问题。业务高管通常不了解特定的编程语言、系统实现方法、集成模式、技术最佳实践或组织中支持其业务流程的服务器操作系统。尽管技术标准基于最佳的商业利益，但它们仅由 IT 部门内的架构师和其他高级 IT 专家开发，可能与基本的业务需求没有明显或容易被追踪的联系。技术标准主要面向架构师，具有纯粹的技术性，不是双重属性的企业架构工件（见图 2.5）。

技术标准很少描述业务领域，主要集中于各种技术企业架构领域，包括：应用程序、数据、集成、基础设施和安全（见图 2.3）。技术标准严重依赖于当前的技术环境，在本质上非常特定于技术。在小公司中，一套单一的总体技术标准可能适用于整个组织。然而，更多时候，IT 部门中的不同子部门专注于特定技术，建立了自己的技术标准，解决特定的技术实践。在大型、复杂和分散的公司中，核心业务部门（如业务线、业务职能部门或分部）的 IT 部门通常会根据当地的具体需求制定特定于业务单元的技术标准，这些特定于业务单元的技术标准依然与企业的全局性技术标准保持一致。

技术标准通常关注于当前状态。一方面，包括 IT 原则和指南在内的很多技术标准，并不会提及任何具体的时间点，可以被认为是永恒的。这些技术标准中所推荐的具体实施方法，现在被遵循，过去可能被遵循，将来也会被遵循，除非修改或删除了某些不合适的地方。另一方面，一些技术标准更侧重于技术组合的当前状态，尤其是技术参考模型。从本质上讲，技术标准提供了一个组织中当前使用的现有技术、方法和最佳实践的清单。

从表现形式、数量和使用符号的角度来看，技术标准可以用不同的格式进行表达。根据内容的性质，技术标准可以是文字或图形、简短或大量、正式或非正式的。由于它们是为有能力、专业和精通 IT 的受众准备的，因此标准可以使用任何合理的格式，以最准确的方式传达其含义。技术标准经常使用非常具体的 IT 术语和严格的符号。物理介质上，技术标准可以被简单地存储于 Office 格式文件中（如 Word 和不太常见的 Visio），或者存储于专用架构管理软件提供的架构库中，相关内容将在第 18 章中讨论。

10.1.2　开发与使用

技术标准主要呈现了关于如何实施所有 IT 系统的规划决策，以及关于当前方法和技术的一些事实（见表 2.1）。作为技术优化过程的一部分（见表 6.1 和图 6.1），技术标准由架构师和技术主题专家（见图 2.7）共同开发。大多数技术标准的主要开发人员是架构师。架构师基于其对其业务利益的最佳理解，代表整个组织讨论、选择和记录最合适的技术和系统实施方法。然而，架构师通常还包括精通特定技术或领域的主题专家（如高级软件开发人员和团队领导），他们知识渊博，通过贡献自己的专业知识以促进制定适当的技术标准。此外，提议的技术标准通常由高级 IT 经理正式批准，并由 CIO 签署，一般作为既定技术管理机制的一部分，相关内容常见第 17 章。

新的技术标准通常以自底向上的方式被引入，它们对特定 IT 计划是必要的，通常伴随着 IT 项目的交付，开创了新技术或实施方法的实际使用[1]。一般而言，技术标准的制定通常基于现有行业标准和最佳实践，而并不是以特定于组织的方式从头开始创建[2]。架构师可以研究现有行业标准，并在其组织背景下评估其适用性，如有必要，将这些标准适配组织的特定需求后引入。某些技术标准，特别是与信息安全、加密和存放有关的标准，源于强制性立法规定或由其衍生，这些强制性立法被反映在"政策"中（见图 9.2）。例如，如果监管政策要求将所有的审计跟踪、访问日志和电子文件保留一定的年限，那么可以制定具体模式或其他技术标准，以提供建议的方式来解决整个 IT 领域所有信息系统的类似需求。

技术标准建立后，会影响所有 IT 计划的架构。在规划新 IT 解决方案的概要设计和详细设计时，技术标准主要被用作架构师的技术参考资料。本质上，技术标准可以被视为在 IT 部门内部使用的"后端"企业架构工件。它们是由架构师为架构师开发的，以促进 IT 项目规划；在 IT 部门之外，技术标准的外部利益相关者可能很少或没有，有时候甚至无法迈出架构职能部门的门槛。例如，IT 项目团队可能并不知道自己正在实施的项目是基于技术标准推荐的特定技术，也不知道与技术标准定义的某些方法相一致，或是复用了技术标准中描述的特定组件。一些技术标准，特别是指南和逻辑数据模型，通常提供了非常具体的实施级规定，项目团队可以在开发设计和后续实施过程中直接使用这些规定。

通过为开发概要设计和详细设计提供推荐的技术手段，技术标准塑造了所有新 IT 解决方案的架构，包括其内部结构以及与现有 IT 系统的集成。同时，通过塑造单个 IT 解决方案的结构，技术标准最终打造了组织技术景观的整体结构。例如，在所有新 IT 解决方案中持续使用特定的技术，最终形成了基于相应技术的技术景观；在所有新的解决方案中持续使用特定的系统集成方法，最终形成了根据各自的交互模式而构成的景观。从本质上讲，各个独立 IT 解决方案对某些技术标准的长期使用，造就了整体的技术景观。

通常，对技术标准的遵守，是通过对具体 IT 计划和项目的所有计划进行正式的架构审查来实现的。具体而言，作为日常的投资和项目管理程序的一部分，所有提议 IT 解决方案的概要设计和详细设计，通常由其他架构师进行同行评审和批准，以确保其符合既定的技术标准，如第 17 章所述。架构师为确保对技术标准的实际遵守，还会经常在随后的项目实施过程中监督相关的 IT 项目团队。与经营考量类似，如果有理有据，那么通常可以接受对技术标准的合理偏离。例如，如果新 IT 项目的预期业务目标，只能通过使用与现有标准不一致的独特技术或特定实施方法来实现，则架构师可能会有意识地批准该特定项目中与技术标准的偏差，这取决于业务对于项目的重要性。如第 18 章所述，偏离技术标准的决策可能会受到偏离决定带来的架构债务的影响。

技术标准通常有很长的使用寿命，是永久型企业架构工件（见表 2.2）。它们在本质上是相对稳定的，创建后不会经常发生变更。虽然如此，技术标准应该根据技术环境的不断发展进行定期审查与更新，以保持最新状态和相关性。例如，架构师和技术主题专家可以每年对其进行修订，以反映最新的前沿技术发展。在年度审查过程中，如果既定的技术标准被认为已过时或不再相关，则可能被丢弃。

10.1.3　角色与收益

技术标准代表了在 IT 系统实施中能够被重复使用的方法。它们记录了有效、可靠和符合法规的实施方法，这些方法在以前的 IT 项目中被证明是有用的，可以进一步被复用。因此，技术标准促进了组织的学习和积累，并允许重复使用多个高级 IT 专家的经验和智慧。技术标准的建议为组织中新 IT 解决方案的设计提供了经验。技术标准本质上提供了许多经过时间验证的 IT 工具和解决组织业务问题的方法。

所有技术标准的总体目的是帮助实现技术一致性、技术同质性和法规遵从性。使用技术标准来规划新的 IT 解决方案，可以确保组织中的所有 IT 系统：在相似情况下使用相似的方法；对相似问题采用相似的解决方案；相同数据实体具有相同属性字段；以及技术栈中所有层都拥有标准的技术。此外，将相关立法要求纳入一套常规技术标准也可以确保所有 IT 系统符合强制性行业规范。

技术标准的正确使用使得整合、简化和标准化组织的技术景观，以及采用"流水线"交付新的 IT 计划成为可能。使用技术标准的主要组织收益可以概括为：更快的计划交付、更低的成本、更小的风险和更少的复杂性。第一，对技术标准的使用促进了新 IT 计划的更快交付，原因如下：

- 技术标准有助于在新 IT 计划中积累并使用 IT 员工的现有技术专长。
- 技术标准有利于建立可重复使用的组件或构建块，以创建新的 IT 系统。
- 技术标准有助于避免不必要的学习曲线，这些学习曲线往往与使用未经试验的技术和方法有关。

第二，使用技术标准可以减少与 IT 相关的成本，原因如下：

- 技术标准有助于限制所支持的技术、产品和供应商的数量。
- 标准有利于最大限度地降低专有软件的许可费。
- 技术标准有助于精简 IT 人员的技能组合，优化员工队伍。

第三，技术标准的使用缓解了许多与 IT 相关的风险，原因如下：

- 技术标准有助于复用经过验证的实施方法，减少与项目交付相关的典型风险。
- 技术标准有利于复用经过证明的技术，提高组织技术景观的总体稳定性和安全性。

- 技术标准有助于遵守相关法规的要求，减少与合规问题相关的潜在商业风险。

第四，技术标准的使用降低了企业技术景观的复杂性，原因如下：

- 技术标准有助于从总体上限制 IT 领域的技术多样性。
- 技术标准有助于控制所采用的实施方法的多样性。
- 技术标准有助于最大限度地减少不同 IT 系统之间的交互模式，避免"意大利面式"连接。

此外，出于以下三个不同或更多的原因，技术标准的使用促进了各种 IT 系统之间技术和逻辑互操作性的提高：

- 技术标准有助于消除 IT 系统之间的技术差异。
- 技术标准有助于利用相同的系统集成方法和协议。
- 技术标准有助于通过定义共同的数据类型、结构和格式来实现逻辑上的数据一致性和兼容性。

10.1.4　与相邻类型的差异

技术标准作为以 IT 为中心的规则类企业架构工件，与经营考量和技术景观相邻（见图 8.1）。与技术标准类似，虽然经营考量也描述了一些能够定义组织的全局规则，但经营考量中描述的规则具有更多的业务权重，代表了关键的业务决策。经营考量在本质上非常抽象，以业务语言进行表达，反映了业务高管关心的内容；技术标准则相当狭窄，使用了高度特定于 IT 的术语，并不直接反映任何商业利益。因此，虽然经营考量影响了业务与 IT 的决策，但技术标准的影响在很大程度上仅限于与实施新 IT 解决方案相关的技术决策。经营考量仅为决策提供了一般性的概念建议，而技术标准则提供了直接适用于特定情况或项目的更具体的规定。业务高管一般都不了解技术标准，也无法使用技术标准来管理 IT。与架构师和业务利益相关者共同开发的经营考量不同，技术标准主要是由架构师根据他们对商业利益的最佳理解而单独开发的。本质上讲，企业高管只能通过创建经营考量来间接控制技术标准，而经营考量反过来影响了技术标准的选择，并通过招聘可信赖的架构师来建立反映真实业务需求的适当标准。

尽管技术景观也提供了一些类似于技术标准的组织高层级技术描述，但技术景观提供的描述更具体，通常指 IT 资产的特定实例。与技术景观不同，技术标准并不区分单个 IT 资产（如独立的系统或数据库），而是提供了与所有 IT 资产或某一类实例（如所有的应用程序或服务器）相关的总体规则。即使技术标准描述了实施 IT 系统的成熟方法，但它们也没有解释有哪些或有多少现有的系统是基于这些方法来进行实际实施的。技术标准只建议如何开发新的 IT 系统，但没有描述在当前的 IT 环境中存在哪些系统以及它们之间的关系。

10.2　与技术标准相关的特定企业架构工件

在确定的企业架构实践中经常使用的技术标准子类包括：技术参考模型、指南、模式、

IT 原则和逻辑数据模型。技术参考模型和指南可以被视为必备的企业架构工件，模式和 IT 原则是常见的企业架构工件，而逻辑数据模型是不常见的企业架构工件。

10.2.1　技术参考模型（必备）

技术参考模型（Technology Reference Model，TRM，也可称为技术标准、技术参考、技术参考架构，或独立的特定领域参考模型，比如基础设施参考模型和应用参考模型）是特定的技术标准，为组织中使用的所有技术提供了结构化的图形表示。对大多数成功的企业架构实践的观察发现，技术参考模型可以被认为是技术标准的一个必备的子类。

技术参考模型呈现了整个组织中所有技术栈的综合视图，将组织中使用的所有技术和产品映射到它们各自履行或支持的技术功能上。本质上，技术参考模型构建并描述了整个组织的技术组合。

在最高层次上，技术参考模型可以松散地与技术企业架构领域的栈保持一致（见图 2.3），或者以适合特定组织的任意方式进行构建[3]。在前一种情况下，可能会将技术栈组织成典型的技术层，如应用程序、数据库、中间件、网络、服务器和安全机制。在后一种情况下，可以用多种方式进行组织，例如，将服务分为终端用户应用服务（如通信和办公工具）、系统服务（如虚拟化和存储平台）和基础设施服务（如电话和托管安排）。

技术参考模型是分层结构，每个较高层次的类别可以包括一些较低层次的、更细粒度的下级技术分组。例如，数据库类别可以包括关系型数据库、NoSQL 数据库和基于云的存储，而软件服务器的类别可以被细分为网络服务器、应用服务器和 Servlet 容器。分类层次的深度和粒度一般取决于企业技术景观的规模、使用技术的数量和其他一些因素。最终，技术参考模型显示了组织中所使用的与每个类别有关的技术，通常还包括具体技术的版本号。对于实现相同或高度相似的技术功能，技术参考模型的结构化性质有助于架构师识别冗余和重复的技术。

在依靠现成套装解决方案和外部服务的组织中，技术参考模型可能是相当高层次的，集中于相应的产品、供应商和厂商。相反，在自研信息系统的公司中，技术参考模型可能非常详细，包含了多个较低层次并特定于实施的元素，包括：使用编程语言的具体版本、主要的库与框架，如 Spring、Hibernate 或 AngularJS。此外，在这种模式下，还可能涵盖软件开发所需的各种工具，如自动化构建工具、持续集成服务器、软件配置管理（Software Configuration Management，SCM）和版本控制系统。重要的是要理解，技术参考模型描述的技术，应用程序的最终用户可能根本猜不到，甚至不会留意到它们的存在，或在不知不觉中使用它们，例如 Web 浏览器、文档查看器、电子邮件客户端和即时通信工具。因此，技术参考模型的内容不太能引起任何业务高管的兴趣。

技术参考模型通常采用彩色编码来表示不同技术和产品的状态。技术与产品可以从生命周期阶段和未来再利用机会的角度分为不同的类别，包括但不限于：

- 当前的——当前正在使用的最新技术和产品，在未来没有退役的计划，可以安全地在新 IT 解决方案中重复使用。

- 新兴的——当前并没有积极使用的尖端技术和产品，但计划在未来使用，可用于新的 IT 解决方案。
- 不支持——当前正在使用的过时技术和产品，但其供应商已不再提供支持，不应在新的 IT 解决方案中被重复使用。
- 将退役——当前使用的旧技术和产品，但计划在不久的将来退役，不应该在新的 IT 解决方案中被重复使用。
- 已禁用——具有已知关键缺陷（如许可问题或安全漏洞）的技术，必须立即从公司的技术景观中清除，并需要马上采取行动。
- 已退役——近期可能已从技术景观中完全移除的技术，但为了沟通和澄清其状态，暂时保留在技术参考模型中。
- 未知的——目前状态不明的技术，比如尚未就其在技术景观中的未来和复用前景做出决定。

技术参考模型提供了一个完美的例子，说明企业架构工件能够同时代表事实与决策两种类型（见表 2.1），并能结合两者的属性。一方面，作为事实型企业架构工件，技术标准列出了组织中当前部署和使用的所有技术，是客观现实的反映。另一方面，作为决策型企业架构工件，技术标准指出了哪些技术将在未来得到支持、扩展或退役，这是一个纯粹的主观规划决策。简而言之，已使用的技术集代表了客观事实，而它们的颜色编码代表了规划决策。针对事实型与决策型，技术参考模型的内容更新方式也有相应的区别，即对客观事实的更新可以由个别架构师完成，而对规划决策的更新则需要取得集体共识（见图 2.7）。例如，如果发现一个之前未识别的技术在组织的某个地方被使用，那么这个技术可以由一个架构师简单地以未知状态添加到技术参考模型中，以反映这个新发现的事实。但是，只有在所有相关架构师、高级 IT 经理和主题专家的参与下，才能做出未来复用、支持或停用该技术的权威决定。

在某些情况下，全面的技术参考模型可以细分为两到三个更具体的参考模型，以覆盖技术栈的不同层次，比如分为应用程序参考模型、基础设施参考模型和安全参考模型。在极简情况下，技术参考模型或其独立的组成部分可以被维护为一页 Visio 图纸。技术参考模型（技术栈对齐模型和任意模型）的示意如图 10.1 所示。

在 IT 计划早期的概要设计和后期的详细设计阶段，技术参考模型可以帮助架构师为新的 IT 解决方案选择最合适的可用技术和产品。对技术参考模型的遵守，通常是通过对所有 IT 解决方案的概要设计和详细设计进行同行评审，并讨论可能的偏差来实现的。颜色编码机制（即把技术标记为不推荐、当前或战略性的）也有助于架构师管理不同技术的生命周期，并优化组织的整体技术组合。在拥有大量内部软件开发资源和自研应用程序和系统的公司中，技术参考模型发挥着特别重要的作用，而不是在那些依赖外部供应商提供开箱即用商用套件（Commercial off-the-shelf，COTS）产品的组织。

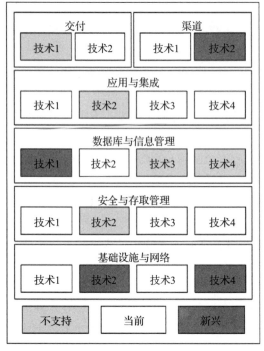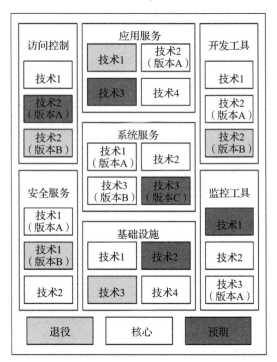

图 10.1　技术参考模型（技术栈对齐模型和任意模型）

10.2.2　指南（必备）

　　指南（也可称为标准或原则）是特定的技术标准，是对 IT 进行具体实施的规定，适用于特定技术领域[4]。在大多数成功的企业架构实践中，指南被视为技术标准的一个必备子类。

　　指南以简短的书面陈述形式制定，它为 IT 解决方案中特定技术、方法或工艺的使用提供了可操作的建议，例如"所有数据备份都应该被加密并设置密码保护，以防止未经授权的访问""每个用户请求都应被分配一个唯一的事务 ID，以实现可追溯性""所有与外部系统的互动都应该被记录下来，以监控其服务等级协议（SLA）"。它们本质上是非常具体、明确和技术性的。指南主要关注独立 IT 解决方案的内部结构，而非技术景观的整体结构。它们通常根据多个狭窄的技术领域（如网络协议、数据加密、服务器部署等）进行分组，并由不同技术领域的不同 IT 专家组负责维护。

　　指南是对技术参考模型的补充，通常与技术参考模型一起使用。技术参考模型仅仅规定了在 IT 解决方案中应该使用什么技术，而指南则提供了更详细的约定，具体地说明了应该如何使用这些技术。技术参考模型可能只被架构师使用，而指南通常与架构师和 IT 项目团队皆相关。

　　组织通常会大量制定各种指南，涵盖技术架构的各个领域。随着具体技术在 IT 解决方案中的有效使用，架构师和项目团队开始逐步学习这些新的最佳实践，因此指南通常会随着时间的推移而引入。不过，架构师也可以利用既定的、经过时间验证的行业最佳实践，并在其基础上开发特定于组织的指南。此外，指南可以从更高级别的规范性策略中派生而来（见图 9.2）。例如，如果监管政策要求以加密格式处理个人信息和信用卡数据，则可以制定相应的指南，以明确说明此种类型的数据在企业所有的 IT 系统中必须如何进行加密、传输、存储和保护。

由于指南是非常详细和具体的，因此对于大多数具有相当规模的组织来说，维护一份与整个组织所有 IT 解决方案相关的统一指南清单是不现实的。在这种情况下，在一个组织不同部门工作或使用不同技术的 IT 专家组可能会制定和维护多个单独的指南清单。例如，为不同业务部门实施 IT 解决方案的架构师和项目团队，可能会建立反映其本地最佳实践的并针对特定部门的指南清单。因此，一个组织的不同业务部门在使用同一技术时，往往会有不同的指南，这与需求密切相关。另外，特定技术的指南，可能是由来自各自技术（如数据仓库或移动应用）卓越中心的架构师和高级主题专家拥有。

已建立的指南可以被简单地存储为与相应技术相关联的 Word 文档集合，如有必要，也可以与不同的业务部门相关联。指南的示意如图 10.2 所示。

服务器 部署标准	指南1：将应用程序作为操作系统服务运行 描述：……………………………………………
	指南2：在VCS中存储部署包 描述：……………………………………………
网络 协议标准	指南3：避免使用UDP多播 描述：……………………………………………
	指南4：首选REST而非SOAP 描述：……………………………………………
数据 加密标准	指南5：使用256位加密密钥 描述：……………………………………………
	指南6：存储MD5密码哈希值 描述：……………………………………………
界面 设计指南	指南7：使用网络安全颜色 描述：……………………………………………
	指南8：将菜单放在右上角 描述：……………………………………………
安全 编码指南	指南9：将变量初始化为安全默认值 描述：……………………………………………
	指南10：验证所有传入的数据 描述：……………………………………………

图 10.2　指南

指南帮助架构师和 IT 项目团队在规划和实施新 IT 解决方案时，可以遵循经过验证的最佳实践。许多指南提供了非常详细和低层次的规定，这些规定往往过于具体，无法反映在详细设计中，更不用说概要设计。此外，一些指南（如安全编码标准）并不能在解决方案的规划阶段被强制执行。因此，对指南的遵守，多数是在解决方案的实施阶段通过对项目组的监督来实现，而非通过对详细设计进行同行评审。例如，架构师只能通过审查项目组生成的实际程序代码，来确保其对安全编码标准的遵守。

10.2.3 模式（常见）

模式（也称为参考架构）是特定的技术标准，为 IT 系统在设计中经常出现的问题提供了通用的、可重复使用的解决方案[5]。模式被认为是成功的企业架构实践中常见的技术标准的子类。

模式代表了经验证并特定于组织的可复用技术组件，用以解决 IT 方案的常见问题或需求。它们描述了在一个组织中，应该如何处理与新 IT 解决方案设计相关的最典型问题。例如，模式可以为创建故障转移集群、部署受防火墙保护的服务器或构建分布式 IT 系统提供现成的解决方案。模式经常处理信息交换问题，并提供组织范围内推荐的集成方法，以使不同的应用程序相互连接。本质上，模式提供了完整的逻辑"砖块"或积木，用于构建新的 IT 解决方案。因为面对相似的设计问题，同样的模式可以在设计多个不同 IT 解决方案时被成功地复用。

单个模式的定义通常包括其描述、适用性、基本原理和解决方案部分。描述部分解释了模式打算解决哪些常见问题以及如何解决；适用性部分澄清了在哪些情况下应该和不应该应用该模式；基本原理部分解释了为什么该模式为所述问题提供了一个首选解决方案；最后，解决方案部分详细描述了该模式所推荐的解决方案结构。

尽管模式描述了 IT 解决方案的一些有形的组成部分，但就其本身而言，只能被视为纯粹的概念性结构或规则。模式在物理上并不是孤立存在的，它们总是与体现这些模式的具体 IT 解决方案相关联。换而言之，模式本身是无形的，只有在真正的 IT 解决方案中，通过遵循其规定才能被实例化和具体化。图 10.3 为模式的示意图。

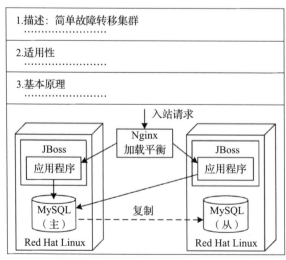

图 10.3　模式

通常，在 IT 项目的后期设计阶段，模式目录可以帮助架构师在规划具体 IT 解决方案时选择和复用经验证的实施方法。对既定模式的遵守，一般是通过对所有 IT 解决方案的概要设计和详细设计进行同行评审，并协商可能的偏差来实现的。

10.2.4 IT 原则（常见）

IT 原则（通常可以简称为原则）是具体的技术标准，定义了全局高层次的 IT 具体准则，影响着一个组织中所有与 IT 相关的决策和规划[6]。IT 原则被认为是成功的企业架构实践中常见的技术标准子类。

在概念上，IT 原则与以业务为中心的原则（见图 9.1）非常类似，甚至完全相同。IT 原则是以简短书面声明的方式制定的，定义了什么对 IT 来讲是重要的以及 IT 应该如何进行工作，这些陈述可能相当抽象，在不同的情况下会有不同的解读。与原则不同，IT 原则定义了纯粹的 IT 特定规则，与业务利益相关者基本无关，也不直接反映任何商业决策[7]。然而，IT 原则可从以业务为中心的原则中衍生而来。例如，如果原则要求了高度的业务连续性，那么 IT 原则就可能需要在不同的数据中心，托管所有关键 IT 系统和数据库备份。

与原则类似，单一 IT 原则的定义也可以包括其声明、基本原理和含义。例如，对于 IT 原则"双供应商策略"，它的声明可以表明"我们同时与两个战略供应商合作并建立长期关系，而不会优先考虑其中任何一个"，它的基本原理可以解释为"与两个不同的供应商合作可以兼顾资源整合与灵活性，利用规模效应，从而避免了供应商锁定"，而它的含义之一可以规定"在任何情况下，两个战略供应商的产品和服务应该被同等考虑，两个报价中最优的一个应该被优先考虑"。

IT 原则也可以被看作广义、抽象、更高层次的指南。指南提供了狭义的技术规则，通常只影响独立 IT 解决方案的内部细节；而 IT 原则定义了总体的、与技术无关的要求，通常对 IT 影响深远，影响了所有 IT 解决方案的架构，最终塑造了企业技术景观的整体结构。然而，IT 原则和指南之间的实际区别可能有些模糊，我们无法划定两者间的严格界限。

组织通常会创建 10 ～ 20 条或更多的 IT 指导原则，这些原则由架构师和其他高级 IT 利益相关者（包括 CIO）共同商定[8]。为方便起见，这些 IT 原则通常根据其企业架构领域进行分组，如应用程序、数据、集成、基础设施和安全。大公司通常会建立一个 IT 原则的层次结构，包括全局性 IT 原则和与全局性原则一致的但特定于领域的更具体的局部 IT 原则。IT 原则的示意见图 10.4。

一旦建立，IT 原则就成为所有 IT 特定决策的基础驱动因素。通常，在早期概要设计阶段，IT 原则帮助架构师为所有 IT 计划选择最合适的实施方法。所有与 IT 相关的计划和决策都需要与 IT 原则保持一致。这种一致性是通过对（任何规划决定的）概要设计、详细设计和技术景观的讨论和同行评审实现的。

应用程序	IT原则1：首选开源解决方案 描述：⋯⋯⋯⋯⋯⋯⋯⋯⋯⋯⋯⋯⋯
	IT原则2：记录所有主要操作 描述：⋯⋯⋯⋯⋯⋯⋯⋯⋯⋯⋯⋯⋯
数据	IT原则3：使用可扩展存储 描述：⋯⋯⋯⋯⋯⋯⋯⋯⋯⋯⋯⋯⋯
	IT原则4：备份所有永久数据 描述：⋯⋯⋯⋯⋯⋯⋯⋯⋯⋯⋯⋯⋯
集成	IT原则5：使用中间件进行集成 描述：⋯⋯⋯⋯⋯⋯⋯⋯⋯⋯⋯⋯⋯
	IT原则6：避免二进制集成协议 描述：⋯⋯⋯⋯⋯⋯⋯⋯⋯⋯⋯⋯⋯
基础设施	IT原则7：云主机 描述：⋯⋯⋯⋯⋯⋯⋯⋯⋯⋯⋯⋯⋯
	IT原则8：每个系统有一台专用服务器 描述：⋯⋯⋯⋯⋯⋯⋯⋯⋯⋯⋯⋯⋯
安全	IT原则9：将公共系统置于DMZ 描述：⋯⋯⋯⋯⋯⋯⋯⋯⋯⋯⋯⋯⋯
	IT原则10：安全为默认项 描述：⋯⋯⋯⋯⋯⋯⋯⋯⋯⋯⋯⋯⋯

图 10.4　IT 原则

10.2.5　逻辑数据模型（不常见）

逻辑数据模型（也可称为逻辑信息模型、规范化数据模型/典型数据模型、数据模式等）是特定的技术标准，为常见的数据实体及其关系提供了逻辑层面甚至是物理平台中的特定定义。逻辑数据模型可以被认为是企业架构实践中不常见的技术标准子类。

逻辑数据模型被表达为正式并面向 IT 的数据视图，描述了一个组织中使用的核心数据实体，定义了主要数据类型的结构及其所有属性的精确细节，通常包括准确的字段标题、类型、格式、长度以及它们之间的关系。逻辑数据模型的抽象程度，可以从只定义信息精确组成的纯逻辑模型到包含许多特定实施元素的技术化图表。有时，逻辑数据模型也会解释相应的数据对象在什么地方和什么时候产生，在什么地方和什么时候被消费，以及哪些系统使用这些数据对象进行通信。

由于详细的逻辑数据模型很难维护，因此往往模型只关注组织范围内有意义的最关键的共享数据实体，这些实体与特定的应用程序是分别存在的，通常在不同的服务和系统之间进行传递，例如：客户、产品或订单的实体。逻辑数据模型在本质上是稳定的，并且很少发生变化，这点与以业务为重点的概念数据模型（见图 9.3）类似。通常，在与业务高管就抽象的概念数据模型达成一致后，会生成更详细和特定于 IT 的版本，也就是概念数据模型的下一个细节层次——逻辑数据模型。虽然概念数据模型看起来比较通用并与组织无关，但逻辑数据模型通常非常特定于组织。由于它们之间的直接联系，因此这两种类型的企业架构工件通常是同步更新的。

　　与简单直观的概念数据模型不同，逻辑数据模型主要是为 IT 专家准备的，通常使用特殊的实体关系建模符号，例如 UML 这样的统一建模语言，这对于大多数业务利益相关者来讲很难理解。这些图例提供了对数据实体或类的纯技术描述，并可能包含特殊的存储细节或字段。例如，逻辑数据模型通常包括关系型数据库中表的主键和外键。此外，它们甚至可能被描述为数据实体在物理上的、特定于平台的表示。逻辑数据模型可以为相同数据实体提供不同的推荐定义，例如为集成中间件提供 XML 模式定义（XML Schema Definition，XSD）格式的定义，为 Oracle 和 DB2 数据库平台提供 SQL 数据定义语言（Data Definition Language，DDL）格式的定义。

　　与技术参考模型类似，逻辑数据模型可以代表决策型与事实型的混合（见表 2.1）。一方面，它们可以为所有新 IT 系统预期使用的、组织范围的关键数据实体建立设想的标准化结构。另一方面，它们可以简单地记录不同 IT 系统中最广泛使用的数据对象的现有结构，以促进它们的进一步复用，或者仅仅作为对架构师有帮助的通用数据参考材料。

　　逻辑数据模型有助于在不同 IT 系统之间实现更好的数据一致性，并确保组织中所有系统以相同格式捕获和存储完全相同的数据。因此，逻辑数据模型简化了数据交换，提高了互操作性，促进了不同 IT 系统之间的集成。逻辑数据模型（高阶模型和低阶模型）的示意如图 10.5 所示。

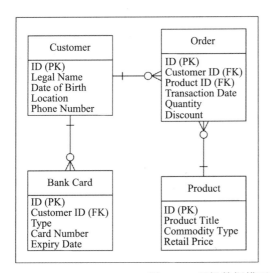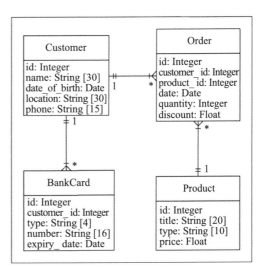

图 10.5　逻辑数据模型（高阶模型和低阶模型）

　　与所有其他技术标准一样，逻辑数据模型提供了与组织中所有 IT 系统相关的全局性 IT 特定规则。所有处理公共数据实体的新 IT 系统，都应在其设计中使用逻辑数据模型所提供实体的标准定义。本质上，对所有处理共享数据的应用程序而言，逻辑数据模型决定了它们的架构需求。与其在不同应用程序中创建相同数据对象的不同版本，架构师和项目团队更应该复用已建立的数据定义，以实现逻辑一致性和互操作性，并简化各种 IT 系统之间的集成，尤其是定制的内部系统和 COTS 之间的集成。逻辑数据模型的合规性通常是通过对所有 IT 系统的设计进行同行评审以及对实施这些系统的 IT 项目团队进行监督来实现的。与概念数据模型类似，逻辑数据模型在高度依赖信息的组织中可能更有用，特别是那些按照协同和统一模型运行的组织，这些都意味着大量的数据整合（见图 5.3）。

10.2.6 与技术标准相关的非主流企业架构工件

除了上述技术参考模型、指南、模式、IT 原则和逻辑数据模型之外，在践行企业架构的组织中偶尔也会发现一些其他值得注意的技术标准子类。首先，有些公司使用技术清单。技术清单提供了组织中使用的所有技术的综合目录。一方面，技术清单在概念上类似于技术参考模型。与技术参考模型一致，它们都捕捉了当前的技术组合，并指出了各种技术在企业技术景观中的地位。然而，技术清单是以表格或文本的形式进行展现的，而非图形。它们不使用任何特定的可视化结构来梳理可用的技术，而以一张宽表的形式进行呈现，表中的多列包含了类、属性和特性；或者偶尔以多层嵌套列表的形式展现，其中包含了高层级的技术类别（如数据库和操作系统）及其低层级的子类别（如关系型数据库和 NoSQL 数据库）。从这个角度来看，技术清单可以被视为简单版的技术参考模型。另一方面，技术清单也可以被看作一种特殊类型的 IT 资产清单（将在第 12 章中讨论），它侧重于技术而不是具体的 IT 资产，反映了如技术供应商、使用条款和条件等内容的各自属性。本质上，技术清单是常规的 IT 资产清单和技术参考模型的混合体，主要由架构师维护和使用，以记录组织中使用的技术，跟踪其状态，控制其生命周期，并在新的 IT 计划中复用适当的技术。这些企业架构工件所追求的目标与技术参考模型完全相同，有助于抑制技术景观中的技术扩散，识别重复、冗余和误用的技术，并夯实了所有的技术组合。

其次，一些组织使用可被称为接口定义的企业架构工件，提供了一个组织中存在的关键 API 的正式规范。接口定义通常记录了 API 提供的功能，以及这些功能的预期参数，包括其名称、序号、数据类型和逻辑含义。然而，它们也可以提供关于 API 的一些额外信息，包括调用协议（如 REST 或 SOAP），可能出现的异常，结果与错误代码。由于这些企业架构工件通常描述输入参数的详细数据结构，它们可能有点类似于本地数据模型。通常，接口定义专注于与特定 IT 系统无关且独立存在和演进的 API，例如可以被多个不同信息系统调用的通用 API，或者可以切换底层依赖系统的 API。它们可能更有助于组织围绕自己的互操作服务（如根据 SOA 范式）来构建自身的技术景观，这些服务可以在内部被复用，以作为搭建更高级别流程的构建块；也可以从外部暴露给可信的商业伙伴，或者公开提供给感兴趣的各方。接口定义主要由架构师维护和使用，以解决各种内外部 IT 系统的集成问题。一方面，在规划新的 IT 解决方案时，它们帮助架构师确定这些新的解决方案应该实现哪些功能，如何以及通过哪些协议将这些功能提供给其他系统。另一方面，接口定义还允许架构师了解组织中已有哪些功能，其中哪些能够在新的 IT 解决方案中被复用，这些功能在技术上是如何被访问的，以及访问这些功能需要哪些数据。

10.3 关于技术标准的其他问题

除利益相关者在开发过程中参与不足的常见风险外（见图 2.7），与技术标准实际使用中相关的最大威胁可以说是开发了过于严格和死板的技术标准，这对组织来讲是有害的。过于僵化的技术标准，会使新 IT 计划的交付因无休止的谈判、官僚主义和繁文缛节而陷入瘫痪。为了标准化而追求标准化，通常会导致多余技术标准的产生和扩散，这些技术标准试图规范信息系统可以想象的所有方面。这种对制定和执行技术标准的痴迷，常常使项目团队无法完成他们正常的日常工作，如实施新的 IT 项目。同时，仅仅因为项目与无穷无尽的技术标准存在细微的偏差，架构部门就无休止地检查和阻止正在进行中的 IT 项目，这种臭名昭著现象被称为"架构警察"。就技术标准而言，"越多越好"是一种不恰当且有害的态度。

相反，要有效地利用技术标准来控制复杂性、降低成本、减少风险和加速交付，需要在标准化和灵活性之间找到适当的平衡。为了实现这一平衡，只有信息系统最重要的方面才应该被标准化，尽管理想中的标准化水平也可能受到必要的架构灵活性的影响，如第 18 章所述。没有必要把所有的东西都标准化，而只需标准化真正重要的东西，即实现简单、一致与同质。此外，合理的技术标准应该与实际需求进行紧密结合，尤其是与特定领域提供 IT 解决方案的项目团队进行结合。因此，大多数技术标准的制定都应该由 IT 专家和技术主题专家直接参与，如首席软件开发人员或高级基础设施工程师。项目团队通常会发现，由架构师独立制定的技术标准往往过于笨拙，没有考虑到实施层面的重要问题，最终变成了"象牙塔"。

为了实现所需的灵活度，还应在适当的抽象层次上为特定技术或业务领域定义专门的技术标准，并与这些领域现有的具体需求紧密结合。小型组织可能会维持一套与整个公司相关的技术标准，其他组织通常会建立一个具有不同范围与粒度的、具有层次结构的技术标准。例如，在整个组织范围内，大型组织可能只有一个核心战略供应商的清单；而中型组织也可能对所有业务部门使用的具体供应商的产品进行标准化。大型和中型组织中更细粒度的技术标准通常是在特定业务单元或 IT 部门的二级单位中定义的，以反映其独特的需求。例如，不同业务线可以根据各自特定的流程需求制定自己的技术标准；而 IT 部门中负责不同技术的子部门也可以制定自己特定的技术标准。此外，独立的 IT 项目团队也可以积累自己基于实施层面的本地技术标准，这些标准只与特定类别的项目有关。许多这些最低级别的标准（例如目录结构、变量命名规则和其他编码标准）甚至可能在很大程度上是非正式和未记录的，即在不同的团队成员之间口头约定和交流，或直接从现有的代码库中学习。

上述这些定义技术标准的分层法，有助于在适当的组织级别以必要的粒度和形式将正确的内容标准化。这种方法允许将所需的标准化水平和灵活性结合起来，既实现了与标准化相关的主要收益，又保留了足够的余地。图 10.6 中展示了一个假想的大型组织中的技术标准分层树，包括其组织层级、相关的企业架构工件和相应的标准化决策。

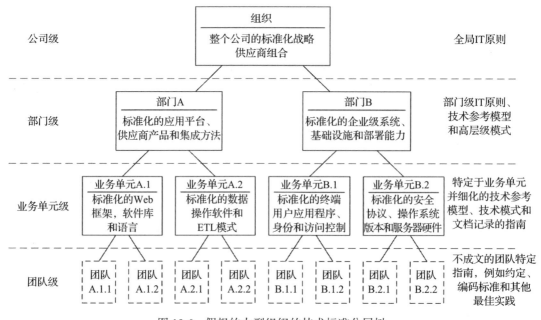

图 10.6　假想的大型组织的技术标准分层树

一般而言，更抽象的技术标准（如 IT 原则和技术参考模型）往往更有全局性，在企业级的更高层次上被定义；更详细的技术标准（例如模式和指南）往往更有局限性，在较低的组织层次上被制定，并与本地的需求和要求保持一致。技术标准分层的具体结构在很大程度上取决于一个组织的业务结构及其运营模式（见图 5.3）。例如，多元化模式为不同业务单元选择自己的技术标准提供了高度甚至无限的自主权，因此，可能会生成一个宽泛的技术标准层次树。相比之下，复用和统一模式意味着业务部门很少或没有技术独立性，并且可能产生一个相当狭窄的技术标准层次结构。

为避免过度僵化和笨拙，应及时删除所有不相关和过时的技术标准。因此，应定期审查、修订和清理技术标准，通常每年进行一次。除了务实的需要外，没有堆积技术标准的理由。此外，应容忍与既定技术标准合理的偏差。这些偏差应被记录下来，也可作为架构债务，以便之后进行分析，从而促进组织学习并指导技术标准的演变。

10.4　本章总结

本章从信息内容、开发、使用、目的和收益的角度，讨论了作为通用类型企业架构工件的技术标准，并且详细地描述了技术标准流行的狭窄子类，包括技术参考模型、指南、模式、IT 原则、逻辑数据模型和其他一些工件。本章的核心信息可以归纳为以下几个要点：

- 技术标准描述了与 IT 系统相关的全局技术规则、标准、模式和最佳实践，代表了解决方案实施的可复用方法。

- 技术标准是永久型决策类企业架构工件，由架构师和技术主题专家在必要的基础上共同开发，根据持续的技术进步进行定期更新，并用以塑造所有 IT 计划的架构。
- 技术标准有助于实现技术的一致性、技术的同质性与法规的遵从性，最终加快了新 IT 计划的交付，降低了 IT 相关成本、风险和复杂性。
- 技术参考模型是必不可少的技术标准工件子类，提供了一个组织中使用的所有技术的结构化图形表示，并帮助架构师控制、管理并整合企业的技术组合。
- 指南是必备的技术标准工件子类，提供了适用于特定技术领域的、IT 具体实施层面的规定，帮助架构师和主题专家记录、共享和复用 IT 运转过程中的最佳实践。
- 模式是常见的技术标准，对于 IT 系统设计中经常出现的问题，提供了通用的、可复用的解决方案，并通过提供标准化的方法或构件，帮助架构师构建新的 IT 项目。
- IT 原则是常见的技术标准，它从全局定义了高层次并特定于 IT 的准则，对组织中所有与 IT 相关的规划决策产生影响，并帮助架构师隐性地塑造了所有 IT 系统的架构。
- 逻辑数据模型是不常见的技术标准，为常用的数据实体及其关系提供了逻辑甚至物理平台的定义，帮助架构师制定了统一的数据格式，实现了 IT 系统间更好的互操作性。
- 在企业架构实践中，有效使用技术标准的最大威胁是强制实施不灵活的、过于严格的技术标准，这些标准与实际情况脱节，阻碍了正常的系统开发工作。

10.5 注释

1 Koenig（2019b，第 67 页）以如下方式描述了新标准的引入和制度化："一旦一种解决方案被用于解决问题，其就开创了先例，成为标准。后来者应尝试重复使用该解决方案，或者提供一个令人信服的理由说明为何不同的解决方案更具业务意义。举证责任在于选择做一些不同的事。此乃标准化与采用新兴技术间如何保持平衡之精髓所在。"

2 许多领域都有既定的行业标准和最佳实践。其中有些是通用的，与所有行业均相关，如成熟的系统集成模式（Hohpe 和 Woolf，2004）。另一些则范围很窄，针对特定行业，如保险业的 ACORD 数据交换标准（ACORD，2020）。

3 AGIMO（2011）提供了一个全面的技术分类，可用于开发针对特定组织的技术参考模型。

4 Koenig（2019b）提供了一套全面的最佳实践指南或"黄金规则"。

5 据称，架构模式的概念源于经典架构（Alexander 等人，1977），是对常见设计问题的可复用解决方案，随后扩展到软件架构（Gamma 等人，1994）、企业应用架构（Fowler，2002）、企业集成架构（Hohpe 和 Woolf，2004），最后扩展到企业架构（Perroud 和 Inversini，2013）。

6 Koenig（2019b）详细描述了一系列行之有效的信息技术原则和相关指南。

7 Koenig（2019b，第 105 页）解释说，"架构原则（IT 原则）和相关的黄金规则（准则）精确捕捉了适用于几乎每种产品和几乎每家公司的非功能性需求，但业务需求往往是假设而非明确的"。

8 Koenig（2019b）制定了 10 项通用 IT 原则，其中大部分适用于系统和数据：安全性、合规性、可扩展性、可管理性、可靠性、简单化、模块化、可维护性、可掌握性和整体性。

Chapter 11

第 11 章

业 务 愿 景

第 10 章重点介绍了技术标准作为企业架构 CSVLOD 模型定义的第二类通用企业架构工件。业务愿景作为下一个（以业务为中心的结构）通用类型企业架构工件，本章详细讨论了它的各个方面，及其在企业架构实践中经常使用的更具体的子类。本章首先将描述所有业务愿景的共同属性，包括其特定类型的信息内容、开发与使用场景、在架构实践中扮演的角色以及相关的组织收益。接下来，本章将详细讨论业务愿景中流行的狭义子类，包括业务能力模型、路线图、目标状态、价值链和上下文图，以及与业务愿景相关的一些其他企业架构工件。最后，业务愿景作为企业架构实践的一部分，本章提供了其他的关注点与建议。

11.1 业务愿景作为企业架构工件的通用类型

业务愿景是以业务为中心的结构类企业架构工件（见图 8.1）。它们由高级业务与 IT 利益相关者合作开发，提供了组织面向业务的高层级描述，并共享了以业务为中心企业架构工件和结构类企业架构工件的共有属性。与业务愿景相关的企业架构工件实例包括：业务能力模型、路线图、目标状态、价值链、上下文图，以及一些类似但不太流行的企业架构工件（见图 8.2）[1]。

11.1.1 信息内容

业务愿景从业务角度提供了组织的高层级概念描述。总的来说，业务愿景以抽象的方式描述了一个组织的未来面貌或需要成为的模样。业务愿景中提供的面向业务的描述，强调了以下或类似的战略问题：

- 整个组织在做什么？
- 组织的业务活动和能力是什么？
- 主要的客户、流程、数据和系统之间的关系是什么？
- 从长远来看，IT 应该为组织提供什么？
- 未来的 IT 投资将专注于哪些业务领域？
- 未来应通过 IT 来提升哪些业务能力？
- 未来应进行哪些类型的 IT 投资？
- 应在何时与 IT 部门一起解决哪些特定的业务需求？

所有这些问题都代表了组织范围内至关重要的商业利益、核心关注点与未来规划，应该在高级业务和 IT 利益相关者之间达成一致，而不仅仅是授权给 IT 高管[2]。比如 IT 高管直觉地认为，可以通过实施新的 IT 系统来解决一些迫切的业务问题；但从高级管理层的角度来看，对整个组织而言，这一决定可能与真正重要的业务理解不一致。IT 高管决定打造支持特定业务能力的 IT 基础设施，但从高级业务高管的角度来看，这一业务能力对组织来讲并非如此重要。同样，IT 高管决定加快实施某一貌似关键的 IT 计划，或推迟交付一个并不重要的 IT 解决方案，这些举措都可能与业务高管根据业务战略制定的优先级不一致。

为了避免业务和 IT 之间类似的不一致，业务愿景中记录了彼此对组织的共识，包括：组织在当前是如何运行的、未来需要如何运行、从 IT 角度来看应该做些什么来达到希望运行的方式。因此，所有的业务愿景都是面向业务高管和架构师的双重属性的企业架构工件（见图 2.5），代表了业务与 IT 部门对一个组织达成的共识、未来的总体方向以及如何朝设想方向迈进的初期步骤。业务愿景既反映了业务部门希望以特定方式来改造组织的愿望，同时也反映了 IT 部门实现这一转变的能力。业务愿景通常与整个组织相关。然而，在大型、复杂和分散的公司中，主要业务部门（如业务线、职能部门或事业部）也可以制定自己的业务愿景，反映本地业务单元的特定战略，这些战略与组织整体的业务愿景保持一致。

根据组织经营环境的状况，业务愿景通常着眼于 3～5 年的长期未来，如第 18 章中所述[3]。除了惯常关注当前状态的上下文图之外，大多数业务愿景都提供了一些关于未来的描述，说明了一个组织从长远来看会发生什么，以及 IT 对业务的长期贡献。然而，即使一些业务愿景中描述了当前状态，这些描述仍然是以变化为导向的，旨在促进对未来需要改变内容的讨论。从本质而言，无论关注的时间点如何，所有的业务愿景都支持业务与 IT 之间的战略对话。

为了使高级业务管理者易于理解，业务愿景通常以简短的非正式格式表达。业务愿景旨在提供非常概念化和高层次的描述，通常只关注最重要的信息而非具体细节。因为复杂的完整视图中有太多的箭头与方框，对大多数企业高管来讲不容易被直观理解，所以业务愿景倾向于使用简单的示意图而非复杂的完整视图。此外，为了更容易地吸引业务利益相关者的关注，业务愿景通常采用各种颜色来展示，而非单调"无聊"的黑白技术图纸。基于以上特性，业务愿景通常被表达为简洁并吸引人的一页纸视图，其中包含了来自高管层面的最关键信息。通常，所有业务愿景都在 Visio 中以普通绘图的方式被创建、维护和分发，很少用 PowerPoint 来呈现。

11.1.2 开发与使用

业务愿景（除了描绘当前运营流程的上下文图外）呈现了从长期来看 IT 应该向组织交付什么的集体规划决策（见表 2.1）。业务愿景由业务高管和架构师（见图 2.7）共同开发，并作为战略规划过程的一个组成部分（见表 6.1 和图 6.1）。在制定业务愿景时，业务高管与架构师通常会进行讨论并达成一致，以确定哪些业务能力应在长期内得到改善，以及未来应通过 IT 来解决哪些具体的业务需求（见表 5.1）。根据业务愿景，业务高管应清楚地了解其是如何与业务战略保持一致的，而架构师应该清楚地了解 IT 到底需要提供什么。因此，业务愿景促进了未来的 IT 投资与业务战略的一致性，并使业务与相关的 IT 计划保持同步。业务高管和架构师都应该有意识地做出承诺，能够按照业务愿景来采取行动。与经营考量类似，业务愿景也是由架构师创建的，其核心反映了高级业务利益相关者的经营理念。业务愿景主要立足于企业高管的想法并代表了他们对企业及其未来预期的理解，而架构师只是帮助业务高管将他们的观点正式地呈现出来。从本质上讲，业务愿景促进了业务高管和架构师之间的日常战略沟通。

在达成一致意见后，业务愿景被用于指导 IT 投资、确定新的 IT 计划、排序并启动新的 IT 计划。第一，业务愿景被用于将未来的 IT 投资集中于具有战略意义的业务领域。业务愿景中提供的对组织及其未来的高层级描述，有助于业务高管确定 IT 资金的投向，以便支持长期的业务战略。业务愿景中经常强调的战略业务能力，为 IT 投资的方向和类型提供了相对清晰的指导。

第二，业务愿景被用来确认未来要执行的潜在 IT 计划。通过提供组织希望由 IT 实现的内容的一般性高层级建议，业务愿景为业务高管和架构师提供了需实施的候选 IT 计划列表。例如，如果组织的业务愿景中出现了一个试图实现且抽象的长远未来状态，那么就可以阐明需要哪些具体的 IT 计划来逐步实现这一期望的目标状态；或者如果业务愿景中表明了应提升某些业务能力，则可以通过分析相应领域来确定可能改进的机会，并将其制定为 IT 计划。

第三，根据 IT 计划对组织业务的现实重要性，业务愿景被用来确定 IT 计划的优先级，从而帮助业务高管决定未来 IT 计划的实施时间和顺序。具体而言，业务愿景可被用于确定基本计划、战略计划和局部计划的优先顺序（见表 7.1）。一方面，全局业务高管可以使用业务愿景，以自顶向下的方式识别基本计划与战略计划，并直接促进了组织的长期目标。另一方面，愿景也可用于从本地业务高管以自底向上的方式提出的局部计划池中选择最合适的 IT 计划，并对其进行优先级排序，这些计划基于其与全局业务高管定义的总体战略方向的一致性，有时会根据各自的概要设计进行通知。如果具有重大意义的局部计划与已被组织批准的业务愿景存在重大偏差，则架构师可以使用架构债务的概念来评估这些偏差带来的后果，并告知决策者这些计划的必要性，如第 18 章中所述。

第四，业务愿景被用于确定哪些 IT 计划应该在近期启动或立即启动。业务愿景本身仅为未来 IT 投资提供无法直接付诸实施的高层级指导，建议于特定时刻解决特定的业务需求，从而为启动新 IT 计划并解决计划中的业务需求提供了基础（见图 6.1）。换而言之，业务愿景以具体 IT 计划的形式为 IT 投资组合管理过程提供了重要的输入，应考虑将这些具体的 IT 计划纳入工作规划中（见图 7.4）。例如，如果业务愿景建议在近期需要提升某种业务能力，则应向公司高级领导提出旨在提高这一能力的 IT 计划，将其纳入下一个工作规划中，启动计划并根据其概要设计与相关业务利益相关者进行更详细的讨论，如第 13 章中所述。可以简单地理解为，把计划中的业务需求标注在业务愿景中，便启动了计划交付过程的一个新实例。因此，业务愿景有助于将高层级的业务战略转化为可被具体执行的 IT 计划。

业务愿景是永久型企业架构工件（见表 2.2），尤其是业务能力模型和价值链，具有"无限"的生命周期，即一旦被创建就会与组织相伴终身。如有必要，业务愿景可每年更新多次，以反映最新的战略优先事项和外部业务环境的持续变化。作为常规战略治理机制的一部分（如第 17 章所述），在执行委员会重新批准业务战略后，业务高管和架构师将对业务愿景进行正式的审查、批准和签署，通常每年一次。但是，一些业务愿景仍然可能在重大的组织重组后被丢弃，或在商业模式发生重大转变后进行重新开发。

11.1.3 角色与收益

业务愿景代表了业务和 IT 部门对组织及其未来的一致看法，为所有进行战略决策和 IT 系统实施的参与者确立了共同方向。本质上，业务愿景可被视为整个组织及其主要业务部门的全局"地图"，准确地展示了从长远来看一个组织需要走向何方，以及需要采取哪些步骤才能得以实现。业务愿景说明了如何利用 IT 来执行公司的业务战略，并为未来的 IT 投资提供了相当详细的指导。

所有业务愿景的总体目的是帮助实现 IT 投资与长期业务成果之间的一致性。通过使用业务愿景来进行战略讨论，业务高管和架构师可以就业务与 IT 的未来行动方向达成一致，并确保所有计划的 IT 投资都有助于实现相应的战略业务目标。具体而言，业务愿景有助于解决 IT 支出与业务成果之间的四个关键方面：

- 在 IT 方面投入多少资金——业务愿景可以提供一个大致的想法，用以说明需要或愿意承担多少 IT 支出来满足战略业务需求。
- 在哪里投资 IT 费用——业务愿景允许将未来的 IT 投资集中在最具战略意义的业务领域，同时最大限度地减少无效或非必需的 IT 费用。
- 需要什么类型的 IT 投资——在组织执行其业务战略时，业务愿景帮助确定了所需新 IT 系统的关键类型。
- 何时进行 IT 投资——业务愿景允许根据战略业务优先级和组织范围内的投资计划分配与安排未来的 IT 投资。

正确使用业务愿景可以提高战略一致性和 IT 投资效率。由于企业高管确保业务愿景符合其业务战略，因此与业务愿景一致的所有 IT 投资也会自动与业务战略对齐。业务愿景所包含的所有 IT 计划，包括基本计划、战略计划和局部计划，都被明确地映射到有形的战略业务成果，因此在本质上是有效的。通过弥合业务目标与计划 IT 投资之间的差距，业务愿景有助于提高 IT 支出的透明度，并在 IT 支出与组织所宣称的长期业务目标之间实现更好的可追溯性。

11.1.4　与相邻类型的差异

作为以业务为中心的结构类企业架构工件，业务愿景与经营考量、技术景观和概要设计相邻（见图 8.1）。尽管经营考量也提供了一些组织业务的概念性导向描述，但经营考量提供的描述并不那么具体，指导性和可操作性都不强。与仅仅描述组织希望如何工作的经营考量不同，业务愿景提供了一个高层次的方向，建议了组织在未来要做什么，并提供了业务和 IT 长期行动方针的清晰计划。本质上，经营考量只定义了组织中所有 IT 系统的某些概念要求；而业务愿景则更进一步，明确了未来 IT 投资的重点，确定了应该在何时进行这些投资，以及应启动哪类 IT 项目。

尽管技术景观也提供了对组织高层级结构的描述，但这些描述在本质上聚焦于技术，不容易被理解，显得与业务高管无关。同时，技术景观主要聚焦于记录企业技术景观的当前状态，而业务愿景更侧重于被业务高管直接认可的长期战略方向。与技术景观不同，业务愿景为高级业务利益相关者提供了指导 IT 的有用工具。本质上，业务愿景允许业务高管间接指导 IT 计划，而不用去了解可能被实施的具体 IT 系统。

尽管概要设计也提供了一些面向业务的高层级描述，但概要设计提供的描述更为具体、狭窄并可操作。概要设计侧重于详细描述范围和时间有限的单独 IT 计划，而业务愿景侧重于展现业务和 IT 的全局战略方向。与概要设计不同，业务愿景并没有准确解释需要做什么，而仅为 IT 投资提供了惯常的长期指导。从本质上讲，业务愿景在整个组织范围内阐明了业务和 IT 的未来行动方向，但并没有详细说明拟议的 IT 计划。

11.2　与业务愿景相关的特定企业架构工件

在既定的企业架构实践中经常使用的业务愿景子类包括：业务能力模型、路线图、目标状态、价值链和上下文图。业务能力模型和路线图被视为必备的企业架构工件，目标状态被视为常见的企业架构工件，而价值链和上下文图被视为不常见的企业架构工件。

11.2.1　业务能力模型（必备）

业务能力模型（Business Capability Model，BCM，有时也称为业务能力地图、业务能力画布、能力参考模型或简版业务架构）是组织所有能力的结构化图形展示，体现了业务能力之间的关系与结构层次[4]。在大多数成功的企业架构实践中，业务能力模型是业务愿景的一种必备类型[5]。

业务能力模型从业务能力的角度简要描述了组织能做什么，从而勾勒出组织整体的高层级能力视图。业务能力模型在本质上是非常稳定和组织中立的，并不依赖于具体的公司结构、报告关系、政治议程、商业领导个人的文化修养、当前的计划与项目。此外，组织中发生的大多数变化不会影响其业务能力模型的基本结构。

业务能力模型以分层方式构建，每个较高级别的业务能力都包括了一定数量可管理的较低级别子能力[6]。取决于组织的规模、复杂性和经验，业务能力模型可以有几个嵌套的层级和粒度级别，通常有 2～4 个不同的抽象层次。在通常称为零级的最高级别，所有业务能力都可以分为面向客户的"前台"能力和面向"后台"的运营能力。顶级业务能力的分类结构也与组织的运营模式相关（见图 5.3）。具有协同模式的公司倾向于根据其业务部门履行的职责（如赋能、管理和运营）来组织其业务能力模型；采用复用和统一模式的公司通常根据其价值链的连续活动（供应、生产、分销、销售和服务）来构建；而采用多元模式的公司可以为其独立的业务部门开发各自独立的业务能力模型。底部较低级别的业务能力（即一级及以下级别）自然更为丰富和精细[7]。业务能力模型中的具体能力命名可以采用"名词 + 动词"格式或"动词 + 名词"的格式，例如"产品开发"或"开发产品"。

在极简模式下，业务能力模型仅展示父级业务能力和子能力的结构化集合。在扩展模式下，业务能力模型还可以提供组织及其环境的附加信息，这些信息通常与战略决策相关。复杂的业务能力模型通常包括组织使命、战略及愿景、所记录的长期目标、宗旨和约束，甚至还包括在战略规划过程中应该对外部业务环境考虑的基本要素，这些要素可能包括：关键竞争对手、战略合作伙伴、主要供应商、目标市场、核心客户群体、行业监管机构或组织环境中的一些其他关键要素。

由于业务能力模型只是为了给组织提供一个非常高层级的视图，因此通常可以相对快速地进行创建[8]。完美的正确性和准确性并不是业务能力模型最重要或最关键的特征。此外，直观和简单的业务能力模型更有可能与业务高管的思维过程产生共鸣。在许多行业中，通过借鉴商业公司提供的开放式行业参考模型或专属的通用参考模型，并以此为基础定制开发企业专属的能力模型，可以加速对业务能力模型的开发[9]。在某些情况下，代表最典型能力（如客户管理或产品管理）的常见组的业务能力模型的单独部分可以从其他行业借鉴，并适应组织需求。简而言之，可以从其他能力模型中借鉴相关元素来构建自己的业务能力模型。

业务能力模型在组织中有许多有益的应用。首先是计划"足迹"，即将特定的 IT 计划映射到受影响的业务能力。足迹技术有助于了解各 IT 计划对业务的总体贡献，识别潜在赞助者与利益相关者，确定其范围、影响和干扰，以便更好地了解各 IT 计划及其影响，从而能够更为明智地比较不同的计划以及同一计划的不同实施方案。此外，将所有规划的 IT 计划放到业务能力模型中，可以发现整个投资组合中潜在的协同、重叠、依赖和重复。采用类似方式，将拟议或完成的 IT 投资映射到业务能力模型中，有助于了解 IT 预算的分配方式以及 IT 资金流向，如第 18 章中所述。除了单独的 IT 投资或计划外，业务能力模型还可用于将各种战略规划决策对组织业务的影响进行可视化。最后，业务能力模型为参与决策过程的所有利益相关者提供了通用的语言、共享的词汇和组织范围的统一参考点。

促进业务和 IT 之间的战略对话才是业务能力模型的主要应用和撒手锏。也就是说，作为原则类企业架构工件，业务能力模型支持了围绕特定业务能力的所有对话，为高级业务和 IT 利益相关者提供了沟通的切入点（见表 5.1）。作为高层级规划抽象的业务能力非常适用于 3 ～ 5 年范围内的长期战略规划。具体而言，作为战略规划过程的一部分（见图 6.1），业务高管和架构师通常从战略角度讨论了不同业务能力的相对重要性，并识别从长远来看需要显著增强的业务能力，从而将未来的 IT 投资重点放在这些特定的能力上。

为了支持战略规划，业务能力模型积极使用各种颜色编码和相应分析技术，但万变不离其宗，所有这些方法都试图通过“热点图”来尝试回答一个最本质的问题：“我们的组织需要进行哪些改进？”从而明确强调了哪些业务能力应成为未来 IT 投资的重点。

从形式上和分析的严格程度上，最高优先级业务能力的识别及后续热点图都可以通过多种不同的方式来完成。例如，用于确定 IT 应投资目标能力的最基本方法之一，是从 IT 角度出发采用业务高管和架构师的共同判断，从而确定哪些业务能力被过度投资或投资不足。基于这一判断，对相应的能力在业务能力模型中进行颜色标注，以此表明未来的 IT 投资决策，并将重点从过度投资转移到投资不足的领域。另一种简单的热点图标记法是业务高管基于直觉和对业务问题与机会的深入理解，将某些能力直接标记为重要或战略性。该标记清楚地展示了哪些业务能力应该在未来与 IT 一起得到提升。依据此法，还可将建议的能力改进划分为反映改进性质的不同类型（例如应向能力中添加核心的业务操作，应提高当前流程的质量或以较低的成本执行现有能力），随后在业务能力模型中进行相应颜色编码。在某些情况下，全新业务能力需要从零开发并添加到业务能力模型中，同时将一些已经不重要的现有能力判定为不相关并移除。上述两种热点图映射技术都相当简单并高度直观，不需要任何复杂的分析程序。业务能力模型（简单模型和复杂模型）的示意如图 11.1 所示。

更复杂和正式的热点图映射方法，需要评估不同业务能力的当前状态，定义所期望的未来状态，执行当前状态与目标状态之间的差距分析，然后根据识别的差距对业务能力进行颜色编码。这种方法最流行的变体之一，是用来关注不同业务能力的成熟度级别。按照这种方法，组织对相关业务能力的当前成熟度水平进行初步评估，确定其所需的成熟度后，估计当前和所需成熟度之间的差距，并最终通过颜色编码在业务能力模型中反映这些差距。

能力成熟度水平可以用相对或绝对的术语来表达和评估。相对评估意味着将组织的情况与其主要竞争对手、同行或行业平均水平进行比较，并对业务能力进行分类，例如低于行业平均水平、与行业持平、高于行业平均水平。此类评估需要充分了解行业现状和各自的最佳实践，可能需要外部咨询公司参与，以便在不同业务领域采用完善的绩效基准。相比之下，绝对评估意味着将业务能力与一些客观指标相匹配以了解其成熟度。受众所周知的能力

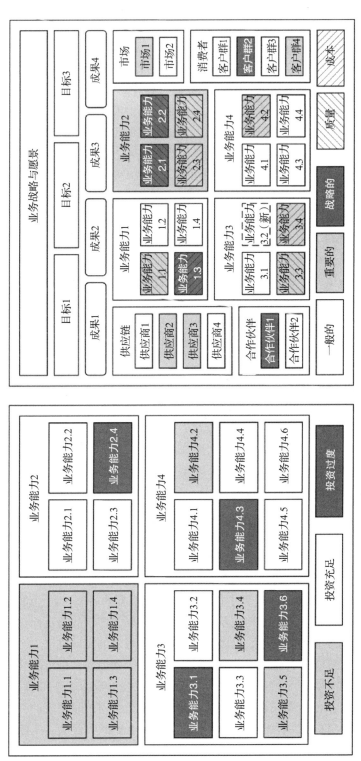

图 11.1　业务能力模型（简单模型和复杂模型）

成熟度模型（Capability Maturity Model，CMM）的启发，将其度量模式派生至业务能力模型，CMM定义了五种不同的成熟度级别：初始、可重复、已定义、已管理和优化[10]。然而，此类评估可能有些武断，并无法准确反映整个行业中不同能力的实际成熟度。

组织完成初始能力成熟度评估后，业务高管将决定哪些能力需要改进，并确定期望的成熟度水平，无论是相对还是绝对的。随后在业务能力模型中突出显示由此产生的能力成熟度差距，为未来的IT投资提供明确方向。比如一个组织将某一特定业务能力的当前成熟度级别评估为2（满分为5），将期望的目标级别描述为4，然后估算实现该级别所需的变化量（增量），最后在业务能力模型中描述这些增量，以指出应该在哪里进行最大的IT投资。业务领导也可以考虑不同能力的战略重要性，即首先关注高重要性且低成熟度能力，大胆地忽略高成熟度但低重要性能力。

除了能力成熟度，类似甚至相同的过程也可以应用于业务能力的其他方面。例如，可以确定不同业务能力中当前与期望的IT支持级别，并以类似能力成熟度的方式进行差距分析，从而确定哪些地方需要进行最切实的改进。无论分析业务能力的哪一个特定方面，对其当前状态的评估、目标状态的确认和差距的估算，都将共同为未来IT投资的决策过程提供信息。业务能力模型（具有成熟度分析和差距分析的模型）示意图如图11.2所示。

除了当前状态、目标状态和差距分析外，在实践中还可以使用其他一些有趣的颜色编码和热点图业务能力模型的方法。其中一种方法是深入检查单独的能力构成。如前所述，业务能力是非常高层次的抽象，包含了实现这些能力所需的所有底层组织元素，比如人员、流程、信息、IT系统和物理设施。可用类似于能力本身的方式对其组成部分进行详细分析，评估不同能力组成部分的现状，并阐明这些组成部分的期望状况，以确定现有差距和潜在的改进机会。

由于信息系统仅是业务能力的构成要素之一，因此IT无法实现对全部所需能力的增强。如果想实现，则可能需要对技术景观进行大量变更。比如一些能力可能已经有了最先进的系统，但其构建过程已经过时，需要优化；或者需要对执行这些能力的人员进行增强、培训或更好地激励。从单个能力组件级别分析特定的业务能力有助于发现组织中类似的低效现象。此外，这种方法有助于将组织视为一个复杂的社会技术系统（见图1.2），其中三个相互关联的主要方面始终需要保持和谐，即人员、流程和技术（见图1.1）。

此外，战略要素映射是在组织中使用业务能力模型的另一个值得注意的方法。这种方法意味着将业务战略的各要素与相关业务能力进行关联，即将战略目标、目的、问题和阻碍因素放在业务能力模型中的某处，以表明哪些能力对战略的实现或解决至关重要。为完成此任务，业务高管和架构师讨论组织的业务战略，确定哪些能力改进可能会支持其执行，然后将各种战略目标和阻碍因素映射到相关业务能力。该技术帮助业务和IT决策者为将来的IT投资制定出非常详细的指南，并将抽象的业务战略转化为对信息系统的具体计划，而抽象的业务战略很少能为IT提供可操作方向（见图5.1）。业务能力模型（具有能力组件和战略的模型）的示意如图11.3所示。

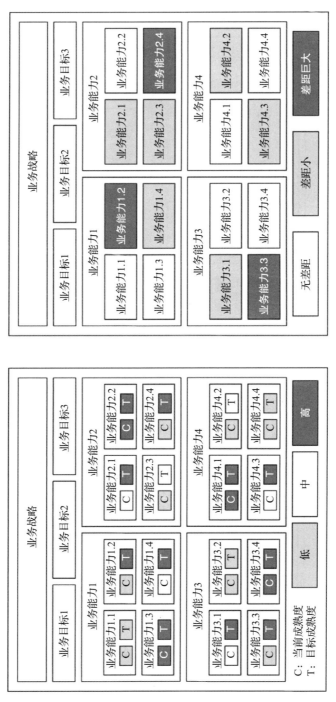

图 11.2　业务能力模型（具有成熟度分析和差距分析的模型）

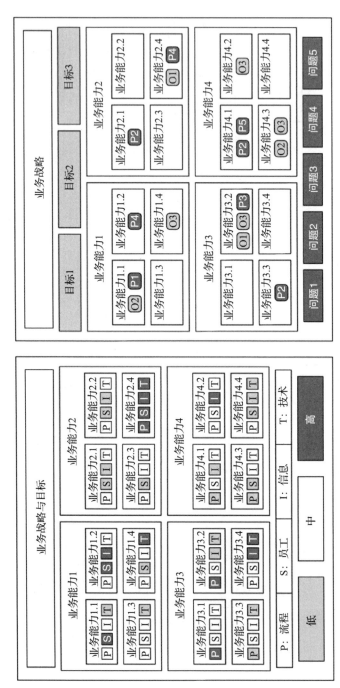

图 11.3　业务能力模型（具有能力组件和战略的模型）

业务能力模型是非常强大的规划工具，其可能的使用场景和应用不限于上述。在业务能力模型中，可以使用其他许多有用但不太流行的热点图策略和颜色编码技术，以促进组织决策[11]。例如，可以对能力进行颜色编码，以区分差异化能力和非差异化能力，从而确认对定制 IT 系统的需求。非差异化能力通常可由体现标准化业务流程和低成本的商业套装软件或 ERP 模块来支持，但差异化能力则可能需要在内部开发高度特定于组织的应用程序[12]。同样，业务能力模型也可以用颜色编码来区分核心能力与非核心能力，从而确定是否需要外包。虽然核心能力应该在组织内被培养和掌握，但非核心能力可以被视为具有最小业务风险的潜在外包候选[13]。根据被处理信息的安全要求和监管要求，对业务能力进行颜色编码，可以帮助决定哪些应用程序应该迁移到云，哪些应用程序不应该被迁移，或者哪些 IT 系统必须实施增强的身份验证机制。

此外，各种基础 IT 元素（例如信息系统、数据仓库和技术设施）都可被映射到业务能力模型中，以提供企业整体技术景观及其与业务之间相互关系的高层级概念视图。由于它们的特殊性、不同性质并聚焦于 IT，这些映射在本书中被视为以 IT 为中心的企业架构工件，将在第 12 章中单独讨论。对信息系统和应用程序在业务能力模型中的一般映射，将在企业系统组合中进行详细讨论。

几乎所有的业务能力模型都是对整个组织的描述，但在大型和去中心化自治的公司中，有时会为其主要业务部门（例如业务线、业务职能或部门）开发单独的业务能力模型。组织经常会创建和维护多个不同版本的业务能力模型，会使用互补的颜色编码方案（比如当前和期望的能力成熟度，以及确定的能力差距，见图 11.2），甚至也采用完全不同的颜色编码和映射方法（比如详细的成熟度评估与战略映射，见图 11.3）。

从根本上讲，业务能力模型是一页纸形态的企业架构工件，一般由 Visio 绘制的大型图纸并可能包含一些额外的补充信息。例如它们可以提供详细图例来解释所使用颜色编码符号的确切含义（比如不同能力成熟度级别的定义），从业务能力基本维度（比如流程、系统、设施、人员、技能和信息）的角度扩展对所有业务能力的描述或对能力的精确说明。

总体而言，无论采用何种方法来确定高优先级业务能力（见图 11.1～图 11.3），业务能力模型中的一组热点图能力都代表了业务和 IT 部门对组织的重点关注和战略优先事项的一致理解。反过来，这些目标能力也为后续更详细的业务和 IT 规划提供了良好基础。将热点图展示的业务能力作为规划起点，架构师和业务高管可以提出旨在提升这些能力的候选 IT 计划，从而直接促进业务战略的实施。热点图形式将业务能力模型变成了非常实用的工具，用于把抽象的业务战略转化为更具体和更有实操性的相关 IT 计划。从本质上讲，业务能力模型有助于将整个组织视为具有不同类别的资产投资组合，积极主动地将 IT 投资集中于最高回报的资产上，以实现最大的战略影响。如前所述，并非所有能力改进都可以通过 IT 来实现，特别是与人员相关的能力改进。

业务能力模型通常被认为是业务高管接触 IT 的"入口"。业务高管希望进行的每项改进最终都与特定业务能力的改善相关联。毫无疑问，业务和 IT 之间的许多战略对话都围绕着业务能力展开，并从一起确定应通过 IT 来增强的相关能力开始。一方面，通过对最关键业务能力的清晰认识，可以提出有效的战略规划，从而以自顶向下的方式改善这些能力。另一方面，也可以根据对热点图中业务能力的预期贡献，自底向上地选择最适合的局部计划（见表 7.1）。如果提议的 IT 计划打算提升一个已经成熟但在战略上不重要的能力，那么它很可能会被拒绝。

通过将 IT 工作重点聚焦于最重要的组织能力上，业务能力模型提高了 IT 投资的战略有效性。但是，由于业务能力模型概念简单，主要适用于指导增量的能力改进，因此不适用于复杂的结构化转型。

11.2.2 路线图（必备）

路线图（可称为投资路线图、能力路线图、应用路线图、技术路线图等）是具体的业务愿景，为特定业务领域中（所有规划中）的 IT 计划提供了结构化的图形展示，具有直接的业务价值。路线图是大多数成功企业架构实践中发现的业务愿景必备子类，甚至是最关键的企业架构工件之一，不具备路线图的企业架构工作将无法正常运行。

路线图描述了对不同业务领域而言，由高级业务和 IT 利益相关者达成一致并暂定的 IT 交付时间表。本质上，路线图描述了 IT 计划在可预见的未来能为业务提供的一切，显示了所有规划的 IT 计划及其大致的开始和完成时间。路线图还经常通过展示当前时间点来明确指出哪些 IT 计划处于活动状态及其对应的实施阶段。

路线图中展示的 IT 计划包括基本计划、战略计划和局部计划（见表 7.1）。一方面，全局业务高管可直接以自顶向下的方式确定基本计划和战略计划，并根据实际业务优先级立即将其放入路线图中的某个位置。另一方面，一些本地业务高管可能会提出与全局业务高管达成一致的局部计划，并将其纳入路线图。从这个角度来看，路线图反映了基于计划的深思熟虑，以便在未来某个时刻进行具体的 IT 投资并实施特定的 IT 计划。

如前所述，IT 计划代表了特定的业务需求，可以作为业务和 IT 利益相关者之间的讨论点（见表 5.1）。因此，路线图可被视为最重要的企业架构工件，支持了对未来 IT 需解决的特定业务需求的讨论。作为对计划的中间层抽象，路线图通常可以在 2～3 年的时间范围内以合理的准确度对具体的业务需求进行预测，路线图一般也会提前三年进行规划，但很少用于未来五年内的较长时间规划。

业务能力模型和路线图都可以被认为是业务愿景的必备子类。这两种企业架构工件作为互补的规划工具通常配合使用。业务能力模型与业务能力一起使用，帮助业务高管决定未来的 IT 投资方向；路线图则与具体的 IT 计划一起使用，以帮助业务高管决定何时进行这些投资。出于这个原因，路线图通常在结构和术语上与业务能力模型保持一致。比如路线图通常围绕单独的业务能力或相关能力的聚合进行组织，路线图中的单个 IT 计划一般被映射到具体的下级能力上，以便这些下级能力在其所属的上级能力中得到进一步提升。在围绕能力的路线图中，有时也把 IT 计划称为业务能力增量。

　　路线图也可用许多其他方式进行组织。比如可以围绕主要的业务部门（如业务线、业务职能或部门）进行组织。路线图也可以与所有业务部门相关问题的交集（如客户或信息）、突出的战略主题（如改善客户体验或降低成本）或具有直接业务价值的核心 IT 系统和平台（如 ERP、CRM 或 BI）相一致。路线图中的 IT 计划可分为连续计划和工作流，或围绕组织试图实现的具体成果进行组织。各种特殊术语可用于指代 IT 计划，例如工作包。

　　路线图中显示的 IT 计划可以通过多种实用方式进行颜色编码。例如，可以通过有根据的猜测来粗略估算所有计划，并根据数量级的相对评估（小型、中型和大型）进行条件分组并涂色，以便更好地使用。或者通过颜色来标注 IT 计划的业务赞助者，这些赞助者包括对其实施感兴趣并希望提供必要资金的独立业务高管或组织的业务单元。最流行的颜色编码方法被广泛用于路线图中，以便根据其批准状态和准备执行的情况对 IT 计划进行分类。据此，可将 IT 计划按不同的审批阶段进行分类，包括但不限于以下类型：

- 已规划——IT 计划已经作为一个想法被提出，得到了业务高管的初步批准并纳入路线图，但该计划的任何下一步工作都尚未开始。
- 已批准——已对 IT 计划进行了更详细的讨论，并已开始制定早期概要设计，以探索可能的实施方案。
- 已资助——IT 计划已充分阐述，根据概要计划获得了资金，由业务高管签字后纳入当前即将实施的工作计划中（见图 7.4）。
- 进行中——IT 计划正在实施中，其项目团队已组建完毕，对各自的详细设计已达成一致。

　　路线图的复杂程度可以从非常简单的时间表（有点类似于传统的甘特图）到具有丰富信息内容且相当复杂的图形化企业架构工件。一方面，最简单的路线图只描绘了所有规划中的 IT 计划，其时间表与相应的业务领域或能力保持一致。另一方面，最复杂版本的路线图还可以提供大量关于这些计划及其与整体组织环境联系的额外支持信息。例如，复杂的路线图通常显示了战略业务驱动因素、目标和目的，解释了所规划 IT 计划的预期贡献和结果，并将这些计划与业务优先级、问题和痛点联系起来，同时阐明了不同计划之间的相互依赖关系。对于每个具体的 IT 计划，路线图表明了该计划打算修改哪些特定的能力组件，比如流程、人员、信息或技术（见图 11.3）。

　　复杂的路线图还可以提供各业务领域当前和未来期望状态的高层级描述，尽管这些描述通常非常抽象，仅罗列了构成相应领域技术景观的核心系统，或者定义了相应业务能力的当前和目标成熟度级别，通常采用与业务能力模型类似的颜色编码方式（见图 11.2）。此外，一些路线图可以包含各种财务估算，以帮助评估预期的 IT 投资总量，从而达到战略聚焦和预测预算的目的，比如每个 IT 计划的大致价格标签或每个业务领域计划的年度 IT 投资总量。图 11.4 展示了路线图（简单路线图和复杂路线图）。

　　虽然没有适用于所有组织和所有情况的单一"最佳"路线图格式，但仍有一种相当标准、简单和方便的路线图格式被业界广泛采用。这种格式将相关的业务能力与当前的主要 IT

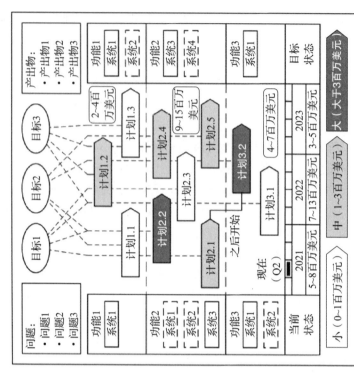

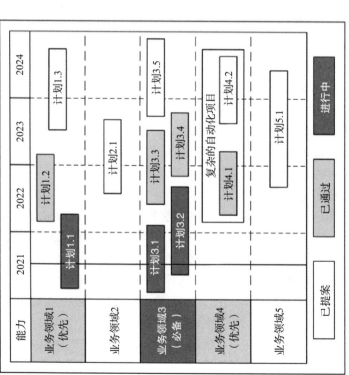

图11.4 路线图（简单路线图和复杂路线图）

系统放在左手边，将相同的能力与期望的系统放在右手边，把与这些能力相关的所有 IT 计划按时间顺序放在中间。但路线图也可以与这种传统格式大相径庭，一些公司为路线图构思了独特的视觉设计、构建方式和图形元素。这种奇特的路线图可能采用罕见的可视化技术，以比常规路线图更吸引业务受众的方式来展示规划的 IT 投资（见图 11.4），或更好地与高度特定的组织需求对齐。图 11.5 展示了路线图（标准路线图和独特的路线图）。

小型组织可能会维护单一的路线图，用以描述整个公司所有规划中的 IT 计划。然而，大型组织通常会开发与不同业务部门相关的多个路线图，这些路线图重点关注了各种能力或者按前面描述的其他方式。大型和非中心化的公司通常保留了路线图的层次结构，包括针对主要业务部门（如业务线、业务职能部门或部门）的单一本地路线图，以及针对 C 级高管甚至董事会级别受众的单一或部分经整合的全组织路线图，以上受众汇聚了所有部门中最重要的 IT 计划。尽管路线图通常是一页纸企业架构工件，但也可能包含了某些更详细的支持信息，比如所有已规划 IT 计划的高层级描述及其缘由。

路线图和业务能力模型都是支持业务和 IT 进行战略对话的重要工具。与业务能力模型相比，路线图能够实现更精细的规划。具体而言，路线图帮助业务高管和架构师确定了 IT 计划的优先级，确保了具体的 IT 投资和所需业务能力之间的一致性，并将未来的所有计划与各自的业务战略联系起来。路线图有助于合理安排 IT 计划、合理分配财务资源以及更好地同步业务和 IT 的相关规划。作为对目标状态的补充，路线图会与目标状态一起使用，这点将在随后详述。

最终，路线图中的所有 IT 计划都提供了规划中的业务需求，作为计划交付过程的输入（见图 6.1），或者更准确地说，先是对 IT 投资组合管理过程的输入，然后才是对计划交付的输入（见图 7.4）。当实施特定 IT 计划时，来自路线图的计划要经过必要的投资组合管理和预算编制过程，最终变成计划交付过程中的完整实例。作为该过程的一部分，规划中的 IT 计划和相应业务需求被进一步详细阐述并转化为更详细的概要设计。换句话讲，路线图中的每个 IT 计划最终都会与相关业务利益相关者进行更详细的讨论，并在时机成熟时用概要设计进行阐述，如第 13 章中所述。从本质上讲，路线图呈现了计划交付过程中规划相关业务需求的主要提供方。

除了其主要目的（即促进未来 IT 计划的内部规划）外，路线图也满足了外部监管合规的需要。比如在一些被严格监管的行业中（如能源、公用事业和公共部门），组织可能有法律义务制定长期的 IT 投资路线图并将其提交给相应的监管机构进行报备，即告知行业监管机构组织的意图和未来的资本投资计划。

11.2.3　目标状态（常见）

目标状态（可称为目标架构、未来状态架构、业务参考架构、架构愿景等）是具体的业务愿景，对组织所期望的长远未来状态进行了高层级的图形描述。目标状态可以被认为是成功的企业架构实践中常见的业务愿景子类[14]。

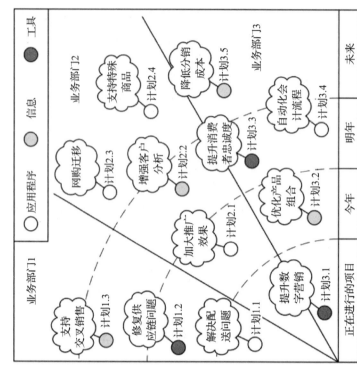

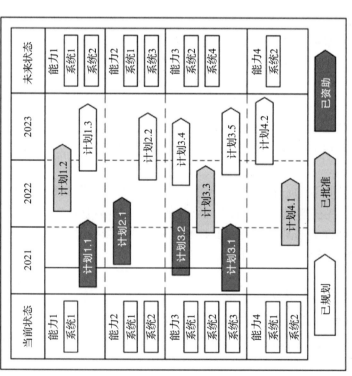

图 11.5 路线图（标准路线图和独特的路线图）

目标状态从业务和 IT 角度呈现了一个组织最终所计划的目的地。通常以抽象的形式描述了某些或所有常见的业务赋能架构领域（如业务、应用程序和数据，见图 2.3）并阐明了各个对象之间的关系。比如目标状态可以解释未来的信息系统、应用程序和数据存储应该如何与不同的客户群体、业务单元或能力相关联。本质上，目标状态阐述了从长远来看一个组织试图通过 IT 实现的目标。目标状态通常仅针对未来三年的远期规划，较少针对未来五年的长期规划。

目标状态集中描述了未来的信息系统将如何解决当前的业务问题，这些未来系统的战略业务价值是什么，以及这些系统如何与企业的长期目标保持一致。目标状态通常给出了一个高层级想法，即哪些类型的 IT 系统将被交付并用来提升所需的战略业务能力。目标状态还可以提供期望"未来"状态的额外信息，如关键驱动因素、激励因素、假设或结果。通常，虽然目标状态也反映了一个组织的"现状"，但这些现状描述只是为了澄清所提议变化的本质，并用以更好地解释相应变化的预期收益。

作为业务高管和架构师之间进行战略沟通的产物，目标状态被开发后通常每年更新一次，并由所有相关业务高管和 IT 领导签字确认。在小型组织中，目标状态可以描述整个公司。在大型和分散的组织中，通常会针对不同的组织领域（例如单个业务职能、部门或能力）开发多个单独的目标状态。目标状态是一页纸的企业架构工件，以 Visio 绘图的形式进行存储，通常也可能包括一些更详细的支持信息，比如对拟议目标状态底层逻辑的诠释。

根据所建议变革的性质，目标状态可以粗略地分为进化型和变革型[15]。进化型目标状态意味着组织能力的渐进式提高，不会提出任何根本性的修改或结构性重构，也不以改变组织的惯常运作方式为目的。通常情况下，进化型目标状态希望通过已部署的企业信息系统来改善技术景观的构成，但并不会改变各种系统、数据存储、业务单元、地域和其他关键组织元素之间的关系。比如进化型目标状态可能会建议将某些业务流程迁移到功能更强大的新系统中，从而摆脱一些遗留系统，并用更适合的应用程序取代不合适的，或启动并进行更全面的分析。

进化型目标状态在概念上很简单，其重点关注现有结构上对能力的提升。实际上，进化型目标状态通常被具体化为目标系统或应用组合，即一个组织应在未来使用的理想状态 IT 系统的简单集合，而非现有系统。换句话说，进化型目标状态通常定义了"未来的"系统组合，并与"现有的"组合形成对比。在最简单的情况下，进化型目标状态可以表示为从当前和目标系统到业务能力模型中不同能力域（本质上是第 12 章中讨论的企业系统组合的局部切片）的直接映射，并用一些颜色编码进行强化。在更复杂的情况下，目标投资组合可以从核心信息系统、数据存储库和其他相关对象的角度，对现有和预期情况提供更详细和更广泛的看法，并使用大量的注释，比如业务目标、问题或约束、预期改进、结果或成就。图 11.6 显示了进化的目标状态（简单的目标组合和复杂的目标组合）。

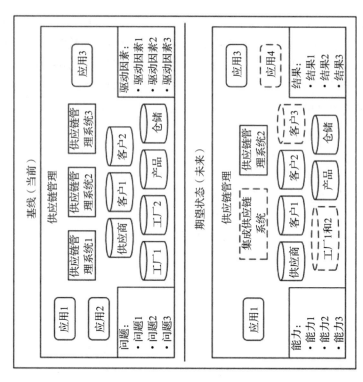

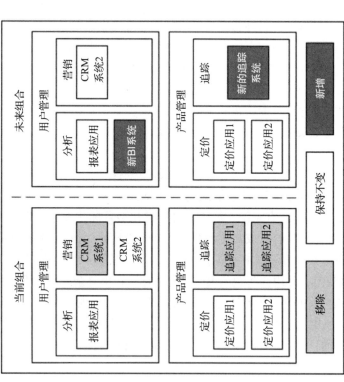

图 11.6　进化的目标状态（简单的目标组合和复杂的目标组合）

相比之下，变革型目标状态意味着组织业务活动发生了重大变化，不仅建议安装新的信息系统，还要对组织当前的运作方式实施某些更为基本的重构或结构化转型。与进化型目标状态不同，变革型目标状态计划在组织的核心系统、数据来源、业务部门、客户群体、地点和其他主要元素之间的关系上，修改公司技术景观的结构。比如建议将现有销售和分销渠道重新调整并汇集到不同的客户群体，在合并或收购后整合一些信息系统，用单一的全球平台取代不同区域各自为政的本地系统（本质上是改变了运营模式，见图5.3）。或者相反，通过对不同业务单元的剥离以消除相互依赖（同样是改变了运营模式）。

变革型目标状态是相当复杂的工具，重点在于改变不同环境与组织对象之间的结构关系。可以使用各种图形来表达变革型目标状态，并使用任何便利的方法来传达被提议规划决策的含义，比如使用线条和箭头来描述相关元素之间的当前和期望关系，通过在其他元素上覆盖另一个元素来描述这些关系，或者开发一些其他的图像表达技术。图11.7 显示了变革型目标状态（渐进式目标状态和基于一次到位型目标状态）[16]。

目标状态是指导未来 IT 投资的有力工具，一旦被开发并得到业务高管的批准，它们将对 IT 需要为业务提供的长期服务内容给出清晰合理的描述。目标状态为开发更详细的 IT 投资路线图提供了输入。总体目标状态被分解为较小的组成部分，并作为各自独立的 IT 计划被放置到路线图中，然后根据战术重要性和彼此间可能的依赖关系确定优先级，最后作为常规的 IT 解决方案来实施。同时，业务部门领导以自底向上的方式提出并评估新的局部计划（见表7.1），以确定这些计划与战略目标状态的一致性和贡献，最终决定是否应该实施这些计划，何时实施与如何实施。

从本质上讲，目标状态是一种中间层次的规划，介于非常抽象的业务能力模型和非常具体的路线图之间。在许多组织中，战略规划过程（见图6.1）通常从业务能力模型流经目标状态，再到路线图。在这种情况下，首先基于战略业务优先级对业务能力模型进行热点映射，以说明需改进哪些能力；然后规划长期演进的目标状态，以表明应该如何利用 IT 来实现必要的能力增强；最后制定详细的路线图，以准确解释应该如何分步骤地实现期望的未来。

目标状态是比业务能力模型和路线图更复杂和更有效的规划工具。虽然业务能力模型强调了最关键的业务能力，路线图解释了为实现这些能力而规划的 IT 计划，但目标状态明确地描述了一个组织在未来试图实现的最终理想状态。毫不奇怪，目标状态经常出现在成熟的企业架构实践中，而更有经验的架构师和企业对企业架构实践的长期积累，是目标状态得以成功使用的关键。变革型目标状态对追求有"质量"地进行大规模结构重组的公司而言更有价值，而进化型目标状态则更适合于在"数量上"寻求能力增长的组织。组织一般会根据商业环境的变化来制定适用的目标状态，如第18章所述。

11.2.4　价值链（不常见）

价值链（可称为价值参考模型、业务活动模型、流程模型等）是特定的业务愿景，通过

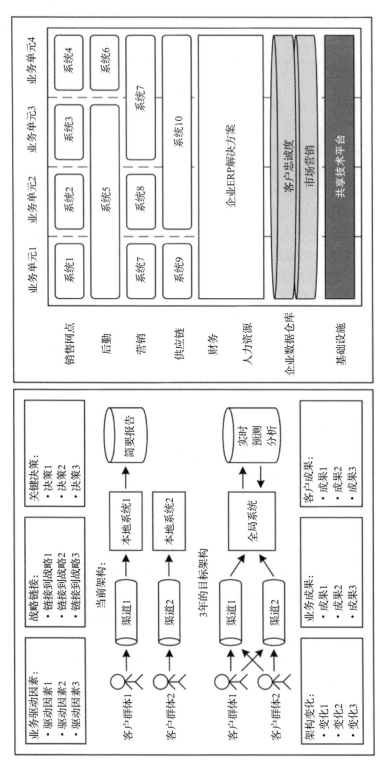

图 11.7 变革型目标状态（渐进式目标状态和基于一次到位型目标状态）

图形化的结构视图，呈现了为组织实现增值的活动链条。价值链可以被认为是企业架构实践中比较少见的一种业务愿景子类 [17]。

价值链从增值业务活动的角度呈现了组织的高层级整体视图，并根据组织中所有业务活动在增值链条中的位置来进行构建，比如入站物流、运营、出站物流、市场与销售、服务 [18]。本质上，价值链简要描述了一个组织为向市场提供有价值的产品或服务而开展的所有主要活动和支持活动。

价值链在概念上类似于业务能力模型，但从略微不同的角度描述了组织。虽然业务能力模型侧重于业务能力，并在很大程度上提供了一个组织的静态视图，但价值链侧重于组织在价值链中进行的关键业务活动，提供了其运营流程的动态视图。作为业务和 IT 利益相关者之间的备选讨论点，这些业务活动提供了与业务能力大致相同的抽象级别（见表 5.1），自然非常适合用来对未来的 3 ～ 5 年进行组织范围的战略规划。

根据组织的具体需要，价值链可以与业务能力模型互补，也可以代替业务能力模型，以促进业务高管和架构师之间的战略对话。与业务能力模型类似，价值链通常用颜色编码或热点图来表示哪些组织活动应该在长期范围得到改善，并在未来获得更多的 IT 投资。可以根据时间、质量、成本和其他相关的性能指标，将价值链上的业务活动与公认的最佳实践、行业平均水平或主要竞争对手进行比较。从本质上讲，图 11.1、图 11.2 和图 11.3 中所有业务能力模型的颜色编码、成熟度评估、差距分析和战略映射技术在稍做修改后都可用于价值链。

与业务能力模型类似，价值链在本质上是永恒的，即使组织的业务战略和组织结构进行了调整。尽管一个组织的战略重点可能会频繁变动，但其核心价值链的基本结构很少变化，除非进行深层次的业务转型。此外，由于同一行业的不同公司一般都具有相当类似的价值链，因此架构师通常可以借用现有的行业标准参考模型为组织开发定制的价值链。

价值链的一个相对优势（对业务能力模型而言）是更容易被业务利益相关者理解和接受，对许多企业管理人员而言其概念众所周知。对于大多数具有 MBA 学位的业务高管来讲，价值链是战略管理的流行工具，在商学院被广泛教授，很容易理解。由于这种特质，价值链可以减少业务高管的困惑、不适和抵触，因此可能更容易被引入并作为企业架构实践的一部分。价值链如图 11.8 所示。

与业务能力模型类似，价值链也是一页纸的企业架构工件，支持了业务高管和架构师之间的对话，讨论了对于所

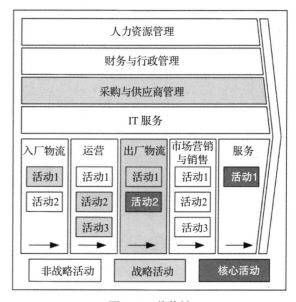

图 11.8　价值链

期望的长远未来，业务和 IT 需要采取的行动方案。具体而言，价值链帮助高级业务和 IT 利益相关者确定了最具战略意义的业务活动或领域，并将 IT 投资集中于此。

11.2.5 上下文图（不常见）

上下文图（可以称为业务上下文图、应用程序图、操作概念等）是特定的业务愿景，提供了组织当前操作流程的高层级图形描述。上下文图可以被认为是一种不常见的业务愿景子类。

上下文图是描述组织基本要素及其关系的高层级视图，在一页纸上解释了业务如何运作，并阐明了整个组织或其主要业务部门的工作方式。上下文图可以包含至关重要的元素，以便于对组织主要操作流程的理解。这些元素可能非常多样化，包括了客户、产品、服务、活动、物理的生产和存储设施、业务单元和职能部门、地理位置、劳动力、信息、IT 系统与任何其他相关实体。

上下文图是事实型企业架构工件，描述了业务高管所能观察到的组织业务现状并聚焦于"现状"（见表 2.1）。其他业务愿景工件代表了组织的规划决策，通常反映了长期的未来规划。与所有业务愿景一致，上下文图也促进了业务高管和 IT 利益相关者之间就未来 IT 投资最佳机会的战略对话。上下文图如图 11.9 所示。

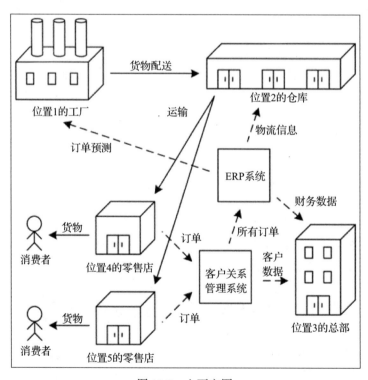

图 11.9　上下文图

与其他所有业务愿景企业架构工件类似，上下文图旨在支持业务高管和架构师之间的战略沟通。上下文图有助于讨论当前运营中的问题、瓶颈、痛点和局限性，以及更好地理解不同的战略 IT 规划决策所带来的长期影响。此外，上下文图还允许我们识别单个 IT 计划的驱动因素、所有者和利益相关者，并确定其对组织的总体影响。上下文图支持的这一系列讨论，有助于决定未来应进行哪些 IT 投资，为什么投资以及什么时候进行投资。

11.2.6 与业务愿景相关的非主流企业架构工件

除上面描述的业务能力模型、路线图、目标状态、价值链和上下文图外，在践行企业架构的组织中偶尔会发现一些其他值得注意的业务愿景子类。

第一，一些公司积极使用流程模型或流程地图。流程模型提供了组织所有业务流程及其关系和层次结构的高层级视图，与业务能力模型类似，流程模型也可能具有多个嵌套的层级、深度和粒度。业务能力模型侧重于描述业务能力，这些业务能力代表了狭窄的业务功能，包含了所需流程、角色和 IT 系统。流程模型侧重于描述业务流程，即由特定角色执行的具体活动顺序。流程模型是对业务能力模型的补充，两者在使用上也非常类似，都是为了促进业务高管和架构师之间的战略对话。流程模型可以通过热点图来阐述未来 IT 投资的优先级，从而将业务战略转化为具体的 IT 计划，并帮助所有参与其中的利益相关者决定哪些高阶业务流程应该被添加、改进或删除。

第二，一些组织使用核心图[19]。核心图为组织的目标运行模式提供了明确的一页纸描述，包括其主要的标准化流程、共享的业务数据及其关系（见图 5.3）。核心图在概念上与目标状态相似，但有两个重要的区别。一方面，两者的范围不同，目标状态一般为组织的特定领域而制定；而核心图通常涵盖整个组织，范围更具全局性。另一方面，目标状态侧重描述的状态一般是某些特定的长远未来，通常为某个每年例行变化的移动目标；而核心图侧重于描述一个组织的基本结构和技术景观，通常相当稳定并非每年变化。核心图的主要目的是促进业务高管和 IT 利益相关者之间就整个公司的长期方向进行战略对话。使用核心图有助于所有 IT 计划与组织的基本结构保持一致，并将 IT 投资集中在未来不会改变的"永久"需求上，通过确定并启动新的基本计划（见表 7.1），从而建立一个可重复使用的数字化平台，能够被后续所有业务战略复用[20]。

第三，一些公司使用商业模式画布[21]。对组织整体的商业模式，商业模式画布提供了非常抽象的视图，包括了九个关键要素：合作伙伴、关键活动、资源、价值主张、客户关系、渠道、客户细分、成本结构和收入来源。商业模式画布与上下文图有些类似，解释了组织通常如何运作和盈利。商业模式画布对组织提供了高度结构化和半文字化的描述，集中关注了九个决定性方面；而上下文图则是自由式的图形描述，可以使用任何适当的元素来解释组织的业务。商业模式画布为业务和 IT 之间的战略沟通提供了一个便利的平台，也为实现业务和 IT 的长期一致性提供了坚实基础。使用商业模式画布，能够帮助业务高管和架构师去探索从长远来看什么对一个组织的业务而言才是真正重要的，以便识别当前业务模式中的弱点和改进机会、确定未来业务开发工作和相应 IT 计划的优先级。

最后，一些组织使用各种企业架构工件并从高度特定的角度（例如从组织结构或关键产品的角度）提供了组织的高层级视图[22]。这些工件有点类似于上下文图，通常只描述了当前状态，并特别专注于组织的某些狭窄层面。与上下文图类似，这些企业架构工件通过为相关 IT 规划设置了一个共同的背景，从而促进了业务高管和架构师之间的相互理解。比如组织结构描述了哪些业务部门负责特定的活动，或者哪些地区的部门生产特定的产品。对于业务能力模型中呈现的特定业务能力，组织结构还可以支持业务单元与特定业务能力之间的映射。组织结构可以帮助业务高管和 IT 利益相关者了解一个组织的哪些部分将推动具体的 IT 计划、谁可能是这些计划的主要利益相关者和业务所有者、谁可以参与实施。产品目录描述了一个组织生产什么产品、在哪里生产、需要什么原材料以及谁会最终消费这些产品。产品目录可以帮助业务高管和 IT 利益相关者更好地了解不同地点业务部门的运作方式，并确定它们之间潜在的相似性、差异与协同作用。与上下文图类似，所有这些企业架构工件都是为了让我们对组织的业务结构、运作方式以及组织与关键活动的关系有一个整体的概念。通过使用这些工件来支持业务利益相关者和 IT 利益相关者之间的沟通，可以提高与 IT 相关的战略决策质量，同时也提高了由此产生的 IT 投资有效性。

11.3 关于业务愿景的其他问题

除了利益相关者在开发过程中参与不足的普遍危险外（见图 2.7），与业务愿景实际使用相关的最大威胁可以说是试图开发过于详尽和精细的业务愿景，这对于所有实际目的而言毫无作用。业务愿景旨在为业务和 IT 部门建立一个共同商定的长期行动方案。本质上，外部业务环境始终是动态的，未来也是不确定的。因此，大多数关于未来 3 ~ 5 年的战略规划只能建立在对未来会发生什么或不会发生什么的某些预期之上。很少有人能预知未来 3 ~ 5 年后可能出现的技术。由于环境所固有的不确定性，任何未来计划自然都具有高度推测性，并且当一些新的相关信息出现时，往往会迅速改变[23]。因此，从根本上讲，所有业务愿景中体现的未来长期计划都是暂定的，不应该特别详细[24]。正如企业架构不确定性原则所建议的（见图 5.6），为长期范围制定详细计划的所有尝试都可以被认为是不切实际甚至无法实现的[25]。然而在业务环境轻微变化都会使这些计划立即失效并过时的情况下，投入大量精力来详细描述期望的未来目标状态是毫无理由的[26]。即使基于所需运营模式的基本要求（见图 5.3），这些要求比任何特定的商业战略都更稳定，通常预计未来不会发生变化，任何长期的未来计划在本质上仍然只是非常抽象的。一个简单的经验法则是：业务愿景应该足够详细，以帮助业务和 IT 领导决定在下一个预算周期内为哪些规划的 IT 投资提供资金，或者将哪些 IT 规划纳入即将到来的工作计划（见图 7.4），但业务愿景不应过于详细，因为这足以达到目的。正如稍后在第 18 章中所讨论的，业务愿景的理想特性也可能受到必要的架构敏捷程度的影响。

同时，基于业务能力模型和路线图（如图 11.1 ~ 图 11.5 所示）的常用表现形式，自然不会出现任何与业务愿景不匹配的详细规划。尽管这两种形式都可能具有不同颗粒度，但相应业务愿景可以根据商业环境的持续演变而及时修改。比如在外部业务条件发生重大变化的情况下，业务能力模型中的各种能力可以相对快速地被重新绘制热点图，而路线图中的 IT 计划也可以相对快速地重新进行优先级排序、添加或删除。由于这些特点，业务能力模型和路线图通常被认为是非常便捷的工具，可以用来对业务与 IT 之间的关系进行初步的长期规划。

业务愿景通常呈现为非常高层级的一页纸形式视图。一方面，这种格式允许了讨论，可以对具有长远影响并与 IT 相关的概念性规划决策达成一致。另一方面，这种格式并不代表任何详细规划，仅关注最重要的方面，可以在必要时进行快速合理的更改。然而，不同子类的业务愿景企业架构工件具有不同的粒度，通常以松散的逻辑顺序从更抽象的工件到更详细的工件进行开发或更新。我们可以将业务能力模型视为最抽象的业务愿景，只建议了未来应该通过 IT 得到提升的能力。业务能力模型通常被作为对长远的业务和 IT 进行规划的第一个逻辑步骤，通过热点图标注以了解需要在哪里进行改进。目标状态可以被认为是下一个更详细的业务愿景，通常被作为第二个逻辑步骤（即在确定了所需的业务能力后）并用以描述这些能力将如何被改进。最后，路线图可被认为是最详细的业务愿景，建议了需要具体实施的一系列 IT 计划，以及何时实施这些计划以实现预期的目标状态（如果已被明确定义）并提升所需的业务能力。业务愿景仅仅是所需 IT 计划的清单，而非任何进一步的详细规划，这些计划的更具体细节将在稍后的概要设计和详细设计中进行细致的说明。

11.4 本章总结

本章分别从信息内容、开发、使用、目的和收益的角度讨论了作为通用类型企业架构工件的业务愿景，随后更详细地描述了业务愿景流行的狭义子类，包括：业务能力模型、路线图、目标状态、价值链、上下文图和其他一些工件。本章的关键信息可以归纳为以下几点：

- 业务愿景从业务的角度提供了组织的高层级概念性描述，代表了业务和 IT 部门对组织及其未来的共同看法。
- 业务愿景是永久型决策类企业架构工件，由业务高管和架构师合作开发一次后根据战略业务优先级的持续变化不断更新，用于指导 IT 投资的同时，对新的 IT 计划进行识别、排序与启动。
- 业务愿景有助于实现 IT 投资与长期业务成果之间的一致性，从而最终提高了 IT 投资的战略有效性。
- 业务能力模型是必备的业务愿景子类，提供了对组织中所有业务能力的结构化图形描述，并帮助业务高管和架构师将未来的 IT 投资集中于最关键的业务领域。
- 路线图是必备的业务愿景子类，提供了特定业务领域中所规划 IT 计划的结构化视图，帮助业务高管和架构师根据他们可感知到的业务重要性来确定 IT 投资的优先级。
- 目标状态是常见的业务愿景子类，提供了一个组织所期望长远未来状态的高层级图形描述，帮助业务高管和架构师明确定义了公司的长期发展方向。

- 价值链是不常见的业务愿景子类，是一个组织增值价值链的高层级结构化图形展示，帮助业务高管和架构师将未来的 IT 投资集中在最具战略意义的业务活动上。
- 上下文图是不常见的业务愿景子类，提供了一个组织当前运作流程的高层级图形描述，并帮助业务高管和架构师确定了利用 IT 改善业务的最佳机会。
- 在架构实践中对业务愿景有效使用的最大威胁是在定义理想未来方面投入不合理的努力，因为环境的不稳定很可能改变所有的业务计划。

11.5 注释

1 如前所述，在本书中，非 EA 专门规划文件不被视为 EA 工件。但若仍将其视为 EA 工件，那么可落地的战略业务规划和具体工作方案也可或多或少地与业务愿景松散地联系起来。

2 业务愿景通常反映了 Ross 和 Weill（2002b）所讨论的一些与 IT 有关的关键业务决策。

3 一些受访的架构师认为，其规划范围在不断缩小，对其所在的行业而言，制定未来五年的规划可能不再现实。

4 文献中广泛讨论了如何使用业务能力模型或地图来进行战略信息系统规划以及调整业务和信息技术（Bondel 等人，2018；Burton，2010；Burton，2012；Greski，2009；Keller，2015；Khosroshahi 等人，2018；Kotusev，2019b；Murphy，2020；Scott，2009；Swindell，2014；Weldon 和 Burton，2011；Wijgunaratne 和 Madiraju，2016）。

5 Khosroshahi 等人（2018，第 4606 页）对 25 家德国和瑞士公司的研究完全支持这一观点，"在 25 家接受调查的组织中，有 23 家使用 BCM"。

6 Gartner 建议将模型每一级嵌套子能力的数量限制在 8 ～ 10 个（Cantara 等人）。

7 Swindell（2014，第 5 页）认为，"理想的经验法则是，一级业务能力不应超过 12 ～ 20 项，以便业务和技术高管了解关键业务能力应如何组织，以讲述和传递组织的故事"。

8 Bondel 等人（2018）描述了一家企业的业务能力模型开发过程。

9 这些通用参考模型包括流程分类框架（PCF）（APQC，2017）、业务流程框架（eTOM）（TM Forum，2017）、BIAN 服务景观（BIAN，2017）、ACORD 参考架构（ACORD，2020）和供应链运营参考模型（SCOR）（APICS，2017）等。

10 见 Humphrey（1989b）、SEI（2010）和 Chrissis 等人（2011）。

11 Khosroshahi 等人（2018）确定了 14 种不同的业务能力模型用例。

12 Gartner（Rayner，2012；Swanton，2012b）建议采用该方法。

13 Merrifield 等人（2008）建议采用该方法。

14 流行风潮中的企业架构文献建议对期望的目标状态进行详细的明确描述，并将这些描述视为企业架构的重要组成部分（Bernard，2012；Carbone，2004；Holcman，2013；Schekkerman，2008；Spewak 和 Hill，1992；Theuerkorn，2004；TOGAF，2018；van't Wout 等人，2010）。然而，经验证据表明，详细描述长期目标状态并不切实际。相反，一些公司仅制定了相当抽象的目标状态，而大多数组织则根本不对目标状态进行任何明确描述，而是通过在业务能力模型中强调所需的业务能力，并在路线图中提出相应的 IT 计划，以规划其长期未来。

15　人们很早就注意到，组织的发展往往经历长期稳定的演进式增长，或以现有趋势的平稳延续为特征的发展势头，同时夹杂着危机、转型和动荡的短暂时期，或以许多趋势的快速扭转为特征的变革时期（Greiner，1972；Miller，1982；Miller 和 Friesen，1980；Miller 和 Friesen，1984；Sabherwal 等人，2001）。

16　这一基于叠加的目标状态样本是基于 Tamm 等人（2015）提供的示例。Sia 等人（2016）也提供了有点类似的例子。

17　尽管价值链在业务部门中经常被采用，以便不同业务利益相关者进行沟通，但它们很少被专门用作 EA 工件，即作为促进业务和 IT 利益相关者间沟通的文档，并集成到各自 EA 相关流程中。因此，将"价值链"视为"业务愿景"一个不常见的子类型。

18　价值链的概念似乎是由 Porter（1985）首次提出的。

19　尽管 Ross 等人（2006）报告并强烈推荐使用核心图，但在本书的研究范围内，所研究的组织并未发现核心图表。Ross 等人（2006）对核心图表及其发展、使用和目的进行了全面描述。重要的是，Ross 等人（2006，第 47 页）从非常狭义的角度关注企业架构，将其视为"业务流程和 IT 基础设施的组织逻辑，反映了公司运营模式的集成和标准化要求"，并认为企业架构和核心图表是非常密切相关的概念，即核心图表封装了企业架构。Ross 等人（2006）将企业架构理解为整个组织的执行层视图（一页纸），这种狭义的理解不应与本书对企业架构的广义理解相混淆，后者将企业架构理解为用于信息系统规划的所有文件的集合，范围从整个组织级的规划到本地项目级的规划。换句话说，Ross 等人（2006）所定义的企业架构是本书所讨论的企业架构的一个子集。具体来说，Ross 等人（2006）的企业架构与业务愿景直接对应，但与本书讨论的任何其他类型的 EA 工件无关。

20　有关规划、构建和利用数字化平台的更多详情，请参阅 Ross 等人（2006）、Weill 和 Ross（2009）以及 Ross 等人（2019）。

21　Osterwalder 和 Pigneur（2010）对"商业模式画布"概念进行了详细描述。

22　与"价值链"类似，这些类型的文件通常用于业务部门不同业务利益相关者之间的沟通，但很少被专门用作 EA 工件，即促进业务和 IT 利益相关者间沟通的工具。因此，这些工件被视为不受欢迎的"业务愿景"子类型。

23　美国前联邦 CIO Vivek Kundra 就生动地说明了这一问题，"架构师专注于记录当前状态或未来状态。当他们完成架构设计时，新技术已将其正在研究之物扼杀"（Tucci，2011，p. 1）。

24　正如 Ross 等人（2006，第 65 页）所说，"业务流程和系统应用的详细架构图——除了特定的业务流程计划最初在概要设计中进行高阶描述，然后在详细设计中进行更详细的描述］——可以让公司感觉到似乎有人在为复杂性做些什么，但它们很少被付诸行动"。

25　Lasden（1981）很早就认识到，详细的长期信息系统规划很快就会过时，而且并无实际用处。建议采用的方法是，"在要确定短期内必须做什么的情况下，勿制定更详细的规划"（Lasden，1981，第 112 页）。

26　Lasden（1981，第 102 页）报道了以下故事："1971 年，公司（Trans World Airlines）经历了一系列重大变革，更换了 dp（日期处理）硬件供应商，并将总部从纽约迁至堪萨斯城。结果，其两卷本的 LRP（长期信息系统计划），包括 5 年期的硬件、软件和应用程序，都被扔进了废纸篓"。

Chapter 12 | 第 12 章

技 术 景 观

第 11 章重点介绍了作为企业架构 CSVLOD 模型定义的第三种通用类型架构工件的业务愿景。技术景观作为下一个通用类型的企业架构工件（以 IT 为中心的结构）将在本章介绍，本章将详细讨论技术景观的各个方面，及其在架构实践中常用的具体子类。本章将首先描述所有技术景观的共同属性，包括其特定类型的信息内容、开发和使用场景、在架构实践中的作用以及相关的组织收益。随后，本章将详细讨论流行且具体的技术景观子类，包括：景观图、IT 资产清单、企业系统组合和 IT 路线图，以及其他与技术景观有关的企业架构工件。最后，本章将提供关于实际使用技术景观作为企业架构实践的一部分的建议。

12.1　技术景观作为企业架构工件的通用类型

技术景观是以 IT 为中心的结构类企业架构工件（见图 8.1），提供了对组织技术景观的高层级描述，这些描述是特定于 IT 的，并共享了以 IT 为中心的企业架构工件和结构类企业架构工件的基本公共属性。与技术景观相关的企业架构工件具体示例包括：景观图、IT 资产清单、企业系统组合、IT 路线图和一些其他类似但不太流行的企业架构工件（见图 8.2）。

12.1.1　信息内容

技术景观提供了企业技术景观的高层级技术描述，描述了组织中已有的 IT 资产、它们之间的关系以及它们的使用方式。技术景观提供的面向 IT 的描述解决了以下技术问题：

- 组织中有哪些可用的 IT 系统、数据库和基础设施？
- 现有 IT 资产如何相互连接？

- 不同 IT 资产之间的信息流和交互是什么？
- 现有 IT 资产是如何用于支持业务能力和业务流程的？
- 哪些 IT 资产是重复的、未使用的或冗余的？
- 哪些 IT 资产被视为战略资产，哪些 IT 资产被视为遗留资产？
- 哪些 IT 资产应该在未来被重新使用，哪些 IT 资产应该退役？
- 在未来何时需要对 IT 资产进行哪些技术改进？

对大多数业务利益相关者而言，这些都是纯粹的 IT 问题，与他们无关，他们甚至无法理解。尽管组织中的所有 IT 资产都是为了实现某些业务能力而存在的，但业务高管可能并不知道哪些特定的 IT 系统支持了其业务流程，或者哪些特定的数据库存储了企业的数据。技术景观从本质上反映了组织的战略性 IT 资产和能力，这些资产和能力可能对其业务战略产生相当大的影响，例如，技术景观可能在使某些业务战略得以实现的同时，却阻碍了其他行动方案的实施。技术景观主要由 IT 部门内的架构师单独维护，以促进技术决策，并且不能被视为双重企业架构工件（见图 2.5）。

技术景观在本质上是针对 IT 的，描述了常见的技术架构领域，包括应用程序、数据、基础设施和集成（见图 2.3）。但是，技术景观通常也涵盖某些业务领域，例如，指出了哪些业务流程或能力被特定的 IT 资产所支持。即使在一些技术景观中对业务领域进行了描述，但这些描述仍然是技术性的，由于其过于严格、正式和详细的表达方式，因此通常不适合与高级业务利益相关者进行讨论。

技术景观通常关注组织的当前状态。除了 IT 路线图（本质上关注计划相关的未来变化）之外，大多数技术景观都提供了现有的技术景观与当前可用 IT 资产的各种描述，对未来的展望有限且谨慎。换言之，技术景观更倾向于准确地捕捉当前 IT 环境，而不是预测该环境的未来。无论关注的时间点是什么，所有技术景观都为理解、控制和修改组织的技术景观提供了工具。

技术景观通常以大多数 IT 专家都能理解的严谨格式进行表达。由于技术景观的目的是为技术景观提供精确与合理的详细描述，因此它们可以使用任何适合捕捉"硬"数据的表达方式。根据具体的用途，技术景观既可以是相当抽象的，也可以是相当详细的；既可以是简短的，也可以是丰富的；既可以是正式的，也可以是非正式的。与面向业务受众的高雅整洁的业务愿景不同，技术景观是纯技术性的，可以非常细致、彻底和复杂。例如，它们可以被表达为广泛的线路连接方案，包含 IT 系统所有必要且清晰的细节，这些细节对于 IT 专家了解技术景观的运行来讲是必要的。由于这些属性，技术景观（尤其是景观图）通常采用严格且正式的建模符号（一般是 ArchiMate 或 ARIS 的特定符号），并被表示为复杂而密集的一页纸视图，其中包含了丰富的技术信息。物理上，可以使用标准的 Office 应用程序（通常是 Visio，在某些情况下还可用 Excel）、配置管理数据库（CMDB）或专用企业架构软件以多种方式对技术景观进行存储和维护，如第 18 章中所述[1]。

12.1.2　开发与使用

技术景观主要代表了当前技术景观的事实和对其未来发展的规划决策（见表 2.1），被作为技术优化过程的一部分被创建和维护（见表 6.1 和图 6.1），主要由架构师单独完成。由于大多数技术景观只是记录了现有 IT 环境，因此它们的开发在很大程度上等同于收集景观结构的必要信息并汇总，最后以物理架构工件的形式具体化（见图 2.7）。根据其性质的不同，架构师可以通过各种方式从不同来源收集所需的信息，包括询问与技术景观特定部分密切相关的人员（如系统用户、开发人员或支持团队），研究现有的项目文件（如已实施 IT 系统的详细设计），搜索现有的信息存储库（如公司的门户网站、百科页面或 CMDB），以及从各种 IT 管理和监控工具（如问题跟踪器、网络监控系统、项目、预算和许可证管理软件）中提取相关事实[2]。但是，一些涉及技术景观未来变化并包含某些规划决策的技术景观工件（尤其是 IT 路线图）是由架构师和高级 IT 经理与其他相关的业务和 IT 利益相关者协商后共同制定的（见图 2.7），可能需要被正式批准，作为既定技术治理机制的一部分，如第 17 章中所述。

由于技术景观与大多数业务利益相关者无关，因此它们是在企业架构职能部门内部被创建和使用的，以便积累组织技术景观的结构化知识并在架构师和其他相关 IT 利益相关者、长期雇员或临时承包商（通常包括 IT 运营和支持团队）之间共享这些知识。例如，技术景观可以让新聘请的内部架构师和参与特定计划的外部架构师（例如产品供应商或交付合作伙伴）顺利地加入架构团队，快速地了解现有 IT 环境并传递相关知识。

由于开发涵盖整个技术景观的完整技术景观（尤其是景观图和 IT 资产清单）需要大量的初始化工作，因此新的技术景观通常是为响应特定目的而创建的，随后会谨慎地保持更新。例如，如果一个新 IT 计划的实施意味着技术景观的某一特定领域将发生巨大的变化，但这一领域的景观现状并没有反映在现有技术景观中，那么就需要创建新的技术景观来捕捉这一领域的现状并在未来通过不断地维护来维持其相关性。因此，业内很少会对整体的技术景观进行一次性开发，而是随着时间的推移将它与其他相关的企业架构活动一起逐步积累开发。企业通常从非常零散的技术景观开始自己的企业架构实践，根据需要慢慢填补空白，最终全面覆盖整个技术景观。

架构师主要使用技术景观来合理化技术景观、管理 IT 资产生命周期和规划新的 IT 计划。首先，技术景观被用于合理化企业技术景观的整体结构。它们向架构师展示了所有现有的 IT 资产，帮助架构师了解哪些 IT 系统是重复的、未使用的或冗余的。它们还向架构师展示了不同 IT 系统之间的联系和依赖关系，帮助架构师理解技术景观中哪些部分过于复杂、混乱或有问题。这种理解为提出旨在优化技术景观的具体技术的合理化建议提供了基础（见图 6.1），这些建议后续通常作为常规 IT 计划（基本计划、战略计划、局部计划或紧急计划）的一部分，偶尔也会成为单独的架构计划（见表 7.1）。

其次，技术景观被用于管理现有可用 IT 资产的生命周期。它们向架构师展示了不同 IT 系统、应用程序或平台的生命周期阶段，帮助他们了解这些资产中哪些应该被保留、哪些应被移除、哪些应在未来被视为战略资产。使用技术景观可以识别能在新 IT 系统中安全复用的"健康"IT 资产，以及哪些应退役而不能复用的遗留资产。技术景观还有助于架构师识别技术过时或不受供应商支持的 IT 系统，让架构师有计划地及时停用这些系统，以免严重干扰日常业务运营。对不同 IT 资产状态的了解也为提出技术合理化建议奠定了基础，这些建议旨在优化组织技术景观并提高其整体适用性。

最后，技术景观被用于规划新 IT 计划的概要设计和详细设计。它们向架构师展示了周围 IT 环境的总体结构，帮助他们准确地理解新 IT 解决方案应该如何与现有 IT 系统进行集成。具体而言，在开发新 IT 解决方案的概要设计和详细设计的过程中，技术景观提供的信息包括：这些解决方案可与哪些系统进行交互；可以从何处获取所需输入的数据；可以将生成的数据输出并发送到何处；可以在何处部署新的解决方案；其他类似的技术问题。从这个角度来看，在规划新 IT 计划时，技术景观的作用是对技术标准的补充。虽然技术标准主要针对新 IT 解决方案的内部结构（即推荐的技术和实施方法）提出了规定，但技术景观有助于将新的解决方案融入外部环境中。换句话讲，技术标准更多地关注 IT 解决方案的"内部"，而技术景观更多地关注其"外部"。此外，技术景观提供的技术合理化建议（例如，复用一些现有 IT 资产或停用一些遗留系统）也可以被纳入新 IT 解决方案的设计中，以提高技术景观的整体质量。

技术景观是永久型企业架构工件（见表 2.2），与企业技术景观共存并反映其演变。由于技术景观主要关注的是当前状态，因此技术景观大多由架构师（维护并）保持为最新，以跟上不断产生的变化。最典型的是，技术景观的更新是对 IT 环境中发生的结构性变化的反应，例如，在根据其设计实施和部署新 IT 系统之后，如第 14 章中所述。有时，技术景观的更新可能是被与现实的不一致所触发（如 IT 资产所有者提供的新信息），或由变更监控软件（例如 CMDB 或监控工具）自动生成的变更通知所触发[3]。技术景观也可以被定期审查，以反映对现有相关 IT 资产状态的最新考量和预期。例如，可以将一些现有的 IT 资产标记为战略资产、冗余资产或不被支持资产。尽管技术景观的首要负责人是架构师，但一些技术景观（尤其是 IT 资产清单）也可以由其他 IT 专家（包括 IT 运营、维护和支持人员）负责更新。除非相当一部分的技术景观立即退役，否则技术景观几乎不会被废弃。

12.1.3 角色与收益

技术景观是技术景观的参考资料库。从本质上讲，技术景观的集合可被看作描述技术景观整体结构和高级技术细节的共享知识库。通过技术景观，架构师和其他 IT 专家能够积累和存储与技术景观相关的技术知识，并且能够就这些知识进行交流。作为 IT 利益相关者的公共知识库，技术景观提供了关于组织中存在哪些 IT 系统、应用程序、数据库和基础设施，它们之间如何连接，以及它们的使用方法的信息。对这些信息的实时访问有助于架构师做出更好的技术规划决策，并针对特定的业务需求找出更为理想的响应。

所有技术景观的总体目的是帮助架构师理解、分析和修改技术景观的结构。技术景观作为架构师技术决策的起点和参考材料。架构师并非根据需要来探索当前技术景观的组成，而是利用技术景观来初步了解特定领域内现有 IT 环境。它们为规划活动的启动提供了一定的基线，不需要每次都从头开始。在技术景观的指导下，架构师可以对特定 IT 计划的设计以及整个技术景观的组织做出更好的规划决策。

正确使用技术景观可以更好地理解、管理和优化组织的技术景观。使用技术景观的主要收益包括但不限于：

- 提高 IT 资产的复用性——技术景观有助于架构师确认那些适合在新 IT 计划中复用的 IT 资产。
- 减少 IT 资产的重复——技术景观有利于架构师确定重复或冗余的 IT 资产并将其清除。
- 减少对遗留 IT 系统的依赖性——技术景观有助于架构师确认脆弱的遗留 IT 系统并使其适时退役。
- 提高 IT 的灵活性——技术景观提供了当前技术景观的基线，从而加快了新 IT 解决方案的规划。

12.1.4　与相邻类型的差异

技术景观作为以 IT 为中心的结构类企业架构工件，与技术标准、业务愿景和详细设计相邻（见图 8.1）。类似于技术景观，尽管技术标准也为组织提供了一些高层级技术描述，但技术标准提供的描述并不那么具体，通常指的是一般技术景观，而非 IT 资产的特定实例。技术标准定义适用于某种类型 IT 资产的抽象规则，技术景观则区分了这些资产的具体实例并描述了它们之间的联系。与技术标准不同，技术景观提供了组织技术景观的快照，并解释了不同服务器、平台、数据库、应用程序、流程和能力之间的逻辑关系。

尽管业务愿景也描述了与技术景观类似的组织高层级结构，但业务愿景中的描述是概念性的、推测性的和聚焦未来的。业务愿景旨在促进架构师和高级业务利益相关者之间关于组织未来发展方向的沟通，而技术景观则主要从纯技术的角度记录当前现状，对与业务相关的讨论作用不大。对架构师和其他高级 IT 利益相关者（包括 CIO）来讲，技术景观是非常重要的工具，可以促进 IT 部门内部以 IT 为中心的规划和优化。

尽管详细设计也像技术景观一样提供了一些具体 IT 实例的技术性描述，但详细设计所提供的描述更详细、更精确且更具操作性。详细设计对单独的 IT 项目进行了深入的描述，其低层级的具体实施细节可供项目团队进行操作；技术景观则对整个企业的技术景观或其主要部分（如单独的业务部门或领域）提供了更高层次的描述。换言之，详细设计专注于单个 IT 系统的细节，而技术景观专注于描述一组有凝聚力的系统及它们之间的连接关系。技术景观只为新 IT 系统提供常规的技术背景和环境描述，没有为项目团队提供足够的实施细节来交付新系统。

12.2　与技术景观相关的特定企业架构工件

既定的企业架构实践中经常使用的技术景观子类包括景观图、IT 资产清单、企业系统组合和 IT 路线图。景观图可以被视为必备的企业架构工件，而 IT 资产清单、企业系统组合和 IT 路线图则是常见的企业架构工件。

12.2.1 景观图（必备）

景观图（可以被称为架构存储库，也可以有其他叫法，比如关系图、系统交互图、信息交互图、单页视图、平台架构、企业系统模型、集成环境等）是特定的技术景观，通过不同范围和粒度的技术性的"方框和箭头"描述了组织的技术景观。在大多数成功的企业架构实践中，景观图都被认为是技术景观的基本子类。

景观图代表了企业技术景观不同部分的快照。本质上，景观图显示了哪些 IT 资产支持了哪些业务领域，以及这些资产之间的相互关系。它们主要集中描述不同 IT 资产之间的联系和交互。景观图通常仅描述技术景观的当前结构，但在某些情况下，它们也可以展示所规划的未来的结构元素。例如，景观图可以描述理想状态下的技术性结构优化，或者展示计划实施的新 IT 系统，这些新 IT 系统将作为业务高管批准的、特定 IT 计划的一部分。

景观图可以采取多种形式。首先，景观图可以在描述中提供不同层次的粒度，可以从只区分最关键的信息系统，到辨别现有的所有系统，甚至是次要和不重要的系统。其次，景观图可以描述组织不同范围的技术景观，可以从支持单独业务活动或能力的狭窄领域，到支持整个业务线运营的广阔领域。在小公司中，景观图甚至可以提供整个技术景观的高层级单页视图。再次，景观图可以单独描述任何企业架构领域［例如业务、应用、数据、集成、基础设施和安全（见图 2.2）］以及这些领域所有可能的组合。最后，景观图可以在描述中使用不同企业架构领域的任何适当元素。这些元素包括客户、业务流程、角色、服务、应用程序、通信接口、数据库、数据类型、集成平台、物理和虚拟服务器、网络设备、交互协议以及其他相关元素，这些元素对理解企业技术景观的结构和工作流程相当重要。

根据其对企业架构领域的覆盖情况，景观图可以分为多领域景观图和特定领域景观图。多领域景观图描述了多个企业架构领域，组合了不同领域的不同对象，并解释了这些领域之间的逻辑关系。例如，多领域景观图可以描述特定业务流程、底层应用程序和数据库在某个业务领域中的关系。

根据其表现形式，多域景观图可以进一步分为自由形式图和分层图。自由形式图并不意味着具有任意结构。在这些图中，不同企业架构领域的对象可以被放置在任何地方，可以与任何其他相关对象相连接。自由形式图的优势是简单、灵活、表达自由和不受限制，尽管有时它们可能看起来过于复杂、难以理解且各对象纠缠不清。分层图被结构化为多个层，这些层通常包含不同企业架构（见图 2.3）。在分层图中，对象被限制在对应的层中，不应该出现在其他领域。例如，业务域的实体（如业务流程）通常放置在图的最上方，基础设施域的对象（如物理服务器）被放在最下面，而应用域和数据域的元素（如信息系统）则位于两者之间。此外，在分层图中，通常只允许将相邻层的对象进行连接。它们的优势是清晰、透明、有序和易于标准化，尽管有时严格的分层结构会被认为过于僵硬、累赘和不必要。图 12.1 显示了多域景观图（自由形式图和分层图）的示意图。

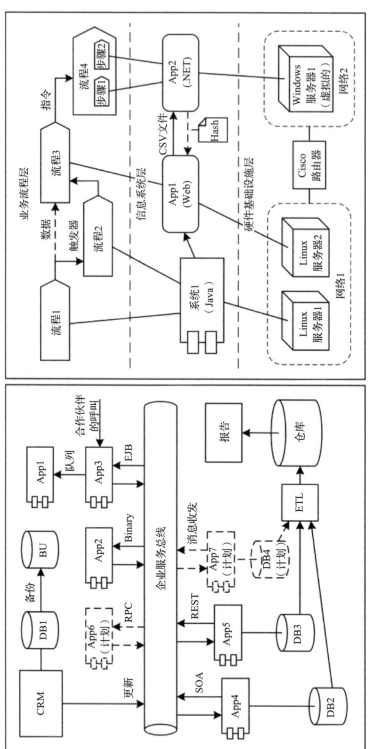

图 12.1 多域景观图（自由形式图和分层图）

相比之下，特定领域景观图更详细地关注单个企业架构领域（例如，仅关注应用程序、数据或基础设施），主要描述属于各自领域的对象，并在解释该领域的内部结构时与其他领域进行了区分。从本质上讲，它们从特定架构领域的角度提供了对组织技术景观不同部分的深入的技术描述。

尽管实践中使用的特定领域景观图有不计其数的变体，但它们的一些子类仍然相对常见。例如，**应用程序交互图**说明了在组织中运行的应用程序之间的交互情况，准确地解释了这些应用程序如何进行"交谈"。同样，对于不同类型的数据，**主数据图**提供了组织中存在的主数据源及其副本的详细视图，解释了从哪里可以找到具体的信息以及如何进行信息检索。图 12.2 显示了特定域景观图（应用程序交互图和主数据图）的示意图。

景观图在本质上是正式的和 IT 专用的，可以使用复杂的建模语言或大多数业务利益相关者无法理解的符号，例如 ArchiMate 或较少使用的 ARIS。景观图可以用一组简单的 Visio 图纸来维护，也可以使用互连实体的综合图（存储在基于专用工具的企业架构存储库中，较少会存储在配置管理数据库中）来维护。

景观图主要由某位架构师为其他架构师所创建，最初的开发目的是在需要规划时记录技术景观的某一特定区域，然后保持更新以准确反映正在产生的景观变化。景观图可以帮助架构师识别和消除冗余的 IT 资产，从而简化技术景观的整体结构，将新 IT 系统集成到现有 IT 环境中。例如，在进行新的概要设计和详细设计时，景观图可以向架构师展示哪些应用程序受到了影响、哪些接口被修改了，以及必要的主数据源位于何处。

12.2.2　IT 资产清单（常见）

IT 资产清单（也可以被称为资产清单、资产登记册、注册表、主清单、项目配置文件、架构存储库，还可以被拆分为单独的特定领域清单，例如应用程序清单和基础设施清单）是一种具体的技术景观，提供了当前可用 IT 资产的结构化目录——描述了 IT 资产的基本属性和特征。IT 资产清单被认为是成功企业架构实践中常见的技术景观子类。

IT 资产清单给出了企业 IT 资产的整合目录及其详细描述。本质上，它们列出了组织所拥有和维护的所有 IT 资产并描述了它们的关键属性。景观图侧重于解释不同 IT 资产之间的联系与交互，而 IT 资产清单则主要关注各资产的属性。

IT 资产清单中的所有 IT 资产通常被分为内容一致且逻辑上相关的各组，例如应用程序组、系统组和数据库组。在某些情况下，可以为不同类别的 IT 资产建立单独的资产清单，例如系统清单和基础设施清单。无论具体结构如何，IT 资产清单都会列出可用的 IT 资产，并根据其在组织中被使用的情况描述这些资产的核心属性。IT 资产清单中可能包括以下常见属性[4]：

- 目的——从业务角度来看 IT 资产的常规用途。
- 技术——IT 资产及其组件的全部技术栈。
- 部门——IT 资产所属的组织单位或业务部门。

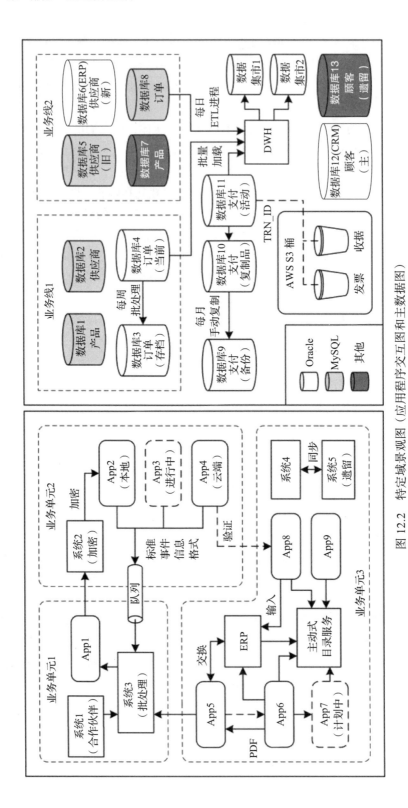

图 12.2 特定域景观图（应用程序交互图和主数据图）

- 所有者——负责 IT 资产维护的业务所有者和 IT 所有者。
- 使用期——IT 资产自引入以来在组织中的使用期。
- 成本——估计的 IT 资产年维护成本，例如许可证费用、硬件成本和支持 IT 资产所需的全职 IT 员工数量。
- 适用性——IT 资产对于当前和未来业务目标的适用性。
- 问题——与 IT 资产相关的问题和潜在风险。

IT 资产清单中不同类型资产可以有自己特定类型的属性，例如软件资产许可条款、数据资产合规性要求、云资产计费政策等[5]。此外，IT 资产清单中的所有资产也可以被标记和着色，或具有各自的常规属性，以表明其在 IT 领域的"健康状况"和状态。IT 资产从生命周期阶段和未来可复用程度的角度被分为不同类别，包括但不限于：

- 可复用资产：当前正在使用的"健康"IT 资产，将在未来得到维护，可在新的 IT 解决方案中被安全地复用。
- 可投资资产：目前正在使用的战略 IT 资产，未来将得到进一步增强，我们高度鼓励在新的 IT 解决方案中复用这些资产。
- 仅维持资产：当前正在使用的"不良"IT 资产，在未来仍可以得到维护，但我们不鼓励在新的 IT 解决方案中复用这些资产。
- 将退役资产：目前正在使用的遗留 IT 资产或有问题的 IT 资产，但将很快退役，不应在新的 IT 解决方案中再使用。
- 未确定资产：尚未做出具体决定的 IT 资产。

与技术参考模型（见图 10.1）类似，IT 资产清单因为融合了决策和事实的双重属性（见表 2.1），堪称企业架构工件的典范。一方面，作为事实型企业架构工件，它们准确地捕获了现有 IT 资产的列表和属性，如有新资产被发现，可以很容易地被架构师更新。另一方面，作为决策型企业架构工件，它们建议了哪些 IT 资产应在未来被重新使用，并且只有资产所有者或利益相关者才能做出将特定资产视为战略资产还是遗留资产的决定。

IT 资产清单惯常以表格形式展现，也是唯一以表格形式展现的企业架构工件，可以用一般的 Excel 电子表格来维护，也可以作为带有属性的实体列表（存储在配置管理数据库、企业架构工具资源库或其他任何可被"手工"搜索的列表中）来维护。图 12.3 展示了 IT 资产清单的示意图。

当需要记录技术景观的某一特定领域时，一般会先填写 IT 资产清单，随后保持清单为最新状态以反映景观的实际状况。IT 资产清单通常由架构师单独所有和创建。IT 运营和支持团队负责以日常业务（Business-As-Usual，BAU）模式运行现有 IT 系统，因此他们也可以添加、维护和使用 IT 资产清单，尤其是 IT 资产清单基于配置管理数据库的时候。

IT 资产清单可以帮助架构师审查可用的 IT 资产，分析其状态并管理其生命周期，可用于识别应升级或修补的 IT 资产以及可在新 IT 解决方案中复用的资产，还可用于及时停用遗留资产或有问题的资产。此外，IT 资产清单还有助于同步特定 IT 资产的变更及规划所有 IT

资产	目的	所有者	成本	问题
应用程序1	…………	…………	………	…………
应用程序2	…………	…………	………	…………
应用程序3	…………	…………	………	…………
应用程序4	…………	…………	………	…………
系统1	…………	…………	………	…………
系统2	…………	…………	………	…………
系统3	…………	…………	………	…………
系统4	…………	…………	………	…………
系统5	…………	…………	………	…………
数据库1	…………	…………	………	…………
数据库2	…………	…………	………	…………
数据库3	…………	…………	………	…………
数据库4	…………	…………	………	…………

退役资产	可复用资产	可投资资产

图 12.3　IT 资产清单

计划的时间顺序。例如，在规划路线图（见图 11.4 和图 11.5）和 IT 路线图的过程中，架构师可以标记受相关 IT 计划影响的 IT 资产及其估计的开始与完成日期，以避免不同计划对同一实体的同时修改。

12.2.3　企业系统组合（常见）

企业系统组合（可被称为应用程序到能力的映射、叠加系统信息的能力模型、应用程序组合、应用程序模型、IT 系统价值映射、IT 战略映射等）是特定的技术景观，提供了所有基本 IT 系统与相关业务能力的结构化高层次映射[6]。企业系统组合被认为是成功企业架构实践中常见的技术景观子类。

企业系统组合代表了整个组织的技术景观的全面、宏观的抽象视图。它们将组织中使用的所有核心 IT 系统和应用程序映射到支持的具体业务能力上。企业系统组合结构化地描述了整个公司的信息系统组合，并以极其精简的方式呈现了其完整的技术景观。本质上，它们可以被视为"纸上的技术景观"。尽管企业系统组合是非常概念化的企业架构工件，对一些业务经理来讲可能具有某种参考价值，但其仍然更关注组织的 IT 层面，更让 IT 利益相关者感兴趣。

企业系统组合解释了业务能力和实现这些能力的主要信息系统之间的联系。因此，它们自然而然地描述了业务和应用程序领域，并提供了它们之间的高层次映射。企业系统组合主要展示了当前正在运行的 IT 系统，但有时它们也可能概述在可预见的未来应引入的计划中的系统。景观图通常大致描述了技术景观的特定部分，与之不同的是，企业系统组合只关注从整个组织角度来看最重要的信息系统和应用程序，并且通常会抽象地描绘其内部结构。

在一些极端情况下，它们也可以变得非常详细，揭示这些系统和应用程序的核心内部组件。

企业系统组合有点类似于技术参考模型（见图 10.1）。技术参考模型提供了技术功能和底层技术之间的映射，而企业系统组合提供了业务能力和底层 IT 系统之间的映射。技术参考模型中描述的技术可能与组织中的所有系统有关，而企业系统组合引用的是 IT 系统的特定实例。

由于企业系统组合涉及业务能力，它们通常与业务能力模型（见图 11.1 至图 11.3）高度相似，通常精准地拷贝了业务能力模型的结构。在使用价值链（见图 11.8）而不是业务能力模型来指导 IT 投资的组织中，企业系统组合也可以被构造为价值链，并将信息系统映射到它们所支持的增值业务活动上。

业务能力模型只关注业务能力，并根据它们的重要性、成熟度或其他与业务相关的属性进行颜色编码；而企业系统组合则更关注底层的信息系统，并根据它们在技术景观中的状态进行颜色编码。可以使用多种颜色编码方案或方法来标记企业系统组合中的 IT 系统。例如，颜色代码可以表明这些系统对业务而言有问题的程度，它们对功能需求、技术质量或整体架构的适用性。企业系统组合还可以通过特殊图形符号或简单文字注释的形式来显示信息系统的许多其他重要属性，例如，哪些应用程序在外部进行托管，哪些需要处理的敏感信息能够被移动到云中，哪些可能存在合规性、年度维护成本或总用户数量的问题。

可以说，企业系统组合中最流行的颜色编码方法是根据信息系统的战略必要性和生命周期阶段对其进行分类，信息系统类别包括但不限于[7]：

- 活跃信息系统：正在被积极使用的 IT 系统，充分满足当前目标，在未来会继续得到维护。
- 战略信息系统：正在被积极使用的 IT 系统，充分满足组织的战略业务需求，未来将得到进一步扩展。
- 遗留信息系统：处于"日落"状态的 IT 系统，当前被频繁使用，但不能适配目标，未来需要用更合适的系统来进行替换。
- 非活跃信息系统：目前已经部署的 IT 系统，并没有被积极使用，未来可以安全地退役。
- 不明确信息系统：在当前和未来的技术景观中作用尚不明确的信息系统。

像技术参考模型和 IT 资产清单一样，企业系统组合也融合了决策型和事实型企业架构工件的明显特征（见表 2.1）。一方面，作为事实型企业架构工件，它们仅仅描述了哪些信息系统目前支持不同的业务能力并且很容易被架构师单独更新。另一方面，作为决策型企业架构工件，它们可以指示哪些系统应该在未来被投资、复用或退役，这通常都需要进行集体决策和批准。

虽然可以通过不同的颜色编码方案来创建多个不同的企业系统组合版本，但与业务能力模型类似，企业系统组合通常覆盖了整个组织。从本质上讲，企业系统组合是一页纸的企业架构工件，但有时也可能包含额外的、更详细的补充信息。企业系统组合既可以用普通 Visio 图进行维护，也可以由专门的软件工具根据存储于基础企业架构库中的架构信息以半自动的方式生成。企业系统组合（常规组合和详细组合）的示意图见图 12.4。

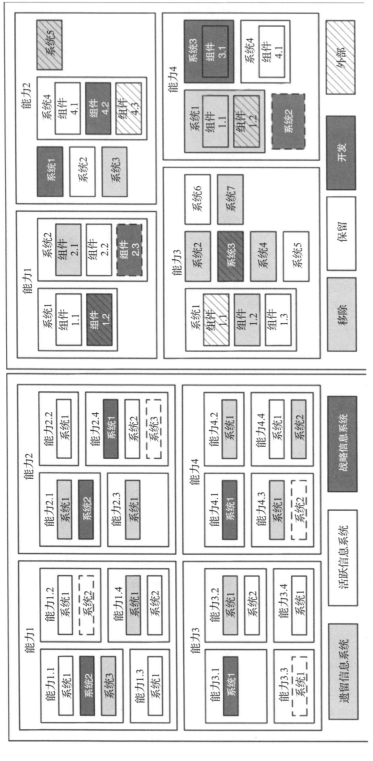

图 12.4 企业系统组合（常规组合和详细组合）

企业系统组合由架构师开发和维护，主要用于在架构职能部门进行战略技术决策。具体而言，企业系统组合可以帮助架构师识别重复、冗余、误用和不适用的 IT 系统，识别即将不受支持并给企业带来风险的遗留系统，控制核心应用程序的生命周期和过渡，评估组织信息系统组合的总体"健康度"和战略适应性，并在必要时规划修正措施。通过显示当前支持各种业务能力的 IT 系统组合，企业系统组合还可以为路线图（见图 11.4 和图 11.5）的开发提供信息，同时为各个领域的未来系统提出建议。作为公司技术景观的直观图形表示，抽象的企业系统组合可以定期向高级业务利益相关者进行演示，以沟通和解释 IT 领域的情况；但它们过于概念化，以至于在新 IT 解决方案的技术规划中并没有帮助。

12.2.4　IT 路线图（常见）

IT 路线图（可被称为技术路线图、平台路线图、基础设施路线图、集成路线图等）是一种特定的技术景观，为所有无明显业务影响的纯技术性 IT 计划提供了结构化的图形视图。IT 路线图可以被认为是成功企业架构实践中常见的技术景观子类。

IT 路线图在概念上与常规的以业务为中心的路线图（见图 11.4 和图 11.5）类似，甚至完全相同。与路线图类似，IT 路线图显示了规划的 IT 计划，包括其大致的开始和完成时间，以及当前正在进行哪些计划。然而，这些计划反映了"内部"的、纯粹针对 IT 的付出，其主要目的是改善技术景观的技术质量，并不提供任何新的业务功能或明确的业务收益。简而言之，偏业务的路线图中的计划是为了产生特定的业务价值，而 IT 路线图中的计划是为了提高固有的 IT 效率并降低 IT 的相关风险。例如，IT 路线图可能会指出技术参考模型（见图 10.1）中标记为新兴的技术何时会被引入，不受支持的特定技术何时退役，并说明整个技术景观应何时切换到最新且更适合的模式（见图 10.3），或者只是简单安排遗留 IT 资产的退役或新技术资产的安装，如平台托管或总线集成。与聚焦业务的路线图不同，IT 路线图主要关注技术企业架构领域，尤其是集成和基础设施（见图 2.3）。此外，业内通常只会做出 1 ～ 2 年内的短期规划。

本质上，在技术优化过程中，产生的技术合理化建议（见图 6.1）都会通过 IT 路线图中的所有 IT 计划进行呈现。这些计划的主要利益相关者一般是 CIO 这样的高级 IT 经理，而非业务高管。这些计划意味着在可预见的未来进行某些特定 IT 优化和内务管理活动，可能包括以下类型的操作：

- 将终端用户的软件或底层操作系统升级到较新的版本。
- 用较新的服务器或网络基础设施替换老化的。
- 引入新的中间件或服务集成平台。
- 将活跃的 IT 系统迁移到条件更好的数据中心。
- 让不被支持的、多余的或未使用的 IT 资产退役。
- 整合提供类似业务功能的 IT 系统。
- 简化组织技术景观中过于复杂的领域。

● 使用软件补丁来消除潜在的安全漏洞。

IT 路线图中规划的这些技术合理化建议可以作为常规业务计划（即基本计划、战略计划、局部计划或紧急计划）的一部分进行调整和实施，也可以作为单独的架构计划独立启动（见表 7.1）。在以业务为中心的路线图中，相关 IT 计划有直接的业务价值且受业务高管的支持；而 IT 路线图中的很多计划尽管可能会带来潜在的成本节约，但往往没有合理的商业提案，也无法吸引高级业务利益相关者的浓厚兴趣。由于 IT 路线图中的大多数计划与企业的业务高管无关，因此必须获得其他利益相关者的赞助，并从其他来源获得资金。第一，最可取的做法是，将 IT 路线图中的许多计划举措作为常规业务计划的一部分，择机实施，采用这种方式，可能并不需要大量的额外资金。第二，将 IT 路线图中的计划作为由 CIO 直接资助的独立架构计划进行启动。如前所述，CIO 通常拥有小型的资金池或独立预算——专门用于支持内部优化和与业务高管无关的常规内务管理活动。第三，IT 路线图中的一些计划仍然可能被"推销"给业务高管，然后由他们进行资助。尽管这些计划缺乏明确的业务价值和积极的商业提案，但业务高管理解这些计划对组织的重要性。IT 路线图中的计划通常只占组织 IT 投资的一小部分，与以业务为中心的路线图相比，所需资金少得多。

IT 路线图中的计划通常采用颜色编码，以显示其赞助状态和对资金的需求。例如，IT 路线图可以区分具有不同融资机制的 IT 计划，包括但不限于以下类别：

● CIO 计划——由 CIO 同意、赞助和出资的 IT 计划。
● 业务计划——由了解其重要性的高级业务利益相关者赞助并出资的 IT 计划。
● 未被资助计划——需要单独出资的 IT 计划（但其赞助者缺失或仍在寻找）。
● 无需融资计划——不需要赞助和单独出资的 IT 计划。

所有其他技术景观都是事实类企业架构工件，主要描述企业技术景观的现状，而 IT 路线图是决策型企业架构工件（见表 2.1），建立在所有 IT 利益相关者共识的基础之上，代表未来的景观合理化计划。IT 路线图旨在帮助架构师修改技术景观，优化其整体结构并管理IT 资产的生命周期，这与所有的技术景观工件一致。

以业务为中心的路线图通常与不同的业务领域或能力保持一致，而 IT 路线图通常围绕特定技术领域（如中间件、连接和认证）进行组织。与偏业务的路线图一样，IT 路线图的复杂程度也可以从简单的时间表（即只显示规划的 IT 计划及其预计的开始和结束日期）覆盖到相当复杂的可视化企业架构工件。复杂的 IT 路线图可能会描述不同技术领域中当前使用的解决方案、供应商和平台，以及它们所对应的理想选择，通常还包括精确的版本号。

与偏业务的路线图类似，IT 路线图通常是一页纸形式的企业架构工件，也可能包含一些与 IT 计划相关的额外的、更详细的支持信息。在大多数情况下，它们可以用简单 Visio 图进行维护。IT 路线图（简单 IT 路线图和复杂 IT 路线图）的示意图如图 12.5 所示。

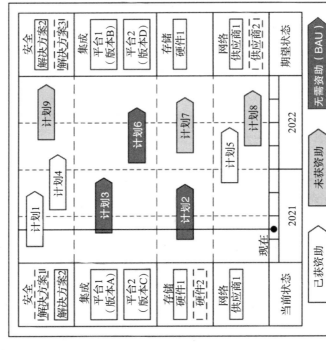

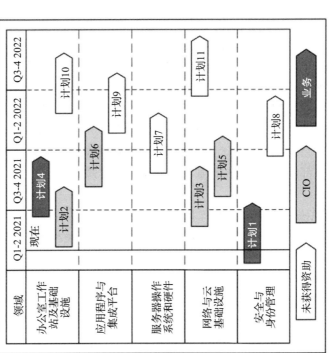

图 12.5　IT 路线图（简单 IT 路线图和复杂 IT 路线图）

与其他所有技术景观类似，IT 路线图也被架构师作为参考资料，用来规划组织技术景观的变更和技术改进。从本质上讲，IT 路线图可以帮助架构师以积极主动的方式消除预期的技术问题和瓶颈，并规划技术景观的例行维护工作。IT 路线图还有助于架构师与 IT 利益相关者讨论技术内务管理 IT 计划，并使这些计划与常规业务计划时间表保持一致。

独立 IT 路线图多被用于有大量 IT 计划的中型和大型组织中，以明确区分对业务具有增值效应的 IT 投资和纯粹维持最基本运行所需的纯技术性投资。在小公司中，内部管理 IT 计划可以和常规业务计划一起放入以业务为中心的路线图中，但要用相应的颜色编码强调其纯技术的本质，以便与其他计划进行明确的区分。

12.2.5　与技术景观相关的非主流企业架构工件

除了上述的景观图、IT 资产清单、企业系统组合和 IT 路线图之外，在践行企业架构的组织中偶尔也会发现一些其他值得注意的技术景观子类。第一是资产路线图，它从生命周期的角度提供了现有 IT 资产的详细视图，展示了可用的 IT 资产并解释了这些资产中的每一项将在何时得到支持、升级、退役或被替换。一方面，资产路线图类似于 IT 资产清单，提供了技术景观的细粒度视图，描述了单独的 IT 资产（例如应用程序、系统和硬件设备），但更关注这些资产的生命周期。虽然 IT 资产清单列出了可用的 IT 资产，描述了它们的属性，并指出了其当前状态或生命周期阶段，资产路线图则更面向未来，指明了资产生命周期中主要的里程碑规划，例如 2021 年年中升级到新版本，2021 年年底迁移到新的基础设施平台，并在 2022 年后完全停止服务。另一方面，资产路线图也类似于常规的 IT 路线图，但是更细化地区分了具体的 IT 资产，而不仅仅关注技术景观。IT 路线图与广阔的技术领域保持一致，但资产路线图与相应的 IT 资产密不可分。从这个角度来看，这种企业架构工件可以被视为 IT 资产清单和 IT 路线图的混合物。资产路线图的主要目的是为控制 IT 资产的生命周期提供专用且精确的工具。架构师维护并使用资产路线图，用以讨论哪些特定 IT 资产应该在何时发生什么，决定技术景观应该如何参与，了解哪些资产可以在未来被复用，并规划新 IT 计划的时间表。资产路线图为 IT 部门的内部决策提供了信息，并促进了架构师、高级 IT 经理、资产所有者和外部供应商之间的沟通，但由于其过于详细和过于技术化，因此与高级业务利益相关者基本没有关系。

第二，一些组织使用了称为 **IT 目标状态**的企业架构工件，它们从技术角度提供了组织所期望的长期未来状态的高层次视图。IT 目标状态在概念上类似于以业务为中心的目标状态（见图 11.6 和图 11.7），但更关注组织技术景观的各个技术方面，通常只描述支持业务的企业架构领域，如集成、基础设施和安全领域（见图 2.3）。虽然目标状态是由架构师和业务高管合作开发的，但是 IT 目标状态与业务高管基本无关，主要由架构师和其他高级 IT 利益相关者（包括 CIO）合作开发。组织允许所有相关的 IT 利益相关者对整个技术景观的未来发展进行规划，也允许他们为新的 IT 计划提出具体的技术合理化建议（见图 6.1）。与所有技术景观相一致，IT 目标状态有助于理解并合理化技术景观的高层次结构，优化与整合可用的 IT 资产组合。但是，组织在制定这些 IT 目标状态时应该非常谨慎。

第三，公司经常使用各种 IT 元素与业务能力模型进行叠加和映射，其中一些可以被视为独立的企业架构工件 [8]。之前已经介绍过的企业系统组合是信息系统到业务能力映射中最流行的一种类型。另外两种值得注意但不太流行的映射是数据与基础设施。为了与企业系统组合看齐，我们将这些映射称为**企业数据组合**与**企业基础设施组合**。企业数据组合和企业基础设施组合分别提供了所有的核心数据实体和基础设施组件与相关业务能力的结构化高层次映射。这些工件在概念上类似于企业系统组合，但主要关注数据和基础设施对象，而不是 IT 系统。它们分别从数据和基础设施的角度为整个企业的技术景观提供了便捷的单页视图，进而完善了企业系统组合。企业数据组合解释了组织拥有哪些数据以及这些数据可以在哪里被找到。通常，它们显示了由不同的业务能力所拥有和掌握的数据类型。因此，企业数据组合也可以被认为是非常高阶的主数据地图。同样，企业基础设施组合解释了组织中存在哪些基础设施，以及这些基础设施部署在哪里。与企业系统组合类似，架构师通过企业数据组合和企业基础设施组合来了解当前技术景观的总体结构，识别潜在的问题，管理数据和基础设施，并根据战略业务需求规划未来发展。

第四，一些组织使用被称为 **IT 能力模型**的企业架构工件，它们提供了组织所有的 IT 能力及其关系与层次的结构化图形表示。IT 能力模型在概念上类似于以业务为中心的业务能力模型（见图 11.1 至图 11.3）。业务能力模型和 IT 能力模型分别从业务与 IT 角度描述了组织能做什么。IT 能力模型通常关注不同的技术企业架构领域，如应用程序、数据或基础设施领域（见图 2.3），解释组织中存在哪些应用程序、数据或基础设施能力。从本质上讲，IT 能力模型从技术能力的角度对企业技术景观做出了高度抽象的描述。IT 能力模型主要由架构师使用，用来了解现有技术景观的当前能力，评估现有 IT 资产的整体战略适应性，识别潜在问题或能力差距并通过"热点"进行标注，随后规划具体的措施，从而提高技术景观与（业务能力模型中所提及）业务能力的相关性。

第五，一些公司使用被称为**扩展清单**的企业架构工件，它们提供了当前相关 IT 资产组的目录及其全面描述。扩展清单在概念上与常规的 IT 资产清单类似，但有两个重要区别。一方面，IT 资产清单关注单独的 IT 资产（例如应用程序、数据库、服务器和其他设备），而扩展清单则关注多个在逻辑上相关且一致的资产组，例如扩展清单可以描述提供特定服务或履行特定功能的所有相关 IT 资产的集群。另一方面，对于这些 IT 资产集群，扩展清单提供了更全面的信息。例如，除了常规 IT 资产清单中描述的典型属性（如定义、目的、所有者、成本等）外，扩展清单还可以为每个 IT 资产集群提供以下内容：

- 解释整个集群如何工作的详细文字描述。
- 集群的短期或长期发展战略。
- 通过图形描述解释当前集群的高层次结构。
- 通过图形描述展示规划的集群未来状态。

从这个角度来看，扩展清单可以被视为常规 IT 资产清单和景观图的混合物。扩展清单是由架构师创建并维护的，用来掌握技术景观的现状并对其未来进行合理规划。作为一个共享知识库，这些工件能够帮助架构师了解技术景观的结构，控制 IT 资产的总体组合。

此外，许多组织用于跟踪和管理现有架构债务的架构债务登记册也可以与技术景观松散地联系在一起，这点将在第 18 章中介绍。

12.3 技术景观的扩展问题

在技术景观的实际使用中存在的两大主要威胁是：错误地将技术景观用于非预期用途，以及对细节程度的不当选择所导致的繁重维护。

12.3.1 避免滥用

第一个重大威胁是试图使用技术景观来描述期望的长期未来状态，更有甚者，将其用于全面的 IT 战略规划。技术景观不适合用于战略规划的根源在于组织决策过程的典型结构与治理安排。具体而言，在大多数公司中，主要由业务高管确定组织的长期未来方向并控制预算，而 IT 主管则在分配的 IT 预算范围内对预期的业务方向做出反应。在这种情况下，所有与 IT 相关的未来计划以及随后的具体 IT 投资，通常都是被业务高管支持、批准和赞助的，他们需要清楚地了解这些计划和投资是如何为业务战略做出贡献的。然而，由于以 IT 为中心的技术景观固有的技术性质，因此很难将其用于与高级业务利益相关者之间的讨论。技术景观中描述的任何未来状态通常都不能被业务高管理解，因此他们也不可能进行批准并实施资助（例如，作为 IT 投资组合管理流程的一部分，见图 7.4），而 IT 主管通常无法控制足够的预算来资助实施只有 IT 利益相关者才能理解的大规模计划。不足为奇的是，在业务高管参与不完全的情况下创建的技术景观或者单独由架构师和高级 IT 利益相关者创建的全局理想化未来状态技术景观，虽然可以被认为是一种"更容易"的信息系统规划方式，但最终往往被关在了"象牙塔"里，从未被实施。

从本质上讲，战略业务规划总是主动进行的，而 IT 能力规划往往是被动地对战略业务目标做出响应。在组织中，大多数与 IT 相关的计划通常都跟随着商业提案。因此，高级 IT 利益相关者不可能独立或领先于高级业务利益相关者对 IT 的未来进行规划。换句话讲，所有与 IT 相关的重要计划都应首先在业务高管间达成一致。在践行企业架构实践的组织中，这些一致的协定是通过合作开发以业务为中心的企业架构工件（即经营考量、业务愿景和概要设计）的某些部分来达成的，代表了业务和 IT 之间的沟通桥梁（见图 8.1）。因此，当技术景观偶尔描述一些未来状态时，这些未来状态通常要么仅仅代表了理想的、相对较小的纯技术性改进（例如，优化和简化），要么提供了以 IT 为中心的规划决策视图，且这些规划决策已经在其他以业务为中心的企业架构工件中得到批准。例如，只有在业务高管通过业务愿景（如业务能力模型，见图 11.1 至图 11.3）指出了未来要提升的目标业务能力后，架构师才能将新规划的信息系统放入企业系统组合中，从而实现这些业务能力的提升，但这些不能按照相反的顺序进行。同样，新规划的应用程序或数据库只有在业务高管根据其概要设计明确批准实施后，才能被放入景观图中，但这不能反向而行。尽管战略规划通常不能从技术景观开始，但它们仍然可以反映出业务高管之前已批准的具体未来计划，在极少数情况下，可以是未来 2 ～ 3 年的计划。技术景观中描述的所有重要未来计划都应基于之前就已达成一致的计划——已通过以业务为中心的企业架构工件进行体现，否则，这些计划可能永远都不会被执行。

基于上述原因，技术景观主要作为获取知识的工具，而不是战略规划的手段。除 IT 路线图之外，其他技术景观工件主要侧重于描述技术景观的当前状态，而非其理想的未来。即使技术景观提供了一些对未来理想状态的描述，这些描述通常也来自先前已批准的其他规划决策——一般出自业务愿景或概要设计的开发过程。以业务为导向的未来业务愿景和以 IT 为导向的当前技术景观之间的差异是相当重要的，它们天然地反映了业务利益相关者在大多数组织的战略决策过程中所起的主导作用。相反，所有在"业务愿景"之前对创建未来状态"技术景观"的尝试，在本质上都代表 IT 部门试图主导业务，这被认为是有危险和有风险的。一言以蔽之，纯粹针对 IT 的目标状态要么根本就不应该被开发，要么应该被非常谨慎地开发。

12.3.2　抽象级别

与技术景观有关的第二大威胁可以说是试图维护过于详细的技术景观，尤其是景观图和 IT 资产清单。虽然当前状态与未来状态不同，当前状态是确定的，但准确而详细地描述技术景观的当前状态，然后维持对这些描述的更新，仍然不是一件容易的事。一方面，开发高度详细的技术景观是一个乏味且非常耗时的过程。考虑到记录当前技术景观结构并不是一项特别有成效和有价值的活动，架构师将大部分时间花在描述现有 IT 环境上，而不是做一些"真正的工作"，这可能会被认为是徒劳无功的，导致架构师失去业务高管和 IT 领导的信任。另一方面，相较于对技术景观的最初开发，维护高度详细的技术景观更是一个棘手的问题，并且经常因为其他问题而恶化。虽然组织技术景观的主要变更通常是在架构师的参与下完成的，并且很容易被跟踪，但微小的变更往往可以在没有他们参与的情况下实施。因此，从架构职能部门的角度来看，技术景观中的许多小变更几乎不会被注意到。换句话讲，即使架构师有能力将所有正在发生的变更纳入现有技术景观中，他们也往往无法跟踪这些变更。因此，过于详细的技术景观随时都可能会过时[9]。同时，当技术景观可能过时时，人们对其所提供信息的信任度就会被削弱，从而在整体上削弱了将其作为架构师共享知识库的有效性[10]。

为了避免与技术景观开发和维护相关的典型挑战，其抽象级别不应过于详细。实用的技术景观应该主要关注企业技术景观中具有架构意义的细节，这些细节不会经常变化，也不会在没有架构师参与的情况下变化，不过其理想的粒度可能受到必要架构敏捷性的影响，这将在第 18 章中进行讨论[11]。同时，如第 14 章所述，当需要时，我们通常可以从存档的详细设计中提取有关特定 IT 系统的低层次结构或技术景观狭窄领域的更详细、更相关信息，当然，我们也可以直接从它们的日常用户和支持这些系统的操作团队处获得，甚至可以通过对它们的实际源代码和硬件配置进行逆向工程来获得。为技术景观选择合适的抽象级别有助于缓解相关的常见开发问题，通过合理的付出维持技术景观的最新状态，并跟踪所有相关的变更。一般而言，较高层次的最新技术景观比详细但过时的技术景观更有用、更可取 [12]。

12.4　本章总结

本章从信息内容、开发、使用、目的和收益的角度对作为一般类型企业架构工件的技术景观进行了讨论，然后详细地描述了技术景观中流行的狭义子类，包括：景观图、IT 资产清单、企业系统组合、IT 路线图等。本章的核心消息可以归纳为以下几个要点：

- 技术景观提供了组织技术景观的高层次技术描述，是技术景观整体结构方面的参考资料知识库。
- 技术景观是永久型、事实型企业架构工件，由单个架构师在必要的基础上进行创建，并根据技术景观的持续演变而不断更新，用于对景观进行合理化、管理 IT 资产生命周期和规划新的 IT 计划。
- 技术景观有助于理解、分析和修改技术景观的结构，最终促进 IT 资产的重复使用、减少冗余，以提高 IT 敏捷性、减少对遗漏 IT 系统的依赖。
- 景观图是重要的技术景观工件，通过各种范围和粒度的技术性格式（通常是各种"方框与箭头"）描绘了企业的技术景观，可以帮助架构师管理不同 IT 资产之间的连接。
- IT 资产清单是常见的技术景观，提供了当前可用 IT 资产的结构化目录，描述了它们的基本属性，可以帮助架构师跟踪构成组织技术景观的现有系统。
- 企业系统组合是常见的技术景观，提供了所有核心 IT 系统与相关业务能力的高层次结构化映射，可以帮助架构师了解当前技术景观的潜力和限制。
- IT 路线图是常见的技术景观，为所有规划的、没有明显业务影响的纯技术性 IT 计划提供了结构化的图形视图，可以帮助架构师规划技术景观所需的改进。
- 在企业架构实践中，对有效使用技术景观最大的两个威胁分别是：第一，试图将技术景观用于战略规划；第二，选择了不匹配的粒度，使其维护变得复杂。

12.5　注释

1　在 Kleehaus 和 Matthes（2019）的调查中，来自德国不同行业部门的 58 名受访者提供了 32 种不同的工具，这些工具在组织中被用于记录 IT 架构的结构，包括企业架构的专用软件工具、标准 MS Office 应用程序、CMDB，甚至还有一些自制的文档工具。

2　Kleehaus 和 Matthes（2019）的调查表明，架构师最常用的有关当前技术景观的信息来源（按降序排列）是现有的 IT 项目文档、CMDB、能人、IT 管理工具和监控软件。

3　Kleehaus 和 Matthes（2019）的调查表明，反映现状的文档，其最常见的更新原因是（按降序排列）重大应用软件的发布、IT 项目的完成、事故和变更请求、与利益相关者的定期临时检查以及自动变更通知。此前，Roth 等人（2013）的调查揭示了以下更新触发事件（按频率降序排列）：与利益相关者的定期检查、新应用程序、产品和硬件的购置、主要应用程序的发布、项目的启动和完成、新业务流程的引入、利益相关者发来的变更通知、合并和收购流程以及来自各种系统的自动变更通知。

4　Koenig（2019b，第 94 页）认为，"清单中的每项资产至少需要包括资产名称、描述、生命周期阶段和所有权"。

5　根据 Gartner 的建议（Carlton，2012；Carlton 等人）。

6　如前所述，企业系统组合本质上是普通业务能力模型与信息系统的叠加，其中核心 IT 系统被映射到它们所支持的相应业务能力上。因此，它们通常被视为业务能力模型的一种特殊变体，而非独立的 EA 工件。然而，由于它们在 EA 实践中具有不同的属性、目的和作用，因此在本书中，企业系统组合被视为正式的 EA 工件，并与业务能力模型分开讨论。此外，企业系统组合只是 IT 元素与业务能力模型的众多映射中的一种，这些映射可被视为独立的 EA 工件，其中一些映射将在本章后面的内容中讨论。

7　Gartner 分析师建议根据技术质量和业务价值将所有信息系统分为 4 个不同类别（即 TIME 模型）：容忍类（质量好但价值低）、投资类（质量好且价值高）、迁移类（质量差但价值高）和淘汰类（质量差且价值低）（Duggan，2009；Swanton 和 van der Zijden，2019）。

8　Khosroshahi 等人（2018）列出了可映射到业务能力模型的 10 种不同类型的业务和 IT 元素。

9　Farwick 等人（2011）的调查显示，7% 的 EA 从业人员认为当前状态描述在几天内是实际的，41% 的人认为在几周内是实际的，31% 的人认为在几个月内是实际的，10% 的人认为在半年内是实际的，10% 的人认为在一年或一年以上是实际的。

10　Wierda（2017，第 49 页）这样描述这种情况："每隔几年，由于缺乏对现有景观的洞察力，人们就会努力创造一个概览。人们要花费数月的时间来了解情况，一般来说，最后你会得到几张大海报，上面有方框和线条（还有一个图例来解释每个方框类型、箭头类型和颜色的含义）。这些模型从未得到过维护，一年后就会变得非常过时，除了进行一般的介绍外，几乎毫无用处"。

11　Koenig（2019a，第 34-35 页）提出了更具体的建议："架构图必须包含不会经常变化的信息。在制作图表时，一个很好的经验法则是思考'在 12 到 18 个月内这有多大可能为真？'若有可能，那就值得放在图表中；若不可能，则应置于他处。"

12　Koenig（2019b，第 93-94 页）专门针对清单提出了类似的建议："为清单中的每项资产提供正确的信息（即使清单不完整），比拥有一个基本完整但数据却无人信任的清单更重要。"

Chapter 13 | 第 13 章

概 要 设 计

第 12 章重点讨论了技术景观，它是企业架构 CSVLOD 模型定义的企业架构工件的第四种通用类型。作为架构工件的下一个通用类型（以业务为中心的变革），本章将详细讨论概要设计的各个方面，及其在企业架构实践中经常使用的更具体的子类。本章首先介绍描述所有概要设计的公共属性，包括其特定类型的信息内容、开发和使用场景、在架构实践中的作用以及相关的组织收益。随后，本章将详细讨论概要设计中经常使用的子类，包括解决方案概述、选项评估和计划提案，以及与概要设计相关的其他一些企业架构工件。最后，本章将提供关于实际使用概要设计来作为架构实践的一部分的额外关注和建议。

13.1　概要设计作为企业架构工件的通用类型

概要设计是由业务和 IT 利益相关者协作开发、以业务为中心的变革类企业架构工件（见图 8.1），为特定 IT 计划提供面向业务的描述，并共享了以业务为中心的企业架构工件和变革类企业架构工件的基本公共属性。与概要设计相关的示例包括解决方案概述、选项评估、计划提案和其他一些类似但不太流行的企业架构工件（见图 8.2）[1]。

13.1.1　信息内容

对于单独的 IT 计划，概要设计提供了业务高管可理解的高层级描述。本质上，概要设计描述了作为特定 IT 计划的一部分及其将要实现的内容，以及在执行中带来的预期业务价值。概要设计提供的面向业务的描述，解决了以下与计划相关的类似问题：

- 提议的 IT 计划满足了哪些业务需求？

- 作为提议 IT 计划的结果，将实施哪些解决方案？
- 提议的 IT 解决方案将如何改变当前的业务流程？
- 提议的 IT 计划的战略和战术价值是什么？
- 提议的 IT 解决方案对整个组织的影响是什么？
- 实施提议的 IT 计划需要哪些财务投资？
- IT 计划将在什么时候进行交付？
- 与提议的 IT 计划相关的风险是什么？

对于发起特定 IT 计划的高级业务利益相关者，以上所有问题都天然地满足了其利益需求。IT 主管不能单方面做出启动实施 IT 计划的决定，而是应该在对计划的整体业务价值、影响、时间要求和成本进行评估后，由业务高管来批准和签署。许多提议的 IT 计划在初期构思阶段似乎是可取的，但最终出于各种原因被业务高管否决。例如，从战略角度来看，在战术上重要的 IT 计划可能被认为是次要的。过长的实现周期可能会减小（如果不是取消的话）IT 计划的业务价值。即使 IT 计划可以带来相当大的价值，业务高管也可能会注意到它们的成本过高。IT 计划对组织和业务流程的整体影响可能被业务高管视为不可取。即使技术上可行且无风险的 IT 解决方案，从业务角度来看也可能被认为具有极大的业务风险。

为了避免上述和类似的不一致，对于接受的 IT 计划，概要设计记录了业务和 IT 之间对计划的实现选项达成的基本协议。因此，所有的概要设计都是与业务高管和架构师直接相关的双重属性的企业架构工件（参见图 2.5），描述了所提议 IT 解决方案的业务价值及其高级技术结构。概要设计既反映了业务部门启动各自 IT 计划的愿望，又反映了 IT 部门交付相关计划的准备情况。

正如第 7 章中所提到的，从小型 IT 项目到多个相关项目组成的全面变革计划，IT 计划在范围和广度上可以有所不同。无论计划的规模大小，业务高管都应该对预期结果和所需投资进行仔细的分析，并有意识地做出实施任何特定 IT 计划的决定。概要设计帮助业务高管对提议的 IT 计划做出明智的决定，如果计划得到批准，那么便为开发更为详细的设计提供基础。概要设计是重要的架构工件，通过在 IT 计划的早期启动步骤中形成执行决议，促进了业务高管和架构师之间的沟通。

概要设计通常侧重于未来的 1～2 年，有时在大型转型项目的背景下侧重于长期规划。由于所有概要设计都描述了在不同阶段被批准的 IT 计划，因此它们对未来的关注是天生的。但是，通常无法在超过 2～3 年以上的时间范围上，对特定 IT 解决方案的高层级细节和相应的商业案例，以可接受的精度进行规划。因此，概要设计通常只关注相对短期的可预见未来，其中特定 IT 计划的架构、业务价值和财务细节都可以被合理准确地计划和估算，而长期业务战略和 IT 规划通常用更抽象的业务愿景来完成。

概要设计通常被表示为文本描述和简单图表的混合，避免使用冗长的叙述、详细的解释、复杂的图表与技术细节，目的是给任何业务利益相关者提供相关 IT 计划能被理解的高层级概述。例如，概要设计中包含的文字描述往往只提供了被提议 IT 计划的最基本信息，包括它们的一般动机、目标、收益和基本需求。概要设计中包含的图形往往相当直观，仅在概念上描述了所建议的 IT 解决方案，足够用来理解并能评估其对整体业务的影响。因其简洁的特质，概要设计一般避免使用任何严格和正式的建模符号，以便能被业务利益相关者轻易理解。尽管如此，一些概要设计，特别是解决方案概述，偶尔会受益于使用简化版本的 BPMN 来解释业务流程中预期的更改，因为 BPMN 能够被多数业务利益相关者所理解。物理介质上，概要设计通常用 Word 文档或 PowerPoint 演示文稿创建和呈现。

13.1.2 开发与使用

概要设计代表了集体的规划决策（见表 2.1），商定了大致应该如何实施具体的 IT 计划。概要设计一般在业务分析师的协助下（参见图 2.7），由架构师和高级利益相关者（如，计划的执行发起人）在计划交付过程的初始步骤（参见表 6.1 和图 6.1）为所有被提议的 IT 计划而开发。如前所述，基于业务所有者先前准备的原始业务提案，架构师与业务高管之间就 IT 计划的总体想法所进行的非正式讨论，是概要设计存在的起点。概要设计在接下来与相关业务利益相关者的持续讨论中被更详细地阐述，并变得更正式、更实际和更"充实"。最后，概要设计由其执行发起人进行撰写、审查和正式批准。

对于制定概要设计以讨论新 IT 解决方案的总体思路、定义其执行级别的基本需求、描述其范围、协商相应 IT 计划对组织活动的总体预期效果，业务高管的参与都显得至关重要。具体来讲，作为开发概要设计的一部分，业务高管和架构师需要经常讨论，并就新的 IT 解决方案应该如何修改当前的业务流程达成一致（参见表 5.1）。例如，业务高管可以指出在这些计划中希望更改哪些流程，而架构师可以推荐特定的高级 IT 解决方案来实现这种改进。架构师和业务利益相关者可以使用一些复杂的分析技术来阐明所需 IT 解决方案的概念结构，比如正式的业务流程建模或面向客户规划的客户旅程地图 [2]，从而实现更好的相互理解。在为复杂和大规模 IT 解决方案（例如，影响多个企业架构领域的解决方案）创建概要设计时，通常需要多个专攻不同领域并拥有互补专业知识的架构师进行协同，如第 16 章中所述。

在概要设计的早期阶段必须做出的关键决策之一是：组织是应该购买市场上可用的标准解决方案套件之一，还是应该进行自研以完全满足自身的业务需求（所谓的"购买与自建"决策）。为此，架构师需要调研市场和供应商的产品，并根据需求来评估它们的整体架构适应性，分析比较后确定更为可取的选项。在同一阶段必须做出的另一个重要决策是：组织是将所选解决方案的实施进行外包，还是委托给自己的 IT 人员（外包决策）。如有必要，可以启动与潜在产品供应商或交付伙伴的谈判，提交正式的信息请求（Request For Information，RFI）或需求建议书（Request For Proposal，RFP）并讨论潜在的合同。这两项决定将对后续所有相关活动的未来进展产生重大影响。

除特殊情况外，所有 IT 计划都要进入常规的项目组合管理过程，并纳入已批准的工作包以便实施（参见图 7.4）。根据组织的实际情况、计划现状和其他因素（如时间和不确定性水平），制定概要设计可以在 IT 计划纳入工作包之前或之后进行。在某些情况下，可以预先创建相当详细甚至是最终确定版本的概要设计来形成项目组合管理过程（比如，交付的过程本来就是计划的一部分），避免进一步的签字和审批。对于没有概要设计，或是只有临时性概要设计（比如整个计划交付过程从正式决议后的原始草图开始）的 IT 计划，最终的投资决策将在概要设计完成时进行。

通常，IT 计划及其概要设计侧重于解决特定的业务或技术需求。概要设计是为所有类型的 IT 计划编制的，如基本计划、战略计划、局部计划、紧急计划和架构计划（见表 7.1）。但是，由于不同类型 IT 计划的动因各异（参见图 7.3），因此其概要设计也以略微不同的方式启动。

一方面，对于基本计划、战略计划和局部计划，如果相关业务需求是预先确定的，已经反映在业务愿景中，在路线图中通常表示为已规划就绪的 IT 计划（参见图 11.4 和图 11.5）。例如，为客户启用订单跟踪的规划需求，可以在路线图中表示为相应的 IT 计划，并排期在 2021 年的中期执行。在距离执行日期之前，并在最近的预算编制周期开始时，将这一计划列入相应时段的工作计划包，随后进行排期。到 2021 年年中时，这个源自规划工作包的计划，就变成了交付过程的一个活动实例（参见图 6.1）。但是，如果在计划工作包完成编制之前依然没有准备好概要设计，那么就从计划交付步骤的第一步开始，制定详细的概要设计以便提交给高层决策者进行一步到位的审批。比如对于订单跟踪，开发概要设计的目的是更详细地讨论如何被精确地实现，然后将其提交给高层决策者以获得最终的批准。否则，将会根据先前已经获得批准的概要设计，直接进入计划交付过程的第二步来实施。

另一方面，紧急计划及其业务需求是不可预测的，并且没有反映在任何业务愿景中。例如，由于最近立法的变化，从下一个财政年度开始，就迫切需要向监管机构提供具体的合规报告。在这种情况下，立即启动交付流程的一个新实例，可能会绕过正常优先级与既定的预算机制，以便及时地解决这个业务需求，并且立即开发必要的概要设计来准确地描述应该如何解决这一需求。此外，架构计划和各自的技术需求通常是预先确定的，在 IT 路线图中表示为规划好的 IT 活动（参见图 12.5）。例如，停用不受支持的旧数据库并将其记录迁移到较新的存储平台，对这一计划的技术需求，可以在 IT 路线图中表示为相应的 IT 规划，并计划在 2021 年底执行。因此，在接近 2021 年底时，IT 路线图中的这一计划需求，将根据简化的资助程序直接由 CIO 提供资金，并在计划交付过程的新实例中进行阐述，同时制定概要设计以便更详细地讨论如何按时完成。然而，对于架构计划，高级 IT 经理通常代替业务高管作为它们的发起人、审批人和关键利益相关者。

在相关 IT 计划概要设计的开发过程中，架构师将遵循优化过程中技术合理化建议的指导（参见图 6.1），参考技术标准来为新的 IT 计划选择最适合的技术和实现方法，并利用技术景观来了解新的 IT 解决方案如何与现有系统进行集成，以及哪些 IT 资产可以作为计划的一部分被复用或退役。同时，在新的 IT 计划中，架构师和高级业务利益相关者共同确保了业务与 IT 战略方向的一致性，这些方向源自经营考量和业务愿景。如果被提议的计划偏离了已批准的长期 IT 投资战略，就应该将其视为战术性的，并强调其所预期的短期利益。在这种情况下，它的概要设计可能包括对引入架构债务的评估，并描述在将来要采取的适当纠正措施来消除这种债务，稍后将在第 18 章中介绍。

　　概要设计通常与被提议 IT 计划的商业案例并行开发。与概要设计类似，商业案例通常创建于 IT 计划的早期阶段，以证明相应 IT 投资的正确性。任何 IT 计划的实施，通常都需要使用概要设计和商业案例来进行批准。但是，概要设计和商业案例在本质上是完全不同的，分别关注了 IT 活动明显不同的两个方面。一方面，概要设计是由架构师驱动的特定于 IT 的架构化文档，提供了建议 IT 解决方案的高级概述，从定性角度解释了其业务价值，并帮助评估其成本。例如，概要设计允许架构师预估必要的许可费用、硬件设备和开发工作，或将建议的 IT 解决方案描述发送给适当的供应商，并要求他们进行初步评估。

　　另一方面，商业案例在很大程度上是与 IT 无关的文档，由 IT 计划的业务赞助者驱动，主要关注 IT 计划的财务层面，但也可能涉及某些与技术无关的业务问题，如法律问题。商业案例通常倾向于采用正式的量化评估方法［例如，贴现现金流（Discounted Cash Flow，DCF）、净现值（Net Present Value，NPV）或内部收益率（Internal Rate of Return，IRR）］来更准确地估算 IT 计划的商业价值，并计算总的投资回报率（Return On Investment，ROI），但并不是所有 IT 解决方案的收益都能够被轻易量化，比如客户满意度和安全的增强[3]。本质上，概要设计旨在从概念的角度验证 IT 计划，而商业案例纯粹旨在从财务角度证明其合理性。概要设计和商业案例密切相关，相辅相成。商业案例通常以概要设计为提议 IT 解决方案所提供的时间和成本作为基础，依此进行财务计算。与此同时，商业案例也为围绕概要设计的决策提供了输入，通过对齐相关 IT 计划的原始业务动机，从而能够比较高级解决方案的可能实施选项。由于两者间的天然联系，概要设计和商业案例通常在所有 IT 计划的启动阶段进行同步开发。

　　业务高管和架构师使用定稿后的概要设计，对特定的 IT 计划进行评估、批准和资助。具体而言，提议 IT 计划的概要设计和相应的商业案例，通常会经过正式的投资管理程序，由负责制定 IT 投资决策的高级业务利益相关者和 IT 利益相关者进行正式的批准和签字，如第 17 章中所述。投资管理程序从不同角度评估了 IT 计划的概要设计和商业案例，包括但不限于以下准则：

- IT 计划的战略业务价值和战术业务价值。
- IT 计划预期的财务回报。
- IT 计划与经营考量和业务愿景的概念一致性。
- IT 计划与关键技术标准和技术景观的对齐。
- 与 IT 计划相关的时间安排、成本和风险。

　　基于以上对提议 IT 计划及其他方面的全面分析，高级业务利益相关者和 IT 利益相关者就每个计划做出最终的投资决策。因此，高级决策者要么批准了 IT 计划并分配了必要的资金来实施，要么拒绝了该计划，因为其不合适也不值得。

　　概要设计是生命周期有限的临时企业架构工件（见表 2.2），专门用于讨论提议 IT 计划的高级实施选项，并就这些选项做出明智的投资决策。在 IT 计划的进一步实施过程中，一致商定的概要设计为"详细设计"的制定提供了基础，如第 14 章中所述。中小型 IT 计划通常被作为单独的 IT 项目进行交付，只需要单独的详细设计。然而，对于大型 IT 计划，通常意味着由许多不同组件构成的复杂 IT 解决方案。这些解决方案作为一系列密切相关的 IT 项目被逐步交付，并需要使用多种不同的详细设计来实施，即每个项目具有一个可实施的详细设计。如果批准的 IT 解决方案是在内部开发的，那么内部架构师和项目团队将参与把概要设计转换为技术上的详细设计，然后开始实施。另外，可能会将所需 IT 解决方案的概要设计发给外部第三方，并要求进行初步的价格估算，以要求他们提供相关解决方案交付的报价，并启动正式的外包协议。

在概要设计被批准，并被详细阐述为更为详细的技术设计之后，它们基本上失去了作为企业架构工件的价值并被归档。这些概要设计可能会在稍后（例如在完成相应 IT 计划的几年后）与其商业案例一起被检索和使用，以便进行实施后的收益审查。在审查过程中，负责 IT 计划的架构师和高级业务赞助者将重新审视其原始概要设计和商业案例，并评估最初所宣称效益的实现程度，以及是否已实现预期的 ROI。实施后审查可以增加 IT 投资的业务价值，并为组织带来一些额外好处[4]。首先，可为未来的价值估算增加更多的现实性，提高其准确性，阻止业务赞助者采纳夸大收益或提交浮夸的业务建议，并提高了 IT 的总体可信度。其次，为实现声称的收益，实施后审查可以确保相应的业务归属权、承诺与责任。例如，通过改变业务流程来释放新 IT 系统的潜力。任何 IT 计划的业务成功，都不能仅仅通过 IT 部门按时并符合预算的交付来进行保证，还需要高级管理层的参与和领导才能相应地改变业务[5]。最后，实施后审查有助于组织学习、消除效益和成本估算中的系统性偏差，最终提高管理层对 IT 的总体满意度。

13.1.3　角色与收益

概要设计本质上代表了拟定 IT 计划的收益、时间和价格属性。对于高级业务利益相关者和每个被提议的 IT 计划，概要设计提供了最重要的业务信息，包括：预期业务价值、完成时间和估计的成本。换言之，概要设计向业务高管传达了如果 IT 计划获得批准，将提供什么业务价值、何时以及以什么价格提供。概要设计通常解释了，在 IT 计划的实施过程中，在战略和战术上预期的业务价值是什么。概要设计中提供的成本估算可能包括交付 IT 计划所需的初始财务投资［或资本支出（Capital Expense，CAPEX），如购买硬件和开发软件］、保持 IT 解决方案运行所需的日常费用［或运营支出（Operating Expense，OPEX），如托管成本和许可证费用］、未来系统维护的潜在的周期性支出（例如修复错误、应用更新和安全补丁）、偿还架构债务的延迟成本，以及解决方案在整个生命周期中整体的直接和间接成本，或总体拥有成本（Total Cost of Ownership，TCO）[6]。

所有概要设计的普遍目的是帮助评估被提议 IT 计划的总体业务价值和影响。使用概要设计来描述提议的 IT 计划，使得业务高管能够评估特定计划的优劣势，以根据其预期收益和成本来比较不同的 IT 投资，依据可感知的重要性对其进行优先级排序，并在早期阶段对这些计划做出明智的投资决策。概要设计帮助了业务高管对最有价值的 IT 计划进行选择和资助，并从所有被提议的计划中获得最大的回报。本质上，概要设计旨在向潜在的业务赞助者"销售"相应的 IT 计划。

正确使用概要设计可以提高 IT 投资的效率和投资收益率。使用概要设计对 IT 计划进行优先级排序，过滤出效率低下的计划（这类计划无法为其所投入资金带来合理的业务回报），从而只能投资于具有明显定性和定量回报的计划。概要设计有助于业务高管有意识地批准每一项 IT 投资，了解 IT 预算的使用情况，控制 IT 支出，从而确保每一笔 IT 资金都被明智并有回报地投资。

13.1.4 与相邻类型的差异

作为以业务为中心的变革型架构工件，概要设计与业务愿景和详细设计相邻（见图 8.1）。虽然业务愿景也提供了一些类似于概要设计的面向业务的高级描述，但业务愿景提供的描述更概念、更抽象并更具全局性。业务愿景侧重于在组织维度的长远方向描述业务和 IT，但概要设计更详细地描述了具体和短期的 IT 计划，代表了业务愿景提供的全局战略方向的分步操作。换而言之，业务愿景提出了整个组织所需要的 IT 计划，而概要设计则对这些计划进行了更详细的独立描述。概要设计通常描述了被相应 IT 计划影响的特定业务流程的变化，而业务愿景通常以更高层次的抽象（例如业务能力或活动）来"讲话"。业务愿景通常只使用粗略的定性评估（例如，大型和小型），而不计算资金投入；概要设计通常包含所提议 IT 计划的一些财务估算和定量数字。简而言之，业务愿景通常没有对应的商业提案，而概要设计则与各自的商业提案密切相关。

类似于概要设计，虽然详细设计也对特定 IT 计划提供了一些狭窄范围的描述，但概要设计提供的描述主要面向执行层的业务利益相关者。详细设计是非常技术性的企业架构工件，包含了大量特定于实现的细节；概要设计非常抽象，避免使用大多数高级业务利益相关者无法理解和"可怕"的特定 IT 术语。与详细设计不同，概要设计主要从概念层面与业务角度描述了 IT 解决方案，即强调其业务影响、价值和成本，而不是更低层次的技术细节。概要设计的主要目的是支持围绕 IT 计划的初始决策，而详细设计的主要目的则是促进其后续的实际实施。

13.2 与概要设计相关的特定企业架构工件

在既定的企业架构实践中经常使用的概要设计子类包括：解决方案概述、选项评估和计划提案。解决方案概述是必备的企业架构工件，选项评估是常见的企业架构工件，而计划提案可以视为不常见的企业架构工件。

13.2.1 解决方案概述（必备）

解决方案概述（也可以称为解决方案概要、概念架构、初步解决方案架构、概念设计、解决方案概要等）是特定的概要设计，提供了业务高管可以理解的、对特定 IT 解决方案的高级描述。解决方案概述可以被认为是在大多数成功的企业架构实践中发现的基本子类。

解决方案概述代表了经业务赞助者同意的拟定 IT 解决方案的最终描述。它们是所有概要设计中最为详尽的。解决方案概述通常描述了将安装哪些新的 IT 系统、将如何修改当前的业务流程、所需数据的来源、从业务角度来看 IT 解决方案之所以重要的其他方面。换而言之，解决方案概述通常包括了抽象的技术架构以及高阶的业务流程模型。为了更清楚地解释所提议变化的本质，解决方案概述通常会显示受影响业务在运营上的当前状态和预期的"未来"状态，并强调了两个状态在对比后能带来的收益。

除了描述提议 IT 解决方案的概念结构和流程影响外，解决方案概述通常还提供了有关 IT 计划的最基本支持信息，包括但不限于以下内容：

- IT 计划的目标和目的。
- IT 计划预期的业务收益。
- IT 计划主要的业务利益相关者和赞助者。
- IT 解决方案的基本要求。
- 参与 IT 解决方案实施的第三方。
- 估算 IT 解决方案所需的时间和成本。
- 识别与 IT 解决方案相关的风险。

此外，对于所提议的 IT 解决方案，解决方案概述中通常会准确解释如何与长期战略内容保持一致，这些战略内容是反映在经营考量和业务愿景中的。为此，在解决方案概述中可以列出已确立的原则（见图 9.1），并描述如何遵守其中的每一项。解决方案概述还可以提供 IT 解决方案的能力"足迹"，即显示如果实施了解决方案，那么将提升哪些业务能力。能力足迹允许将特定的 IT 计划映射到业务能力模型（见图 11.1～图 11.3），以评估其对能力的影响和对战略能力的贡献。另外，解决方案概述还可以根据商定的投资路线图（见图 11.4 和图 11.5）来定位新的 IT 解决方案。这些和类似的技术，有助于业务高管评估所提议的 IT 计划与总体战略方向的全局一致性。

将大型 IT 解决方案作为单个大项目实施的方式，通常被认为风险太大、不切实际且不可取。相反，规模相当大的 IT 解决方案通常被分为几个较小的 IT 项目，并被逐步交付。在这种情况下，解决方案概述还可能包括小型路线图，以说明整个 IT 解决方案的不同组件将在何时以何种顺序被作为单独的项目实施。如前所述，多个项目构成的 IT 解决方案依然会有一个商业案例来证明整个方案的合理性，而不是针对每个单独的子项目。

解决方案概述通常表示为简单的 Word 文档，带有简捷直观的图表和文字描述，一般约 15～30 页，具体取决于解决方案本身和所需的灵活程度，如第 18 章中所述。在某些情况下，可能使用 BPMN 建模语言的定制和简化版本来描述提议的流程更改。解决方案概述（普通概述和战略一致性概述）的示意图如图 13.1 所示。

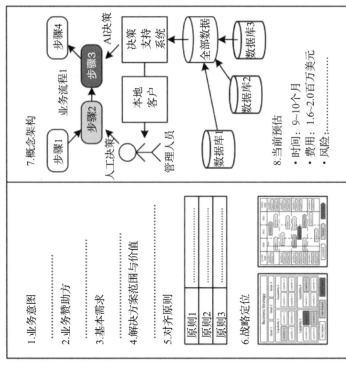

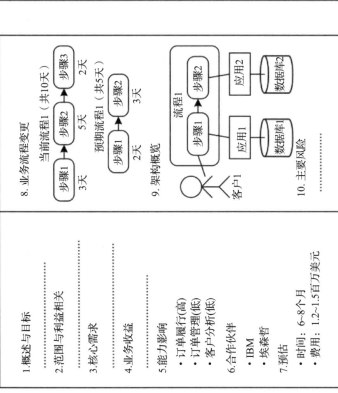

图 13.1 解决方案概述（普通概述和战略—致性概述）

解决方案概述通常在所有 IT 计划启动步骤的后期阶段完成，表现为与业务赞助者商定的拟定 IT 解决方案的最终版本。决策委员会的高级业务利益相关者和 IT 利益相关者将使用这些信息，对提议的 IT 计划做出最终投资决策。一旦 IT 投资委员会批准了解决方案概述，相应的 IT 计划将继续进入其实施步骤，并开始为这些计划开发技术性的详细设计。

13.2.2　选项评估（常见）

选项评估（可称为选项分析、选项文件、解决方案选项、解决方案评估、讨论文件等）是特定的概要设计，提供了特定 IT 计划上可用的高级实施选项列表及其利弊。在成功的企业架构实践中，选项评估可被视为概要设计的一种常见子类。

对于同一特定的业务需求，选项评估代表了各种可能 IT 解决方案的高层级描述，即用 IT 解决方案来解决同一业务问题的各种替代方法。在一些组织中，为了满足任何业务需求，架构师需要提出并分析至少三种不同的概念选项。在某些情况下，"什么都不做"也可被视为选项之一，以探讨若不实施任何解决方案会带来的明确后果。

除了简要描述特定 IT 计划的潜在实施选项外，选项评估还提供与每个选项有关的基本信息，包括其优点、缺点、成本与风险。如果业务高管明确了特定的业务需求，比如以实现对客户的订单跟踪，那么架构师可以提供不同的选项来解决这一业务需求（如开发移动端应用程序、在网站上创建订单跟踪页面或升级现有系统以通过手机短信自动发送订单状态的通知），并从业务角度解释这些选项的利弊。

为了便于从多个可用的选项中挑选出最合适的备选方案，需要对选项进行正式的评分，评分的标准包括但不限于以下方面：

- 拟议 IT 解决方案提供的业务功能。
- 拟议 IT 解决方案的技术可行性。
- 拟议 IT 解决方案的时间、效益和成本估算。
- 与拟议 IT 解决方案相关的安全性、风险和潜在问题。
- 拟议 IT 解决方案与总体战略方向的一致性。
- 从整体评估拟议 IT 解决方案的最小影响。

通过以上和其他相关标准对每个选项进行评分并汇总（如根据每个标准加权分的总和），从而选出最理想的实施选项。此外，IT 计划的高级业务发起人还经常被要求根据能感知到的重要性，对不同的业务需求进行优先级排序和权衡。在这种情况下，可以根据业务需求列表分别对提议的 IT 解决方案进行加权打分，以便为每个可用选项提供更准确的分值。使用系统及一致的评分机制，有助于业务高管为新 IT 计划选择最佳的实施方案。

但是，因不能提供合理的替代解决方案来满足所需业务需求，许多 IT 计划似乎只有一个实施选项可用。在这种情况下，IT 计划可以立即进入实施，比如通过制定更详细的解决方案概述来详细说明选项的唯一性，并告知 IT 的投资决策。

选项评估通常用 Word 文档或 PowerPoint 演示文稿进行展示，其中包含了每个选项直观简单的图表和文字描述，而选项之间的比较通常使用 Excel 来进行。选项评估的示意图如图 13.2 所示。

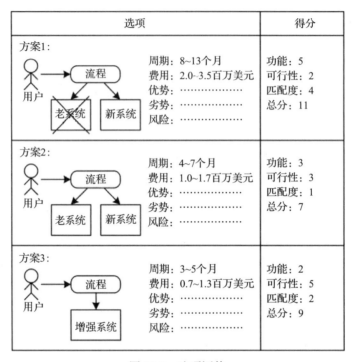

图 13.2 选项评估

选项评估通常在 IT 计划的启动阶段进行，以便业务高管和架构师对可用方案的实施选项进行讨论。高级业务和 IT 利益相关者通过对其优缺点的分析，为拟定的 IT 计划选择最合适的实施方案。在业务高管选择并批准某个解决方案的实施选项后，相应 IT 计划可进一步被细化为更详细的解决方案概述，以获得最终批准，也可以立即着手开发实施所需的详细技术设计。

13.2.3　计划提案（不常见）

计划提案（也可称为解决方案提案、计划摘要、投资提案、想法简介、项目简介等）是一种特定的概要设计工件，是对提议 IT 计划及其理由的早期构想描述。在企业架构实践中，计划提案相对少见，是概要设计的不常见子类。

对于值得实施的特定 IT 计划，计划提案对其进行了非常抽象的描述，是所有概要设计中最简短、最简单和最概念化的。计划提案通常描述了被提议 IT 计划的总体思路、预期业务价值和设想的解决方案，也可以提供一些时间和成本的粗略估算，但这些估算通常仅能凭借对过往经验的最佳猜测。

在使用时，计划提案是为特定 IT 计划开发的第一个企业架构工件，通常与执行赞助者准备的业务提案并行。一般而言，创建这些计划的目的是为被提议的 IT 计划获得启动资金，并有机会更深入地探索初期的不成熟想法，从而对这些计划做出更详细的描述和更准确的估算，通常表现为选项评估或解决方案概述的形式。

计划提案一般以 PowerPoint 演示文稿或 Word 文档表示，其中包含了一些简单的图表和文字描述，长度一般为几页。计划提案的示意图如图 13.3 所示。

计划提案通常在所有 IT 计划启动步骤的早期阶段编制，以描述这些提议背后的想法、动机和设想的解决方案。在早期阶段，使用计划提案与高级业务利益相关者讨论被提议的 IT 计划，以便使这些"好点子"获得初步批准并有机会被进一步阐述，反之"坏主意"会被拒绝，从而避免在毫无价值的项目上浪费精力，得以聚焦于更有前途的想法。

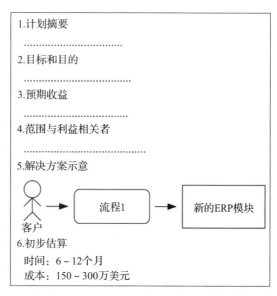

图 13.3　计划提案

13.2.4　与概要设计相关的非主流企业架构工件

除解决方案概述、选项评估和计划提案外，在践行企业架构的组织中偶尔会发现一些其他值得注意的概要设计子类。第一，一些公司积极使用补充的企业架构工件，总结了在开发解决方案概述或其他概要设计过程中得出的关键决策，这些决策称为概要设计的关键决策。这些工件提供了特定 IT 计划及其动因的一页纸文本摘要，包含了关键规划决策的要点列表，可能包括重要内容如下：

- 决定从一系列的可用选项中挑选一种特定的实施方法。
- 决定将 IT 计划的范围限制在某些业务功能上。
- 由于某些令人信服的原因，决定偏离既定原则（见图 9.1）。
- 由于利润丰厚或其他战术上的短期利益，决定偏离预设的目标状态（见图 11.6 和图 11.7）。

从技术上讲，这些企业架构工件的内容都来源于与各自 IT 计划相关的其他工件，与原始来源相比并没有任何新信息或者新决策，只是以简洁易懂的方式进行了呈现。因此，它们总是在相应概要设计准备完成之后生成，或并行生成。概要设计的关键决策为特定 IT 计划的相关讨论提供了机会，促进了业务高管和架构师在启动过程中的沟通。使用概要设计的关键决策，可以更好地了解其对组织业务的真正影响和价值，并将其作为正式批准和治理程序的一部分，以便对计划做出知情后的批准。

第二，对致力于为新 IT 计划开发解决方案概述或其他概要设计类工件的架构师，一些组织使用企业架构工件为这些架构师的工作提供相关的架构建议，这些建议可被称为概要设计的架构方向。本质上，这些工件代表了特定 IT 计划的高级架构需求，包括概念需求和技术需求（见图 6.1）。概念需求反映了业务的基本利益，而技术需求反映了在技术优化过程中所包含的最重要的合理化建议。概要设计的架构方向通常在内容上还包括了当前所有经营考量的子集及直接适用于各自 IT 计划的主要技术标准。这些方向可能包括了对新 IT 解决方案的高层级要求，比如：

- 根据已建立的原则，IT 解决方案应适用于所有存在的方面（见图 9.1）。
- IT 解决方案应该遵循国家的隐私政策（见图 9.2）。
- IT 解决方案应该使用技术参考模型中的某些技术（见图 10.1）。
- IT 解决方案应该基于特定战略的企业系统组合（见图 12.4）。

除基本的业务需求外，概要设计的架构方向为计划交付过程提供了输入（见图 6.1）。它们在 IT 计划的早期阶段进行开发，以传达相应 IT 解决方案中关键的架构要求。架构方向有助于将组织在全局范围内的有关 IT 的规划决策，与本地特定的规划决策联系起来。并在不同类型的架构师之间（比如企业架构师与解决方案架构师之间）提供了基于正式架构文档的沟通桥梁，如第 16 章中所述。

第三，一些公司积极使用单页计划概述，为特定 IT 计划提供非常简单的图形化视图。这些工件以非正式但直观的方式描述了所计划 IT 解决方案的高层级概念结构。单页计划概述在概念上类似于组织范围内的上下文图（见图 11.9），但范围仅限于单独计划，且只是侧重于描述提议 IT 解决方案的本质。由于其天生简单并容易理解，这些视图对大多数业务利益相关者来讲非常具有吸引力。一页纸概述通常在 IT 计划的早期阶段制定，可以作为特定计划的第一个概要设计。它们可被快速创建，用于收集所有利益相关者的早期反馈，并做出一些粗略的类似"T 恤衫大小"的估算（例如，大尺码、中等尺码或小尺码），支持了集体的决策，促进了对举措的制定，并推动了实施。从这个角度来看，这些 IT 计划视图可以被视为浓缩的、纯图形化的计划提案。

第四，一些组织为大型和多个项目构成的 IT 计划（如复杂的转型计划）使用单独而临时的小型路线图，这些计划通常被称为计划路线图（也可以称为计划路线图或过渡计划）。这些路线图在概念上类似于常规路线图（见图 11.4 和图 11.5），但专门为特定的 IT 计划开发，然后在实施后丢弃。它们通常描述了完整 IT 解决方案的特定组件在什么时候可以被作为单独的 IT 项目进行交付。通过使用计划路线图，业务高管和架构师可以就交付不同解决方案组件的优先级和时间表达成一致。大型 IT 计划的小型路线图可以作为单独的企业架构工件被创建，或如前所述，包含在这些计划的常规解决方案概述中。

最后，一些公司对特定 IT 计划使用了单独的分析文件，这意味着重大而深远的技术选择。这些工件一般详细分析了可用的技术产品及其长远影响、优势和劣势，以支持 IT 计划在早期阶段的决策。比如某个特定的 IT 计划需要引入新重要的新技术或昂贵的产品，那么可以制定一份分析报告来评估市场上的现有供应商，并根据组织的需求选择最合适的。可以认为，这些针对具体提议的分析文件，是对选项评估的补充。分析文件对可用的技术选项进行了非常概念化的解读，而选项评估则对解决方案可能的实施方法进行了更具体和更切实的分析。从本质上讲，这些分析文件可以被视为特定于局部计划的分析报告（见图 9.5），或是选项评估的纯分析版本。对特定的 IT 计划，分析文件由架构师和相关业务利益相关者根据需要共同编制，并为创建相关的供应商协议、采购合同或招标文件提供依据。

13.3　关于概要设计的其他问题

首先，利益相关者对开发的参与不足，是所有决策类企业架构工件普遍存在的危险（见图 2.7）。其次，与概要设计使用相关的最大威胁，是试图创建高度详细的概要设计工件。对初步决策而言，这可能显得多余而且"太重"。所有概要设计都是在 IT 计划的启动步骤中创建的（见图 6.1），其目的主要是为做出与计划相关的可靠投资决策提供帮助。每个 IT 计划的概要设计都应能够提供足够的信息以便用于决策，考虑如果以预期的业务影响和成本实施该计划，那么组织能否受益。从这个角度来看，所有概要设计都应关注所提议 IT 计划的三个关键方面。第一，概要设计应描述被提议 IT 解决方案的预期业务价值，并解释如何能够实现这些价值。第二，概要设计应清楚地传达所建议解决方案的相关潜在风险、问题和其他可能的负面结果。第三，概要设计应以合理的准确性估算所提议 IT 解决方案的成本。

一方面，在现实中的大多数情况下，没有理由将概要设计细化到可用于实施的详细设计所需的细节层次。此外，如企业架构不确定性原则所示（见图 5.6），这种尝试甚至可能无法实现。另一方面，冗长的概要设计和多余的描述可能会使拟议 IT 计划的评估复杂化，并分散了对最关键问题的注意力，甚至降低了决策质量。简而言之，概要设计应该详细到足以充分评估提议的 IT 计划，但其详细程度也就到此为止。

13.4　本章总结

本章从内容信息、开发、使用、目的和好处的角度讨论了概要设计作为企业架构工件的通用类型，然后更详细地描述了概要设计流行且窄众的子类，包括解决方案概述、选项评估、计划提案和一些其他工件。本章的关键信息可概括为以下要点：

- 对独立的 IT 计划，概要设计提供了能够被业务高管理解的高层级描述，代表了拟定 IT 投资的收益、时间和价格属性。
- 概要设计是临时性质的决策型企业架构工件，由架构师和业务高管在 IT 计划的早期阶段合作开发，用于评估、批准和资助特定的计划，随后归档。
- 概要设计有助于评估拟定 IT 计划的总体业务影响和价值，最终提高了 IT 投资的效率和投资回报率。

- 解决方案概述是重要的概要设计，以商业语言提供了特定 IT 解决方案的高层级描述，从而帮助了业务高管和架构师之间的讨论、评估并批准相应解决方案的实施。
- 选项评估是常见的概要设计，提供了特定 IT 计划的可用高级实施选项列表和其优缺点，并帮助业务高管和架构师为相应的计划选择最优的备选方案。
- 计划提案是不常见的概要设计，为提议的 IT 计划及其理由提供非常早期的想法描述，并帮助业务高管和架构师在初期只选择最有希望的计划去做进一步阐述。
- 在企业架构实践中有效使用概要设计的最大威胁是将其制定得过于细化，对初步执行评估和决策目的而言，这可能是多余甚至适得其反的。

13.5　注释

1　如前所述，在本书中，非 EA 特定业务文档不被视为 EA 工件。但若这些文件仍被视为 EA 工件，则 IT 计划的业务建议书和商业案例也可以与概要设计松散地联系起来。

2　Rawson 等人（2013）、Edelman 和 Singer（2015）都强调了规划整个客户旅程的重要性。

3　Ward 等人（2008）和 Maholic（2013）提供了关于为 IT 计划开发有效商业案例的具体建议。

4　Ward 和 Daniel（2008）等人更详细地讨论了实施后收益审查的优势。

5　Ross 和 Weill（2002b）以及 Peppard 等人（2007）都强调，企业高层的自主权、参与和责任对于实现 IT 计划的商业价值至关重要。

6　Koenig（2019b，第 35-36 页）认为，"IT 解决方案的真正成本由四部分组成：（1）构建成本；（2）运行成本；（3）维护成本；（4）技术债务"。

第 14 章 *Chapter 14*

详 细 设 计

第 13 章重点介绍了企业架构 CSVLOD 模型定义的第五种通用企业架构工件——概要设计。本章将深入讨论作为企业架构工件的下一个通用类型（以 IT 为中心的变革）——详细设计的各个方面，以及在企业架构实践中经常使用的更具体的子类。本章首先从描述所有详细设计的共同属性开始，包括其特定类型的信息内容、开发和使用场景、在架构实践中的作用以及相关的组织收益。随后，本章将详细讨论详细设计中经常会使用到的狭义子类，包括解决方案设计、初步解决方案设计，以及一些与详细设计相关的其他企业架构工件。最后，本章将提供关于实际使用详细设计作为企业架构实践的一部分的额外关注和建议。

14.1   详细设计作为企业架构工件的通用类型

详细设计是以 IT 为中心的变革类企业架构工件（见图 8.1），由架构师和 IT 项目团队合作开发，提供了特定 IT 项目的低层级技术描述，并共享了以 IT 为中心的企业架构工件和变革类企业架构工件的基本公共属性。与详细设计相关的企业架构工件具体示例包括：解决方案设计、初步解决方案设计和其他一些类似但不太流行的企业架构工件（见图 8.2）[1]。

14.1.1   信息内容

详细设计针对独立的 IT 项目，为项目团队提供了详细和可操作的技术与功能描述。从本质上讲，作为特定 IT 项目的一部分，详细设计准确地描述了应该实现什么，以及应该如何进行实现。详细设计提供的 IT 导向性描述解决了与项目相关的下述问题：

- IT 项目应满足哪些具体的业务要求？

- 应提供哪些基础设施来实施 IT 项目？
- 应安装哪些硬件和软件来实施 IT 项目？
- 应开发哪些应用程序来实施 IT 项目？
- 在新的 IT 系统中应使用哪些数据实体？
- 不同的系统组件应该如何准确地相互通信和交互？
- 新的 IT 系统应该如何与周边环境进行交互？
- 根据需要，当前的业务流程应该如何进行修改？

上述问题中的绝大部分反映了与 IT 相关的内容，与绝大多数业务利益相关者无关甚至无法被他们理解。只要所有的基本业务需求都能得到满足，IT 项目的业务赞助者通常不关心具体的技术实现方式。因此，业务利益相关者只关心对详细设计中特定 IT 系统的详细业务需求进行验证，这种验证通常由熟悉其业务需求的分析师作为代表间接地进行。除此之外，业务利益相关者对详细设计中大多数的纯技术内容不感兴趣。

但是，详细设计与 IT 项目团队直接相关，包括项目经理和各种 IT 专家，他们负责按时、按预算交付相应项目。他们需要在 IT 项目的架构适应性和实际可行性之间达成妥协。因此，所有详细设计都可以被视为与架构师和项目团队都相关的双重属性的企业架构工件（见图 2.5）。它们描述了在架构上重要的项目级规划决策以及较低级别的可操作规定。详细设计既反映了架构师对构建各自 IT 系统的批准，也反映了项目团队对实施这些系统的所做的准备。

详细设计通常描述了大多数典型的架构领域以及它们之间的关系（见图 2.2），包括业务、应用程序、数据、基础设施和安全领域，旨在为整个 IT 系统提供足够详细的端到端描述，以启动其实施。本质上，详细设计通常描述了所有的 IT 项目栈，从"顶部"业务层（如业务需求、用例和流程）开始，到"底部"基础设施层（如底层硬件、操作系统和网络）结束。但是，并非所有企业架构领域都与每个 IT 项目有关。为了描述不同的系统层，详细设计主要依赖于各种图形化视图，例如流程、应用程序和数据模型。通常，详细设计明确引用了它们所遵循的各种技术标准，例如模式（见图 10.3）、指南（见图 10.2）和逻辑数据模型（见图 10.5）。在某些情况下，详细设计还可以制定本地项目特定的架构原则、模式和指南，与全局性的对应内容非常相似，但其范围仅适用于各自的 IT 系统。

详细设计是企业架构交付链条中"最后"的企业架构工件。在践行企业架构的组织中，所有信息系统都是通过详细设计来实现的，它们提供了所有类型企业架构工件中最具体、最详细和最易于实现的描述，这些描述都与信息系统有关。详细设计受到"之前"所有其他类型企业架构工件的影响，同时反映和体现了更通用和更高级类型企业架构工件中的基本架构决策。即，详细设计符合经营考量和技术标准中定义的概念和技术规则，符合业务愿景中反映的总体战略方向，与技术景观中描述的现有 IT 环境相结合，并基于业务高管在概要设计中已批准的设想的解决方案。

详细设计仍然是相当高层级的架构文档，聚焦于制定组织范围内重要且重大的相关项目决策，而非所有可能的项目决策。换句话说，详细设计倾向于从整个组织角度定义真正重要的东西，而所有次要的决策通常都会被忽略。例如，详细设计通常指定了在 IT 项目中应该使用哪些技术，如何正确考量各种组织范围的政策（见图 9.2）和技术指南（见图 10.2），使用哪些共享数据实体，新的 IT 系统应该如何准确地适配当前的技术景观，以及选择哪些模式（见图 10.3）来解决可用、可修复或其他关键要求。然而，不太重要和对组织范围没有影响的本地决策通常由项目团队成员自行决定。如有必要，那么他们可能会为其 IT 项目生成更详细和更低层级的设计文档，这些文档通常不被视为企业架构工件，在本书中也不做讨论。本质上，作为企业架构工件的详细设计，等同于所谓的"系统架构"，即单个 IT 系统的架构。因此，本书中的详细设计应该被理解为成熟的系统架构，而不仅仅是"设计"[2]。

详细设计通常只会关注短期未来，通常为一年，很少会被用于大型 IT 项目的长期规划。由于所有的详细设计都描述了计划中准备交付的 IT 项目，这些项目都经过了批准并得到了资助，因此它们自然会关注未来。但是，大多数 IT 系统的实施无法在超过一年的时间范围内以必要的详细程度进行规划。因此，详细设计通常只关注可立即采取行动的未来，所有与新 IT 系统相关的具体实施细节可以被合理准确地规划，而对特定 IT 计划的长期规划通常由更抽象的概要设计来完成。

详细设计通常表示为文本、表格和复杂图表的混合体。由于详细设计需要描述新 IT 项目在架构上重要且具体的所有实现细节，因此它们可以采用任何适合的表达方式，以提供适当粒度的信息。例如，详细设计通常包括了关于 IT 项目特定业务需求的长文本描述、大量具有各种技术参数的配置表和复杂的 IT 特定图表，这些图表详细解释了不同系统组件之间的交互，一般采用专用的建模符号，如 UML 或 ArchiMate，较少使用 BPMN 或 ARIS。毫不奇怪，在采用更"重量级"项目实施方法的组织中，大型 IT 项目的设计可能非常庞大。在实际使用中，详细设计几乎总是用 Word 文档进行创建和分发。

14.1.2 开发与使用

详细设计代表了应如何实施具体 IT 项目的全体规划决策（见表 2.1）。在计划交付过程的实施阶段（见表 6.1 和图 6.1），架构师、IT 项目团队和业务代表（见图 2.7）根据先前与业务高管商定的相应概要设计，为所有已批准的 IT 项目制定计划。具体而言，概要设计中描述的高阶 IT 解决方案被视为开发设计的起点，并进一步详细阐述了具体实施的技术细节。对于可作为单个 IT 项目交付的中小型 IT 解决方案，详细设计通常具有完整与端到端的解决方案描述。在这种情况下，详细设计可能仅仅通过扩展概要设计（即通过在现有概要设计中添加新的和更详细的技术章节）生成，而不是作为全新的文件生成。但是，对于需要交付多个项目的大型 IT 解决方案，详细设计通常描述了独立 IT 项目解决方案的特定组件。

在参与新 IT 项目设计开发的三方中，每一方都有自己明确的利益和关注点。第一，架构师关注的是设计是否符合既定的技术标准，以及它们与现有技术景观的无缝整合。同时，架构师还希望将技术优化过程产生的技术合理化建议纳入详细设计（见图 6.1）。第二，从务实的以实施为中心的角度出发，IT 项目团队关注的是设计的可行性、实用性和可信度。项目经理确保的是交付时间表的可行性和必要资源的可用性。第三，业务代表（可能是新 IT 项目的实际业务所有者，也可能是代表他们的资深业务分析师）关注的是精准正确、一致和完整的功能需求，并将其纳入详细设计。

架构师、项目团队和业务代表之间对详细设计的讨论通常围绕新 IT 系统的特定业务需求展开（见表 5.1）。这些讨论可以利用各种正式的分析技术来引发、澄清、组织并确定需求的优先级，例如用户故事、需求追溯矩阵和 MoSCoW（必须有、应该有、可能有和不会有）框架。业务代表通常规定了新 IT 系统的预期行为并确认了特定系统功能的相对重要性，架构师和项目团队提出了用技术实现所需功能的最佳实施方法。详细设计是通过上述三方间的持续讨论来开发并优化迭代的，直至找到并批准了被一致同意的解决方案，这样的解决方案满足了各方的基本利益诉求。

当 IT 项目通过技术外包的方式进行交付时，外包公司的架构师也参与了详细设计。在这种情况下，详细设计成为内外部架构师与其他专家之间进行有效沟通的关键工具。此外，详细设计还可以作为正式文件，为交付整个 IT 系统或其独立组件（例如，采购必要硬件和网络设备）编制正式招标书（RFT）、报价书（RFQ），对其他特殊条件进行协商并签署法律合同。

详细设计通常由其他架构师进行同行评审，以确保对技术景观和技术标准的遵从，经正式批准和签字后进入常规的项目管理程序，如第 17 章中所述。然而，在实践中，并非所有的详细设计都能完全符合技术标准，通常可以容忍与技术标准的合理偏差。这些偏差会被记录下来，未来可能会分析这些偏差的可能后果，从而促进组织学习，并推进技术标准朝着正确的方向发展。如果偏离了技术标准，则可以估算和记录所产生的架构债务，如第 18 章中所述。在一些受到高度监管的行业（如银行业和金融业），新 IT 解决方案最终的详细设计也可能需要发送给国家监管机构，以进行合规性验证和正式批准。重要的是，在 IT 计划的详细设计阶段，高级业务和 IT 利益相关者已经根据更高级的概要设计做出了实施计划的基本投资决策，而详细设计的作用仅仅是澄清具体的业务需求，并准确解释应如何实施相应的 IT 解决方案来满足这些需求。

详细设计通常与各 IT 项目的项目管理计划并行开发。与详细设计类似，项目管理计划通常在 IT 计划的后期创建，以支持其实施。通常，任何 IT 项目，都需要详细设计和项目管理计划来启动实际的工作。但是，详细设计和项目管理计划在本质上是不同的，并侧重于 IT 项目显著不同的方面。一方面，详细设计是由架构师驱动的高度特定于 IT 的架构文档，提供了所计划 IT 系统的低层级描述，用技术术语解释其组成，并帮助评估必要的开发工作量。例如，详细设计允许架构师计算需创建的组件数量，估算每个组件所需的大致工时，然后提出一个全面的工作分解结构，或者将系统规范发送给合适的承包商，并要求其提供准确的报价。

另一方面，项目管理计划是主要由项目经理驱动的非技术文档，特别关注对 IT 项目的管理，包括里程碑与时间表、采购、人员配置与预算、利益相关者管理、缓解风险的措施和质量保证方法，以及许多其他的重要问题 [3]。从本质上讲，详细设计旨在描述应该开发哪些 IT 系统和组件；而项目管理计划旨在解释应该如何、何时以及使用哪些资源来交付这些系统和组件。详细设计和项目管理计划密切相关，相辅相成。项目管理计划中反映的管理层面的考虑因素基于详细设计提供的 IT 系统定义。同时，项目管理计划还从当前的财务状况与可行性、人员可用性和时间限制的角度影响了各种系统设计决策。由于两者间天然的内在联系，因此详细设计和项目管理计划通常在所有 IT 计划的实施步骤中被一起制定。

在被开发和批准后，项目团队使用详细设计来实施 IT 项目。详细设计是 IT 项目的基石，它准确定义了交付这些项目需要做些什么。此外，当 IT 项目由外部承包商或外包商实施时，详细设计通常作为客户组织与交付合作伙伴之间的正式协议，约定了估算、验证和接受工作项的标准，或是合同违约的标准。项目经理、软件开发人员、数据库管理员、基础设施工程师、测试人员和其他项目团队成员积极使用详细设计来协调其实施活动。在某些情况下，项目团队，特别是包括在这些团队中的技术设计师，可能会根据架构的概要设计为 IT 项目编制更详细的技术文档，以便提供更细粒度的实施计划，如第 16 章中所述。项目团队生成的设计文档被视为纯粹的与实现相关的文档，而非企业架构工件。这些设计文档不在本书的介绍范围内，我们也不做深入的讨论 [4]。

通过在项目实施的整个过程中对 IT 项目团队的监督，架构师确保了对详细设计中相关规定的实际遵循，并能够及时发现所建议的架构方法与实际需求之间的潜在不一致。架构师直接参与项目交付活动有助于使技术标准与实际实施保持一致，从而避免了"象牙塔"综合征。在成功完成 IT 项目后，新开发的信息系统将移交给 IT 运维和支持团队，以便与整体保持在一致的运维模式下。此时，相应的系统从交付阶段进入 IT 运维管理范畴。在 IT 项目完成期间，架构师更新各自的技术景观，将产生的技术景观修订纳入当前的状态描述。但是，基于配置管理数据库（Configuration Management Data Base，CMDB）的技术景观，通常归为 IT 资产（见图 12.3），由 IT 运维和支持团队进行直接更新，并作为项目过渡到维护阶段的一个组成部分。新的信息系统在全面运行后，其业务负责人将负责组织所有必要的后续活动，重点放在补充人员和流程上，以确保实现这些 IT 项目的业务价值（见图 1.1）。比如，团队可以培训系统的最终用户，分配新的决策责任，领导流程变革工作，解决过渡期间可能出现的冲突。

详细设计是临时型企业架构工件（见表 2.2），其寿命有限，专门为交付批准的 IT 项目而开发。在 IT 项目实施和上线之后，这些详细设计内容将不再被积极使用，并在很大程度上失去了作为企业架构工件的价值。即便如此，实施 IT 系统的详细设计在未来仍然可以作为组织 IT 环境当前状态的间接参考资料。为此，详细设计通常在相应 IT 项目完成后进行更新，同时考虑到项目实施过程中与初始设计的偏差，以反映"已实施"的实际状态。在某些情况下，已交付 IT 系统的其他较低层级细节也可以添加到详细设计的最终版本中，以更准确地捕获其内部结构。更新的详细设计通常存储在组织文档知识库中以供未来进行参考。这些详细设计可在以后被检索和使用，例如，进行用户培训，或由 IT 运维和支持团队监控、维护并解决运行中 IT 系统出现的故障。从这个角度来看，将已完成 IT 项目的详细设计作为当前技术景观的参考材料，是对技术景观工件的补充。虽然技术景观在较高层次上描述了什么 IT 系统构成了技术景观，以及这些系统是如何相互连接的，但详细设计非常细致地描述了这些系统如何在内部进行相互协作。

14.1.3　角色与收益

详细设计代表了架构师和 IT 项目团队之间的沟通桥梁。详细设计提供了架构工作和后续实现之间的联系，有助于确保高层级规划决策和低层级执行之间的平滑连接。详细设计让架构师有能力在组织全局范围的架构关注点（例如选择适当的技术、复用适当的 IT 资产、集中某些类型的数据等）与本地项目特定的需求和要求之间进行平衡。在当前企业架构实践中，使用详细设计来交付 IT 项目，是能够将其他类型企业架构工件中反映的所有无形架构决策转换为有形 IT 系统的唯一机制与方式。如果不使用详细设计来强化特定 IT 项目与其他类型架构工件描述内容的一致性，那么这些描述只能是美好的愿望。如果缺乏对详细设计的同行评审，那么大多数其他的企业架构工件通常都会被忽略，从而导致投资于这些工件的资金被浪费。

所有详细设计的目的都是帮助组织基于业务和架构的要求来实施批准的 IT 项目。IT 项目的业务需求通常包括新系统的功能需求与非功能需求，而 IT 项目的架构需求通常包括系统实施的关键架构建议，从组织整体角度来看是非常重要的。详细设计有助于从业务和 IT 角度预先规定所有基本的要求，然后确保在项目实施过程中对这些要求的遵从。因此，在指定的业务需求和被交付 IT 系统的最终功能能力之间，在推荐的全局性技术标准和系统所遵循的实际实施方法之间，都可以使用详细设计来进行清晰的追溯。

正确使用详细设计能够提高 IT 项目的交付质量。使用详细设计来规划特定的 IT 项目，能够识别潜在的风险和在未来交付中可能存在的问题，同时能够根据过往的成功经验来选择合适的实施方法并预先给出相应的风险缓解策略。详细设计是所有项目参与者的共同参考，在本质上可以被认为是不同团队的成员之间的"唯一真理"，有助于避免 IT 项目中各利益相关者之间的混淆和误解。因此，详细设计有助于降低 IT 项目的风险，将其与商定预算和时间表的偏差降至最低，并使交付过程更容易被预测也更顺利。

14.1.4　与相邻类型的差异

作为以 IT 为中心的变革类企业架构工件，详细设计与技术景观和概要设计相邻（见图 8.1）。虽然技术景观也提供了一些与详细设计类似的特定于 IT 实例的技术性描述，但技术景观提供的描述范围更广，粒度更粗。详细设计侧重于细致地描述单独的 IT 项目，而技术景观提供了组织技术景观的高层级视图。换句话讲，详细设计的范围仅限于特定的 IT 系统，不包括这些系统的周围 IT 环境。此外，技术景观主要用于描述当前的 IT 环境，而详细设计则只是描述了在不久的将来才会交付的内容。从本质上讲，详细设计更准确地说明了个体的变化如何在技术景观中被逐步实施。

对于特定的 IT 计划，虽然概要设计也提供了一些类似于详细设计的具体描述，但详细设计提供的描述从本质上讲更为详细、更具技术性。概要设计侧重于向高级业务利益相关者展示和"推销"整体的 IT 解决方案，如果这些解决方案太大，那么将无法作为单个的 IT 项目进行交付，在这种情况下我们可以以解决方案的独立组件进行开发设计。与仅为 IT 解决方案提供概念性需求的概要设计不同，详细设计给出了更具体的业务需求，准确地阐述了应该如何满足这些业务需求，并精准地描述了被交付的 IT 系统应该如何工作。详细设计规定了所有与 IT 项目相关的重要技术决策，并提供了足够的低层级细节，以启动实施。

14.2 与详细设计相关的特定企业架构工件

在当前的企业架构实践中，经常使用的详细设计子类包括：解决方案设计和初步解决方案设计。解决方案设计可以被视为必备的企业架构工件，而初步解决方案设计是不常见的企业架构工件。

14.2.1 解决方案设计（必备）

解决方案设计（也称为详细设计、技术设计、物理设计、高阶设计、项目启动架构、解决方案架构、完整解决方案架构，解决方案定义、解决方案规范等）是被批准 IT 解决方案的特定详细设计，为项目团队提供了具有可操作性的详细技术和功能规范。通过对大多数成功企业架构实践的观察，我们发现解决方案设计是详细设计工件的一个基本子类，在架构实践中甚至被认为是最关键的企业架构工件之一，如果没有它们，那么项目团队将无法正常开展工作。

解决方案设计代表了 IT 项目最终准备实施的技术性描述，这些项目都是被所有利益相关者批准的。解决方案设计通常详细描述了 IT 系统支持的功能需求与非功能需求、业务流程和用例，以及技术栈的所有相关层，足以开始实际的项目交付。尽管它们可能涵盖了任何或者所有企业架构领域，但不同类型的 IT 项目各有侧重。例如，为应用程序项目准备的解决方案设计更加偏向软件，集中于应用程序和数据领域；而为基础设施项目准备的解决方案设计则更偏向硬件，主要集中于基础设施领域。通常，解决方案设计被结构化为与相关企业架构域相对应的多个章节、段落或视图，例如使用场景视图、应用程序组件视图、数据处理视图和部署视图。

解决方案设计的尺度因 IT 项目的规模、复杂性和类型而各有差异。大型和复杂的 IT 项目往往具有更庞大的解决方案设计，而小型和简单项目的解决方案设计往往更为紧凑。某些类型的 IT 项目可能需要比其他项目更多的前期规划。比如某基础设施项目涉及采购和安装昂贵的设备，在这种情况下，需要经过周密的规划，即在开始任何实际实施活动之前，在解决方案设计中详细说明必要的硬件配置及其准确的容量。

此外，解决方案设计的详细程度和数量通常也取决于首选的项目交付方法，并且可能非常特定于组织。实施敏捷交付方法的公司倾向于开发简单而精简的解决方案设计，只提供相关 IT 项目最关键的技术信息，例如要使用的关键技术列表、要创建的主要系统组件及其与外部应用程序和数据源的集成。而遵循更为传统和严格的瀑布式交付方法（这意味着大量的前期规划）的组织通常会开发广泛的解决方案设计，提供详细的项目实施计划。"平均"的解决方案设计大约为 25 ～ 50 页，而在极端情况下，它们甚至多达几百页。

解决方案设计通常用 Word 文档展示，包含了复杂的技术图表、大量的表格和丰富的文字描述。解决方案设计（应用程序设计和基础设施设计）如图 14.1 所示。

解决方案设计是为特定 IT 计划开发的最详细的企业架构工件。IT 项目团队直接使用它们作为项目实施的操作性指南。IT 项目完成后，解决方案设计通常会被更新，以反映实现过程中与原始计划相比所有的偏差（如果有的话），然后将其存储在可搜索的文档知识库中以供将来参考。

14.2.2 初步解决方案设计（不常见）

初步解决方案设计（也称为初步解决方案架构、解决方案架构和逻辑设计等）是特定的详细设计，为指定并经批准的 IT 解决方案提供初步高阶的技术和功能设计。初步解决方案设计是一种不常见的详细设计子类，在企业架构实践中相对少见。

初步解决方案设计是 IT 项目的高级技术描述，并对 IT 项目时间和成本进行了非常准确的推算。它们可以被视为以业务为中心的"解决方案概述"在技术上的精细版本（见图 13.1）。初步解决方案设计通常在更高的级别上涵盖了 IT 项目在业务和技术栈上的所有层，并包含了所有典型企业架构领域（如应用程序、数据、基础设施和安全）。

初步解决方案设计是概要设计和解决方案设计之间的"过渡"企业架构工件，业务高管通过概要设计批准提议的 IT 计划，解决方案设计为这些已批准的计划提供详细实施级别规划。在这种情况下，初步解决方案设计的主要目的是完善并重申先前的估算，这些估算基于已批准 IT 项目概要设计中对时间和成本的估算。

初步解决方案设计通常展现为包括高级技术图表、表格和文字描述的 Word 文档。与解决方案设计类似，尽管初步解决方案设计的数量可能非常特定于项目，甚至特定于组织，但"平均"下来，初步解决方案设计通常有 20 ～ 40 页。初步解决方案设计的示意图如图 14.2 所示。

初步解决方案设计一般在 IT 计划实施步骤的早期阶段进行编制，以改进其之前不太精确的时间、成本和风险预估。如果评估结果与概要设计一致或无明显差异，那么相应的 IT 项目可以进一步以常规的方式开发更为详细的解决方案设计。如果差距明显，那么这些项目可能需要与其执行业务赞助者进行重新协商，甚至可能需要重新考虑实施这些项目的决定。

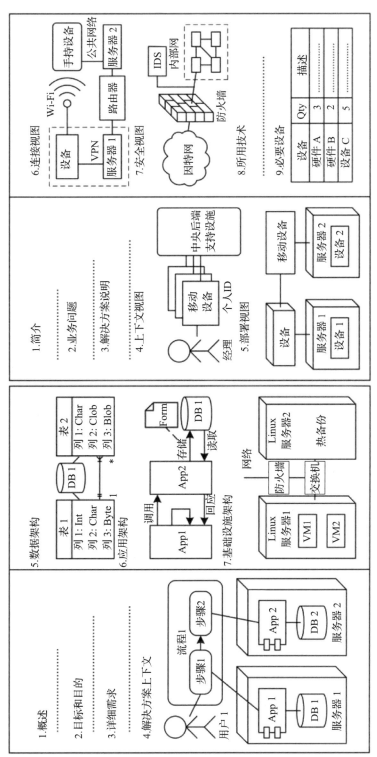

图 14.1 解决方案设计（应用程序设计和基础设施设计）

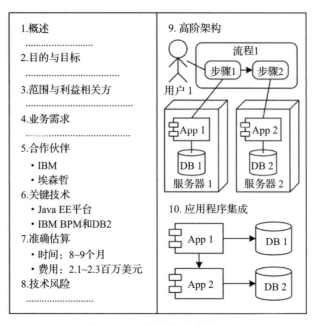

图 14.2　初步解决方案设计

14.2.3　与详细设计相关的非主流企业架构工件

除上述解决方案设计和初步解决方案设计之外，在实操企业架构的组织中偶尔会发现一些其他值得注意的详细设计工件子类。第一，一些公司积极使用辅助的企业架构工件，总结了在解决方案设计或初步解决方案设计的开发过程中做出的重要决策，这些决策通常被称为关键设计决策（Key Design Decision，KDD）。与概要设计企业架构工件类似，关键设计决策也提供了一页纸的摘要，展示了特定 IT 项目及其由来的最重要的技术规划决策，内容如下：

- 决定选择一种特定的技术实施方法或重复采用一种经过验证的模式（见图 10.3）。
- 决定基于当前资产中的部分已有 IT 资产来实施 IT 项目（见图 12.3）。
- 因当前技术并不适用于针对独特的项目需求，从而决定使用技术参考模型中没有的非标准技术（见图 10.1）。
- 由于项目的高度特殊性，决定偏离技术指南中经典的最佳实践（见图 10.2）。

与概要设计的关键决策类似，关键设计决策并不包含任何新的规划决策，而仅仅呈现了最新 IT 项目的最关键技术选择，并将其反映在它们成熟的设计中，这些技术选择产生于设计过程中或设计确认后。关键设计决策提供了对特定 IT 项目的讨论机会，并在实施过程中促进了架构师与其他 IT 利益相关者的沟通，它们有助于相关利益相关者更好地了解新 IT 项目对组织整体 IT 环境的技术适应性，并能够通过了解这些项目进行详细设计的目的，做出正式的批准决策。

第二，一些组织使用企业架构工件为开发新 IT 项目设计的架构师提供架构建议，称为详细设计的架构指导。与概要设计的架构方向类似，这些工件为特定 IT 项目提供了高层级的架构需求描述。但是，详细设计的架构指导在本质上是纯技术性的，通常为技术优化过程中的合理化建议（见图 6.1），这些合理化建议一般与特定的 IT 项目有关，都是在技术优化过程中产生并被明确记录的。此外，在详细设计的架构指导中，一般包括直接适用于各个 IT 项目的所有既定标准的子集。例如，这些方向可能包括对新 IT 系统的以下技术要求：

- IT 系统应按照逻辑数据模型定义的格式存储特定的数据实体（见图 10.5）。
- IT 系统应该遵循一些关键数据的加密指南（见图 10.2）。
- IT 系统应该与一些现有的系统进行交互（见图 12.1 和图 12.2）。
- IT 系统不应该重复使用资产清单中包含的某类 IT 资产（见图 12.3）。

除了详细的功能业务需求外，这些架构的方向为开发设计提供了输入。它们是在计划交付过程（见图 6.1）实施步骤的一开始生成的，用于传达相应 IT 系统的关键架构需求。与概要设计的企业架构工件类似，详细设计的企业架构指导也提供了两种类型架构师之间的沟通接口，一类架构师负责执行组织范围的技术优化过程，另一类负责规划特定 IT 项目。因此，这些架构方向有助于将全球的技术决策与本地的项目级规划决策联系起来。

第三，由于 IT 项目的规模、复杂性和影响各不相同，因此并非所有项目都能从开发正式的详细设计中受益。因此，一些公司使用称为迷你设计的企业架构工件。例如，仅增强现有系统功能，而不引入任何新组件、新连接或其他重要架构元素的小型 IT 解决方案，可能不需要成熟的设计。与大型组织中详细设计采用的标准结构不同，这些解决方案可以在几页纸的迷你设计中进行定义，并通过简化的批准程序来绕过正常的"重量级"项目管理机制。这些企业架构工件可以用特殊的方式进行结构化，并且只关注所提议的更改，可能很少或甚至没有上下文信息。在概念上，迷你设计与常规设计的目的完全相同，但在小型 IT 项目中的使用有助于降低与项目交付相关的架构开销和官僚主义。

第四，一些组织将 IT 项目的所有需求转移到单独的企业架构工件中，通常称为业务需求文档（Business Requirements Documents，BRD）。对于新 IT 系统，这类工件描述了详细功能需求、非功能需求和架构需求。在架构师与业务代表的参与下，它们通常由业务分析师在 IT 计划实施步骤的早期阶段进行编写，为开发其他详细设计提供了基础。将业务需求文档与常规的详细设计进行分离，这对于依赖于第三方来提供解决方案服务的公司尤为有用。在这种情况下，业务需求文档作为组织与其交付伙伴之间的正式合同，并为所有的谈判提供了共同的参考。在系统实施之前，它们可以作为评估交付时间表和计算成本的基础。在实施之后，它们可以作为某些规范，可以根据这些规范对承包商的工作进行验证、接受或拒绝。业务需求文档的使用，使得项目需求与其实施计划脱钩，从而有助于提高解决方案交付的质量。

第五，一些公司使用企业架构工件为特定类型的 IT 项目提供了特定技术的补充材料，以作为对详细设计的补充。例如，对于所有修改企业 ERP 系统的新 IT 项目及其常规详细设计，一些组织还可能对这些详细设计制定单独的配置文件，细致地说明了作为项目的一部分应如何更改 ERP 平台的配置。对于所有修改组织范围内集成中间件的新 IT 项目以及它们的常规详细设计，一些公司还可能开发单独的文档，甚至是特定于平台的 XML 文件，从而准确定义了集成总线的路由规则应如何作为项目的一部分进行更改。从本质上讲，这些企业架构工件解决了 IT 项目中一些非常重要，但又非常狭隘并特定于技术层面的需求。它们由特定技术领域的架构师和主题专家一起合作，参考各自 IT 项目中原始的详细设计工件而共同开发，然后为参与项目实施的 IT 专家提供可操作的指导。通用的详细设计与技术特定的补充材料进行明确分离，有助于更好地组织 IT 项目的架构文档，并使这些文档更易于使用。

第六，一些将其 IT 交付职能完全外包给外部合作伙伴的精益组织使用了可被称为发布设计的企业架构工件。这类工件描述了所有 IT 项目提议的技术设计，相关项目将由同一合作伙伴在下一个发布周期内交付，并对公司技术景观的相同部分进行更新。例如，如果一个组织遵循了组织范围内 IT 项目的季度发布周期，并将整个 ERP 平台的支持和开发外包给供应商，则可以每季度制定一个新的发布设计，以描述供应商将在下一个迭代周期中实施的与 ERP 平台相关的所有计划更新，即使这些更新是由不同业务部门资助的、在逻辑上互不相干的 IT 项目。本质上，发布设计将所有季度更新捆绑在一起，这些变更将由同一合作伙伴实施，并修改了同一 IT 平台的所有 IT 项目。常规的详细设计通常描述了单独和完整的 IT 项目（即基于项目生成），而发布设计描述了特定合作伙伴在一个迭代周期中交付给特定 IT 平台的所有更新（即基于每个版本、合作伙伴和每个平台生成）。使用捆绑的发布设计，而不是典型的特定于项目的详细设计，可以为内部架构师和外部第三方之间提供更便捷的沟通方式。与常规的组织内详细设计类似，发布设计也提供了架构师和 IT 项目团队之间的沟通桥梁，但这些沟通发生在不同的组织之间。发布设计可以帮助组织更好地构建和管理与合作伙伴、供应商、专业 IT 服务公司的外包安排。

14.3　关于详细设计的其他问题

企业架构工件的共同利益相关者对工件开发的参与程度不够，是所有决策类企业架构工件面临的普遍风险（见图 2.7）。而无法区分"架构"和"设计"之间的合理边界，从而试图开发过于具体的详细设计工件，是在实际中面临的最大威胁。一方面，具体的、详细的、大量的设计工作很难开展，因为这通常需要投入不合理的时间与精力。此外，如果在前期尝试创建非常具体的详细设计，则往往会导致众所周知的分析瘫痪——大量可用的规划选项只会让规划人员不知所措，无法做出任何具体决策，反而阻塞了完成计划的进度。新信息系统的开发被广泛认为是一个"棘手的问题"，任何分析手段都无法找到完美的解决方案。另一方面，细致的详细设计提供了所需 IT 系统的详细描述，即使开发出来，也常常被项目团队视为过于僵化、死板和官僚主义。鉴于以上原因，应避免过于具体的详细设计，因为其不切实际。

如前所述，尽管关注了技术实现的具体细节，但实用的详细设计工件仍然是相当高阶的架构文档。与详尽的设计文档不同，架构上的详细设计工件仅描述了对组织全局范围重要的新 IT 系统的关键需求；而详尽的设计文档，可由 IT 项目团队在后期阶段作为实际项目实施的一部分进行生成。例如，详细设计可能规定了新 IT 系统中使用的主要技术，概述了其结构和主要组件，准确地解释了这些系统应如何支持特定的业务流程，或描述了这些系统与其环境之间的关系。但是，详细设计通常不会定义任何较低级别的实现细节（例如具体的数据库模式或特定的编程模式），除非这些细节对技术景观的整体一致性来讲至关重要。换而言之，实用的详细设计不应该意图在所有可以想象的细节中描述新的 IT 系统，而只是关注架构上重要的元素。

不幸的是，"架构"和"设计"之间的严格区别难以定义。由于这种区分总是模糊的，因此不可能精确地指定 IT 项目在详细设计中应包括哪些内容，以及应忽略哪些内容。尽管如此，仍然可以制定一些有助于区分架构和设计的通用指南。例如，架构和设计之间的显著区别包括但不限于以下区别[5]：

- 架构关注目的适用性，而设计关注工程优化。
- 架构由需求决定的选择组成，而设计由符合架构的选择组成。
- 不同的架构满足不同的基本需求，而不同的设计可以满足相同的基本需求。

此外，架构设计的数量和粒度，很大程度上取决于为特定项目选择的解决方案交付方法，如第 18 章中所述。一般来讲，遵循更正式、更严格、更瀑布式交付方法的 IT 项目，自然会在其详细设计中包含更多细节；而遵循更敏捷和更灵活方法（如 Scrum）的 IT 项目，则倾向于在设计中只约定最基本的架构决策。但是，无论所需的敏捷程度如何，详细设计都应该指出 IT 解决方案的三个关键方面：采用的技术、与外部 IT 环境的交互和安全考量。所有这些项目级决策都可能对整个组织产生重大影响，它们中的任何一个都不能被忽视，或者由实施系统的项目团队自行决定。

14.4 本章总结

作为企业架构工件的通用类型，本章从详细设计工件的信息内容、开发、使用、目的和好处的多个维度进行了详细的讨论，更具体地描述了详细设计的流行窄众子类，包括解决方案设计、初步解决方案设计和其他一些工件。本章的核心内容可概括为以下几点：

- 对于可操作的独立的 IT 项目，详细设计为其实施者提供了详细的技术和功能描述，成为架构师和项目团队之间的沟通桥梁。
- 详细设计是临时的决策类企业架构工件，由架构师、IT 项目团队和业务代表在 IT 计划的后期阶段协作开发，被项目团队用来实施 IT 项目，然后归档。
- 详细设计有助于根据业务和架构的需求实施经批准的 IT 项目，最终提高了项目交付的质量。

- 解决方案设计是必备的详细设计工件，提供了经批准 IT 解决方案的详细技术和功能规范，并帮助架构师与项目团队规划其实施，并能够交付这些解决方案。

- 初步解决方案设计是不常见的详细设计企业架构工件，它提供了初步的高层级技术，也提供了经批准 IT 解决方案的功能设计，并帮助架构师和项目团队进行规划的实施，以改进时间与成本的早期估算。

- 在架构实践中有效使用详细设计的最大威胁是：无法区分"架构"停止和"设计"开始的位置，从而导致分析瘫痪、过度僵化、官僚主义和一些众所周知的问题。

14.5 注释

1 如前所述，在本书中，非 EA 特定项目文件不被视为 EA 工件。但若这些文件仍被视为 EA 工件，那么各种项目管理计划也可以与设计松散地联系起来。

2 在 IT 文献中，架构与设计间的界限仍不清晰，并存在争议（Beijer 和 de Klerk，2010；Rivera，2007）。

3 PRINCE2（OGC，2017）和 PMBOK（PMI，2017）中提供了有关项目管理计划的开发和内容的具体建议。

4 这些针对具体实施的文件可以描述新 IT 系统更详细的软件架构（Bass 等人，2012）

5 Rivera（2007）和 Beijer 和 de Klerk（2010）更详细地讨论了架构与设计间的不同之处。

第 15 章 *Chapter 15*

重新审视 CSVLOD 模型

我们在前几章完整地描述了企业架构 CSVLOD 模型并详细讨论了企业架构工件的六种类型。本章将回顾 CSVLOD 模型，并对其之前被省略的更高级和更精妙的方面进行了深入讨论。首先，本章将解释 CSVLOD 分类法的自然延伸，将特定的企业架构工件映射到分类法中更精确的位置。接下来，本章将讨论基于企业架构决策路径的概念、CSVLOD 模型的描述重点和一些已知例外。最后，本章将介绍"一页纸企业架构"，通过这张概括性描述企业架构及企业架构工件的单页视图，总结本书的核心信息。

15.1 CSVLOD 分类法的自然延伸

我们在第 8 章中正式介绍了 CSVLOD 分类法，解释了企业架构的概念，并定义了企业架构工件的六种通用类型：经营考量、技术标准、业务愿景、技术景观、概要设计和详细设计（参见图 8.1）。对于企业架构实践中所使用的全部企业架构工件，CSVLOD 分类法将其描述的内容（规则、结构或变革）以及这些工件描述内容的方式（以业务为中心或以 IT 为中心）作为坐标维度对企业架构工件进行了分类。通过仔细的观察会发现，CSVLOD 分类法的两个维度都可以被视为连续延伸的轴线，所有企业架构工件都可以沿着这些轴线进行摆放和定位。

在左右方向进行极限延伸的横轴可以被视为第一维度（表示内容），我们将左右两端的极限称为通用和具体。一方面，在通用端的企业架构工件描述了与整个组织相关的无形规范，聚焦于在本质上永恒的普遍概念。因此，居于通用端的企业架构工件倾向于描述更宽泛、更不具体和更不精确的对象，与特定时间点的联系更少。简而言之，通用的企业架构工件倾向于提供更抽象的建议，更倾向于大一统。比如政策与策略和 IT 原则都可以被认为是通用工件的典型代表。规则类企业架构工件一般位于通用端。另一方面，在具体端的企业架构工件描述了与具体项目相关和充满细节的实例，聚焦于精确的细节和时间点。因此，居于具体端的企业架构工件倾向于描述范围更狭窄、更有形和更精确的对象，更多与特定的时间点相关联。换而言之，更特定的企业架构工件往往会提供更切实的建议并与具体的计划更相关。比如解决方案概述和解决方案设计都可以被看作非常接近于具体端的极限。

上下方向极限延伸的纵轴可以被视为第二维度（表示方式），上下两端分别被称为业务和 IT。一方面，处于业务端的企业架构工件完全与技术无关，使用纯粹的业务语言，谈论的是资本、客户、能力、业务目标、竞争优势和其他与业务相关的概念。靠近业务端的企业架构工件使用了更多的业务语言，在本质上是非技术性的。与业务相关的企业架构工件通常更聚焦于业务，并与 C 级业务高管紧密相连。比如可以将原则和价值链放置于非常接近于业务端的位置。因此，以业务为中心的企业架构工件通常偏向于业务端。另一方面，位于IT 端的企业架构工件是纯技术性的，并使用了 IT 专业术语，谈论的是系统、应用程序、数据库、平台、网络和其他与 IT 相关的概念。趋向于 IT 端的企业架构工件使用了更多特定于IT 的语言，在本质上更倾向于技术。换言之，与 IT 相关的企业架构工件通常更关注 IT，并与普通的 IT 专家更相关。比如技术指南和技术景观可以定位于非常接近 IT 端的位置。因此，以 IT 为中心的企业架构工件通常倾向于 IT 端。

综上，由内容和方式这两个维度构成的 CSVLOD 分类法可以被视为摆放企业架构工件的连续"坐标平面"，而由此划分的六种通用类型企业架构工件之间的差异不应该被严格地视为黑与白。连续的 CSVLOD 分类如图 15.1 所示。

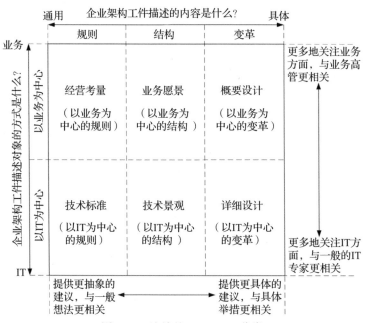

图 15.1　连续的 CSVLOD 分类

15.2　将具体企业架构工件映射到 CSVLOD 分类法

企业架构 CSVLOD 模型定义了六种通用的企业架构工件，前面讨论的 24 个企业架构工件子类中的任何一种都可以被分配到六个通用类型中（见图 8.2）。之前谈到的 CSVLOD 分类法的连续性（见图 15.1），允许将所有 24 个子类的企业架构工件映射到坐标平面上更具体的位置或点上。在 CSVLOD 模型分类法中，企业架构工件不同子类所处的精确位置可能是有条件、高度主观并具有争议的，但将企业架构工件置于分类法中的某些特定位置，仍然有助于我们更好地理解相关企业架构工件的主要属性及其相互之间在概念上的差异。

在本书中，虽然与信息系统规划相关的各种非企业架构类特定文档（如业务战略、业务提案和项目管理计划）未被视为企业架构工件，也未进行任何更详细的讨论，但从纯粹用于展示的角度来看，也可以将这些文档映射到 CSVLOD 模型的分类中，用以表明它们相对于"真实"企业架构工件的可能位置。具体而言，以下七种类型常用文档可以被有条件地添加到企业架构工件中，并与所有企业架构工件一起被松散地放置于连续的坐标平面上。第一类，定义了组织最基本属性的企业使命与价值观，可以与经营考量松散相关。第二类，表明组织长期目标的具体战略目标、目的、关键绩效指标、平衡计分卡（Balanced Scorecard，BSC）[1] 和战略地图 [2] 可以与经营考量相关。第三类，提供了一些行动方向的高级战略业务规划（比如推出新产品，进入特定市场或拓展新区域）和商业动机模型（Business Motivation Model，BMM）[3]，它们可能与业务愿景松散相关。第四类，反映 IT 投资短期规划的更详细工作计划可以与业务愿景相关。第五类，为新 IT 计划提供赋有发展前景的商业提案可以与概要设计松散相关。第六类，对所提议 IT 计划进行详细财务分析的商业案例可以与概要设计相关。第七类，为实施特定 IT 项目而准备的项目管理计划（包括日程安排、资源和预算）可以与详细设计松散相关。图 15.2 显示了上述映射到 CSVLOD 模型连续分类中的 24 种企业架构工件子类和 7 种类型常用文档。

在 CSVLOD 模型连续分类中，一些企业架构工件的位置可以被认为是近似、主观和有争议的。尽管如此，即使粗略地将企业架构工件映射到某个分类中也能有助于澄清这些工件的属性，同时解释了不同类型企业架构工件之间的差异。任何被关联到单一通用类型的企业架构工件，虽与主分类共享了某些相同的横纵坐标属性和特定的类别属性，但它们与主分类之间可能依然存在着相当显著的差异。

比如业务能力模型和路线图都属于业务愿景，因此这两个工件共享了业务愿景大类的横纵坐标属性和类别属性。首先，作为以业务为中心的企业架构工件，它们都代表了业务和 IT 之间的沟通桥梁，帮助业务高管管理了 IT（见图 8.1）。其次，作为结构类企业架构工件，它们都描述了一个组织或其局部的高级结构，以帮助理解组织需要哪些变革以及如何实现这些变革（见图 8.1）。最后，作为业务愿景企业架构工件，两者都代表了业务和 IT 部门对组织及其未来的共同看法，以帮助实现 IT 投资和长期业务成果之间的一致性（见图 8.2）。

尽管具有这些共性，但业务能力模型和路线图在业务愿景中也存在着显著差异。业务能

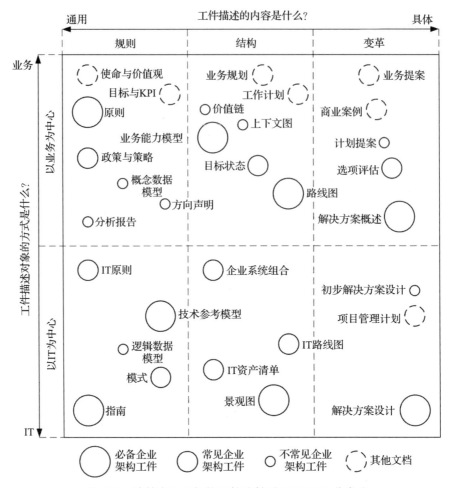

图 15.2　将特定企业架构工件映射到 CSVLOD 分类法

力模型仅仅强调了未来需要通过 IT 来提升哪些业务能力，但路线图描述了提升这些能力可能需要的特定 IT 计划，以及应该在何时实施这些计划。与路线图相比，业务能力模型更关注业务，提供了更抽象的建议，其位置更接近于通用端和业务端。与业务能力模型相比，路线图更侧重于 IT，提供了更具体的建议，其位置更接近于具体端和 IT 端。尽管业务能力模型和路线图都属于业务愿景，但它俩却位于业务愿景中的相反角落（见图 15.2）。

　　同时，与一个或多个通用类型相关的特定子类企业架构工件在坐标平面上的相互接近，也有助于澄清这些工件的属性。例如，企业系统组合与景观图都属于技术景观这一通用类型。因此，它们共享了技术景观类型的特定属性，比如都可以作为技术景观的参考资料库，以帮助理解、分析和修改技术景观的结构（见图 8.2）。但企业系统组合的位置非常接近于业务愿景这一通用类型，受到业务愿景基本属性的影响。与业务愿景类似，企业系统组合提供了非常高阶的概念视图，有时也可用来与业务高管进行沟通以确定 IT 投资的优先级，即便这并不是它的主要用途。相比之下，景观图与业务愿景相去甚远，因此其属性与业务愿景有很大区别。景观图提供了非常详尽的技术视图，很难用于与业务利益相关者的沟通。

除了更好地理解企业架构工件的各个子类及其异同之外，还应该进行定期的反思和练习，将组织中维护或按计划创建的所有企业架构工件映射到 CSVLOD 模型的分类中，以促进这些工件在组织中的企业架构实践。这种映射练习可以用来从整体描绘并阐明企业架构实践的"元架构"，通过对不同公司使用的企业架构工件集合进行比较，可以识别出对相同目的而言哪些工件是冗余或缺失的，从而权衡并优化了组织中使用的所有架构工件。

15.3　企业架构赋能战略执行的决策路径

将所有子类的企业架构工件放置于坐标平面上，从而描绘出从战略产生到战略执行之间的决策过程。也就是将特定的企业架构工件映射到 CSVLOD 模型分类法中（见图 15.2），可以跟踪到一个完整的决策路径，即从业务战略到支持该战略的具体 IT 计划的真正实施。

15.3.1　典型决策路径

通过与企业架构相关的战略规划和计划交付过程，可以将组织中的一个业务战略转化为最佳的 IT 解决方案（参见表 6.1 和图 6.1）。战略规划过程将组织经营环境的外部基本要素转化为业务和 IT 的总体发展方向，随后围绕经验考量和业务愿景进行展开。计划交付过程将特定的业务需求转化为有形的 IT 解决方案，随后围绕概要设计和详细设计展开。因此，从战略规划到战略实施，其基于企业架构的决策路径"依赖于"经营考量、业务愿景、概要设计和详细设计（技术标准和技术景观虽然可以影响决策，但几乎无法凭借自身形成决策路径）。与此决策路径相关并必备的通用类型企业架构工件子类包括：原则、业务能力模型、路线图、解决方案概述和解决方案设计。

第一，作为战略规划的一部分，业务高管和架构师确定了组织应该如何运作以执行其业务战略，并将核心的战略要素确立为总体原则。第二，作为战略规划的一部分，业务高管和架构师就哪些业务能力应成为未来 IT 投资重点并用以执行业务战略进行决策并形成决议，同时将这些战略能力在业务能力模型中进行突出展示。第三，作为战略规划的一部分，业务高管和架构师提出了旨在提升战略业务能力的具体 IT 计划，决定何时实施这些能力增量以支持业务战略的执行，并将其作为计划中的 IT 投资放入路线图中。第四，作为计划交付的一部分，业务高管和架构师对如何实施规划中每个具体 IT 计划来执行业务战略的问题做出决定，并在解决方案概述中对相应的高阶 IT 解决方案进行描述。最后，作为计划交付的一部分，架构师和项目团队决定了如何通过最佳技术来实施批准的 IT 解决方案，并在解决方案设计中记录详细的实施计划。由各种企业架构工件支撑的前述五种与 IT 相关的规划决策，遵循了企业架构不确定性原则（见图 5.6）。这些决策同时与组织的不同部分和时间范围相关联，并与业务和 IT 利益相关者之间的五个决策讨论点相呼应，这些决策讨论点分别是运营模式、业务能力、具体业务需要、业务流程和业务需求（见表 5.1）[4]。

　　作为基于企业架构决策路径的输出，组织将对新 IT 系统的实施制定计划。这些计划符合原则中所描述的核心战略需求，能够提升业务能力模型中高亮的战略能力，并可以根据路线图中的战略优先级和解决方案概要中所描述的优选 IT 解决方案来进行交付。此决策路径解释了如何将组织的典型业务战略转换为具体计划，这些计划被用于实施支持该战略的新 IT 系统。

　　由于上述决策过程基于大多数公司所使用的必备架构工件，因此该过程可以被认为是基于企业架构的典型决策路径，适用于大多数企业架构实践。图 15.3 展示了上述被企业架构赋能的战略执行的典型决策路径。

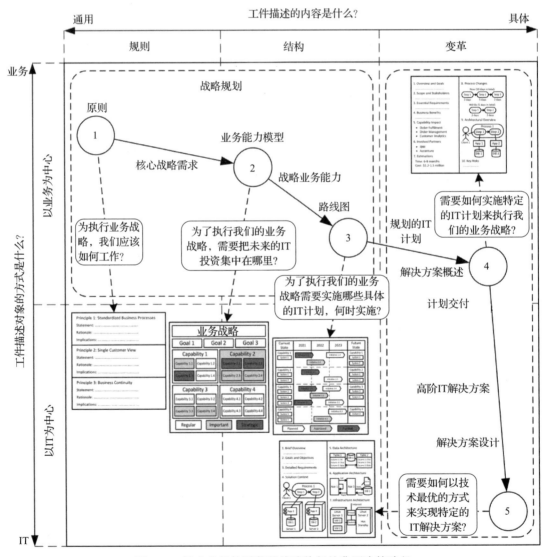

图 15.3　被企业架构赋能的战略执行的典型决策路径

如图 15.3 所示，作为与企业架构相关的战略规划和计划交付过程的一部分，基于企业架构的决策路径阐明了关键规划决策的普遍过程，并解释了在哪里做出了与 IT 相关的关键规划决策，哪些企业架构工件促进了这些决策，以及如何启动并规划出最佳的 IT 解决方案。

15.3.2　备选决策路径

如图 15.3 所示，企业架构赋能的战略执行可以说是最常见的决策路径，在决策过程中仅使用了五种必备的企业架构工件。然而，这一决策路径被简化后忽略了企业架构实践中其他工件的作用（见图 15.2）。现实中的组织通常使用特殊并特定于组织的企业架构工件来支持其战略规划和计划交付过程，比如使用与经营考量、业务愿景、概要设计和详细设计相关的一系列特定企业架构工件。大多数公司往往会量身定制，采用略有不同且更为复杂的决策路径，在某些情况下会使用其他某些特定的工件，甚至不包含某些必备的企业架构工件。

比如一个在高度被监管行业中运营的组织，为了避免潜在的合规风险，它可能会制定一套政策与策略来影响后续的所有决策。或者在业务能力模型到路线图的开发过程中，组织可以选择首先开发目标状态从而勾勒出提升战略能力所需的理想状态，然后将该理想状态作为创建路线图的基础。如果一个组织要进行彻底的变革（例如在合并后转换其运营模式或整合信息系统），则目标状态甚至可能作为路线图的输入，以明确定义公司 IT 平台的高层级目标架构。在 IT 计划形成的早期阶段，如果一个组织寻求业务赞助者和其他利益相关者之间更好的参与，则可以从路线图到解决方案概述的过程中设置选项评估，以便利益相关者能够更密切地就解决 IT 需求的可能方法进行讨论，随后向业务高管展示所规划 IT 计划的可用实施选项，最后根据首选项制定解决方案概述。同理，如果一个组织渴望在实施新 IT 项目的过程中减少潜在的进度和预算超支风险，则可以在解决方案概述到解决方案设计的推进过程中创建初步解决方案设计，以便再次检查和完善之前暂定的时间与成本预估的准确性，并更新相应的业务提案。

在一些公司中，流行的主流企业架构工件也可以被视为非增值的。比如一个组织可能会认为原则不是特别有用的企业架构工件，因其天然的象征性与无足轻重；或者因为原则中反映的必要内容已经被所有高级决策者清楚理解并共享，即使没有被正式记录。由于价值链更容易被业务受众接受，因此出于聚焦并优先考虑 IT 投资的目的，一个组织可能会发现用价值链取代业务能力模型更有用。同样，在选项评估之后再准备正式的解决方案概述可能被认为是多余的。

与此类似，对特定于组织的不同企业架构工件的采用或舍弃，产生了众多与经典方式不同的备选决策路径（见图 15.3），但这些备选决策路径都遵循同一思路，即从更高阶和更抽象的决策中得出更具体和更详细的规划决策。基于以上逻辑，图 15.4 中描述了同样是被企业架构赋能的战略执行中可能的备选决策路径之一，支撑这一决策路径的企业架构工件包括政策与策略、价值链、目标状态、路线图、选项评估、初步解决方案设计和解决方案设计。

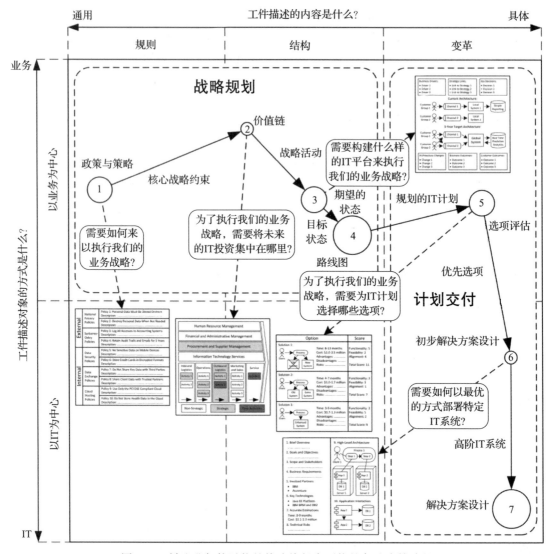

图 15.4　被企业架构赋能的战略执行中可能的备选决策路径

　　如图 15.4 所示，基于企业架构的决策路径，强调了从所采用的企业架构工件、相关规划决策和各自决策过程这三个角度来看企业架构实践中各种可能的变化。如前所述，组织的企业架构实践并没有唯一正确的真理，应该针对不同公司、环境和情况因地制宜地采用各种可能的方式。

15.3.3　企业架构工件作为决策点

　　在大多数企业架构实践中使用的都是决策类企业架构工件（见图 8.2），用以支持某些计划决策（见表 2.1）。从上述决策路径的角度来看，这些工件可以被认为是位于坐标平面上某个特定位置的决策点。它们在整个组织的决策过程中扮演了特定的角色，或者如图 15.3 和 15.4 所示直接塑造了企业架构赋能的战略执行；或者通过技术标准和技术景观，沿着此路径（大致如图 4.8 所示）间接并非正式地影响了相应的决策。比如"分析报告"代表了一个特定的决策点，组织决定在该决策点采用战略性技术甚至是颠覆性技术。"模式"则代表了一个负责优选解决方案实施方法的全局决策点。同样，"计划提案"代表了一个决策点，负责对是否应继续实施各自 IT 计划做出具体的决议。图 15.5 展示了 24 个子类企业架构工件及其所支持的典型决策内容。

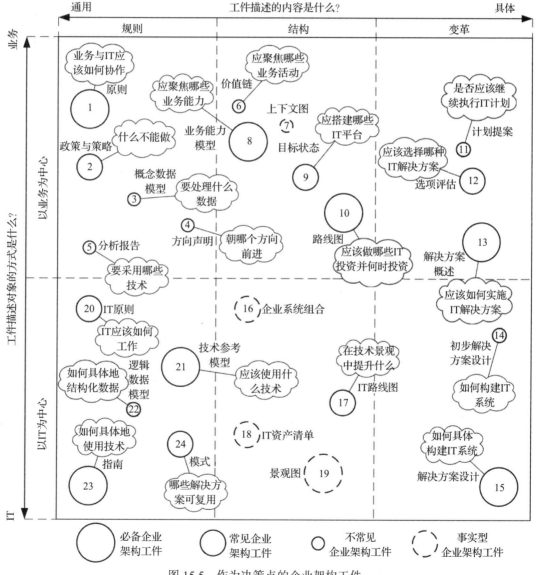

图 15.5　作为决策点的企业架构工件

图 15.5 中清晰地展示了将企业架构工件作为特定决策点的视图，以帮助我们理解在不同情况下哪些企业架构工件更有用，并确定在特定的组织中需要哪些企业架构工件。此外，该视图还让我们将企业架构工件解读为一种工具，用以解决与 IT 相关的特定类型组织问题，这种工具思维在建立企业架构实践时尤为重要，如第 19 章中所述。

15.4　企业架构 CSVLOD 模型的天然描述性

如前所述，从本质上讲本书是纯分析和描述性的。企业架构 CSVLOD 模型、企业架构工件的具体子类以及把它们归为必备、常见和不常见的 3 个分类，这些都是对行业现状的总结，并汇总了当前来源于不同组织的企业架构最佳实践。这些仅仅是一种宝贵的经验，以便于其他组织和个人企业架构从业者能够从中学习到如何使用企业架构，并没有提供适用于所有组织和一刀切的药方或秘诀。在组织进行企业架构实践时，请谨慎模仿第三方，别人的成功永远是别人的，其中总有你无从知晓的关键因素。

一方面，将企业架构工件分为必备、常见和不常见，这仅仅说明了其中一些企业架构工件比其他的工件使用得更频繁。这并不能说明流行的企业架构工件就是"更好"或者更重要的。某些企业架构工件的相对流行只能说明这些工件具有更强的通用性。像要求八个必备的企业架构工件（原则、技术参考模型、指南、业务能力模型、路线图、景观图、解决方案概述和解决方案设计）都必须在所有架构实践中运用的要求是不公平的。事实上，由于特定于企业的原因，很多成功的企业架构实践并没有使用其中一些工件。如前所述（见图 15.4），有些组织并没有驱动其决策的全局特定事宜可以作为原则被制定和记录。由于业务受众对价值链更熟悉，管理层也更容易接受，因此一些公司并不使用业务能力模型，而更倾向于使用价值链来达到相同目的。一些严重依赖于特定战略供应商产品的组织并不使用技术参考模型，因为技术相关的所有选择并非为使用产品的组织所制定，而是供应商为自身产品所做出的。一些公司不使用解决方案概述，更倾向于直接基于选项评估甚至计划提案来进行详细设计，因为这种方法被认为更灵活轻量。其他组织"发明"了自己独有的企业架构工件，并用它们成功替代了一些必备企业架构工件。尽管如此，八个必备企业架构工件列表依然可以作为企业架构实践的合理基准，即使完全没有必要八件齐上，但是组织至少应该能清楚地解释，为什么其中一些工件对自己而言并不适合或者非必须（如果有的话）。

另一方面，公平地讲，所有六种通用类型的企业架构工件（即经营考量、技术标准、业务愿景、技术景观、概要设计和详细设计）都应该出现在成熟的企业架构实践中，尽管代表它们的特定企业架构工件可能有所不同。换言之，在所有成熟的企业架构实践中都应该：使用一些经营考量工件来保证所有与 IT 相关规划决策的概念一致性；使用一些技术标准工件来定义所建议的实施方法和技术；使用一些业务愿景工件来关注和指导未来的 IT 投资；使用一些技术景观工件来捕捉组织技术景观的当前结构；使用一些概要设计工件以有助于在早期阶段讨论具体的 IT 计划；最后，都应该使用一些详细设计工件来助推后期实施。

重要的是，不能简单地通过计算企业架构工件采用数量来评估或衡量企业架构实践的成熟度。如前所述，在成功的企业架构实践中，通常使用 10 ～ 15 个增值企业架构工件的组合，或者使用本书所描述的 24 种不同类型企业架构工件（见图 15.2）的一半。因此，企业架构实践的成熟度与使用企业架构工件的数量无关，只需所有六种通用类型的企业架构工件都得到充分呈现即可。通常，使用企业架构工件的数量会受到所期望敏捷程度的影响，这部分内容将在第 18 章中介绍。

需要注意的是，在前面第 9 章～第 14 章中展示的图表仅仅是这些工件特有、典型或"平均"的样本，不应该将它们视为理想的和最好的企业架构工件样本来进行相互比较。在成功企业架构实践中使用的所有企业架构工件，始终特定于组织并与独特的组织需求保持一致。不同组织使用的架构工件在很多方面都存在着差异，如可视化结构、信息内容、命名和颜色编码约定、表现形式和存储格式（被称为概要设计和详细设计的所有变革类企业架构工件都是特定于具体计划的）。毫无疑问，在实践中无须分毫不差地复制这些企业架构工件的示例。相反，应该把它们作为最终版本企业架构工件的一个基础，在组织的企业架构实践中根据自身的特定需求进行微调。

15.5　企业架构 CSVLOD 模型的例外情况

CSVLOD 模型（见图 8.2）为企业架构提供了一个实用且基于调查研究而得出的概念，并将这一概念解读为六种通用类型的企业架构工件：经营考量、技术标准、业务愿景、技术景观、概要设计和详细设计。但是，每个概念模型总是代表了无限复杂现实的简化和理想版本。我们也应该清醒地认识到，CSVLOD 模型尽管有其合理的准确性和解释能力，但该模型也有其固有的局限。

第一，CSVLOD 模型只关注关键的企业架构工件，它们代表了连续的可交付成果或产出，支持了企业架构的成功实践。本质上，这些关键的企业架构工件可以被视为企业架构实践的核心支柱。在企业架构实践过程中除了 CSVLOD 模型中所描述的成熟企业架构工件外，很多其他的架构视图也会出于各种目的被创建，并随后被遗弃。这些视图在本质上是临时性的，没有持久寓意，偶尔会作为企业架构实践的一部分进行特定开发。通常，这些临时架构视图代表了"货真价实"工件的有限片段，提供了特定狭窄视角的企业架构工件切片，或作为满足特定需求的"主版本"企业架构工件的草稿。这些临时架构视图通常用于讨论和演示，以满足特定受众的信息需求，或涵盖特定利益相关者的特殊视角，并将其包含在利益相关者的作战包中。例如，定制的视图可能非常有助于讨论各个架构决策的利弊，同时也方便对利益相关者反馈的收集。CSVLOD 模型无法也难以解释各种天马行空的架构绘图的含义，这些架构绘图往往是出于高度特定的目的从而被作为企业架构实践的一部分被创建。

第二，一些在现实组织中使用的罕见企业架构工件，同时包含了两个相邻的通用类型企业架构工件的内容，无法被分类到 CSVLOD 模型中定义的任何一个单独的通用类型中。比如一些公司将原则和 IT 原则合并后，创建了一个与经营考量和技术标准都相关且包含了各种高级指导内容的通用列表。为更简便，一些组织将原则纳入路线图中，创建了与经营考量和业务愿景都相关的企业架构工件。一些公司，尤其是小型公司，将通常显示在单独 IT 路线图中的架构计划与常规业务计划（如基本计划、战略计划和局部计划，见表 7.1）合并后，放入以业务为中心的路线图中，从而生成了与业务愿景和技术景观都相关的企业架构工件。一些组织将技术参考模型和企业系统组合合并为单一的企业架构工件，该工件同时呈现了与底层技术相关的技术职能和与底层应用相关的业务职能，这些都可以与经营考量和技术景观相关联。此外，一些软件产品（如微软 Excel）可被同时解读为技术（通用电子表格处理）和终端用户应用程序（通过宏和公式使具体的业务流程实现自动化），从而模糊了技术参考模型和企业系统组合之间的界限。一些公司的详细设计采用了与概要设计相同的模板，只需在先前批准的概要设计中填写新的技术内容即可完成撰写。在这种情况下，详细设计实际上变成了概要设计的扩展版本，成为与概要设计和详细设计都相关的企业架构工件。

第三，在真实组织中使用的一些企业架构工件，可以将同一通用类型下两种不同子类企业架构工件的内容组合到一起。比如一些公司把极宽泛抽象的技术原则和极狭义具体的技术指南融合后，放入一个罗列了不同具体 IT 建议的通用列表中。在使用企业架构专用管理软件工具的组织中，当前的技术景观信息可以被储存到一个全面的架构知识库中，该知识库通常包含可用的 IT 资产列表、特定资产的详细属性以及不同资产之间的连接，从而融合了景观图和 IT 资产清单的属性，这些内容将在第 18 章中讨论。

重要的是，即使一些罕见的企业架构工件无法与 CSVLOD 模型中定义的任何一种通用类型工件进行严格的匹配，这些工件依然可以与多个通用类型的企业架构工件相互关联，并且几乎总是与两个相邻的通用类型工件相联系，这证明了 CSVLOD 模型在整体概念上的完整性。因此，所有现实中的企业架构工件都可以在 CSVLOD 模型的边界内被解释，没有任何企业架构工件会超越模型限定的范围。

15.6　一页纸企业架构

为了对企业架构提供一个全面便捷的解释性视图，所有 24 种企业架构工件及其示例（见图 9.1 至图 14.2）都可以放在一页纸上，根据其相对的流行程度（即必备、常见和不常见）进行颜色编码后围绕企业架构 CSVLOD 模型进行摆放，并与相应企业架构工件的通用类型进行关联，分别为：经营考量、技术标准、业务愿景、技术景观、概要设计或详细设计（见图 8.2）。由此产生的企业架构和企业架构工件的整体单页视图可以简单地命名为一页纸企业架构[5]。一页纸企业架构的完整版可在 http://eaonapage.com 上免费下载，一页纸企业架构的简化示意图如图 15.6 所示。

（架构工件仅为示意图，完整版请访问http://eaonapage.com）

图 15.6　一页纸企业架构（仅示意图）

一页纸企业架构提供了一张浓缩汇集的视图，包含了本书中与企业架构和企业架构工件有关的最重要和最基本的信息。图 15.6 对以下与企业架构实践有关的关键问题提供了清晰、辩证和简洁的答案：

- 哪些企业架构工件有用？
- 它们提供了什么信息？
- 它们长什么样？
- 它们的开发目的是什么？
- 它们具体是被如何使用的？
- 它们能带来什么好处？

一页纸企业架构可以被认为是企业架构的直观可视化模型，也是便捷的企业架构工件目录。它可以作为一种有意义并让人思考企业架构的工具，以及企业架构相关讨论的共同参考。一页纸企业架构允许自由分发，可以被打印出来当成海报，也可以钉在墙上。它可以帮助各种类型的人与企业架构打交道，他们可以是组织中有远大抱负并有实战经验的架构师，也可以是大学的企业架构讲师和学生。一页纸企业架构可以在 http://eaonapage.com 上下载。

15.7 本章总结

本章再次回顾了企业架构 CSVLOD 模型，对该模型的几个重要方面进行了深入讨论，包括分类法的连续性、对具体企业架构工件的映射和分类法中的决策路径，并描述了模型重要并已知的例外，最后通过一页纸的形式引入企业架构并作为企业架构工件的便捷单页视图。本章的关键信息可概括为以下要点：

- 把描述企业架构工件的内容和方式作为 CSVLOD 分类法的两个维度，并将这两个维度视为连续的轴，不同的企业架构工件都可以被定位到这两个轴上相对的极点之间，分别是通用和具体以及业务和 IT，从本质上将分类法转化为放置企业架构工件的坐标平面。
- 更通用的企业架构工件往往提供了更抽象的建议，与整体思路更相关；而更具体的企业架构工件往往提供了更具体的建议，与具体计划更相关。
- 在内容上，与业务更相关的企业架构工件往往更关注业务，并与 C 级业务高管更相关；与 IT 更相关的企业架构工件往往更关注 IT，与普通 IT 专家更相关。
- 所有企业架构工件的子类都可以被大致映射到连续坐标平面上的特定点上，这些子类企业架构工件的位置及其与六种通用类型企业架构工件所在"区域"的相对接近程度，有助于我们更好地理解它们的基本属性。
- 将企业架构工件映射到坐标平面上的特定位置也有助于描绘决策路径。例如通过被企业架构工件支持的 IT 相关规划决策的顺序或流程，将更高级别的建议转化为更具体的计划。
- CSVLOD 模型在本质上是纯描述性的，为架构师提供了"精神食粮"，但非组织中对企业架构工件进行选择和使用的严格规定。
- 在现实组织中使用的一些罕见的企业架构工件，它们与不止一种通用类型的企业架构工件相互关联，可以将其视为 CSVLOD 模型的例外。但在大多数情况下，这些特殊的企业架构工件仍然可以与两种相邻的通用类型工件进行关联。
- 一页纸企业架构提供了便捷的单页视图，展示了本书中囊括的企业架构与企业架构工件的最基本信息，大家可以从 http://eaonapage.com 下载，允许公开分享。

15.8 注释

1　见 Kaplan 和 Norton（1996）。

2　见 Kaplan 和 Norton（2004b）。

3　见 BMM（2015）。

4　这 5 种类型的规划决策也与 Kotusev（2020b）中描述的业务和 IT 对齐的 5 个阶段密切相关。

5　*Enterprise Architecture on a Page* 早些时候已在网上介绍和发布（Kotusev，2017d）。

第三部分 *Part 3*

企业架构的其他方面

本书的第三部分提供企业架构和企业架构实践的其他重要方面的高级讨论。本部分将讨论前面章节中省略的企业架构实践的不同次要方面，包括架构师、架构职能、架构治理、企业架构工具和建模语言、企业架构相关测量、企业架构实践的启动和成熟度，以及内部企业架构实践和企业架构咨询之间的关系。

第 16 章 *Chapter 16*

企业架构实践中的架构师

前面的章节详细讨论了企业架构实践的各个方面，包括企业架构工件和企业架构相关流程。本章特别关注架构师作为企业架构实践的关键参与者和企业架构工件的主要所有者的角色、责任和原型。本章首先讨论所有架构师的一般技能和素质，无论他们的具体架构职位如何。然后，本章将描述组织中常见的五种架构师原型，解释它们之间的差异、相似性和关系，并根据它们所涵盖的规划领域给出这些原型的组织映射，阐明相应架构师在三个企业架构相关流程中的角色，并描述协作经理和技术设计师的角色。最后，本章将讨论架构师的典型职业道路，解释如何成为一名架构师并在企业架构相关的职业生涯中取得进步。

16.1 架构师的一般技能和素质

架构师是企业架构实践的关键参与者、促进者和组织者。他们也是企业架构工件的主要所有者和生产者（见图 2.8）。在组织中工作的所有架构师通常都属于架构职能部门。正如第 17 章将讨论的那样，他们在组织中的代表性相对较低，只占 IT 部门所有员工的一小部分。

正如第 2 章中所述，架构师在组织中的基本职责包括但不限于：与各种业务利益相关者和 IT 利益相关者沟通，促进这些利益相关者之间的对话，针对其基本关注点提出最佳规划决策，以及开发不同的企业架构工件，即决策型企业架构工件和事实型企业架构工件（见图 2.7）。尽管不同公司的架构职能部门可能有特定于组织的职位——这意味着具有不同的职责，但所有架构职位都需要架构师具备大致相同的基本技能、素质和态度。也就是说，除了大多数当代职业人所应具备的一般性格特征（如正直、好奇心、管理能力和领导能力）

外,所有架构职位都有五个高度专业化的要求:广泛的专业知识、沟通能力、团队合作能力、创新能力和"大局观"[1]。为了满足这些要求,所有架构师都需要具备一些特殊的素质和技能,包括对业务和IT的良好理解能力、有效的沟通和协作能力、创新的思维方式和系统思维[2]。换句话说,理想的架构师是精通团队合作和沟通的人、积极进取的创新者且精通业务和IT的系统思考者。

16.1.1 业务和IT知识

作为旨在弥合业务和IT之间差距的高素质专业人员,架构师应具备广泛的业务和IT[3]知识。一方面,从业务角度来看,理想的架构师应该从各方面对组织的工作方式有相当好的理解,至少有基本的理解,并且了解所在行业(例如银行业、酒店业或零售业)和业务模式(例如特许经营商、平台提供商或服务聚合商)。具体来说,架构师应该具有足够的商业头脑,能够理解典型的商业术语,并参与与不同商业利益相关者的讨论,这些利益相关者在组织层次结构的不同级别工作。

架构师应该能够向广泛的业务受众解释各种IT规划决策对组织业务的影响。为此,架构师应该能够轻松地谈论业务战略、竞争优势、业务能力和流程。理想情况下,架构师应该熟悉各种业务决策支持工具(例如SWOT分析、价值链和BCG矩阵)和其他经典MBA主题。架构师还需要了解流行的投资计算和商业案例评估技术。此外,架构师应该对组织政治和文化有所了解,以便能够有效地推动决策并应对潜在的阻力。

另一方面,从IT角度来看,理想的架构师应该对整个IT领域有深入而广泛的了解。首先,架构师应该在IT领域拥有丰富的实践经验,其中包括完成以下典型任务:

- 使用编程语言开发新的IT系统。
- 创建新的数据库,管理现有数据库。
- 以不同的角色参与不同类型的IT项目。
- 准备各种合同和招标文件。
- 监测最新技术趋势,评估和选择技术。

其次,架构师应全面了解不同领域的基本IT流程和常见IT管理最佳实践,其中包括以下IT主题:

- 项目管理——在预算范围内以组织良好、可预测的方式按时交付新的IT项目。
- 发布管理——在不同阶段和环境(如开发环境、测试环境和生产环境)下组织系统的发布。
- 变更管理——建立标准化、可重复的程序来处理IT环境中的持续变更。
- 配置管理——跟踪所有已部署的系统组件的配置和版本。
- 服务管理——控制所提供IT服务的质量(例如服务等级协定)。

再次,架构师应全面了解外部IT环境,包括但不限于以下领域的重要知识:

- 目前有哪些技术可用或正在出现,它们为业务提供了哪些潜力。
- 市场上存在哪些类型的信息系统,它们可以解决哪些类型的业务问题。

- IT 市场上有哪些供应商，它们提供哪些产品或服务。

架构职位通常要求架构师具备非常丰富的 IT 知识以及很强的理解能力。毫不奇怪，绝大多数架构师来自 IT 部门，具有技术背景或工程背景，他们通过掌握必要的业务知识和技能从其他 IT 相关职位转到架构职位。可以说，对于业务经理来说，成为架构师是非常困难的。

16.1.2　高效沟通

作为专注于寻找平衡不同利益相关者群体利益的规划决策的高素质专家，架构师通常被认为是优秀的沟通者，沟通技能对他们来说绝对是必要的[4]。如前所述，企业架构实践首先是一种沟通实践（见图 3.1），架构师需要不断地从业务和 IT 角度寻找全局和局部优化的规划决策。由于决策型企业架构工件（见表 2.1）中反映的所有规划决策必须得到关键利益相关者的理解和批准，因此架构师必须能够向所有利益相关者群体传达和解释这些决策，收集他们的反馈意见，协调出现的分歧，让所有这些群体达成一致。因此，理想的架构师是积极主动的沟通者。如果架构师把自己锁在房间里，独自做规划工作，不愿与真正的利益相关者沟通，这通常只会浪费时间创建无用的文书工作。

如前所述，经营考量、业务愿景和概要设计的关键利益相关者是各种业务高管，技术标准的主要利益相关者大多是其他架构师和主题专家，而详细设计的利益相关者包括 IT 项目团队的不同成员（见图 8.2）。除非得到利益相关者的批准和承诺，否则所有这些决策型企业架构工件都可能被忽视，最终被堆积在"象牙塔"中。为了成功地使用这些工件，架构师应该能够找到与他们的主要利益相关者共同的语言来协商相应的规划决策。事实型企业架构工件（即大多数技术景观和一些技术标准）仅记录当前状态，不包含任何规划决策（见表 2.1），它们可以由架构师独自、安全地开发，不涉及其他利益相关者（见图 2.7）。

与各种决策型企业架构工件的不同业务和 IT 利益相关者沟通所需的基本技能包括：

- 找到合适的词语来与不同的利益相关者群体以及代表这些群体的特定个人进行口头交谈。
- 找到合适的企业架构工件表示格式，使其目标受众能够轻松理解。
- 如有必要，找到适当的论据，向利益相关者证明使用特定企业架构工件的价值。
- 如有必要，找到有说服力的论据来解释信息系统总体规划的严格方法的好处。

要和利益相关者进行建设性对话，架构师需要理解类似以下的基本问题：

- 利益相关者通常希望实现什么？
- 利益相关者的基本关注点和利益是什么？
- 利益相关者看到了哪些具体问题？
- 利益相关者有哪些限制？

沟通是架构师的核心活动。因此，架构师需要直接负责与企业架构相关规划决策的关联利益相关者建立有效沟通。当架构师无法与特定利益相关者进行富有成效的对话时，应视为架构师的过错。利益相关者不应因沟通问题而受到指责。

16.1.3 合作态度

作为负责做出与 IT 相关的重大规划决策的高素质专业人员，为了整个组织的最大利益，架构师应具有强烈的合作态度。除最小的组织外，绝大多数组织都会雇用多个架构师，由他们共同负责执行与 IT 相关的所有规划活动。企业架构实践中的所有架构师都积极相互沟通，基本上作为一个统一的规划团队进行工作。架构师的工作总是意味着团队合作，而不是独立自主的工作。

任何组织规划决策都是许多利益相关者之间协商和权衡的结果。决策型企业架构工件（见表 2.1）不是天才个人创造的完美杰作，而是多个普通人有效团队合作的结果。协作规划要求架构师能够找出折中方案。例如，从不同业务部门的角度来看，购买几种不同的履行相同技术职能的产品或技术可能是可取的，但从整个组织的角度来看是不可取的。某些全局技术标准对于特定的 IT 项目而言可能是不可取的，但对于整个组织来说，为了限制复杂性并保持技术景观的整体一致性，是可取的。

一方面，作为企业架构实践的一部分，富有成效的协作需要架构师具备以下个人特质：

- 准备好在相互冲突的意见和需求之间找到中间立场。
- 愿意用局部优势换取全局利益。
- 比起选择最"明智"的决策，更倾向于选择双方同意的决策。
- 无论个人意见如何，都愿意遵守和承诺集体决策、计划和行动方案。

另一方面，架构师的过度个人主义可能对企业架构实践有害。尽管架构师应该主要致力于履行他们的个人责任，但过于狭隘地关注个人利益本质上会破坏企业架构实践的总体目标，即实现最佳的组织范围规划。无法承认他人做出的决策只会引发冲突并在架构师之间制造紧张气氛。同样，激烈的半宗教争端也通常会对企业架构实践产生反作用。

16.1.4 创新思维方式

作为合格的负责支持业务的 IT 规划专家，架构师应具有高度创新的思维方式。技术发展非常迅速，不断为组织带来新的、甚至突破性的商业机会。尖端技术可以通过新的方式来减少冗余成本，满足现有客户需求，创造全新的市场需求，甚至追求完全不同的数字业务战略。为了能够利用最新的技术优化业务，架构师应了解 IT 发展的当前趋势，并评估这些趋势与公司的相关性。特别是，架构师必须了解如何在组织中利用最新技术来满足特定业务需求或提高一般业务能力。此外，架构师还应努力及时识别可能对组织业务产生深远影响的潜在破坏性技术，以确保有足够的时间来适应这些技术，例如采用这些技术、等待进一步证据或因不合适而予以拒绝。

由于架构师是 IT 的首席规划者，因此他们的角色意味着充当 IT 主导创新的倡导者和为商业目的采用新技术的支持者。架构师与高级 IT 主管一起负责确保组织紧跟最新的 IT 趋势，并在适当时候利用这些趋势。为此，架构师不断观察外部 IT 环境，并向业务高管提出创新的技术应用。他们应该积极推动使用新技术来解决当前的业务问题，并按照新的方法来利用 IT 提高整体业务模式和绩效。换句话说，架构师应该能够看到特定突破性技术的商业潜力，找到应用这些技术的合适商业机会，并倡导组织采用这些技术。理想的架构师可以被视为组织中 IT 驱动创新的先行者和 IT 驱动业务转型的领导者。

16.1.5　系统思维

作为合格的负责规划整个组织的技术景观的专业人员，架构师应该是富有洞察力的系统设计师[5]。有效的系统思维能够帮助架构师理解构成整个组织的各种元素之间的许多显性和隐性依赖关系。这种理解有助于架构师掌握可能的行动与后续后果之间的因果关系，识别积极和消极的反馈回路，并预测组织系统各个组成部分中的具体变化如何在整个系统中传播（见图 1.2）[6]。因此，系统思维能力使架构师能够评估各种规划决策对整个组织的短期和长期影响[7]。

具体而言，理想的架构师应该能够看到通用和具体、抽象和详细、全局和局部、战术和战略、业务和 IT、内部和外部元素之间的复杂相互关系，其中包括以下联系：

- 通用模式和特定实例之间的联系。
- 高低抽象级别之间的联系。
- 全局和局部需求、问题及方向之间的联系。
- 现有战术瓶颈与未来可能的战略之间的联系。
- 组织当前和未来需求与特定技术之间的联系。
- 近期行业趋势与相应组织机会之间的联系。

除了理解组织不同元素之间各种定性关系的本质之外，架构师还应该能够根据定量评估结果来思考这些关系。理想的架构师不仅能够辨别特定关系存在与否，而且能够估计这些关系的相对重要性。评估和比较概念的能力使架构师能够区分本质与非本质、关键与可忽略、主要与次要关系。因此，专业的架构师可以清晰地表达现有问题的要点及其解决方案。

此外，构建整个公司范围内统一的总体视图通常需要快速重新聚焦，并在高层愿景和底层细节之间切换抽象级别。对组织"大局"的全面理解意味着对其独立元素的合理理解。因此，理想的架构师应该能够看到整个"森林"以及它的个别"树木"。为了实现这一观点，架构师应该能够在必要时快速放大和缩小他们的"大脑镜头"。

16.2　五种常见的架构师原型

在本书写作之前，所有架构职能部门的员工都被简单地称为"架构师"，而组织中的架构职能部门被视为等同的、可"互换"的架构师的同质团队。在实际的公司中，架构职能部门通常会雇用不同类型的架构师，他们的职责有很大的不同。然而，具体的架构职位及正式头衔特定于组织，并且高度依赖于组织的规模、结构和复杂性[8]。

尽管架构师种类繁多，但我们通常可以通过范围和领域来区分其在架构职能部门中的典型架构职位。首先，不同类型的架构师可以负责不同的组织范围。例如，一些架构师可能专注于规划单个 IT 计划，一些架构师则可能专注于在单独的业务单元或领域中规划所有信息系统，而其他架构师则可能执行组织范围的规划。其次，不同类型的架构师可以负责不同的企业架构领域，例如业务、应用程序、数据、集成、基础设施和安全。例如，一些架构师可能专注于规划单个企业架构领域（例如，仅规划数据领域或仅规划基础设施领域），一些架构师可能专注于规划几个相互关联的领域（例如应用程序、数据和集成），而其他架构师的规划工作可能涵盖从业务领域到安全领域的整个企业架构领域栈（见图 2.2），负责更窄范围和领域的架构师应提供更详细的规划，在其主题领域拥有更深入的专业知识，反之亦然。

尽管架构职位可能特定于组织，但我们可以从组织范围和领域专业知识的角度来阐述四种常见的架构师原型：解决方案架构师、领域架构师、业务领域架构师和企业架构师[9]。作为架构职能部门的员工，架构经理也可以被视为架构师的第五个特殊原型。虽然这五种常见的原型肯定不是唯一可能的架构师类型，但它们经常出现在许多组织的架构职能部门中。由于在不同的公司中相应的职位可能有相当不同的正式头衔，因此上文提供的和本书中进一步使用的架构职位的头衔要么代表这些职位最常见的既定头衔，要么代表传达这些职位实际含义的最具描述性头衔。此外，这些架构职位在不同的组织中可能有不同的职责集，同一个架构师甚至可以承担多个不同角色的职责。出于这个原因，下面描述的五种类型的架构师应被视为纯粹的原型。

16.2.1　解决方案架构师

解决方案架构师是"最狭义"的架构师。他们主要关注规划范围有限的独立 IT 计划。解决方案架构师往往关注具体技术，因此会自动处理各自的技术企业架构领域（例如应用程序、数据、集成、基础设施或安全，见图 2.3）的工作，但几乎从不关注业务领域[10]。但是，如果他们的工作需要特定于业务操作和流程的大量上下文知识，那么有时他们可以被分配到特定的业务职能部门或业务线。组织中解决方案架构师的正式头衔通常可以反映出他们的核心专业技能领域。例如，他们的职位可以被称为"应用程序解决方案架构师""基础设施解决方案架构师"或"安全解决方案架构师"。解决方案架构师通常是架构职能部门中最具代表性的架构师，几乎在每个企业架构实践中都可以找到它们。他们可能占组织中所有架构师的60% ~ 80%，尽管他们的确切人数经常波动并直接取决于当前活跃的 IT 计划和项目的数量。

解决方案架构师只负责执行计划交付流程，基本上不参与战略规划和技术优化流程（见图 6.1）。他们通常负责为特定的 IT 计划提供端到端的架构支持，从最初的业务需求想法到最终部署的有效 IT 解决方案均有涉及。当然，解决方案架构师主要负责开发描述特定变更计划或项目的企业架构工件，即概要设计和详细设计（见图 8.2）。首先，在 IT 计划的启动步骤中，解决方案架构师主要与高级业务赞助者进行沟通，讨论基于概要设计的高级解决方案实施选项，并获得高管批准。其次，在 IT 计划的实施步骤中，解决方案架构师主要与项目团队沟通，讨论基于详细设计的首选技术实施方法。小型的简单 IT 计划通常可以由一位具有必要专业知识的解决方案架构师处理，这对架构师而言可能是兼职工作（在这种情况下，一位架构师可以同时服务多个项目），而大型的复杂计划通常需要多个具有不同背景和技能的解决方案架构师参与。例如，IT 解决方案的规划和交付意味着开发新的业务应用程序、采用新的集成中间件和安装新的硬件基础设施，这可能需要一个小型架构团队——包括熟悉相应的 IT 知识的集成解决方案架构师和基础设施解决方案架构师。

解决方案架构师积极利用现有的经营考量、技术标准、业务愿景和技术景观为新的 IT 计划制定概要设计和详细设计。尽管他们也可能对这些类型的企业架构工件有贡献（例如，在其 IT 项目完成后提出新技术标准或更新当前技术景观），但经营考量、技术标准、业务愿景和技术景观通常由直接负责其开发的其他类型的架构师提供给解决方案架构师。

解决方案架构师的一个值得注意的独特子类是**程序架构师**。程序架构师代表大规模解决方案架构师，他们关注范围更广的转换程序，这些转换程序包含多个相关的 IT 解决方案，通常跨越不同组织单位、业务领域和企业架构领域的边界。他们在架构职能部门中的正式职位可以被称为"程序架构师""高级解决方案架构师"或"首席解决方案架构师"。与常规解决方案架构师一样，程序架构师专注于规划独立的 IT 计划（即特定的多项目变更计划），制定必要的计划路线图及其他概要设计和详细设计。他们还负责管理（至少协调）参与其 IT 计划的所有其他解决方案架构师的工作。换句话说，程序架构师领导普通解决方案架构师团队进行大规模 IT 驱动的转型，以保证解决方案实现的整体一致性。从组织目的的角度来看，程序架构师与常规解决方案架构师非常相似，但它们主要出现在具有大规模技术景观的大型公司的企业架构实践中，这些公司会定期实施范围更大的 IT 解决方案，而这些解决方案无法由一位解决方案架构师完成整体规划，甚至自行管理的小型解决方案架构师团队也无法完成规划。

16.2.2　领域架构师

领域架构师主要关注组织范围内的独立企业架构领域（例如业务、应用程序、数据、集成、基础设施或安全）的规划。通常，他们负责单个企业架构领域，在某些情况下，也可能负责几个密切相关的"相邻"领域（例如业务和应用程序、数据和集成或基础设施和安全）。组织中领域架构师的正式头衔通常会暗含他们的关键专业领域。例如，他们的职位头衔可以是"企业应用程序架构师""企业集成架构师"和"企业安全架构师"，也可以是"业务架构师""数据架构师"和"基础设施架构师"。所有专注于组织范围内特定技术栈（如云、存储或网络）规划的架构师也可以勉强被称为领域架构师（这些架构师在组织中通常也被称为企业云架构师、企业存储架构师或企业网络架构师）。领域架构师通常出现在集中型公司的企业架构实践中。基本上，这些架构师是其所在领域的主题专家，他们的目标是改进组织中相应的企业架构领域。然而，专注于业务支持企业架构领域（如集成、基础设施和安全，见图 2.3）的领域架构师和专注于业务赋能企业架构领域（如业务、应用程序和数据，见图 2.3）的领域架构师的典型职责是特定于领域的。

一方面，**业务支持领域架构师**（例如集成架构师、基础设施架构师和安全架构师）执行技术优化流程并参与计划交付流程（见图 6.1）。他们通常负责在组织范围内设置一致的标准，选择适当的技术，规划未来的改进，并针对其领域制定技术合理化建议。自然，业务支持领域架构师的工作主要围绕着开发、更新和合理化相应的技术标准和技术景观。由于这些领域架构师更关注组织的技术方面，因此当需要了解期望的未来业务方向时，他们通常会从其他架构师那里获得以业务为中心的经营考量和业务愿景。他们还积极与其他业务支持领域架构师沟通，以协调其领域及其他相关企业架构领域的计划。业务支持领域架构师在计划交付流程中的作用仅限于在规划新IT计划期间监督解决方案架构师。第一，他们向解决方案架构师咨询其领域中可用的技术、IT资产和最佳实践，并提供相关的技术标准和技术景观。第二，他们向解决方案架构师提供相关的技术合理化建议，以便将这些建议纳入新的IT解决方案，从而提高技术景观的整体质量。第三，他们审查并批准所有IT计划的概要设计和详细设计，以保证与建议的方法的一致性并确保从技术角度正确实施新计划。

另一方面，**业务赋能领域架构师**（例如业务架构师、应用程序架构师和数据架构师）的角色更加复杂。他们执行战略规划流程，为技术优化流程做出贡献，并参与计划交付流程（见图6.1）。第一，业务赋能领域架构师与业务高管沟通，以了解战略愿景，针对其领域提出适当的长期发展战略，与业务高管协商这些战略，并将达成的关于其领域的长期发展方向的协议作为经营考量和业务愿景进行记录。第二，他们处理相应的技术标准和技术景观，以建立最佳实践，选择适当的技术，规划未来的改进，并针对其领域制定技术合理化建议。第三，他们审查并批准所有IT计划的概要设计和详细设计，以确保这些计划符合业务高管批准的长期战略经营考量和业务愿景并纳入其领域的相关合理化建议。他们还积极与其他领域架构师沟通，以协调其领域与其他相关企业架构领域的战略计划。

尽管不同的企业架构工件和企业架构领域之间没有严格的映射关系（见图2.2），企业架构工件通常可以与多个企业架构领域相关（见图2.6），但不同领域架构师和他们使用的典型企业架构工件之间确实存在一些明显的关系。例如，业务架构师通常拥有业务能力模型和价值链。应用程序架构师通常驱动目标状态并维护企业系统组合。数据架构师通常处理概念数据模型和逻辑数据模型。集成架构师经常建立集成模式。基础设施架构师大量使用技术参考模型。安全架构师通常对安全政策做出贡献，并制定更详细的安全指南。

同时，许多企业架构工件不是某个特定领域的，需要由许多甚至所有领域架构师处理。例如，原则和IT原则可以分别由所有业务赋能领域架构师及业务支持领域架构师处理。同样，路线图和IT路线图通常由不同领域的多个架构师合作开发。维护景观图和IT资产清单是所有领域架构师的共同职责，尽管特定领域的景观图（见图12.2）可以由相应领域架构师更新。所有概要设计和详细设计都可以由所有领域架构师在相关部分中提供。如前所述，所有架构师都拥有相当广泛的业务和IT知识，他们的工作本质上是高度协作的。因此，领域架构师可能是各自企业架构工件的主要所有者，但不是唯一所有者，所有与企业架构相关的重要决策都是在多个架构师和其他利益相关者的参与下共同做出的。

16.2.3 业务领域架构师

业务领域架构师主要关注组织各个业务领域（或一些密切相关的领域）IT各个方面的端

到端规划。这些领域通常代表单个业务单元（例如业务线、业务职能或业务部门）、与所有部门相关的各种交叉业务方面（例如客户、财务或人力资源）或不同的业务能力组（例如支付、生产或供应链管理）。本质上，业务领域架构师旨在跨整个企业架构领域栈［从业务和应用程序到基础设施和安全（见图 2.2）］规划组织的一小部分，因此可以被视为"局部"企业架构师。组织中业务领域架构师的正式头衔通常反映了他们所涵盖的各个业务领域，例如业务线、业务能力或职能。例如，他们的职位可以是"保险企业架构师""批发企业架构师"和"人力资源和财务企业架构师"，也可以是简单的"零售架构师""支付架构师"和"供应链架构师"。所有专注于与特定业务功能紧密相关的主要 IT 系统或平台（如 ERP、CRM 或 BI）的端到端规划的架构师也可以勉强被称为业务领域架构师（这些架构师在组织中通常也被称为 ERP 架构师、CRM 架构师或 BI 架构师）。在大型和分布型公司的企业架构实践中，业务领域架构师更常见，而在小型和集中型组织中，这些职位通常缺失。

业务领域架构师执行其业务领域的战略规划和技术优化流程，并参与计划交付流程（见图 6.1）。第一，他们与业务领域负责人进行沟通，以了解局部战略和需求，制定业务和 IT 的联合长期计划，与局部业务高管协商这些计划，并将商定的计划记录为与这些领域相关的经营考量和业务愿景。第二，他们审查相关的技术标准和技术景观，分析其业务领域中的现有技术、实施方法和 IT 资产，规划其未来改进方向，并针对这些领域制定技术合理化建议。第三，他们审查并批准其业务领域内所有 IT 计划的概要设计和详细设计，以确保这些计划符合局部的经营考量和业务愿景并纳入相关的合理化建议。他们还积极与其他业务领域架构师沟通，以实现与 IT 相关的战略决策的全局优化。

16.2.4　企业架构师

企业架构师是"最广泛"的架构师。他们关注所有企业架构领域的总体规划。基本上，企业架构师是能够规划整个组织的所有层面的通才，尽管他们对不同领域专业知识的了解程度不尽相同，大概率会偏重职业生涯早期专门从事的特定业务或技术领域（如支付、供应链、集成或安全）。他们在架构职能部门中的正式职位通常是"企业架构师"而非"首席架构师"。企业架构师通常出现在小型组织（通常缺少专门的领域架构师和业务领域架构师）或大型复杂公司的企业架构实践中，在大型复杂公司中，他们是专门的领域架构师与业务领域架构师的补充。

一方面，在缺少领域架构师和业务领域架构师的小型组织中，企业架构师通常同时履行领域架构师和业务领域架构师的职责。特别是，他们跨所有企业架构领域为整个组织执行战略规划和技术优化流程，并通过监督解决方案架构师参与计划交付流程（见图 6.1）。

另一方面，在大型复杂公司中，企业架构师通常负责协调所有其他架构师的局部和特定领域规划工作，因为这些公司一般都会雇用专门的领域架构师、业务领域架构师。通过在战略规划、技术优化和计划交付流程中与所有其他架构师进行沟通，企业架构师推动了 IT 各方面的真正组织范围规划和跨领域规划。他们帮助制定全面、综合的业务和 IT 战略规划，同时考虑并平衡所有局部利益、特定领域利益和全局利益。例如，作为战略规划流程的一部分，企业架构师可以根据业务高管的全局战略愿景以及不同业务领域的局部经营考量和业务愿景制定总体经营考量和业务愿景。同样，作为技术优化流程的一部分，企业架构师可以根据业务领域架构师提出的特定于领域的局部合理化建议开发一个整合的技术组合并阐明最重要的技术合理化建议。由于企业架构师关注所有典型企业架构领域的组织范围规划，因此他们自然会处理所有组织范围的企业架构工件，即经营考量、技术标准、业务愿景和技术景观（见图 8.2）。

16.2.5　架构经理

架构经理是架构职能部门的员工，负责管理其他架构师并组织架构职能部门的生产性工作。他们通常是架构职能部门的官方负责人和企业架构实践的领导者，直接向首席信息官或其他同等级别的 IT 高管（如首席技术官或 IT 副总裁）汇报。

架构经理通常是架构职能部门中代表性最低的员工。即使是大型公司，通常也只雇用一名或几名全职架构经理，而在中小企业的企业架构实践中，架构经理职位可能完全缺失。在这些情况下，架构经理通常由最高级的架构师兼任，甚至直接由 CIO 兼任。

架构经理的主要职责包括但不限于：

- 定义特定的架构角色及其职责。
- 定义架构职能部门的总体结构和规模。
- 提高企业架构工件和企业架构相关流程的质量。
- 为 IT 计划分配资源和架构师。
- 面试、招聘和提拔架构师。

架构经理负责组织三个主要的与企业架构相关的流程（参见表 6.1 和图 6.1）。他们也可以作为观察员或分析师参与这些流程，以确定潜在的问题、瓶颈和改进机会。即使架构经理通常不直接开发和使用企业架构工件，也可以被视为元架构师，即构建职能部门的企业架构相关流程的架构师。

16.2.6　架构职位层次结构

除架构经理之外，上述常见架构师原型可以表示为架构职位的层次结构。具体而言，可以根据四个主要架构职位（即"解决方案架构师""领域架构师""业务领域架构师"和"企业架构师"）的组织范围和领域专业知识对他们进行从专家到通才的梯度划分。专家涵盖有限的组织范围并拥有狭窄的领域专业知识，而通才涵盖更广的组织范围并拥有广泛的领域专业知识。从这个角度来看，解决方案架构师可以被认为是具有最狭窄组织范围和专业知识的专家，企业架构师可以被视为具有最广泛组织范围和专业知识的通才，而领域架构师和业务领域架构师可以被看作介于专家和通才之间。这就形成了一个井然有序的架构职位层次结构，其中职位所在位置与架构师原型的资历高度相关，如图 16.1 所示。

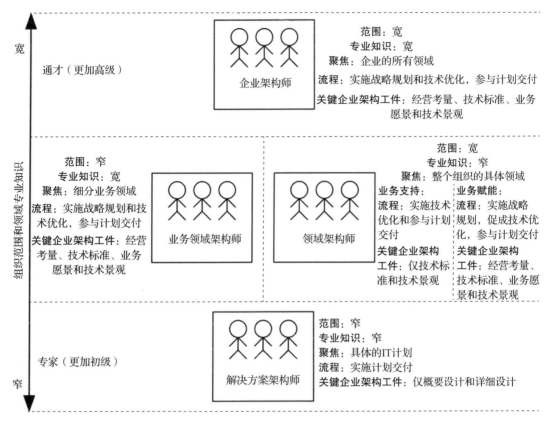

图 16.1　架构职位层次结构

16.3　组织环境中的架构职位

将上述五种架构师原型放在更广泛的组织环境中可以澄清各自的架构职位和组织结构之间的关系、它们在企业架构实践中的角色，以及它们与其他特殊组织角色的协作模式。

16.3.1　架构职位的组织映射

将这些架构职位映射到组织的示意结构可以用图形清楚地说明五种常见的架构师原型之间的差异。我们可以将其表示为二维矩阵，其中行对应于典型的企业架构领域（例如业务、应用程序、数据、集成、基础设施和安全），列对应于不同的业务领域（例如业务单元A、业务单元 B 和业务单元 C）。这种图形表示可用于映射架构师的常见原型的职责，说明它们之间的本质区别。具体来说，负责规划整个组织的所有企业架构领域的企业架构师覆盖整个矩阵。负责在整个组织中规划特定企业架构领域的领域架构师覆盖矩阵的不同行。负责规划独立业务领域的所有企业架构领域的业务领域架构师覆盖矩阵的不同列。负责在某些业务领域规划与特定技术企业架构领域相关的具体 IT 计划的解决方案架构师覆盖矩阵的不同单元格，而负责规划范围更广的大型计划的程序架构师则覆盖矩阵的更广区域。最后，负责组织架构职能部门工作和定义其他架构职位的架构经理，如果没有进行任何实际的架构规划工作，则可以被置于矩阵之外。架构职位的组织映射如图 16.2 所示。

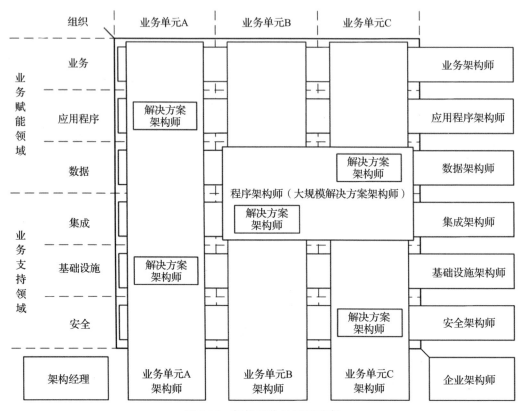

图 16.2　架构职位的组织映射

图 16.2 表明，组织的架构职能结构通常可以被视为具有重叠但互补的领域架构师和业务领域架构师职责的矩阵结构。一方面，业务领域架构师负责将各个业务领域的所有企业架构领域联系在一起。业务领域架构师的工作是提高局部灵活性、决策自主性和对不同业务领域具体需求的响应能力。另一方面，领域架构师负责将所有业务领域的特定企业架构领域联系在一起。领域架构师的工作是促进整个组织的全局整合和优化。

16.3.2　架构职位的流程映射

通过将这些架构职位映射到三个主要的与企业架构相关的流程——战略规划、计划交付和技术优化（见图 6.1），也可以明确除架构经理之外的架构师的常见原型的角色。具体来说，战略规划流程由企业架构师、业务领域架构师和业务赋能领域架构师协作执行。计划交付流程由解决方案架构师（包括作为其子类型的程序架构师）在企业架构师、业务领域架构师和领域架构师的监督下执行。技术优化流程由企业架构师、业务领域架构师和业务支持领域架构师协作执行，同时也由业务赋能领域架构师参与。图 16.3 显示了常见架构职位的流程映射。

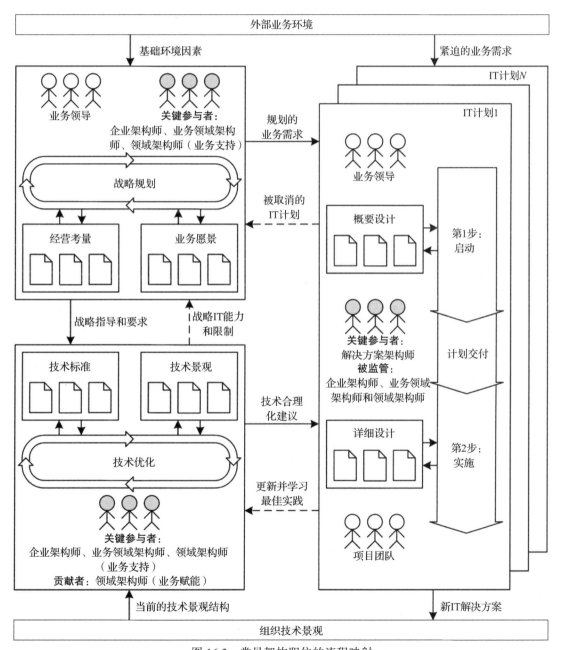

图 16.3　常见架构职位的流程映射

如图 16.3 所示，将常见架构位置映射到三个主要的企业架构相关过程，有助于从架构师在企业架构实践中的基本活动的角度更好地理解他们的不同原型的作用。

16.3.3 架构师、协作经理和技术设计师

如前所述，架构师的工作要求他们与组织中的各种业务和 IT 利益相关者合作，以决定未来的行动方向（见图 2.8），虽然业务高管和 IT 项目团队绝对是大多数企业架构相关流程（见图 6.1）的重要参与者。除了在所有组织中以某种或其他形式存在的这些典型的利益相关者群体之外，一些公司还雇用了两个从企业架构的角度特别值得注意的特殊角色：协作经理和技术设计师。

这些角色不能被视为架构师，也不属于架构职能部门，但如果存在的话，这两个角色都与架构师密切合作。此外，在某些方面，他们的工作与架构师的工作相似并部分重叠。如前所述，组织中企业架构实践和架构师的一般目的是将业务高管定义的抽象业务经营考量转化为项目团队可使用的新 IT 解决方案的具体可实施设计（见图 2.4）。为此，协作经理收集、分析并系统化高管的业务考量，然后将这些业务考量呈现给架构师，而技术设计师则将来自架构师的 IT 解决方案设计细化为更具体的实施计划。

协作经理（也被称为业务协作经理或协作伙伴）是一种特殊的组织角色，旨在促进业务高管和架构师之间的有效协作。协作经理会拜访各个业务高管，引出他们的战略考量，收集他们对新信息系统的需求，分析总体需求，确定常见和特殊的业务需求，将其分类，确定它们的优先级，并将它们呈现给架构师。他们的角色还意味着"连接"架构师和业务利益相关者的桥梁，即将架构师介绍给利益相关者，反之亦然。简单地说，他们是业务高管和架构师之间的桥梁。

协作经理履行了架构师与业务高管沟通并理解其需求方面的职责，使架构师能够更加专注于技术任务和问题。他们在企业架构实践中的作用与软件工程中的业务分析师的作用相当，但可以提升到整个组织的层面。本质上，他们可以被视为战略业务分析师。

在与业务高管的沟通中，协作经理经常使用支持战略规划的一些企业架构工件，例如经营考量，特别是业务愿景。然而，与架构师不同，他们的主要目标是发现现有需求，而不是提供潜在的解决方案。专业的协作经理可以提高业务高管和架构师之间的沟通质量，帮助弥合业务和 IT 之间的差距，尽管他们似乎更适合处理不成熟的企业架构实践，如第 19 章所述。在企业架构实践的上下文中，协作经理的作用如图 16.4 所示。

技术设计师（也可以被简称为设计师、解决方案设计师、技术架构师、系统架构师或项目架构师）是一种特殊的组织角色，旨在在实施过程中完成独立 IT 系统的详细计划。技术设计师是 IT 项目团队的一员，帮助团队进行项目的架构设计，然后在没有架构师参与的情况下根据这些设计制定更具体的项目实施计划。他们是 IT 项目团队中技术最熟练的成员，通常是相关技术或供应商产品方面的专家，能够就系统实现的最佳方式做出合理的项目决策。简单地说，技术设计师是交付链中仅位于解决方案架构师后面的"下游"人员，他们负

责技术系统结构。

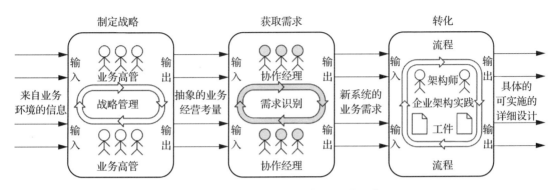

图 16.4 协作经理在企业架构实践中的作用

技术设计师履行了架构师将 IT 项目的业务需求转化为可落地的系统实施计划的职责，使架构师能够更加专注于概念性任务和问题。由于技术设计师覆盖的组织范围有限，而且对单个 IT 项目的关注范围很窄，因此他们基本上可以被视为"微架构师"。由于他们在特定技术、产品或解决方案方面有很深的专业知识，因此他们也可以被分配到特定的企业架构领域。

技术设计师通常共同创建详细设计，开发更详细的系统设计文档（这被视为非架构性的，本书中也没有讨论），还可能为其他架构决策（例如技术选择）提供信息。然而，与架构师不同，他们并不重点关注项目的整体组织环境或全局景观优化（例如符合技术标准和适当 IT 资产的复用），而是严格按照详细设计（这已经反映了解决方案架构师嵌入其中的相关组织范围的规划考量）设定的边界进行操作。技术设计师通常属于 IT 交付职能部门，而不是架构职能部门，并且通常与各自的卓越中心（如 SAP、Oracle、CRM 或大数据）相关联。专业的技术设计师可以使 IT 项目从规划阶段平稳过渡到实施阶段，并降低伴随的风险。技术设计师在企业架构实践中的作用如图 16.5 所示。

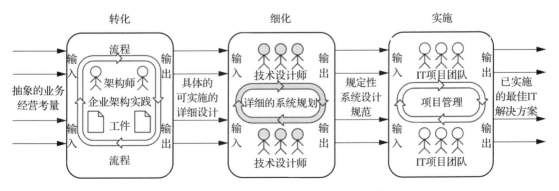

图 16.5 技术设计师在企业架构实践中的作用

技术设计师主要在交付端工作，作为实施所需 IT 解决方案的项目团队的成员，但很少关注这些解决方案之外的事情。出于这个原因，在本书中，他们没有被视为"真正的"架构师，也没有被详细讨论，尽管他们的职位在架构职位的层次结构中可以被放置在解决方案架构师之下的某个位置（参见图 16.1）。

16.4　如何成为架构师并在职业生涯中取得进步

如前所述，架构师的工作要求他们具备独特的专业知识、技能和素质。这些能力中的大多数远远不是概念性的或理论性的，而是纯实践性的，它们的培养需要架构师实际融入日常组织生活。因此，架构师的必要技能和素质通常无法在课堂环境中获得和掌握。成为一名架构师并不是正规教育和文凭的问题。

尽管如今许多大学都提供企业架构的学士和硕士学位[11]，但这些学术课程可以说只是象征性和指示性的，很难让现实世界的企业架构从业者做好准备。同样的结论在很大程度上也适用于各种行业企业架构课程，尽管它们可能更符合实际情况。大力推广的企业架构框架认证（如 TOGAF、Zachman、FEAF 和 DoDAF）[12]，以及围绕这些框架的培训，对有抱负的架构师没有太大帮助（甚至可能有害），因为流行的企业架构框架"处方"具有误导性，甚至与真正的架构师在组织中所做的并不相似，如前所述（真正的企业架构最佳实践和流行的企业架构框架之间的关系在附录 A 中有详细描述）。

可以说，成为真正的架构师、培养必要的能力并在架构职业生涯中取得进步的唯一途径是观察经验丰富的架构师的行为，并向更资深的同事学习[13]。简单地说，要成为一名架构师，就要开始与有成就的架构师合作并向他们学习[14]。大多数架构师都从 IT 部门的一些初级职位开始其职业生涯，然后逐渐走向架构职位。由于架构师需要在 IT 领域拥有丰富而广泛的专业知识，因此专家通常在拥有 8 ～ 12 年的 IT 实践经验后才可能晋升到架构职位[15]。

尽管架构师的具体职业道路可能非常多样化，并且往往经历一些与架构几乎没有关系的职位（例如项目经理），但我们仍可以观察到他们职业生涯中的某些自然共性。例如，软件开发人员往往通过高级开发人员、团队领导和软件设计师等多个中间职位发展为应用程序解决方案架构师（见图 16.5）。类似地，数据库管理员、数据仓库和 BI 专家往往会演变为数据解决方案架构师，基础设施工程师往往会演变成基础设施解决方案架构师；而安全专家往往会转变为安全解决方案架构师[16]。

解决方案架构师要么继续领域架构师的职业道路（例如，基础设施解决方案架构师转变为企业基础设施架构师），要么加深对特定业务领域的理解，发展为各自的业务领域架构师。在获得不同企业架构领域和业务领域的丰富经验后，架构师将发展为更高级的企业架构师[17]。总之，大多数架构师的职业生涯都是从各种初级非架构职位开始的，然后逐步晋升到解决方案架构师，开始沿典型架构职位的层次结构攀升（见图 16.1），如晋升到领域架构师或业务领域架构师，最后晋升到企业架构师。

了解在企业架构中建立职业生涯有关的另外两个考虑因素也很重要。第一，在没有实践企业架构的组织中，做架构师的工作是不可能的，更不用说发展为架构师了，因为这项工作不能与组织的其他部分割裂存在，如第 19 章所述。换句话说，架构师只能在愿意建立和发展企业架构实践的公司中出现和成长。第二，尽管各种企业架构认证对于培养真正的架构技能和能力来说没有太大用处，但它们对于其他象征性的目的可能仍然是有益的。特别是，有声望的证书可以帮助有抱负的企业架构从业人员完善简历，让他们从竞争对手中脱颖而出，表明他们发展为架构师的意图，从而促进他们的职业发展 [18]。

16.5　本章总结

本章讨论了架构师的职责、素质和技能，常见的架构职位、这些职位的差异和关系、这些职位与组织结构和三个关键的企业架构相关流程的映射，协作经理和技术设计师的特殊角色，以及架构师的共同职业道路。本章的核心信息可概括为以下几点：

- 架构师是企业架构实践的关键参与者和组织者，负责与业务和 IT 利益相关者沟通，促进这些利益相关者之间的对话，提出最佳规划决策并开发各自的企业架构工件。
- 无论具体架构职位是什么，理想的架构师都是有效的沟通者、强大的团队成员、积极的创新者和富有洞察力的系统思想家，精通业务和 IT。
- 尽管架构职位特定于组织，但可以被明确表达成五个纯粹的架构师原型：解决方案架构师（包括程序架构师）、领域架构师、业务领域架构师、企业架构师和架构经理。
- 解决方案架构师负责规划范围有限的特定 IT 计划（尽管程序架构师处理大规模计划），仅执行计划交付流程，主要为相应计划制定概要设计和详细设计。
- 领域架构师负责组织范围内单个或几个密切相关的企业架构领域（例如应用程序或基础设施）的规划，可能更关注技术优化流程（对于业务支持领域）或战略规划流程（对于业务赋能领域）。
- 业务领域架构师负责对单个或少数密切相关业务领域（如业务线、业务单元、职能或能力）的所有 IT 方面进行端到端规划，执行战略规划和技术优化流程。
- 企业架构师负责所有企业架构领域的总体规划，执行战略规划和技术优化流程。
- 架构经理负责管理其他架构师，组织架构职能部门的生产性工作并改进与企业架构相关的流程，而不是直接执行这些流程或开发企业架构工件。
- 一些公司可能会聘请专门的协作经理——负责确定新信息系统的业务需求，也可能会聘请技术设计师——负责规划详细的系统结构，他们与架构师密切合作并部分履行职责。
- 架构师成长的唯一途径是在工作中向更有经验的架构师学习。架构师一般从初级非架构职位开始，然后发展为解决方案架构师，继而晋升为领域架构师或业务领域架构师，最后晋升为企业架构师。

16.6　注释

1　Federation of Enterprise Architecture Professional Organizations（FEAPO，2018）提供了详细的架构师能力模型。

2　高素质的架构师在就业市场上很难找到。在 2013 年，有 87.2% 接受调查的欧洲和美国组织表示，缺乏有经验的架构师是其 EA 实践面临的重大挑战（Hauder 等人，2013）。

3　人们早已认识到，IT 专业人员的业务能力有助于与企业建立更好的合作关系（Bassellier 和 Benbasat，2004）。

4　Besker 等人（2015，第 7 页）报告称，执业架构师"将沟通描述为企业架构师职业最重要的核心能力"。Olsen（2017，第 642 页）提供了类似的观察结果："受访者认为沟通能力是企业架构师最重要的能力之一。"

5　虽然系统思维可被视为拒绝无能架构师的重要因素，但不应过分强调其对企业架构学科的整体意义，因为企业架构师实践首先是一种沟通实践（Kotusev，2020a）。

6　FEAPO 将系统思维定义如下：理解对某个组件的改变如何影响整个系统；识别强化和补偿反馈回路；理解系统如何适应压力和变化（FEAPO，2018，第 26 页）。

7　许多流行书籍（Gharajedaghi，2011；Meadows 和 Wright，2008；Senge，1990；Weinberg，2001）都声称可以培养系统思维能力。然而，这些书籍对架构师毫无帮助，与架构师毫不相干，而系统思维更应被视为一种才能，难以轻易从教科书中习得。

8　Wierda（2017，第 13 页）完全支持这一事实："现在，企业架构职能正在激增，同时也变得支离破碎。现在有业务架构师、安全架构师、应用架构师、数据架构师、信息架构师、集成架构师、企业架构师、基础设施架构师、领域架构师、IT 架构师、解决方案架构师、集成架构师，似乎无穷无尽。更糟糕的是，同一个职位名称的含义可能完全不同，这取决于你向谁以及从何处询问其定义。一家公司称其为业务架构师，另一家公司则称之为企业架构师或首席架构师；一家公司称其为企业架构师，另一家公司可能称之为信息架构师，等等。"FEAPO 报告了类似的意见："在与各种国际组织进行的多次讨论中，FEAPO 发现有各种各样的'架构师角色'。这会造成一些混乱，因为这些角色在不同组织间（甚至在一个企业内）都不一致。"

9　FEAPO 阐明了组织中常见的四种不同的架构角色模式：项目架构师、领域架构师、片区架构师和战略架构师（FEAPO，2018）。这些模式与本书区分的四种架构师原型高度相关，即分别是解决方案架构师、领域架构师、业务领域架构师和企业架构师。

10　这一观点与 FEAPO 提出的类似观点一致："业务架构师被分配到项目团队的情况并不多见（FEAPO，2018，第 18 页）。"从其职责的角度来看，传统的业务分析师在很大程度上被视为业务解决方案架构师，但他们通常不被视为"架构师"，在组织内，他们很少（如果有的话）隶属于架构职能部门。

11　Calnan（2017）最近对高校提供的流行企业架构课程进行了概述。此前，Gartner（Bittler，2010；Bittler，2012）也曾对早期的大学企业架构课程进行过分析。

12　这些认证由 The Open Group 和 John Zachman 所拥有的 Federal Enterprise Architecture Certification（FEAC）研究所等机构提供。

13　FEAPO（2018）也对企业架构的职业和相应的职业指导进行了一些讨论。

14　如前所述，一位受访架构师将当前形式的企业架构专业与中世纪的行会进行了公正的对比——在中世纪，学习该专业的唯一途径就是加入行会。

15　FEAPO 证实了架构师以 IT 为中心的背景："由于现有的大多数企业架构师都是从技术队伍中崛起的，因此，如果企业架构师不具备靠谱的技术技能——通常是软件开发、系统运营、项目管理或业务分析方面的技能——那将非常罕见（FEAPO，2018，第 14 页）。"

16　FEAPO（2018）在图 4（以 IT 为重点的企业架构职业发展路径）中对架构师可能的职业发展路径进行了示意性描述。

17　这一观点与 Carr 和 Else（2018，第 8 页）进行的 EA 调查的结果一致："当被问及受访者以前担任过哪些与架构相关的职务时，近 70% 的回答为解决方案架构、信息架构和应用架构。许多受访者列举了多个领域的经验，突出了企业架构师角色的多学科特性"。

18　Tittle 和 Lindros（2018）以及 White（2018a）提供了与架构师相关的流行的行业认证概览。

组织中的架构职能

第 16 章讨论了企业架构实践中架构师的角色，以及在组织中经常发现常见的架构师原型。本章将重点介绍架构职能在组织中的作用、结构和治理机制。特别地，本章将首先描述架构职能在组织上下文中的一般角色和职位，以及它与其他关键的 IT 相关职能的关系。接下来，本章将讨论架构职能的结构和组成及其对组织规模、分散程度等因素的依赖性。最后，本章将描述架构治理机制在决策中的作用、不同类型的架构治理委员会、它们的职责和结构，以及相应的豁免和升级流程。

17.1　架构职能在组织中的角色

架构职能是负责企业架构实践的专门公司职能，是组织中所有架构师的"家"。架构职能的主要作用是实现业务和 IT 的集成规划，并确保业务和 IT 一致。作为一种支持性的组织职能，架构职能本身并不提供任何有形的产品或结果，而只是为旨在支持关键业务活动的新信息系统制定最佳计划。

架构职能通常属于 IT 部门，并直接向 CIO 报告[1]。除了 IT 交付和支持职能外，架构职能还实现了与 IT 相关的三个核心组织职能（规划、实施和维护）之一。从本质上讲，架构职能为业务高管提供了 IT 部门的"前门"。作为负责全组织信息系统规划的 IT 部门的一个子部门，架构职能将来自业务高管的抽象业务考虑（可能通过专门的协作经理，见图 16.4）转化为新 IT 解决方案的具体可实施设计。这些可实现的设计被 IT 交付职能"消耗"，该职能负责根据输入的设计构建新的 IT 系统。最后，由 IT 交付职能部门开发的正在运行的 IT 系统被移交给 IT 支持职能部门，该部门负责对新部署的系统进行持续监控和维护。IT 部门中架构职能的作用如图 17.1 所示。

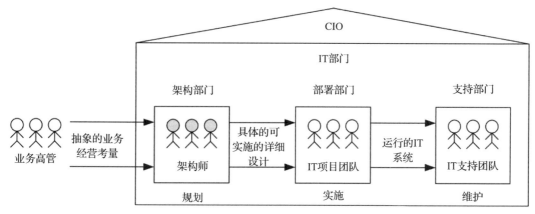

图 17.1 架构职能在 IT 部门中的作用

架构职能是具有多种活动的复杂组织职能。它们与许多其他组织职能密切相关，这些职能通常向架构职能报告其对新 IT 系统的特定需求。组织架构职能的主要职责包括：

- 与其他组织职能部门建立有效沟通，明确其对 IT 的需求和相关要求。
- 与所有 IT 相关规划决策的业务高管、项目团队和其他相关利益相关者充分接触。
- 及时生成所需的决策型企业架构工件，并获得关键利益相关者的批准（见图 2.7）。
- 确保符合记录在决策型企业架构工件中并由其利益相关者批准的规划决策。
- 必要时生成所需的事实型企业架构工件（见图 2.7）并保持其最新。
- 基于主要利益相关者和用户的反馈和信息需求，持续优化企业架构工件的格式、内容和大小。
- 围绕决策型企业架构工件将与企业架构相关的决策和批准流程制度化并进行微调。
- 维护用于生成、存储、发布和搜索企业架构工件的适当软件工具集。
- 创建适当的架构职位并定义其职责，即规模、结构，并调整它们以更好地满足组织的需求。
- 组织有效的同行评审机制和不同架构师之间的充分知识交流。
- 向所有相关利益相关者宣传和解释纪律信息系统规划的价值。

组织中所有这些与企业架构相关的活动主要由架构师执行，他们是架构职能的核心专家，拥有执行这些职能所需的技能和知识。如前所述，架构职能可能具有不同的组织特定架构职位，但最常见的架构原型包括解决方案架构师、领域架构师、业务领域架构师、企业架构师和架构经理（见图 16.2）。

架构职能中的所有架构师都通过监督、报告或对等关系联系在一起。在所有与企业架构相关的决策流程中，他们密集地交流、分享知识并彼此密切互动，以实现总体架构一致性。架构职能组织各个架构师的工作，并组织由这些架构师驱动的所有集体流程。架构职能部门通常通过创建适当的架构职位、在企业架构实践的背景下定义其职位特定职责以及建立高效的内部结构来促进其沟通，从而在架构师之间实现有意义的协作。与架构师的特定职位类似，架构职能的结构可能非常特定依赖于组织，并且在很大程度上取决于特定的组织需求。

17.2 架构职能的结构

在本书写作之前，组织中的架构职能基本上被认为是规模不定的抽象架构师团队。在真实的公司中，架构职能由具体数量的架构师组成，这些架构师占据特定的职位，并具有特定的内部结构，以适应这些组织的特定需求。架构职能的内部结构以及架构在这些职能中的职位在很大程度上取决于两个不同的组织因素。第一，组织中架构职能的结构由组织及其IT部门的规模决定。第二，组织中架构职能的结构受组织分散程度的影响。

17.2.1 对组织规模的依赖

定义架构职能结构的第一个重要因素是组织的规模。如前所述，组织中的架构师只占其IT员工的一小部分。具体而言，公司平均每 20 ~ 30 名 IT 部门员工中就有一名架构师。换句话说，架构师通常约占 IT 总劳动力的 3% ~ 5%[2]。理想的架构师比率是特定于组织的，通常取决于组织对新信息系统的相对投资量。例如，采用积极的 IT 投资策略进行转型的公司可能需要更多的架构师（例如每 20 名 IT 专家中就有一名），而对 IT 持保守态度的维护模式的公司可能满足于更少的架构师（例如每 30 名 IT 专家就有一名）。对架构师的需求也可能受到组织所需的前期规划数量的影响，如第 18 章所述。

无论架构师的具体比例如何，架构职能的大小都与组织及其 IT 部门的大小成正比[3]。同时，更大的架构职能需要更复杂的结构和更广泛多样的架构职位，反之亦然。由于组织的规模和复杂性可能会发生巨大变化，因此从本地的一人企业到全球雇用数百万人的跨国巨头，架构职能的规模和复杂程度可能会相应变化，从微不足道的一项架构职能到使用数百个架构的非常复杂的多层次职能[4]。

虽然雇用不到 20 ~ 30 名 IT 专家的小型组织可能根本不需要实践企业架构（在这些公司中，IT 规划人员的角色可以由其首席信息官、应用程序开发主管或其他 IT 领导兼职非正式的和机会主义的履行），在拥有至少 30 ~ 40 名 IT 员工的大型组织中，可以说，专门的架构职能已经成为理想、有益甚至必要的。例如，这些公司可以雇用一名全职企业架构师，负责组织范围内信息系统规划的所有方面。一方面，该企业架构师可以为整个组织执行战略规划和技术优化流程。另一方面，该企业架构师也可能参与计划交付流程。根据具体情况，作为计划交付的一部分，企业架构师可以充当解决方案架构师，为 IT 计划制定概要设计和详细设计，也可以仅审查和批准由组织参与交付 IT 解决方案的第三方编制的概要设计和详细设计。

雇用一百名或几百名 IT 专家的公司可能会雇用几个解决方案架构师，他们可以被称为"20% 的企业和 80% 的解决方案"架构师。作为计划交付流程的一部分，这些架构师可能会花费 80% 的时间为特定的 IT 计划制定概要设计和详细设计。然而，在剩余的 20% 时间内，他们可能基本上充当企业架构师，共同为整个组织执行战略规划和技术优化流程。

雇用数百名（数量不大）IT 专家的公司可能会雇用一名企业架构师和十几名解决方案架构师。企业架构师可以为整个组织执行战略规划和技术优化流程，而解决方案架构师可以在企业架构师的监督下专注于计划交付流程。在这种情况下，企业架构师还可以充当解决方案架构师以及总体架构职能的架构经理。

雇用数百名（数量较大）IT 专家的公司可能会雇用几个领域架构师和几十名解决方案架构师。领域架构师可以专注于核心企业架构领域（例如业务、应用程序、数据和基础设施）的组织范围规划，并执行战略规划和技术优化流程。领域架构师还可以充当与其领域相关的解决方案架构师的架构经理。这些解决方案架构师可以在相应领域架构师的监督下执行计划交付流程。

雇用一千或几千名 IT 专家的公司可能会雇用一名架构经理、几个业务领域架构师、几个领域架构师和数十名解决方案架构师，其中一些可能被任命为程序架构师。业务领域架构师可能专注于其业务领域的端到端 IT 相关规划，而领域架构师可能关注其领域的组织范围规划。业务领域架构师和领域架构师都可以执行战略规划和技术优化流程，而解决方案架构师可以在他们的监督下执行计划交付流程。架构经理可以管理业务领域架构师和领域架构师，而业务领域架构师也可以充当与其业务领域相关的解决方案架构师的架构经理。

雇用几千或更多 IT 专家的公司可能拥有更复杂的架构职能。例如，这些组织可能会雇用几位架构经理、几位企业架构师、几位业务领域架构师、十几位领域架构师和一大批解决方案架构师，其中许多人可能被任命为程序架构师。业务领域架构师和领域架构师可能关注其业务领域和领域的全面规划，而企业架构师可能关注所有本地和领域特定计划的组织范围协调。解决方案架构师可以在相应业务领域架构师和领域架构师的监督下专注于规划特定的 IT 计划。架构经理可以管理企业架构师和业务领域架构师，企业架构师可以管理领域架构师，而业务领域架构师可以管理与其业务领域相关的解决方案架构师。图 17.2 说明了架构职能的结构对组织规模的依赖性，以及示例架构职位和结构。

图 17.2 所示的架构职能的连续性表明了架构职能结构对组织规模的关键依赖性。大公司自然需要更大、更复杂的架构职能。重要的是，图 17.2 中提供的架构职位和结构的比例和样本远远不够严格和详尽。这些示例仅用于说明在不同规模的公司中组织架构职能的一些可能选项。

上述架构职能的示例还表明，组织中的特定架构职位可能非常多样。一方面，不同公司的架构职能部门可能会雇用不同类型的架构师。例如，企业架构实践通常没有专门的企业架构师职位，而是雇用其他类型的架构师共同负责组织范围的架构规划。另一方面，不同公司的架构职位通常与前面描述的五个纯粹的架构师原型不同（见图 16.2）。例如，企业架构通

近似规模	范例职位	范例结构
<25名IT员工 没有架构师	CIO兼职作为架构师	CIO
30~40名IT员工 1名架构师	1名企业架构师（EA）	EA
100~200名IT员工 4~8名架构师	4~8名解决方案架构师（SA）	SA
250~400名IT员工 10~15名架构师	1名企业架构师（EA） 10~15名解决方案架构师（SA）	EA SA
500~800名IT员工 20~30名架构师	3~5名领域架构师（DA） 15~25名解决方案架构师（SA）	DA SA
1200~2000名IT员工 50~80名架构师	1名架构师经理（AM） 3~5名业务架构师（BAA） 4~8名领域架构师（DA） 40~70名解决方案架构师（SA） （包括少量程序架构师）	AM DA BAA SA
>2500名IT员工 >100名架构师	2~3名架构师经理（AM） 3~5名企业架构师（EA） 4~8名业务领域架构师（BAA） 10~15名领域架构师（DA） 80~120名解决方案架构师（SA） （包括几名程序架构师）	AM EA BAA DA SA

（左侧纵轴：组织规模，上端为"小"，下端为"大"）

图 17.2　结构对组织规模的依赖性

常充当架构经理，在小型组织中甚至充当解决方案架构师。类似地，业务领域架构师和域架构师通常管理分配给其业务领域或域的解决方案架构师。在某些情况下，负责特定业务领域的业务领域架构师也可以充当领域架构师，提供特定企业架构领域的专业知识，并负责其组织范围的规划。领域架构师通常也可以担任业务领域架构师。通过同时或至少周期性地轮流担任不同架构职位的架构师的不同原型的职责组合，特别是在架构层级的不同级别（见图 16.1），组织可以促进架构师之间的有效知识交流，消除不同层次架构之间的界限，避免"象牙塔"现象[5]。

17.2.2　对分散程度的依赖

定义架构职能结构的第二个重要因素是组织中的分散程度[6]。集中化的公司受益于IT系统和流程的全球优化、技术组合的整合以及所有业务部门对可用IT资产的共享复用，而分散化的组织受益于 IT 系统和流程的本地灵活性，快速响应特定部门的业务需求，更好地适应不断变化的环境。大多数组织的权力下放程度与这些组织采用的首选运营模式高度相关。具体而言，联合型模式可以被视为最集中的运营模式，而多样型模式可以被认为是最分散的运营模式（见图 5.3）。

如前所述，领域架构师通常通过在所有业务单元中整合各自的企业架构领域来促进整个组织的全局优化，而业务领域架构师更经常通过提高组织对关键业务需求的响应能力来促进独立业务单元的本地自主权和灵活性（见图 16.2）。更集中的公司倾向于雇用更多的领域架构师，并授予他们更多的架构规划决策权限，而更分散的组织倾向于雇用更多的业务领域架构师，并且授予他们更多的规划决策控制权。

例如，非常集中的中型组织（例如，具有联合型运营模式或复制型运营模式的公司）可能只雇用领域架构师（除解决方案架构师外），并授予他们对整个组织的战略规划和技术优化流程的完全权限。这种方法有助于非常集中的组织所需的全局整合和优化，但不允许在不同的业务部门中实现任何局部灵活性或决策自主性。

集中式中型组织（例如，具有协调型运营模式的公司）可能会为数据、集成、基础设施和安全领域雇用领域架构师，以及为其主要业务部门雇用一些业务领域架构师。领域架构师可以被授予对整个组织的领域中的战略规划和技术优化流程的权限，而业务领域架构师可以对其业务部门的战略规划流程进行控制，但仅在没有专门的组织范围的领域架构师的业务和应用领域中。这种方法有助于集中组织所需的大多数企业架构域的全局整合和优化，但仍允许不同业务部门的业务支持企业架构域（见图 2.3）具有一定的局部灵活性。

分散式中型组织（例如，具有多样型运营模式的公司）可能会为其主要业务部门雇用业务领域架构师，以及为基础设施和安全领域雇用一些领域架构师。领域架构师可以被授予对整个组织的域中的技术优化流程的控制权，而业务领域架构师可以被授权对其业务部门的战略规划和技术优化流程进行控制，但具有专门的组织范围域架构师的基础设施和安全域除外。这种方法有助于分散组织所需的不同业务单元的显著本地灵活性，但仍允许对支持企业架构域的业务进行一些全局整合和优化（见图 2.3）。

最后，非常分散的中型组织（例如，具有多样型运营模式的组织）或控股公司控制完全独立的子公司，可以只雇用业务领域架构师，并授予他们对其业务部门的战略规划和技术优化流程的完全权限。这种方法有助于非常分散的组织保留其所需的不同业务部门的总体决策自主性和局部灵活性，但不允许其对技术景观进行任何全局整合和优化。图 17.3 说明了架构职能的结构与样本架构职位和结构的分散程度的相关性（省略了解决方案架构师）。

图 17.3 中所示的架构职能的连续性表明，架构职能结构对总体上的分散程度，特别是对优选的运营模式有很大的依赖。重要的是，图 17.3 中提供的架构职位和结构样本远远不够严格和详尽。这些示例仅用于说明适合在集中式和分散式组织中组织架构职能的一些可能选项。

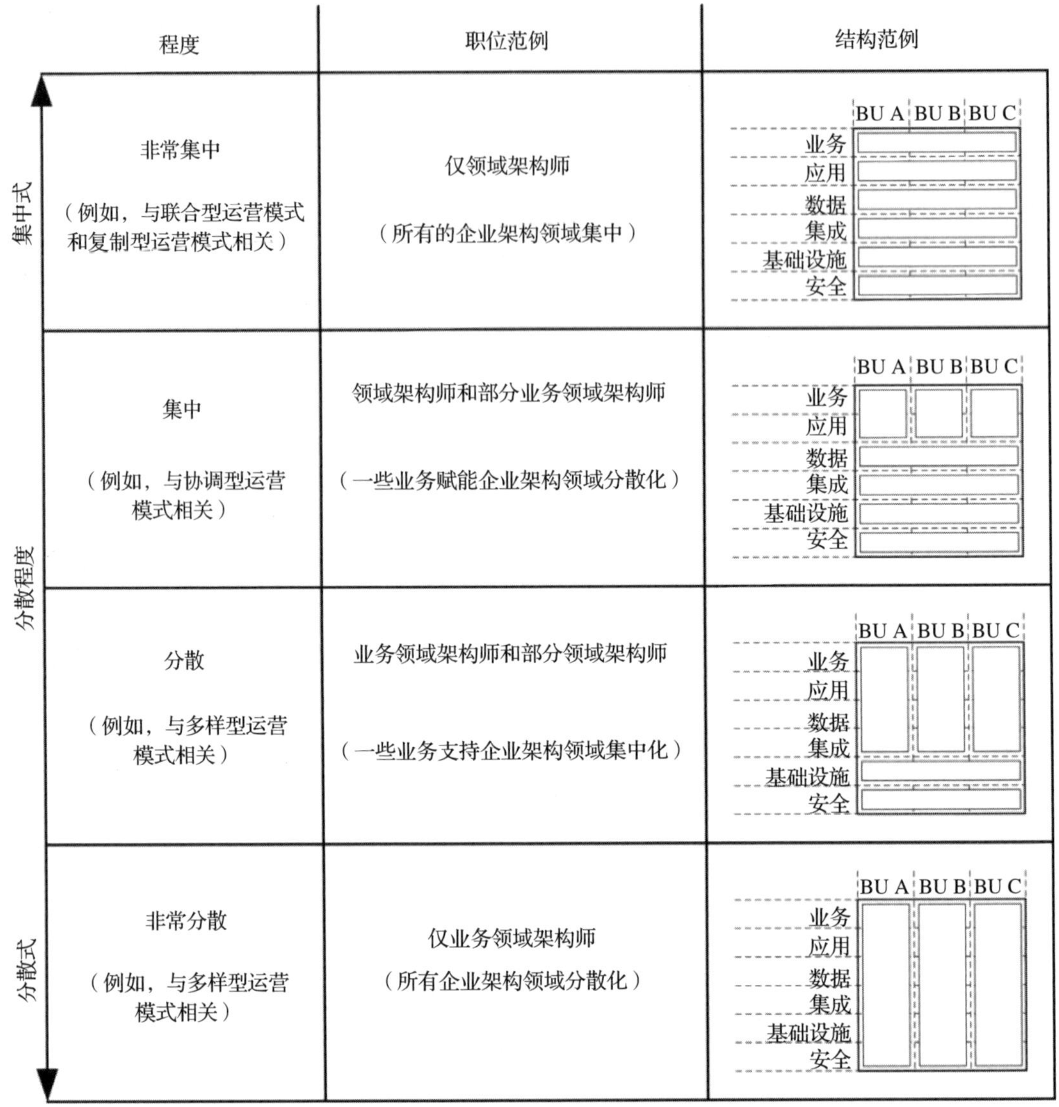

程度	职位范例	结构范例
非常集中 （例如，与联合型运营模式和复制型运营模式相关）	仅领域架构师 （所有的企业架构领域集中）	BU A　BU B　BU C 业务 应用 数据 集成 基础设施 安全
集中 （例如，与协调型运营模式相关）	领域架构师和部分业务领域架构师 （一些业务赋能企业架构领域分散化）	BU A　BU B　BU C 业务 应用 数据 集成 基础设施 安全
分散 （例如，与多样型运营模式相关）	业务领域架构师和部分领域架构师 （一些业务支持企业架构领域集中化）	BU A　BU B　BU C 业务 应用 数据 集成 基础设施 安全
非常分散 （例如，与多样型运营模式相关）	仅业务领域架构师 （所有企业架构领域分散化）	BU A　BU B　BU C 业务 应用 数据 集成 基础设施 安全

（Y 轴：分散程度，由上至下由集中式到分散式）

图 17.3　结构对分散程度的依赖

17.2.3　特别复杂的组织中的架构职能

上述结构模式说明了架构职能的结构对组织规模（见图 17.2）及其分散程度（见图 17.3）的依赖。然而，它们仅代表行业中常见的最普遍的规律。尽管这些模式有助于确定架构职能的大致结构，该结构可能适合具有特定规模的 IT 部门和业务结构的"一般"组织，但它们并没有定义架构职能的所有可能设计选项。简单地说，这些模式可以说充分覆盖了绝大多数组织，但肯定未囊括所有具有独特需求的组织。

至少有两个不同的主题可以处理相当不寻常的情况，值得据此就架构职能的结构进行特别讨论。这两个主题主要与复杂的组织相关。首先，一些大公司由多个独立的业务部门组成，每个部门都有自己的内部业务结构。例如，一个组织可以在公司采用多样型经营模式，向其三个战略业务部门授予充分的决策自主权，而这些部门又可以分别实施协调型、复制型和联合型模式[7]。这样的公司可能需要多个不同的、松散相关的架构师团队分配给各自的业务部门，这些团队中的每一个都需要以特定于部门的方式调整规模和结构。

其次，一些公司分布在多个地理位置（例如，不同的城市、地区、国家甚至大洲）上，其架构职能可能需要相应地分布。然而，架构师实际上需要每天与其他架构师进行密切沟通，以交换意见、讨论和协调各种规划决策，如前所述，直接面对面对话是组织中最有效和最可取的沟通形式。因此，在多个物理地点上拆分架构团队的决定可能会降低独立架构师之间的沟通质量，因此，不应轻易做出决定，只有在极度分散的情况下才有理由这样做。架构团队不同成员之间的错误、薄弱或不充分的沟通可能会破坏整体架构的一致性，并导致技术选择、投资优先级和解决方案评估方法之间的巨大差异，给组织带来不利后果。

毫不奇怪，即使是跨国公司，也经常选择在其公司总部接待构成其架构团队核心的所有企业、领域和业务领域架构师，尽管这些团队的个别成员专注于服务不同的地理分区[8]。在这些情况下，架构师会组织与本地业务高管的视频会议，并定期亲自拜访他们（地区业务高管也会拜访中央总部）。然而，在某些情况下，在不同的区域办事处实际分配高级架构师可能对实现有效的规划是有益或必要的。只有普通的解决方案架构师才能相对安全地分散到多个开发地点，特别是如果 IT 交付职能永久位于海外或长期外包给合作伙伴组织。通常，解决方案架构师可以被临时派往区域办事处，以协调、控制和监督在这些办事处启动的特定 IT 项目的实施。通常，架构职能在地理上的分散程度低于其服务的组织，并且往往更集中于其中心办公室，但解决方案架构师仍然可以很容易地分散开去[9]。

这些主题可以通过一个假设的例子来说明，一家大型、复杂和多元化的跨国公司有三个不同的地理分布的部门 A、B 和 C。这些部门位于不同的国家，每个部门都有自己的业务结构和运营模式。A 部门位于 X 国。它有两个子单元 A.1 和 A.2，分别位于城市 X.1 和 X.2，并实施协调型运营模式。城市 X.1 是控制整个公司的全球公司总部所在地。B 部门位于 Y 国。它有两个位于城市的子单元 B.1 和 B.2，分别位于城市 Y.1 和 Y.2，并实施多样型模式。Y.1 市是 Y 国的区域总部所在地。C 部门位于 Z 国。它有两个子单元 C.1 和 C.2，分别位于城市 Z.1 和 Z.2，并实施联合型模式。城市 Z.2 是 Z 国的地区总部所在地。

在这种情况下，服务于 A 部门两个子单元的所有架构师都可能位于 X.1 城市的全球总部。此外，为了更好地协调一致，B 部门的所有规划也可以从总部完成，但 B.1 单元除外，因为那里需要架构师和当地业务高管之间的密切联系。然而，C 部门可能在运营上完全独立于组织的其他部门，并在其位于城市 Z.2 的区域总部雇用自己的架构团队并服务于其两个子单元。图 17.4 显示了公司架构职能的可能结构及其分区和子单元、不同的地理位置、不同的企业架构领域和适当的架构职位，并指明了相应的架构师所在的职位（为了演示，只包括领域架构师和业务领域架构师，而省略了解决方案架构师、企业架构师和架构经理）。

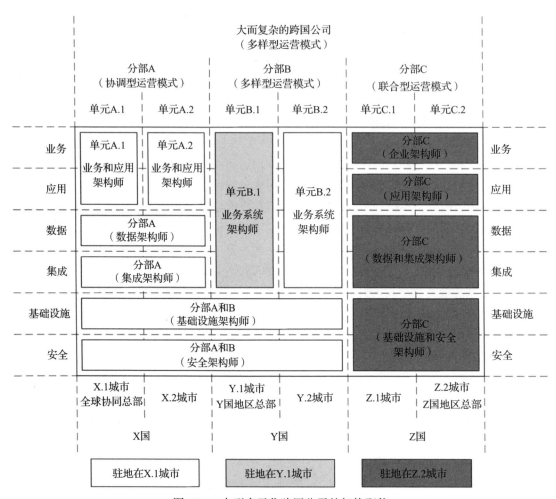

图 17.4　大型多元化跨国公司的架构职能

17.3　架构职能的治理机制

除了具有特定的架构职位（见图 16.2），架构职能通常还实现正式的架构治理机制[10]。为此，它们托管了一组实现特殊治理程序的架构治理机构。这些治理机构是决策委员会，由架构师和其他负责重大企业架构相关规划决策的业务和 IT 代表组成。

17.3.1　治理委员会和程序的作用

架构职能中的治理委员会是负责执行必要治理程序的决策者的正式委员会。他们包括架构师和其他相关业务和 IT 利益相关者团体的主要代表。组织中架构治理委员会的主要职责包括以下活动：

- 定期召开会议。
- 组织有关企业架构相关问题的讨论。
- 邀请所有重要的利益相关者进行具体讨论。
- 确保不同利益相关者群体之间的充分参与。
- 以集体方式制定和批准与企业架构相关的关键决策。
- 正式评估并正式批准决策企业架构工件（见表 2.1）。

架构治理委员会的批准代表了决策企业架构工件总体批准流程中的最终和最正式的步骤或里程碑（见图 2.7）。重要的是，在向治理委员会提交任何与企业架构相关的决策以供其正式批准之前，这些决策应该已经与其关键利益相关者进行了讨论和非正式协商。与企业架构相关的重大决策对于治理委员会的参与者来说不应该是闻所未闻的和令人惊讶的。此外，所有决策企业架构工件也应该由其他架构师（通常由更高级的架构师）进行同行评审，以确保其充分性和质量。从这个角度来看，架构治理的大部分通常是在治理委员会参与之前的同行评审级别非正式完成的。治理委员会的作用不是为讨论或争议提供一个论坛，而是确保所有相关利益相关者充分了解所有与企业架构相关的重要决策，不反对这些决策并准备好采取行动。理想情况下，架构治理委员会仅通过正式授权其直接利益相关者先前初步批准的最终决策企业架构工件来最终确定决策流程。

如前所述，所有新的决策企业架构工件通常从与关键利益相关者的非正式初步讨论开始。后来，在迭代细化和进一步澄清的过程中，这些工件成熟、完成并得到其直接利益相关者的非正式批准。只有这样，他们才能接受正式的治理程序，即在治理委员会会议上提交，以获得正式批准和授权。例如，通常在向相关治理委员会提交新标准时，架构师和主题专家应已就新标准达成一致，更新的愿景应已获得业务高管的批准，而新 IT 项目的设计应已与项目团队达成一致。与架构师和利益相关者之间的非正式交谈（甚至可以在喝咖啡的时候进行）不同，治理委员会会议通常遵循严格的协议。这些会议可能会被记录下来，秘书可以记录会议的书面笔记或会议记录（Minutes of Meeting，MoM），以记录会议的日期、所有参与者的姓名、计划的议程项目以及相关的企业架构工件，最重要的是参与者做出的关于其后续批准的决定，尽管治理程序的形式可能会因组织的具体情况而有很大的不同，如第 18 章所述。架构治理委员会在决策企业架构工件开发中的作用如图 17.5 所示。

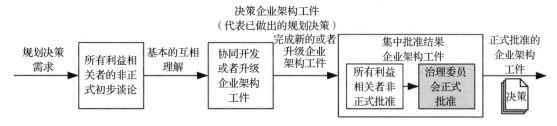

图 17.5　治理委员会在决策企业架构工件开发中的作用

大多数新的和实质性更新的决策型企业架构工件（即经营考量、业务愿景、概要设计、详细设计、大多数技术标准和一些技术景观）都经过必要的治理程序，并在其生效之前获得架构治理委员会的正式批准[11]。只有事实型企业架构工件（即大多数技术景观和一些技术标准）——仅旨在记录当前状态，并不意味着任何新的决策（见表 2.1）——不需要治理委员会的批准。为了确保对决策企业架构工件和各自的规划决策进行全面检查和彻底审查，架构治理委员会通常包括一个广泛的不同利益相关者的圈子，这通常比特定企业架构工件的直接利益相关者的圈子要广得多。重要的是，由于架构师没有管理权，因此在大多数治理程序中，他们只能充当顾问，而不是拥有最终决定权的主要决策者，例如，他们不能代表真正的管理者授权或拒绝任何投资或项目启动决策。

17.3.2　四种类型的治理委员会和程序

架构职能中的不同治理委员会实施不同的治理程序，以解决特定类型的企业架构相关问题和决策。根据他们的关注点，这些治理委员会可能会讨论不同的决策企业架构工件，以不同的周期举行会议，并邀请不同的利益相关者（除了架构师）。通常，架构职能中的所有治理委员会都可以根据其主要关注点按照两个正交维度进行分类。

首先，所有治理委员会可分为业务委员会和 IT 委员会。一方面，业务委员会专注于对组织业务有直接影响的问题和决策，并批准所有以业务为中心的企业架构工件，即经营考量、业务愿景和概要设计（见图 8.1）。除了架构师之外，这些委员会通常包括众多业务利益相关者，只有最高级的 IT 利益相关者。另一方面，IT 委员会专注于对组织业务几乎没有直接影响或没有直接影响的技术问题和决策，并批准所有必要的以 IT 为中心的企业架构工件，即概要设计、大多数技术标准和一些技术景观。除了架构师之外，这些委员会通常还包括许多 IT 利益相关者，包括经理和技术主题专家。

其次，所有治理委员会可分为战略委员会和战术委员会。一方面，战略委员会关注具有重大长期影响的具有战略重要性的问题和决策。这些委员会批准所有必要的规则和结构企业架构工件，即经营考量、业务愿景、大多数技术标准和一些技术景观（见图 8.1）。他们通常不太经常开会，但会包括更多的高级业务和 IT 利益相关者。另一方面，战术委员会专注于具有战术重要性的问题和决策，这些问题和决策只具有相对短期的影响。这些委员会批准所有变更企业架构工件，即概要设计和详细设计。他们通常会更频繁地会面，不太资深的业务和 IT 利益相关者也会参与。

上述两个正交维度的交集产生了四种不同类型的架构治理委员会。具体来说，战略业务委员会可以统称为战略委员会，因为这些委员会关注与企业架构相关的问题和与组织的业务战略直接相关的决策。战略 IT 委员会可以统称为技术委员会，因为这些委员会专注于与企业架构相关的问题和与组织的技术组合和技术景观直接相关的决策。战术业务委员会可以统称为投资委员会，因为这些委员会专注于与特定 IT 投资的业务价值相关的企业架构相关问题和决策。最后，战术 IT 委员会可以统称为设计委员会，因为这些委员会专注于与具体

IT 项目的技术设计相关的企业架构相关问题和决策。然而，这四种类型的治理委员会在不同的公司中通常具有特殊的组织特定名称。以上提供的架构治理委员会的标题以及本书中进一步使用的标题代表了传达这些委员会实际含义的最具描述性的标题，无论其在组织中的各种正式名称是什么。

　　战略委员会（可称为战略架构论坛、企业架构委员会、架构治理委员会、IT 指导委员会、执行官论坛等）讨论对整个组织的业务具有直接战略重要性的与企业架构相关的决策。这些委员会通常包括高级架构师、多个高级业务利益相关者和一些最高级的 IT 利益相关者。特别是，邀请的架构师可能包括企业架构师、业务领域架构师和业务赋能领域架构师（见图 16.1），邀请的业务利益相关者可能包括首席执行官、其他首席级高管和主要业务部门负责人，而邀请的 IT 利益相关者则可能包括首席信息官和其他高级 IT 经理。战略委员会实施战略治理，作为战略治理的一部分，他们讨论并授权经营考量和业务愿景中的所有重大变化。例如，这些委员会通常赞成引入新的原则和方向声明，对既定政策进行重大修改，重新调整业务能力模型的重点，并对目标状态进行变更。战略委员会通常每月召开一次会议，或根据需要召开会议。

　　技术委员会（可称为技术架构论坛、架构指导委员会、IT 架构委员会、IT 战略委员会、领域架构委员会等）讨论对整个组织 IT 环境具有直接战略重要性的企业架构相关决策。这些委员会通常包括高级架构师和多个高级 IT 利益相关者。具体而言，邀请的架构师可能包括企业架构师、业务领域架构师和领域架构师，而邀请的 IT 利益相关者可能包括首席信息官、其他高级 IT 经理和主题专家。技术委员会履行技术治理，这意味着讨论并授权对大多数技术标准和某些业务景观进行实质性修改。例如，这些委员会通常支持在技术参考模型中识别新兴和不受支持的技术、引入新模式、在企业系统组合中选择战略性和传统 IT 系统以及重新安排 IT 路线图。同时，狭义指南和逻辑数据模型的常规改进，以及景观图和清单中当前状态描述的定期更新，无论其重要性如何，通常都不需要批准。技术委员会通常每月召开一次会议，或根据需要召开会议。

　　投资委员会（可称为投资论坛、项目投资委员会、融资委员会、创新论坛、投资组合委员会等）讨论与企业架构相关的关于批准具体拟议 IT 投资的决定。本质上，投资委员会是启动或拒绝实施特定 IT 计划的关键决策者。这些委员会通常包括架构师、高级业务利益相关者和一些高级 IT 利益相关者。也就是说，邀请的架构师可能包括企业架构师、相关业务领域架构师和领域架构师以及一些解决方案架构师，邀请的业务利益相关者可能包括首席执行官、首席财务官、拟议 IT 计划的执行业务发起人和其他高级业务经理，而邀请的 IT 利益相关者则可能包括 CIO 和其他高级 IT 经理。投资委员会执行投资治理，作为其讨论和批准拟定 IT 计划的所有概要设计和商业案例的一部分，即就特定 IT 投资做出投资决策。例如，这些委员会通常会将计划提案和解决方案概述与其商业案例一起研究，并决定相应的 IT 计划是否值得实施、进一步阐述或修改。他们还确保拟议的 IT 计划与经营考量、业务愿景、主要技术标准和技术景观基本一致。除此之外，投资委员会或其许多个人成员可能会参与投资组合管理流程并制定工作计划（见图 7.4）。投资委员会通常每月或每两周召开一次会议。

设计委员会（可以被称为设计机构、企业架构机构、架构审查委员会、架构审查小组、架构审查会议、技术架构审查论坛、技术审查委员会、技术设计委员会等）讨论有关具体 IT 项目实施的企业架构相关决策。这些委员会通常包括架构师、一些业务代表和多个 IT 利益相关者。具体而言，邀请的架构师可能包括一些企业架构师、业务领域架构师或领域架构师、解决方案架构师，在某些情况下甚至包括专门从事相关技术的外部供应商架构师，邀请的业务利益相关者可能包括 IT 项目的直接业务所有者或代表其行事的业务分析师，而受邀的 IT 利益相关者可能包括项目经理、主题专家以及高级 IT 运营和支持专家。设计委员会实施项目治理，这意味着讨论和批准所有拟定 IT 项目的设计。例如，这些委员会经常仔细审查初步解决方案设计和解决方案设计，然后从技术角度决定拟议的项目实施计划是否合适。特别是，他们确保所有新的 IT 项目都基于标准推荐的技术、方法和最佳实践，并适当地适应技术景观中描述的现有 IT 环境。他们还确保将技术优化流程中产生的所有相关技术合理化建议（例如复用或停用特定 IT 资产，见图 6.1）纳入新 IT 项目的设计中。根据活跃的 IT 项目的数量，设计委员会通常每两周一次、每周一次或更频繁地召开会议。上述四种主要类型的架构治理委员会如图 17.6 所示。

	战略委员会	战术委员会	
业务委员会	**战略委员会**（全面的战略治理） **决策**：整个组织的业务的战略性重要决策 **参与者**：资深架构师，多位资深业务利益相关者和一些最资深的IT利益相关者 **批准**：经营考量和业务愿景的所有重大变化 **会议**：每月或者在有必要时	**投资委员会**（全面的投资治理） **决策**：关于批准特定拟议IT投资的决策 **参与者**：架构师，资深业务利益相关者和一些资深IT利益相关者 **批准**：所有的概要设计和拟议IT计划的商业案例 **会议**：每月或者双周	**决策**：对组织的业务有直接影响的决策 **参与者**：架构师，大量的业务利益相关者和仅最资深的IT利益相关者
IT委员会	**技术委员会**（全面的技术治理） **决策**：整个公司技术景观的战略性重要的决策 **参与者**：资深架构师，多位资深IT利益相关者 **批准**：大部分的技术标准和一些技术景观的大量变化 **会议**：每月或者在有必要时	**设计委员会**（全面的项目治理） **决策**：依照具体IT项目的重要性的决策 **参与者**：架构师，一些业务代表和很多IT利益相关者 **批准**：所有提交的IT项目的详细设计 **会议**：每双周、每周或者更频繁	**决策**：对组织的业务没有直接影响的技术性决策 **参与者**：架构师，一些IT利益相关者包括经理和主题相关专家
	决策：具有重大长期后果的战略性重要决策 **参与者**：大量资深利益相关者 **会议**：不经常	**决策**：只有短期影响的具有战术重要性的决策 **参与者**：少量资深利益相关者 **会议**：经常	

图 17.6 四种主要类型的架构治理委员会

除了图 17.6 所示的四种主要类型的治理委员会之外，架构职能部门还可以组织专门的讨论论坛，以促进架构师之间的沟通和知识共享。这些论坛为所有感兴趣的架构师提供了一个机会，让他们讨论有前途的技术趋势，传播创新想法，并分享有趣的企业架构相关想法和观点。与上述四种类型的架构治理委员会不同，讨论论坛算是非正式机构。通常，他们没有正式的决策责任，也没有管理权限。

17.3.3　豁免和升级程序

有时，为新的 IT 计划制定的概要设计和详细设计不完全符合经营考量、技术标准、业务愿景和技术景观的建议。例如，拟议的概要设计可能与一些经营考量不一致，或偏离业务愿景中反映的批准的战略方向，而拟议的详细设计可能会重复使用技术景观中标记为不可取的一些 IT 资产，或偏离标准规定的技术实施方法。在这些情况下，概要设计投资委员会和详细设计设计委员会必须考虑这些计划的业务重要性及其偏差的重要性，决定是否批准或拒绝相应的 IT 计划。如果合理重要的 IT 计划的概要设计或详细设计的偏差被认为是微不足道的，并且有充分的基本理由，那么相应的治理委员会可以对这些计划给予豁免，即尽管与既定规则和计划有一些偏差，但仍批准其实施。对 IT 计划的豁免可能意味着有正式义务在未来某个时候做某些工作，以最大限度地减少这些偏差的不利影响，例如，允许现在基于不推荐的技术实施所要求的 IT 解决方案，并有书面义务在下一年将解决方案迁移到战略技术。对 IT 计划的所有豁免及其原因通常都会记录下来，以便在实施后对其长期后果进行分析，并促进组织学习。在成熟的企业架构实践中，架构债务的概念通常用于估计偏差的大小，告知豁免决定，并在特殊寄存器中记录"赎回"债务所需的纠正措施，如第 18 章所述。批准和豁免程序的严格程度在很大程度上取决于所需的架构灵活性水平，这也将在第 18 章稍后进行解释。

然而，如果业务关键型 IT 计划的概要设计或详细设计的偏差被认为是重大的，并且可能对整个组织产生重大而深远的影响，那么关于相应计划的决策可能需要升级到更高级别，以上报给更权威的治理委员会供其考虑。在这种情况下，更高级别的治理委员会可以决定拒绝拟议的概要设计或详细设计，认为其完全不适合一个组织，尽管这些概要设计或详细设计存在重大偏差，但仍然给予豁免，甚至可以根据新的情况审查和修改现有的经营考量、技术标准、业务愿景和技术景观。例如，更高级别的治理委员会可以决定重新调整既定原则，改变现有的实施指南，重新组织商定的路线图，或重新考虑清单中特定 IT 资产的长期价值。与豁免决定类似，升级决定也可能由潜在架构债务的数量决定。

例如，如果新 IT 项目的拟议概要设计需要购买、引入和后续技术支持技术参考模型中缺失的新技术或供应商产品，偏离既定的 IT 原则或与批准的 IT 路线图相冲突，那么关于这些概要设计的决定可能需要从设计委员会升级到更权威的技术委员会。与设计委员会不同，技术委员会被授权做出全组织的战略技术相关决策，因此，可以权威地批准或拒绝拟议的概要设计，甚至修订和修改各自的技术标准和技术景观。从本质上讲，对整个技术景观具有重大计划外影响的 IT 项目的所有决策都是由设计委员会委托给技术委员会的。

如果新 IT 项目的拟议概要设计无法根据商定的概念数据模型获取所有必要的业务数据，或者在某些方面偏离了预期的长期目标状态，那么可能需要将有关这些概要设计的决策从设计委员会升级到更具权威性的投资委员会。与设计委员会不同，投资委员会被授权做出 IT 投资决策，因此，可能会权威性地重新考虑实施相应 IT 计划的必要性，甚至要求完全重新制定概要设计和商业案例，以从头开始重新评估这些计划的业务价值。对业务价值具有重大计划外影响的 IT 项目的所有决策都由设计委员会委托给投资委员会。

如果新 IT 计划的拟议概要设计不符合关键政策，偏离批准的指导声明，或者没有提升任何在业务能力模型中被标记为战略或重要的业务能力，那么关于这些概要设计的决策可能需要从投资委员会升级到更具权威性的战略委员会。与投资委员会不同，战略委员会被授权做出全组织的战略业务决策，因此，可以权威地批准或拒绝相应的 IT 计划，甚至重新审视和修改各自的经营考量和业务愿景。基本上，对整个组织有重大计划外影响的 IT 计划的所有决策都由投资委员会委托给战略委员会。

同样，对整个组织的业务战略具有重大计划外影响的技术委员会的所有决策都被委托给战略委员会。例如，如果从技术角度来看，关于最佳技术组合的决策与分析报告的建议相冲突，或者从技术角度来说，关于特定 IT 资产复用的决策与价值链上的热图业务活动相冲突，那么这些决策可能需要从技术委员会升级到更权威的战略委员会。与技术委员会不同，战略委员会被授权做出与技术相关的战略业务决策，因此，可能会权威性地影响整个技术景观的战略演变，甚至根据实际的 IT 能力重新调整当前的业务战略。上述不同的架构治理委员会之间的上报程序如图 17.7 所示。

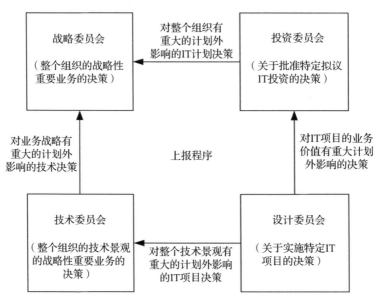

图 17.7 架构治理委员会之间的上报程序

一般来说，架构治理委员会关于批准新的或更新的决策企业架构工件的所有可能的决议可以总结为四个主要类别：认可、拒绝、豁免和升级。背书决定代表对企业架构工件的无条件批准，并证明其与先前背书的其他工件中反映的相关更高级别计划的总体一致性，例如新设计完全符合既定标准。拒绝决定代表对企业架构工件的不认可，因为它与更高级别的计划有很大的不一致，例如新大纲与商定的考虑因素或愿景的根本偏差。豁免决定代表对企业架构工件的批准，尽管它与更高级别的计划不一致，有时有义务在未来采取某些纠正措施（有义务的豁免通常被称为有条件背书）或登记相应的架构债务。最后，升级决策表示治理委员会无法解决新企业架构工件和现有更高级别计划之间的矛盾，随后将各自的决策委托给更权威的治理委员会进行审议，如图 17.7 所示。这四类可能的治理解决方案可以方便地表示为二维分类法，指示决策的最可能解决方案企业架构工件具有不同程度的潜在业务影响和与已建立的更高级别计划的不同程度的偏差。架构治理委员会关于决策企业架构工件的可能决议的分类如图 17.8 所示。

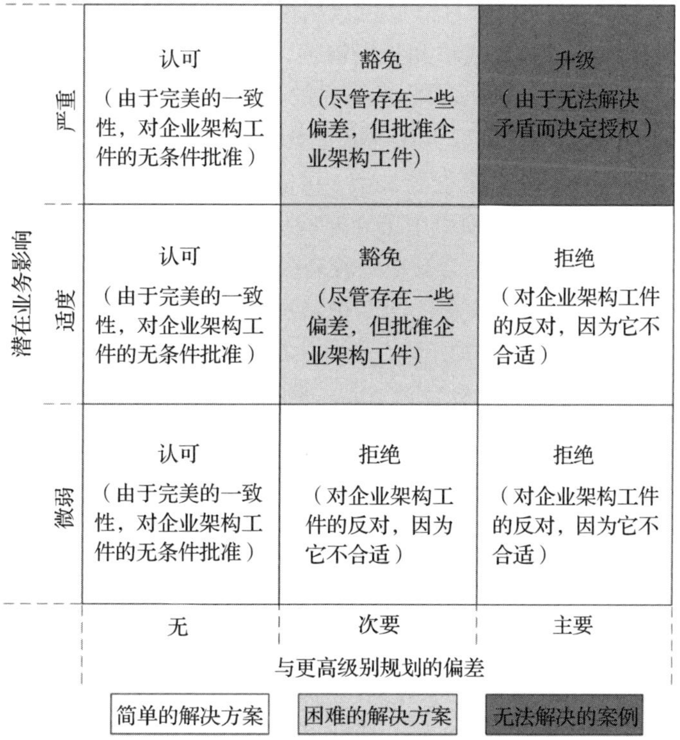

	无	次要	主要
严重	认可 （由于完美的一致性，对企业架构工件的无条件批准）	豁免 （尽管存在一些偏差，但批准企业架构工件）	升级 （由于无法解决矛盾而决定授权）
适度	认可 （由于完美的一致性，对企业架构工件的无条件批准）	豁免 （尽管存在一些偏差，但批准企业架构工件）	拒绝 （对企业架构工件的反对，因为它不合适）
微弱	认可 （由于完美的一致性，对企业架构工件的无条件批准）	拒绝 （对企业架构工件的反对，因为它不合适）	拒绝 （对企业架构工件的反对，因为它不合适）

潜在业务影响

与更高级别规划的偏差

简单的解决方案　　困难的解决方案　　无法解决的案例

图 17.8　架构治理委员会可能决议的分类

出于分析目的，架构治理委员会可能会收集一些关于其决策的统计信息。例如，设计委员会可以记录特定时间段（例如去年）内提交审批的设计总数，以及这些设计中被认可、拒绝、获得豁免认可或升级的百分比。

17.3.4 治理委员会的结构

虽然架构职能的结构在很大程度上取决于组织的规模和复杂性（见图 17.2），但简单地说，架构治理机构的结构与架构职能本身的结构紧密一致。因此，不同规模的公司可以有不同数量的治理委员会来履行各种治理程序和相关的决策责任。然而，无论一个组织中的架构治理委员会的结构和数量如何，都应该履行所有四种主要类型的治理委员会的决策职责（见图 17.6）。换句话说，从组织的角度来看，这四种类型的治理程序可以以不同的方式实施，但是这四种类型都应该实现。

例如，在小型组织中，所有四种类型的治理程序以及相关的决策责任都可以由一个架构委员会来完成。该委员会可能由最资深的企业架构师担任主席，并根据讨论的实际问题邀请不同的参与者。例如，对于所有与战略相关的讨论，委员会可能会让首席执行官和其他高管参与，而对于所有以项目为中心的会议，委员会可能邀请项目经理、解决方案架构师和相关主题专家。

在中型组织中，四种类型的治理程序可以由两个不同的委员会来完成：业务委员会和 IT 委员会。业务委员会可以执行战略和投资治理，而 IT 委员会可以执行技术和项目治理。这种双委员会模式可以说代表了许多公司中常见的最流行的架构治理机制结构。业务委员会（如 IT 指导委员会）可由首席信息官担任主席，负责制定与 IT 相关的整体组织战略并批准所有 IT 投资。IT 委员会（如架构审查委员会）可能由架构经理担任主席，负责定义组织范围的技术标准，并确保在所有 IT 项目中遵守这些标准。在此配置中，所有具有重大业务影响的决策都会从较低级别的 IT 委员会升级到较高级别的业务委员会。

在大型组织中，具有相关决策责任的四种治理程序可以由四个具有不同专业化的独立委员会来完成，如图 17.6 和图 17.7 所示。最后，在非常大且高度分散的公司中，每种类型的治理程序都可能由多个不同的委员会来完成。例如，战略和投资治理可以由几个不同的委员会实施，这些委员会与主要业务部门（如业务线、业务职能或部门）保持一致，并由各自的业务领域架构师担任主席，而技术和项目治理可以由几个不同的委员会来实施，这些委员会与核心技术企业架构领域（例如，应用程序和基础设施，见图 2.3）保持一致，并由相应的领域架构师担任主席。

此外，除了与特定业务领域或领域保持一致的地方委员会外，非常大的组织还可能有由企业架构师主持的全球战略和技术委员会，负责做出各自的组织范围决策，并为所有地方委员会提供升级点。对于大型 IT 计划（例如，多年转型计划），可以成立由指定的首席解决方案架构师或计划架构师（例如，计划设计机构）担任主席的临时计划特定治理委员会，以指导作为这些计划的一部分交付的所有 IT 项目，实施项目治理，审查和批准其所有设计。在一些公司，所有超过一定金额的 IT 投资都会自动上报，由当地投资委员会直接批准给执行委员会，甚至董事会[12]。不同组织中架构治理委员会的样本结构如图 17.9 所示。

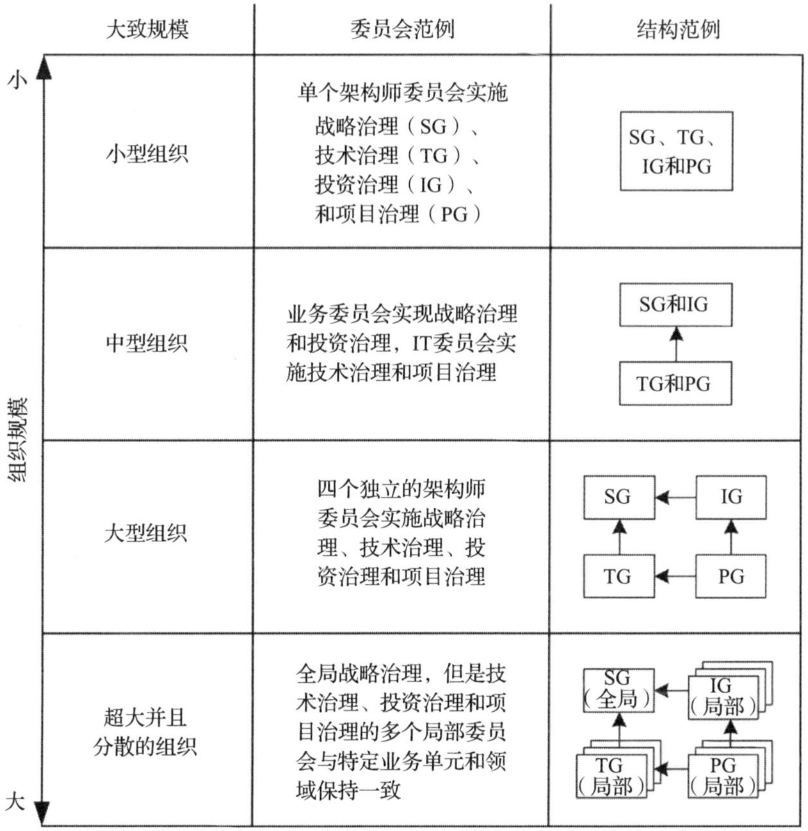

大致规模	委员会范例	结构范例
小型组织	单个架构师委员会实施战略治理（SG）、技术治理（TG）、投资治理（IG）、和项目治理（PG）	SG、TG、IG和PG
中型组织	业务委员会实现战略治理和投资治理，IT委员会实施技术治理和项目治理	SG和IG ← TG和PG
大型组织	四个独立的架构师委员会实施战略治理、技术治理、投资治理和项目治理	SG ← IG，TG ← PG
超大并且分散的组织	全局战略治理，但是技术治理、投资治理和项目治理的多个局部委员会与特定业务单元和领域保持一致	SG（全局）← IG（局部），TG（局部）← PG（局部）

组织规模：小—大

图 17.9　不同组织中架构治理委员会的样本结构

　　尽管在组织上，四种类型的治理程序及其相关责任可以由一个或两个以上的通用架构委员会来实施，邀请不同的利益相关者进行不同类型的讨论（见图 17.9），但治理委员会的明确划分可能有利于企业架构实践。特别是，不同治理委员会之间决策责任的直接分离有助于为具体会议制定更明确的议程，最大限度地减少与议程的偏离，将讨论重点放在相关问题上，并更好地构建总体企业架构实践。建立专门的治理委员会来讨论不同的问题，可以清楚地将整个组织的讨论与倡议级别的讨论以及纯粹的技术会议与业务相关的会议分开。

17.4　本章总结

　　本章讨论了架构职能在组织中的一般作用、其结构对组织规模、分散程度等因素的依赖性、架构治理机制和不同类型的治理机构的作用，以及相应的豁免和升级程序。本章的关键信息可概括为以下基本要点：

- 架构职能是一种专门的支持组织职能，通常作为 IT 部门的一个独立子单元，直接向

CIO 报告，负责企业架构实践和信息系统规划，容纳所有架构师，并为 IT 部门的业务高管提供"前门"。

- 架构职能的主要职责包括实现不同架构师之间的知识交流，与其他组织职能建立有效的沟通，实现与 IT 相关规划决策的所有利益相关者的充分参与，然后确保符合相应企业架构工件中记录的规划决策。
- 架构职能的大小和复杂性与组织的大小成正比，架构职能可以从简单的单架构师职能到拥有数百名架构师的非常复杂的多级职能。
- 更集中的组织倾向于采用更多的领域架构师来促进所有业务单元中特定企业架构域的全局优化和整合，更分散的组织倾向于采用更多的业务领域架构师来促进独立业务单元的局部灵活性和响应性，而特别复杂的公司可能需要独特的解决方案。
- 架构治理机构是一个正式的委员会，涉及架构师、其他业务部门和 IT 决策者，并实施必要的治理程序，即组织定期会议，批准关键的企业架构相关的规划决策，并认可相应的决策。
- 所有治理委员会可分为战略委员会（最权威的委员会、战略治理）、技术委员会（技术治理）、投资委员会（投资治理）和设计委员会（最不权威的委员会、项目治理）。
- 如果特定的规划决策偏离了已建立的架构规则和计划，那么这些决策可以根据其重要性和影响，获得豁免，或者升级到更权威的治理委员会供其考虑。
- 架构治理委员会的结构本质上反映了架构职能的结构，可以从一个实施所有治理程序的单一委员会，到面向不同业务领域和企业架构领域的多个全局和局部委员会。

17.5 注释

1 这一观点基于从所研究组织中收集的数据，并与 McKinsey、Infosys 和其他 EA 调查的早期发现一致，这些调查表明，架构职能通常向 CIO 或类似角色报告，例如 CTO、IT 总监或副总裁（Aziz 和 Obitz，2005；Aziz 和 Obitz，2007；Carr 和 Else，2018；Manwani 和 Bossert，2016；Obitz 和 Babu，2009）。Carr 和 Else（2018，第 13 页）得出结论："EA 职能仍被强烈视为一门 IT 学科，超过 75% 的受访者向 IT 领导岗位汇报工作。"关于 CIO 的隶属关系，Society for Information Management（SIM）2005 ～ 2019 年的调查一致表明，向 CEO 汇报工作的首席信息官比例为 31% ～ 50%，平均约为 44%；向 CFO 汇报工作的首席信息官比例为 22% ～ 32%，平均约为 27%；向 COO 汇报工作的首席信息官比例为 11% ～ 22%，平均约为 16%；而其余的 CIO 则向其他高级官员汇报工作（Kappelman et al，2014；Kappelman 等人，2020）。此外，从 SIM 多年来的调查来看，CIO 的报告结构并没有明显的变化趋势。Jeffery 和 Leliveld（2004，第 42 页）对大型企业 CIO 的早期调查也得出了类似的结论：50% 以上的受访者直接向 CIO 汇报工作，其次是 CFO（31%）和 COO（22%）。

2 这一数字基于从所研究组织中收集的统计数据，与 McKinsey 和 Infosys EA 全球调查的早期统计结果高度相关（Aziz 和 Obitz，2005；Manwani 和 Bossert，2016；Obitz 和 Babu，2009）。同样，Gartner 认为"EA 团队的规模应占 IT 人员的 2% ～ 4%"（Short 和 Burke，2010，第 1 页）。Niemann（2006，第 181 页）报告提及，"架构领域平均约占 IT 领域人力资源总容量的 3.4%"。

3　从 EA 实践的角度来看，衡量一个组织规模的最准确方法是其 IT 员工的有效全职人数，包括所有长期员工、临时承包商和相关第三方。与此同时，通常用于估算组织规模的其他常用指标（如员工总数、总资产或总收入）与企业技术景观规模的相关性可能很弱，因此通常会误导与 EA 相关的目的。平均 IT 支出占总收入的百分比从制造业、零售业和能源行业的不足 2.5% 到金融、咨询和教育行业的超过 7.5%（Kappelman 等人，2018；Kappelman 等人，2017；Kappelman 等人，2020；Kappelman 等人，2019；Weill 等人，2009）。Weill 和 Woerner（2010）甚至区分了数字行业（银行、金融服务、媒体、IT 软件、IT 服务和电信）和非数字行业（所有其他行业），根据他们的调查，这些行业的 IT 支出分别占其收入的 7.2% 和 3.3%。不同行业的 IT 人员占员工总数的比例也有很大差异，零售业通常不到 2%，而金融业则超过 20%。同样，包括总资产和营业额在内的典型财务度量标准也具有很强的行业针对性，无法准确反映企业 IT 部门的实际规模。此外，其中许多指标（如收入）显然不适用于非营利组织、公共部门和政府组织。

4　Barrera 等人（2011，第 7 页）报告说，"在 Intel 内部，目前共有 150 多名企业架构师"。

5　Murer 等人（2011）和 Smith 等人（2012）指出了将架构层次结构中不同级别的架构师（如企业架构师和业务领域架构师，或领域架构师和解决方案架构师）的职责结合起来的好处。

6　Hobbs（2012）也对架构职能的集中结构和分散结构进行了详细讨论。

7　Robertson（2007）就讨论过这个例子。

8　Mintzberg（2009，第 28 页）在谈到企业管理者时也提出了相同的观点："我们可以尽情谈论全球化，但大多数组织——即使是最国际化的公司——其总部仍倾向于保持本地化。"

9　此观点基于本书研究中一些组织的经验得出。

10　Hobbs（2012）也对架构治理机制进行了详细讨论。

11　正如 Koenig（2019b，第 53 页）所说，"治理的存在并非为了说'不'，而是为了使实际成本和实际收益可以度量，从而做出正确的商业决策"。

12　Nolan 和 McFarlan（2005）以及 Huff 等人（2006）讨论了董事会在企业 IT 治理安排中的作用。

第 18 章

面向企业架构的工具

第 17 章讨论了架构职能在组织中的作用及其结构和治理机制。本章将介绍企业架构实践中纯粹的"技术"方面，包括专门的建模语言、相关的软件工具和针对企业架构的各种有用的管理技术。特别地，本章将首先讨论与企业架构相关的不同建模语言和软件工具，它们的实际适用性以及在企业架构实践中的角色。然后，本章将介绍各种聚合测量和定量指标，这些指标对监控、管理和控制决策流是有用的工具，包括创建标准化企业架构构件的模板，所谓的稻草人架构，用于促进决策企业架构构件的早期讨论，评估 IT 项目的架构重要性和一致性的评估形式，以及作为架构偏差测量的架构债务的概念。最后，本章将讨论敏捷企业架构的概念，它是实现架构灵活性和不同维度的敏捷性的一套方法。

18.1 针对企业架构的建模语言

大多数企业架构工件，特别是业务愿景、技术景观、概要设计和详细设计，都以图形格式表示。这些工件通常描述了业务流程、信息系统、数据实体和底层基础设施之间某些方面的关系。在信息系统规划的流程中，经常需要描述这些关系和类似的关系。不出所料，业内已经开发了一些专门的建模符号，为创建不同的模型和图表提供了一种标准化的方法，尽管已经有无数的建模语言被提出来描述信息系统的各个方面[1]，从当今企业架构的角度来看，广为人知的建模符号包括 ArchiMate、统一建模语言（Unified Modeling Language，UML）、业务流程模型和表示法（Business Process Model and Notation，BPMN）和集成信息系统架构（Architecture of Integrated Information System，ARIS）[2]。

18.1.1　ArchiMate

ArchiMate［"架构"（Architecture）和"动画"（Animate）两词的缩写］[3] 是一种专门针对企业架构的全面建模语言。ArchiMate 由荷兰的 Telematica Instituut（2009 年更名为 Novay）在 2002 年发起，但随后 ArchiMate 的所有权在 2008 年转移给 The Open Group。

ArchiMate 核心语言提供了专用的表示业务、应用程序和技术层中的各种对象的符号，这些对象松散地映射到公共企业架构域的栈（参见图 2.2），以及它们之间的相互关系。具体来说，业务层主要处理业务服务、流程和参与者，应用程序层主要处理应用程序服务和底层应用程序，而技术层专注于处理、存储和通信服务、底层系统软件和硬件。对于这三个层中的每一个，ArchiMate 都提供了一组图形元素来描述它们的主动结构、行为和被动结构方面。主动结构方面表示活动的结构主体，包括业务参与者、应用程序组件和硬件设备。行为方面表示相应的活动主体的特定行为，包括流程、服务和事件。最后，被动结构方面表示用来执行主动主体行为的结构对象，包括信息对象、数据对象，甚至是物理对象。

除了上面描述的核心三层和三个方面之外，ArchiMate 还提供了额外的图形符号来表示业务策略的组件（例如能力和资源）、实施和迁移计划的元素（例如差距、软件包和可交付件）、物理对象（例如设施、材料和设备），以及架构决策背后的动机元素（例如驱动因素、目标和利益相关者）。ArchiMate 是一种相对较新的建模语言，但很受欢迎，已经被企业架构社区广泛采用。ArchiMate 的典型示例如图 18.1 所示。

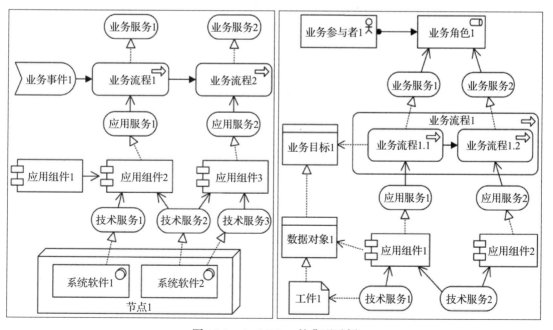

图 18.1　ArchiMate 的典型示例

18.1.2 统一建模语言

统一建模语言[4]是一种非常著名的软件工程通用建模语言。UML 起源于 1994 年美国的 Rational Software 公司（2009 年被 IBM 收购），旨在标准化软件行业用于系统设计目的的各种符号和建模方法。然而，在 1997 年 UML 被对象管理组（Object Management Group，OMG）采用，并在 2005 年被国际标准化组织（International Organization for Standardization，ISO）作为建立的全球行业标准。UML 是专门为软件工程的需要而设计的，它提供了许多不同类型的图来描述软件系统的各个方面，这些图通常可以分为两大类：结构图和行为图。

一方面，结构 UML 图提供了关于软件系统内部结构的一些静态视图，解释了这些系统由哪些组件组成以及这些组件是如何组织的。UML 提供的结构图的特定子类型包括类图（描述面向对象的类层次结构和继承关系）、组件图（描述不同系统组件之间的连接和接口）、集成架构图（描述类的内部结构和该结构所启用的协作）、部署图（显示系统组件在硬件节点上的物理部署）、对象图（显示对象的特定实例及其属性和彼此之间的关系）、软件包图（解释软件包之间的依赖关系）和配置文件图（描述包含原型和配置文件的元模型）。

另一方面，行为 UML 图提供了一些关于软件系统的时间行为的动态视图，解释了这些系统是如何工作的，以及它们的组件究竟是如何相互交互的。UML 提供的行为图的具体子类型包括活动图（描述逐步进行的活动和行动的详细工作流程）、通信图（用顺序消息解释系统组件之间的交互）、交互概述图（显示高级工作流，其中节点包含更详细的交互图）、序列图（解释系统组件如何相互交互以及以什么顺序交互）、状态机图（描述系统的可能状态和这些状态之间允许的过渡路径）、时序图（描述系统组件之间的交互，特别关注精确的时间间隔和约束）和用例图（演示系统用例作为系统和用户之间可能的交互）。UML 是一种已建立的、流行的、使用相当广泛的建模语言，大多数架构师和其他经验丰富的 IT 专家都很熟悉。UML 图（类图和序列图）的典型示例如图 18.2 所示。

18.1.3 业务流程模型和表示法

业务流程模型和表示法[5]是一种流行的图形化建模语言，主要用于描述业务流程。BPMN 最初是在 2004 年由业务流程管理倡议组织（Business Process Management Initiative，BPMI）开发的，但自 2005 年这两个组织合并后，最终由对象管理组负责维护。作为一种专门为业务建模目的而设计的建模语言，BPMN 自然提供了指定业务流程及其各个方面的强大符号，但不提供任何特定的图形元素来描述其他企业架构域，例如应用程序、数据或基础设施。

BPMN 图将业务流程的流描述为其底层活动或任务的逐步顺序。BPMN 图通常根据代表相应的组织参与者（负责完成这些活动的个人员工、通用角色，甚至是整个业务单位）的不同的"泳道"来组织构成特定业务流程的活动。除了通常表示简单任务或更复杂的子流程外，BPMN 图还可以包含用于定义生产流程的其他元素，包括事件、网关和工件。事件表示发生重要事情的特定流程点，例如进程开始、进程完成、消息到达、时间流逝或正确的时刻

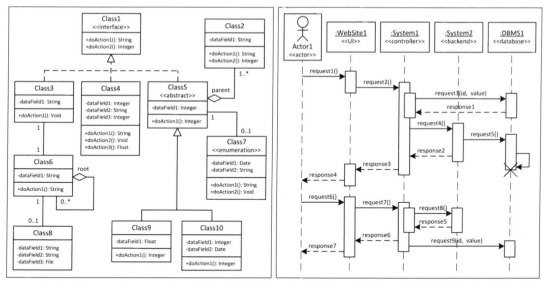

图 18.2　UML 图（类图和序列图）的典型示例

到来。网关表示分叉或合并的特定流程点，在那里不同的生产流程可以开始或收敛，例如平行流或替代流。工件通常表示对流程的一些澄清，旨在提高相应图表的一般可读性。例如，工件可以显示流程活动产生或消耗的数据，提供解释性注释或文本注释，或者仅仅将一些逻辑上相关的活动分组在一个公共标题下。尽管 BPMN 是一种相对较新的建模语言，但它已经广泛流行，并且对大多数实践架构师和业务分析师来说都很熟悉。BPMN 图的典型示例如图 18.3 所示。

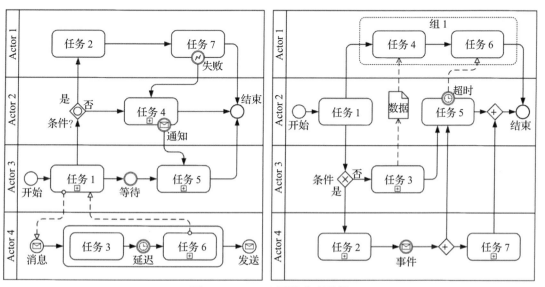

图 18.3　BPMN 图的典型示例

18.1.4 集成信息系统架构

集成信息系统架构[6]是一种成熟的企业建模方法，同时解决组织的业务和IT方面。ARIS最初出现在20世纪80年代的August-Wilhelm Scheer的学术研究中，由他的软件公司IDS Scheer所有。然而，在2009年晚些时候，IDS Scheer被软件AG收购，ARIS的所有权也随之转让。

ARIS提供了一套标准的专门符号，用于描述业务流程和信息系统之间的关系。它涵盖了组织的互补职能、组织和数据视图，以及集成前三个视图的控制视图。职能视图主要关注业务流程、活动、它们之间的关系和层次结构。组织视图侧重于组织行动者、角色、单位、职位、他们的关系和层次结构。数据视图主要集中于数据实体、属性及其关系。最后，控制视图主要关注职能、组织图和数据视图之间的相互关系。这个视图结合了其他三个视图，提供了组织业务流程的集成图示，并解释了它们的一般逻辑流程。特别地，它描述了作为业务流程的一部分执行什么业务活动，以什么顺序、哪些员工或组织单位完成这些活动，这些活动产生或消耗哪些信息，以及哪些信息系统或IT基础设施支持这些活动。ARIS是一种成熟且被广泛采用的建模语言，为许多架构师所熟悉。然而，目前它在企业架构社区已经热度大减。ARIS图的典型示例如图18.4所示。

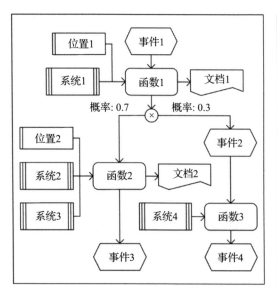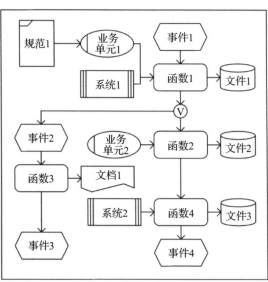

图18.4　ARIS图的典型示例

18.1.5 建模语言的实用性

尽管可以使用各种建模语言来描述企业架构工件，但这些建模语言在企业架构实践中的实际适用性却相当有限。在企业架构实践中，所有流行的建模符号的共同问题是它们关注特定的细节和过于形式化的建模态度。

例如，ArchiMate 虽然是一种相对高级的建模语言，但对于目标状态和其他愿景中需要的执行级别图来说仍然过于详细。此外，尽管 ArchiMate 提供了描述业务目标、能力和流程的必要符号，但这些符号过于正式和技术性，以至于大多数业务利益相关者无法理解。企业架构工件的高级业务利益相关者通常会发现 ArchiMate 图过于复杂，并且不理解它们[7]。因此，在大多数情况下，ArchiMate 不能用于任何以业务为中心的企业架构工件[8]。然而，对于创建详细设计和技术景观中所需要的纯技术图，ArchiMate 可能是一个很好的选择[9]。尽管 ArchiMate 被定位和广泛推广为企业架构的一种专门语言，但它真正的实际适用性在很大程度上只局限于详细设计和技术景观[10]。

UML 作为一种专门为软件工程创建的建模语言，自然是非常详细的、技术型的和正式的。这些特性使得 UML 几乎被大多数业务利益相关者无法理解，并且完全不适用于任何以业务为中心的企业架构工件。此外，由于 UML 专注于各种软件组件的微小细节，它甚至很难用于技术景观，这需要更高层次的抽象。然而，UML 在实践中被广泛用于创建低级图表，描述详细设计中需要的特定 IT 项目的内部细节，特别是在解决方案设计中。

BPMN 作为一种专门为描述业务流程而创建的建模语言，它自然专注于独立业务流程的底层细节。这种狭窄、深入的关注集中于特定的业务流程及其内部活动、事件和网关，使得 BPMN 基本上不适用于业务愿景和技术景观，因为它们需要更高的抽象级别。业务愿景通常提供非常概念性的描述，更经常关注业务能力，很少提及具体的业务流程，而技术景观，即使它们指的是特定的业务流程，仍然很少提及它们的内部细节。然而，BPMN 可以在概要设计和详细设计中用于解释新的 IT 解决方案对现有业务流程的影响，并准确地描述如何由于特定的 IT 计划而修改特定的操作流程的流程。由于大多数业务利益相关者几乎不理解复杂的建模符号，因此在概要设计中经常使用 BPMN 的简化和简化版本。

ARIS 作为一种相对高级和全面的企业建模语言，可能有助于创建详细设计和技术景观中所需的技术图表。然而，与 ArchiMate 图类似，ARIS 图对于大多数业务利益相关者来说过于正式、详细和技术性。由于这些品质，ARIS 图很难用于业务愿景和概要设计。

因此，在企业架构实践中，可用的建模语言的实际适用性仅限于特定类型的企业架构工件。一方面，流行的建模语言可以用于详细设计、技术景观和概要设计。另一方面，业务愿景需要更高层次的、直观的和概念性的可视化，任何建模语言都不提供，而考虑和标准主要用文本格式表示，通常不需要任何成熟的图表。流行的建模语言对不同类型的企业架构工件的典型适用性如图 18.5 所示。

18.1.6 建模语言在企业架构实践中的作用

特定的建模语言在企业架构实践中只扮演着次要的角色。尽管各种建模语言的重要性经常被它们的作者、培训师和工具供应商所强调，但它们对企业架构实践的真正价值不应该被夸大。企业架构实践的成功或失败不能归因于是否使用任何特定的建模语言。

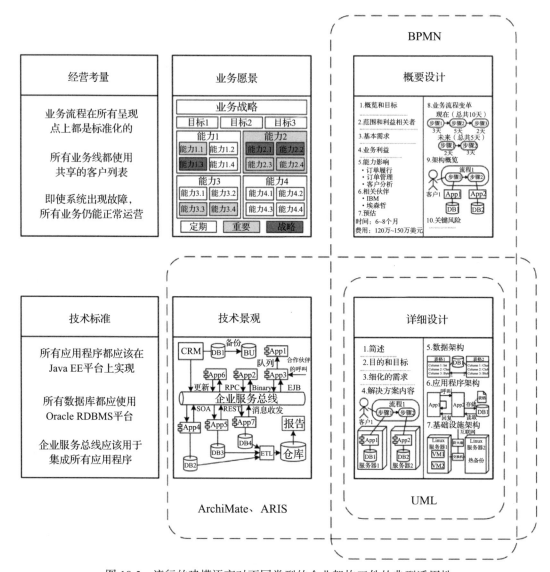

图 18.5　流行的建模语言对不同类型的企业架构工件的典型适用性

第一，企业架构实践并不需要完全正确的建模。如前所述，创建对组织的准确描述并不是企业架构实践的目标。企业架构实践中的大多数图表和模型仅仅是为了促进沟通和记录不同利益相关者之间已达成的协议，而不是为了提供严格的信息系统图纸。从这个角度来看，任何企业架构模型的有效性完全取决于它们对于沟通和决策的支持能力，而不是取决于它们对特定建模符号的坚持，而不那么正式的建模方法允许一些解释的灵活性和模糊性，这往往有利于达成协议[11]。

第二，企业架构工件中最关键的利益相关者是负责制定战略性 IT 相关决策的业务高管。这些业务利益相关者更喜欢简单和直观的图表，但通常不理解任何技术派的正式建模语言。因此，流行的建模语言基本上不能用于创建关键的以业务为重点的企业架构工件，尤其是用于业务愿景和概要设计，可能除了使用简化版本的 BPMN 来描述业务流程 [12]。尽管存在多种建模语言，甚至是专门的面向企业架构的建模语言，但这些语言没有提供任何适合创建概要设计和业务愿景的标准化符号，因此，不能满足企业架构实践的基本需求。幸运的是，业务能力模型、路线图和价值链通常以共同的、众所周知的和非正式的标准化格式表示，分别如图 11.1 到图 11.5 和图 11.8 所示。

第三，绘制对利益相关者友好的图表，特别是对商业友好的图表，更像是艺术，而不是工程或科学。为企业架构工件选择适当的表示格式、建模方法和符号是架构师的直接责任，这需要大量的实践经验、创造力和品味。作为一个重要的问题，选择企业架构工件的方便格式不能自动解决，或者仅仅是为绘制图表和模型选择特定的建模语言。创建有用的企业架构工件比简单地遵循某些建模符号要复杂得多。

第四，建模语言的完整版本很少在实践中使用。即使用于绘制企业架构图，不同的建模语言通常也会被简化和精简成最基本的元素，因为它们的完整版本通常会被发现过于复杂。对于典型的实际目的来说，大多数建模语言的复杂细节都是不必要的和冗余的。研究和遵循所有细节的特定建模符号没有实用价值。在完全的复杂性中使用大多数建模语言的完整版本通常是一种不切实际的建模方法。

第五，对"正确地"使用建模语言和创建完全正确的图表的痴迷渴望甚至可能对企业架构实践有害。关注特定建模语言的细节只会分散架构师对解决实际问题的注意力，并使企业架构实践进一步复杂化。此外，对形式化建模的过度关注将企业架构实践的真正目标（即促进利益相关者之间的沟通）替换为创建准确模型的错误目标。虽然仅正确使用建模语言并不能保证企业架构实践的成功，但对正确建模的痴迷可以很容易地保证其失败。

出于这些原因，许多已创建企业架构实践的组织要么根本不使用任何品牌建模语言 [13]，要么松散而不一致地使用它们。在成功的企业架构实践中，大多数企业架构工件通常使用直观上可理解的临时符号，而不是具有严格定义规则的正式建模语言 [14]。为特定的企业架构工件选择最合适的建模符号和表示格式通常由独立架构师自行决定。通常，特定的建模语言的使用不应被视为企业架构实践的一个关键方面。

18.2　用于企业架构的软件工具

企业架构工件，作为企业架构实践的独特元素，表示捕获有价值信息的普通物理文档。它们需要被创建，通常是协作的，以持久的形式存储，在利益相关者之间共享，并沿着其生命周期进行管理。不出所料，企业架构实践意味着使用各种软件工具来处理企业架构工件。尽管这些工具可以相当多样化，但在企业架构实践中使用的大多数典型软件工具可以分为三大类：标准通用的 MS Office 应用程序、用于企业架构的专门软件工具和配置管理数据库。

18.2.1 标准通用的 MS Office 应用程序

用于企业架构实践的主流工具类别是依靠 MS Office 套件的传统应用程序［由于其压倒性的流行，这里和进一步讨论专门围绕 MS Office 套件，尽管它们可能同样适用于所有提供相同的职能和使用兼容的文件格式的其他商业和开源软件工具（例如 LibreOffice、FreeOffice 和 iWork ），以及类似的基于云的解决方案（例如 Google Docs，Google Sheets 和 Google Slides）］。从企业架构实践的角度来看，MS Office 套件中最重要的应用程序是 PowerPoint、Visio、Excel 和 Word。PowerPoint 旨在创建简单的图表和演示，Visio 允许创建大型和复杂的图形，Excel 支持电子表格，而 Word 是一个强大的文本编辑器。这些应用程序的功能已广为人知，不需要单独讨论。

尽管来自 MS Office 套件的应用程序代表的不是专门为企业架构设计的通用工具，但在企业架构实践中，它们有几个重要的优势。第一，这些应用程序简单、直观，绝大多数计算机用户都很熟悉，不需要特殊的培训。第二，这些应用程序在大多数办公环境中都是普遍存在的、易于访问的和现成的。第三，这些应用程序非常灵活，不引人注目，可以适用于各种任务和目的。最后，MS Office 应用程序和各自的文件格式被广泛认为是标准的，并与其他软件的集成良好，例如 Web 浏览器、企业门户网站和 PDF 工具。

18.2.2 用于企业架构的专用软件工具

企业架构实践意味着控制和操作对信息系统规划重要的对象和实体。这些对象可能包括业务功能、流程、计划、系统、数据库、数据实体、服务器、技术以及从业务和 IT 对齐的角度来看的相关的许多其他元素。此外，这些对象之间的关系往往比对象本身更重要。管理一个由不同和相关的对象组成的广泛网络可能是一项困难的任务，特别是在经常运行数百甚至数千个支持可比较数量的业务流程和功能的信息系统的大型组织中。不出所料，不同的全局和局部供应商已经开发了多个针对企业架构的专门软件工具，以简化这一任务。这些工具可以帮助架构师跟踪、存储和管理与企业架构实践相关的许多对象上的信息。这些工具中的大多数都代表了成熟的商业企业解决方案，它们具有昂贵的许可证和相当复杂的设置和配置流程，虽然其中一些是轻量级的、开源的和免费的，但由于其简单性，主要适合于教学目的，例如 Archi[15]。

目前市场上最流行的、最知名的专业软件工具包括 Abacus (Avolution)、Alfabet (Software AG)、Enterprise Architect (Sparx Systems)、Enterprise Studio (BiZZdesign)、HOPEX (MEGA International)、iServer (Orbus)、System Architect (UNICOM Systems、以前的 IBM Rational System Architect)、Troux (Planview) 和其他一些工具 [16]。大多数这些工具提供了许多非常类似的功能，以促进管理企业架构工件和企业架构实践的其他方面。尽管这些企业架构工具在其实现的许多领域特定细节上可能存在显著差异，但它们都主要关注相关架构信息的存储、可视化和分析 [17]。

首先，用于企业架构的软件工具通常提供专门的架构存储库，以便用方便的方式存储、组织和访问架构信息。这些存储库可以存储与不同企业架构域相关的所有架构上重要的元素（业务、应用程序、数据和基础设施，请参见图 2.2）以及这些元素之间的所有关系。例如，架构存储库可以捕获业务流程 A 由基于技术 C 的应用程序 B 启用，与应用程序 D 和 E 交互，将数据实体 F 存储在数据库 G 中并运行在服务器 H 上。理想情况下，企业架构存储库应该存储构成企业技术景观及其支持的业务功能的所有架构上的重要元素的整个综合网络或图形。架构存储库通常根据某些元模型进行组织，这些元模型定义了可以存储的对象的关键类、它们的基本属性和不同对象之间可能存在的关系类型。从技术上讲，企业架构工具通常基于客户－服务器模型，在该模型中，运行在架构师的个人计算机上的客户机应用程序访问中央存储库服务器，该服务器将所有架构信息存储在底层关系数据库中。通过使用企业架构工具提供的客户端应用程序，架构师可以搜索、导航、检索、修改和更新存储在其组织企业架构存储库中的信息。目前，许多工具供应商同时提供本地和基于云的存储库部署选项。

其次，用于企业架构的专门软件工具通常提供强大的建模和可视化功能。一方面，企业架构工具提供了方便的建模环境，架构师可以使用通用的存储在其存储库中的现有对象的建模符号和语言（例如 ArchiMate，UML 或 ARIS）创建各种架构图。例如，使用企业架构工具，架构师可以创建一个 UML 图，准确地解释存储库中描述的应用程序 A、B 和 C 如何相互交互。另一方面，企业架构工具提供了用来可视化存储库中不同元素之间的关系的功能。大多数企业架构工具都可以自动生成结构化的架构图，甚至是不同格式的整个文档（例如 HTML 或 MS Word）表示存储库的狭窄"切片"，并覆盖组织技术景观的特定区域。例如，企业架构工具可以生成一个复杂的图表，描述与特定业务能力相关的技术景观的所有层，或解释现有应用程序和数据实体之间的映射的关系矩阵。此外，许多企业架构工具还可以在指定的网页上自动发布所需的架构信息，以便更容易地在利益相关者之间分发。

最后，用于企业架构的专用软件工具通常会提供强大的分析能力。具体来说，企业架构工具能够对存储库中可用的架构信息进行有效的多用途分析。企业架构工具提供的最重要的分析功能之一可以说是影响分析。例如，架构师利用企业架构工具的分析功能可以轻松地确定，如果应用程序 A 被改进或退役，则哪些特定的业务流程和元素可能会受到影响。类似地，如果已安装的服务器操作系统需要升级到下一个版本，由企业架构工具授权的架构师可以快速准确地识别相应的操作系统正运行在哪些服务器上，哪些应用程序可能需要停止以升级操作系统，最后哪些业务流程可能会因此操作而中断。

除了与架构信息的存储、可视化和分析相关的基本功能外，大多数用于企业架构的专门软件工具还提供了大量额外的功能和非功能特性。例如，大多数企业架构工具提供了一些查询和报告功能，允许从架构存储库中提取必要的信息，并以各种文本、图形化甚至可执行的形式呈现它，例如 BPEL，是一种创建以事务进程为形式的服务组件的语言。许多工具都支持以 XML 和其他开放格式或专有格式从存储库中导入和导出信息。大多数企业架构工具还提供了一些机制，使它们能够在多用户协作环境中高效地使用，包括访问控制、版本控制、审计、并发修改的锁定、签出、签入和更改协调功能。有些工具为工作流和变更管理提供了相当高级的功能。这些特性可能包括支持可定制的流、讨论线程、触发的警报、更改通知、审查和批准机制。此外，企业架构工具通常提供一组常规的管理功能，包括控制用户角色、权限和授权。许多企业架构工具都是灵活的、易于配置的，并允许微调其功能（例如存储库的元模型），以满足组织的特定需求。

18.2.3 配置管理数据库

从企业架构的角度来看，另一个广泛的软件工具类别是配置管理数据库（CMDB）[18]。CMDB 是旨在使组织 IT 基础设施能够顺利、不间断和无事故地运行的专用软件。它们通常被 IT 运维和支持团队用于跟踪和控制已部署的 IT 系统和硬件的配置。与专门的企业架构工具类似，CMDB 还提供了组织范围内或联合的配置存储库，用于存储可用 IT 资产［通常在普遍接受的 CMDB 术语中称为配置项（Configuration Item，CI）］及其相互依赖的信息。此外，它们通常还提供了一些可视化和影响分析功能。

然而，尽管明显的概念相似，特定的企业架构工具和 CMDB 仍然用于不同的目的，并有一些重要的区别[19]。企业架构工具旨在促进信息系统规划和改进业务和 IT 对齐，而 CMDB 则旨在促进 IT 支持（的能力）和提高 IT 服务的质量。企业架构工具只关注其架构上重要的元素，而 CMDB 提供了一个非常详细的视图，集中于特定的技术组件、设备和该景观的其他"螺栓"。尽管企业架构工具和 CMDB 都能够存储资产的属性及其相互关系，但企业架构工具可以说更关注呈现方便地呈现不同资产之间的关系。因此，在概念上更接近景观图，而 CMDB 更关注准确地捕捉特定资产的属性和特性，因此，在概念上更接近库存。此外，企业架构工具从典型企业架构域（见图 2.2）的整个频谱中捕获各迥然不同的元素的信息，包括信息系统、业务流程和数据结构，但 CMDB 在很大程度上仅限于应用程序和基础设施。此外，CMDB 仅限于捕获关于应用程序、设备和硬件的具体物理实例的信息，而很少或没有能力处理逻辑抽象，例如数据实体、模式和技术。专门的企业架构工具的独家所有者和用户都是架构师，而 CMDB 通常主要由 IT 运维和支持团队拥有和维护。

尽管 CMDB 主要关注的是 IT 的运维方面，非常详细和纯粹的技术景观，其可视化、展示和建模能力有限，但它们仍然可以被视为企业架构实践的重要和有价值的工具。与企业架构工具的技术景观和架构存储库类似，CMDB 提供了一个共享的知识库和可用的 IT 资产及其属性和关系的公共存储。此外，从捕获知识的角度来看，CMDB 甚至比专门的基于工具的企业架构存储库有几个显著的优势。

CMDB 的第一个显著优势是它们具有相当强大的自动化发现（或自动发现）功能。许多 CMDB 可以扫描 IT 环境，自动识别现有的硬件和软件资产，并收集它们的基本属性，例如网络结构、服务器硬件、系统软件、运行应用程序、网络通信和流量模式等。这种自动发现功能有助于根据 IT 环境中正在进行的变化进行初始填充并自动更新配置存储库，或者至少在检测到这些更改时通知架构师，以触发手动更新或变更验证流程。尽管一些企业架构工也提供了有限的自动发现功能，但基于工具的企业架构存储库通常必须由架构师手动填充和更新，这需要相当大的努力，并经常导致可能过时的信息，需要与相应 IT 资产的实际所有者重新核验。

相对于特定企业架构的存储库，CMDB 的第二个优势是它们与常规变更管理、发布和部署管理、资产管理和其他标准 IT 服务管理流程的局部集成[20]。由于 CMDB 由 IT 运维和支持团队拥有，负责以有纪律的方式完成所有与 IT 相关的变更流程，因此所有 IT 领域的修改在发生时通常与 CMDB 同步，即使它们无法被自动发现。

CMDB 的第三个优势是，它们可以为架构师、IT 运维和支持团队提供技术景观当前结构的单一真实来源。在大多数情况下，基于工具的企业架构存储库只能被架构师使用，并从本质上创建其他特定于架构的知识存储库，而 CMDB 可以被架构师和 IT 运维人员作为公共知识数据库使用。使用 CMDB 作为共享存储库有助于减少信息的冗余、不一致性和重复，避免了特定于企业架构工具的额外许可费用，促进了协作和整体简单性。在这种情况下，当 IT 运维和支持团队在生产环境做新的部署变更时，可能只能由 IT 运维和支持团队更新 CMDB，而架构师可能只能作为信息消费者，并在"只读"模式下使用 CMDB。

使用 CMDB 作为当前状态架构信息的中央存储库也解决了另一个常见问题。如前所述，技术景观中的微小变化通常是在没有任何架构参与的情况下实现的。这些变化虽然逐渐修改了技术景观的结构，但对于架构师来说几乎是不可见的，因此不能与企业架构特定的存储库正确同步。但是，这些变更仍然会由负责其部署的 IT 运维和支持团队跟踪，并且通常会手动或自动地与 CMDB 同步。由于这些属性和特性，CMDB 可能比专门的企业架构存储库包含更准确的和最新的信息，尽管这些信息可能需要被架构师提取和精神上"消化"至适当的水平用于架构规划。换句话说，来自 CMDB 的信息往往格式不太实用，但更准确和及时。表 18.1 总结了针对企业架构的专用软件工具与上述 CMDB 之间的比较[21]。

表 18.1　基于架构的规划方法的两个流派

工件	专门的企业架构工具	CMDB
区域	企业架构	IT 服务管理
目标	业务和 IT 对齐	IT 服务质量
拥有者	架构师	IT 运维和支持团队
覆盖范围	包括所有来自企业架构域的物理元素和逻辑元素	只有具体的物理实例，主要来自应用程序和基础设施领域
信息	更多是架构师定期更新的高级架构信息，通常是手动更新的	非常详细的技术信息由 IT 运维人员几乎是实时地，通常是半自动地更新
焦点	不同 IT 资产之间的关系（更类似于景观图，见图 12.1 和图 12.2）	特定 IT 资产的属性（更类似于清单，见图 12.3）
功能	建模、可视化和分析功能，如影响分析	自动发现功能和与 IT 服务管理流程集成功能
优点	存储所有必要的信息，提供适当的抽象级别，为架构规划提供强大的支持	提供可靠、准确和最新的信息，为架构师、IT 运维和支持团队提供单一的事实来源

由于 CMDB 的相对优势，一些组织更倾向于将 CMDB 作为架构师的技术景观当前结构的主要信息来源，补充企业架构存储库。

18.2.4 软件工具的实用性

尽管存在多种专门为企业架构开发的软件工具，但没有一个工具能够解决企业架构实践中出现的全部需求。尽管专门的企业架构工具为管理架构信息和创建企业架构工件提供了强大的功能，但仅凭这些工具通常不足以实践企业架构。由于许多原因，成功的企业架构实践，即使利用了企业架构特定工具的某些功能，仍然更多地基于 MS Office 套件的流行标准应用程序，最重要的是基于 Word、Visio、PowerPoint 和 Excel。

一方面，大多数企业架构工件都是由其所有利益相关者协作开发的决策型企业架构工件（见表 2.1 和图 2.7）。这些工件需要是易于访问的、可分发的、可讨论的，有时也可以由参与其开发和后续使用的所有利益相关者进行编辑。然而，大多数企业架构工具都是专门为架构师设计的，并且在很大程度上不适合在不同的利益相关者群体中广泛使用。业务利益相关者自然认为它们过于技术性、复杂和不方便，即使对大多数 IT 利益相关者（例如 IT 领导、项目经理和软件开发人员）来说，也可能需要大量的学习。此外，企业架构工具通常需要安装、配置，并可能根据其许可协议按每个用户定价。这些特性使得专门的企业架构工具实际上无法使用。因此，这些工具只能被视为狭窄的架构师组用于管理架构功能内部的架构信息的内部工具，而不能作为与"外部"组织世界通信的适当机制。即使架构师经常将企业架构工具用作创建架构图的建模环境，这些图通常也会被"包装"为通用的文件格式（例如 MS Word 或 PowerPoint），并以这些格式在利益相关者之间分发。换句话说，在大多数情况下，生成的企业架构工件都是普通的 MS Office 文件，即使它们的一些构成图是通过复杂的企业架构工具生成的。

另一方面，许多企业架构工件很难从专门的企业架构工具提供的功能中获益。例如，原则、政策与策略和其他经营考量是虚拟的，与存储在架构存储库中的技术信息无关，可以更容易地创建为普通的 MS Word 文档。同样，大多数针对管理级别受众的概念性图形图表很少需要引用特定的 IT 资产，可以在 MS Visio 或 PowerPoint 中更容易创建，而不需要使用任何高级的特定企业架构工具。例如，当分别在 MS Visio 和 PowerPoint 中可以更容易地生成这些工件时，在专门的企业架构工具中创建业务能力模型和选项评估几乎没有价值。因此，除了一些例外情况，业务愿景和概要设计通常是使用标准的 MS Office 应用程序创建的。同时，详细设计通常需要比通常存储在基于工具的企业架构存储库中的规范更详细。出于这个原因，它们通常也被创建为常规的 MS Word 文档，具有非常详细的文本描述和图表，尽管其中一些图表可能由企业架构工具支持，并在它们的帮助下生成。因此，许多（甚至大多数类型的）企业架构工件根本不能利用任何实际意义上的专门企业架构工具的力量，却反而可以更容易地在熟悉和无处不在的 MS Office 应用程序中创建。

企业架构专用软件工具的核心价值主张可以说是一个架构存储库，它帮助架构师捕获技术景观的结构，包括不同 IT 资产的属性以及它们之间的关系。从本质上讲，企业架构工具提供的独特功能是能够以一种方便的方式存储、分析和管理现有技术景观上的信息。因此，这些工具的真正力量自然在于处理事实型企业架构工件（即大多数技术景观和一些技术标准，见表 2.1），主要关注当前的状态，为规划提供了参考材料，在大多数情况下，它们完全由架构师所有。基于工具的企业架构存储库可以有效地将许多技术景观和技术标准作为独立的物理文档，并实现它们之间的协同作用。例如，一个架构存储库可以存储所有 IT 资产的列表及其属性（即清单，见图 12.3），这些资产之间的关系（即景观图，见图 12.1 和图 12.2），在一个组织中使用的所有技术的列表（即技术参考模型，见图 10.1）和关键数据实体的结构（即逻辑数据模型，见图 10.5）。此外，存储库还可以捕获来自不同类型的企业架构工件的信息之间的相互关系，例如系统、技术和数据类型之间的关系。

在架构师之间捕获、存储和共享架构信息的能力，使得专门的企业架构工具成为实现技术景观作为技术景观参考材料的通用知识库的理想选择。通过提供与影响分析功能捆绑的全面信息存储库，特定于企业架构的工具还可以提高架构师的分析和规划能力。特别是，企业架构工具可以帮助架构师完成与使用技术景观密切相关的典型活动，即识别当前技术景观中的低效率、冗余和瓶颈，规划新的 IT 计划的架构，以及总体景观的进一步发展。然而，CMDB 的职能也与技术景观的作用高度相关，并且由于它们的相对优势（参见表 18.1），这些工具可以在该领域提供专门的企业架构工具的可行替代方案。此外，技术景观和技术标准也都可以用标准的 MS Office 应用程序"手动"创建和维护。例如，景观图和企业系统组合通常在 MS Visio 中作为简单的图纸创建，而 IT 资产清单在 MS Excel 中通常作为普通的电子表格进行维护。类似地，指南、模式、IT 原则，甚至逻辑数据模型都可以很容易地在 MS Word 文档中进行描述。

一般来说，企业架构实践的所有需求不能满足任何单一的工具，而只能满足一套不同的工具，包括通用的 MS Office 应用程序、可操作的 CMDB 和专门的企业架构工具。即使是专门为企业架构实践的需求而创建的软件工具，也不能有效地解决所有与企业架构相关的需求的整个范围。这些工具只能作为补充，但不能完全替代标准 MS Office 应用。此外，每个可用于支持企业架构实践的工具通常只适用于特定类型的企业架构工件，或与之密切相关，而与其他工件无关。同时，许多企业架构工件，特别是技术景观，可以由多个不同的工具来支持。流行的软件工具对不同类型的企业架构工件的典型适用性如图 18.6 所示。

因为大多数企业架构工件被物化为标准 MS Office 格式的普通文件（例如 Word、PowerPoint 或 Visio），它们需要存储在方便的位置，以实现易于访问、快速分发和有效的协作。为此目的，组织可以利用任何适当的协作软件，包括流行的企业门户（例如 MS SharePoint），基于 wiki 的平台（例如 Atlassian Confluence），问题跟踪系统（例如 Atlassian Jira），简单的基于可能的文件存储（例如 Google Drive），甚至是共享网络驱动器上的受保护的文件夹。基于工具的企业架构存储库也可以用于存储表示企业架构工件的常规文件。

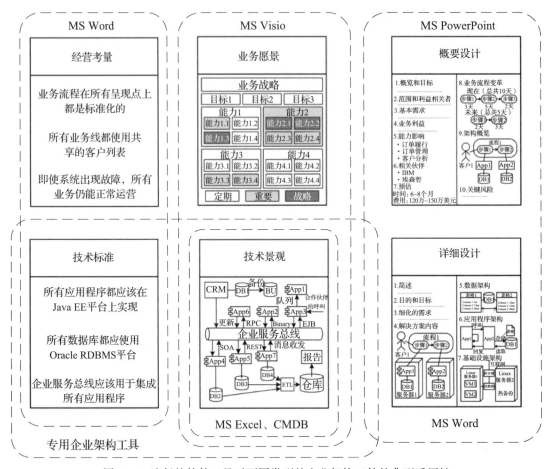

图 18.6 流行的软件工具对不同类型的企业架构工件的典型适用性

从逻辑上讲，存储的企业架构工件可以以多种不同的方式结构化到嵌套文件夹的层次结构中。例如，许多企业架构工件可以根据业务能力模型中定义的各自的业务能力进行组织。此外，概要设计和详细设计通常被分为当前的和已完成的 IT 计划，而其他类型的企业架构工件可以根据它们的企业架构领域松散地组织起来，例如应用程序、数据和基础设施。

18.2.5 软件工具在企业架构实践中的作用

一般来说，软件工具在企业架构实践中只起到支持作用。尽管使用一些软件工具来创建和存储企业架构工件是必要的，但为此目的选择具体的工具却不那么重要。换句话说，在企业架构实践中的软件工具本质上代表了一个"保健"的因素，即它们必须存在，但它们不是决定性的，也很难决定企业架构实践的整体质量。与建模语言类似，企业架构实践的成功或失败不能归因于任何特定软件工具的使用与否，原因至少有两种 [22]。

首先，企业架构的一般意义是为参与 IT 系统战略决策和实施的所有相关参与者提供一种有效的沟通方式（见图 2.1）。这些参与者之间存在的典型沟通问题只能通过找到适当的沟通方法、相互理解的通用语言、方便的讨论点和相应的企业架构工件的适当表示格式来解决。这些挑战与任何软件工具都无关，很难通过更好的工具支持来解决。换句话说，软件工具不能帮助架构师与相关的利益相关者建立有效的沟通，并做出均衡的规划决策。

其次，一个成功的企业架构实践总是代表了一组复杂的相互关联的流程、参与者和文档（见图 6.1）。建立一个企业架构实践需要一个经过深思熟虑的组织努力和承诺，包括所有相关的利益相关者，将决策流程制度化，并开发适当的企业架构工件集来支持这些流程。这些挑战都不能通过任何软件工具来解决，甚至也不能得到促进。这些挑战代表了各种组织、政治甚至心理问题的多方面混合，这些问题只能由组织中的人来解决。简言之，软件工具不能为人们实施企业架构实践。

用于企业架构的专门软件工具，虽然可能是有益的并促进企业架构实践，但仍然不是实践企业架构的关键必要条件，因为所有六种通用类型的企业架构工件都可以以合理的有效性开发和使用，即使是通过标准的 MS Office 应用程序（见图 18.6）。大约三分之二的组织使用一些专门的企业架构工具，而其余三分之一的组织仍然只依赖于通用的、非企业架构特定的工具来管理架构信息和创建企业架构工件 [23]。出于这个原因，尽管有基于商业动机的工具供应商在主张，但专门的企业架构工具在企业架构实践中的作用不应该被过分强调。

即使从企业架构工件的角度来看，专门的企业架构工具基本上也只处理企业架构实践中的"技术"部分。它们当然可以帮助组织和管理包含在事实企业架构工件中的架构信息（大多数技术景观和一些技术标准），它们通常被视为关于技术景观当前状态的综合参考材料，旨在为架构师提供准确的基线信息。然而，决策型企业架构工件的价值在很大程度上是在其协作开发的流程中实现的（见图 2.7）。这些工件更多的是为了支持通信和决策，而不是为了存储一些信息以供将来参考。对于这些工件，正确的利益相关者的及时参与远比准确性和全面性更为重要，但任何软件工具都不能确保这种参与。因此，用于决策型企业架构工件的专门企业架构工具的价值在很大程度上仅限于提供建模环境和支持架构师大多可以理解的技术信息。简单地说，特定于企业架构的工具的职能与事实型企业架构工件的目的高度相关，但与决策型企业架构工件的目的不相关 [24]。

出于这些原因，用于企业架构的专门软件工具不应该在企业架构实践的开始就引入，而应该在这些工具的需求被广泛理解，以及相应的需求和期望已经明确的后期阶段引入 [25]。例如，组织最初可以通过使用简单的景观图的 MS Visio 图和 IT 清单的 MS Excel 电子表格开始他们的企业架构实践，但然后将他们的内容迁移到一个基于工具的企业架构存储库，如果有时发现维护这些文件的一致性负担太重，就可以提出引入企业架构工具的明确的"商业案例"。如果一个组织已经有了一个完全填充的、被 IT 运维人员积极使用并与已建立的 IT 服务管理流程集成的 CMDB，那么安装一个额外的特定于 CMDB 的工具可能并不值得，因为它的潜在附加价值最小。在这种情况下，组织可以考虑利用其现有的 CMDB 作为当前技术景观的架构信息的主要来源，而不是从头开始建立一个特定于企业架构的存储库 [26]。

一般来说，只有在说明具体原因时，才能引入企业架构的专门软件工具。如果企业架构实践不能像预期的那样工作，那么软件工具是最后的罪魁祸首。企业架构工具也不应该通过规定如何组织企业架构实践、应该使用什么企业架构工件以及应该如何创建它们来"摇狗"（转移视线）。对于拥有广泛 IT 环境的大型公司来说，专业的企业架构工具似乎更为重要。企业架构实践的软件工具的选择也可能受到所需敏捷性级别的影响，这将在本章后面讨论。

18.3 企业架构实践中的测量方法

企业架构实践通常实施一个综合测量和数字指标系统，帮助监测和控制 IT 相关规划决策的流程及其随时间推移的结果[27]。对企业架构实践中的某些趋势进行全面的定量评估可以检测异常情况，并优化信息系统规划的整个机制。这些测量通常涉及与企业架构相关的三个互补方面：IT 投资的质量、技术偏差的大小和 IT 领域的复杂性。

18.3.1 IT 投资质量的测量标准

经常成为评估和控制主题的企业架构实践的第一个方面是所承担的 IT 投资的整体质量。相应的测量旨在根据 IT 投资的重要性或可取性量化 IT 投资，并将这些数字减少为一套有限的综合指标，告知决策者当前投资的质量和进展。这些衡量和指标与业务相关，并与执行级别的利益相关者相关。例如，它们对负责分配预算、优先考虑投资和做出各自的资金决策的高级商业领袖来说是最感兴趣的。

对 IT 投资质量的衡量通常旨在从组织的角度估计被认为是战略性、重要或可取的投资的总百分比或比率。与这类指标相关的典型测量值包括但不限于以下指标的不同变化：

- 战略重点——提升业务能力模型中热映射能力的 IT 投资的百分比。提高所需业务能力的 IT 投资被认为是战略性的，而所有其他投资都被认为是非战略性的。百分比越高，表明 IT 投资的战略重点越好。
- 战略贡献——帮助实现长期目标状态的 IT 投资百分比。建立理想的 IT 平台的 IT 投资被视为战略性的，而所有其他的投资都被视为非战略性的。百分比越高，表明 IT 投资的战略贡献越大。
- 路线图一致——从路线图满足预期业务需求的计划 IT 投资或将业务转变为满足自发紧急需求的非计划的 IT 投资的比率（见图 7.3）。计划中的 IT 投资被认为是战略性的和变革性的，而计划外的投资被认为不那么重要。比率越高，表明执行计划和战略的能力越好。
- 资产开发——在战略信息系统中 IT 投资的百分比，以及企业系统组合和 IT 清单中显示的 IT 资产的百分比。开发战略系统和资产的 IT 投资被认为是有建设性的，而所有其他投资都被认为是无建设性的。百分比越高，表明 IT 投资的发展重点越好。
- 平台利用率——改善现有 IT 资产的投资与创建新资产的投资的比率。对现有资产的

IT 投资利用了可用的 IT 能力，而对新资产的投资则不利用这些能力。比率越高，表明现有 IT 平台的利用率和复用性越高。

- 投资明细——根据所有 IT 投资的来源和动机对其进行更详细的分类。包括基本计划、战略计划、局部计划、紧急计划和架构计划（见表 7.1）。某些类型的 IT 投资（例如基本计划和战略计划）更可取，而其他类型的投资（例如紧急计划和架构计划）被认为是不可取的，即更关注理想的类型表明 IT 投资的整体质量更好。
- 任何其他特定于组织的 IT 投资分类，都被认为对评估这些投资的一般质量、重点和意义非常有用[28]。

业界广泛采用的 IT 投资质量测量标准是将投资映射到业务能力模型，或者映射到价值链。这种方法意味着在一段时间内［通常在最后一个预算周期（财务或日历年）］进行的所有 IT 投资定期映射到这些图形化的企业架构工件以显示按业务领域的详细投资细分，即流向不同业务领域的投资量如何。图中所承担的 IT 投资与业务能力模型的示例映射如图 18.7 所示。

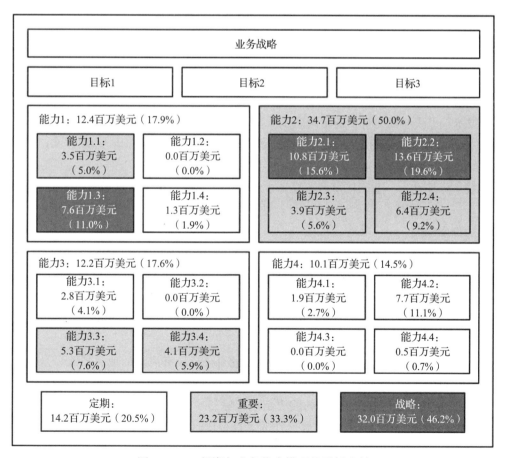

图 18.7　IT 投资与业务能力模型的示例映射

测量 IT 投资的质量可以追踪公司目标和已执行的行动之间的一致性。例如，相应的指标可以帮助企业高管了解他们的公司是否或在多大程度上投资于战略业务能力，接近所需的目标状态或遵循商定的路线图。将 IT 投资映射到不同的业务领域，类似于图 18.7 中所示的映射，提供了对 IT 预算支出的更详细的理解。它们有助于可视化和评估已发生的 IT 费用和已声明的业务优先级之间的实际匹配。最终，所有这些测量都有助于组织增加理想的 IT 投资量，减少不良的 IT 投资量，并提高其整体效能。

从技术上讲，可以收集和记录 IT 投资质量的各种措施，例如，在投资委员会批准概要设计的时候（参见图 17.6）或在投资组合管理和预算流程的其他方便的时刻（参见图 7.4）。在这个阶段，可以分析所有概要设计与路线图、战略影响、发展潜力和其他类似指标的一致性。然后将所有累积的统计数据进行汇总，生成关于 IT 投资质量的定期报告。

18.3.2　技术偏差大小的测量

企业架构实践的第二个方面经常成为评估和控制的主题，它就是已交付的 IT 项目与推荐的实施方法的技术偏差的总体大小。相应的测量旨在根据 IT 项目与组织中采用的标准实施实践的一致性来量化它们，并将这些数字减少为一组有限的综合指标，告知决策者关于当前情况的技术偏差及其随时间的进展。这些度量和指标大多与 IT 相关，而且基本上与业务受众无关。例如，参与识别技术最佳实践、标准设置和技术选择流程的架构师、各种 IT 领导者和主题专家通常对它们很感兴趣。

对技术偏差大小的测量，通常倾向于从技术视角（比如使用奇异的技术、资产或实现方法）来估计例外的 IT 项目的总百分比或比率，但架构治理委员会（参见图 17.8）可以授权豁免。与这类指标相关的典型测量值包括但不限于以下指标的不同变化：

- 技术异质性——基于技术参考模型中缺失的技术或标记为清退异常技术的 IT 项目的百分比。使用非标准技术的项目被认为是有偏差的。百分比越高，表明技术异质性的程度越大。
- 技术多样性——与既定准则、模式和 IT 原则不一致的 IT 项目的百分比。不符合建议的项目被视为偏离的。百分比越高，表明一般技术多样性的程度越大。
- 复用质量——IT 项目复用在技术景观中被标记为不可取的资产的百分比。利用不适当的 IT 资产的项目被认为是偏离的。百分比越高，表明 IT 领域的整体"毒性"程度越大。
- 风险量——引入重大技术风险的 IT 项目的百分比。有风险的项目被认为是偏离轨道的。百分比越高，表示累积的技术风险量越大。
- 技术适应性——导致创建新的或更新现有标准的 IT 项目的百分比。有助于改进全组织实施方法的项目被认为是发展性的。百分比越高，说明组织学习速度越快，技术适应性也越强。

- IT 项目的任何其他组织特定特征被认为是信息性的，有助于评估其整体技术质量以及这些项目引入的风险和架构债务水平。

通过测量技术偏差的大小，可以追踪推荐的项目实施方法与其实际实施方法之间的一致性。例如，相应的指标可以帮助架构师和 IT 领导者了解他们所建立的实现标准是否足够、它们是否得到遵守以及偏离的频率。最终，所有这些测量都有助于组织提高其技术景观的技术质量，优化他们的技术组合，并减少组织范围内的建议和实际的项目级工作之间的差异。

从技术上讲，技术偏差大小的各种测量通常是在设计委员会（见图 17.6）批准建议的 IT 项目的设计时收集和记录的。在此阶段，将分析所有设计对标准的符合、与复用策略保持一致、相关的技术风险和其他类似指标。然后将所有累积的统计数据汇总，生成关于技术偏差程度的定期报告。

18.3.3　对技术景观复杂性的测量

最后一个与企业架构相关的方面经常成为评估和控制的主题，即从其结构的角度来看组织技术景观的整体复杂性。相应的测量目标是量化一般景观"纠缠"的程度，并将这些数字减少为一组有限的综合指标，告知决策者当前的结构景观复杂性及其及时的进展。与技术偏差的测量类似，这些指标也大多与 IT 相关，不太可能引起业务经理的兴趣。例如，它们主要与对降低维护成本和提高 IT 敏捷性感兴趣的架构师和高级 IT 领导相关。

对技术景观复杂性的测量通常倾向于分别估计景观中存在的资产、依赖性和技术的总数，或其规模、拓扑结构和多样性。与这类指标相关的典型测量值包括但不限于以下指标的不同变化：

- 资产的数量——构成企业技术景观的所有 IT 资产的总数，它们被分解为不同的类型或类别，例如系统、数据库和服务器。任何额外的资产都会使整体景观结构复杂化。数量越大，表明 IT 领域的规模就越大。
- 连接数量——不同 IT 资产之间的所有关系、接口和相互依赖关系的总数，或此数量的一些更复杂的变体。任何额外的连接都会增加资产之间的耦合，并纠缠着景观结构。数量越大，技术景观的拓扑结构就越复杂。
- 技术数量——企业 IT 领域中所有技术和平台的总数。任何额外的技术都能使景观更具有多样性，即数量越大，技术景观的异质性越高。
- 不需要资产的数量——出于某些或其他原因被认为在技术景观中有问题和不需要的所有 IT 资产的总数，例如基于烦琐、难以支持、被滥用的外来技术或方法（与前面讨论的技术偏差测量不同，这种测量侧重于现有的系统，而不是新的 IT 项目）。任何此类资产都会使情况复杂化。数量越大，表明 IT 领域的复杂性就越高。
- 从结构复杂性的角度描述技术景观的任何其他特定组织的数量，例如不合规系统的数量或对外部接口和服务的依赖性。

测量技术景观的复杂性，使架构师和 IT 领导者能够跟踪现有的简化和净化目标的实现情况。一方面，景观容量的各种指标（例如应用程序的数量）与 IT 维护成本相当直接地相关。另一方面，相互连通性的指标（例如接口的数量）与技术景观的刚性和脆性呈正相关。最终，所有这些测量都有助于组织限制其技术景观的复杂性，并提高其敏捷性。

从技术上讲，所有关于技术景观复杂性的测量方法通常都是从记录当前景观结构的事实型企业架构工件中提取出来的，例如从技术景观和一些技术标准出发。最简单的复杂性指标可以以一种基本的方式收集，通过计算库存中具有特定属性的资产数量或技术参考模型中不同类型的技术。然而，更高级的复杂性指标（例如，依赖数量）如果没有企业架构专用软件工具的支持，就无法轻易地收集，并且需要维护基于工具的企业架构存储库，以便对景观结构进行正式的技术分析。

18.3.4 测量在企业架构实践中的应用

对已进行的 IT 投资、已实施的 IT 项目和景观结构进行循证分析，有助于审计和监控企业架构实践在集中投资和抑制复杂性方面的有效性。例如，战略和理想的 IT 投资的百分比较低，这个百分比的下降趋势或其最近的暴跌可能表明潜在的问题，并意味着整个 IT 预算的相当一部分花费无效。类似地，高比率的 IT 项目偏离，该比率的上升趋势或其最近的飙升也可能表明潜在的问题，并表明当前的技术组合和实现方法可能不足以满足实际的业务需求。最后，技术景观的复杂性稳步增长可能表明整合、复用和简化工作不足，以及预示着未来在敏捷性和膨胀的 IT 支出方面的潜在问题。

组织可以使用上述定量指标制定年度甚至季度的定期报告，以跟踪接近实时的企业架构实践在实现其关键目标方面的效果。顺理成章地，公司努力通过更好地将投资集中在具有重要战略意义的业务领域来提高战略投资的比例，通过调整其技术组合和实施标准以满足真正的业务需求，降低偏离 IT 项目的百分比，并通过更好地利用可用资产和精简问题领域来降低技术景观的复杂性。

如果有必要，组织也可以"发明"并引入更复杂的、特定于组织的测量方法来控制其企业架构实践的工作。例如，这些测量可能涉及企业架构工件的质量及其覆盖范围、组织意识和企业架构实践的渗透、IT 预算在维护上的支出百分比、累积架构债务的总量或该总量的年度变化（如前所述），以及其他相关指标 [29]。

然而，各种测量值和指标不应被表面处理。任何试图量化复杂现象并将其简化为一小部分数字的尝试，都不可避免地会简化其背后的现实，而且可能是欺骗性的。因此，各组织不应考虑将实现具体的指标值作为其最终目标。测量仅仅应该提供信息，而不是推动决策。例如，公司不应该为了增加部分或其他与企业架构相关的指标而做出具体的 IT 投资或技术选择决策。然而，公司可能使用指标值来理解为什么这么多投资未能增加价值，或为什么那么多项目需要申请豁免，分析这些异常的根本原因，然后对决策流程实施适当的修改，以提高质量。毫无疑问，各组织不应该为了测量而建立测量，而应在必要时才引入它们，以解决特定的令人担忧的问题。

　　与企业架构相关的定量测量和指标是高级企业架构实践的特征，稍后将在第 19 章中进行讨论。这些测量方法很少在具有新兴或不成熟的企业架构实践的组织中发现。尽管任何数值指标的使用都不能被认为是企业架构实践的必要条件，但这些指标可能有利于成熟的企业架构实践，包括制度化的 EA 相关程序、可重复的流程和已建立的组织特定的 EA 工件集，以便进一步优化和微调。

18.4　用于企业架构的其他工具

　　除了建模语言、软件工具和定量测量之外，企业架构实践还可以从使用一些其他流行的工具和技术来解决它的各个方面中受益。这些工具包括企业架构工件的模板、"稻草人"架构、项目清单和评估表，以及架构债务。

18.4.1　企业架构工件的模板

　　许多企业架构工件具有相当多样化的信息内容和复杂的呈现格式。为了标准化这些工件的所有实例的内容和格式，组织经常开发和维护一组定义其高级结构的公共可复用模板。这些模板被架构师用作创建企业架构工件的新实例的基础，以及作为更新和重新格式化现有企业架构工件的参考模型。

　　模板通常是为组织中具有多个不同实例的企业架构工件开发的。创建模板的理想候选对象都是专门为特定的 IT 计划和项目开发的临时型企业架构工件（见表 2.2）（比如概要设计和详细设计），因为这些工件的实例随处可见，且新实例不断被开发出来。然而，模板也可以为一些永久型企业架构工件做好准备。例如，为不同的业务区域开发单独的路线图和目标状态的组织可以为这些工件创建通用模板，以标准化它们跨所有业务区域的格式和内容。与此同时，业务能力模型和企业系统组合的模板很少被创建，因为大多数公司只使用每个工件的一个实例。

　　模板通常定义企业架构工件的表示格式、示意图结构和信息内容。本质上，企业架构工件的模板为这些工件的所有实例的理想组合提供了一个"单一的真实来源"。目标状态（见图 11.7）和解决方案设计（见图 14.1）的样本模板如图 18.8 所示。

　　使用模板来开发企业架构工件可能对企业架构实践非常有益。具体来说，模板可以帮助架构师加速新的企业架构工件的开发，及时生成标准化的高质量企业架构工件，提供一致的"外观和感觉"和可预测的利益相关者体验，实现可重复的和制度化的企业架构相关流程。此外，企业架构工件的模板通常是基于这些工件的利益相关者提供的反馈进行改进和优化的。随着时间的推移，模板基本上积累了特定组织的基于经验的企业架构最佳实践。因此，模板的使用有助于企业架构实践和组织学习的持续改进。

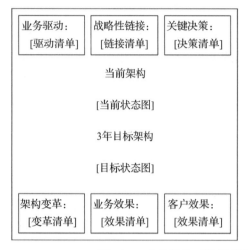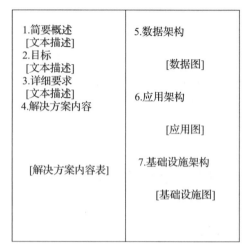

图 18.8　企业架构工件的模板（目标状态和解决方案设计）

18.4.2　稻草人架构

如前所述，所有新决策型企业架构工件以及现有决策型企业架构工件的更新版本，从非正式的架构决策初步讨论开始其生命周期，然后正式形成有形的文档，得到利益相关者的批准，最终得到架构治理委员会的认可（见图 17.5）。为了早期便于与利益相关者讨论关键架构决策，组织有时会使用通常被称为"稻草人"架构或"餐巾"架构的技术。稻草人架构是企业架构工件的基本架构草案，可以快速生成，并用于讨论主要的规划决策和可用的替代方案。

基本上，稻草人架构可以被看作企业架构决策的成熟工件的简短的、非正式的和试探性的草图，也可以看作它们假设的概念验证版本。通常，稻草人架构以比相应的"真实"企业架构工件更简单、更轻量级的格式表示。例如，如果生成的企业架构工件打算是 MS Word 文档，那么相应的稻草人架构可以表示为 MS PowerPoint 演示。类似地，如果生成的企业架构工件打算是一个 MS PowerPoint 演示，那么相应的稻草人架构甚至可以用一组白板图纸照片来呈现。

稻草人架构作为与利益相关者的初始讨论和正式记录这些决策的最终企业架构工件之间的中间链接。稻草人架构在决策型企业架构工件开发中的角色如图 18.9 所示。

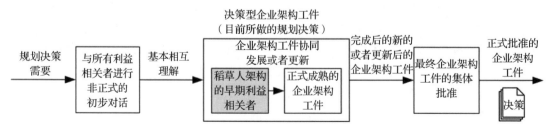

图 18.9　稻草人架构在决策型企业架构工件开发中的角色

稻草人架构可以成为企业架构实践的一个有价值的工具。它们易于修改，操作灵活，有利于协同决策。在决策企业架构构件中使用稻草人架构有助于让相关利益相关者在其开发的早期阶段参与进来，及时收集反馈，尽快排除不可行的替代方案，并避免花时间来制定不适当的规划方案。

18.4.3　项目检查表和评估表

如前所述，架构治理流程将作为官方决策会议来实现，在这些会议中，各种与企业架构相关的决策和各自的企业架构工件将被仔细审查、认可或拒绝（参见图 17.6）。当架构师和主题专家分析新 IT 系统的建议设计，以确定它们是否符合已建立的技术标准、经营考量和其他更高层次的企业架构工件时，组织中的大部分架构治理都代表了项目治理。换句话说，大多数架构治理流程通常都围绕着特定的 IT 项目。详细设计通常比所有其他类型的企业架构工件更频繁地创建和修改。在大公司中，几乎每周都可以启动新的 IT 项目，这些项目的规模和复杂性可能有很大差异。为了简化项目治理和减少不必要的检查和决策活动的数量，各组织经常采用特殊的项目检查表和评估表，以促进相应的程序。这些检查表和评估表可以有条件地分为两个不同的类别：治理和法规遵从性。

一方面，治理检查表和评估表旨在确定应用于 IT 项目的架构治理流程的形式性和严格性。例如，它们可以用于评估新 IT 系统的潜在架构影响，确定在设计委员会会议上审查其详细设计的必要性，甚至决定是否需要架构师参与各自的项目。这些检查表和评估表包含了一些标准列表，根据这些标准可以判断 IT 项目的架构重要性，例如它们的大小、复杂性、对齐性、与其他系统的集成、安全要求和其他特性。根据项目对这些标准的总体一致性，项目可以被分为不同的类别，以反映其感知到的架构重要性（例如低、中等和高影响）和每一类项目从架构和治理的角度可能需要不同的处理。

例如，一个大型的 IT 项目，它意味着构建一个全新的容错系统，基于不寻常的技术，并与现有的应用程序高度集成（例如一个高影响力的项目）很可能经历全面的项目治理程序，其详细设计将由所有称职的专家进行研究和批准。一个中型的 IT 项目，它完全符合所有的企业技术标准，提供普通的业务职能，并且没有特别严格的安全性或可用性要求（例如一个中等影响的项目）可能需要在其项目团队中包括一个解决方案架构师来创建书面详细设计，但没有得到设计委员会的正式认可。一个小型的常规 IT 项目，它仅仅意味着扩展现有系统的职能，并且没有任何不寻常的特征（例如一个低影响的项目）可以由软件开发人员单独实现，而不需要任何架构参与或治理。图 18.10 显示了可用于评估 IT 项目架构重要性的治理检查表和评估表。

另一方面，遵守检查表和评估表在帮助项目团队在架构师的参与下，实现其 IT 项目与现有技术标准和其他架构指令的一致性。通常情况下，它们提供了所有项目都应该遵循的 IT 原则、指南和其他需求的列表，尽管这些列表也只能与特定类型的 IT 解决方案相关，例如基础设施、Web 或高可用性的解决方案。项目团队成员可以利用这些检查表和评估表对他

Alpha 项目的影响清单		
项目特点	No	Yes
关键业务型项目	×	
项目制定三个月甚至更久的规划		×
项目创造新的IT资产	×	
项目需要新基础设施	×	
项目使用未验证的技术	×	
项目处理个人数据		×
项目处理付款事宜	×	
项目需要待验证的用户	×	
项目有些其他特殊要求	×	
如果 "Yes" 打钩1次或以上，则必须邀请解决方案架构师 如果 "Yes" 打钩超过2次，则需要提交给设计主管		

Beta 项目的架构协议表格					
解决方案方面	得分				
1.功能性	0	①	2	3	4
2.用户体验	⓪	1	2	3	4
3.复杂性	0	1	②	3	4
4.硬件基础设施	0	①	2	3	4
5.数据集成	0	①	2	3	4
6.安全性	0	1	2	③	4
7.可操作性	0	1	2	3	④
8.可维护性	0	①	2	3	4
9.路线图对齐	0	1	②	3	4
0-2：细微影响　10-18：中等影响 3-9：小影响　19-36：大影响	Overall Score：15				

图 18.10　IT 项目的治理检查表和评估表

们的 IT 系统进行自我评估，以实现架构遵从性，实施必要的措施以满足指定的遵从性标准，只有在其中一些标准难以满足时才能联系架构师。可用于对 IT 项目进行架构一致性自我评估的合规性检查表和评估表样本如图 18.11 所示。

Gamma项目原则核对清单				
#	IT架构原则	无	部分	完全
1	简洁性			●
2	模块性			●
3	复用性		●	
4	可维护性			●
5	可管理性			●
6	可靠性			●
7	可扩展性	●		
8	安全性		●	
9	合规性			●
如果至少一个原则没对齐或者至少2个原则是部分对齐，则必须和企业架构师协商				

Delta解决方案标准一致性表	
是否通过Web接口暴露？　是/否	
所有Web页面仅仅通过HTTPS访问	V
会话ID总是在cookie中传递	×
IP地址和时间戳都需要被日志记录	V
是否对敏感数据操作？　是/否	
~~所有敏感数据都加密形式存储~~	N/A
~~所有敏感秘钥定期调整~~	N/A
~~数据对象仅通过代理ID对外开放~~	N/A
是否和其他系统交互？　是/否	
所有和外部系统交互通过ESB	×
所有数据通过标准开放格式，例如XML传递	V
如果有任何不遵守，请联系架构师团队	

图 18.11　IT 项目的合规性检查表和评估表

治理检查表和评估表（见图 18.10）通常在 IT 计划的早期阶段填写，以了解架构参与的必要程度。例如，项目经理可能有义务通过标准化的检查表来评估架构重要性，并确定未来的行动方针，例如，项目可以在不通知架构职能其存在的情况下继续进行，应该邀请架构师作为临时顾问，或者必须由架构师全职参与。这种技术有助于避免架构师在琐碎的 IT 项目上浪费宝贵的时间，将注意力重新集中在真正需要他们帮助的特殊项目上，并将企业架构职能的资源集中在更多增值工作上。

相比之下，合规检查表和评估表（见图 18.11）通常用于 IT 计划的后期阶段，以指导其设计和实施活动。例如，项目团队可能有义务确定与 IT 项目相关的合适的检查表和评估表，坚持这些检查表和评估表，尽最大的努力满足所有规定的架构需求，只有在不轻易实现完全合规的情况下才咨询架构师。这种方法可以简化项目管理，增加项目团队的决策自主权，也可以节省架构师的时间，只在不寻常的情况下让他们参与，因为他们的建议非常重要。

许多公司的解决方案交付方法包括在项目生命周期的不同阶段填写类似于图 18.10 和图 18.11 中所示的各种检查表和评估表，以了解需要什么级别的架构治理、监督和控制。确定架构参与的必要程度的具体阈值可以根据期望的架构敏捷性程度灵活地设置，本章后面将讨论。虽然上面提供的示例特别关注了项目治理作为架构治理中最费力的部分，但类似的思想和技术也可以应用于其他形式的架构治理和各自的企业架构工件。

18.4.4　架构债务

架构债务，或技术债务，是对理想的长期架构方向的暂时偏离。当由显著的短期利益驱动的与企业架构相关的特定规划决策与商定的战略架构计划不一致，并需要在未来某个时间点采取某些纠正措施以恢复正常的战略路径时，就会发生这种情况。简单地说，架构债务代表了与战略相反的架构方向上的一步，使组织与其最终目标拉开距离。架构债务是由于做出战术上理想但战略上次优的规划决策而积累造成的。与单个规划决策相关的架构债务量是指与该决策引入的最优值的偏差，而架构债务的累积量代表了所有先前做出的规划决策导致的总体架构恶化的程度。

通常，当概要设计和详细设计中反映的一些与局部计划相关的决策，与经营考量、技术标准、业务愿景或技术景观中反映的全局规划决策相矛盾，但各自的架构治理委员（见图 17.6）会给予它们豁免时，就会出现架构债务。例如，为了从短暂的市场机会中获益，投资委员会可能会批准提供一个偏离经营考量和业务愿景的 IT 解决方案，例如违反常规政策或违反战略目标状态。同样地，一个设计委员会也可以批准一个偏离技术标准和技术景观建议的 IT 系统的实施。使用不受支持的供应商产品或利用一些应该清退的 IT 资产。这些和类似的规划决策和豁免产生了一种架构债务，需要由组织在以后"偿还"[30]。

架构债务是一种双重概念，其特征是需要遏制 IT 领域中架构上不良的变化，以及这些纠正措施的估计财务成本[31]。从行动的角度来看，一个架构债务意味着在未来需要完成的特定工作，以便从架构的角度回到理想的战略轨迹。例如，从长远来看，一个偏离经营考量或业务愿景的 IT 解决方案需要重新设计甚至停止使用，而一个与技术标准和技术景观建议不符的 IT 系统迟早需要转移到一个新的技术平台或被替换。

从财务的角度来看，架构债务本质上代表了一个组织在未来的某个时刻需要进行的某种延迟支付。通常，它可以被评估为一个组织为了返回到未被破坏的初始架构状态（即在收回债务之前的状态）而需要的花费。换句话说，在经济上，架构债务相当于从主要战略"高速公路"临时"绕道"的成本。例如，在 IT 解决方案偏离经营考量或业务愿景的情况下，架构债务可能被评估为调整解决方案以适应战略需求或将其从技术景观中移除的推定成本。类似地，在 IT 系统与技术标准和技术景观的建议不符的情况下，架构债务可以计算为将系统迁移到受支持的技术、产品和资产所需的资金数额。然而，架构债务的货币价值往往不能轻易地以一种直接的方式进行量化，而可能只能基于"猜测"来进行评估。

架构债务的多方面概念对计划交付和技术优化流程都有重要的影响（见图 6.1）。一方面，架构债务的财务方面与计划交付更相关。具体而言，将已发生的架构债务评估应用于与企业架构相关的决策流程，有助于在计划交付流程的启动步骤中对拟议的 IT 计划及其可能的实施方案进行更客观的评估。从本质上讲，架构债务是一种工具，它可以帮助组织发现 IT 解决方案的隐藏的延迟成本，根据其全价做出更明智的 IT 投资决策，并最终提高 IT 投资组合的质量。例如，为了对拟议的 IT 计划的价值进行更现实的评估，它们的架构债务的数量可以根据概要设计来测算，然后添加到它们的总成本（即从他们的商业案例中减去），以便明确地考虑到推迟的未来付款。同样，对架构债务的估计可以为计划交付流程的后续实施步骤中的决策提供信息。

架构债务的财务方面还可以用于指导围绕 IT 计划（参见图 17.7）的治理和升级流程，作为计划交付流程的一部分。在许多公司中，治理安排要求 IT 投资和其他具有更高架构债务级别的规划决策，必须得到更权威的治理委员会的批准。此外，治理策略可以正式指定架构债务的多个阈值，以及应用于超过这些阈值的决策的相应治理流程。例如，一个公司治理政策可能会规定，包含小型架构债务的规划决策（例如少于 10 万美元）可以由设计委员会酌情批准，中等债务的决策必须升级到投资委员会或技术委员会，而所有引入了巨大的架构债务（例如超过 100 万美元）的 IT 投资必须由战略委员会直接批准。

另一方面，架构债务的操作方面主要与技术优化相关。特别是，现有的架构债务是技术优化流程的核心驱动因素之一。各组织（即所有由架构治理委员会批准的特例）所承担的所有架构债务通常由架构师记录在专门的架构债务登记册中，以便在未来进行跟踪、管理和处理。这些登记册通常记录了架构债务的描述，必要的纠正措施，财务估计和这些债务应该被赎回的截止日期（如果有的话），并根据其重要性将所有架构债务分为不同的类别（如次要、中等和主要）。由于所有与架构债务相关的纠正措施都代表了组织技术景观的某些理想的技术优化，因此债务登记册基本上是技术优化流程中产生的技术合理化建议的来源之一。如前所述，这些建议可以作为常规 IT 计划的一部分来择机实施，或者在某些情况下，可以

作为单独的架构计划来实施（见表 7.1）。架构债务登记册的示意图如图 18.12 所示（其中 k
表示千美元，m 表示百万美元）。

债务	描述	行动	估算	最后期限
债务 1	....	....	350k	Q1 2023
债务 2	....	....	40k	N/A
债务 3	....	....	1.6m	Q4 2023
债务 4	....	....	200k	N/A
债务 5	....	....	90k	Q4 2021
债务 6	....	....	25k	Q3 2022
债务 7	....	....	600k	Q2 2023
债务 8	....	....	65k	N/A
债务 9	....	....	50k	Q2 2022
债务 10	....	....	1.1m	Q3 2023
债务 11	....	....	30k	N/A
债务 12	....	....	280k	N/A
债务 13	....	....	20k	Q1 2022

次要的	中等的	主要的

图 18.12　架构债务登记册

　　架构债务登记册描述了企业 IT 领域的现有缺陷，以及解决这些缺陷的计划活动。它们
完全由架构师拥有，并用于合理化 IT 环境和规划新的 IT 计划。从这个角度来看，架构债务
登记册可以被视为一种特殊类型的技术景观，有点类似于 IT 路线图，也显示了计划中的技
术景观的技术改进。

　　架构债务提供了一个隐喻，可以解释目光短浅的企业架构决策的长期负面后果，以及
面向不具备 IT 知识的业务领袖的捷径。一般来说，明确理解"所有的债务都必须偿还"，可
以避免短视的思维和不负责任的架构"借贷"，即实施战术 IT 解决方案，最终从架构的角度
破坏组织未来的战略定位。对架构债务的意识、评估和主动管理可以帮助组织保持在战略轨
道上，控制架构偏离"理论"规范的情况，并保持其技术景观的质量。在相当成熟的企业架
构实践中，架构债务概念的使用更为典型。

18.5　敏捷企业架构 [32]

　　今天，"敏捷"这个词可以说代表了整个 IT 相关话题中最热门的流行词之一，包括企
业架构 [33]。这个词最初出现在软件工程领域，它被用来表示灵活的软件开发和项目管理方
法，其特点是缩短了开发和发布周期，简略的前期规划和需求规范，新职能的持续交付和

系统最终用户的快速反馈[34]。然后，"敏捷"这个词迁移到系统架构领域，并最终迁移到企业架构领域，在那里，各自的想法据说已经从独立的软件项目升级到具有技术景观的整个组织。

然而，这种迁移似乎纯粹是一种修辞。而软件开发的敏捷方法则体现在具体的方法中（例如 Scrum），"敏捷企业架构"的概念可以说既没有描述相应实践的明确文本，也没有明确的定义[35]。因为何谓"敏捷"企业架构从未被清楚诠释，目前这个术语可能指从生成更少的文档、创建更少的正式文档或及时开发文档到构建可复用的信息系统、偏好模块化的架构风格（例如 SOA），或者仅仅是忽略了笨拙的企业架构框架（例如 TOGAF，FEAF 和 DoDAF）所规定的任何东西，这些框架在成功的企业架构实践中实际上从未被遵循，甚至与它们不相似，正如前面第 3 章所述（附录 A 中也详细描述了流行企业架构框架的历史起源及其实现相关的实际问题）。通常，对"敏捷"企业架构实践的呼吁可以被解释为微不足道的声明，即变得敏捷和灵活比保持僵化和不灵活更好。

18.5.1　企业架构实践中的敏捷性维度

从根本上说，所有关于"敏捷"企业架构的讨论都可以被简化为一个永恒的问题，即对于组织来说，有多少预先规划是可取的或必要的[36]。没有公司可以完全避免规划，也没有公司可以在每一个细节做好规划，特别是为长远的未来。相反，应该确定规划的最佳数量，通常是根据经验，考虑到其对组织的潜在好处和缺点，以最大化规划的价值。例如，规划可以帮助组织资源集中在正确的目标、活动和方法，但同时也需要相当大的努力，其结果可能因环境不稳定而无效，盲目遵循计划可能导致忽视新的机会和潜在的危险[37]。换句话说，"敏捷"企业架构实践不应该与"传统"实践（无论这两个术语意味着什么）相反，而是应该执行"足够"的计划，这取决于具体的组织需求和环境。

从它们的灵活性和前期计划的数量的角度来看，企业架构实践可以在多个方面存在显著差异，这些方面共同决定了它们对组织环境的整体适应度。具体来说，三个关键的企业架构相关流程（见表 6.1 和图 6.1）中的每一个都有一组参数，可以通过参数调整来微调企业架构实践，以实现更大的控制或更高的敏捷性。首先，战略规划流程至少可以在诸如工作量、规划的范围和水平以及未来的确定性等方面有所不同。一些组织投入了大量的资源来预测可能发生的事情，并确切地决定它们的反应应该是什么，但另一些组织则只基于纯粹的直觉考虑来确定最普遍的、最理想的方向。在一些公司中，战略规划涵盖了它们所有的业务领域，而在其他公司中，这个流程只集中在最关键的领域。不同组织的愿景规划范围只能从 2～3 年到 5 年甚至更长时间。一些公司试图阐明其具体的期望的未来状态，通常是通过成熟的目标状态或路线图中指出的更简单的"未来"状态，而另一些公司则只根据预期的 IT 计划来规划它们的未来。

其次，计划交付流程的逻辑流程和相关企业架构工件的粒度可能会有所不同（这些维度同样与软件工程领域相关）。例如，一些 IT 计划是以严格顺序的瀑布式方式实现的，其中早期阶段决定后续阶段，而其他计划则包含具有多个反馈循环的强迭代元素，至少在实现步骤中是这样。有些概要设计是非常基本和粗略的，但也有些是相当复杂的。设计的数量也可以从几十页到几百页不等。如前所述，可以根据所使用的企业架构工件对启用企业架构的策略执行的决策路径进行微调，以实现更大的控制或更高的敏捷性（见图 15.3 和图 15.4）。

最后，即使是技术优化流程，尽管它主要关注的是当前的情况，但随着未来的发展其形式和灵活性也会有所不同。特别是，一些组织建立了全面的技术标准来指导他们的 IT 计划，而其他组织只标准化了最基本的技术和方法。一些公司维护了大量的技术景观存储库，覆盖了其整个 IT 环境，但另一些公司则只捕获了其景观中发展最活跃的区域的结构。维护的当前状态技术景观的粒度范围也可以扩大，从企业系统组合形式的非常抽象的描述到相当详尽的技术文档，包括详细的 IT 清单和低级景观图。

除了三个与企业架构相关的流程之外，企业架构实践的许多其他方面也可能根据所需的敏捷性水平而有所不同，例如投资组合、预算流程、治理和豁免程序、架构职能、架构参与、企业架构工件集，甚至是软件工具。第一，一些组织的 IT 投资组合包括主要的计划中的 IT 计划（即基本计划、战略计划和局部计划，见表 7.1），来自系统的战略规划流程（见图 7.3），而其他组织的投资组合包括大多数紧急计划（见表 7.1），以机会主义的方式直接来自外部业务环境（见表 7.3）。第二，一些公司的 IT 投资预算和工作计划是按年制定的，而其他公司的预算流程允许每两个月甚至每月进行财务分配。第三，一些企业架构实践通过文档化的决策建立了高度形式化的治理程序，但另一些实践则主要依赖于利益相关者之间达成的非正式口头协议。第四，一些公司要求严格遵守商定的规则和计划（例如所有 IT 投资与战略业务能力完全对齐），而其他公司则将现有的计划主要视为建议，并很容易容忍合理的偏差（例如仅将战略能力视为决策的补充信息）。第五，在企业架构职能中使用的架构师数量与组织中完成的架构规划总量成线性正比。第六，一些公司在每个项目团队中都包括了架构师，而其他公司有选择地将架构师只分配给最关键的 IT 项目，例如基于对其架构重要性的正式评估（见图 18.10）。第七，一些企业架构实践只利用了几个最基本的工件（例如技术参考模型、路线图、解决方案设计和其他一些其他类型），但其他模型采用了超过 15 种不同类型的企业架构工件。最后，一些企业架构实践可能满足于最简单的软件工具，如 MS PowerPoint 和基于 Web 的维基来管理他们的工件，而其他企业架构实践可能在 MS Word 中创建时尚、严格格式化和正式外观的文档，并安装复杂的特定于企业架构的工具来维护它们的架构存储库。

所有决定其整体敏捷性的企业架构实践的这些方面都不是离散的。每一个都可以看作两个相反的极端之间的连续方法频谱，代表了总体规划和完全敏捷性的状态，前者意味着更"重量级"方法，后者意味着更"轻量级"方法。从这个角度来看，组织中的企业架构实践可以按照多个不同的灵活性维度进行分类（但不一定相互关联）并定位在相应的光谱中的某个位置。在稳定环境中运行的组织通常倾向于与"传统"企业架构实践相关的综合规划极端，而在动态业务环境中的公司倾向于与"敏捷"企业架构实践相关的最大敏捷极端（尽管这个观测有无数的细微差别，不应该肤浅对待）。在图 18.13 中显示了上述企业架构实践中敏捷性的不同维度。

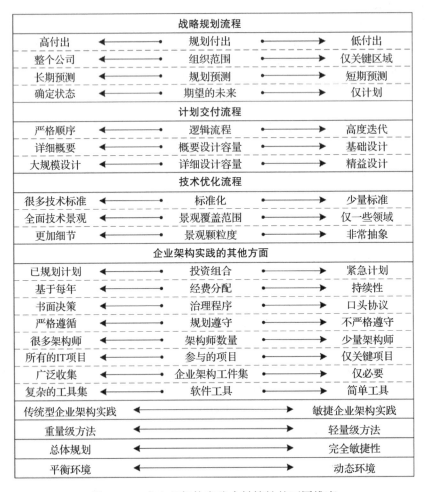

图 18.13 在企业架构实践中敏捷性的不同维度

18.5.2 选择适当的方法来实现必要的敏捷性

图 18.13 中总结的"传统"和"敏捷"企业架构实践的二分法展示了两种相反的极端，即完全规划和完全敏捷，这两种情况都不太可能让组织满意。相反，组织应该调整企业架构实践，根据自己独特的情况（例如规模、行业、商业模式、竞争性质、项目细节和许多其他因素），在每个敏捷性维度上找到最佳的位置。

大多数各自的设计选项和决策都是特定于组织的，但其中一些，特别是那些与计划交付相关的，甚至可以是特定于计划的。例如，零售商往往比公用事业供应商经历更大的业务动荡，因此，可能减少在长期规划的投入，缩短规划时间，采用更灵活的预算编制机制，并启动更多的紧急举措。同时，在个别计划的层面上，两家公司可能会对不同类型的解决方案遵循不同的项目实施方法，例如，对于软件解决方案，我们更喜欢敏捷和快速迭代的方法，它可以很容易被重新编写和部署，而对于基础设施解决方案，我们更喜欢依赖正式文档的不那么敏捷的方法，这通常需要购买和安装昂贵的硬件 [38]。

18.6　本章总结

本章讨论了企业架构的形式化建模语言、与企业架构相关的各种软件工具、企业架构实践的定量度量、企业架构工件的标准化模板、所谓的"稻草人"架构、项目检查表和评估表、架构债务，最后是"敏捷"的企业架构。本章的核心信息可概括为以下基本要点：

- 最广为人知的、通用的和特定于企业架构的、可用于绘制企业架构图和创建图形化企业架构工件的形式化建模语言和符号包括 ArchiMate、UML、BPMN 和 ARIS。
- 由于它们的正式态度和对特定细节的关注，因此专门的建模语言和符号在企业架构实践中的适用性是有限的，基本上只包括详细设计、技术景观和某种程度上的概要设计。
- 成功的企业架构实践需要不同的工具集，通常包括标准的通用 MS Office 应用程序（主要是 Word、Visio、PowerPoint 和 Excel）、可操作的 CMDB 和专门的企业架构工具，但没有一个单一的软件工具能够满足所有与企业架构相关的需求。
- 用于企业架构的专门软件工具只能解决企业架构实践中的技术部分（如存储、分析和管理事实企业架构工件等因素），但它们不能建立一致的决策流程，并自动改善业务和 IT 利益相关者之间的沟通。
- 成熟的企业架构实践通常建立一个定量测量和指标系统，以评估和管理 IT 投资组合的质量、IT 项目中技术偏差的大小、技术景观的结构复杂性或其他一些更复杂的企业架构相关方面。
- 使用定义企业架构工件的格式、结构和信息内容的标准化模板可以加速新的企业架构工件的开发，帮助实现更可预测的利益相关者体验，并促进持续的改进和学习。
- 稻草人架构是企业架构工件的初步架构草案，可以快速生成，用于在早期阶段讨论主要规划决策，从利益相关者那里及时收集反馈，并尽快排除不可行的替代方案。
- IT 项目的架构重要性和一致性可以通过各种正式的检查表和评估表进行评估，以确定架构师是否有必要参与这些项目，以及应该使用哪些治理程序。
- 架构债务是一种偏离理想架构方向的暂时情况，这意味着未来需要采取必要的纠正措施和支付各自的费用，为评估 IT 解决方案的真实成本提供了一个有用的工具，改进了计划交付并推动了技术优化期间的决策。
- 根据前期规划的数量，企业架构实践可以在多个方面有所不同，从与总体规划相关的"传统"实践(这可能更适合在稳定环境中的组织)到与完全敏捷相关的"敏捷"实践(这可能更适合有活力的公司)。

18.7 注释

1 在组织中使用正式建模方法的历史至少可以追溯到 20 世纪初,当时工业工程师使用各种流程图来分析业务流程(Couger,1973)。从那时起,用于描述信息系统不同方面的建模语言、技术和符号几乎数不胜数(Colter,1984;Couger,1973)。

2 这一观点基于从所研究的组织中收集到的数据,并与早期的 EA 调查结果(Ambler,2010;Schekkerman,2005b)大致吻合。曾经流行一时的 IDEF 系列建模语言(Marca 和 McGowan,2005)已不再被广泛使用。与此同时,也可以开发和使用专有的组织特定建模符号(Frank,2002;Koenig,2019a;Rohloff,2005)。

3 ArchiMate 官方规范(ArchiMate,2016)和 Lankhorst(2013)对 ArchiMate 进行了全面介绍。Wierda(2017)讨论了在现实世界中使用 ArchiMate 的实际经验。

4 UML 官方规范(UML,2015)和其他流行资料(Booch 等人,2005;Fowler,2003)对 UML 进行了全面描述。Holt 和 Perry(2010)专门讨论了 UML 在企业架构中的应用。

5 BPMN 官方规范(BPMN,2011)和其他资料(Silver,2012;White 和 Miers,2008)对 BPMN 进行了全面描述。

6 ARIS 没有公开的规范,但 Scheer(1992)等人提供了 ARIS 的描述。

7 Wierda(2017,第 159 页)承认,ArchiMate 图表对业务利益相关者的可理解性较差:"是的,ArchiMate 中的高级抽象模型可用于与业务部门进行讨论(其方式与带有少量图形元素的演示幻灯片并无太大区别),诚然,ArchiMate 并不高深,但在与普通业务人员交流时,复杂的 ArchiMate 模型仍不太实用。"

8 正如 Wierda(2017,第 201 页)所解释的那样,"与决策者沟通的最有效方式往往还是那些带有模糊线条和方框的简单图形。将 ArchiMate 的结构添加到简单的图形中,对管理层来说几无帮助,反而会令事情变得更复杂。ArchiMate 带来的结构和逻辑增加了信息的复杂性。是的,虽然消除了一些含糊不清之处,使分析使用成为可能,但这是有代价的。实际上,决策者并不介意模糊性,也对分析性思维不感兴趣。ArchiMate 为他们提供了既不想要也不需要的东西"。

9 ArchiMate 主要适用于当前状态景观图和更详细的项目设计,这一点也得到了 Wierda(2017)的证实,他将这些 EA 工件分别称为当前状态架构(CSA)和项目启动架构(PSA)。

10 正如 Wierda(2017,第 201 页)所解释的,"ArchiMate 所提供的严谨性、结构性和逻辑性在一个显而易见的地方确实很有帮助:当需要建模的情况变得非常庞大和复杂,而你仍然希望掌握它时。但这些模型绝对不是用于管理的。它们是复杂的工具,需以高水平的'工程态度'来建立,从而方可为实际工作于这些复杂领域的人所用"。

11 Wierda(2017,第 49 页)指出:"非正式建模的一个'好'处是,它往往足够模糊,让所有利益相关者都能从中看到自己喜欢的现实。更加模糊和含糊的方法使这种往往'政治上'权宜的建模成为可能"。

12　Wierda（2017，第 201 页）几乎逐字证实了这一结论："我知道即使企业架构师使用建模语言
（UML、ArchiMate 等）与决策者进行沟通，也不能让此事变得更容易。唯一接近的语言是 BPMN
的图形化方面，因为它的可视化基础可以用一种对于非建模者来说相当直观的方式来使用。但
是，如果将 BPMN 的细节与复杂的例外情况和网关联系起来，那么除了专家之外，所有人都会迷
失方向。"

13　在 Carr 和 Else（2018）的调查中，只有 19% 的 EA 从业人员表示他们使用 ArchiMate，尽管这种
建模语言已被广泛讨论和大力推广。

14　正如 Wierda（2017，第 49 页）所指出的，"有些项目建模是用 UML 完成的，但大多数情况下，
你会看到一些非标准化或半标准化的方框、箭头、虚线、嵌套等的使用，一般会使用某种自由格
式的图形工具，如 Windows 版的 Microsoft Visio 或 Mac 版的 OmniGraffle，更糟的是 Microsoft
的 PowerPoint"。

15　见 Archi（2020）。

16　Gartner Magic Quadrants（McGregor，2016；Searle 和 Kerremans，2017）、Forrester Waves
（Barnett，2015；Barnett，2017）和慕尼黑工业大学发布的 EA 工具定期调查（Berneaud 等人，
2012；Matthes 等人，2008；Matthes 等人，2014；Roth 等人，2014）提供了主要 EA 工具供应商
及其产品的概述、分析和比较。

17　Gartner（McGregor，2015；Searle 和 Allega，2017）和慕尼黑工业大学的研究人员（Berneaud 等
人，2012；Matthes 等人，2008；Matthes 等人，2014；Roth 等人，2014）对企业架构专用软件工
具及其功能进行了详细分析和比较。

18　O'Donnell 和 Casanova（2009）等人对配置管理数据库（CMDB）进行了详细讨论。CMDB
解决方案由多家全球供应商提供，包括 BMC Atrium、CA Technologies、HP、IBM Tivoli 和
ServiceNow（Colville，2012）。Gartner 对 CMDB 解决方案及其功能进行了详细分析和比较
（Colville 和 Greene，2014b）。

19　Gartner（Colville 和 Adams，2011；Colville 和 Greene，2014a；James 和 Colville，2006）对专业
EA 工具和 CMDB 之间的差异、相似性和潜在协同作用进行了更详细的讨论。

20　*ITIL Service Transition volume*（Rance 等人，2011）中详细介绍了变更管理、服务资产和配置管
理、发布和部署管理过程，以及其与配置管理系统（CMS）或 CMDB 的集成。

21　本表主要受 James 和 Colville（2006）的启发。

22　Ahlemann 等人（2020，第 14 页）完全支持这一观点："在所有 8 个研究案例中，没有迹象表明特
定的 EAM（企业架构管理）工具对创造 EAM 价值有重大影响。有长期 EAM 经验的公司明确表
示，特定工具与 EAM 的成功无关。"

23　这一观点基于从所研究的组织中收集到的数据，与早期各种 EA 调查的结果相当一致，表明采
用专门 EA 工具的情况已越来越多（Aziz 和 Obitz，2005；Aziz 和 Obitz，2007；Carr 和 Else，
2018；GAO，2003 b；GAO，2006；Obitz 和 Babu，2009；Schekkerman，2005 b）。总体而言，
所有这些调查都表明，大多数公司都使用标准的 MS Office 应用程序，其中许多公司还会使用一
些专门的 EA 工具，尽管这些工具的范围非常广泛。

24　Nowakowski 等人（2017，p. 4851）准确地总结了企业架构专用软件工具在企业架构实践中的作

用和地位：" EAM 工具主要用于捕捉当前架构，而对未来情景的实际规划和讨论大多是在挂图、白板、MS PowerPoint 和 MS Visio 的帮助下手工完成的。"

25 这一建议与 Lapkin 和 Allega（2010）以及 Basten 和 Brons（2012）早先提出的建议一致。

26 在所研究的所有组织中，约有三分之一的组织积极使用 CMDB 作为当前技术景观架构信息的主要（甚至首要）来源。这一观察结果与 Buckl 等人（2009）对 18 家德国公司的早期研究结果高度吻合。

27 如前所述，使用企业架构实现的实际业务价值很难量化或衡量。Holst 和 Steensen（2011，第 18 页）指出，衡量 EA 实践的价值 "要么不可能，要么不相关"，因为 " EA 工作的价值是一个主观的东西，只有它能帮助管理层实现战略和管理企业时，才被认为有价值。虽然管理层的需要得到了满足，但对价值衡量的要求却被忽视了"。Birkinshaw 和 Mol（2006）认为，大多数管理创新的效益都无法根据坚实的数据进行数字评估。

28 MIT 的研究人员建议将所有信息技术投资分为四种不同的类型：转型（投资于建立新的战略共享基础设施，具有长期回报）、更新（投资于升级现有共享基础设施，具有短期回报）、流程改进（投资于支持当前业务需要的业务应用程序，具有短期回报）和试验（投资于创新或实验性业务应用程序，具有长期回报）（Ross 和 Beath，2001；Ross 和 Beath，2002）。MIT 研究人员还提出的另一种分类方法将所有 IT 资产和相应的 IT 投资分为 4 种不同的类型：基础设施型（旨在提供可复用的共享 IT 服务基础）、交易型（旨在通过自动化降低成本或提高吞吐量）、信息型（旨在为决策目的提供信息）和战略型（旨在引入创新或获得竞争优势）（Aral 和 Weill，2007；Weill 和 Aral，2003；Weill 和 Aral，2004a；Weill 和 Aral，2004b；Weill 和 Aral，2005a；Weill 和 Aral，2005b；Weill 和 Aral，2006；Weill 等人，2007；Weill 和 Broadbent，1998；Weill 和 Johnson，2005；Weill 和 Ross，2009；Weill 等人，2009；Weill 等人，2008）。Gartner 分析师建议根据 "速度分层" 模型将所有信息系统和相应的 IT 投资分为三种不同的类型：记录系统（具有较长生命周期的系统，支持标准的事务处理能力）、差异化系统（具有中等生命周期的系统，支持独特组织的特定流程）和创新系统（具有较短生命周期的系统，应对新的商业机会）（Mangi 和 Gaughan，2015；Shepherd，2011；Swanton，2012a）。这些方法和其他类似的分类方法可用于分析组织中的 IT 投资组合，并评估其对组织需要的整体适应性。

29 Murer 等人（2011）（第 7 章）、Legner 和 Lohe（2012）以及 Schneider 等人（2015b）都详细讨论了这些先进的 EA 实践测量方法。

30 重要的是，并非所有的偏离、豁免和计划外行动都意味着架构债务，只有违背了既定长期行动方针的规划决策才是。计划外安装一个新的 CRM 系统，可被认为只有当组织计划在未来将其所有 CRM 系统合而为一时，才会产生架构债务；若没有在全局范围内合并 CRM 系统的计划，则不会产生债务。同样，在新的 IT 系统中使用某项技术，可以说只有计划将该技术从技术景观中删除时，才会产生架构债务。

31 在组织的 IT 交付能力受到限制，又无法迅速增加劳动力（如通过聘用外部提供商和承包商）的情况下，架构债务可能还包括时间方面的债务。

32 关于 "敏捷" EA 实践的类似讨论，见 Kotusev（2020c）。

33 2018 和 2019 Gartner 关于企业架构的炒作周期报告都指出，"敏捷架构" 的概念正处于期望膨胀的顶峰。

34　除其他外，见 Meyer（2014）和 McConnell（2019）。

35　在 EA 学术文献中找到的为数不多的关于敏捷企业架构的明确定义之一，将其描述为"将敏捷方法的原则注入并管理企业架构建模和重新设计工作的过程，以缩短开发时间"（Thummadi 等人）。同样，Gartner 分析师对敏捷架构给出了如下定义："敏捷架构指的是接受敏捷原则和价值观的架构实践，这些原则和价值观能够持续交付有价值的软件，并帮助架构师与敏捷应用开发和 DevOps 团队保持一致（Santos 和 Allega，2018，第 28 页）。"

36　Mintzberg 等人（1994）很早就认识到，不同的组织需要数量不同的规划。

37　正如 Mintzberg 等人（1998，第 15 页）解释说，"任何关于战略规划的讨论都不可避免地以'针无两头利'结束。与战略计划的存在相关的每一个优势，都对应着一个相关的缺点或劣势"。因此，战略规划及规划的过程"对于组织而言，缺失和存在同样影响深远"（Mintzberg 等人，1998，第 18 页）。

38　Manwani 和 Bossert（2016）的调查显示，23.3% 的组织不使用敏捷交付，27.2% 的组织在大多数项目中使用敏捷交付，49.5% 的组织仅在 fast-moving 应用程序中使用敏捷交付。

企业架构实践的生命周期

第 18 章讨论了企业架构实践的技术方面，包括相关的建模语言、软件工具和许多其他有用的技术。本章将重点介绍企业架构实践生命周期的不同阶段，包括在组织中启动企业架构实践，实现企业架构实践的成熟度，以及利用外部企业架构咨询公司来增强企业架构实践。特别地，本章将首先讨论从头开始在组织中建立企业架构实践的合适方法，以及提升组织接受程度的不同方法。接下来，本章将描述衡量企业架构实践的成熟度的问题、评估其成熟度的不同方法以及成熟度作为可持续竞争优势因素的作用。最后，本章将讨论三种类型的高效的企业架构咨询活动，以及客户组织和企业架构咨询公司之间的不同类型的反作用关系。

19.1　在组织中建立企业架构实践

从前面几章中可以明显看出，企业架构实践代表了一个非常复杂的由相关流程、人员与复杂的技术、各种专业和通用软件工具（见图 18.6）支持的企业架构工件（见表 6.1 和图 6.1）。企业架构实践意味着组织中发生深刻而深远的变化。特别是，它在组织参与者之间重新分配权力和权威，修改了大多数与 IT 相关的决策程序，并需要与常规管理流程进行有机集成。

由于其固有的复杂性和广泛的组织影响，一个成熟的企业架构实践不可能在一天、一周甚至一个月内快速地引入组织中。相反，企业架构的实践是随着时间的推移而逐渐建立起来的，在某些情况下，特别是在大公司，可能需要几年的时间才能成熟到一个合理的水平。它们需要密集的组织学习，并且经常经历一个漫长而坎坷的进化路径，从有限的局部活动到全面的组织范围内的实践。组织一个成熟的企业架构实践需要大量的时间和精力来启动必要的与企业架构相关的流程，调整流程以适应组织现实并制度化流程，即让这些流程成为日常行政活动的重要组成部分，或者说"我们在这里做事的方式"[1]。

此外，即使企业架构实践需要架构师，它也不能仅仅通过雇用一个架构团队来立即"开启"。企业架构实践很难仅由架构师的努力来启动。相反，建立企业架构实践需要强有力的组织授权和执行承诺，以及业务领袖对各自企业架构相关流程的积极参与。与此同时，由于企业架构实践代表了整个组织系统有纪律的决策，因此不可能成为一个独立于组织系统的架构师（例如仅仅通过获得企业架构证书或在一个不渴望启动实践企业架构的组织中创建企业架构工件），就像在一个没有任何政治机构和选举的国家中不可能成为一名政治家一样。从本质上说，架构师的工作只存在于企业架构实践中，在此之外并不存在。因此，在一个组织中建立企业架构实践的问题可以看作一个"鸡和蛋"的问题，这需要双方同时采取主动，即最高层的执行任务是赞助企业架构相关流程的引入，并派遣能够组织和实施这些流程的熟练架构师。

然而，似乎每一个具有相当规模的 IT 领域的组织至少在某种形式上都可以从使用企业架构和建立企业架构实践中获益。如前所述，目前企业架构被世界各地不同规模和行业的公司广泛采用。从这个角度来看，组织采用企业架构实践可以比作个人学习外语。这两项任务都是有益的，完全可行，但需要承诺和努力，不应该被肤浅地对待。

可以说，在组织中建立企业架构实践的最实用的方法是在负责组织企业架构实践的指定企业架构领导者（例如首席信息官、架构经理或有行政管理经验的架构师）的一般指导下，通过逐步掌握和制度化相应类型的企业架构工件的使用，将其元素逐步引入组织结构。同时专注于掌握单一类型的企业架构工件，或少量可管理的企业架构工件似乎更合理和更安全。在这种情况下，一个成熟的企业架构实践可以随着时间的推移顺利地建立起来，作为一系列增量的组织改进，并行地包含不超过一种或几种类型的企业架构工件。由于掌握每种类型的企业架构工件都需要大量的个人和组织学习，因此尝试同时引入太多不同的企业架构工件可能会压倒利益相关者，超出他们的能力，并破坏整体工作。

为了介绍、掌握和制度化对特定类型的企业架构工件的有组织的使用，应解决其使用的以下方面：

- 应确保对引进这些工件的高管的支持和授权，例如 CIO 对以 IT 为重点的企业架构工件的授权和首席业务高管对以业务为重点的企业架构工件的授权（见图 8.1）。
- 应该获得相关利益相关者对将这些工件用于有纪律的决策的承诺。
- 架构师应该被任命拥有这种类型的企业架构工件，并对它们的可用性承担一般的责任，例如通过创建和抛光它们的标准化模板（见图 18.8）。
- 应该围绕这些工件组织一致的流程，例如在所有关键利益相关者的参与下，定期开发、更新、审查和重新批准。
- 如果组织中不存在适用于此目的的治理委员会，则应建立正式批准和支持这些工件的架构治理机构，并安排定期会议（见图17.6）。

- 应该为这些工件所代表的规划决策引入适当的执行机制（仅针对决策企业架构工件，参见表2.1），例如正式的治理程序，对"下游"企业架构工件的同行评审，或对IT项目团队的直接监督。
- 使用这些工件所获得的有价值的组织利益应该得到感知、理解和广泛的认可。

例如，如果一个组织想要引入和掌握业务能力模型，那么应该获得业务高管对采用业务能力模型来集中和优先考虑IT投资的承诺，并且应该分配或雇用一些架构师来创建和维护这些企业架构工件。应该组织起涉及所有业务领袖的优先级确定的集体流程并持续执行，以绘制热图业务能力模型。应该成立一个C级战略委员会，以正式认可业务能力模型和相应的投资优先事项。最后，应该修改现有的IT投资选择和审批程序，以考虑到业务能力模型中所反映的战略优先事项。在新的IT投资优先级方法的有效性和透明度得到认可，业务高管开始相信"它有效"后，可以认为完全掌握业务能力模型的使用。

同样地，如果一个组织想要引入和掌握技术参考模型，那么CIO和其他高级IT利益相关者对采用技术参考模型来标准化和整合技术组合的承诺应该得到保护，一些架构师应该被提名为这些企业架构工件的所有者。应该定期组织和执行技术评估和审查流程，以基于集体智慧确定新兴的和即将退役的技术，然后相应地更新技术参考模型。应该成立一个由CIO担任主席的全组织范围的技术委员会，以正式批准技术参考模型和关于在新IT项目中技术的选择和使用的各自建议。最后，应该引入非正式的同行评审、正式的批准和异常管理程序，以确保所有的IT计划都符合技术参考模型的建议。当新的有纪律的技术选择方法带来的更好的协同性、降低风险和其他组织效益得到重视并变得不言而喻时，就可以认为完全掌握了技术参考模型的使用。图19.1是通过逐步引入和掌握新型的企业架构工件，实现企业架构实践的建立的一般流程。

在大公司中，首先在单个业务单元或区域中引入和掌握必要的企业架构工件，然后将这些实践复制到其他单元或区域，并将它们提升到组织范围的级别，也可能更实际。由于引入任何大规模的组织变革往往与重大风险相关，因此与企业架构相关的规划实践在不同部门、地区或业务线之间的逐渐扩散可能被视为建立企业架构实践的更可取和更安全的方法。

图19.1中所示的掌握新类型的企业架构工件的连续流程只概述了在组织中引入和发展企业架构实践的一般推荐方法，但它没有指定应该首先或最后引入哪些特定类型的企业架构工件。从不同类型的企业架构工件的引入顺序的角度来看，可以通过两种不同的方法或路径来建立一个企业架构实践：历史路径和刻意路径。历史路径代表了数十年来一直以某种或其他形式使用企业架构的前沿公司的企业架构实践的历史演变，而刻意路径代表一个更有意识的方法来建立一个企业架构实践，这种方法通过已验证的企业架构最佳实践的存在，以及能够重现这些最佳实践的经验丰富的架构师的可用性来实现。

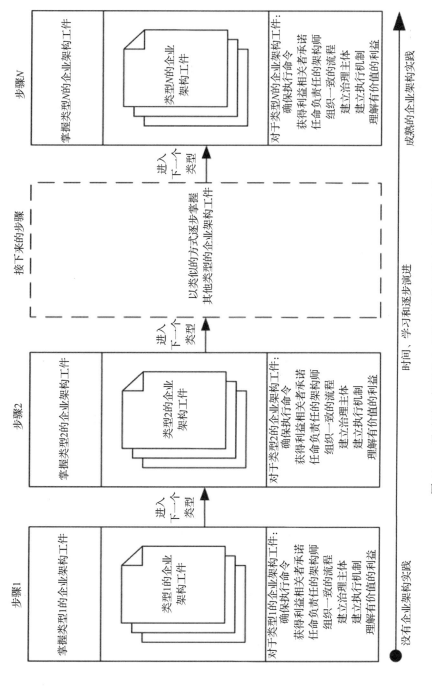

图 19.1　通过引入新型的企业架构工件来建立企业架构实践

19.1.1 建立企业架构实践的历史路径

建立企业架构实践的历史路径反映了在许多早期采用者组织（例如大型银行和保险公司）中建立企业架构实践的历史发展模式，这些组织长期以来一直在使用或试验现在所谓的企业架构，可能是在各种早期曾经流行的标题下，例如信息系统计划或信息系统架构。这些公司基本上处于企业架构进步的前沿，似乎基于自己严酷的实践经验和负面经验，开发了许多当前的企业架构最佳实践，并使用了许多广泛推广的基于架构的正式规划方法，例如BSP、信息工程、EAP，然后是 TOGAF[2]，如前面第 3 章所讨论的（从 BSP 到 TOGAF 的基于正式架构的规划方法的历史演变以及与这些方法相关的问题也在附录 A 中详细描述）。这些公司的历史路径可以说代表了整个行业所采取的主流路径并对应整个企业架构学科的当前形式和各自的最佳实践[3]。如前所述，本书中描述的企业架构最佳实践在该行业中出现和成熟。这些最佳实践似乎反映了沿着这条历史道路进行的持续进化流程的现状。

历史道路自然地从简单的活动和规划实践发展到更复杂的活动和规划实践[4]。简单地说，历史上最简单的做法首先出现并在组织中被采用，而最复杂的做法最后出现并被广泛接受。具体来说，最基本的企业架构相关实践显然与单独的 IT 计划的局部和有限范围的架构规划有关。将概要设计和详细设计作为计划交付流程的一部分（见图 6.1）。这些实践意味着为 IT 计划开发商业案例，以确保其积极的业务价值，并建立一个一致的逐步解决方案交付方法，使用许多决策门，或控制检查点，由相应的企业架构工件通知，以实现由此产生的 IT 系统的可预测质量。这些规划实践通常被统称为简单的解决方案架构。从历史的角度来看，这些做法似乎首先在组织中出现并被掌握了。

更复杂的企业架构相关实践与整个技术景观的技术方面的整体架构规划有关。将使用技术标准和技术景观作为技术优化流程的一部分。这些实践意味着要在整个组织范围内集中选择更好的技术和方法，对所有 IT 计划进行正式的架构审查、审批和后续监督，以及为架构计划提供单独的资助机制（参见表 7.1）。这些规划实践通常被统称为企业型或企业范围内的 IT 架构。从历史的角度来看，这些实践似乎是在解决方案架构实践之后出现并掌握的。

最复杂的企业架构相关的实践与整个组织的业务方面的整体架构规划有关。将经营考量和业务愿景作为战略规划流程的一部分。这些实践意味着高级业务和 IT 利益相关者之间的建设性战略对话，拟议 IT 投资的集体优先级，以及首席执行官级别的直接架构治理。这些规划实践通常被统称为"真正的"企业架构。从历史的角度来看，这些实践显然是最后出现的，即使许多企业架构实践相当成熟的公司目前仍然没有完全掌握。建立上述企业架构实践的历史路径如图 19.2 所示。

由于图 19.2 中所示的历史路径反映了从最简单的活动到最复杂的规划实践的自然进程，因此这条路径可以说是组织可以遵循的最简单和风险最小的路径。从掌握概要设计和详细设计开始，然后逐渐采用技术标准和技术景观，最后引入经营考量和业务愿景（见图 19.1）。

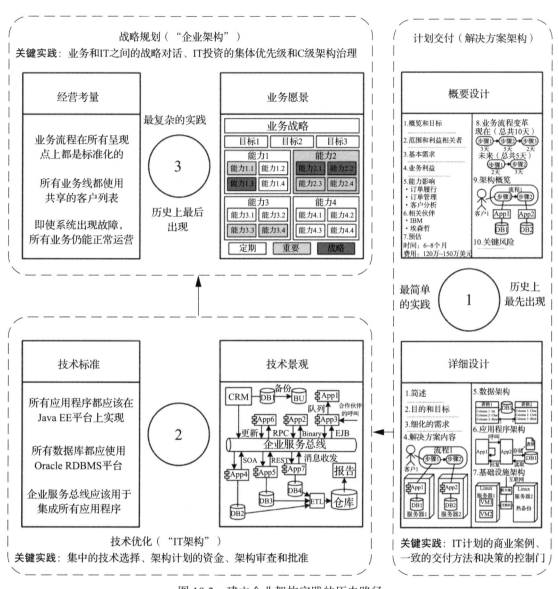

图 19.2 建立企业架构实践的历史路径

19.1.2 建立企业架构实践的刻意路径

从历史上看，随着这些实践慢慢出现并在整个行业中传播，组织采用企业架构相关的规划实践。一旦这些实践得到了架构社区的广泛认可和接受，领先的公司似乎就引入了新型的企业架构构件和各自的规划活动。本质上，在过去，由于在许多领域缺乏一致的企业架构最佳实践，组织在选择企业架构相关的规划方法方面基本上受到了限制。从这个角度来看，以前的公司必须从掌握特定的概要设计和详细设计开始，仅仅因为更先进的规划实践（例如与使用全局长期规划的经营考量和业务愿景相关的项目）当时不存在、不发达或不被充分理解。然而，目前对公认的企业架构最佳实践的理解，使我们能够更有意识地选择适当的规划方法，并为从零开始在组织中启动企业架构实践开辟了更好的道路。

建立企业架构实践的刻意路径是一条较新的道路，它得益于大量已验证的企业架构最佳实践的清晰理解，以及在就业市场上熟悉这些最佳实践的经验丰富的架构师的可用性。基本上，刻意路径利用了以前许多公司和架构师在信息系统规划的未被探索和危险领域已涉足的路径。历史路径可以被描述为保守的、被动的和描述性的，而刻意路径则代表了一种渐进的、主动的和规定性的方法。

当不同类型的企业架构工件被视为解决企业架构业务问题的工具时，建立企业架构实践的新的、可以说更有效的、尽管可能也更危险的、深思熟虑的途径是基于使用企业架构工件来解决问题的想法。具体来说，概要设计和详细设计提供了适当的工具来解决与 IT 计划的低效、不可预测和延迟交付相关的业务问题，以及对其真正的业务影响和价值的误解。技术标准和技术景观有助于解决业务问题，这主要与过高的 IT 支出和风险、较低的组织敏捷性和对遗留系统的过度依赖有关。最后，经营考量和业务愿景为解决 IT 投资的有效性和透明度不足、数据可用性差以及 IT 投资业务和 IT 之间的整体战略失调问题提供了合适的业务解决方案。企业架构工件的不同子类型所解决的更具体的问题与这些工件所支持的典型决策高度相关（见图 15.5）。例如，业务能力模型和价值链主要解决 IT 投资与战略业务能力和活动相结合的问题，而技术参考模型解决由技术不受控制的扩散导致的一系列问题，例如高维护成本。

由于每种类型的企业架构工件都有助于解决特定的业务问题或一组密切相关的问题，因此组织可以通过引入企业架构工件来开始实践企业架构，这些工件根据其感知的优先级直接解决其最紧迫的业务问题。为此，高级业务和 IT 主管首先应该清楚地认识到为什么在他们的公司中建立了企业架构实践，以及它打算解决什么具体的组织问题。要确定困扰其组织的最关键的 IT 相关问题，业务人员和 IT 领导应该共同回答以下问题："我们与 IT 相关的最大业务问题是什么？"企业架构实践的下一步和一般路径将在很大程度上取决于这个问题的答案。

如果高管首要关心的是 IT 预算主要用于保持可用系统的启动和运行[5]，那么引入新的 IT 系统非常昂贵，而现有的系统则非常难以调整，IT 无法适应不断增长的业务需求，或者由许多遗留应用程序组成（例如继承自早期收购的其他公司）的当前的技术景观带来了巨大的商业风险，那么组织应该考虑通过引入和掌握技术标准和技术景观来开始其企业架构实践，通过降低技术景观的整体复杂性来解决这些业务问题，即从启动技术优化流程并使其制度化开始。例如，组织可能需要创建清单和技术参考模型来跟踪可用的 IT 资产和所使用的技术，绘制景观图以理解现有应用程序和数据库之间的依赖关系，建立一般的 IT 原则和更具体的指南，以标准化构建和组织 IT 系统的首选方法。该组织可能还需要开发 IT 路线图来简化和合并平台，以规划对重复的 IT 资产和过时科技的报废。如果需要改进的数据集成，那么组织可以考虑创建逻辑数据模型，以标准化跨整个技术景观的核心数据实体的结构。

如果高管最关心的是业务不了解 IT 在做什么和如何花费，那么 IT 投资很少或没有战略影响，现有技术景观无法支持设想的战略规划的实现或对业务目标的总体贡献是微不足道的，那么组织应该考虑通过引入和掌握企业架构实践的经营考量和业务愿景，通过改善业务和 IT 之间的战略一致性和连贯性来解决这些业务问题，即从启动战略规划流程并使其制度化开始。例如，组织可能需要开发总体原则，以阐明 IT 的最基本需求，创建业务能力模型或价值链，以实现围绕 IT 投资的长期优先级进行有纪律的决策，并制定更详细的投资路线图。如果需要对 IT 领域进行相当重大的改变，那么组织可以考虑制定明确的目标状态，以表明未来的 IT 投资应该导入哪里。可以通过维护对 IT 的必要规范进行明确规定的策略来解决对更好的安全性或法规遵从性的需求。

最后，如果高管的主要问题是太多的 IT 计划未能实现预期的业务改进和好处，大多数 IT 项目大大超过他们最初的时间和成本估计，不成功的项目记录非常多或 IT 部门往往无法履行其承诺，那么组织应该考虑通过引入和掌握概要设计和详细设计来开始其企业架构实践，通过改进 IT 计划的初始评估和后续交付来解决这些业务问题，即从"修复"开始，并实现计划交付流程的更好可预测性。例如，对于每一个 IT 计划，组织可能需要首先开始开发选项评估，以确定业务高管对可用计划实施方案的偏好；然后是更详细的解决方案概述，以便实现基于计划的好处和成本的知情决策，然后是技术初步解决方案设计，来改进和确认早期的估计；最后是低级解决方案设计，来精确地描述如何解决相应的业务需求。

基于与 IT 相关的最严重的业务问题的识别和优先级确定，组织可以选择并引入适当类型的企业架构工件，以帮助解决这些问题，如上面的示例所述。在这种方法中，企业架构实践的实际开发路径总是特定于情况的，直接由各自的业务问题驱动，并与组织的特定需求紧密一致。与建立企业架构实践的线性历史路径不同（参见图 19.2），刻意路径在本质上是灵活的和适应性的。它没有提供组织中应被掌握的预定义的企业架构工件最佳序列，而是建议引入不同的企业架构工件，基于其感知的必要性来解决相应的组织问题。建立上述企业架构实践的刻意路径如图 19.3 所示。

从解决最紧迫的业务问题开始企业架构实践，可以先收集"很少的成果"，并实现相对快速的胜利，以激发高管对企业架构的兴趣。使用企业架构工件来解决具体的高优先级业务问题，有助于立即证明企业架构实践的业务价值，并提升架构师在业务领导眼中的可信度和权威。通过展示他们改善业务的能力，架构师可以获得值得信赖和有价值的业务合作伙伴的声誉。与此同时，从不相关的协同和不适当的企业架构工件开始企业架构实践很容易破坏整个计划。例如，如果企业高管渴望改善其投资之间的战略一致性和长期业务目标，但企业架构实践在他们的组织已经开始引入技术标准和技术景观，那么早期的企业架构努力只能被视为一个额外的负担、无用的文书工作和无用的徒劳的官僚机构，而不是作为一个有效的实际业务问题的解决方案。在这种情况下，对企业架构业务的高层支持和赞助很可能会停止。

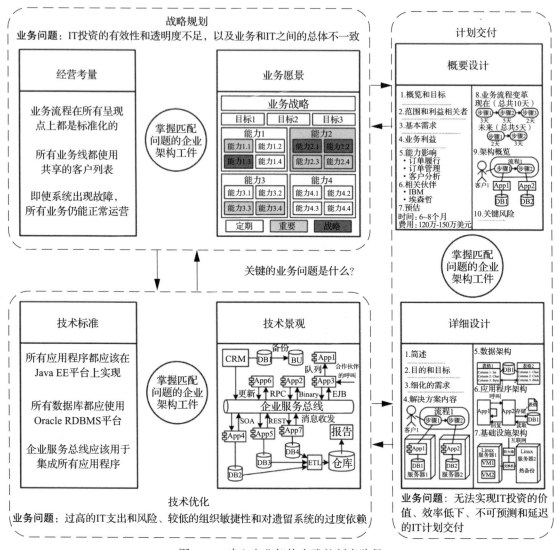

图 19.3 建立企业架构实践的刻意路径

基于解决问题理念的刻意路径可以说为在组织中建立企业架构实践提供了一种更有效和增值的方法，尽管这种方法可以被认为风险更高，并且需要有经验的架构师精通不同类型的企业架构工件。这种刻意路径似乎已经被许多晚期大众公司所遵循，他们最近通过利用企业架构社区积累的专业知识而采用了企业架构。

19.1.3 促进企业架构实践的组织接受度

启动企业架构实践需要对许多既定的决策流程进行重大变革，并需要大量的组织学习。此外，企业架构实践还意味着多个不同利益相关者的支持和积极参与，以及不同业务和IT

决策者之间的权力再分配。不出所料，引入企业架构实践的尝试往往面临着组织对变革的阻力，以及相关参与者对采用相应的规划方法的抗拒。

许多相关的参与者，特别是业务经理，可能几乎不了解什么是企业架构、它是如何工作的以及它打算做什么。术语"企业架构"可以被业务领袖解释为纯粹技术性的、与他们的工作无关的东西。因此，与企业架构工件合作并参加与企业架构相关的活动对许多关键利益相关者来说似乎很可怕。然而，可以采取一些措施来促进组织对企业架构实践的接受，并尽量减少相关参与者的不适 [6]。

第一，架构师应该避免 IT 混乱表达，并始终努力使他们的语言和术语适应受众的特定需求。架构师的直接责任是找到对不同的利益相关者可以接受和可以理解的适当的沟通方法。例如，如果高级业务利益相关者积极地使用特定的决策框架或参考模型来讨论他们的问题［例如增长份额（Boston Consulting Group，BCG）矩阵或供应链运营参考（Supply Chain Operations Reference，SCOR）模型］，然后架构师在与企业高管的对话时应该尝试吸引相同的模型和术语。理想情况下，架构师应该本质上像变色龙一样，能够很容易地改变他们的"颜色"以适应周围的环境。这种适应性允许不同的利益相关者，特别是高级业务领袖，能够使用他们的常规词汇表轻松地参与企业架构相关的活动。

第二，除了专门为架构师设计的高度专门化的企业架构工件外，所开发的工件应该使用简单和直观的表示格式，以避免过度的笨拙和复杂性。所有的企业架构工件都应该很容易被基本利益相关者理解，而难以理解的企业架构工件只会吓跑人们，并导致人们对企业架构的普遍失望。这种关注与高级商业领导尤其相关，他们通常很难理解正式的图表和模型。因此，所有面向业务受众的企业架构工件都应该尽可能地直观。创建简单易用的企业架构工件可以最大限度地减少总体混乱和利益相关者掌握企业架构工件所需的学习成本。

第三，每一种新类型的企业架构工件都应该引入背后的潜在动机。由于大多数"通用"企业架构工件最终都会变成无用的文书工作，因此应该始终清楚地理解为什么要创建特定的企业架构工件，谁将使用它，该工件打算如何创建、何时创建以及创建何种规划决策。此外，企业架构工件应该为其典型的受众和目的进行不断的优化，例如应该添加利益相关者通常寻求的必要信息，并删除不相关的、不可理解的或冗余的部分。开发对未来使用有明确想法的企业架构工件，可以将企业架构实践放在更实用的"轨道"上，确保生成工件的可用性和实用性，并避免为了架构而生成架构的常见问题。

第四，如前面所讨论的，组织应该逐步掌握新型的企业架构工件，而不要尝试同时引入超过一种或几种不同类型的企业架构工件（见图 19.1）。这种方法可以帮助参与者在很大程度上保持在正常的舒适区内，尽量减少相关的压力和不确定性，避免过度的组织干扰，并确保有足够的时间使各自的规划实践完全制度化 [7]。

第五，在可能的情况下，架构师应该尝试利用和调整作为当前决策流程一部分的现有文档，用于企业架构相关的目的，而不是将这些文档放到一边，用全新的企业架构工件替换它们。例如，如果一个组织已经使用某种形式的非架构建议文档来证明新的 IT 项目，那么这些文档可以通过添加新的架构信息，甚至使用具有最小的流程变更和组织干扰的解决方案概述。类似地，如果价值链已经在一个组织中被用作其业务高管之间的战略沟通的工具，那么这些价值链就可以被架构师利用，并转化为业务和 IT 之间的战略沟通的工具，即转变为架构价值链。由于业务领导熟悉价值链，利益相关者可能会急切地接受这些适应价值链作为有用的决策工具和用于关注和优先投资，这可能是一个更好的方法来建立业务和 IT 之间的战略对话，而不是引入不熟悉的业务能力模型用于相同的目的。利用现有的文档并将它们转换为企业架构工件可以简化它们的组织接受度，使学习曲线变平，并有助于顺利采用各自的规划实践。

第六，如前所述，组织不应该通过为企业架构安装专门的软件工具来开始他们的企业架构实践，除非相关的架构师已经有使用这些工具的经验。使用复杂且不熟悉的软件工具可能会将架构师的注意力从解决真实的组织问题（例如，如何实现充分的利益相关者参与）转移到次要的纯技术问题（例如。如何正确地设置和配置该工具）[8]。此外，大多数公司已经有了一些基本的软件支持，足以满足企业架构实践的早期阶段，例如将 MS Office 套件作为创建企业架构工件的工具包，将 MS SharePoint 作为存储企业架构工件的共享文档存储库，或将 CMDB 作为现有 IT 资产的综合数据库（见图 18.6）。

第七，还可以通过组织适当的培训来促进组织对企业架构实践的接受，以告知所有相关参与者企业架构实践的目标以及他们在相应规划协同中的具体角色[9]。一个组织应该能够为企业架构工件的所有利益相关者提供及时的支持，并回答他们关于企业架构实践的所有问题。

最后，如前所述，从识别和解决与 IT 相关的最关键的业务问题（见图 19.3）开始企业架构实践，有助于实现早期的胜利，展示企业架构的业务价值，并获得高层更多的支持和赞助。换句话说，从企业架构实践中实现的切实利益提高了高级业务利益相关者的热情，而这反过来又推动了企业架构实践的进一步发展。

19.2　企业架构实践的成熟度

作为一种复杂而全面的组织实践，企业架构实践不能简单地"引入"或在有限的时间内迅速建立。建立一个成熟的企业架构实践需要大量的时间和精力，以调整实践以适应组织需求，优化所使用的企业架构工件套件，围绕这些工件严格制度化相应的流程，并将其与其他决策流程充分集成。换句话说，构建一个成熟的企业架构实践意味着完成掌握必要的企业架构工件的完整路径（见图 19.2 和图 19.3），然后进一步对实践进行微调，以在所有方面完美地适合组织，例如框架、文化、风格和架构敏捷性的级别（见图 18.13）。这个流程可能很长，通常数以年计，而不是数月或数周。例如，在小型组织中，从零开始建立一个相当成熟的企业架构实践可能需要大约两年的时间，而在大公司中，这一流程可能需要长达几年的持续工作。然而，成熟的企业架构实践会有回报，并为组织带来显著的好处[10]。

19.2.1 企业架构实践成熟度评估中存在的问题

组织中企业架构实践的整体成熟度很难客观地衡量或评估[11]。首先，从企业架构实践的核心意义和目标的角度来看，其成熟度主要取决于业务和 IT 利益相关者之间达成的真正协调和合作质量，而不是任何正式的因素或标准，例如，某些企业架构工件的存在、特定流程的执行或架构治理机构的存在。如前所述，企业架构实践中的所有这些元素只代表了提升交流的方法（见图 3.1），但它们很容易被模仿，无法提升交流质量。换句话说，所有典型的企业架构工件、流程和治理机构可能已经到位，但出于多种微妙的原因，业务和 IT 利益相关者之间的实际参与仍然相当差。企业架构实践旨在提高的协同和决策的质量是非常多方面的、无形的，本质上是主观的。出于这个原因，它不能用简单的检查表、结构化的问卷或调查来可靠地测量，即使可观测的外部因素和真正的内部质量之间肯定存在一定的相关性。

其次，在两个不同的"正交"维度上，组织中的企业架构实践的成熟度通常是不平衡的。一方面，某些类型的企业架构工件可以比其他类型更好地被掌握。因此，构成企业架构实践的三个企业架构相关的流程中的一些流程（见表 6.1 和图 6.1）可能比其他流程要成熟得多。由于不同类型的企业架构工件和相关流程在很大程度上代表了完整企业架构实践的独立组成部分，因此它们本质上有自己的特定类型和特定流程的成熟度。例如，一个组织可以完全掌握技术标准、技术景观、概要设计和详细设计（即有相当成熟的技术优化和计划交付流程），但仍然没有掌握经营考量和业务愿景的使用（即有一个不成熟的战略规划流程）。此外，出于前面讨论的历史原因（见图 19.2），在大多数公司中，计划交付往往是与企业架构相关的最成熟的流程，而战略规划往往是最不成熟的流程。因此，讨论三个企业架构相关的关键流程中每一个的成熟度比从整体上讨论企业架构实践的成熟度更有意义。

另外，在许多组织中，特别是在大型和分散的组织中，企业架构实践在不同的业务单元或领域中具有不同的成熟度水平。例如，在某些业务线中，所有三个企业架构相关的流程可能都是成熟的，而在其他业务线中，只有计划交付和技术优化，甚至可能只有计划交付是相当成熟的。在高度分散的组织中，企业架构实践通常也是高度分散的，由与业务单元紧密相关的不同架构师组执行（见图 17.3 和图 17.4），可以在不同的业务单元中根据其特定需求和问题引入不同的企业架构相关的规划方法。此外，在大公司中，很少同时将各种企业架构相关的规划技术引入所有业务单元，而是经常在一些业务单元进行试点和测试，然后传播到其他单元，如前所述，这自然导致跨组织不同部分的企业架构实践的成熟度不同。在这些情况下，讨论企业架构实践在特定业务单元中的成熟度比讨论其在组织范围内的成熟度更有意义。

19.2.2 企业架构实践的成熟度评估方法

由于上述组织中与评估企业架构实践成熟度相关的问题，其成熟度仍然是一个相当有条件和难以捉摸的概念。然而，一些松散的想法仍然有助于评估企业架构实践成熟度的不同方面。尽管这些方法本身都不完整或充分，但它们结合在一起可能为理解企业架构实践是否成熟提供了坚实的基础。

　　由于企业架构实践的各种元素都容易被模仿，因此对其成熟度的评价应该集中在目的而不是手段上。换句话说，有前途的评估方法应该尝试衡量企业架构实践的核心结果（例如业务和 IT 之间的相互理解），而不是它的一些外围方面（例如，企业架构工件的质量或会议的频率）。例如，从其最终目的的角度来看，一个组织中企业架构实践的成熟度可以通过向其业务高管提出以下或类似的问题来进行最佳评估：

- 你明白 IT 在做什么吗？
- 你是否了解 IT 如何有助于实现你的业务目标？
- 你是否了解你的 IT 预算用在了哪些特定的项目上？
- 你明白 IT 是如何改变你的业务的吗？
- 你了解 IT 给你的组织带来了哪些业务价值吗？

　　如果这些问题在高管级别的业务受众中得到了肯定的答案，那么企业架构的实践就可以正常工作，实现其主要目的，并真正帮助一个组织对齐业务和 IT。然而，如果这些问题的答案是否定的，那么无论雇用了多少架构师、创建了多少企业架构工件以及进行了多少次会议，企业架构实践都不能被认为是成功的。

　　由于许多甚至大多数组织似乎都沿着共同的历史路径发展了企业架构实践（见图 19.2），因此这条路径可以作为一个特定的"成熟度模型"来评估行业中的企业架构实践。这条历史路径意味着三个不同的阶段，即首先是计划交付，然后是技术优化，最后是战略规划流程被制度化。因此，可以把这三个阶段看作企业架构实践所倾向发展的三种不同的成熟度级别。尽管这个模型肯定不是完美的，而且可能不适用于某些组织（例如，从零开始进行企业架构实践的组织，见图 19.3），它仍然可以帮助许多公司确定其在企业架构成熟度曲线上的大致位置。

　　此外，企业架构实践的成熟度也表现出了几个重要的迹象，可用这些迹象来评估组织中企业架构实践在正确方向上的整体进展。第一，在成熟的企业架构实践中，由 CSVLOD 模型定义的所有六种通用类型的企业架构工件（即经营考量、技术标准、业务愿景、技术景观、概要设计和详细设计）已被掌握。如前所述，与这些通用类型相关的特定企业架构工件可能是高度组织特定的，但所有这六种类型都应该由一些履行相应角色的工件充分表示。重要的是，企业架构实践的成熟度意味着掌握和使用合理数量的适当类型的企业架构工件，这些工件是解决关键的 IT 相关组织问题所必需的（参见图 19.3），通常是 10 ~ 15 种不同的类型，而不是尽可能多的不同类型的企业架构工件。简单地说，成熟度意味着使用"恰好足够"的正确企业架构工件，而非多多益善。

　　第二，在成熟的企业架构实践中，所有与企业架构相关的流程都是可预测的和可重复的。每个与企业架构相关的流程都被明确定义，并与作为其常规输入或输出的特定标准化类型的企业架构工件相关联。此外，每一个与企业架构相关的流程都始终遵循所有相关决策者的参与，并使业务和 IT 利益相关者之间有充分的参与。在成熟的企业架构实践中，所有企业架构相关的流程的参与者都清楚地理解这些流程的意义和目的，以及潜在的企业架构工件在这些流程中的作用。成熟企业架构实践的许多参与者能够准确和明确地描述各自的流程和工件[12]。

第三，成熟的企业架构实践非常重视企业架构工件和企业架构相关流程的优化。特别是，架构职能部门定期（通常是每年）对现有企业架构工件和流程的质量进行正式审查和评估。作为这些讨论的一部分，识别出低效率和改进的机会，并相应地规划出纠正措施。对当前企业架构工件及其模板的定期审查有助于使其信息内容和表示格式与其利益相关者的信息需求保持一致，并保持其总体充分性。

第四，成熟的企业架构实践依赖于企业高管和架构师之间的直接和开放的对话。业务高管和架构师都学会使用一种共同的语言，并将彼此视为合作伙伴（而不是同行），而不是雇用专门的协作经理来促进沟通（见图 16.4）。在成熟的企业架构实践中，架构师清楚地理解业务经理的目标和关注点，而经理则欣赏架构师对实现其目标的贡献。因此，双方获得了更高水平的相互理解、信任和尊重。

第五，在成熟的企业架构实践中，IT 投资组合中紧急计划和局部计划的总体比例（见表 7.1）往往低于来自同一行业部门的较不成熟的对应项目。一方面，在成熟的企业架构实践中，越来越多的业务需求是在战略规划流程中提前确定的，并作为规划好的 IT 计划放在相应的路线图中。由于与业务利益相关者之间的更好的协作，成熟的企业架构实践基本上将许多紧急计划转化为可预见的局部计划（见图 7.3），并确保它们与现有战略规划保持一致。另一方面，成熟的企业架构实践有助于主动识别未来 IT 投资的战略机会，并以自顶向下的方式推出更多的 IT 计划（战略性和基本性的计划），从而减少响应性局部计划的数量。然而，无论成熟度如何，仍然不能完全避免紧急和局部计划，特别是在动态行业，例如零售。

最后，在成熟的企业架构实践中，战略 IT 投资的总百分比往往高于同一行业部门的那些不太成熟的对应项目[13]。所有提议的 IT 计划的业务价值在一开始就得到更好的评估和理解。因此，具有重大战略贡献的计划得到鼓励，而只带来边际长期利益的计划受到阻碍。此外，如前所述，成熟的企业架构实践通常更明确地管理架构债务（见图 18.12），并使用 IT 投资组合质量的一些数值度量来定量估计、监控和控制战略 IT 投资的总体比率（见图 18.7）。这些努力最大限度地利用了战略投资的 IT 预算，尽管非战略 IT 投资仍然不能完全避免。

重要的是，企业架构实践的成熟度主要不是表现在做一些特殊的活动、遵循更复杂的流程或创建更高级的企业架构工件上，而是表现在以更系统、更可预测的方式把普通的事情做得更好。从这个角度来看，可以将一个成熟的企业架构实践比作一个运行良好、微调和自我优化的时钟机制，其中所有的操作都是简单的，但都经过了适当的打磨、得当的安排和完美的相互协调。

19.2.3　企业架构实践的成熟度作为可持续竞争优势的一个因素

在 21 世纪，打包好的系统、硬件基础设施和外包 IT 服务基本上都成为标准商品，并且所有市场参与者随时能以相对较低的价格获得。这些资源无处不在，它们本身不能为任何组织提供显著的竞争优势[14]。定制的战略信息系统和创新的技术应用可能会带来可观的业务收益，并提高组织在市场上的竞争地位。然而，在大多数情况下，这些系统和创新很快就会被竞争公司快速复制或模仿，只会给原始创造者带来暂时的竞争优势[15]。此外，同样的逻辑也适用于特定的业务产品和服务。这些新产品或服务在被领先组织作为高度创新或战略引入后，很容易被所有主要市场参与者模仿，成为行业标准的主流产品，对于最初发明并将其引入市场的组织来说，它们逐渐失去了战略价值。

出于这个原因，今天的可持续竞争优势不是来自特定的 IT 系统、业务产品或服务，而是来自在业务绩效的各个方面持续超越竞争对手的能力，例如，更好地了解客户的需求，更快地响应这些需求，提供更好的服务质量或提供更便宜的产品。从本质上说，在 21 世纪，组织之间的竞争是其管理模式和方法之间的竞争，而不是像以前那样是其产品和服务之间的竞争[16]。目前，从长远来看，管理的整体质量可以被认为是决定组织绩效的最重要竞争因素。

类似地，目前使用 IT 所带来的持续竞争优势也主要来自比竞争对手更好地管理 IT 的能力，或者，换句话说，来自拥有更优秀的 IT 能力[17]。此外，由于现代企业中业务和 IT 的实际融合，当今 IT 管理是一般组织管理的重要组成部分。IT 管理的质量是整体管理质量的一个重要组成部分。反过来，企业架构实践代表了 IT 管理、企业架构实践（或企业架构能力）的质量，以及 IT 交付和支持的质量（见图 17.1）的一个关键要素，定义了组织的 IT 能力，并有助于提升 IT 管理的整体质量[18]。通过提高管理质量，企业架构实践允许组织在系统的基础上超越竞争对手，并在市场上获得持久的竞争利益，例如，卓越的运营能力、客户亲密关系或产品领导能力（见图 3.2）。从这个角度来看，企业架构实践的成熟度可以被视为决定组织持久竞争优势的多重因素之一。企业架构实践的成熟度作为可持续竞争优势的一个因素的作用如图 19.4 所示[19]。

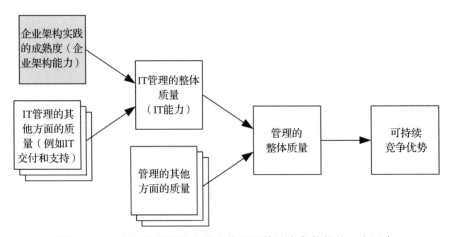

图 19.4　企业架构实践的成熟度作为可持续竞争优势的一个因素

作为一种可持续竞争优势的来源，企业架构实践的成熟度本质上代表了一种有价值的组织资产或资源，只有通过深思熟虑和坚持不懈的努力才能获得。此外，它还需要大量的时间投资来开发或培育。与特定的商业理念、产品或服务不同，它不能轻易地从其他公司获得、复制、模仿或"窃取"。出于这些原因，在 21 世纪，企业架构实践的成熟度可以被认为是可持续竞争优势的一个因素，是市场竞争成功的组成部分之一。

19.3 企业架构实践和企业架构咨询

企业架构一直与咨询实践密切相关[20]。从历史上看，信息系统规划服务似乎是由几乎所有自信和有远见的 IT 咨询公司提供的[21]。如前所述，所有众所周知的综合信息系统规划方法都是由咨询公司推动的。从 IBM 在 20 世纪 60 年代末引入的开创性的 BSP 方法开始，随后所有基于架构的规划方法都是由咨询公司和个别顾问推广的，例如，Arthur Andersen 的 Method/1，James Martin、Clive Finkelstein 和附属咨询公司的 Information Engineering。类似地，第一个明确使用术语"企业架构"的基于 BSP 的规划方法——企业架构规划也得到了顾问的推广。当时，许多甚至大多数公司都没有自己的内部架构师或专门的 IT 规划师[22]。

从咨询的角度来看，信息系统规划的实践，以及后来的企业架构的实践，实际上相当于有时间限制的咨询协作，或一次性规划项目，在这些项目中，顾问在相应的分步规划方法（如 BSP 或 EAP）的指导下，研究客户组织，分析其业务战略和 IT 环境，开发理想化的架构，定义所需的长期目标状态，并仅因创建全面的文档或企业架构工件而获得报酬[23]。不出所料，当时的顾问经常宣称组织有必要"创建"架构，最好有他们的参与，并宣传"拥有"架构而不是将它用于沟通和决策的好处，仿佛详细架构的存在在某种程度上自动地使组织受益[24]。然而，如前所述，从 BSP 到 TOGAF，各种略有不同的基于架构的正式规划方法中所体现的规划方法被证明是无效的，而且在大多数情况下，只产生了大量对客户公司几乎没有价值的神秘架构文档[25]。从财务的角度来看，这些规划的约定完全是客户组织的损失，但对咨询公司来说则是毫无风险的利润[26]。因此，这种咨询服务在市场上受到咨询公司的积极推广，尽管它们明显没有实际效果[27]。

此外，这种顾问驱动的、基于协作的规划方法基本上意味着将组织信息系统的规划协作完全外包给外部咨询公司，并为顾问提供了许多进行不受控制的操纵甚至滥用其客户的机会。第一，咨询公司和客户组织之间的关系往往是短期的，在规定的架构交付成果完成后就结束了。在这些情况下，咨询公司自然只是为了"销售"更多的文件，而不是为了真正意义上改进信息系统规划。因此，顾问们基本上既不关心这些文件如何使用，也不关心它们的实际质量[28]。

第二，在咨询公司与其客户、这些信息系统以及后来的企业架构之间的长期关系中，规划协作经常被咨询公司用作销售更多自己的产品和服务的载体。例如，与供应商相关的咨询公司经常使用折扣甚至免费的规划协作作为售前机会，推荐自己的软件产品或硬件设备。同样，大型 IT 服务公司也经常使用规划协作来确保进一步的盈利合同，以开发和支持该公司所创建的架构规划规定的 IT 系统 [29]。

第三，咨询公司经常试图将相同的架构计划转售给多个客户组织，同时将其定位为特定于客户的（不幸的是，这个技巧不仅被企业架构咨询公司使用）。在这些情况下，最初由咨询公司为一个客户开发的架构规划随后在不考虑其独特背景的情况下，在进行微小调整后被转售给可能面临类似问题的其他客户（例如来自同一行业的客户）。不出所料，咨询公司制定的昂贵的"定制"规划可能根本不适用于它们的客户 [30]。

最后，咨询公司经常滥用流行的流行词"企业架构"（以及以前的流行词，如"信息工程"），来营销和销售它们以新颖夺目的标题提供的任何服务，从而增加赢得和签订合同的机会 [31]。因此，各种广泛的 IT 服务在市场上被定位为"企业架构咨询"，有时在所推广的东西和实际提供的东西之间几乎没有联系 [32]。从本质上说，任何从开发全面组织范围的架构计划到独立 IT 项目的规划和实施，都可以以吸引人的企业架构品牌进行销售，从而对这个术语造成相当大的混乱 [33]。

然而，目前企业架构咨询的行业形势似乎正在好转。一方面，BSP 在大约 50 年前开创的正式规划方法的根本无效性，目前由许多咨询公司和专家（如 TOGAF）仍在积极推动的多种衍生逐步企业架构方法所代表，可以说在组织中得到了广泛的理解。尽管如今许多成功的企业架构实践仍然在 TOGAF 和其他流行的企业架构框架的"招牌"下运作，但这些框架的实际处方从未被架构师认真对待，也不会在任何意义上影响他们的实际活动 [34]。企业架构社区并没有遵循古老的循序渐进的企业架构方法来生成不可用的文档，而是最终开发了本书中描述的一套一致的规划最佳实践，并证明了它们在组织中的有效性。

另一方面，企业架构学科的本质也发生了显著的变化。从最初主要基于短期规划协作的咨询驱动的学科开始，企业架构转变为成熟的内部组织实践 [35]。大多数公司都意识到，它们只能外包信息系统的交付，而不能外包战略规划。此外，如今，行业似乎也普遍承认，任何静态架构规划，即使是最高质量的，最多也只能带来有限的价值，而规划的真正价值只有通过将严格有序的规划流程嵌入组织决策机制才能实现 [36]。因此，发达国家的大多数大型甚至中型公司现在倾向于组建自己的永久架构团队，负责信息系统的规划，而不是依赖外部咨询公司的服务来代表自己进行规划。

尽管前企业架构和企业架构的咨询实践在历史上普遍无效，但目前企业架构咨询仍然在企业架构学科中扮演着重要的角色，并形成了一个独立的数十亿美元的全球市场 [37]。目前，大多数全球供应商和国际咨询公司提供各种咨询服务，包括埃森哲、凯捷、高知特、德勤、DXC Technology、EY、HCL Technologies、惠普、IBM、Infosys、毕马威、微软、甲骨文、普华永道和 TCS[38]，更不用说无数的局部、利基市场和精品的企业架构咨询公司了。然而，企业架构咨询现在的实际角色与它以前历史上不可信的传统角色有很大的不同。特别是，今天的企业架构顾问通常致力于补充内部架构师，而不是代替它们完成规划。许多公司的架构职能现在雇用内部和外部架构师一起合作，并形成对组织有利的协同伙伴关系[39]。内部架构师构成了一个架构团队的永久框架，了解其组织的需求和细节并保护其利益不受外部操作的影响，同时咨询架构师提供更广泛的前景，了解最新的行业趋势、最佳实践和技术，并以他们的专业知识丰富组织。

　　从客户的目标、意义和组织影响的角度来看，客户公司和企业架构咨询公司之间的生产关系可以松散地分为三种主要类型的咨询协同：基于计划的协同、战略协同和发展协同。

19.3.1　基于计划的协同

　　基于计划的协同是企业架构咨询协同，即客户组织雇用外部架构师来计划并监督特定IT计划的实施。在这些情况下，咨询架构师的参与通常是因为他们对组织缺乏足够内部专业知识的特定技术有深入的了解，或者只是为了在积极的IT投资和激烈的IT驱动转型期间增加更多的能力并适应启动IT计划的短暂高峰。这些咨询协同本质上是组织的一种相当昂贵的方式，它可以用额外的人力来临时扩展必要的技能和经验。

　　在这种类型的协同中，企业架构顾问基本上履行了解决方案架构师的角色（见图16.1），在内部企业架构师、业务领域架构师和领域架构师的监督下工作，并且只参与计划交付流程（见图16.3）。他们的角色意味着领导概要设计的开发，然后为独立的IT计划设计，解决业务愿景建议的特定业务需求，利用现有的技术景观，并调整组织范围内的经营考量和技术标准。此外，企业架构顾问在这些活动中的角色通常还意味着参与实际的解决方案实施活动，至少以某种形式，通常是通过监督和支持协同团队提供相应的IT解决方案。这些咨询协同的最终结果要么是部署和运行IT系统，要么至少是在系统开发周期的后期阶段，此时所有架构上的重大问题和风险都已得到充分解决。

　　基于计划的协同使组织能够在高度特定的、外部的解决方案、产品或技术方面填补知识空白，在必要时吸引具有所需能力的有经验的架构师，并快速适应高"季节性"工作量。这种类型的接触可以被视为客户公司和企业架构咨询公司之间最基本、最短期和最常见的关系形式。

19.3.2　战略协同

　　战略协同是企业架构咨询协同，即客户公司聘请外部架构师来帮助规划其长期发展或其IT领域的全局重组。在这些情况下，咨询架构师通常参与其中，要么因为他们在特定业务和行业部门进行大规模IT驱动转换的重要经验，要么因为他们对特定创新或颠覆性技术的战略业务潜力有良好的理解。这些咨询协同为组织提供了极好的机会，让它们了解使用IT来实现业务运营的最新行业趋势，并重新思考IT在其商业模式中的一般作用。

　　在这种类型的协同中，企业架构顾问基本上履行了企业架构师、业务领域架构师或领域架构师的角色（见图16.1），与内部架构师密切合作，并积极参与战略规划和技术优化流程（见图16.3）。它们的作用意味着，通过提出与全球行业转型方向一致的有效的长期战略，促进经营考量和业务愿景的发展，并利用它们对这些领域的最新技术发展、供应商产品和各自最佳实践的广泛知识，为技术标准和技术景观的发展作出贡献。尽管这些咨询协同通常会导致一些企业架构工作的创建或更新，以及一些 IT 计划的启动，但这些协同所预期的最关键的结果是将知识从企业架构顾问转移到内部架构团队。

战略协同使组织能够成为正在进行的全球行业转型的一部分，与最新的浪潮和技术进步的革命保持联系，增强和更新具有宝贵外部能力的内部架构团队的技能。这种类型的协同可以被视为客户公司和企业架构咨询公司之间的一种相当先进的、甚至是战略性的合作形式。

19.3.3　发展协同

发展协同是企业架构咨询协同，指客户组织雇用外部架构师来帮助建立、发展或改进其内部企业架构实践、架构职能和企业架构相关的流程。在这些情况下，咨询架构师通常参与其中，因为他们了解使用企业架构的现有行业最佳实践，以前在组织架构职能、增强企业架构相关流程以及提高业务和 IT 之间对话的质量方面有经验。这些咨询协同自然支持公司努力开始实践企业架构或将其当前的企业架构实践发展到更高的成熟水平，例如优化现有的企业架构工件或建立一个成熟的战略规划流程（见图 19.2）。

在这种类型的协同中，企业架构顾问基本上履行了架构经理的角色，组织企业架构实践的有效工作，定义适当的架构职位及其职责，建立和微调战略规划、计划交付和技术优化流程（见图 16.3）。他们的角色意味着监督、管理甚至经常为不同的架构职位雇用内部架构师，涉及与企业架构相关的决策流程中的所有相关利益相关者，并实现支持这些流程的所有企业架构工件的高质量。这些咨询活动的最终结果是组织企业架构实践及其流程的定性改进，以及知识从企业架构顾问到内部企业架构领导者的转移。

发展协同允许组织在其内部的企业架构专业知识不足或完全缺乏时，从零开始实践企业架构，改进现有的企业架构相关流程，并采用最新的行业方法和最佳实践。然而，如前所述，企业架构实践需要深思熟虑的组织学习，不能在没有内部参与者的真正承诺下，仅通过聘请最好的企业架构顾问在有限的时间内建立或改进。这种类型的协同可以被认为是客户公司和企业架构咨询公司之间最先进的合作形式。除了帮助个别组织促进企业架构实践，发展协同还促进了在更广泛的企业架构社区内的知识交流，整个行业的实践经验的传播和一致的企业架构最佳实践的积累。

19.3.4　与咨询公司的建设性和反建设性关系

如上所述，客户组织和企业架构咨询公司之间的建设性关系可以松散地分为基于计划的协同、战略协同和发展协同。这三种类型的高效企业架构咨询协同分别映射到相应的企业架构相关流程，如图 19.5 所示。

发展协同
（顾问是用来帮助建立和发展组织内部的企业架构实践的）
动机：从零开始建立一个企业架构实践，或者在缺乏足够的内部
企业架构专业知识的情况下改进现有的实践
角色：顾问充当企业架构实践的架构经理
结果：企业架构实践的定性改进，以及从顾问到内部企业架构领
导者的知识转移
咨询架构师

战略协同
（聘请顾问协助规划IT科技的长远发展或重组)

动机：紧跟技术进步和最新行业趋势的潮流

角色：顾问扮演企业架构师、业务领域架构师
或领域架构师的角色

结果：知识从咨询架构师转移到内部架构团队

基于计划的协同
（聘请顾问来计划和监督具体的IT计划的实施）

动机：填补高度具体的技术领域的知识空白，
或适应暂时的工作量高峰

角色：顾问充当解决方案架构师

结果：实现的IT解决方案，或后期开发阶段的
解决方案

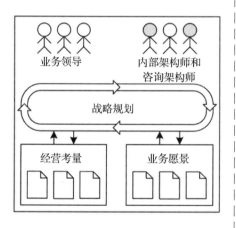

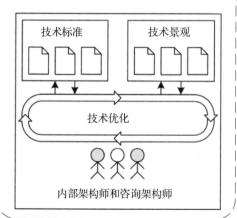

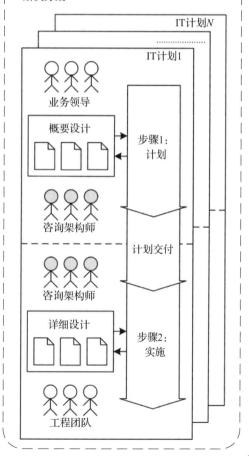

图 19.5　三种高效的企业架构咨询协同

尽管企业架构咨询可以提供有价值的知识投入，为组织带来显著的好处，补充和丰富内部企业架构专业知识，并支持内部企业架构实践，但与企业架构咨询公司的某些类型的关系可能被认为是非建设性的，甚至对客户公司有害。这些类型的协同似乎仍然被许多企业架构顾问和大师广泛提供，但在大多数情况下，组织应该避免，往好了说是不增值，往坏了说是有害的。

首先，许多咨询公司仍然充分利用推广和销售基于项目的面向文档的企业架构咨询，高度类似于臭名昭著的老式 BSP 研究，也就是，顾问对组织进行几个月的分析，制作一套全面的所需文档，领取工资，然后离开组织。如前所述，这种方法从未特别好地运作（至少对客户公司），通常只会生成大量无用的文档[40]。这种类型的企业架构咨询只会浪费金钱，只会诋毁"架构"一词，甚至会破坏在组织中建立企业架构实践的所有进一步尝试[41]。因此，公司应该避免将架构文档定位为其主要输出的企业架构咨询协同[42]。相反，成功的咨询协同主要导致知识和能力从企业架构顾问转移到内部架构师，或者至少在基于计划的协同的情况下，为特定的业务需求提供切实的 IT 解决方案（见图 19.5）。

其次，组织应避免以一种类似于 IT 交付和支持的方式，将其企业架构实践完全外包给外部咨询公司的诱惑[43]。客户组织和企业架构咨询公司之间的这种合作伙伴关系是不平等的，本质上使这些组织处于严重依赖其咨询公司的次要地位。与 IT 交付和支持职能不同，架构职能是一种不应该外包的战略性组织职能。由于许多与企业架构相关的规划决策在本质上具有高度的战略性，因此这些决策应该由组织本身做出，而不是由某些第三方代表组织做出[44]。简单地说，通过将自己的企业架构实践委托给外部的企业架构咨询公司，公司基本上开始实施这些咨询公司的业务战略，而不是自己的战略。此外，如前所述，将企业架构实践委托给外部咨询公司创造了充足的滥用机会。例如，如果一家企业架构咨询公司与一家特定的技术供应商相关联，那么该公司很可能会导致其依赖的客户组织进入供应商锁定的情况[45]。因此，公司应避免对企业架构咨询公司的过度依赖，限制顾问对其企业架构相关决策流程的影响，并将自己的永久架构团队作为企业架构实践的核心。强大的内部架构团队可以维护真正的组织利益，而阻止不受控制的外部咨询公司的规划决策，并保护组织免受企业架构顾问和专家的操纵与威压。本质上，从信息系统规划的角度来看，内部架构团队对于维护组织的"主权"是必要的。通常，架构团队的大多数成员应该是组织的永久员工，而不是外部企业架构顾问。

最后，几乎很少或没有理由聘请外部企业架构顾问来开发事实企业架构工件（见表 2.1），例如当前状态的景观图或清单。这些工件在概念上很简单，并不包含任何规划决策，仅通过记录现有的 IT 环境，就可以以一种相当直接的方式进行开发（见图 2.7）。虽然最初的开发可能耗时和乏味，但它不需要太多的具体知识、深刻的专业知识或特别高的资格。由于外部企业架构顾问对组织来说往往比内部架构师更昂贵，因此在大多数情况下，聘请企业架构顾问开发事实企业架构工件在经济上是低效的，只有当内部企业架构的专业知识不足以胜任这个简单的活动时，外部顾问在经济上才可能合理，例如内部架构师缺乏任何使用专门的软件工具的经验。

19.4　本章总结

本章讨论了企业架构实践在组织中的启动、接受度和成熟度，以及外部咨询公司在企业架构实践中的角色，包括不同类型的企业架构咨询协同、客户公司和企业架构咨询公司之间的建设性和非建设性的关系。本章的关键信息可概括为以下基本要点：

- 组织中的企业架构实践无法通过雇用架构师"一蹴无就"，需要相当大的努力密集的组织学习，可能需要长达几年的时间来建立并且完善必要的企业架构相关流程。
- 建立企业架构实践最实用的方法是在指定的企业架构领导的指导下，通过掌握和制度化相应类型的企业架构工件的使用，逐步将其元素引入组织机体。
- 建立企业架构实践的历史路径反映了企业架构相关活动从简单活动到更复杂活动的自然演变，而刻意路径则代表了经验丰富的架构师的可用性和经过验证的企业架构最佳实践。
- 通过许多措施，可以促进组织接受企业架构实践，包括避免不必要的 IT 混乱表达，为企业架构工件使用直观的表示格式，利用现有的决策文档，避免复杂的企业架构工具，提供适当的培训和演示早期的成果。
- 虽然企业架构实践的成熟度很难被客观地衡量，但它可以用许多方法进行大致的评估，例如评估实践的结果，将实践与共同的历史进化路径相匹配，并观察几个成熟的特征迹象。
- 作为一种不易被其他公司获取、复制或模仿的资源，企业架构实践的成熟度代表了一种成熟的战略资产，可以被视为可持续竞争优势的一个重要贡献因素。
- 建设性的企业架构咨询活动可分为基于计划的协同（顾问规划和监督单独的 IT 计划的实施）、战略协同（顾问帮助规划组织的长期发展）和发展协同（顾问帮助建立或改进内部企业架构实践）。
- 基于项目的面向文档的协同、专注于事实企业架构工件的协同，以及企业架构实践完全外包给外部咨询可以被视为客户组织和咨询公司之间非建设性的关系。

19.5　注释

1　企业架构实践的制度化与有效性间的正相关关系得到了 Weiss 等人（2013）的统计证实。

2　无数证据表明，许多公司都曾对企业架构进行过尝试，通过一系列不成功的尝试艰难地建立了自身的企业架构实践，并对架构方法进行了多次重组，最终以目前的形式建立了成功的企业架构实践。这些企业的企业架构计划之所以失败，似乎是受到了企业架构框架错误建议的误导。但由于企业架构有着巨大潜力，这些计划又重新启动了（Zink，2009）。Holst 和 Steensen（2011，第 17

页）报告说，尽管企业架构工作最初失败了，但"（在所研究的 4 家公司中）并没有一项企业架构计划被完全终止，相反，这些计划被重新设计或重新确定了优先次序。这可能表明，组织能够看到企业架构的潜力，但在兑现这一潜力时遇到了困难"。"在经历了几次广为人知的企业架构项目失败，并耗费数百万美元后，该组织最终重组了企业架构工作，并任命了新的领导层"（Hobbs，2012，第 85 页）。同样，Wierda（2015，第 29 页）报告说，他"在一家企业看到，在 6 年内，中央企业架构职能重组了 4 次。这种模式随处可见"。2011 年，Gartner 估计，"多达 25% 的组织可能处于这种重启状态"（Burton 和 Bittler，2011，第 2 页）。有趣的是，Earl（1996，第 55 页）此前也曾报道过关于信息系统规划方法的类似观点："然而，许多采用有效的组织方法的公司，几乎都是在其他方法失败后，通过反复试验才取得成功的"。

3　可以说，至少出于三个不同的原因，导致现在已不可能追溯构成当前企业最佳实践的具体做法究竟起源于何时何地。首先，对不同历史时期行之有效的基于架构的规划实践没有可靠的实证研究。其次，一个企业架构实践本质上代表了多个相关子实践的集合，这些子实践似乎是在很长一段时间内先后出现的，而非同时作为一个单一的大爆炸式管理创新出现的。最后，管理创新的引入通常是一个渐进和分散的过程，没有明确的起点和终点。Birkinshaw 和 Mol（2006，第 82 页）报告说，"我们研究的大多数管理创新都需要数年时间才能实施，在某些情况下，根本无法准确说出创新究竟是何时开始的"。

4　这里描述的建立企业架构实践的历史路径得到了一些资深架构师的证实，在文献中也得到了一些明确的证实。Wagter 等人（2005）系统地描述了 21 世纪初行业中存在的企业架构最佳实践。可以说，这些实践与"计划交付"和"技术优化"流程的组合非常相似，但却缺少了最先进的"战略规划"流程，这似乎是因为当时该流程尚未在业界形成。此外，历史路径与 Ross 等人（2006）（第 4 章和第 5 章）描述的企业架构成熟度阶段和相应的架构管理实践高度相关。Barrera 等人（2011）所描述的 Intel 企业架构实践的演变发展与这一历史轨迹也非常相似。

5　不同的调查资料来源提供了不同的估算数据，说明一般企业用于维持现有系统和"维持正常运营"所需的 IT 投资在 IT 预算中所占的比例，包括 39.6%、40.5%、42.0%、48.9% 和 54.1%（Kappelman et al，2018；Kappelman 等人，2017；Kappelman 等人，2020；Kappelman 等人，2019）、62%（Weill 等人，2009）、63%（Weiss 和 Rosser，2008）、66%（Weill 等人，2008）、60%～69%（Weill 和 Woerner，2010）以及 71%（Weill 和 Ross，2009）。

6　Ahlemann 等人（2012b）介绍了其他一些促进接受和应对企业架构实践阻力的方法。

7　从组织理论的角度来看，一个组织改变和采用新做法的能力是有限的，取决于其吸收能力（Cohen 和 Levinthal，1990；Szulanski，1996；Zahra 和 George，2002）。

8　如前所述，这一建议与 Lapkin 和 Allega（2010）以及 Basten 和 Brons（2012）的建议一致。Lapkin 和 Allega（2010，第 8 页）"建议首次开展企业架构工作时避免对企业架构工具进行投资，因为这往往会鼓励将重点放在工具上，而非架构上"。同样，Basten 和 Brons（2012，第 220 页）认为，从简单的工具开始企业架构实践是可取的，这样可以"使相关人员参与者将注意力集中在企业架构概念上，而不是新软件上"。

9　Hazen 等人（2014）通过统计证实了培训与组织对企业架构接受度间的正相关关系。

10　多项调查（Bradley 等人，2012；Bradley 等人，2011；Burns 等人，2009；Lagerstrom 等人，

2011；Ross 和 Bcath，2011；Ross 和 Beath，2012；Ross 和 Weill，2005）在统计上证实，企业架构实践的成熟度（尽管对成熟度的标准可以有不同的、相当宽泛的解释）与使用企业架构带来的各种效益间存在正相关关系。

11　文献中提出了许多不同的企业架构成熟度模型（Meyer 等人，2011；Salmans，2010；Vallerand 等人，2017）。这些模型（Behara 和 Paradkar，2015；DoC，2007；GAO，2003a；GAO，2010；NASCIO，2003；OMB，2007；OMB，2009；Schekkerman，2006b；Vail，2005）大多模仿著名的五级能力成熟度模型（CMM），该模型最初由 Carnegie Mellon University 的软件工程研究所（SEI）于 20 世纪 80 年代末开发，用于评估软件开发流程（Humphrey，1988；Humphrey，1989a；Humphrey，1989b）。所有这些成熟度模型都纯粹是推测性的、非经验性的。它们在很大程度上是基于企业架构框架的错误观点，并不能反映真实公司中的实际情况，也没有成功应用的实例，从实践角度而言，无异于科幻小说。即使是专门为联邦企业架构（FEA）项目开发的企业架构成熟度模型（GAO，2003a）也被证明不足以评估美国不同政府部门和机构的企业架构实践的成熟度。皆因这些企业架构实践虽然满足了不同的成熟度标准，均匀地分布在不同的成熟度阶段。但却并没有像成熟度模型所暗示的那样形成按部就班的阶段顺序（GAO，2006；GAO，2008）。因此，这一企业架构成熟度模型被重新定位为"一个灵活的参考框架，应该以对每个组织的独特事实和情况有意义的方式加以应用"（GAO，2011b，第 9-10 页），而且从那时起，其"并无意被视为唯一的基准工具，用于告知和理解一个组织迈向架构成熟的历程"（GAO，2011b，第 10 页）。与此同时，MIT 的信息系统研究中心（CISR）开发出四阶段企业架构成熟度模型（Ross，2003；Ross，2004；Ross 和 Weill，2002c；Ross 和 Weill，2006），以及 Ross 等人（2006）对该模型的最广泛描述，尽管该模型以证据为基础并经过实证，但它评估的是企业技术景观的成熟度，而不是作为一组企业架构相关流程及其质量的企业架构实践本身的成熟度。此外，这种模式似乎只与许多组织早期遵循的历史路径相关（见图 19.2），但可能不适合遵循新的深思熟虑的路径的公司（见图 19.3）。

12　这一观察结果与早先的发现高度相关，即有效 IT 治理的最重要预测因素是能够准确描述其 IT 治理的高级管理人员的百分比（Weill，2004；Weill 和 Broadbent，2002；Weill 和 Ross，2004；Weill 和 Ross，2005）。

13　据 Gartner 估计，"拥有成熟企业架构团队的企业在'维持正常运营'方面的支出减少了 20%，而在转型项目上的支出则增加了 28%"（Burke 和 Smith，2009，第 1 页）。

14　Carr（2003）等人详细讨论了最基本的 IT 资源快速商品化以及这些计算资源的竞争价值正在消失的问题。

15　20 世纪 80 年代初，特定的战略信息系统和技术的创新应用被认为是组织竞争优势的潜在来源（Benjamin 等人，1984；Cash 和 Konsynski，1985；Clemons，1986；Ives 和 Learmonth，1984；McFarlan，1984；Parsons，1983；Rackoff 等人，1985；Wiseman，1988；Wyman，1985）。然而，后来由于它们易于被模仿，因此这种优势的短暂性已广为人知（Cecil 和 Goldstein，1990；Galliers，1993；Hopper，1990；Karpovsky 等人，2014；Peppard 和 Ward，1999；Peppard 和 Ward，2004；Ross 等人，1996；Senn，1992）。

16　Pfeffer（1994，第 16-17 页）认为，"当竞争成功的其他来源变得不那么重要，组织、员工及其工作方式仍然是关键的、与众不同的因素"。同样，Davenport 等人（2003b，第 60 页）也注意到，"如今，产品创新很快就会被轻易复制，因此，管理创新成为企业脱颖而出的重要途径"。

17　Hopper（1990）、Ross 等人（1996）、Peppard 和 Ward（1999）以及 Peppard 和 Ward（2004）都承认了这一事实。

18　Feeny 和 Willcocks（1998）早就将架构规划确定为管理 IT 所需的九大核心能力之一。

19　Ahlemann 等人（2020）也提出了一个高度相似的模型，解释如何通过实践企业架构来实现业务价值。

20　其他研究人员也较早注意到企业架构与咨询之间的密切历史关系。Langenberg 和 Wegmann（2004）对早期企业架构出版物的回顾认为，企业架构学科主要由咨询公司推动。同样，Khoury 和 Simoff（2004，第 65 页）认为，"企业架构的当代方法在很大程度上被咨询业所劫持"。

21　Meiklejohn（1986）的调查显示，仅在英国，至少有 26 家大中型咨询公司以某种形式提供信息系统规划服务。这些公司包括 A.T.Kearney（现为 Kearney）、Stoy Hayward（现为 BDO）、Arthur Young（现为 EY 的一部分）、James Martin Associates（现为 Texas Instruments 的一部分）、Hoskyns Group（现为 Capgemini 的一部分）、Index International（现为 DXC Technology 的一部分）、Logica（现为 CGI 的一部分）、Touche Ross（现为 Deloitte 的一部分）、Arthur D. Little（品牌仍存）、Price Waterhouse 和 Coopers & Lybrand（现为 PwC 的一部分）、KMG Thomson McLintock、Peat Marwick Mitchell 和 Nolan，Norton & Company（现均为 KPMG 的一部分）。此外，信息系统规划咨询市场也在蓬勃发展："几乎 60% 的咨询公司报告说，在过去三年中，规划任务的增长率高达 50%，40% 以上的咨询公司报告说增长率更高。仅在 1985 年，就有超过 90% 的咨询公司表示增长率高达 50%"（Galliers，1988，第 188 页）。随后，Spewak 和 Hill（1992，第 297 页）提供了"为企业架构规划提供促进性咨询支持的部分公司名单"，其中包括 33 家全球和本地咨询公司，并与上述公司部分重合。

22　Cresap、McCormick 和 Paget（Hoffman 和 Martino，1983）对 334 家实行信息系统规划的美国组织进行的调查表明，这些公司中只有 14% 聘用了专门的 IT 规划人员，而在这些组织中，信息系统规划大多由高级 IT 经理负责。10 年后，Finnegan 和 Fahy（1993）对 105 家爱尔兰大型公司进行的调查表明，这些公司中有 43.6% 常设有信息系统规划组。

23　McNurlin（1988，第 10 页）对 Atkinson、Tremblay & Associates 公司的一个架构项目做了如下描述："公司的核心研究小组由 6 名公司人员和 3 名 Atkinson Tremblay 人员组成。他们为这个项目工作了 8 个月。首先，他们创建了理想的目标架构。其次，他们制定了公司能够落地的实用目标架构。最后，他们起草了实施架构的五年迁移路径。"同样，EAP 方法的积极支持者 Spewak 和 Tiemann（2006，第 12 页）也认为，"企业架构规划应被视为一种项目活动，通常需要 6 ～ 8 个月的时间，而且通常会向支持企业架构实施的决策者提交一份最终决定是否实施的报告"。

24　1988 举行了一次题为"创建你的信息系统架构"的行业会议，据报道，与会顾问进行了如下对话（McNurlin，1988，第 10 页）："若无外部帮助，有可能创建信息系统架构吗？一家咨询公司的总裁 Joseph Izzo 认为不能，因为这涉及企业文化的改变。内部人员无法挑战企业文化，但外部人员可以。内部人员认为有些规则是他们不能打破的，而外部人员则可以质疑一切。Izzo 告诉我们，最终，内部人员常常陷入如何做事的讨论中；外部人员则会将注意力重新集中在应做何事上。"

同样，Kanter 和 Miserendino（1987，第 25 页）宣称，"拥有一个架构比以往任何时候都更加重要"。同样，Ernst and Young（现为 EY）的信息工程咨询部经理 Cheung（1990）在讨论信息系统规划的误区时，基本上把规划问题等同于创建适当架构计划的问题（获得管理层的支持、确定规划方法及其可交付成果、选择正确的范围和详细程度），但却完全忽略了与所执行计划后续使用相关的问题，认为这些问题与规划无关。

25　关于早期的基于架构的规划方法，Tozer（1988，第 61 页）报告说，"20 世纪 70 年代，某些企业犯了一些错误，当时在没有明确定义结果的情况下就启动了大型的'架构项目'，有时甚至持续两年或更长时间，但却没有产生任何有商业价值的成果"。随后，Osterle 等人（1993，第 xi 页）报告了在接下来的 10 年中观察到的类似情况："20 世纪 80 年代，许多企业（通常是在外部顾问的帮助下）花费巨资开发了企业级信息系统架构，但现在企业发现自己的处境几乎没有改变：应用程序积压、用户部门不满意和其他问题。信息系统架构并未解决这些问题，这令人失望。"Reponen（1993，第 202 页）对一家芬兰大公司的外部顾问进行的 BSP 研究做了如下描述："1984 年，外部顾问对 Finnpap 的数据处理部门进行了一次全面的 BSP 分析。但是，BSP 分析的结果没有得到有效利用。业务代表认为分析工作很辛苦，他们只记得访了谈和画了图，但不记得所有工作的成果。既没有高度的参与和互动，也缺少足够的现实意义。因此，这些计划被束之高阁，最终被遗忘了。"后来，Vivek Kundra 在谈到基于 FEAF 的联邦企业架构（FEA）项目时重复了完全相同的故事："我不断催促项目负责人：'我们得到了什么，我们得到了什么，我们得到了什么？'最终，这本书成为企业架构（Tucci，2011，第 1 页）。"另一位政府首席信息官也报告了一个类似的故事："是的，我们有企业架构。它被放在一个活页夹里，在我的书架上积满灰尘"（Burton，2011，第 6 页）。"Hartono 等人（2003）对 105 位 IT 规划人员的调查统计表明，外部顾问参与信息系统规划工作和使用正式的规划方法与最终计划的实际实施呈负相关。有趣的是，即使是顾问本身也承认综合架构计划最终会被束之高阁，例如 Atkinson（1992）。附录 A 详细讨论了从 BSP 到 TOGAF 等基于架构的正式规划方法的问题。

26　Galliers（1987c）指出，在接受调查的咨询公司中，只有 35% 的公司表示信息系统规划工作会被客户的组织评估。毫不奇怪，只有 7% 的外部顾问认为他们的规划工作在高级管理层看来是不成功的，而在内部 IT 规划人员中，这一比例为 42% ～ 59%（Galliers，1986；Galliers，1988）。

27　Kotusev（2016h）更详细地讨论了存在缺陷的基于架构的规划方法对咨询公司的惊人"效力"以及对客户组织的完全无效性。

28　Kemp 和 McManus（2009，第 21 页）描述了这种咨询方法："企业架构可以相对快速地生成。企业架构团队或许可以在 3 ～ 6 个月内制定出五年期 IT 战略。然后会发生什么？企业架构师是否会通过监控不同项目对企业架构的采用情况来测试他们的企业架构？根据我们的经验，他们不会这样做"。

29　Gartner 仍然提醒企业注意咨询公司的这些和类似"伎俩"（Blosch 和 Short，2012；Blosch 和 Short，2013；Lapkin 和 Allega，2010）。"大型系统集成商的咨询机构面临的挑战是，他们往往在寻找（并将企业架构定位在）有能力交付的后续项目。供应商组织面临的另一个挑战是，他们将通常免费提供的企业架构参与视为了解客户对产品需要的售前活动"（Blosch 和 Short，2013，第 3 页）。解决这一问题的建议方法之一是"从一开始就告知顾问，最好是写入合同，顾问一旦接受企业架构工作，就失去了参与企业架构工作可能带来的实施项目的资格"（Blosch 和 Short，2012，第 4-5 页）。有趣的是，甚至对 IBM 公司的 BSP 方法也有类似的报道，"BSP 方法不仅用于美国，还用于许多组织。鉴于与其他供应商相比，IBM 能够提供此类战略服务的附加值，它既是 IBM 大型机的营销手段，也是咨询工具"（Karpovsky 等人，2014，第 6 页）。Holcman（2015c）也强调了 BSP 以市场为导向的性质。

30 Dang 和 Pekkola（2016，第 6 页）最近报道的一个故事就说明了转售架构图纸的诀窍："某省使用发达国家的顾问作为其企业架构团队的成员。这些顾问使用了他们之前在另一个国家的项目成果，并将这些成果应用于该省。这样做的结果很糟糕。该省的一位环境评估工作人员说：'顾问根据他们以前在另一个国家的企业架构项目的经验，提出了 5 个关键项目。然而，结果表明，这 5 个项目中有 3 个在我们的社会技术环境中并不可行'。"

31 在管理咨询市场上，许多"热门"词汇也经常产生类似的效果。20 世纪 90 年代初，在 Hammer 和 Champy（1993）倡导的业务流程再造这一当时流行的管理风潮达到顶峰时，再造等同于多样化的管理实践，甚至被精明的管理者定义为"任何你想获得资金的项目"（Davenport 和 Stoddard，1994，第 121 页）。

32 在与企业架构咨询公司打交道时，为了避免混淆，Gartner 建议首先"确保候选公司（企业架构咨询公司）使用的企业架构定义与你自己的定义一致；否则，你可能最终只为一个部门制定了技术标准，而你真正想要的是与全企业关键业务流程相关的更优数据管理"（Lapkin 和 Allega，2010，第 3 页）。

33 可以说，"企业架构"一词长期以来语义定义不一致，甚至未出现一个被共同接受的定义，这都是由于对企业架构的过度炒作，以及众多出于商业动机的咨询公司和大师不负责任地滥用这一术语造成的。如前所述，企业架构有着五花八门的定义（Saint-Louis 等人，2013），企业架构代表的是项目（Alaeddini 和 Salekfard，2013）、计划（Levy，2014）、流程（Lapkin 等人，2008）、实践（FEAPO，2013）、学科（Gartner，2013）、分类法（Rico，2006）还是组织的基本结构（Ahlemann 等人，2012a）仍存争议。

34 我在之前的一些文章（Kotusev，2016a；Kotusev，2016d；Kotusev，2018）中更详细地讨论了这一现象。

35 2012 年的 Gartner 报告称，只有 20.8% 的企业架构实践组织使用了企业架构咨询公司的服务（Burton 等人，2012）。后来在 2014 年，有报告称美国 51.0% 的受访者和 EMEA（欧洲、中东和非洲）49.8% 的受访者已经使用或计划使用企业架构咨询公司（Brand，2014）。

36 如前所述，所有决策企业架构工具都必须由所有相关利益相关者合作开发，其价值主要在开发过程中实现，即严谨的集体决策过程本身比由此产出的工件更为重要（见图 2.7）。

37 在 2013 年，Gartner 估计全球十大企业架构咨询公司的总收入约为 20 亿美元，至 2015 年，九大企业架构咨询公司（Accenture、CSC、Deloitte、EY、HP、IBM、Oracle、PwC 和 TCS）的总收入估计约为 30 亿美元（Brand，2015）。同样，Forrester 在 2015 年估计企业架构咨询市场的总体规模约为 40 亿美元（Peyret 和 Barnett，2015）。Gartner（Brand，2015）和 Forrester（Peyret 和 Barnett，2015）对最大的企业架构咨询公司进行了概述、分析和比较。

38 有趣的是，这些公司中的许多公司（或其法律意义上的前身）早期都是前企业架构时代一些广为人知的、有缺陷的、基于架构的规划方法最积极的"发明者"和推手。IBM 以前推广过 BSP（BSP，1975；BSP，1984），Arthur Andersen（现为 Accenture）以前推广过 Method/1（Arthur Andersen，1979；Arthur Andersen，1987），而 Arthur Young（现为 EY 的一部分）以前推广过信息工程（Arthur Young，1987）。

39　Gartner 强调了内部客户架构师与外部企业架构顾问间合作的极强重要性，"Gartner 观察到一些客户由于对顾问的使用不当而使企业架构工作（以及任何后续尝试）脱轨。这种情况通常发生在客户聘请顾问'为其'而非'与其'一起进行架构设计时。客户若未积极参与企业架构工作，则会让企业架构工作失去与业务的关键联系"（Lapkin 和 Allega，2010，第 3 页）。外部企业架构顾问试图为客户组织制定一些架构规划，本质上等同于试图在没有真正利益相关者积极参与的情况下，代表他们制定企业架构决策，自然注定了要失败（见图 2.7）。

40　Lapkin 和 Allega（2010，第 6 页）以如下方式描述了这些以项目文件为导向的企业架构咨询工作："企业架构并非'项目'，也不应被视为'项目'。然而，许多咨询师却以'项目'为导向与客户展开合作。他们希望'我来了，我交付，我拿钱，我走人'（或者继续参与企业的下一个项目）。这并不适合企业架构项目的定位。我们看到许多企业在企业架构'项目'中花费大量资金聘请顾问。在大多数情况下，顾问以项目为导向的态度会影响到客户，当顾问离开时，客户组织会认为架构工作已经'大功告成'。在下一个'更新周期'到来之前，可交付成果都被束之高阁，无人问津。最终的结果是，花费了大量资金，却几乎未为企业带来任何价值。"

41　如前所述，从历史上看，架构的概念在很大程度上未被认可，"架构"一词在许多组织中甚至成了一个坏词（Bittler 和 Burton，2011；James，2008；Kappelman，2010；Ross 等人，2014）。

42　这些企业架构咨询工作可能仍会比没有合理的信息系统规划要好，且对某些特殊类型的组织——信息技术部门滞后、信息技术管理实践发展不足的小型、简单和静态公司——是有益的。Gunton（1989）早先就对 BSP 研究表达过这种观点。然而，此类咨询活动效率很低，并不适合绝大多数现代组织，不能被视为主流的企业架构"最佳实践"。

43　这一建议与 Gartner 早先的建议一致，即"引入企业架构咨询公司来补充企业架构计划，但永远不要将企业架构工作完全外包"（Lapkin 和 Allega，2010，第 1 页）。

44　Lapkin 和 Allega（2010，第 3 页）用以下方式描述了这种态度："虽然企业中有许多流程和职能都可外包，但是企业架构不在其列。将这一关键战略职能的责任和问责交给第三方，等同于放弃实现业务战略的责任。这绝不可取，因为企业架构对企业的成功至关重要。"

45　Lapkin 和 Allega（2010，第 4 页）对这种情况做了如下描述："许多软件或硬件供应商都开设了自有的咨询公司，并声称这类公司拥有独立的企业架构框架和流程，不会影响最终结果。事实上，这些框架大多提供预定义的最终状态，假定了你的业务需要与其产品完全匹配。与这类企业架构咨询公司进行架构上的合作应格外谨慎。企业架构流程旨在发现与所需目标状态最匹配的产品，而非与供应商产品组合最匹配的目标状态。切勿将发现企业未来状态答案的任务交给销售产品的供应商，因为这些产品不一定能满足你不断变化的需要。"

后　记

在本书中，我做出了相当大胆的努力，分析了使用企业架构的既定行业最佳实践，并对企业架构学科进行了全面的梳理。本书揭穿了围绕企业架构的许多广为流传的神话，并基于从数十个真实组织收集的经验证据，对企业架构实践进行了全面描述。

首先，本书批评了许多出于商业动机的企业架构"专家"积极推动的主流思想和观点，即流行的企业架构框架和其他类似的有缺陷的规划方法。其次，也是更重要的一点，本书提供了一个可靠的循证替代方案，以取代大量与信息系统规划的实际现实几乎没有关系或根本没有关系的流行企业架构相关秘方。在本书中，我试图直接基于行业的第一手经验数据，对当前企业架构最佳实践进行一致的、不受主流影响的概念化和丰富的描述。

希望本书能提供一个比大多数其他可用的企业架构来源所提供的更充分、更现实、更可行的企业架构实践描述，这是系统化、编纂和解释现有企业架构最佳实践所必需的描述，也是企业架构社区、从业者和学生真正应该得到的描述。此期待已久的描述志在推动整个企业架构学科向前发展，并最终将其从只有经验丰富的架构师才能理解的神秘工艺转变为一个神秘而成熟的职业。

作为本书的唯一作者，我是因这里提出的想法和材料的质量而受到指责或赞扬的唯一责任人。我很乐意收到本书读者的任何问题、评论、意见、反馈甚至批评。最后，如果读者能向我发送他们自己的观点、想法、改进建议、真实企业架构工件的样本或任何其他有助于提高书籍质量以在未来准备第三版的材料，那么我将不胜感激。

顺致敬意

斯维亚托斯拉夫·科图采夫（kotusev@kotusev.com）

附录 A *Appendix A*

企业架构的起源和现代企业架构最佳实践

本书的主要章节全面描述了利用企业架构改善业务和 IT 对齐的现有行业最佳实践。本附录将详细讨论现代企业架构学科漫长而错综复杂的历史，解释现有模式中已建立的企业架构最佳实践的起源，并澄清其与广泛讨论的企业架构框架的关系。特别是，本附录将首先描述从 20 世纪 60 年代至今基于架构的正式规划方法的历史演变。随后，本附录将讨论所有正式的基于架构的规划方法的三个共同问题，证明其实际并无用处，并分析这些方法在组织中的实际流行情况。最后，本附录的结论是：本书所描述的现代企业架构最佳实践是在业界（自然）出现的，与被广泛推广的企业架构框架无实际关系。

A.1 企业架构的起源：神话与事实

在企业架构界存在的一个长期的、被广泛接受的神话，它认为，整个企业架构学科起源于 John Zachman 于 1987 年在 IBM 系统杂志上发表的突破性文章 "A Framework for Information Systems Architecture"[1]，该文章介绍了第一个企业架构框架（Zachman 框架），随后为现代框架中所反映的当前企业架构最佳实践奠定了基础[2]，其中最引人注目的是 TOGAF[3]。具讽刺意味的是，对信息系统规划的当前和历史文献的基于证据的分析清楚地表明，没有什么比这更偏离事实了，而本书所描述的企业架构学科当前形式的真正起源以及相应的最佳实践，似乎可以用著名管理学者的话来解释：

"［管理学］经典通常不是从学者或顾问的著作中产生，而是从实践者对经济、社会和竞争挑战的反应中产生。"（Miller and Hartwick，2002，第 27 页）

一方面，早在 1987 年之前的计算机发展初期，各种咨询公司、大师和专家就已经提出了许多基于架构的信息系统规划方法和方法论。另一方面，所有这些提议的方法和方法论从未被证明行之有效，且目前的企业架构最佳实践除了琐碎的常识性概括外，基本上与这些方法无关，例如一些企业架构工件的开发。

A.2 基于架构的规划方法论的历史

深思熟虑的信息系统规划的想法并不新鲜，并可追溯到 20 世纪 60 年代，当时第一个规划方法就已被提出。从那时起，围绕组织范围内 IT 规划的讨论已经逐渐从信息系统规划发展到信息系统架构，最后发展成企业架构[4]。尽管如此，在过去的半个世纪中，相应基于架构的规划方法的基本原则和假设仍然基本保持不变——从 20 世纪 60 年代到现在几乎没有变化。

A.2.1 信息系统计划时代

自从计算机在大型组织中开始商业应用后，人们就提出了许多方法来规划、设计和组织企业的信息系统。这些早期规划方法就如何根据商业战略、目标和目的[5]、产品和市场[6]、整体组织系统[7]、部门间数据流[8]、供应商和订单[9]、目的和手段[10]、纵向和横向分类[11]、关键成功因素[12]、管理决策[13]、信息要求[14]，甚至通用的软系统方法论（Soft System Methodology，SSM）[15]。这些方法中的许多都意味着要通过某种形式的建模来了解信息系统的所需结构，以及建立明确的信息系统规划。

然而，目前 TOGAF 和其他企业架构框架所倡导的分步规划方法的最早雏形，似乎可以追溯到 Marshall K. Evans 和 Lou R. Hague 于 1962 年在《哈佛商业评论》上发表的 "Master Plan for Information Systems" 一文[16]。这篇文章建议使用各种建模技术，包括信息流、输入 – 输出矩阵和布局图，以创建定义所需信息系统结构（现代企业架构的原型）的"总体规划"[17]。更重要的是，该文还概括出了信息系统规划的高阶五步法，与后来所有基于架构的规划方法的普遍逻辑非常相似。文章中提出的这种分步骤的规划方法，大概是最早发表的信息系统规划分步法，如图 A.1 所示。

图 A.1 最早的信息系统规划分步法（1962 年）[18]

后来，M. Herbert Schwartz 于 1970 年在 *Datamation* 杂志上发表了一个基于非常类似的想法的更详细的信息系统分步规划方法[19]。Schwartz 提出的分步规划方法如图 A.2 所示。

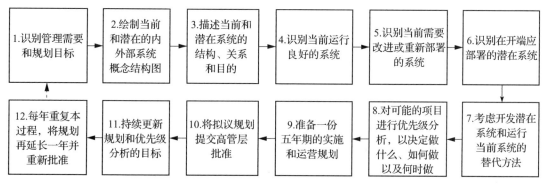

图 A.2 Schwartz 提出的信息系统分步规划方法（1970 年）[20]

IBM 在 20 世纪 60 年代早期推出的研究组织规划（Study Organization Plan，SOP）方法似乎是首个用于组织整体信息系统规划的详细结构化方法，后来其又补充了更多的描述和教材[21]。SOP 方法由一个专门的规划师团队以循序渐进的方式推行，它意味着通过采访业务经理来研究一个组织及其运营，然后确定必要的信息系统要求，最后设计实际的系统。这些活动中的每一个阶段都会产生相应的正式书面报告，并使用各种表格、标准化的工作表和简单的建模技术。在 20 世纪 60 年代末，其他一些公司和专家也提出了类似的规划方法[22]。SOP 方法推荐的分步规划法如图 A.3 所示。

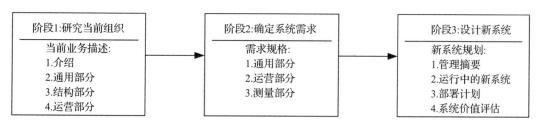

图 A.3 IBM 的 SOP 方法（1968 年）[23]

然而，最早的成熟的、全面的、商业化推广的、按部就班的信息系统规划方法无疑塑造了现代的企业架构框架，这就是 IBM 在 20 世纪 60 年代末发起的、由 P.Duane（"Dewey"）Walker[24] 领导的业务系统规划方法[25]。1975 年正式发行的 BSP 第一版引入了许多新颖的想法，在目前的企业架构框架和方法论中很容易找到。例如，BSP 方法以分步的方式实施，从确定业务目标、定义业务流程和数据、分析现有的技术景观开始，以制定一个理想的未来信息系统规划，准备一个详细的行动规划并进行沟通（目前大多数企业架构方法中的步骤原型，包括 TOGAF 的架构开发方法）结束。BSP 活动由一个专门的专家小组进行，该小组被称为 BSP 研究小组，负责通过采访业务经理以收集数据，然后以自顶向下的方式制定信息系统规划（现代架构师的原型）。BSP 的信息系统规划描述了一个组织及其业务流程、数据和信息系统之间的关系（目前大多数企业架构框架中核心域的原型）。最后，BSP 使用关系矩阵、信息系统网络、流程图和其他正式的建模技术来描述流程、系统和数据（现代企业架构图表的原型）[26]。BSP 方法第一版所推荐的分步规划方法如图 A.4 所示。

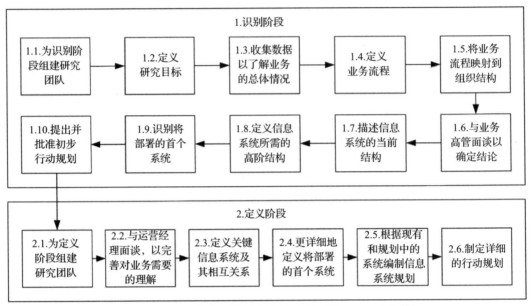

图 A.4　IBM 业务系统规划方法（第一版，1975 年）[27]

　　组织对信息系统规划方法的高需求刺激了咨询公司对这些方法的供应[28]。因此，在 IBM 推出开创性的 BSP 方法后，市场上迅速出现了许多类似 BSP 的规划方法[29]。一方面，IBM 自己也提出了其他基于 BSP 的方法，例如，信息质量分析（Information Quality Analysis，IQA）是 IBM 比利时开发的原版 BSP 的轻量级和自动化版本[30]。另一方面，其他咨询公司和专家也很容易提出高度类似的规划方法，这些方法在所有的核心方面都模仿 BSP，即按部就班的、自上而下的、正式的规划方法，为所需的信息系统制定全面的规划[31]。

　　例如，最广为人知的类似 BSP 的信息系统规划方法之一是由 Arthur Andersen（现在的埃森哲）推广的 Method/1[32]。Method/1 提倡与 BSP 相同的规划方法，其步骤非常相似，包括研究一个组织及其业务战略，分析当前的技术景观，制定所需的数据、应用和技术计划，最后生成定义必要 IT 项目的行动规划。Method/1 方法的后期版本所建议的分步规划方法如图 A.5 所示。

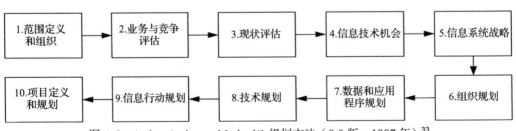

图 A.5　Arthur Andersen Method/1 规划方法（8.0 版，1987 年）[33]

A.2.2　信息系统架构时代

在信息系统规划咨询市场的进一步发展中，"架构"一词在咨询师的词典中得到了广泛的普及 [34]。因此，以前的信息系统规划被重新命名为"更新的"信息系统架构、数据架构或信息架构。这一转变激发了人们对到底应该如何构建架构的积极讨论，并相应地提出了第一批组织架构的分类标准或架构框架 [35]，包括 1984 年 Caroline Wardle 的早期架构模型 [36]、1986 年的 PRISM 框架 [37]，然后才是 1987 年著名的 Zachman 框架 [38]——它获得了首个企业架构框架的声誉，似乎只是归功于其向大众有效的推广 [39]。

在信息系统规划讨论的主要焦点转移到架构后，相应的方法也相应地被重新命名为架构规划方法。例如，BSP 方法，最初专注于传统的"信息系统规划"（见图 A.4），在后来的版本中，转而使用更流行的"信息架构"来描述业务流程和数据间的关系。BSP 方法论第四版所推荐的分步规划法如图 A.6 所示。

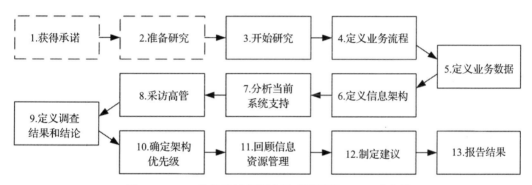

图 A.6　IBM 业务系统规划方法（第四版，1984 年）[40]

其他著名的咨询公司也提供了高度类似的架构规划方法，其中包括德勤会计师事务所（现在的德勤）的 4FRONT 方法，永道会计师事务所（现已成为普华永道的一部分）的 Summit S 方法 [41]。Atkinson，Tremblay & Associates（现已停业）的信息系统总体架构和计划（ISMAP）方法 [42] 以及 Nolan，Norton & Company（现已成为毕马威的一部分）的类似的架构规划方法 [43]。例如，Atkinson，Tremblay & Associates 和 Nolan，Norton & Company 推荐的分步规划方法分别如图 A.7 和图 A.8 所示。

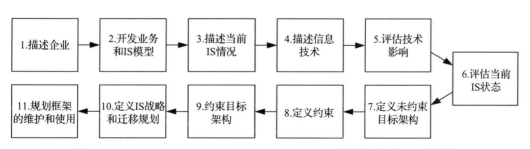

图 A.7　Atkinson，Tremblay & Associates ISMAP 规划方法（1990 年）[44]

图 A.8　Nolan，Norton & Company 架构规划方法（1987 年）[45]

除大型咨询公司外，类似的架构规划方法也被个别咨询师和专家积极推广，包括 Edwin E. Tozer[46]、Thomas E. Gallo[47]、Denis A. Connor[48]、Claire M. Parker[49]、William H. Inmon——他现在作为数据仓库的专家更有名 [50]，甚至还包括一些学者 [51]。所有这些方法都提倡与 BSP 基本相同的规划方法，这意味着采访业务高管，确定其业务战略、目标和信息需求，评估当前的信息系统所提供支持，描述未来信息系统的理想架构，最终制定可操作的实施规划。例如，Edwin E. Tozer 和 Thomas E. Gallo 推荐的分步规划法分别如图 A.9 和图 A.10 所示。

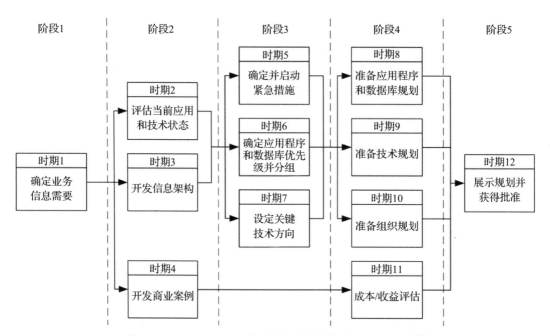

图 A.9　Edwin E. Tozer 提出的架构规划方法（1988 年）[52]

在商业私营企业中广泛推广后，架构规划方法也开始扩展到美国公共部门和政府组织 [54]。美国国防部是最早开发自身架构规划方法的美国政府机构之一。具体而言，基于早期的架构方法，美国国防信息系统局（Defense Information Systems Agency，DISA）组装了信息管理的技术架构框架 [55]。TAFIM 定义了一个全面的正式规划方法，其熟悉的自顶向下、按部就班的逻辑与之前所有的架构规划方法高度相似。TAFIM 后期版本所推荐的分步规划方法如图 A.11 所示。

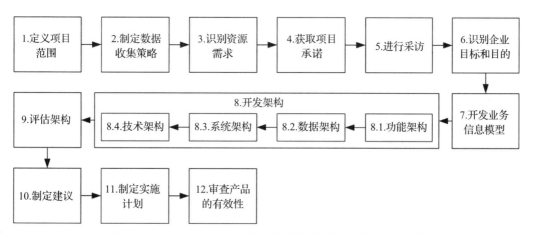

图 A.10 Thomas E. Gallo 提出的架构规划方法（1988 年）[53]

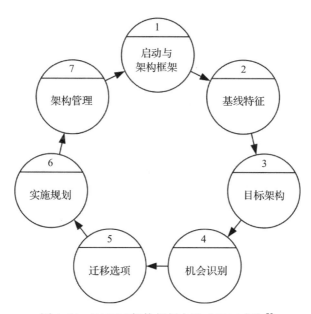

图 A.11 TAFIM 架构规划方法（1996 年）[56]

架构规划方法值得注意的一个分支是统称为"信息工程"的一系列方法。最初的信息工程方法是由原 IBM 雇员 Clive Finkelstein 和 James Martin 在 1981 年提出的[57]，但后来信息工程分裂成由各种咨询公司和专家提供的几个略有不同的子分支[58]。信息工程家族中最广为人知的分支是由 James Martin 积极推动的名为战略数据 / 信息规划的同胞方法[59]。信息工程将架构规划的主要重点从业务流程和应用转移到了作为"一等公民"的数据。虽然以前大多数架构规划方法都是从确定业务流程或应用程序开始规划工作的，但信息工程建议首先开发全面的数据架构，然后再从该数据架构派生所需的系统、流程和程序，从而将规划工作从识别业务流程或应用程序中分离出来。信息工程的支持者认为，数据实体在本质上往往比操作这些实体的业务流程更稳定，因此，数据驱动的规划方法更有可能产生健全、可靠和持久的架构 [60]。例如，Arthur Young 咨询公司（现在是安永的一部分）和 Clive Finkelstein 推荐的信息工程后期版本，分别见图 A.12 和图 A.13。

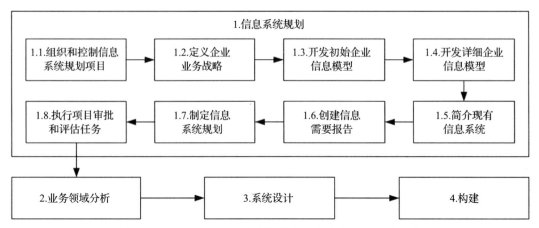

图 A.12　Arthur Young 提出的信息工程方法（1988 年）[61]

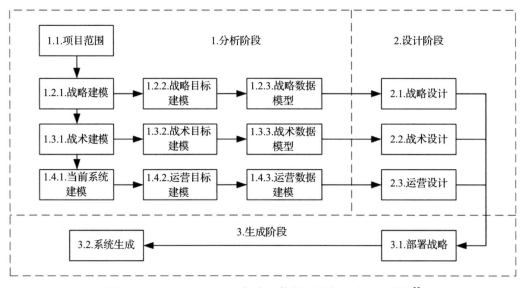

图 A.13　Clive Finkelstein 提出的信息工程方法（1989 年）[62]

在 20 世纪 90 年代，整个信息工程分支已经逐渐消失，而架构规划方法的"主干"则继续积极发展，并进一步向现代企业架构方法演变。

A.2.3　企业架构时代

20 世纪 90 年代初，"企业架构"这一较新术语开始流行起来。其最初是在 NIST 的企

业架构模型 [63] 和其他一些出版物 [64] 中被提出的。然而，首个明确提及企业架构并简单命名为 "企业架构规划" 的成熟规划方法由顾问 Steven H. Spewak 和 Steven C. Hill 在 1992 年提出 [65]。EAP 以 BSP 为基础（见图 A.4 和图 A.6），并建议采用基本相同的正式的自顶向下的分步方法来开发全面的企业架构 [66]。图 A.14 显示了 EAP 方法所建议的分步规划方法（所谓的 "婚礼蛋糕"）。

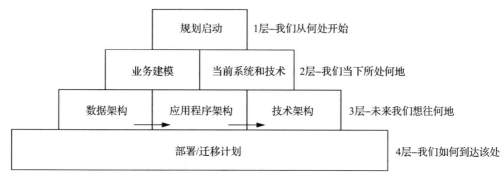

图 A.14　企业架构规划方法（1992 年）[67]

企业架构的 "全新" 概念已被更广泛的咨询界所乐意采用。因此，包括 Bernard H. Boar[68] 和 Melissa A. Cook[69] 在内的其他咨询师和专家提出了他们自己的、非常相似的开发企业架构的步骤方法，尽管标题略有不同，例如，企业 IT 架构和企业信息架构。此外，在企业架构社区内 "框架" 一词进一步广泛流行后（以及该术语随之而来的侵蚀），许多企业架构方法被定位为企业架构框架 [70]。这些趋势激发了美国政府机构对架构的新一轮兴趣。例如，美国财政部推出了自身财政部信息系统架构框架，然后根据行业的总体方向将其更新为财政部企业架构框架 [71]。同样，美国国防部用指挥、控制、计算机、通信、情报、监视和侦察（C4ISR）架构框架取代了其早期的 TAFIM 方法（见图 A.11），主张采用类似的六步规划方法 [72]。

作为对克林格 – 科恩法案的反应——美国联邦政府的所有机构都有义务制定一致的企业架构——美国联邦首席信息官委员会在 1999 年启动了联邦企业架构规划，并发布了相应的 FEA 框架进行指导 [73]。FEAF 以 EAP 方法为基础（见图 A.14），规定了相同的分步规划方法，但建议 "以分段的方式开发企业架构" [74]。后来，作为 FEA 规划的贡献者，Frank J. Armour、Stephen H. Kaisler 和 Simon Y. Liu 在 *IT Professional* 杂志上发表了一系列文章，重复了基本相同的企业架构规划方法，并将其作为一个连续的迭代过程来介绍 [75]。Armour、Kaisler 和 Liu 推荐的循序渐进的规划方法如图 A.15 所示。

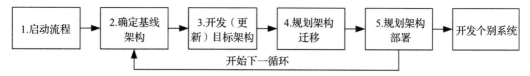

图 A.15　Armour、Kaisler 和 Liu 提出的企业架构规划方法（1999 年）[76]

　　新一代高度相似的企业架构方法，以及现在的企业架构框架，由个人企业架构顾问和主要咨询公司推动，现身于 21 世纪 00 年代。一方面，这股潮流包含了许多由不同国家的著名专家提出的略有不同的企业架构方法，这些专家包括 Christophe Longepe[77]、Jane A. Carbone[78]、Scott A. Bernard[79]、Fenix Theuerkorn[80]、Klaus D. Niemann[81]、Jaap Schekkerman[82]、Samuel B. Holcman（原 John Zachman 商业伙伴）[83] 以及一些其他不太知名的人物[84]。例如，Scott A. Bernard 推荐的四阶段 20 步企业架构实施方法和 Jaap Schekkerman 推荐的八步企业架构迭代方法，分别见图 A.16 和图 A.17。

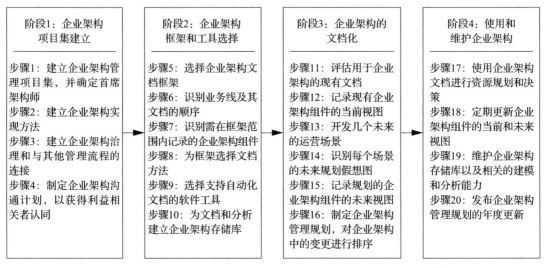

图 A.16　Scott A. Bernard 提出的企业架构实施方法（2004 年）[85]

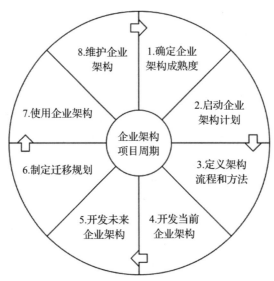

图 A.17　Jaap Schekkerman 提出的企业架构迭代方法（2008 年）[86]

另一方面，较新的规划方法流也接纳了主要咨询公司推广的各种企业架构方法和框架，包括 Gartner[87]、IBM[88]、Oracle[89] 和 Capgemini[90]，甚至包括美国国防部的国防部架构框架[91]，它取代了美国以前的 C4ISR 架构。例如，图 A.18 和图 A.19 分别显示了 IBM 和 Oracle 组织企业架构咨询协同的分步方法。

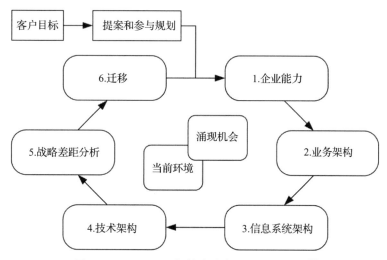

图 A.18　IBM 企业架构咨询方法（2006 年）[92]

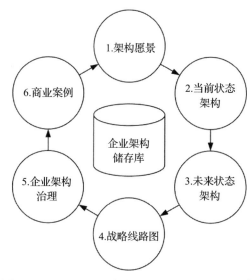

图 A.19　Oracle 企业架构开发流程（2009 年）[93]

最后，在 21 世纪 10 年代，TOGAF 在企业架构社区获得了广泛的欢迎[94]。基于 TAFIM（见图 A.11）的 TOGAF，经过一系列的渐进式改进，从 1995 年推出的最初 1.0 版本演进到 2018 年 4 月发布的 9.2 版本。最近，TOGAF 占据了最受欢迎的企业架构框架的宝座[95]，现在其被 The Open Group 定位为企业架构的权威全球标准[96]。TOGAF 推荐的步进式架构开发方法如图 A.20 所示。

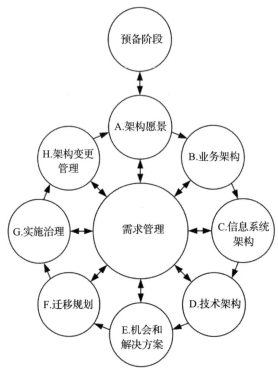

图 A.20　TOGAF 架构开发方法（2018 年）[97]

A.2.4　历史分析的结论

上文提供的对基于架构的规划方法从计算机早期到现在的漫长历史演变的分析（见图 A.1 ~ 图 A.20）清楚地表明，最新的企业架构方法和框架不应被视为任何真正意义上的新规划方法。相反，历史分析表明，TOGAF 和其他现代企业架构方法与最早的五十年前的信息系统规划方法（见图 A.1 ~ 图 A.3），特别是与 BSP（见图 A.4 和图 A.6）有着不可否认的联系。从本质上讲，目前的企业架构方法和框架体现了最初由 Marshall K. Evans 和 Lou R. Hague 在 1962 年提出的高级规划方法，并从 BSP 方法中借鉴了许多低阶的细节。

此外，在通用理念、参与公司，甚至是具体人物层面上都可以清楚地追溯这一显而易见的脉络。从通用理念的角度来看，所有基于架构的规划方法——无论是指信息系统规划、信息系统架构还是企业架构——均基于相同的基本原则。换言之，所有这些方法都规定了一种正式的、自顶向下的、按部就班的规划方法，从分析组织及其商业战略开始，到最后制定一些全组织的规划或架构，描述所需信息系统的结构[98]。当然，各种基于架构的规划方法提供了许多不同的"风味"（例如，强调流程、系统或数据）、不同的步骤顺序（例如，在描述当前状态之前描述未来状态或相反）、不同的态度（例如，一次性项目或迭代过程），以及与各自历史时期的流行语更加一致的不同术语［例如，信息工程吸收了当时流行的数据标准化和计算机辅助软件工程（Computer-Aided Software Engineering，CASE）的想法］。然而，尽管它们不断地改头换面和重拟措辞，从根本上说，所有这些方法论代表了受传统工业工程方法启发的、相同的分析 – 综合的、文档导向的核心规划范式的微小变化。从 20 世纪 60 年代到现在，所有这些方法论都继承了相同的关键思想，例如，首先以某种形式为信息系统制定综合规划，然后实施这些规划。此外，在某些情况下，这种"谱系"是由相应方法的作者公开承认的。例如，明确承认 FEAF 基于 EAP，而 EAP 又基于 BSP[99]，从而直接证实了现代企业架构框架和有着 50 年历史的 BSP 方法间的现有联系。同样地，官方宣称 TOGAF 是由 TAFIM[100] 的早期材料衍生而来的。

　　从参与公司的角度来看，自 20 世纪 70 年代以来引入市场的许多甚至大多数基于架构的规划方法都是同一少数咨询公司集团的产品，例如目前"四大"咨询公司（德勤、安永、毕马威和普华永道）的前身，最重要的是 IBM，或其前雇员。例如，基于架构的正式规划方法的最突出个人贡献者是 IBM 前雇员 Clive Finkelstein、James Martin 和 John Zachman。同样，Edwin E. Tozer 在 Arthur Andersen 开始了其咨询生涯，然后为 James Martin 的咨询公司 James Martin Associates 工作，而 William H. Inmon 在 Coopers & Lybrand 工作。

　　最后，最新的企业架构方法和 20 世纪 60 年代～ 20 世纪 70 年代最早的信息系统规划方法之间的紧密联系，甚至在参与推广的具体人物层面上也很容易被追踪。最重要的是，John Zachman 在 20 世纪 60 年代作为营销专家加入 IBM，在 20 世纪 70 年代～ 20 世纪 80 年代成功推广 BSP[101]，在 1987 年发表了其著名的信息系统架构框架，然后在 20 世纪 90 年代成为企业架构"之父"，最近收购了联邦企业架构认证（Federal Enterprise Architecture Certification，FEAC）研究所，销售 FEAF 和 DoDAF 培训[102]。同样，Clive Finkelstein 于 20 世纪 60 年代在 IBM 开始了他的职业生涯，并在 20 世纪 70 年代的 BSP 早期创立了自己的咨询公司，在 20 世纪 80 年代"开创"了"信息工程"，然后在 20 世纪 90 年代初开始提及"企业信息工程"[103]，最后也转向推广企业架构[104]。

　　通过对不同公司和信息系统专家自 20 世纪 60 年代以来提出的基于架构的规划方法的全面历史分析，可以得出两个对整个企业架构学科很重要的奇怪结论。第一，上面提供的历史分析清楚地推翻了企业架构学科起源于 Zachman 框架的流行神话。正如分析中明确指出的，目前的企业架构方法和框架显然是 20 世纪 60 年代最早的信息系统规划方法的后代。事实上，Zachman 框架既没有在任何真正意义上影响基于架构的规划方法，甚至也并非第一个公开发布的架构框架[105]。然而，John Zachman 本人仍然是基于架构的规划方法，特别是 BSP 最积极的推动者之一。

　　第二，上面提供的历史分析允许将所有上文所讨论的基于架构的规划方法归入一个单一的家族，或者说血统，即概念上相似的规划方法。基本上，在过去的半个世纪里，从

BSP 到 TOGAF，各种咨询公司和专家所推广的所有正式的、自顶向下的、按部就班的规划方法，都可被看作一个长期的、持续的、全球共同努力的不同元素，这些努力是为了在不同的名目下"推销"相同的规划方法。尽管这些方法论在表述风格和术语上有很大的不同（例如，最初是指信息系统规划，然后是信息系统架构，最后企业架构），但其真正的本质和基本含义从未改变，总是意味着对信息系统规划采取相同的分析－综合的、文档导向的、先计划后实施的机械主义态度。图 A.21 总结了上面提供的基于正式架构的规划方法家族的历史分析。

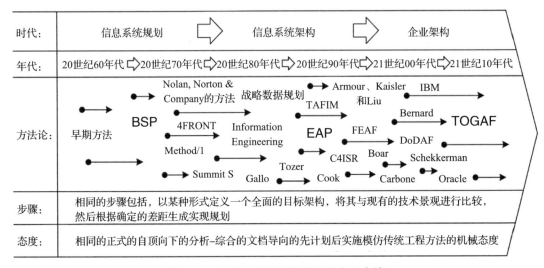

图 A.21　正式的基于架构的规划方法家族

尽管从 BSP 到 TOGAF，所有提出的基于架构的规划方法在概念上有明显的相似性，但仍然可以注意到一些这类方法论历史演变的总体趋势。第一，基于架构的方法从通常被称为架构研究的一次性规划项目（例如 BSP 和 Method/1）发展成连续的迭代过程，在这个过程中，下一个规划迭代或项目在上一个迭代完成后立即开始（例如 TAFIM 和 TOGAF）。

第二，基于架构的方法从主要关注架构的逻辑方面（如流程、数据和系统）的概念性规划发展到包括架构的基本物理方面（如硬件、基础设施和技术）的"更深入"规划。例如，BSP 和信息工程在很大程度上是从架构的技术细节中抽象出来的，而 EAP 和 TOGAF 也明确地涵盖了技术领域。

第三，基于架构的方法从使用关系矩阵作为捕捉和表现架构的手段，发展到使用更多的常规图形符号来实现这一目的。例如，BSP、战略数据/信息规划，甚至 EAP 都广泛地依赖流程/数据类（CRUD）、流程/组织、组织/系统和其他类型的矩阵来描述架构各要素之间的关系，而 TOGAF 和其他现代企业架构方法主要依靠符号图和模型来描述架构。

第四，基于架构的方法从产生结构松散的架构文档发展到将其交付物组织成整齐的分类法（或框架，该词的原始含义）[106]。例如，BSP、Method/1 和信息工程对它们的产品几乎没有暗示任何具体的结构，而 EAP、TOGAF 和其他现代企业架构方法则根据不同的企业架构领域（如业务、应用程序、数据和技术）对所产生的企业架构工件进行了明确的分类，或分类成一些更复杂的逻辑结构（如 Zachman 框架、PRISM 或其他分类法）[107]。

最后，基于架构的方法从具有一定复杂理论基础的规划方法演变为概念简单、基本无理论的方法。换句话说，基于架构的方法的历史演变是朝着简化其理论基础的方向发展的。例如，BSP 意味着一套严格的、连续的和概念上合理的分析程序（本质上是一种优化算法），它允许通过将密切相关的业务流程和数据类别归入聚合的 IT 系统中，从与高级业务利益相关者的访谈中收集的信息中几乎自动得出一个理想的架构。同样，信息工程利用 Edgar F. Codd 开发的数据规范化理论作为概念基础，推导出规范化的、"数学上"最优的、非冗余的架构。然而，包括 TOGAF 在内的所有现代企业架构方法，仅建议应该定义期望的目标架构，却未具体说明这个架构应该如何从输入信息中推导出来，以及如何确保所产生的架构的最优性。简而言之，早期的基于架构的规划方法往往有一些"理念"在支撑，并为其程序和结果提供合理的理论依据，而现代的方法则在理论上更为浅薄。

A.3　基于架构的规划方法的应用

尽管被定位为信息系统规划的"最佳实践"，并被商业化的咨询公司和专家积极推广，但正式的基于架构的规划方法很少能实现其承诺，通常无法满足组织的期望。此外，与务实的、灵活的、基于架构的实践中形成的信息系统规划方法相比，这些方法一直被认为不切实际、效果不佳，且不受欢迎。

A.3.1　基于架构的规划方法的问题

第一次尝试研究正式的基于架构的规划方法的实际效果，似乎可以追溯到 20 世纪 80 年代末[108]。在 20 世纪 90 年代后期也进行过类似的努力[109]。然后，在接下来的企业架构时代，在 21 世纪 00 年代末[110]，以及在 21 世纪 10 年代[111]，类似的研究和报告也有出现。所有这些研究和实地报告都一致认为，基于架构的规划方法的实际实施与一些相当大的问题有关。尽管这些问题相当多样化和多层面，但它们可以归纳为三个核心问题，这些问题是由大多数正式的基于架构的方法的经验研究以某种或其他形式提出的：巨大的规划努力、所产生的规划的低质量和与组织其他部分的脱节。这三个问题在很大程度上是相互独立的，具有"正交"的性质，并且可以明确地归因于相应的规划方法的本质，而非其他一些更普遍的因素，如缺乏管理承诺和支持、领导力不足、业务方向不明确或熟练人员的短缺。

第一，正确执行基于架构的规划方法需要投入大量的时间、精力和管理上的关注[112]。按照基于架构的规划方法的建议，创建全面的规划或架构，正式描述组织及其期望的未来状态，可能需要一个专门的团队全职工作几个月，甚至更长时间[113]。相应的开发过程通常会因为广泛的组织范围、动态的环境、高度的复杂性和参与其中的大量的利益相关者而变得更加复杂。此外，为了适应组织和环境的不断变化，以后还需要做出类似的努力来维持现有的规划或架构的更新。

第二，利益相关者经常会发现基于架构的规划方法所产生的规划文档或企业架构工件无法理解且无法支持决策。这个问题的常见原因包括不相关的信息内容、不便利的表现形式以及不适当的抽象程度和架构规划粒度。此外，高级利益相关者（尤其是不熟悉正式建模符号和技术的利益相关者）往往会认为大多数基于架构的方法所推荐的严格的架构规划过于复杂和技术性。另一个导致这个问题和破坏架构规划有用性的因素是它们在不断过时。业务专业人员的频繁转变很快使全面的架构变得过时，并使其与决策者几乎没有关系。

第三，基于架构的规划方法意味着一个独立的规划生命周期，基本上与周围的组织环境隔离。这些方法在自己的"时区"内按部就班地执行，并以自己的内部逻辑为指导，但并不能使各自的架构规划活动与正常的组织活动（如战略规划、组合管理、计划资金和项目交付）充分结合。因此，现有的架构在常规的决策过程中未被利用，架构的输入被简单地忽略了。事实上，没有任何一种基于架构的规划方法能够清楚地解释究竟什么时候应该使用所产生的架构。这种方法驱动的架构规划过程和组织的其他部分之间的脱节，最常见的自然结果就是架构团队的解散和架构规划的搁置。

上述正式的基于架构的规划方法的三个固有问题反映出永久性的问题。在不同的历史时期，不同的观测者都以某种形式发现了从 BSP 到 TOGAF 等历代基于架构的规划方法论的相同问题[114]，考虑到这些方法在概念上的相似性甚至是等同性，这毫不为奇。与这些方法相关的问题是自然的而不是偶然的，是由其固有缺陷的设计，而非糟糕的执行造成的。这些问题直接源于相应方法的本质，即自顶向下、按部就班、以文档为导向、模仿经典工程的先计划后实施的机械化方法。

不足为奇的是，在很长一段时间里，许多研究人员、观测者和分析师一致认为，正式的基于架构的规划方法是有缺陷和无效的[115]。这些方法的问题是如此明显和不可否认，甚至方法的一些作者也承认它们的低成功率[116]。此外，不同时期的独立观测者也得出结论，正式的规划方法的问题在本质上是根本性的，并呼吁重新思考信息系统规划的方法本身[117]。相对于主要由专业规划师或架构师代表组织执行的"重量级"、僵化和机械化的架构方法，许多作者一直主张采用更务实、灵活、具有参与性和有机的方法进行信息系统规划[118]。

有趣的是，前面讨论的基于架构的规划方法的实际演变方向（即从更多的概念性和理论性的规划项目演变到生成组织或逻辑分类的符号图的更多技术性和非理论性的迭代过程）本质上与经验建议的发展方向——更大灵活性、实用主义和利益相关者的参与——是正交的。结果，几十年来，这种错误的演变似乎只是被竞争的咨询公司和专家混乱的商业利益所驱动，而非被客观的分析和常识所驱动，并未能解决上述与这些方法相关的三个核心实际问题[119]。即使是最新版本的企业架构方法仍然规定开发几十个企业架构工件（这些工件的创建和维护成本极高，耗时过长），充斥着难懂的技术特性（任何业务经理都无法理解），通过按部就班的过程（无法整合到常规的决策程序中），完全无视经验现实，好像从来没有发现过相关问题 [120]。

A.3.2 基于架构的规划方法的普遍性

除了被全球咨询公司广泛推广的品牌化信息系统规划方法（例如 BSP 和 Method/1），另一个规划方法系列也"悄然"存在于计算机的早期，并在组织中被积极使用。具体来说，许多公司开发了其自身的、内部的、土生土长的信息系统规划方法 [121]。这些方法建立于内部，为特定组织的需要而定制，从未公开推广，也没有具体的众所周知的"响亮"名号。

历史上，土生土长的信息系统规划方法在组织中占主导地位，而 BSP 和类似的基于架构的方法，尽管被广泛讨论，但实际上只在大约五分之一的公司中使用 [122]。此外，在实践中许多这些自创的方法被证明比正式的基于架构的规划方法要有效得多 [123]。同时，信息系统规划人员发现，使用某种形式的架构来描述业务和 IT 间的关系这一想法本身是有帮助的，也是有希望的，尽管其与流行的基于架构的方法的原始规定有很大偏差 [124]。考虑到上文讨论的正式的基于架构的规划方法存在重大问题，可以公平地说，史上信息系统规划中真正的最佳实践，甚至是基于架构的规划，都不存在于商业性的基于架构的规划方法（例如 BSP 和信息工程）中，而出现在内部开发的有效的自研规划方法中。然而，这些最佳实践几乎不为外界所知，即在处于领先地位的组织中发挥作用，而没有被正式描述、研究、概念化或广泛推广 [125]。

在当前的企业架构时代，正式的基于架构的规划方法的实际流行程度难以估计。在当下这些方法主要作为流行的企业架构框架（包括 TOGAF）被推广，因为对许多人来说，企业架构的概念本身已经与企业架构框架密不可分，实践企业架构和使用企业架构框架之间的界限基本上是模糊的。乍一看，大多数从事企业架构的公司确实在报告中提及使用了一些企业架构框架，尽管大约三分之一的组织仍然没有使用任何框架 [126]。然而，仔细观察就会发现一个奇怪的事实：在大多数情况下，企业架构框架的使用只是正式声明的，它们的原始规定并没有得到真正的遵循 [127]。

换句话说，目前许多成功的企业架构实践在企业架构框架的"招牌"下运作，甚至没有尝试实施其任何实际的建议，而只是执行一些与框架无关的、在实践中被证明有帮助的自创的基于企业架构的规划方法。考虑到对企业架构框架的大量尖锐批评 [128]，可以说，现在企业架构社区普遍承认企业架构框架的不实用性，大多数架构师不再认真对待他们的建议 [129]，而绝大多数"使用"企业架构框架的组织根本无视其原始规定，而是依赖在整个行业中传播的基于企业架构的成熟规划实践。与上述前企业架构时代观察到的类似情况类似，企业架构时代的现状再次清楚地表明，真正的企业架构最佳实践实际上游离于流行的企业架构框架（如 TOGAF、FEAF 和 DoDAF）显眼区域之外，而体现在有效的自研的基于企业架构的规划方法之内，在组织间迅速传播。这些企业架构的最佳实践在本书和其他一些早期基于证据的企业架构书籍中得到了分析 [130]。

A.3.3　应用分析的结论

上文对基于架构的规划方法的实际应用的分析清楚地表明，这些方法从未代表信息系统规划的主流最佳实践。一方面，从BSP到TOGAF（见图A.21）的整个正式的基于架构的规划方法家族被证明是不切实际的，而且远不如在许多组织中开发的、然后在整个行业中传播的务实的自研的基于架构的信息系统规划方法有效。所有这些按部就班的方法从来未见特别好的效果，而且总是与前面描述的三个主要的实际问题有关。从这个角度来看，正式的基于架构的方法只能被视为信息系统规划中被证实的最差实践。

另一方面，正式的基于架构的规划方法甚至从未代表主流的规划实践。如上所述，在以前的前企业架构时代，这些方法只在少数组织中使用，而在目前的企业架构时代，这些方法的使用在绝大多数情况下纯粹是声明性的，即宣称使用企业架构框架，但它们的实际建议被简单地忽略了，或者在最极端的情况下甚至未被研究。从本质上讲，所有基于架构的规划方法只是在文献中被广泛宣传和热烈讨论，但甚少被实践，也不代表真实公司中实际采用的"平均"主流规划方法。换句话说，这些方法及其成功案例大部分存于纸面而非实践中[131]。

通过对正式的基于架构的规划方法论的实际应用的全面分析，可以得出两个奇怪的结论，对整个企业架构学科都很重要[132]。第一个结论是，从BSP到TOGAF，所有著名的基于架构的规划方法基本上只反映了巨大的规划"冰山"的一小部分。所有这些方法都代表着明显的管理风潮，由带商业动机的咨询公司积极推动，并在文献中广泛讨论，但很少在实践中被实际使用，甚至更少为组织带来成功的结果。尽管这些方法在过去的半个世纪里一直吸引着人们的注意力，制造了大量的炒作，并基本上定义了围绕信息系统规划、信息系统架构以及企业架构的讨论，但它们在实践中从未发挥过作用，从未在组织中广泛使用，也从未代表信息系统规划的真正最佳实践。在这些有意推广但本质上无效的基于架构的规划方法中寻求最佳实践，可以讽刺地比喻为因为灯柱有光，所以要在其下寻找钥匙，尽管钥匙肯定已丢失在其他地方。

同时，基于架构的规划中真正的最佳实践属于规划"冰山"不可见的水下部分。这些最佳实践似乎作为内部开发的基本的土生土长的规划方法出现，在领先的组织中经过几十年的发展（可以说是根据前面讨论的大致历史路径，见图19.2），逐渐在整个行业中传播，但没有正式描述或在商业基础上积极推广，并且目前成熟度达到本书分析的当前形式[133]。与显而易见但又时髦且有缺陷的基于架构的规划方法（如BSP、信息工程、FEAF和TOGAF）不同，真正的最佳实践在组织中"默默"工作，从未被广泛讨论，其构成了实际的信息系统规划知识体系，主要储存在从业架构师的头脑中。广泛推广的基于架构的规划方法和实际的基于架构的规划最佳实践之间持续存在的差距明确表明，在表面上讨论的东西和组织中实际运作的东西之间存在巨大的差距[134]。

第二个结论是，本书描述的真正的企业架构最佳实践与企业架构框架没有关系。此外，从概念和实践的角度来看，实际的企业架构最佳实践和企业架构框架之间缺乏任何联系是很明显的。从概念上看，真正的企业架构最佳实践和企业架构框架的发展是由不同的、本质上不相关的目标驱动的。真正的企业架构最佳实践显然是由那些对提高其信息系统规划质量感兴趣的组织所寻求的，而企业架构框架的动机似乎仅仅是咨询公司和专家的商业利益，他们渴望不断地转售同样的"新瓶装旧酒"的产品，即通过复制 BSP 和其他早期规划方法的 50年历史的错误想法来推广新的和看起来很新鲜的方法，而无视这些方法众所周知的问题以及需要更务实、灵活和具有参与性的方法的共识 [135]。

从实践的角度来看，企业架构框架的建议除了非常高阶的常识性内容外，并未与已证实的企业架构最佳实践相重叠，例如，某种形式的架构规划是可取的，一些图表和模型可能是有用的，应考虑到目前的情况和未来的目标，应解决业务、应用、数据和技术方面的问题等。同时，尚未有一个框架的具体规定在实践中能被证明是有用的 [136]。例如，推荐的组织企业架构工件的分类法、具体的企业架构工件的长列表、创建这些工件的步骤顺序，甚至企业架构框架所倡导的通用的"先计划后实施"方法都被证明是不切实际或有害的。相反，成功的企业架构实践基于不同的企业架构工件集（见图 15.6），需要多样化和持续的沟通过程（见图 6.1），避免对未来状态的详细规划（见图 5.6），甚至意味着没有像企业架构框架所建议的那样将企业架构工件严格分离到不同的企业架构领域（见图 2.2）。此外，构成成功的企业架构实践的绝大多数有用的企业架构工件和规划技术都无法追溯到提出它们的任何企业架构框架。最值得注意的是，普遍使用的业务能力模型（见图 11.1 ～图 11.3）甚至没有在任何现有的企业架构框架或方法中被提及。即使在企业架构框架中包含了有用的企业架构工件［例如，原则（见图 9.1）和其他一些被列在 TOGAF 中有用的企业架构工件］，这些框架也只是在众多无用的企业架构工件中提及它们，并未解释这些工件应如何、何时以及为何使用。

从历史上看，形式化的基于架构的规划方法和真实的基于架构的规划最佳实践基本上形成了两个不同的流派，在完全不同的力量的推动下，彼此独立地平行发展。这些流派在性质上并不相同，不应被混淆。一方面，正式的基于架构的规划方法（见图 A.1 ～图 A.20）是由咨询公司和专家推动的。相应的规定性方法，以及现在的企业架构框架，都是通过将相同的想法重新包装在不同的包装中，并在不考虑其明显实际问题的情况下一次又一次地"转卖"而人为创建的。这些方法总是在文献中被广泛宣传和讨论，但甚少在实践中成功运作，因此，只代表了经典的管理风潮，几乎没有实际价值。另一方面，本书所描述的基于架构的真实规划最佳实践的流派，是由组织中的信息系统规划人员推动的。这些规划方法自然而然地从简单演变为更复杂的实践，并在整个行业内传播。尽管这些规划方法从未被刻意推广过，也很少在文献中讨论，但其已在众多公司中成功运作，因此，代表了信息系统规划的真正知识体系。表 A.1 总结了上述基于架构的规划方法的两个流派的比较。

表 A.1 基于架构的规划方法的两个流派

	正式的基于架构的规划方法（见图 A.21）	真实的基于架构的规划最佳实践（本书）
起源	咨询公司和专家	组织中的信息系统规划人员
性质	人为的、规定的和强加的	自然的、行业产生的、自发的
演变	同样的方法在不同的标题下被多次复制，但无明显修改	从简单逐渐演变到更复杂的实践
信息系统规划时代的方法	BSP、Method/1 和早期方法（见图 A.1 ～图 A.5）	在这些时代中被证实的规划实践未得到很好的研究和记录，无可靠的来源或合理的概念化，但似乎与前面讨论的历史演变路径松散地一致（见图 19.2）
信息系统架构时代的方法	BSP、信息工程、TAFIM 和其他方法（见图 A.6 ～图 A.13）	
当前企业架构时代的方法	EAP、FEAF、TOGAF 和许多其他框架和方法（见图 A.14 ～图 A.20）	本书和早期关于企业架构的基于证据书籍中描述的经过验证的规划实践
核心思想	基于顺序步骤和正式描述的分析 – 综合方法	不同层次的有效沟通和持续决策
关键特征	重量级的、僵化的、机械化的和难懂的	务实的、灵活的、有机的和具有参与性的
实用性	不切实际，与重大的基本问题有关	实用，在许多不同的组织中或多或少地成功运作
普遍性	在文献中被广泛宣传和讨论，但在实践中很少使用	文献中很少宣传和讨论，但在行业中广泛采用
比喻	可见的冰山一角	不可见的冰山主体
精要	几乎没有实际价值的经典管理风潮	关于信息系统规划的真正的知识体系
作用	为真正的最佳实践提供了最初的灵感，但从未真正定义它们	实际的最佳实践定义了当前形式的企业架构学科

由于具商业动机的顾问和专家不负责任地不断推广，企业架构框架成为现代企业架构学科的一个突出现象，尽管其不合理、实际无用和具明显的风潮性质，但不能简单地忽视它们。从本质上讲，企业架构框架现在是生活中一个奇怪的事实，它在企业架构论述中不应有地吸引了大量关注，并占据了整个信息领域的相当一部分。出于这个原因，本附录将用以下处理企业架构框架的简短建议结束：

- 不要认为企业架构框架很重要，它们并不重要。
- 不要认为企业架构框架反映了最佳实践，它们并没有。
- 不要试图实施企业架构框架，这不可能。
- 忽视宣传企业架构框架的专家，他们在虚张声势。
- 避免讨论企业架构框架，以无框架的方式进行思考。

尽管框架认证可以改善企业架构从业者的简历，（进行）框架的比较可以丰富企业架构学者的出版记录，但企业架构框架与当前的企业架构学科没有任何实际意义上的联系，而且代表着非常有害的管理风潮，应被根除[137]。

A.4 附录总结

本附录分析了企业架构学科的悠久历史、正式的基于架构的规划方法的演变、本书所描述的现代企业架构最佳实践的起源以及它们与广泛讨论的企业架构框架的关系。本附录的核心信息可以归纳为以下几个基本点：

- TOGAF 和其他现代企业架构框架所推荐的现行分步规划方法的根源，可追溯到 20 世纪 60 年代引入的早期信息系统规划方法，特别是 IBM 所倡导的 BSP 方法。
- 在 20 世纪 60 年代，正式的基于架构的规划方法以一种初级的形式被引入，在过去的半个世纪里，慢慢地经历了三个不同的时代，最初被定位为信息系统规划，然后是信息系统架构，现在是企业架构。
- 尽管有明显的风格差异，但从 BSP 到 TOGAF 的所有基于架构的规划方法都基于相同的核心思想，提倡非常相似的分析 – 综合、模仿传统工程的先计划后实施的态度，本质上代表了一类单一的规划方法家族。
- 整个正式的基于架构的规划方法家族被证明是不切实际的，甚至从根本上说是有缺陷的，因为它们的共同倾向需要大量的时间和精力的投入，而产生的只是一堆几乎对决策无用的神秘文档。
- 尽管正式的基于架构的规划方法非常引人瞩目并被广泛推广，但实际上只有少数组织使用，而大多数公司开发了自身的基于架构的规划方法，其中许多自创的方法被证明比品牌化方法更行之有效。
- 本书中描述的当前企业架构最佳实践似乎来自领先公司中出现的自研的基于架构的规划方法，这些方法被证明是切实有效的，并逐渐在行业中传播，随着时间的推移逐渐成熟，但与广泛讨论的时髦的企业架构框架没有实际关系。

A.5　注释

1　无数作者都声称该出版物对 EA 学科具有开创性意义，但却未提供任何合理的论证。Simon 等人（2013，第 2 页）以最引人注目的方式阐述了这一观点："自 John Zachman 于 1987 年点燃企业架构（EA）学科的火焰（Zachman，1987）以来，企业架构学科已经取得了巨大的发展。"同样，Plessius 等人（2014，第 2 页）对企业架构的起源做了如下描述："企业架构（EA）的概念是由 Zachman 于 1987 年提出的，'随着信息系统实施的规模和复杂性不断增加，有必要使用一些逻辑结构（或架构）来定义和控制系统所有组件的界面和集成。'（Zachman，1987，第 276 页）"

2　这种关于企业架构历史的流行版本，在 Schekkerman（2004，第 89 页）最初提出的企业架构框架"族谱树"中得到了最好的体现，随后在其他一些资料（Bernaert 等人，2016；Gong 和 Janssen，2019；Khosroshahi 等人，2015；Matthes，2011）中以一些变化和更新的形式重现。这一版本只能被视为一种天真的野史，至少存在两大缺陷。第一，该版本没有考虑甚至否认 Zachman 框架之前存在的关于信息系统规划的全部早期文献，这些文献实际上包括数百种相关出版物，就好像组织在 1987 年之前从未尝试过规划其信息系统一样。不足为奇的是，该版本认为所有现代综合企业架构方法都没有历史前身，是奇迹般地起源于某个天才提出的一页纸简单分类法。第二，更重要的是，这个版本完全忽视了企业架构框架的实际情况以及众多公司的经验，这些经验清楚地表明，框架实际上毫无作用。因此，Schekkerman（2004）及其追随者（Bernaert 等人，2016；Gong 和 Janssen，2019；Khosroshahi 等人，2015；Matthes，2011）所宣传的企业架构历史与实际情况几乎风马牛不相及，不用认真看待。

3　TOGAF 被众多作者视为企业架构领域事实上的行业标准（Brown 和 Obitz，2011；Dietz 和 Hoogervorst，2011；Gosselt，2012；Lankhorst 等人，2010；Sarno 和 Herdiyanti，2010；Sobczak，2013）。

4　在本人此前讨论企业架构历史的出版物（Kotusev，2016c；Kotusev，2016e）中，我使用了略有不同的分类方法，并阐述了以下三个时期的信息系统规划方法：前企业架构（BSP）、早期企业架构和现代企业架构。Stegwee 和 van Waes（1990）在更早的时期也曾尝试分析信息系统规划方法的历史和演变。

5　见 Kriebel（1968）　和 Strategy Set Transformation（SST）（King，1978；King，1983；King，1984）。

6　见 DeFeo（1982）。

7　见 Siegel（1975）。

8　见 Blumenthal（1969）和 Statland（1982）。

9　见 Business Information Analysis and Integration Technique（BIAIT）（Carlson，1979）和 Business Information Characterization/Control Study（BICS）(Kerner，1979；Kerner，1982）。

10　见 Wetherbe 和 Davis（1982）。

11　见 Dearden（1965）。

12　见 Rockart（1979）和 Bullen 和 Rockart（1981）。

13　见 Zani（1970）和 Henderson 和 West（1979）。

14　见 King 和 Cleland（1975）以及 Ghymn 和 King（1976）。

15　见 Checkland（1981）和 Le Fevre 和 Pattison（1986）。

16　见 Evans 和 Hague（1962）。

17　如前所述，自 20 世纪初以来，无数用于流程和系统的正式建模技术已被开发出来（Couger，1973），而 Evans 和 Hague（1962）的文章只是首次将这些技术应用于整个组织的信息系统规划。

18　基于 Evans 和 Hague（1962）。

19　见 Schwartz（1970）。

20　基于 Schwartz（1970）。

21　见 Glans 等人（1968b）、Glans 等人（1968a）和一系列 IBM 早期手册，其中最初介绍了 SOP 方法（SOP，1961；SOP，1963a；SOP，1963b；SOP，1963c；SOP，1963d；SOP，1963e），以及 IBM 关于全系统研究的一些初级作品（Ridgway，1961）。

22　见 Philips 开发的 ARDI（分析，需求确定，设计和开发，实施和评估）的端到端系统规划和开发方法（Hartman 等人，1968），其包含了步骤和可交付成果，Honeywell 开发了 BISAD（商业信息系统分析和设计）方法（Honeywell，1968），Thompson（1969）提出了类似的高级方法。

23　基于 Glans 等人（1968b）。

24　一些作者（Harrell 和 Sage，2010；Hermans，2015；Holcman，2014；Reese，2010；Sidorova

和 Kappelman，2010；Spewak 和 Hill，1992；Veryard，2011）甚至 John Zachman 本人都承认当前企业架构框架和方法源自 BSP（Spewak 和 Hill，1992；Zachman，2015；Zachman 和 Ruby，2004；Zachman 和 Sessions，2007）。John Zachman 明确提到了 Dewey Walker 和 BSP："我承认 Dewey Walker 是架构方法论的'鼻祖'。他在 IBM 内部的信息架构经验后来被称为业务系统规划（BSP）（Spewak 和 Hill，1992，第 xv 页）。"同样，John Zachman 的前长期商业伙伴、现已解散的 Zachman Institute for Framework Advancement（ZIFA）的联合创始人 Samuel Holcman 也承认 BSP 对企业架构的起源具有开创性意义（Holcman，2014；Holcman，2015a；Holcman，2015b；Holcman，2015c）。具体而言，Holcman（2014，第 4 页）这样描述企业架构的起源："在 1970 年，Dewey Walker 受命为 IBM 制定国内营销方法。这项任务促成了一项名为'业务系统规划'（BSP）的非常成功的计划，Walker 也因此在 1973 年获得了 IBM 的杰出贡献奖。"然而，出于某种原因，流行的企业架构框架与 BSP 的渊源在很大程度上仍被企业架构界所忽视。

25　见 BSP（1975）、McNurlin（1979）、Orsey（1982a）、Orsey（1982b）、Orsey（1982c）、Vacca（1983）、BSP（1984）、Lederer 和 Putnam（1986）以及 Lederer 和 Putnam（1987）。

26　后来，BSP 还得到了专门的软件工具和数据库的支持，这些工具和数据库可用于捕捉 BSP 研究中收集的数据，然后基于这些数据提交报告（Sakamoto，1982；Sakamoto 和 Ball，1982）。这些工具和数据库可视为第 18 章前面讨论的现代企业架构工具和架构库的原型。

27　基于 BSP（1975）。

28　如前所述，从 1980 年开始，对 IT 管理人员每年进行的无数次调查都证明，市场对提高企业业务和 IT 对齐度的要求永不满足（Ball 和 Harris，1982）。

29　文献中普遍承认，后来的信息系统规划方法大多源自 BSP（Adriaans 和 Hoogakker，1989；Davenport，1994；Lederer 和 Putnam，1986；Lederer 和 Putnam，1987；Stegwee 和 van Waes，1990；Sullivan，1985；Sullivan，1987；Vacca，1983；Wiseman，1988；Zachman，1982）。正如 Vacca（1983，第 11 页）所说，"虽然在 1970 年开发的 BSP 并非当下唯一的战略规划方法，但它是其他方法的发展根源"。

30　见 Vacca（1984）和 Vacca（1985）。

31　见 Cohn（1981）提出的公司数据计划（CDP）方法和 Levy（1982）提出的业务信息系统规划（BISP）方法，后者甚至模仿了 BSP 的标题。

32　见 Arthur Andersen（1979）、Arthur Andersen（1987）、Lederer 和 Gardiner（1992a）以及 Lederer 和 Gardiner（1992b）。

33　基于 Arthur Andersen（1987）。

34　"架构"一词首次用于整个组织的信息系统规划似乎可以追溯到 Walker 和 Catalano（1969）的文章。Wardle（1984，第 206 页）认为，"'架构'一词显然很有吸引力，因为它能将结构和整合联系在一起"。

35　最初，与架构有关的"框架"一词几乎与"分类"一词同义。企业架构框架的首席传播者 John Zachman 最初将企业架构框架定义为"一种逻辑结构，用于对企业的描述性表述进行分类和组织，这些描述性表述对企业的管理以及企业系统的开发都很重要"（Zachman，1996，第 2 页）。因此，大多数早期的企业架构出版物（Bernard，2004；Boar，1999 b；Carbone，2004；Spewak 和

Hill，1992）都非常明确地将框架和方法论区分开来，前者是组织企业架构工件的分类标准，后者是创建企业架构工件所需的行动序列，如在框架中填空般。然而，"企业架构框架"一词后来变得模糊不清，直至现在已基本丧失了明确的含义。最新的定义认为，企业架构框架"提供原则、模型和指导，帮助人们建立企业架构的程序。它们阐述了架构文件中应包括的内容，并就如何运营企业架构提供了指导"（Bui，2017）。同样，另一个定义认为，企业架构框架"包括一套用于实施企业架构的模型、原则和方法。该框架提供了一种手段，使用通用词汇来交流有关架构工件、它们间的关系以及利益相关者的信息。企业架构框架还有助于架构规划过程，并提供指南和措施，帮助在组织内部对企业架构方法进行成熟度评估"（Cameron 和 McMillan，2013，p.61）。不足为奇的是，许多迥异的实体最近纷纷被不同的作者定义为"企业架构框架"，其中包括 Spewak 和 Hill 的企业架构规划方法论（1992）（Matthes，2011）、Ross 等人的书（2006）（Bui，2012；Bui，2017）、ArchiMate 和 ARIS 建模语言（Kallgren 等人，2009；Matthes，2011）、各种企业架构成熟度模型（Matthes，2011）、POSIX 开放系统环境参考模型（Matthes，2011），甚至还有 ITIL 和 COBIT（Aziz 和 Obitz，2007；Gall，2012；Obitz 和 Babu，2009）。所有这些实体都与"企业架构框架"一词的原始含义无任何实际关系，其中一些甚至与企业架构完全不沾边。从这个角度看，"企业架构框架"一词现在只能被正式定义为"任何与企业架构相关或无关的任意建议集"，甚至可以递归为"任何可被某人视为企业架构框架之物"。关于"企业架构框架"一词的混淆，详见 Kotusev（2017e）中的附录 F。在本书的大多数情况下，"企业架构框架"特指一组有限的流行企业架构相关出版物——主要是 TOGAF、Zachman、FEAF 和 DoDAF——它们被明确地命名为"框架"。

36 Wardle（1984）提出的架构模型按照 4 个领域（数据、应用、通信和技术）和 3 个层次（概念、逻辑和设计准则与边界）将架构的组成要素分为 12 个不同的类别。Wardle（1984）的研究得到了 Nolan，Norton & Company 的资金和组织支持。

37 PRISM（信息系统管理研究伙伴关系）框架根据 4 个领域（基础设施、数据、应用和组织）和 4 种类型（清单、原则、模型和标准）将架构的组件分为 16 个不同的类别（PRISM，1986）。相应的 PRISM 研究项目由 CSC Index Systems、Hammer 和 Company 合作组织，并得到了包括 IBM 在内的多家公司的赞助（Davenport，1986）。因此，它在文献中也被称为索引框架（Boar，1999b；Carbone，2004）。

38 见 Zachman（1987）、Zachman（1988）、Zachman（1989）、Sowa 和 Zachman（1992a）以及 Sowa 和 Zachman（1992b）。有趣的是，John Zachman 明确承认，该框架实际上只是作为 BSP 方法论的补充："从一开始，我描述该框架的初衷只是为了改进 BSP 后期的规划方法。对我来说，至少在一开始，框架只是一种逻辑结构，它将 BSP 研究产生的规划产品与偏规划的产品与偏技术（可）部署的产品联系在一起（Spewak 和 Hill，1992，第 xvi 页）。"Kotusev（2019b）详细讨论了 Zachman 框架的历史和实际作用。

39 PRISM 框架作为第一个成熟的企业架构框架似乎相当值得肯定，但由于 Rivera（2013）所解释的原因，该框架在很长一段时间内都处于阴影之下。一方面，"PRISM 研究由私人资助，研究成果仅供研究公司和资助公司使用。没有一家赞助公司被授权对外公布或分享研究成果，因此只有为数不多的 50 多家赞助公司知道这一新的架构框架"（Rivera，2013，第 14-15 页）。另一方面，

"Hammer 博士和 Davenport 博士（他们是 PRISM 框架的主要作者）没有继续或积极推广 PRISM 架构框架，因为当时他们正专注于 BPR（业务流程重组）热潮，这耗费了他们所有的时间。随着业务流程重新设计的兴起，PRISM 也被解散（大约在 1990）"（Rivera，2013，第 15 页）。不出所料，Carbone（2004，第 46 页）报告说，有关 PRISM 框架的信息无处可寻："我们相信，我们的框架是对 CSC/Index Institute（即 PRISM）框架的改编，但却从未找到任何相关信息。"相比之下，"Zachman 框架已于无数次 IT 会议上获得介绍"（Carbone，2004，第 11 页）。

40　基于 BSP（1984）。

41　见 Remenyi（1991）（附录 4-11）。

42　见 Parker 等人（1989）（第 3 部分）以及 Atkinson 和 Montgomery（1990）。

43　见 Nolan 和 Mulryan（1987）。

44　基于 Atkinson 和 Montgomery（1990）。

45　基于 Nolan 和 Mulryan（1987）。

46　见 Tozer（1986b）、Tozer（1986a）、Tozer（1988）和 Tozer（1996）。

47　见 Gallo（1988）。

48　见 Connor（1988）。这种架构规划方法似乎是第一种使用架构框架（即所谓的 STRIPE 矩阵）来组织其输出的方法。STRIPE 矩阵根据 5 个领域（业务、数据、应用、技术环境和规划类型）和 3 个规划层次（战略、战术和运营）将架构可交付成果分为 15 个不同的类别。

49　见 Parker（1990）。

50　见 Inmon（1986）和 Inmon 和 Caplan（1992）。

51　见 University of Minnesota 开发的规划方法（Vogel 和 Wetherbe，1984；Vogel 和 Wetherbe，1991；Wetherbe 和 Davis，1983），以及 Rowley（1994）、Mentzas（1997）、Min 等人（1999）和 Li 和 Chen（1992）提出的类似的 "Belated" 方法。

52　基于 Tozer（1988）。

53　基于 Gallo（1988）。

54　见 GAO（1992）和 GAO（1994）。

55　见 TAFIM（1996a）和 TAFIM（1996b）。

56　基于 TAFIM（1996b）。

57　见 Finkelstein（1981）和 Martin 和 Finkelstein（1981）。有趣的是，"信息工程"一词最初出现在 20 世纪 50 年代末有关信息系统规划的文献中（Canning，1957；Haigh，2001；Levin，1957）。

58　见 Arthur Young（1987）、Inmon（1988）、Finkelstein（1989）、Martin（1989）、Davids（1992）、Finkelstein（1992）、Finkelstein（2006b），及 Spencer（1985）提出的类似高级规划方法。

59　见 Martin（1982b）和 Martin 和 Leben（1989）。

60　Finkelstein（1981，第 2 页）解释说："信息工程识别并模拟组织的数据。数据的变化频率通常低于使用数据的程序。"同样，Martin（1982a，第 29 页）认为，"程序变化很快（或应该变化很快），计算机程序、流程、网络和硬件都在变化，但基本数据类型相对稳定。因为基本数据类型是稳定的，而程序往往是变化的，所以如果正确应用面向数据的技术，就能在面向程序的技术失败的地方取得成功"。

61 基于 Arthur Young（1987）。

62 基于 Finkelstein（1989）。

63 NIST（National Institute of Standards and Technology）的企业架构模型定义了 5 个不同层次的架构：业务单元、信息、信息系统、数据和交付系统（Rigdon，1989）。该模型似乎代表了第一个持续使用"企业架构"一词的公开资料，尽管没有对其含义做出任何具体定义。不过，Zachman（1982，第 32 页）在更早的时候曾经提及"企业架构"一词，但可以说是无意中提到的。关于"企业架构"一词的起源，详见 Kotusev（2016e）。

64 使用"企业架构"一词并对其含义做出正式定义的第二个已确认的公开来源是 Richardson 等人（1990）的文章。具体来说，Richardson 等人（1990，第 386 页）将企业架构理解为一种"数据、硬件、软件和通信资源的定义并相互关联，以及维护架构所需的整体物理结构所需的支持组织"的架构。有趣的是，Richardson 等人（1990）在其文章中描述了 PRISM 框架在 PRISM 研究项目的赞助公司之一（Texaco）中的应用情况。

65 Spewak 和 Hill（1992）介绍了 EAP 的原始版本，Spewak 和 Tiemann（2006）介绍了其更新版本。

66 Spewak 和 Hill（1992，第 53 页）明确承认"EAP 源于 IBM 的 BSP"。此外，"战略数据规划、信息工程也为 EAP 贡献了技术和思想"（Spewak 和 Hill，1992，第 53 页）。

67 基于 Spewak 和 Hill（1992）。

68 见 Boar（1999b）。

69 见 Cook（1996）。

70 如前所述，在架构框架最初的狭义意义上，其仅代表组织架构描述的逻辑结构或分类法（PRISM，1986；Wardle，1984；Zachman，1987）。然而，后来"企业架构框架"一词的含义被大大拓宽，除其他外，甚至还代表了成熟的企业架构方法论。虽然一些"新"的企业架构框架，如 E2AF（Schekkerman，2006a）和 EA Grid（Pulkkinen，2006），仍然符合架构框架的最初定义（即只提供架构描述的分类标准），但包括 TOGAF、FEAF 和 DoDAF 在内的大多数当前企业架构框架都提供了全面的企业架构方法论，包括推荐步骤、可交付成果和企业架构实践的其他方面。有趣的是，Simon 等人（2013）认为，即使是一些从未被其作者明确标注为框架的著作（Boar，1999b；Perks 和 Beveridge，2003；Ross，2003；Spewak 和 Hill，1992），可能也需被视为企业架构框架。

71 见 TEAF（2000）。

72 见 C4ISR（1997）和 Sowell（2000）。

73 见 FEAF（1999）、FEA（2001）、FEA（2007）、FEA（2012）和 FEAF（2013）。

74 见 FEAF（1999，第 20-22 页）。

75 见 Armour 等人（1999a）、Armour 等人（1999b）以及 Armour 和 Kaisler（2001）。

76 基于 Armour 等人（1999b）。

77 见 Longepe（2003）。

78 见 Carbone（2004）。

79 见 Bernard（2004）。

80 见 Theuerkorn（2004）。

81　见 Niemann（2006）。

82　见 Schekkerman（2008）。

83　见 Holcman（2013）。

84　见 Pham 等人（2013）。

85　基于 Bernard（2004）。

86　基于 Schekkerman（2008）。

87　见 Bittler 和 Kreizman（2005）。

88　见 IBM（2006）。

89　见 Covington 和 Jahangir（2009）。

90　见 van't Wout 等人（2010）。

91　见 Wisnosky 和 Vogel（2004）、DoDAF（2007a）、DoDAF（2007b）、DoDAF（2007c）、DoDAF（2009）和 Dam（2015）。

92　基于 IBM（2006）。

93　基于 Covington 和 Jahangir（2009）。

94　见 Perks 和 Beveridge（2003）和 TOGAF（2018）。

95　如前所述，TOGAF 通常被视为企业架构领域事实上的行业标准（Brown 和 Obitz，2011；Dietz 和 Hoogervorst，2011；Gosselt，2012；Lankhorst 等　人，2010；Sarno 和 Herdiyanti，2010；Sobczak，2013）。

96　The Open Group 声称，TOGAF 是"经过验证的企业架构方法和框架"，也是"世界上最著名、最可靠的企业架构标准"，全球 50 强中 80% 的公司和财富 500 强中 60% 的公司都在使用 TOGAF（The Open Group，2016b，第 1 页）。

97　基于 TOGAF（2018）。

98　Stegwee 和 van Waes（1990，第 11-12 页）曾指出，所有早期基于架构的规划方法在概念上都有很强的相似性："有许多信息系统规划方法源自 BSP，如信息工程。从本质上讲，它们都遵循相同的主线。首先，通过任务说明、组织目标和关键成功因素确定业务战略。随后，分析信息技术领域的趋势和机遇，以确定新的应用领域和替代技术架构。然后，概述当前的信息系统支持。信息架构是通过为组织开发的流程模型、概述所需存储数据的实体模型以及显示哪些数据应由何种流程创建、检索、更新或删除的矩阵来确定的。之后，对逻辑信息架构进行处理，形成系统架构，具体说明需要识别的各个信息系统。必须提供过渡路径，以说明如何达到架构所描述的新境界。根据这些结果，可以制定中短期的项目组合和计划。"同样，Wiseman（1988，第 82 页）也注意到"信息系统规划的大多数其他通用方法［如 James Martin 的信息工程，以及大型会计师事务所提供的方法（如 Deloitte & Touche 的 4FRONT 和 Coopers & Lybrand 的 Summit S）］都是 BSP 的后裔"。

99　见 FEAF（1999，第 20-22 页）和 Spewak 与 Hill（1992，第 53 页）。

100　TOGAF（2018，第 3 页）指出，"1995 年，TOGAF 第 1 版的最初开发是基于 US Department of Defense（DoD）开发的信息管理技术架构框架（TAFIM）。DoD 明确允许并鼓励 The Open Group 在 TAFIM 的基础上创建 TOGAF 标准的第 1 版，而 TAFIM 本身就是多年开发努力和美国政府数百万美元投资的成果"。反过来，TAFIM 也基于 1986 年启动的一些早期模型（Golden，1994）。

101 见 Zachman（1977）、Zachman（1982）和 Marenghi 和 Zachman（1982）。此外，John Zachman 明确承认他参与了 BSP 的工作："作为（Dewey Walker 的）早期弟子之一，我有机会在概念和文字上对 BSP 做出了重大贡献。随着 BSP 多来的发展，我撰写和审阅了大量 BSP 文档（Spewak 和 Hill，1992，第 xv 页）。"

102 见 Zachman International（2012）。

103 见 Finkelstein（1991）。

104 见 Finkelstein（2006a）。

105 如前所述，Wardle（1984）提出的架构分类法和 PRISM 框架（PRISM，1986）早于 Zachman 框架（Zachman，1987）发布。

106 这可以说是 Zachman 框架所引发的强烈炒作浪潮的结果。

107 Cook（1996）提出的企业架构方法将其可交付成果纳入 Zachman 框架的顶行，Carbone（2004）描述的企业架构方法纳入 PRISM 框架的单元，Bernard（2004）的方法纳入 EA³ Cube 框架，Capgemini 的企业架构方法（van't Wout 等人，2010）纳入其自己的集成架构框架（IAF），Gartner 的企业架构方法（Bittler 和 Kreizman，2005）也纳入其自己的专有框架（James 等人，2005），而 Boar（1999b）允许在 Zachman 框架、Gartner 框架和 PRISM（优选）间进行选择。有趣的是，一些企业架构方法（Carbone，2004；FEAF，1999；Holcman，2013；Spewak 和 Hill，1992）口头上支持 Zachman 框架，但实际却忽略其建议。最引人注目的是，Carbone（2004）赞扬了 Zachman 框架，但实际上却使用 PRISM 来构建可交付成果。

108 见 Goodhue 等人（1986）、Goodhue 等人（1988）、Lederer 和 Sethi（1988）以及 Lederer 和 Sethi（1989）。

109 见 Goodhue 等人（1992）、Lederer 和 Sethi（1992）、Beynon-Davies（1994）、Davenport（1994）、Kim 和 Everest（1994）、Periasamy（1994）、Segars 和 Grover（1996）、Shanks（1997）、Shanks 和 Swatman（1997）和 Hamilton（1999）。

110 见 Kemp 和 McManus（2009）、Seppanen 等人（2009）和 Gaver（2010）。（2009）和 Gaver（2010）。

111 见 Holst 和 Steensen（2011）、Tucci（2011）、Lohe 和 Legner（2012）、Bloomberg（2014）、Lohe 和 Legner（2014）、GAO（2015）和 Trionfi（2016）。

112 McNurlin（1979，第 3 页）对一项 BSP 研究做了如下描述："为了启动 BSP 项目，一个部门和公司办公室的高管组成了一个团队。在 4 个月的时间里，至少 6 名管理人员将大约 40% 的时间投入该项目，每个下午的会议持续 3 ~ 4 个小时。"同样，Mariotti（1988，第 13 页）对 Nolan、Norton & Company 公司的一个架构项目做了如下描述："团队由来自英国、德国和其他部门的财务、销售、市场和运营方面的高管组成。还有一位来自英国的信息系统经理和我们的三人。所有团队成员都为该项目全职工作了 7 个月。"

113 Collins（1983，第 27 页）报告说，"在我们公司进行的 BSP 研究中，第二阶段总共耗时大约 1 年"。Meiklejohn（1986）对英国 26 家咨询公司的调查显示，信息系统规划咨询业务通常持续三周到一年，平均为几个月，通常需要与客户组织的 20 ~ 30 人进行面谈。同样，Galliers

（1988）对 131 家英国公司的调查表明，这些信息系统规划"研究"通常需要 3 ～ 5 个月才能完成。后来，Lederer 和 Sethi（1996，第 48 页）对 105 名参与信息系统规划研究的 IT 规划人员进行了调查，发现"每项研究的平均持续时间为 6.9 个月"。

114 TAFIM（TOGAF 官方承认的前身）早先也曾报告过完全相同的问题，并最终因所提议的方法不切实际而退役，"TAFIM 当然需要投入大量的时间和金钱"，"生成架构所需的时间使其在完成前就已接近过时"，"最终结果通常无法为面向业务的受众所理解，也更难与业务战略相联系"，以及"由于其中的一些缺陷，TAFIM 被突然取消"（Perks 和 Beveridge，2003，第 79 页）。

115 包括 Goodhue 等人（1988），Lederer 和 Sethi（1988），Goodhue 等人（1992）、Davenport（1994）、Kim 和 Everest（1994）、Periasamy（1994）、Shanks（1997）、Hamilton（1999）、Kemp 和 McManus（2009）、Gaver（2010）、Holst 和 Steensen（2011）、Tucci（2011）、Bloomberg（2014）、Lohe 和 Legner（2014）以及 Trionfi（2016）。Head（1971，第 23 页）很早就对最早的正式信息系统规划方法——研究组织规划（SOP）——的有效性表示了极大的怀疑："推测 SOP 未被广泛接受的原因很有意思。它的方法有些烦琐，而且在许多情况下，全面实施 SOP 需要进行价值存疑的文档编制工作。"后来，Vitale 等人（1986，第 271 页）得出结论："环境的高度动荡给自上而下的规划过程作为信息系统规划工具的效用蒙上了阴影。"Lederer 和 Mendelow（1988，第 75 页）报告说，"许多系统管理员说，基于正式架构的规划方法需要耗费生产线和系统管理员太多的时间和心思。此外，系统规划周期过长，一旦有重大业务变化就会令最终规划失去意义"。Bock 等人（1992，第 14 页）表达了类似的观点："当前已有许多实施企业级建模的方法，包括 IBM 的业务系统规划方法，以及 Martin 的战略数据规划方法。在每种情况下，这些方法都需要大量的规划工作。然而，在现实中，大多数组织并未构建全企业模型。一位 IS 总监说，据他所知，他所在的行业中没有一家公司声称在全企业建模方面取得了重大成功。"Davenport（1994，第 121 页）认为，"BSP 倡导的信息架构从未兑现过承诺。关于信息类型、用途和责任的企业模型过于宽泛和深奥，非技术人员难以理解，且要花费数年时间才能建立"。Periasamy（1994，第 162 页）讲述了以下故事："1989 年成立了一个小组来建立 Thames Water 的数据架构。期间花费了大量精力和金钱（一位高级 IT 经理估计总成本约为 25 万英镑）。然而，由此产生的数据架构却功能失调。Thames Water 的 IT 部门向英国其他 9 家大型自来水公司的 IT 部门取经——了解其企业数据建模经验。结果发现，各公司的情况与 Thames Water 类似。这些公司正在开发或已拥有数据架构，却无一家公司从数据模型中获得重大价值。"Earl（1996，第 55 页）总结说："对这种正式架构方法的总体评价是负面的。这通常需要投入大量资源，包括管理时间。一家公司的用户经理会发现所生成蓝图的含义很难理解，也很难看出哪些要素最重要。因此，尽管某些要素可能有用，但整个蓝图往往会被放弃或中止。"正如 Ross 等人（2006，第 vii 页）所说，"多年以来，大型企业 IT 架构工作由来已久的低效一直困扰着我们。在演讲中，我们抨击了传统的 IT 架构工作，因为它们远离业务现实，严重依赖于图表中令人头疼的细节，这些图表看起来更像是电路图，而非对业务的描述，而且这些图表的作用也不过是门把手而已"。Gunton（1989，第 137-138 页）对基于正式架构的规划方法的典型问题和结果进行了中肯的总结："信息系统规划的传统方法以基于正式架构的规划技术为例，如 IBM 的业务系统规划（BSP）和 James Martin 的战略数据规划等最新变体。它们根据有条不紊的分析过程，绘制出业务所需的系统或信息的蓝图或地图。这种方法的缺点是分析过程非常昂贵且难以组织。它要求真正了解业务的高管做出承诺，而这往往很难获得。即使能克服这一困难，所绘制的蓝图往往过于复杂和臃肿，以至于其作为企业战略概览的价值被大量的细节所掩盖。且由于分析的重点总是放在当前的业务上，因此非常容易受到市场或组织结构的意外变化的影响。据我所知，制定了战略数据模型，然后将其束之高阁或只采用其中一小部分的组织，要比成功地将模型的大部分以数据库和应用程序的形式付诸实施的组织多得多。"

116 Spewak 和 Hill（1992，第 19 页）明确承认，"绝大多数进行企业架构规划的企业并不成功"。同样，Cook（1996，第 xviii 页）也公开承认，"大多数企业信息架构设计项目都失败了。它们很少能完成，即使完成也很少能实施"。

117 Stegwee 和 van Waes（1990，第 16 页）认为，"回顾 ISP（信息系统规划）的发展历程，我们可以得出这样的结论：是时候从根本上改变我们对 ISP 的态度了"。同样，Goodhue 等人（1992，第 28 页）得出的结论是，"这里介绍的 9 个尝试过 BSP 和类似规划方法的组织的证据有力地证明，有必要从根本上重新思考信息系统规划方法"。Hamilton（1999，第 81 页）得出结论认为，"研究结果有力地表明，在组合层面进行架构驱动规划的规范性方法存在根本性缺陷"。最后，Gaver（2010，第 10 页）得出结论，"企业架构往往在任何地方都不能很好地发挥作用，因为企业架构框架的问题是根本性的"。

118 包括 Goodhue 等人（1988）、Stegwee 等人（1988）、Stegwee 和 van Waes（1990）、Goodhue 等人（1992）、Beynon-Davies（1994）、Kim 和 Everest（1994）、Earl（1996）、Shanks（1997）、Holst 和 Steensen（2011）、Lohe 和 Legner（2012）以及 Lohe 和 Legner（2014）在内的许多作者一直呼吁采用更加务实、灵活、协作和进化的规划方法。

119 类比组织选择的"垃圾桶"模型，即描述组织决策是一个半无政府过程的模型，其特点是问题、解决方案和决策者之间的互动几乎是随机的（Cohen 等人，1972），基于架构的规划方法的历史演变可以被描述为一个混乱突变的"垃圾桶"。

120 Capgemini 的企业架构方法（van't Wout 等人，2010）列出了大约 80 种需要创建的不同企业架构工件，而在 Bernard（2012）规定的数十种企业架构工件中，只有少数对业务受众有意义，而 TOGAF（2018）定义了 8 个连续阶段，每个阶段都有自己的输入、输出和 6～18 个需要遵循的具体子步骤，共有 78 个步骤。

121 McFarlan（1971）、McLean 和 Soden（1977）、Sporn（1978）、Rush（1979）和 van Rensselaer（1979）等人对 20 世纪 70 年代一些早期本地信息系统规划方法进行了描述。van Rensselaer（1985）、Davies 和 Hale（1986）、Corbin（1988）以及 Penrod 和 Douglas（1988）对 20 世纪 80 年代的一些本地规划方法进行了描述。Carter 等人（1990）、Carter 等人（1991）、Martinsons 和 Hosley（1993）、Palmer（1993）、Reponen（1993）、Flynn 和 Hepburn（1994）、Periasamy（1994）以及 Cerpa 和 Verner（1998）对 20 世纪 90 年代后期一些本地规划方法进行了描述。

122 20 世纪 80 年代末和 90 年代，在发达国家的所有大中型组织中，约有一半的组织似乎都在进行系统化信息系统规划（Ang 和 Teo，1997；Conrath 等人，1992；Falconer 和 Hodgett，1997；Falconer 和 Hodgett，1998；Galliers，1987 b；Galliers，1987 c；Galliers，1988；Pavri 和 Ang，1995；Teo 等人，1997）。然而，这些公司中的绝大多数都使用了自创的规划方法，只有

15% ～ 25% 的公司使用了正式的基于架构的规划方法。Cresap、McCormick 和 Paget（Hoffman 和 Martino，1983）对 334 家美国企业进行的调查显示，只有 23% 的企业使用了类似 BSP 的规划方法，而 77% 的企业使用了自研的规划方法（答案并不相互排斥）。在 Vitale 等人（1986）调查的 16 位"随机"美国 CIO 中，他们有的已经制定了规划，有的正在制定规划，其中只有 4 位反馈他们使用了类似于 BSP 的规划方法。Galliers（1987b）对 209 家英国和澳大利亚公司的调查表明，内部规划方法比著名的基于架构的方法更占优势，在英国，"内部方法比著名的专有方法多出 3 倍以上"（Galliers，1986，第 36 页）。Goodhue 等人对美国不同公司的 31 项信息系统规划工作进行了研究（1988，第 380 页），其中研究表明，只有 5 家公司使用了 BSP 或类似的规划方法，而且"这些公司都没有取得文献中所设想的那种成功"。Premkumar 和 King（1991，第 46 页）对 245 家美国组织进行调查后得出结论："只有 22% 的受访者使用商业信息系统规划方法，而其他受访者则使用内部开发的方法。"具体来说，只有 12% 的受访组织使用信息工程，只有 8% 的受访组织使用 BSP。Earl（1993）对 27 家英国公司的研究表明，其中只有 4 家公司使用了基于架构的正式规划方法。Flynn 和 Goleniewska（1993）对 18 家英国公司的调查表明，其中只有一家使用了信息工程。Finnegan 和 Fahy（1993，第 132 页）对 105 家爱尔兰公司的调查表明，这些公司中只有 21% 使用了 BSP，只有 11% 使用了信息工程，但"超过 78% 的受访者在内部制定或调整了 IS 规划方法"。Fidler 等人（1993）的调查显示，这些组织中只有 18% 使用了 BSP。最后，Periasamy（1994）对 294 家英国公司进行了调查，其中 194 家实行了信息系统规划，调查表明，这些公司中只有 12% 使用了信息工程，只有 3% 使用了 BSP，只有 3% 使用了 Method/1，而 73% 使用了自创的规划方法。与此同时，对使用基于正式架构的方法论的组织进行了详细的案例研究，例如 BSP（Collins，1983；Gill，1981；McNurlin，1979；Wahi 等人，1983）、Method/1（Mainelli 和 Miller，1988）、信息工程（Adriaans 和 Hoogakker，1989；Brown 等人，1990）和其他方法论（Mariotti，1988；McNurlin，1988），这些方法论在实践中被遵循，用来开发全面的架构，而这与当今业界流行的纯粹陈述性使用企业架构框架形成了鲜明对比，本附录稍后将讨论这一点。

123 Goodhue 等人（1988）、Earl（1990）、Earl（1993）、Periasamy（1994）和 Earl（1996）的定性比较研究一致表明，务实、灵活和参与性的本地规划方法优于咨询公司推广的基于架构的正式规划方法。特别地，Periasamy（1994，第 264 页）报告说，"6 项案例研究为 Earl（1993）以前确定的'组织方法'提供了支持，认为其适合综合战略发展和业务规划的信息系统规划形式。它们并未使用正式的 IS 规划方法，而是强调管理过程与合作。在这种 IS 规划安排中，IT 和其他职能层面的规划活动是持续进行的"。Falconer 和 Hodgett（1998）、Doherty 等人（1999）以及 Segars 和 Grover（1999）的定量调查也证实，与"组织"方法（以业务和信息技术之间的持续对话为特征）高度相关的规划方法集群最有效，而与 Earl（1993）确定的"方法驱动"和"技术"方法（分别以注重正式方法和架构为特征）相关的集群则最无效。有趣的是，人们明确承认，TOGAF 特别代表了 Earl（1993）认为最没有前途的"技术"方法之一："本书 TOGAF 6.0 版中描述的规划架构方法源于 Earl 的技术方法（Perks 和 Beveridge，2003，第 51 页）。"

124 Periasamy（1994，第 69 页）对 294 家英国组织进行的调查显示，"在采用内部信息系统规划方法的组织中，有 72% 采用了架构，69% 的架构使用者采用了内部方法"。架构概念被认为是有前途和有用的，但其形式与基于架构的正式规划方法所倡导的大相径庭（Hamilton，1999；Periasamy，1993；Periasamy，1994；Periasamy 和 Feeny，1997）。最重要的是，Periasamy（1994）和 Periasamy 与 Feeny（1997）的研究表明，基于架构的规划方法所推荐的综合架构模型和关系矩阵在实践中基本上没有用处，而内部"发明"的以直观图形式描述业务与 IT 间关系的更简单、更高级、更容易理解的架构，被证明对促进业务与 IT 利益相关者之间的沟通非常有用。"高级管理层和职能管理层的介入和参与被认为比使用基于架构的规划方法更重要。虽然正式的方法论被认为与规划过程关系不大，但 IT 架构和 IS 模型被认为具有一定的价值"（Periasamy，1994，第 225 页）。在建立成功的本地架构规划实践之前，许多公司在架构方面经历了无数次不成功的尝试、失败和失望（Burton 和 Bittler，2011；Earl，1996；Hobbs，2012；Holst 和 Steensen，2011；Wierda，2015；Zink，2009）。如前所述，咨询公司和大师们提出的基于架构的知名方法可能只是为使用架构提供了最初的灵感，但并未定义该领域的实际最佳实践（Birkinshaw 和 Mol，2006）。

125　Periasamy（1994）对 20 世纪 90 年代初基于架构的本地规划方法和最佳实践进行了最全面的描述。

126　2010 年左右，发达国家约三分之二的大中型企业似乎都已采用企业架构（Ambler，2010），许多行业调查（Ambler，2010；Aziz 和 Obitz，2007；Buckl 等人，2009；Cameron 和 McMillan，2013；Carr 和 Else，2018；Gall，2012；Obitz 和 Babu，2009；Schekkerman，2005b；Schneider 等人，2015a）报告的有关企业架构框架使用情况的统计数据各不相同，但在每项调查中，仍有相当一部分组织要么明确承认未使用企业架构框架，要么提供了其他一些难以捉摸的答案，例如使用自制、混合或杂交企业架构框架。

127　其他研究人员以前就注意到了这一奇怪的事实，本书所依据的实地研究也完全支持这一事实。Buckl 等人（2009）对 18 个德国组织进行的研究表明，64% 的组织使用了自制的企业架构框架。其研究表明，这些公司中有 64% 使用了一些企业架构框架，但只是以"简化"的形式，甚至只是作为想法来源。Smith 等人（2012）对 Chubb Insurance 的案例研究也表明，尽管这些公司使用了企业架构框架，但只是以"简化"的形式，甚至仅为创意贡献者。该案例研究也表明，尽管 TOGAF 被用作企业架构实践的基础，但在由此产生的企业架构实践中实际上看不到任何与 TOGAF 相关的建议。同样，作为本研究一部分的许多组织在名义上使用了一些企业架构框架，其中 5 家公司甚至被列入 TOGAF 用户的官方名单（The Open Group，2016a）。然而，它们都没有真正意义上遵循 TOGAF 或其他企业架构框架的规定（Kotusev，2016a；Kotusev，2016d；Kotusev，2018）。有趣的是，许多受访的架构师表示他们使用了企业架构框架，但同时又无法清楚地解释这些框架究竟是如何使用的。更有趣的是，一些受访的架构师从未阅读过 TOGAF 原文，但仍然坚信其企业架构实践基于 TOGAF。

128　人们普遍承认企业架构框架不切实际（Andriole，2020；Bloomberg，2014；Gerber 等人，2007；Holst 和 Steensen，2011；Lewis，2018；Lohe 和 Legner，2014；Trionfi，2016）。Buckl 等人（2009，第 15 页）认为，"这些框架似乎是理论性的，不可能付诸实施"。据报道，美国前联邦首席信息官 Vivek Kundra 认为，"企业架构框架比没用还糟糕"（Tucci，2011，p. 1）。

129　Evernden（2015，第 29 页）公正地指出，"许多实践者将框架视为理论或概念，而非管理和思考架构的高度实用的日常工具"。

130　我主要指的是 Wagter 等人（2005）、Ross 等人（2006）、Murer 等人（2011）和 Ahlemann 等人（2012c）的著作。

131　Periasamy（1994）对 6 家先进的大型 IT 公司进行的研究，可以说是不同组织中基于架构规划实践的公正历史缩影，它清楚地说明了各自规划方法的普遍性及其截然不同的结果：5 家公司成功地使用了务实的本地架构规划方法，而第 6 家公司试图使用信息工程，但却失败了。

132　关于肤浅的言辞和过时的想法与实际情况和真正的最佳实践间缺乏实际联系的类似结论，可以说适用于许多（如果不是大多数）与管理有关的学科。

133　这一过程与 Birkinshaw 和 Mol（2006）开发的基于研究的管理创新模型高度相关：创新通常始于对"现状"的不满（业务和 IT 对齐方面持续存在的问题）和来自外部的启发（基于架构的规划方法，以及后来由咨询公司和大师们提出的企业架构框架），然后创新实际上是在组织内部"发明"的（涌现出自创的基于架构的规划方法），被内部和外部参与者（内部 IT 规划师和架构咨询师）认为行之有效，最后扩散到其他公司（目前随着架构师的跳槽，企业架构最佳实践被他们迅速传播到整个行业）。

134　Kotusev（2016h）更详细地讨论了流行的企业架构框架与真正的企业架构最佳实践间的明显差距。

135　Earl（1996，第 58 页）甚至报告说，在许多公司，或多或少已成功的本地信息系统规划方法已被咨询公司强加的错误方法所取代："我们通常会发现，许多成功的组织方法本已存在，但由于公司听从了 IT 和咨询行业的建议，这些方法却被抛弃了。"

136　有趣的是，Earl（1996，第 56 页）以前就信息系统规划方法得出过完全相同的结论："矛盾的是，被证明最成功的组织方法与通常的信息系统规划方法并不完全一致。文献建议：将 IS 计划建立在既定业务目标的基础上；使用战略分析技术来发现能产生竞争优势的 IT 应用；使用正式的规划方法和信息工程技术；严格遵守资源规划和项目控制程序。"

137　正如 Donaldson 和 Hilmer（1998，第 7 页）所说，"许多技术确实应该被贴上'时尚'这一贬义标签，并应受到严厉打击"。

Appendix B 附录 B

企业架构教学包

本书对组织中使用企业架构的实践进行了全面的、基于证据的描述，包括关键的企业架构相关流程、企业架构工件、架构职位和职能、治理程序、软件工具和企业架构实践的许多其他重要方面，以及对当代企业架构最佳实践起源的历史分析。本附录将介绍基于本书材料的企业架构补充教学包，专为大学的企业架构课程教学和企业架构教育推进而创建。

B.1 企业架构教学包

出于种种原因，大学里的企业架构课程和教学计划往往肤浅、不一致，而且与组织中使用企业架构的实际情况脱节。正如附录 A 中所展示的那样，许多课程都是关于组织及其技术景观的系统思考优点的深奥讨论，传统的系统架构课程被放大到企业层面，或者对现有的企业架构框架进行肤浅的概述，而这些框架与真正的企业架构最佳实践毫无关系（见表 A.1）。毋庸置疑，这样的教学课程无法为有抱负的企业架构从业者提供关于企业架构现象的充分解释，也很难让架构师为现实世界做好准备。

为解决此问题，并为企业架构教育提供一个良好的基础，本书的材料已被转化为一个整体的企业架构教学包，供大学使用，它是系统的、基于证据的、最新的并与实践相一致的。该教学包是一个资源的集合，有助于为本科生和研究生组织成熟的企业架构教学课程。它与本书的结构和内容密切相关，并经常明确提及本书的相关章节。具体来说，企业架构的教学包包括了以下材料：

- 与本书各章相对应的 19 个讲座的 MS PowerPoint 演示文稿。
- 19 个测试，每次讲座有 10 道单选和多选题。

- 一些涵盖企业架构实践各个方面的教学案例。
- 其他一些对企业架构教学有益的材料。

各大学可向作者免费索取企业架构教学包，网址是 kotusev@kotusev.com。教学包中的材料既可以"原封不动"使用，也可为特定的需求和受众量身定做，但必须明确注明原作者，并以任何方便的形式注明出处。例如，该教学包可根据不同长度的企业架构课程（如一个或两个学期）自由重组，适应不同知识水平和实践背景的学生的需求，甚至翻译成其他语言。但是，在未通知作者的情况下，不得将该教学包分发给第三方。

目前，本书及其教学包被全球包括北美、欧洲和亚洲在内的数十所大学作为企业架构教学的主要资源。该教材定期进行修订、更新和扩展。如需最新版本的企业架构教学包，请与作者联系：kotusev@kotusev.com。

B.2　附录总结

本附录介绍了基于本书材料的企业架构教学包，旨在支持大学的企业架构课程。本附录的关键信息可以归纳为以下几个要点：

- 企业架构的教学包包含 19 个 MS PowerPoint 讲座，以及与本书各章相对应的测试和其他一些有用的教学材料。
- 本教学包可自由用于教育目的，可进行改编、重组或翻译成其他语言，但须明确注明原作者，并以任何方便的形式注明出处。
- 基于本书的企业架构教学包的最新版本可免费向大学、企业架构培训师和从业人员提供，请向作者索取：kotusev@kotusev.com。

参 考 文 献

Abraham, R. (2013) "Enterprise Architecture Artifacts as Boundary Objects - A Framework of Properties", In: van Hillegersberg, J., van Heck, E. and Connolly, R. (eds.) *Proceedings of the 21st European Conference on Information Systems*, Utrecht, The Netherlands: Association for Information Systems, pp. 1-12.

Abraham, R., Aier, S. and Winter, R. (2015) "Crossing the Line: Overcoming Knowledge Boundaries in Enterprise Transformation", *Business and Information Systems Engineering*, Vol. 57, No. 1, pp. 3-13.

Abraham, R., Niemietz, H., de Kinderen, S. and Aier, S. (2013) "Can Boundary Objects Mitigate Communication Defects in Enterprise Transformation? Findings from Expert Interviews", In: Jung, R. and Reichert, M. (eds.) *Proceedings of the 5th International Workshop on Enterprise Modelling and Information Systems Architectures*, St. Gallen, Switzerland: Gesellschaft fur Informatik, pp. 27-40.

Abrahamson, E. (1991) "Managerial Fads and Fashions: The Diffusion and Rejection of Innovations", *Academy of Management Review*, Vol. 16, No. 3, pp. 586-612.

Abrahamson, E. (1996) "Management Fashion", *Academy of Management Review*, Vol. 21, No. 1, pp. 254-285.

Abrahamson, E. and Fairchild, G. (1999) "Management Fashion: Lifecycles, Triggers, and Collective Learning Processes", *Administrative Science Quarterly*, Vol. 44, No. 4, pp. 708-740.

ACORD (2020) "ACORD Reference Architecture", Association for Cooperative Operations Research and Development (ACORD), URL: https://www.acord.org/standards-architecture/reference-architecture.

Adriaans, W. and Hoogakker, J. T. (1989) "Planning an Information System at Netherlands Gas", *Long Range Planning*, Vol. 22, No. 3, pp. 64-74.

AGIMO (2011) "Australian Government Architecture Reference Models, Version 3.0", Canberra: Australian Government Information Management Office (AGIMO).

Ahlemann, F. and El Arbi, F. (2012) "An EAM Navigator", In: Ahlemann, F., Stettiner, E., Messerschmidt, M. and Legner, C. (eds.) *Strategic Enterprise Architecture Management: Challenges, Best Practices, and Future Developments*, Berlin: Springer, pp. 35-53.

Ahlemann, F., Legner, C. and Lux, J. (2020) "A Resource-Based Perspective of Value Generation Through Enterprise Architecture Management", *Information and Management*, Vol. Online, No. Online, pp. 1-48.

Ahlemann, F., Legner, C. and Schafczuk, D. (2012a) "Introduction", In: Ahlemann, F., Stettiner, E., Messerschmidt, M. and Legner, C. (eds.) *Strategic Enterprise Architecture Management: Challenges, Best Practices, and Future Developments*, Berlin: Springer, pp. 1-33.

Ahlemann, F., Mohan, K. and Schafczuk, D. (2012b) "People, Adoption and Introduction of EAM", In: Ahlemann, F., Stettiner, E., Messerschmidt, M. and Legner, C. (eds.) *Strategic Enterprise Architecture Management: Challenges, Best Practices, and Future Developments*, Berlin: Springer, pp. 229-263.

Ahlemann, F., Stettiner, E., Messerschmidt, M. and Legner, C. (eds.) (2012c) *Strategic Enterprise Architecture Management: Challenges, Best Practices, and Future Developments*, Berlin: Springer.

Alaeddini, M. and Salekfard, S. (2013) "Investigating the Role of an Enterprise Architecture Project in the Business-IT Alignment in Iran", *Information Systems Frontiers*, Vol. 15, No. 1, pp. 67-88.

Alavi, M. and Leidner, D. E. (2001) "Knowledge Management and Knowledge Management Systems: Conceptual Foundations and Research Issues", *MIS Quarterly*, Vol. 25, No. 1, pp. 107-136.

Aldag, R. J. (1997) "Moving Sofas and Exhuming Woodchucks: On Relevance, Impact, and the Following of Fads", *Journal of Management Inquiry*, Vol. 6, No. 1, pp. 8-16.

Alexander, C., Ishikawa, S. and Silverstein, M. (1977) *A Pattern Language: Towns, Buildings, Construction*, New York, NY: Oxford University Press.

Alsoma, A. S., Hourani, H. M. and Masduki, D. M. S. (2012) "Government Enterprise Architecture: Towards the Inter-Connected Government in the Kingdom of Saudi Arabia", In: Saha, P. (ed.) *Enterprise Architecture for Connected E-Government: Practices and Innovations*, Hershey, PA: Information Science Reference, pp. 121-151.

Alvesson, M. (2013) *The Triumph of Emptiness: Consumption, Higher Education, and Work Organization*, Oxford, UK: Oxford University Press.

Alvesson, M., Gabriel, Y. and Paulsen, R. (2017) *Return to Meaning: A Social Science with Something to Say*, Oxford, UK: Oxford University Press.

Alwadain, A., Fielt, E., Korthaus, A. and Rosemann, M. (2016) "Empirical Insights into the Development of a Service-Oriented Enterprise Architecture", *Data and Knowledge Engineering*, Vol. 105, No. 1, pp. 39-52.

Ambler, S. W. (2010) "Enterprise Architecture: Reality Over Rhetoric", Dr. Dobb's Journal, URL: https://web.archive.org/web/20201020205941/http://www.drdobbs.com/architecture-and-design/enterprise-architecture-reality-over-rhe/224600174.

Amiri, A. K., Cavusoglu, H. and Benbasat, I. (2015) "Enhancing Strategic IT Alignment Through Common Language: Using the Terminology of the Resource-Based View or the Capability-Based View?", In: Carte, T., Heinzl, A. and Urquhart, C. (eds.) *Proceedings of the 36th International Conference on Information Systems*, Fort Worth, TX: Association for Information Systems, pp. 1-12.

Anderson, P., Backhouse, G., Townsend, J., Hedges, M. and Hobson, P. (2009) "Doing Enterprise Architecture: Enabling the Agile Institution" (#533), Bristol, UK: Joint Information Systems Committee (JISC).

Andriole, S. (2020) "Why No One Understands Enterprise Architecture & Why Technology Abstractions Always Fail", Forbes, URL: https://www.forbes.com/sites/steveandriole/2020/09/18/why-no-one-understands-enterprise-architecture--why-technology-abstractions-always-fail/.

Ang, J. S. and Teo, T. S. (1997) "CSFs and Sources of Assistance and Expertise in Strategic IS Planning: A Singapore Perspective", *European Journal of Information Systems*, Vol. 6, No. 3, pp. 164-171.

Anshen, M. (1960) "The Manager and the Black Box", *Harvard Business Review*, Vol. 38, No. 6, pp. 85-92.

APICS (2017) "SCOR Framework", American Production and Inventory Control Society (APICS), URL: http://www.apics.org/apics-for-business/products-and-services/apics-scc-frameworks/scor/.

APQC (2017) "APQC's Process Classification Framework (PCF)", American Productivity and Quality Center (APQC), URL: https://www.apqc.org/process-performance-management/process-frameworks.

Aral, S. and Weill, P. (2007) "IT Assets, Organizational Capabilities, and Firm Performance: How Resource Allocations and Organizational Differences Explain Performance Variation", *Organization Science*, Vol. 18, No. 5, pp. 763-780.

Archi (2020) "Archi - Open Source ArchiMate Modelling", Phillip Beauvoir and Jean-Baptiste Sarrodie, URL: https://www.archimatetool.com.

ArchiMate (2016) "ArchiMate 3.0 Specification", The Open Group, URL: http://pubs.opengroup.org/architecture/archimate3-doc/.

Armour, F. J. and Kaisler, S. H. (2001) "Enterprise Architecture: Agile Transition and Implementation", *IT Professional*, Vol. 3, No. 6, pp. 30-37.

Armour, F. J., Kaisler, S. H. and Liu, S. Y. (1999a) "A Big-Picture Look at Enterprise Architectures", *IT Professional*, Vol. 1, No. 1, pp. 35-42.

Armour, F. J., Kaisler, S. H. and Liu, S. Y. (1999b) "Building an Enterprise Architecture Step by Step", *IT Professional*, Vol. 1, No. 4, pp. 31-39.

Arthur Andersen (1979) "Method/1: Systems Development Practices", Chicago, IL: Arthur Andersen.

Arthur Andersen (1987) "Foundation-Method/1: Information Planning (Version 8.0)", Chicago, IL: Arthur Andersen.

Arthur Young (1987) *The Arthur Young Practical Guide to Information Engineering*, New York, NY: Wiley.

Athey, S. and Plotnicki, J. (2000) "An Evaluation of Research Productivity in Academic IT", *Communications of the Association for Information Systems*, Vol. 3, No. 2, pp. 1-19.

Atkinson, R. A. (1992) "Keeping IS Strategic Plans Off the Shelf", *Information Systems Management*, Vol. 9, No. 1, pp. 68-71.

Atkinson, R. A. and Montgomery, J. (1990) "Reshaping IS Strategic Planning", *Journal of Information Systems Management*, Vol. 7, No. 4, pp. 9-17.

Avison, D., Jones, J., Powell, P. and Wilson, D. (2004) "Using and Validating the Strategic Alignment Model", *Journal of Strategic Information Systems*, Vol. 13, No. 3, pp. 223-246.

Aziz, S. and Obitz, T. (2005) "Infosys Enterprise Architecture Survey 2005", Bangalore, India: Infosys.

Aziz, S. and Obitz, T. (2007) "Infosys Enterprise Architecture Survey 2007", Bangalore, India: Infosys.

Badri, M. A. (1992) "Critical Issues in Information Systems Management: An International Perspective", *International Journal of Information Management*, Vol. 12, No. 3, pp. 179-191.

Baets, W. R. J. (1992) "Aligning Information Systems with Business Strategy", *Journal of Strategic Information Systems*, Vol. 1, No. 4, pp. 205-213.

Ball, L. and Harris, R. (1982) "SMIS Members: A Membership Analysis", *MiS Quarterly*, Vol. 6, No. 1, pp. 19-38.

Banaeianjahromi, N. and Smolander, K. (2016) "Understanding Obstacles in Enterprise Architecture Development", In: Ozturan, M., Rossi, M. and Veit, D. (eds.) *Proceedings of the 24th European Conference on Information Systems*, Istanbul, Turkey: Association for Information Systems, pp. 1-15.

Banaeianjahromi, N. and Smolander, K. (2019) "Lack of Communication and Collaboration in Enterprise Architecture Development", *Information Systems Frontiers*, Vol. 21, No. 4, pp. 877-908.

Banerjee, J. and Aziz, S. (2007) "SOA: The Missing Link Between Enterprise Architecture and Solution Architecture", Bangalore, India: Infosys.

Barnett, G. (2015) "The Forrester Wave: Enterprise Architecture Management Suites, Q3 2015", Cambridge, MA: Forrester.

Barnett, G. (2017) "The Forrester Wave: Enterprise Architecture Management Suites, Q2 2017", Cambridge, MA: Forrester.

Barrera, A., Kenneally, J., Killen, G. and McKenzie, W. (2011) "Developing a Standard Enterprise Architecture Practice", Santa Clara, CA: Intel.

Bass, B. M. (1970) "When Planning for Others", *Journal of Applied Behavioral Science*, Vol. 6, No. 2, pp. 151-171.

Bass, L., Clements, P. and Kazman, R. (2012) *Software Architecture in Practice (3rd Edition)*, Boston, MA: Addison-Wesley Professional.

Bassellier, G. and Benbasat, I. (2004) "Business Competence of Information Technology Professionals: Conceptual Development and Influence on IT-Business Partnerships", *MIS Quarterly*, Vol. 28, No. 4, pp. 673-694.

Basten, D. and Brons, D. (2012) "EA Frameworks, Modelling and Tools", In: Ahlemann, F., Stettiner, E., Messerschmidt, M. and Legner, C. (eds.) *Strategic Enterprise Architecture Management: Challenges, Best Practices, and Future Developments*, Berlin: Springer, pp. 201-227.

Beeson, I., Green, S., Sa, J. and Sully, A. (2002) "Linking Business Processes and Information Systems Provision in a Dynamic Environment", *Information Systems Frontiers*, Vol. 4, No. 3, pp. 317-329.

Behara, G. K. and Paradkar, S. S. (2015) *Enterprise Architecture: A Practitioner's Handbook*, Tampa, FL: Meghan-Kiffer Press.

Beijer, P. and de Klerk, T. (2010) *IT Architecture: Essential Practice for IT Business Solutions*, Raleigh, NC: Lulu.com.

Benbasat, I. and Zmud, R. W. (1999) "Empirical Research in Information Systems: The Practice of Relevance", *MIS Quarterly*, Vol. 23, No. 1, pp. 3-16.

Benjamin, R. I. and Levinson, E. (1993) "A Framework for Managing IT-Enabled Change", *MIT Sloan Management Review*, Vol. 34, No. 4, pp. 23-33.

Benjamin, R. I., Rockart, J. F., Scott Morton, M. S. and Wyman, J. (1984) "Information Technology: A Strategic Opportunity", *MIT Sloan Management Review*, Vol. 25, No. 3, pp. 3-10.

Bennis, W. G. and O'Toole, J. (2005) "How Business Schools Lost Their Way", *Harvard Business Review*, Vol. 83, No. 5, pp. 96-104.

Bente, S., Bombosch, U. and Langade, S. (2012) *Collaborative Enterprise Architecture: Enriching EA with Lean, Agile, and Enterprise 2.0 Practices*, Waltham, MA: Morgan Kaufmann.

Bergman, M., Lyytinen, K. and Mark, G. (2007) "Boundary Objects in Design: An Ecological View of Design Artifacts", *Journal of the Association for Information Systems*, Vol. 8, No. 11, pp. 546-568.

Bernaert, M., Poels, G., Snoeck, M. and Backer, M. (2016) "CHOOSE: Towards a Metamodel for Enterprise Architecture in Small and Medium-Sized Enterprises", *Information Systems Frontiers*, Vol. 18, No. 4, pp. 781-818.

Bernard, S. A. (2004) *An Introduction to Enterprise Architecture (1st Edition)*, Bloomington, IN: AuthorHouse.

Bernard, S. A. (2009) "The Importance of Formal Documentation in Enterprise Architectures", *Journal of Enterprise Architecture*, Vol. 5, No. 3, pp. 29-58.

Bernard, S. A. (2012) *An Introduction to Enterprise Architecture (3rd Edition)*, Bloomington, IN: AuthorHouse.

Berneaud, M., Buckl, S., Diaz-Fuentes, A., Matthes, F., Monahov, I., Nowobliska, A., Roth, S., Schweda, C. M., Weber, U. and Zeiner, M. (2012) "Trends for Enterprise Architecture Management Tools Survey", Munich, Germany: Software Engineering for Business Information Systems (SEBIS), Technical University of Munich.

Bernus, P. (2009) "The Future of Enterprise Engineering", In: Doucet, G., Gotze, J., Saha, P. and Bernard, S. (eds.) *Coherency Management: Architecting the Enterprise for Alignment, Agility and Assurance*, Bloomington, IN: AuthorHouse, pp. 431-449.

Bernus, P. and Nemes, L. (1996) "A Framework to Define a Generic Enterprise Reference Architecture and Methodology", *Computer Integrated Manufacturing Systems*, Vol. 9, No. 3, pp. 179-191.

Besker, T., Olsson, R. and Pessi, K. (2015) "The Enterprise Architect Profession: An Empirical Study", In: Pimenidis, E. and Odeh, M. (eds.) *Proceedings of the 9th European Conference on Information Management and Evaluation*, Bristol, UK: Academic Conferences and Publishing International Limited, pp. 29-36.

Beynon-Davies, P. (1994) "Information Management in the British National Health Service: The Pragmatics of Strategic Data Planning", *International Journal of Information Management*, Vol. 14, No. 2, pp. 84-94.

Bhide, A. (1994) "How Entrepreneurs Craft Strategies That Work", *Harvard Business Review*, Vol. 72, No. 2, pp. 150-161.

BIAN (2017) "BIAN Service Landscape 5.0", Banking Industry Architecture Network (BIAN), URL: http://www.bian.org/deliverables/bian-standards/bian-service-landscape-5-0/.

Birkinshaw, J. M. and Mol, M. J. (2006) "How Management Innovation Happens", *MIT Sloan Management Review*, Vol. 47, No. 4, pp. 81-88.

Birkmeier, D. and Overhage, S. (2012) "A Semi-Automated Approach to Support the Architect During the Generation of Component-Based Enterprise Architectures", In: Pries-Heje, J., Chiasson, M., Wareham, J., Busquets, X., Valor, J. and Seiber, S. (eds.) *Proceedings of the 20th European Conference on Information Systems*, Barcelona, Spain: Association for Information Systems, pp. 1-12.

Bittler, R. S. (2010) "Innovative, New Enterprise Architecture Degree Programs Are Under Development" (#G00208044), Stamford, CT: Gartner.

Bittler, R. S. (2012) "Penn State's Degree in Enterprise Architecture Advances the EA Profession" (#G00234540), Stamford, CT: Gartner.

Bittler, R. S. and Burton, B. (2011) "How to Restart and Re-energize an Enterprise Architecture Program" (#G00214385), Stamford, CT: Gartner.

Bittler, R. S. and Kreizman, G. (2005) "Gartner Enterprise Architecture Process: Evolution 2005" (#G00130849), Stamford, CT: Gartner.

Blomqvist, S., Halen, M. and Helenius, M. (2015) "Connecting Enterprise Architecture with Strategic Planning Processes: Case Study of a Large Nordic Finance Organization", In: Kornyshova, E. (ed.) *Proceedings of the 17th IEEE Conference on Business Informatics*, Lisbon: IEEE, pp. 43-50.

Bloomberg, J. (2014) "Is Enterprise Architecture Completely Broken?", Forbes, URL: http://www.forbes.com/sites/jasonbloomberg/2014/07/11/is-enterprise-architecture-completely-broken/.

Blosch, M. and Short, J. (2012) "Seven Best Practices for Building an Enterprise Architecture Consultant Relationship That Adds Long-Term Value" (#G00233849), Stamford, CT: Gartner.

Blosch, M. and Short, J. (2013) "How to Get Business Value from Enterprise Architecture Consultants" (#G00248517), Stamford, CT: Gartner.

Blumenthal, A. (2007) "The Long View: Enterprise Architecture Plans Are Useless Without Clear, Relevant Information", *Government Executive*, Vol. 39, No. 8, p. 63.

Blumenthal, S. C. (1969) *Management Information Systems: A Framework for Planning and Development*, Englewood Cliffs, NJ: Prentice Hall.

BMM (2015) "Business Motivation Model (BMM), Version 1.3", Object Management Group (OMG), URL: http://www.omg.org/spec/BMM/1.3/.

Boar, B. H. (1999a) "A Blueprint for Solving Problems in Your IT Architecture", *IT Professional*, Vol. 1, No. 6, pp. 23-29.

Boar, B. H. (1999b) *Constructing Blueprints for Enterprise IT Architectures*, New York, NY: Wiley.

Bock, D. B., Klepper, R. W. and Sumner, M. R. (1992) "Avoiding the Pitfalls of Implementing Enterprisewide Modeling", *Data Resource Management*, Vol. 3, No. 2, pp. 13-21.

Bogner, J. and Zimmermann, A. (2016) "Towards Integrating Microservices with Adaptable Enterprise Architecture", In: Dijkman, R., Pires, L. F. and Rinderle-Ma, S. (eds.) *Proceedings of the 20th IEEE International Enterprise Distributed Object Computing Conference Workshops*, Vienna: IEEE, pp. 158-163.

Bondel, G., Faber, A. and Matthes, F. (2018) "Reporting from the Implementation of a Business Capability Map as Business-IT Alignment Tool", In: Nurcan, S. and Schmidt, R. (eds.) *Proceedings of the 22nd IEEE International Enterprise Distributed Object Computing Conference Workshops*, Stockholm: IEEE, pp. 125-134.

Booch, G., Rumbaugh, J. and Jacobson, I. (2005) *The Unified Modeling Language User Guide (2nd Edition)*, Boston, MA: Addison-Wesley Professional.

Boucharas, V., van Steenbergen, M., Jansen, S. and Brinkkemper, S. (2010) "The Contribution of Enterprise Architecture to the Achievement of Organizational Goals: A Review of the Evidence", In: Proper, E., Lankhorst, M. M., Schonherr, M., Barjis, J. and Overbeek, S. (eds.) *Proceedings of the 5th Trends in Enterprise Architecture Research Workshop*, Delft, The Netherlands: Springer, pp. 1-15.

Boynton, A. C. and Zmud, R. W. (1984) "An Assessment of Critical Success Factors", *MIT Sloan Management Review*, Vol. 25, No. 4, pp. 17-27.

BPMN (2011) "Business Process Model and Notation (BPMN), Version 2.0", Object Management Group (OMG), URL: http://www.omg.org/spec/BPMN/2.0/.

Bradley, R. V., Pratt, R. M., Byrd, T. A., Outlay, C. N. and Wynn Jr, D. E. (2012) "Enterprise Architecture, IT Effectiveness and the Mediating Role of IT Alignment in US Hospitals", *Information Systems Journal*, Vol. 22, No. 2, pp. 97-127.

Bradley, R. V., Pratt, R. M., Byrd, T. A. and Simmons, L. L. (2011) "The Role of Enterprise Architecture in the Quest for IT Value", *MIS Quarterly Executive*, Vol. 10, No. 2, pp. 73-80.

Brancheau, J. C. and Wetherbe, J. C. (1987) "Key Issues in Information Systems Management", *MIS Quarterly*, Vol. 11, No. 1, pp. 23-45.

Brand, S. (2014) "Market Guide for Business-Outcome-Driven Enterprise Architecture Consulting" (#G00269141), Stamford, CT: Gartner.

Brand, S. (2015) "Magic Quadrant for Enterprise Architecture Consultancies" (#G00276891), Stamford, CT: Gartner.

Brickley, J. A., Smith, C. W. and Zimmerman, J. L. (1997) "Management Fads and Organizational Architecture", *Journal of Applied Corporate Finance*, Vol. 10, No. 2, pp. 24-39.

Broadbent, M., Hansell, A., Dampney, C., Gilmour, P. and Hardy, G. (1989) "Information Systems Management: Strategic Concerns and Priorities", *International Journal of Information Management*, Vol. 9, No. 1, pp. 7-18.

Broadbent, M. and Kitzis, E. (2005) *The New CIO Leader: Setting the Agenda and Delivering Results*, Boston, MA: Harvard Business School Press.

Broadbent, M. and Weill, P. (1993) "Improving Business and Information Strategy Alignment: Learning from the Banking Industry", *IBM Systems Journal*, Vol. 32, No. 1, pp. 162-179.

Broadbent, M. and Weill, P. (1997) "Management by Maxim: How Business and IT Managers Can Create IT

Infrastructures", *MIT Sloan Management Review*, Vol. 38, No. 3, pp. 77-92.

Brown, A. and Obitz, T. (2011) "Enterprise Architecture Is Maturing: Findings from the Infosys Enterprise Architecture Survey 2007", Bangalore, India: Infosys.

Brown, D. W., Bell, R. C. and Mountford, J. (1990) "Strategic Planning of Business Operations and Information Systems", *British Telecommunications Engineering*, Vol. 9, No. 2, pp. 16-19.

Brown, I. (2010) "Strategic Information Systems Planning: Comparing Espoused Beliefs with Practice", In: Alexander, T., Turpin, M. and van Deventer, J. P. (eds.) *Proceedings of the 18th European Conference on Information Systems*, Pretoria, South Africa: Association for Information Systems, pp. 1-12.

Brynjolfsson, E. and Hitt, L. (1996) "Paradox Lost? Firm-Level Evidence on the Returns to Information Systems Spending", *Management Science*, Vol. 42, No. 4, pp. 541-558.

Brynjolfsson, E. and Hitt, L. M. (1998) "Beyond the Productivity Paradox", *Communications of the ACM*, Vol. 41, No. 8, pp. 49-55.

Brynjolfsson, E., Malone, T. W., Gurbaxani, V. and Kambil, A. (1994) "Does Information Technology Lead to Smaller Firms?", *Management Science*, Vol. 40, No. 12, pp. 1628-1644.

Brynjolfsson, E. and McAfee, A. (2014) *The Second Machine Age: Work, Progress, and Prosperity in a Time of Brilliant Technologies*, New York, NY: W. W. Norton & Company.

BSP (1975) "Business Systems Planning: Information Systems Planning Guide (1st Edition)" (#GE20-0527-1), White Plains, NY: IBM Corporation.

BSP (1984) "Business Systems Planning: Information Systems Planning Guide (4th Edition)" (#GE20-0527-4), Atlanta, GA: IBM Corporation.

Buckl, S., Ernst, A. M., Lankes, J. and Matthes, F. (2008) "Enterprise Architecture Management Pattern Catalog, Release 1.0", Munich, Germany: Software Engineering for Business Information Systems (SEBIS), Technical University of Munich.

Buckl, S., Ernst, A. M., Lankes, J., Matthes, F. and Schweda, C. M. (2009) "State of the Art in Enterprise Architecture Management", Munich, Germany: Software Engineering for Business Information Systems (SEBIS), Technical University of Munich.

Buckley, M. R., Ferris, G. R., Bernardin, H. J. and Harvey, M. G. (1998) "The Disconnect Between the Science and Practice of Management", *Business Horizons*, Vol. 41, No. 2, pp. 31-39.

Bui, Q. N. (2012) "Making Connections: A Typological Theory on Enterprise Architecture Features and Organizational Outcomes", In: Jessup, L. and Valacich, J. (eds.) *Proceedings of the 18th Americas Conference on Information Systems*, Seattle, WA: Association for Information Systems, pp. 1-9.

Bui, Q. N. (2017) "Evaluating Enterprise Architecture Frameworks Using Essential Elements", *Communications of the Association for Information Systems*, Vol. 41, No. 1, pp. 121-149.

Bullen, C. V. and Rockart, J. F. (1981) "A Primer on Critical Success Factors", Cambridge, MA: Center for Information Systems Research (CISR), MIT Sloan School of Management.

Burke, B. (2003) "Enterprise Architecture or City Planning?" (#Delta 2638), Stamford, CT: META Group.

Burke, B. and Smith, M. (2009) "The CFO's Essential Guide to Enterprise Architecture" (#G00167209), Stamford, CT: Gartner.

Burke, W. W. and Litwin, G. H. (1992) "A Causal Model of Organizational Performance and Change", *Journal of Management*, Vol. 18, No. 3, pp. 523-545.

Burn, J. M. (1996) "IS Innovation and Organizational Alignment - A Professional Juggling Act", *Journal of Information Technology*, Vol. 11, No. 1, pp. 3-12.

Burn, J. M. and Szeto, C. (2000) "A Comparison of the Views of Business and IT Management on Success Factors for Strategic Alignment", *Information and Management*, Vol. 37, No. 4, pp. 197-216.

Burns, P., Neutens, M., Newman, D. and Power, T. (2009) "Building Value Through Enterprise Architecture: A Global Study", London: Booz & Company.

Burton, B. (2010) "Eight Business Capability Modeling Best Practices" (#G00175782), Stamford, CT: Gartner.

Burton, B. (2011) "Thirteen Worst EA Practices" (#G00214881), Stamford, CT: Gartner.

Burton, B. (2012) "Eight Business Capability Modeling Best Practices Enhance Business and IT Collaboration" (#G00245455), Stamford, CT: Gartner.

Burton, B. and Allega, P. (2011) "Enterprise Architects: Know Thy Business Strategy" (#G00210256), Stamford, CT: Gartner.

Burton, B. and Bittler, R. S. (2011) "You Are Not Alone: Common Reasons Why EA Efforts Need to Be Restarted" (#G00215131), Stamford, CT: Gartner.

Burton, B. and Bradley, A. J. (2014) "Deducing Business Strategy Is a Unique Opportunity for EA Practitioners to Both Drive Execution and Gain Credibility" (#G00262166), Stamford, CT: Gartner.

Burton, B., Short, J. and Blosch, M. (2012) "Global Profile of Enterprise Architecture Use of and Spending on EA Consultancies" (#G00231476), Stamford, CT: Gartner.

Byrd, T. A., Lewis, B. R. and Bryan, R. W. (2006) "The Leveraging Influence of Strategic Alignment on IT Investment: An Empirical Examination", *Information and Management*, Vol. 43, No. 3, pp. 308-321.

C4ISR (1997) "C4ISR Architecture Framework, Version 2.0", Arlington County, VA: Department of Defense.

Calnan, C. (2017) "Ten Leading Colleges and Universities Preparing Tomorrow's Enterprise Architects", *Architecture and Governance Magazine*, Vol. 13, No. 2, pp. 10-13.

Cameron, B. H. (2015) "Methods for Defining and Analyzing Key EA Performance Metrics", *Cutter Consortium Executive Report*, Vol. 18, No. 2, pp. 1-26.

Cameron, B. H. and McMillan, E. (2013) "Analyzing the Current Trends in Enterprise Architecture Frameworks", *Journal of Enterprise Architecture*, Vol. 9, No. 1, pp. 60-71.

Campbell, B. (2005) "Alignment: Resolving Ambiguity within Bounded Choices", In: Wei, C.-P. and Yen, B. (eds.) *Proceedings of the 9th Pacific Asia Conference on Information Systems*, Bangkok: Association for Information Systems, pp. 656-669.

Canning, R. G. (1957) "Planning for the Arrival of Electronic Data Processing", *Journal of Machine Accounting*, Vol. 7, No. 1, pp. 22-30.

Cantara, M., Burton, B. and Scheibenreif, D. (2016a) "Eight Best Practices for Creating High-Impact Business Capability Models" (#G00314568), Stamford, CT: Gartner.

Cantara, M., Burton, B., Weldon, L. and Scheibenreif, D. (2016b) "Three Things CIOs Can Say to Get CEOs Excited About Business Capability Modeling" (#G00320029), Stamford, CT: Gartner.

Carbone, J. A. (2004) *IT Architecture Toolkit*, Upper Saddle River, NJ: Prentice Hall.

Cardoza, C. (2020) "The Resurgence of Enterprise Architecture", SD Times, URL: https://sdtimes.com/softwaredev/the-resurgence-of-enterprise-architecture/.

Carlile, P. R. (2002) "A Pragmatic View of Knowledge and Boundaries: Boundary Objects in New Product Development", *Organization Science*, Vol. 13, No. 4, pp. 442-455.

Carlile, P. R. (2004) "Transferring, Translating, and Transforming: An Integrative Framework for Managing Knowledge Across Boundaries", *Organization Science*, Vol. 15, No. 5, pp. 555-568.

Carlson, W. M. (1979) "Business Information Analysis and Integration Technique (BIAIT): The New Horizon", *DATA BASE for Advances in Information Systems*, Vol. 10, No. 4, pp. 3-9.

Carlton, D. (2012) "How to Develop Your Applications Portfolio Using the Pace-Layered Model" (#G00233308), Stamford, CT: Gartner.

Carlton, D., Duggan, J. and Mangi, L. (2012) "Use the Pace-Layered Application Strategy to Understand Your Applications Portfolio" (#G00232225), Stamford, CT: Gartner.

Carr, D. and Else, S. (2018) "State of Enterprise Architecture Survey: Results and Findings", *Enterprise Architecture Professional Journal*, Vol. 6, No. 1, pp. 1-17.

Carr, N. G. (2003) "IT Doesn't Matter", *Harvard Business Review*, Vol. 81, No. 5, pp. 41-49.

Carson, P. P., Lanier, P. A., Carson, K. D. and Birkenmeier, B. J. (1999) "A Historical Perspective on Fad Adoption and Abandonment", *Journal of Management History*, Vol. 5, No. 6, pp. 320-333.

Carson, P. P., Lanier, P. A., Carson, K. D. and Guidry, B. N. (2000) "Clearing a Path Through the Management Fashion Jungle: Some Preliminary Trailblazing", *Academy of Management Journal*, Vol. 43, No. 6, pp. 1143-1158.

Carter, R. B., Nilakanta, S. and Norris, D. (1990) "Information Systems Planning: A Case Study", *Journal of Systems Management*, Vol. 41, No. 7, pp. 10-15.

Carter, R. B., Nilakanta, S. and Norris, D. (1991) "Strategic Planning for Information Systems: The Evidence from a Successful Implementation in an Academic Setting", *Journal of Research on Computing in*

Education, Vol. 24, No. 2, pp. 280-288.

Cash, J. I. and Konsynski, B. R. (1985) "IS Redraws Competitive Boundaries", *Harvard Business Review*, Vol. 63, No. 2, pp. 134-142.

Caudle, S. L., Gorr, W. L. and Newcomer, K. E. (1991) "Key Information Systems Management Issues for the Public Sector", *MIS Quarterly*, Vol. 15, No. 2, pp. 171-188.

Cecil, J. and Goldstein, M. (1990) "Sustaining Competitive Advantage from IT", *McKinsey Quarterly*, Vol. 26, No. 4, pp. 74-89.

Cerpa, N. and Verner, J. M. (1998) "Case Study: The Effect of IS Maturity on Information Systems Strategic Planning", *Information and Management*, Vol. 34, No. 4, pp. 199-208.

Chan, Y. E. (2002) "Why Haven't We Mastered Alignment? The Importance of the IT Informal Organizational Structure", *MIS Quarterly Executive*, Vol. 1, No. 2, pp. 97-112.

Chan, Y. E. and Huff, S. L. (1993a) "Investigating Information Systems Strategic Alignment", In: DeGross, J. I., Bostrom, R. P. and Robey, D. (eds.) *Proceedings of the 14th International Conference on Information Systems*, Orlando, FL: Association for Information Systems, pp. 345-363.

Chan, Y. E. and Huff, S. L. (1993b) "Strategic Information Systems Alignment", *Business Quarterly*, Vol. 58, No. 1, pp. 51-55.

Chan, Y. E., Huff, S. L., Barclay, D. W. and Copeland, D. G. (1997) "Business Strategic Orientation, Information Systems Strategic Orientation, and Strategic Alignment", *Information Systems Research*, Vol. 8, No. 2, pp. 125-150.

Chan, Y. E. and Reich, B. H. (2007) "IT Alignment: What Have We Learned?", *Journal of Information Technology*, Vol. 22, No. 4, pp. 297-315.

Chan, Y. E., Sabherwal, R. and Thatcher, J. B. (2006) "Antecedents and Outcomes of Strategic IS Alignment: An Empirical Investigation", *IEEE Transactions on Engineering Management*, Vol. 53, No. 1, pp. 27-47.

Chandler, A. D. (1962) *Strategy and Structure: Chapters in the History of the Industrial Enterprise*, Cambridge, MA: MIT Press.

Checkland, P. (1981) *Systems Thinking, Systems Practice*, New York, NY: Wiley.

Chelliah, P. R. (2014) "Elucidating the Cloud Enterprise Architecture for Smarter Enterprises", *IT Professional*, Vol. 16, No. 6, pp. 33-37.

Cheung, S. C. (1990) "Avoiding the Pitfalls of Information Systems Planning", *Data Resource Management*, Vol. 1, No. 3, pp. 16-22.

Chorafas, D. N. (2001) *Enterprise Architecture and New Generation Information Systems*, Boca Raton, FL: CRC Press.

Chrissis, M. B., Konrad, M. and Shrum, S. (2011) *CMMI for Development: Guidelines for Process Integration and Product Improvement (3rd Edition)*, Upper Saddle River, NJ: Addison-Wesley Professional.

Christensen, C. M. (1997) *The Innovator's Dilemma: When New Technologies Cause Great Firms to Fail*, Boston, MA: Harvard Business School Press.

Ciborra, C. U. (1997) "De Profundis? Deconstructing the Concept of Strategic Alignment", *Scandinavian Journal of Information Systems*, Vol. 9, No. 1, pp. 67-82.

CIMOSA (1993) *CIMOSA: Open System Architecture for CIM (2nd Edition)*, Berlin: Springer-Verlag.

Clemons, E. K. (1986) "Information Systems for Sustainable Competitive Advantage", *Information and Management*, Vol. 11, No. 3, pp. 131-136.

Cohen, M. D., March, J. G. and Olsen, J. P. (1972) "A Garbage Can Model of Organizational Choice", *Administrative Science Quarterly*, Vol. 17, No. 1, pp. 1-25.

Cohen, W. M. and Levinthal, D. A. (1990) "Absorptive Capacity: A New Perspective on Learning and Innovation", *Administrative Science Quarterly*, Vol. 35, No. 1, pp. 128-152.

Cohn, A. M. (1981) "Planning the Business Data Environment", *Journal of Systems Management*, Vol. 32, No. 9, pp. 31-33.

Collins, A. C. (1983) "A Management Strategy for Information Processing", *Long Range Planning*, Vol. 16, No. 6, pp. 21-28.

Colter, M. A. (1984) "A Comparative Examination of Systems Analysis Techniques", *MIS Quarterly*, Vol. 8,

No. 1, pp. 51-66.

Coltman, T., Tallon, P., Sharma, R. and Queiroz, M. (2015) "Strategic IT Alignment: Twenty-Five Years On", *Journal of Information Technology*, Vol. 30, No. 2, pp. 91-100.

Colville, R. J. (2012) "IT Service View CMDB Vendor Landscape, 2012" (#G00230009), Stamford, CT: Gartner.

Colville, R. J. and Adams, P. (2011) "The Value of Integrating Configuration Management Databases with Enterprise Architecture Tools" (#G00210132), Stamford, CT: Gartner.

Colville, R. J. and Greene, J. (2014a) "Build Your CMDB Ecosystem with Your Enterprise Architecture Tool" (#G00268772), Stamford, CT: Gartner.

Colville, R. J. and Greene, J. (2014b) "Critical Capabilities for Configuration Management Database" (#G00258266), Stamford, CT: Gartner.

CompTIA (2017) "Planning a Modern IT Architecture", Computing Technology Industry Association (CompTIA), URL: https://www.comptia.org/resources/planning-a-modern-it-architecture.

Connor, D. A. (1988) *Computer Systems Development: STrategic Resource Information Planning and Execution - STRIPE*, Englewood Cliffs, NJ: Prentice Hall.

Conrath, D. W., Ang, J. S. and Mattay, S. (1992) "Strategic Planning for Information Systems: A Survey of Canadian Organizations", *INFOR: Information Systems and Operational Research*, Vol. 30, No. 4, pp. 364-378.

Cook, M. A. (1996) *Building Enterprise Information Architectures: Reengineering Information Systems*, Upper Saddle River, NJ: Prentice Hall.

Corbin, D. S. (1988) "Strategic IRM Plan: User Involvement Spells Success", *Journal of Systems Management*, Vol. 39, No. 5, pp. 12-16.

Costello, K. and Rimol, M. (2020) "Gartner Says Global IT Spending to Reach $3.9 Trillion in 2020", Gartner, URL: https://www.gartner.com/en/newsroom/press-releases/2020-01-15-gartner-says-global-it-spending-to-reach-3point9-trillion-in-2020.

Couger, J. D. (1973) "Evolution of Business System Analysis Techniques", *Computing Surveys*, Vol. 5, No. 3, pp. 167-198.

Covington, R. and Jahangir, H. (2009) "The Oracle Enterprise Architecture Framework", Redwood Shores, CA: Oracle.

Cragg, P., King, M. and Hussin, H. (2002) "IT Alignment and Firm Performance in Small Manufacturing Firms", *Journal of Strategic Information Systems*, Vol. 11, No. 2, pp. 109-132.

Cybulski, J. and Lukaitis, S. (2005) "The Impact of Communications and Understanding on the Success of Business/IT Alignment", In: Campbell, B., Underwood, J. and Bunker, D. (eds.) *Proceedings of the 16th Australasian Conference on Information Systems*, Sydney, Australia: Association for Information Systems, pp. 1-13.

Daft, R. L. and Lengel, R. H. (1984) "Information Richness: A New Approach to Managerial Behavior and Organizational Design", In: Staw, B. M. and Cummings, L. L. (eds.) *Research in Organizational Behavior: An Annual Series of Analytical Essays and Critical Reviews (Volume 6)*, Greenwich, CT: JAI Press, pp. 191-233.

Daft, R. L. and Lengel, R. H. (1986) "Organizational Information Requirements, Media Richness and Structural Design", *Management Science*, Vol. 32, No. 5, pp. 554-571.

Daft, R. L., Lengel, R. H. and Trevino, L. K. (1987) "Message Equivocality, Media Selection, and Manager Performance: Implications for Information Systems", *MIS Quarterly*, Vol. 11, No. 3, pp. 355-366.

Dale, M. and Scheepers, H. (2020) "Enterprise Architecture Implementation as Interpersonal Connection: Building Support and Commitment", *Information Systems Journal*, Vol. 30, No. 1, pp. 150-184.

Dam, S. H. (2015) *DoD Architecture Framework 2.0: A Guide to Applying Systems Engineering to Develop Integrated, Executable Architectures*, Manassas, VA: SPEC Innovations.

Dang, D. and Pekkola, S. (2019) "Institutional Perspectives on the Process of Enterprise Architecture Adoption", *Information Systems Frontiers*, Vol. Online, No. Online, pp. 1-13.

Dang, D. D. and Pekkola, S. (2016) "Root Causes of Enterprise Architecture Problems in the Public Sector", In: Chau, P. Y. K. and Chang, S.-I. (eds.) *Proceedings of the 20th Pacific Asia Conference on Information Systems*, Taiwan, China: Association for Information Systems, pp. 1-16.

Davenport, T. H. (1986) "What's Worked, What Hasn't", *Computerworld*, Vol. 20, No. 40, pp. 19-20.

Davenport, T. H. (1994) "Saving IT's Soul: Human-Centered Information Management", *Harvard Business Review*, Vol. 72, No. 2, pp. 119-131.

Davenport, T. H. (1997) "Putting the Enterprise into the Enterprise System", *Harvard Business Review*, Vol. 76, No. 4, pp. 121-131.

Davenport, T. H. (2000) *Mission Critical: Realizing the Promise of Enterprise Systems*, Boston, MA: Harvard Business School Press.

Davenport, T. H. (2009) "Make Better Decisions", *Harvard Business Review*, Vol. 87, No. 11, pp. 117-123.

Davenport, T. H., Hammer, M. and Metsisto, T. J. (1989) "How Executives Can Shape Their Company's Information Systems", *Harvard Business Review*, Vol. 67, No. 2, pp. 130-134.

Davenport, T. H. and Markus, M. L. (1999) "Rigor vs. Relevance Revisited: Response to Benbasat and Zmud", *MIS Quarterly*, Vol. 23, No. 1, pp. 19-23.

Davenport, T. H., Prusak, L. and Wilson, H. J. (2003a) *What's the Big Idea? Creating and Capitalizing on the Best New Management Thinking*, Boston, MA: Harvard Business School Press.

Davenport, T. H., Prusak, L. and Wilson, H. J. (2003b) "Who's Bringing You Hot Ideas (and How Are You Responding)?", *Harvard Business Review*, Vol. 81, No. 2, pp. 58-65.

Davenport, T. H. and Stoddard, D. B. (1994) "Reengineering: Business Change of Mythic Proportions?", *MIS Quarterly*, Vol. 18, No. 2, pp. 121-127.

Davids, A. (1992) *Practical Information Engineering: The Management Challenge*, London: Pitman Publishing.

Davies, T. R. and Hale, W. M. (1986) "Implementing a Policy and Planning Process for Managing State Use of Information Technology Resources", *Public Administration Review*, Vol. 46, No. Special Issue, pp. 516-521.

Dean, D. L., Lowry, P. B. and Humpherys, S. (2011) "Profiling the Research Productivity of Tenured Information Systems Faculty at U.S. Institutions", *MIS Quarterly*, Vol. 35, No. 1, pp. 1-8.

Dean, N. J. (1968) "The Computer Comes of Age", *Harvard Business Review*, Vol. 46, No. 1, pp. 83-91.

Dearden, J. (1965) "How to Organize Information Systems", *Harvard Business Review*, Vol. 43, No. 2, pp. 65-73.

DeFeo, J. (1982) "Management of a Systems Strategy", In: Goldberg, R. and Lorin, H. (eds.) *The Economics of Information Processing (Volume 1: Management Perspectives)*, New York, NY: Wiley, pp. 32-43.

Dennis, A. (2019) "An Unhealthy Obsession with Theory", *Journal of the Association for Information Systems*, Vol. 20, No. 9, pp. 1404-1409.

Dennis, A. R., Valacich, J. S., Fuller, M. A. and Schneider, C. (2006) "Research Standards for Promotion and Tenure in Information Systems", *MIS Quarterly*, Vol. 30, No. 1, pp. 1-12.

Dickson, G. W., Leitheiser, R. L., Wetherbe, J. C. and Nechis, M. (1984) "Key Information Systems Issues for the 1980's", *MIS Quarterly*, Vol. 8, No. 3, pp. 135-159.

Dietz, J. L. and Hoogervorst, J. A. (2011) "A Critical Investigation of TOGAF - Based on the Enterprise Engineering Theory and Practice", In: Albani, A., Dietz, J. L. and Verelst, J. (eds.) *Advances in Enterprise Engineering V*, Berlin: Springer, pp. 76-90.

Dietz, J. L. G., Hoogervorst, J. A. P., Albani, A., Aveiro, D., Babkin, E., Barjis, J., Caetano, A., Huysmans, P., Iijima, J., van Kervel, S., Mulder, H., Op't Land, M., Proper, H. A., Sanz, J., Terlouw, L., Tribolet, J., Verelst, J. and Winter, R. (2013) "The Discipline of Enterprise Engineering", *International Journal of Organisational Design and Engineering*, Vol. 3, No. 1, pp. 86-114.

DiGirolamo, V. (2009) "Gauging the Value of Strategic IT Planning and Enterprise Architecture", *Architecture and Governance Magazine*, Vol. 5, No. 7, pp. 8-10.

DoC (2007) "Enterprise Architecture Capability Maturity Model, Version 1.2", Washington, DC: Department of Commerce.

DoDAF (2007a) "The DoDAF Architecture Framework, Version 1.5 (Volume I: Definitions and Guidelines)", Arlington County, VA: Department of Defense.

DoDAF (2007b) "The DoDAF Architecture Framework, Version 1.5 (Volume II: Product Descriptions)", Arlington County, VA: Department of Defense.

DoDAF (2007c) "The DoDAF Architecture Framework, Version 1.5 (Volume III: Architecture Data Description)", Arlington County, VA: Department of Defense.

DoDAF (2009) "The DoDAF Architecture Framework, Version 2.0", Arlington County, VA: Department of Defense.

Doherty, N. F., Marples, C. G. and Suhaimi, A. (1999) "The Relative Success of Alternative Approaches to Strategic Information Systems Planning: An Empirical Analysis", *Journal of Strategic Information Systems*, Vol. 8, No. 3, pp. 263-283.

Donaldson, L. and Hilmer, F. G. (1998) "Management Redeemed: The Case Against Fads That Harm Management", *Organizational Dynamics*, Vol. 26, No. 4, pp. 7-21.

Doolin, B. and McLeod, L. (2012) "Sociomateriality and Boundary Objects in Information Systems Development", *European Journal of Information Systems*, Vol. 21, No. 5, pp. 570-586.

Doumeingts, G. (1989) "GRAI Approach to Designing and Controlling Advanced Manufacturing System in CIM Environment", In: Nof, S. Y. and Moodie, C. L. (eds.) *Advanced Information Technologies for Industrial Material Flow Systems*, Berlin: Springer, pp. 461-529.

Drews, P., Schirmer, I., Tesse, J., Saxe, S. and Baldauf, U. (2017) "Internet of Things-Specific Challenges for Enterprise Architectures: A Cross-Case Comparison of Explorative Projects from the smartPORT Initiative", In: Strong, D. and Gogan, J. (eds.) *Proceedings of the 23rd Americas Conference on Information Systems*, Boston, MA: Association for Information Systems, pp. 1-10.

Dreyfus, D. (2007) "Information System Architecture: Toward a Distributed Cognition Perspective", In: Gallupe, B. and Pinsonneault, A. (eds.) *Proceedings of the 28th International Conference on Information Systems*, Montreal, Canada: Association for Information Systems, pp. 1-15.

Duggan, J. (2009) "Application Portfolio Triage: TIME for APM" (#G00169227), Stamford, CT: Gartner.

EA Principals (2020) "What Is DoDAF?", EA Principals, URL: https://eaprincipals.com/content/what-dodaf.

Earl, M. J. (1990) "Approaches to Strategic Information Systems Planning: Experience in Twenty-One United Kingdom Companies", In: DeGross, J. I., Alavi, M. and Oppelland, H. J. (eds.) *Proceedings of the 11th International Conference on Information Systems*, Copenhagen: Association for Information Systems, pp. 271-277.

Earl, M. J. (1993) "Experiences in Strategic Information Systems Planning", *MIS Quarterly*, Vol. 17, No. 1, pp. 1-24.

Earl, M. J. (1996) "Research Round-Up: 1. Information Systems Strategy... Why Planning Techniques Are Not the Answer", *Business Strategy Review*, Vol. 7, No. 1, pp. 54-58.

Ebneter, D., Grivas, S. G., Kumar, T. U. and Wache, H. (2010) "Enterprise Architecture Frameworks for Enabling Cloud Computing", In: Yau, S. S. and Zhang, L.-J. (eds.) *Proceedings of the 3rd IEEE International Conference on Cloud Computing*, Miami, FL: IEEE, pp. 542-543.

Edelman, D. C. and Singer, M. (2015) "Competing on Customer Journeys", *Harvard Business Review*, Vol. 93, No. 11, pp. 88-100.

Ellinger, R. (2006) "The Future of Information Technology: Enterprise Architectures 2006-2026 Part 1: From a Fragmented to a Monolithic Enterprise Architecture", *Journal of Enterprise Architecture*, Vol. 2, No. 3, pp. 21-28.

Engels, G. and Assmann, M. (2008) "Service-Oriented Enterprise Architectures: Evolution of Concepts and Methods", In: Spies, M., Weber, G. and Wirsing, M. (eds.) *Proceedings of the 12th IEEE International Enterprise Distributed Object Computing Conference*, Munich, Germany: IEEE, pp. xxxiv-xliii.

Erder, M. and Pureur, P. (2006) "Transitional Architectures for Enterprise Evolution", *IT Professional*, Vol. 8, No. 3, pp. 10-17.

Evans, M. K. and Hague, L. R. (1962) "Master Plan for Information Systems", *Harvard Business Review*, Vol. 40, No. 1, pp. 92-103.

Evernden, R. (2015) "The Architect Role - What Kind of Architect Are You?", *Journal of Enterprise Architecture*, Vol. 11, No. 2, pp. 28-30.

Falconer, D. J. and Hodgett, R. A. (1997) "Strategic Information Systems Planning, an Australian Experience", In: Gupta, J. (ed.) *Proceedings of the 3rd Americas Conference on Information Systems*, Indianapolis, IN: Association for Information Systems, pp. 1-4.

Falconer, D. J. and Hodgett, R. A. (1998) "An Australian Evaluation of Earl's Five Strategic IS Planning

Approaches", In: Baets, W. R. J. (ed.) *Proceedings of the 6th European Conference on Information Systems*, Aix-en-Provence, France: Association for Information Systems, pp. 1101-1108.

Farwick, M., Agreiter, B., Breu, R., Ryll, S., Voges, K. and Hanschke, I. (2011) "Requirements for Automated Enterprise Architecture Model Maintenance: A Requirements Analysis Based on a Literature Review and an Exploratory Survey", In: Zhang, R., Cordeiro, J., Li, X., Zhang, Z. and Zhang, J. (eds.) *Proceedings of the 13th International Conference on Enterprise Information Systems*, Beijing, China: SciTePress, pp. 325-337.

FEA (2001) "A Practical Guide to Federal Enterprise Architecture, Version 1.0", Springfield, VA: Chief Information Officer Council.

FEA (2007) "FEA Practice Guidance", Washington, DC: Office of Management and Budget.

FEA (2012) "The Common Approach to Federal Enterprise Architecture", Washington, DC: Office of Management and Budget.

FEAC Institute (2020a) "Associate Certified Enterprise Architect (ACEA) Green Belt Program: Certification Through Demonstrated Competency", Federal Enterprise Architecture Certification (FEAC) Institute, URL: https://feacinstitute.org/feac-training/acea-green-belt-program.

FEAC Institute (2020b) "Certified Enterprise Architect (CEA) Black Belt Program: Certification Through Demonstrated Competency", Federal Enterprise Architecture Certification (FEAC) Institute, URL: https://feacinstitute.org/feac-training/enterprise-architecture-training.

FEAF (1999) "Federal Enterprise Architecture Framework, Version 1.1", Springfield, VA: Chief Information Officer Council.

FEAF (2013) "Federal Enterprise Architecture Framework, Version 2", Washington, DC: Office of Management and Budget.

FEAPO (2013) "A Common Perspective on Enterprise Architecture", University Park, PA: The Federation of Enterprise Architecture Professional Organizations (FEAPO).

FEAPO (2018) "The Guide to Careers in Enterprise Architecture", University Park, PA: The Federation of Enterprise Architecture Professional Organizations (FEAPO).

Feeny, D. F. and Willcocks, L. P. (1998) "Core IS Capabilities for Exploiting Information Technology", *MIT Sloan Management Review*, Vol. 39, No. 3, pp. 9-21.

Fehskens, L. (2015a) "Book Review: "Composite/Structured Design" by Glenford J. Myers", *Journal of Enterprise Architecture*, Vol. 11, No. 3, pp. 12-15.

Fehskens, L. (2015b) "Len's Lens - Introduction to an Editor's Series", *Journal of Enterprise Architecture*, Vol. 11, No. 1, pp. 23-27.

Fenn, J. and Raskino, M. (2008) *Mastering the Hype Cycle: How to Choose the Right Innovation at the Right Time*, Boston, MA: Harvard Business School Press.

Fidler, C., Rogerson, S. and Spiers, N. (1993) "Current IS Practices within UK-Based Institutions", *Information Management and Computer Security*, Vol. 1, No. 2, pp. 13-20.

Findlay, D. (2006) "Enterprise Architecture in the Federal Aviation Administration Air Traffic Organization", *Journal of Enterprise Architecture*, Vol. 2, No. 2, pp. 28-33.

Finkelstein, C. (1981) "Information Engineering (Reprint of Computerworld Issues Dated May 11, May 25, June 1, June 8 and June 15 of 1981)", Englewood Cliffs, NJ: Prentice Hall.

Finkelstein, C. (1989) *An Introduction to Information Engineering: From Strategic Planning to Information Systems*, Sydney, Australia: Addison-Wesley.

Finkelstein, C. (1991) "Together at Last", *Computerworld*, Vol. 25, No. 50, pp. 91-94.

Finkelstein, C. (1992) *Information Engineering: Strategic Systems Development*, Sydney, Australia: Addison-Wesley.

Finkelstein, C. (2006a) *Enterprise Architecture for Integration: Rapid Delivery Methods and Technologies*, Boston, MA: Artech House.

Finkelstein, C. (2006b) "Information Engineering Methodology", In: Bernus, P., Mertins, K. and Schmidt, G. (eds.) *Handbook on Architectures of Information Systems (2nd Edition)*, Berlin: Springer, pp. 459-483.

Finnegan, P. and Fahy, M. J. (1993) "Planning for Information Systems Resources?", *Journal of Information Technology*, Vol. 8, No. 3, pp. 127-138.

Flynn, D. J. and Goleniewska, E. (1993) "A Survey of the Use of Strategic Information Systems Planning

Approaches in UK Organizations", *Journal of Strategic Information Systems*, Vol. 2, No. 4, pp. 292-315.

Flynn, D. J. and Hepburn, P. A. (1994) "Strategic Planning for Information Systems - A Case Study of a UK Metropolitan Council", *European Journal of Information Systems*, Vol. 3, No. 3, pp. 207-217.

Fonstad, N. O. (2006a) "Engagement Matters: Enhancing Alignment with Governance Mechanisms", Cambridge, MA: Center for Information Systems Research (CISR), MIT Sloan School of Management.

Fonstad, N. O. (2006b) "Expanding the Value from Outsourcing: The Role of Engagement Mechanisms", Cambridge, MA: Center for Information Systems Research (CISR), MIT Sloan School of Management.

Fonstad, N. O. (2007) "Enhancing Engagement at BT: An Update", Cambridge, MA: Center for Information Systems Research (CISR), MIT Sloan School of Management.

Fonstad, N. O. and Robertson, D. (2004) "Realizing IT-Enabled Change: The IT Engagement Model", Cambridge, MA: Center for Information Systems Research (CISR), MIT Sloan School of Management.

Fonstad, N. O. and Robertson, D. (2005) "Engaging for Change: An Overview of the IT Engagement Model", Cambridge, MA: Center for Information Systems Research (CISR), MIT Sloan School of Management.

Fonstad, N. O. and Robertson, D. (2006a) "Linking Mechanisms at TD Banknorth", Cambridge, MA: Center for Information Systems Research (CISR), MIT Sloan School of Management.

Fonstad, N. O. and Robertson, D. (2006b) "Transforming a Company, Project by Project: The IT Engagement Model", *MIS Quarterly Executive*, Vol. 5, No. 1, pp. 1-14.

Forrester (2017) "The Forrester Wave Methodology Guide", Forrester, URL: https://go.forrester.com/policies/forrester-wave-methodology/.

Fowler, M. (2002) *Patterns of Enterprise Application Architecture*, Boston, MA: Addison-Wesley Professional.

Fowler, M. (2003) *UML Distilled: A Brief Guide to the Standard Object Modeling Language (3rd Edition)*, Boston, MA: Addison-Wesley Professional.

Frank, U. (2002) "Multi-Perspective Enterprise Modeling (MEMO) - Conceptual Framework and Modeling Languages", In: Sprague, R. H. (ed.) *Proceedings of the 35th Hawaii International Conference on System Sciences*, Big Island, HI: IEEE, pp. 1258-1267.

Galbraith, J. R. (1973) *Designing Complex Organizations*, Reading, MA: Addison-Wesley.

Galbraith, J. R. (1977) *Organization Design*, Reading, MA: Addison-Wesley.

Gall, N. (2012) "Gartner's 2011 Global Enterprise Architecture Survey: EA Frameworks Are Still Homemade and Hybrid" (#G00226400), Stamford, CT: Gartner.

Galliers, R. D. (1986) "A Failure of Direction", *Business Computing and Communications*, Vol. 5, No. 7, pp. 32-38.

Galliers, R. D. (1987a) "Applied Research in Information Systems Planning", In: Feldman, P., Bhabuta, L. and Holloway, S. (eds.) *Information Management and Planning: Database 87, 14-16 April 1987, Craiglockhart Conference Centre, Edinburgh*, Brookfield, VT: Gower Technical, pp. 45-58.

Galliers, R. D. (1987b) "Information Systems Planning in the United Kingdom and Australia - A Comparison of Current Practice", In: Zorkoczy, P. I. (ed.) *Oxford Surveys in Information Technology, Volume 4*, Oxford, UK: Oxford University Press, pp. 223-255.

Galliers, R. D. (1987c) "Information Systems Planning: A Manifesto for Australian-Based Research", *Australian Computer Journal*, Vol. 19, No. 2, pp. 49-55.

Galliers, R. D. (1988) "Information Technology Strategies Today: The UK Experience", In: Earl, M. (ed.) *Information Management: The Strategic Dimension*, Oxford, UK: Clarendon Press, pp. 179-201.

Galliers, R. D. (1993) "IT Strategies: Beyond Competitive Advantage", *Journal of Strategic Information Systems*, Vol. 2, No. 4, pp. 283-291.

Galliers, R. D., Merali, Y. and Spearing, L. (1994) "Coping with Information Technology? How British Executives Perceive the Key Information Systems Management Issues in the Mid-1990s", *Journal of Information Technology*, Vol. 9, No. 3, pp. 223-238.

Gallo, T. E. (1988) *Strategic Information Management Planning*, Englewood Cliffs, NJ: Prentice Hall.

Gamma, E., Helm, R., Johnson, R. and Vlissides, J. (1994) *Design Patterns: Elements of Reusable Object-Oriented Software*, Boston, MA: Addison-Wesley Professional.

GAO (1992) "Strategic Information Planning: Framework for Designing and Developing System Architectures" (#GAO/IMTEC-92-51), Washington, DC: Government Accountability Office.

GAO (1994) "Executive Guide: Improving Mission Performance Through Strategic Information Management and Technology" (#GAO/AIMD-94-115), Washington, DC: Government Accountability Office.

GAO (2002) "Information Technology: Enterprise Architecture Use Across the Federal Government Can Be Improved" (#GAO-02-6), Washington, DC: Government Accountability Office.

GAO (2003a) "A Framework for Assessing and Improving Enterprise Architecture Management (Version 1.1)" (#GAO-03-584G), Washington, DC: Government Accountability Office.

GAO (2003b) "Information Technology: Leadership Remains Key to Agencies Making Progress on Enterprise Architecture Efforts" (#GAO-04-40), Washington, DC: Government Accountability Office.

GAO (2004) "DOD Business Systems Modernization: Limited Progress in Development of Business Enterprise Architecture and Oversight of Information Technology Investments" (#GAO-04-731R), Washington, DC: Government Accountability Office.

GAO (2005) "DOD Business Systems Modernization: Long-Standing Weaknesses in Enterprise Architecture Development Need to Be Addressed" (#GAO-05-702), Washington, DC: Government Accountability Office.

GAO (2006) "Enterprise Architecture: Leadership Remains Key to Establishing and Leveraging Architectures for Organizational Transformation" (#GAO-06-831), Washington, DC: Government Accountability Office.

GAO (2007) "Business Systems Modernization: Strategy for Evolving DOD's Business Enterprise Architecture Offers a Conceptual Approach, but Execution Details Are Needed" (#GAO-07-451), Washington, DC: Government Accountability Office.

GAO (2008) "DOD Business Systems Modernization: Military Departments Need to Strengthen Management of Enterprise Architecture Programs" (#GAO-08-519), Washington, DC: Government Accountability Office.

GAO (2010) "A Framework for Assessing and Improving Enterprise Architecture Management (Version 2.0)" (#GAO-10-846G), Washington, DC: Government Accountability Office.

GAO (2011a) "Opportunities to Reduce Potential Duplication in Government Programs, Save Tax Dollars, and Enhance Revenue" (#GAO-11-318SP), Washington, DC: Government Accountability Office.

GAO (2011b) "Organizational Transformation: Military Departments Can Improve Their Enterprise Architecture Programs" (#GAO-11-902), Washington, DC: Government Accountability Office.

GAO (2013) "DOD Business Systems Modernization: Further Actions Needed to Address Challenges and Improve Accountability" (#GAO-13-557), Washington, DC: Government Accountability Office.

GAO (2015) "DOD Business Systems Modernization: Additional Action Needed to Achieve Intended Outcomes" (#GAO-15-627), Washington, DC: Government Accountability Office.

Garrity, J. T. (1963) "Top Management and Computer Profits", *Harvard Business Review*, Vol. 41, No. 4, pp. 6-12.

Gartner (2013) "Gartner Glossary: Enterprise Architecture (EA)", Gartner, URL: https://www.gartner.com/en/information-technology/glossary/enterprise-architecture-ea.

Gartner (2017) "Gartner Magic Quadrant", Gartner, URL: https://www.gartner.com/en/research/methodologies/magic-quadrants-research.

Gaver, S. B. (2010) "Why Doesn't the Federal Enterprise Architecture Work?", McLean, VA: Technology Matters.

Gerber, S., Meyer, U. and Richert, C. (2007) "EA Model as Central Part of the Transformation Into a More Flexible and Powerful Organisation", In: Reichert, M., Strecker, S. and Turowski, K. (eds.) *Proceedings of the 2nd International Workshop on Enterprise Modelling and Information Systems Architectures*, St. Goar, Germany: Gesellschaft fur Informatik, pp. 23-32.

Gerow, J. E., Grover, V. and Thatcher, J. (2016) "Alignment's Nomological Network: Theory and Evaluation", *Information and Management*, Vol. 53, No. 5, pp. 541-553.

Gerow, J. E., Grover, V., Thatcher, J. B. and Roth, P. L. (2014) "Looking Toward the Future of IT-Business Strategic Alignment Through the Past: A Meta-Analysis", *MIS Quarterly*, Vol. 38, No. 4, pp. 1059-1085.

Gerow, J. E., Thatcher, J. B. and Grover, V. (2015) "Six Types of IT-Business Strategic Alignment: An Investigation of the Constructs and Their Measurement", *European Journal of Information Systems*, Vol. 24, No. 5, pp. 465-491.

Gharajedaghi, J. (2011) *Systems Thinking: Managing Chaos and Complexity (3rd Edition)*, Burlington, MA: Morgan Kaufmann.

Ghymn, K. I. and King, W. R. (1976) "Design of a Strategic Planning Management Information System", *OMEGA*, Vol. 4, No. 5, pp. 595-607.

Gibson, J. W. and Tesone, D. V. (2001) "Management Fads: Emergence, Evolution, and Implications for Managers", *Academy of Management Executive*, Vol. 15, No. 4, pp. 122-133.

Gill, G. and Bhattacherjee, A. (2009) "Whom Are We Informing? Issues and Recommendations for MIS Research from an Informing Science Perspective", *MIS Quarterly*, Vol. 33, No. 2, pp. 217-235.

Gill, J. and Whittle, S. (1992) "Management by Panacea: Accounting for Transience", *Journal of Management Studies*, Vol. 30, No. 2, pp. 281-295.

Gill, S. (1981) "Information System Planning: A Case Review", *Information and Management*, Vol. 4, No. 5, pp. 233-238.

Glans, T. B., Grad, B., Holstein, D., Meyers, W. E. and Schmidt, R. N. (1968a) *Instructor's Manual for Management Systems*, New York, NY: Holt, Rinehart and Winston.

Glans, T. B., Grad, B., Holstein, D., Meyers, W. E. and Schmidt, R. N. (1968b) *Management Systems*, New York, NY: Holt, Rinehart and Winston.

Golden, C. (1994) "A Standard Satellite Control Reference Model", In: Rash, J. L. (ed.) *Proceedings of the 3rd International Symposium on Space Mission Operations and Ground Data Systems*, Greenbelt, MD: NASA, pp. 1205-1212.

Gong, Y. and Janssen, M. (2017) "Enterprise Architectures for Supporting the Adoption of Big Data", In: Hinnant, C. C. and Ojo, A. (eds.) *Proceedings of the 18th International Conference on Digital Government Research*, Staten Island, NY: ACM, pp. 505-510.

Gong, Y. and Janssen, M. (2019) "The Value of and Myths About Enterprise Architecture", *International Journal of Information Management*, Vol. 46, No. 1, pp. 1-9.

Gonzalez, S. (2011) "An Enterprise Architecture for Banking", *Journal of Enterprise Architecture*, Vol. 7, No. 4, pp. 70-79.

Goodhue, D. L., Kirsch, L. J., Quillard, J. A. and Wybo, M. D. (1992) "Strategic Data Planning: Lessons from the Field", *MIS Quarterly*, Vol. 16, No. 1, pp. 11-34.

Goodhue, D. L., Quillard, J. A. and Rockart, J. F. (1986) "The Management of Data: Preliminary Research Results", Cambridge, MA: Center for Information Systems Research (CISR), MIT Sloan School of Management.

Goodhue, D. L., Quillard, J. A. and Rockart, J. F. (1988) "Managing the Data Resource: A Contingency Perspective", *MIS Quarterly*, Vol. 12, No. 3, pp. 373-392.

Gorry, G. A. and Scott Morton, M. S. (1971) "A Framework for Management Information Systems", *MIT Sloan Management Review*, Vol. 13, No. 1, pp. 55-70.

Gosselt, R. W. (2012) "A Maturity Model Based Roadmap for Implementing TOGAF", In: Wijnhoven, F. (ed.) *Proceedings of the 17th Twente Student Conference on IT*, Enschede, The Netherlands: University of Twente, pp. 1-10.

Gotze, J. and Jensen-Waud, A. (eds.) (2013) *Beyond Alignment: Applying Systems Thinking in Architecting Enterprises*, London: College Publications.

Grant, G. G. (2003) "Strategic Alignment and Enterprise Systems Implementation: The Case of Metalco", *Journal of Information Technology*, Vol. 18, No. 3, pp. 159-175.

Gray, P. (2001) "Introduction to the Special Volume on Relevance", *Communications of the Association for Information Systems*, Vol. 6, No. 1, pp. 1-12.

Grayson, C. J. (1973) "Management Science and Business Practice", *Harvard Business Review*, Vol. 51, No. 4, pp. 41-48.

Greefhorst, D. and Proper, E. (2011) *Architecture Principles: The Cornerstones of Enterprise Architecture*, Berlin: Springer.

Greene, B., McDavid, D. and Zachman, J. A. (1997) "Back to the Issue of the Century", *Database*

Programming and Design, Vol. 10, No. 6, pp. 8-9.

Gregor, S., Hart, D. and Martin, N. (2007) "Enterprise Architectures: Enablers of Business Strategy and IS/IT Alignment in Government", *Information Technology and People*, Vol. 20, No. 2, pp. 96-120.

Greiner, L. E. (1972) "Evolution and Revolution as Organizations Grow", *Harvard Business Review*, Vol. 50, No. 3, pp. 37-46.

Greski, L. (2009) "Business Capability Modeling: Theory & Practice", *Architecture and Governance Magazine*, Vol. 5, No. 7, pp. 1-4.

Grindley, K. (1992) "Information Systems Issues Facing Senior Executives: The Culture Gap", *Journal of Strategic Information Systems*, Vol. 1, No. 2, pp. 57-62.

Grover, V. and Davenport, T. H. (2001) "General Perspectives on Knowledge Management: Fostering a Research Agenda", *Journal of Management Information Systems*, Vol. 18, No. 1, pp. 5-21.

Grover, V., Kohli, R. and Ramanlal, P. (2018) "Being Mindful in Digital Initiatives", *MIS Quarterly Executive*, Vol. 17, No. 3, pp. 223-236.

Gunton, T. (1989) *Infrastructure: Building a Framework for Corporate Information Handling*, New York, NY: Prentice Hall.

Hackney, R., Burn, J. and Dhillon, G. (2000) "Challenging Assumptions for Strategic Information Systems Planning: Theoretical Perspectives", *Communications of the Association for Information Systems*, Vol. 3, No. 3, pp. 1-24.

Hadaya, P. and Gagnon, B. (2017) *Business Architecture: The Missing Link in Strategy Formulation, Implementation and Execution*, Montreal, Canada: ASATE Publishing.

Haigh, T. (2001) "Inventing Information Systems: The Systems Men and the Computer, 1950-1968", *Business History Review*, Vol. 75, No. 1, pp. 15-61.

Haki, M. K., Legner, C. and Ahlemann, F. (2012) "Beyond EA Frameworks: Towards an Understanding of the Adoption of Enterprise Architecture Management", In: Pries-Heje, J., Chiasson, M., Wareham, J., Busquets, X., Valor, J. and Seiber, S. (eds.) *Proceedings of the 20th European Conference on Information Systems*, Barcelona, Spain: Association for Information Systems, pp. 1-12.

Hambrick, D. C. (2007) "The Field of Management's Devotion to Theory: Too Much of a Good Thing?", *Academy of Management Journal*, Vol. 50, No. 6, pp. 1346-1352.

Hamel, G. (2006) "The Why, What, and How of Management Innovation", *Harvard Business Review*, Vol. 84, No. 2, pp. 72-84.

Hamilton, D. (1999) "Linking Strategic Information Systems Concepts to Practice: Systems Integration at the Portfolio Level", *Journal of Information Technology*, Vol. 14, No. 1, pp. 69-82.

Hammer, M. and Champy, J. A. (1993) *Reengineering the Corporation: A Manifesto for Business Revolution*, New York, NY: HarperBusiness.

Hammond, J. S., Keeney, R. L. and Raiffa, H. (1998) "The Hidden Traps in Decision Making", *Harvard Business Review*, Vol. 76, No. 5, pp. 47-58.

Hanschke, I. (2009) *Strategic IT Management: A Toolkit for Enterprise Architecture Management*, Berlin: Springer.

Hansen, M. T., Nohria, N. and Tierney, T. (1998) "What's Your Strategy for Managing Knowledge?", *Harvard Business Review*, Vol. 77, No. 2, pp. 106-116.

Hanseth, O. and Monteiro, E. (1997) "Inscribing Behavior in Information Infrastructure Standards", *Accounting, Management and Information Technologies*, Vol. 7, No. 4, pp. 183-211.

Harrell, J. M. and Sage, A. P. (2010) "Enterprise Architecture and the Ways of Wickedness", *Information, Knowledge, Systems Management*, Vol. 9, No. 3, pp. 197-209.

Hartman, W., Matthes, H. and Proeme, A. (1968) *Management Information Systems Handbook: Analysis, Requirements Determination, Design and Development, Implementation and Evaluation*, Apeldoorn, The Netherlands: Philips-Electrologica.

Hartog, C. and Herbert, M. (1986) "1985 Opinion Survey of MIS Managers: Key Issues", *MIS Quarterly*, Vol. 10, No. 4, pp. 351-361.

Hartono, E., Lederer, A. L., Sethi, V. and Zhuang, Y. (2003) "Key Predictors of the Implementation of Strategic Information Systems Plans", *DATA BASE for Advances in Information Systems*, Vol. 34, No. 3, pp. 41-53.

Hauder, M., Roth, S., Matthes, F. and Schulz, C. (2013) "An Examination of Organizational Factors Influencing Enterprise Architecture Management Challenges", In: van Hillegersberg, J., van Heck, E. and Connolly, R. (eds.) *Proceedings of the 21st European Conference on Information Systems*, Utrecht, The Netherlands: Association for Information Systems, pp. 1-12.

Hazen, B. T., Kung, L., Cegielski, C. G. and Jones-Farmer, L. A. (2014) "Performance Expectancy and Use of Enterprise Architecture: Training as an Intervention", *Journal of Enterprise Information Management*, Vol. 27, No. 2, pp. 180-196.

Head, R. V. (1971) "Automated System Analysis", *Datamation*, Vol. 17, No. 16, pp. 22-24.

Henderson, J. C. and Venkatraman, N. (1993) "Strategic Alignment: Leveraging Information Technology for Transforming Organizations", *IBM Systems Journal*, Vol. 32, No. 1, pp. 4-16.

Henderson, J. C. and West, J. M. (1979) "Planning for MIS: A Decision-Oriented Approach", *MIS Quarterly*, Vol. 3, No. 2, pp. 45-58.

Henderson, K. (1991) "Flexible Sketches and Inflexible Data Bases: Visual Communication Conscription Devices, and Boundary Objects in Design Engineering", *Science, Technology and Human Values*, Vol. 16, No. 4, pp. 448-473.

Herbert, M. and Hartog, C. (1986) "MIS Rates the Issues", *Datamation*, Vol. 32, No. 22, pp. 79-86.

Hermans, P. (2015) "The Zachman Framework for Architecture Revisited by Paul Hermans", Zachman International, URL: https://www.zachman.com/resources/ea-articles-reference/321-the-zachman-framework-for-architecture-revisited-by-paul-hermans.

Hirschheim, R. (2019) "Against Theory: With Apologies to Feyerabend", *Journal of the Association for Information Systems*, Vol. 20, No. 9, pp. 1338-1355.

Hitt, L. M. and Brynjolfsson, E. (1997) "Information Technology and Internal Firm Organization: An Exploratory Analysis", *Journal of Management Information Systems*, Vol. 14, No. 2, pp. 81-101.

Hobbs, G. (2012) "EAM Governance and Organisation", In: Ahlemann, F., Stettiner, E., Messerschmidt, M. and Legner, C. (eds.) *Strategic Enterprise Architecture Management: Challenges, Best Practices, and Future Developments*, Berlin: Springer, pp. 81-110.

Hoffman, J. and Martino, C. (1983) "Information Systems Planning to Meet Business Objectives: A Survey of Practices", New York, NY: Cresap, McCormick and Paget.

Hohpe, G. and Woolf, B. (2004) *Enterprise Integration Patterns: Designing, Building, and Deploying Messaging Solutions*, Boston, MA: Addison-Wesley Professional.

Holcman, S. B. (2013) *Reaching the Pinnacle: A Methodology of Business Understanding, Technology Planning, and Change*, Pinckney, MI: Pinnacle Business Group Inc.

Holcman, S. B. (2014) "State of Practice of Enterprise Architecture" (#0615669875), Pinckney, MI: Pinnacle Business Group Inc.

Holcman, S. B. (2015a) "EACOE Informational Session", Enterprise Architecture Center of Excellence (EACOE), Pinckney, MI, URL: https://www.youtube.com/watch?v=kKd59GWbMOc.

Holcman, S. B. (2015b) "Enterprise Architecture and Big Data", Enterprise Architecture Center of Excellence (EACOE), Pinckney, MI, URL: https://www.youtube.com/watch?v=7txBntSzyMY.

Holcman, S. B. (2015c) "Top 10 Questions and Answers to De Mystify Enterprise Architecture", Enterprise Architecture Center of Excellence (EACOE), Pinckney, MI, URL: https://www.youtube.com/watch?v=4s_HwSNX9Yk.

Holst, M. S. and Steensen, T. W. (2011) "The Successful Enterprise Architecture Effort", *Journal of Enterprise Architecture*, Vol. 7, No. 4, pp. 16-22.

Holt, J. and Perry, S. (2010) *Modelling Enterprise Architectures*, Stevenage: The Institution of Engineering and Technology.

Honeywell (1968) *Business Information Systems Analysis & Design: Student Reference Guide*, Wellesley Hills, MA: Honeywell Inc.

Hoos, I. R. (1960) "When the Computer Takes Over the Office", *Harvard Business Review*, Vol. 38, No. 4, pp. 102-112.

Hopper, M. D. (1990) "Rattling SABRE - New Ways to Compete on Information", *Harvard Business Review*, Vol. 68, No. 3, pp. 118-125.

Hoyland, C. A. (2011) "An Analysis of Enterprise Architectures Using General Systems Theory", In: Tunstel,

E. and Nahavandi, S. (eds.) *Proceedings of the 2011 IEEE International Conference on Systems, Man and Cybernetics*, Anchorage, AK: IEEE, pp. 340-344.

Huff, S. L., Maher, P. M. and Munro, M. C. (2006) "Information Technology and the Board of Directors: Is There an IT Attention Deficit?", *MIS Quarterly Executive*, Vol. 5, No. 2, pp. 55-68.

Humphrey, W. S. (1988) "Characterizing the Software Process: A Maturity Framework", *IEEE Software*, Vol. 5, No. 2, pp. 73-79.

Humphrey, W. S. (1989a) "Improving the Software Development Process", *Datamation*, Vol. 35, No. 7, pp. 28-52.

Humphrey, W. S. (1989b) *Managing the Software Process*, Reading, MA: Addison-Wesley.

Hungerford, P. (2007) "The Syngenta Architecture Story", In: Saha, P. (ed.) *Handbook of Enterprise Systems Architecture in Practice*, Hershey, PA: Information Science Reference, pp. 331-350.

Hungerford, P. (2009) "The Evolving Role of Enterprise Architecture within Syngenta", In: Doucet, G., Gotze, J., Saha, P. and Bernard, S. (eds.) *Coherency Management: Architecting the Enterprise for Alignment, Agility and Assurance*, Bloomington, IN: AuthorHouse, pp. 307-328.

Hylving, L. and Bygstad, B. (2019) "Nuanced Responses to Enterprise Architecture Management: Loyalty, Voice, and Exit", *Journal of Management Information Systems*, Vol. 36, No. 1, pp. 14-36.

IBM (2006) "An Introduction to IBM's Enterprise Architecture Consulting Method", Armonk, NY: IBM Global Services.

Inmon, W. H. (1986) *Information Systems Architecture: A System Developer's Primer*, Englewood Cliffs, NJ: Prentice Hall.

Inmon, W. H. (1988) *Information Engineering for the Practitioner: Putting Theory into Practice*, Englewood Cliffs, NJ: Yourdon Press.

Inmon, W. H. and Caplan, J. H. (1992) *Information Systems Architecture: Development in the 90's*, New York, NY: Wiley.

Ireland, C., Bowers, D., Newton, M. and Waugh, K. (2009) "A Classification of Object-Relational Impedance Mismatch", In: Chen, Q., Cuzzocrea, A., Hara, T., Hunt, E. and Popescu, M. (eds.) *Proceedings of the 1st International Conference on Advances in Databases, Knowledge, and Data Applications*, Gosier, Guadeloupe, France: IEEE, pp. 36-43.

Ives, B. and Learmonth, G. P. (1984) "The Information System as a Competitive Weapon", *Communications of the ACM*, Vol. 27, No. 12, pp. 1193-1201.

Jacobson, I. (2007) "Enterprise Architecture Failed Big Way!", Ivar Jacobson International, URL: https://web.archive.org/web/20160401150639/http://blog.ivarjacobson.com/ea-failed-big-way/.

James, G. A. (2008) "Findings: Elements for Successful EA in Government Agencies" (#G00157190), Stamford, CT: Gartner.

James, G. A. and Colville, R. J. (2006) "Enterprise Architecture Tools and Configuration Management Databases Are Similar but Different" (#G00137222), Stamford, CT: Gartner.

James, G. A., Handler, R. A., Lapkin, A. and Gall, N. (2005) "Gartner Enterprise Architecture Framework: Evolution 2005" (#G00130855), Stamford, CT: Gartner.

Janssen, M. and Hjort-Madsen, K. (2007) "Analyzing Enterprise Architecture in National Governments: The Cases of Denmark and the Netherlands", In: Sprague, R. H. (ed.) *Proceedings of the 40th Hawaii International Conference on System Sciences*, Big Island, HI: IEEE, pp. 1-10.

Jaques, E. (1990) "In Praise of Hierarchy", *Harvard Business Review*, Vol. 68, No. 1, pp. 127-133.

Jaques, E. and Clement, S. D. (1994) *Executive Leadership: A Practical Guide to Managing Complexity*, Arlington, VA: Wiley-Blackwell.

Jarvenpaa, S. L. and Ives, B. (1991) "Executive Involvement and Participation in the Management of Information Technology", *MIS Quarterly*, Vol. 15, No. 2, pp. 205-227.

Jeffery, M. and Leliveld, I. (2004) "Best Practices in IT Portfolio Management", *MIT Sloan Management Review*, Vol. 45, No. 3, pp. 41-49.

Jennex, M. E. (2001) "Research Relevance - You Get What You Reward", *Communications of the Association for Information Systems*, Vol. 6, No. 1, pp. 49-52.

Johnson, A. M. and Lederer, A. L. (2010) "CEO/CIO Mutual Understanding, Strategic Alignment, and the Contribution of IS to the Organization", *Information and Management*, Vol. 47, No. 3, pp. 138-149.

Jung, J. (2019) "Purpose of Enterprise Architecture Management: Investigating Tangible Benefits in the German Logistics Industry", In: Steffens, U. and Jung, J. (eds.) *Proceedings of the 14th Trends in Enterprise Architecture Research Workshop*, Paris: IEEE, pp. 25-31.

Kahneman, D., Lovallo, D. and Sibony, O. (2011) "Before You Make That Big Decision...", *Harvard Business Review*, Vol. 89, No. 6, pp. 50-60.

Kallgren, A., Ullberg, J. and Johnson, P. (2009) "A Method for Constructing a Company Specific Enterprise Architecture Model Framework", In: Kim, H.-K. and Lee, R. (eds.) *Proceedings of the 10th ACIS International Conference on Software Engineering, Artificial Intelligence, Networking and Parallel/Distributed Computing*, Daegu, Republic of Korea: IEEE, pp. 346-351.

Kanter, J. and Miserendino, J. (1987) "Systems Architectures Link Business Goals and IS Strategies", *Data Management*, Vol. 25, No. 11, pp. 17-25.

Kaplan, R. S. and Norton, D. P. (1996) *The Balanced Scorecard: Translating Strategy into Action*, Boston, MA: Harvard Business School Press.

Kaplan, R. S. and Norton, D. P. (2004a) "Measuring the Strategic Readiness of Intangible Assets", *Harvard Business Review*, Vol. 82, No. 2, pp. 52-63.

Kaplan, R. S. and Norton, D. P. (2004b) *Strategy Maps: Converting Intangible Assets into Tangible Outcomes*, Boston, MA: Harvard Business School Press.

Kappelman, L., McGinnis, T., Pettite, A. and Sidorova, A. (2008) "Enterprise Architecture: Charting the Territory for Academic Research", In: Benbasat, I. and Montazemi, A. R. (eds.) *Proceedings of the 14th Americas Conference on Information Systems*, Toronto, Canada: Association for Information Systems, pp. 1-10.

Kappelman, L., McLean, E., Johnson, V. and Gerhart, N. (2014) "The 2014 SIM IT Key Issues and Trends Study", *MIS Quarterly Executive*, Vol. 13, No. 4, pp. 237-263.

Kappelman, L., McLean, E., Johnson, V. and Torres, R. (2016) "The 2015 SIM IT Issues and Trends Study", *MIS Quarterly Executive*, Vol. 15, No. 1, pp. 55-83.

Kappelman, L., McLean, E., Johnson, V., Torres, R., Nguyen, Q., Maurer, C. and David, A. (2018) "The 2017 SIM IT Issues and Trends Study", *MIS Quarterly Executive*, Vol. 17, No. 1, pp. 53-88.

Kappelman, L., McLean, E., Johnson, V., Torres, R., Nguyen, Q., Maurer, C. and Snyder, M. (2017) "The 2016 SIM IT Issues and Trends Study", *MIS Quarterly Executive*, Vol. 16, No. 1, pp. 47-80.

Kappelman, L., McLean, E., Johnson, V. L., Torres, R., Maurer, C., Snyder, M., Guerra, K. and Kim, K. (2020) "The 2019 SIM IT Issues and Trends Study", *MIS Quarterly Executive*, Vol. 19, No. 1, pp. 69-104.

Kappelman, L., McLean, E., Luftman, J. and Johnson, V. (2013) "Key Issues of IT Organizations and Their Leadership: The 2013 SIM IT Trends Study", *MIS Quarterly Executive*, Vol. 12, No. 4, pp. 227-240.

Kappelman, L., Torres, R., McLean, E., Maurer, C., Johnson, V. and Kim, K. (2019) "The 2018 SIM IT Issues and Trends Study", *MIS Quarterly Executive*, Vol. 18, No. 1, p. 7.

Kappelman, L. A. (2010) "The Pioneers of Enterprise Architecture: A Panel Discussion", In: Kappelman, L. A. (ed.) *The SIM Guide to Enterprise Architecture*, Boca Raton, FL: CRC Press, pp. 9-26.

Karpovsky, A., Hallanoro, M. and Galliers, R. D. (2014) "Process of Information Systems Strategizing: Review and Synthesis", In: Topi, H. and Tucker, A. (eds.) *Computing Handbook: Information Systems and Information Technology (3rd Edition)*, Boca Raton, FL: CRC Press, pp. 66.1-66.28.

Kearns, G. S. and Lederer, A. L. (2000) "The Effect of Strategic Alignment on the Use of IS-Based Resources for Competitive Advantage", *Journal of Strategic Information Systems*, Vol. 9, No. 4, pp. 265-293.

Keller, W. (2015) "Using Capability Models for Strategic Alignment", In: Simon, D. and Schmidt, C. (eds.) *Business Architecture Management: Architecting the Business for Consistency and Alignment*, Berlin: Springer, pp. 107-122.

Kemp, P. and McManus, J. (2009) "Whither Enterprise Architecture?", *ITNOW Computing Journal*, Vol. 51, No. 2, pp. 20-21.

Kerner, D. V. (1979) "Business Information Characterization Study", *DATA BASE for Advances in Information Systems*, Vol. 10, No. 4, pp. 10-17.

Kerner, D. V. (1982) "Business Information Control Study Methodology", In: Goldberg, R. and Lorin, H.

(eds.) *The Economics of Information Processing (Volume 1: Management Perspectives)*, New York, NY: Wiley, pp. 71-83.

Kerr, J. M. (1989) "A Blueprint for Information Systems", *Database Programming and Design*, Vol. 2, No. 9, pp. 60-67.

Khan, M. (2013) "Embedding Systemic Thinking into Enterprise Architecture", In: Gotze, J. and Jensen-Waud, A. (eds.) *Beyond Alignment: Applying Systems Thinking in Architecting Enterprises*, London: College Publications, pp. 119-151.

Khosroshahi, P. A., Hauder, M., Schneider, A. W. and Matthes, F. (2015) "Enterprise Architecture Management Pattern Catalog, Version 2.0", Munich, Germany: Software Engineering for Business Information Systems (SEBIS), Technical University of Munich.

Khosroshahi, P. A., Hauder, M., Volkert, S., Matthes, F. and Gernegross, M. (2018) "Business Capability Maps: Current Practices and Use Cases for Enterprise Architecture Management", In: Bui, T. X. (ed.) *Proceedings of the 51st Hawaii International Conference on System Sciences*, Big Island, HI: Association for Information Systems, pp. 4603-4612.

Khoury, G. R. and Simoff, S. J. (2004) "Enterprise Architecture Modelling Using Elastic Metaphors", In: Hartmann, S. and Roddick, J. F. (eds.) *Proceedings of the 1st Asia-Pacific Conference on Conceptual Modelling*, Dunedin, New Zealand: Australian Computer Society, pp. 65-69.

Kiat, S. E., Chiew, L. H., Hong, P. S. and Fung, C. C. (2008) "The Organization's Compass - Enterprise Architecture", *Journal of Enterprise Architecture*, Vol. 4, No. 1, pp. 11-19.

Kieser, A. (1997) "Rhetoric and Myth in Management Fashion", *Organization*, Vol. 4, No. 1, pp. 49-74.

Kim, Y.-G. and Everest, G. C. (1994) "Building an IS Architecture: Collective Wisdom from the Field", *Information and Management*, Vol. 26, No. 1, pp. 1-11.

King, W. R. (1978) "Strategic Planning for Management Information Systems", *MIS Quarterly*, Vol. 2, No. 1, pp. 27-37.

King, W. R. (1983) "Planning for Strategic Decision Support Systems", *Long Range Planning*, Vol. 16, No. 5, pp. 73-78.

King, W. R. (1984) "Exploiting Information as a Strategic Business Resource", *International Journal of Policy and Information*, Vol. 8, No. 1, pp. 1-8.

King, W. R. (1995) "Creating a Strategic Capabilities Architecture", *Information System Management*, Vol. 12, No. 1, pp. 67-69.

King, W. R. and Cleland, D. I. (1975) "The Design of Management Information Systems: An Information Analysis Approach", *Management Science*, Vol. 22, No. 3, pp. 286-297.

Kistasamy, C., van der Merwe, A. and De La Harpe, A. (2010) "The Relationship Between Service Oriented Architecture and Enterprise Architecture", In: Almeida, J. P. A., Guizzardi, G. and Kutvonen, L. (eds.) *Proceedings of the 14th IEEE International Enterprise Distributed Object Computing Conference Workshops*, Vitoria, Brazil: IEEE, pp. 129-137.

Kleehaus, M. and Matthes, F. (2019) "Challenges in Documenting Microservice-Based IT Landscape: A Survey from an Enterprise Architecture Management Perspective", In: Cherfi, S. S.-S. and Dijkman, R. (eds.) *Proceedings of the 23th IEEE International Enterprise Distributed Object Computing Conference*, Paris: IEEE, pp. 11-20.

Kloeckner, S. and Birkmeier, D. (2009) "Something Is Missing: Enterprise Architecture from a Systems Theory Perspective", In: Dan, A., Gittler, F. and Toumani, F. (eds.) *Proceedings of the 4th Trends in Enterprise Architecture Research Workshop*, Stockholm: Springer, pp. 22-34.

Kock, N., Gray, P., Hoving, R., Klein, H., Myers, M. D. and Rockart, J. (2002) "IS Research Relevance Revisited: Subtle Accomplishment, Unfulfilled Promise, or Serial Hypocrisy?", *Communications of the Association for Information Systems*, Vol. 8, No. 1, pp. 330-346.

Koenig, I. (2019a) *Diagramming Architecture: According to the Principle Based Enterprise Architecture Method*, Basking Ridge, NJ: Technics Publications.

Koenig, I. (2019b) *Principle Based Enterprise Architecture: A Systematic Approach to Enterprise Architecture and Governance*, Basking Ridge, NJ: Technics Publications.

Konkol, S. and Kiepuszewski, B. (2006) "Enterprise Architecture Agility: Roadmapping with EARM", *Cutter IT Journal*, Vol. 19, No. 3, pp. 10-15.

Korhonen, J. J., Lapalme, J., McDavid, D. and Gill, A. Q. (2016) "Adaptive Enterprise Architecture for the Future: Towards a Reconceptualization of EA", In: Kornyshova, E., Poels, G., Huemer, C., Wattiau, I., Matthes, F. and Sanz, J. (eds.) *Proceedings of the 18th IEEE Conference on Business Informatics*, Paris: IEEE, pp. 272-281.

Korhonen, J. J. and Poutanen, J. (2013) "Tripartite Approach to Enterprise Architecture", *Journal of Enterprise Architecture*, Vol. 9, No. 1, pp. 28-38.

Kosanke, K., Vernadat, F. and Zelm, M. (1999) "CIMOSA: Enterprise Engineering and Integration", *Computers in Industry*, Vol. 40, No. 2, pp. 83-97.

Kotter, J. P. (1982) "What Effective General Managers Really Do", *Harvard Business Review*, Vol. 60, No. 6, pp. 156-167.

Kotusev, S. (2016a) "The Critical Scrutiny of TOGAF", British Computer Society (BCS), URL: https://www.bcs.org/content-hub/the-critical-scrutiny-of-togaf/.

Kotusev, S. (2016b) "Different Approaches to Enterprise Architecture", *Journal of Enterprise Architecture*, Vol. 12, No. 4, pp. 9-16.

Kotusev, S. (2016c) "Enterprise Architecture Frameworks: The Fad of the Century", British Computer Society (BCS), URL: https://www.bcs.org/content-hub/enterprise-architecture-frameworks-the-fad-of-the-century/.

Kotusev, S. (2016d) "Enterprise Architecture Is Not TOGAF", British Computer Society (BCS), URL: https://www.bcs.org/content-hub/enterprise-architecture-is-not-togaf/.

Kotusev, S. (2016e) "The History of Enterprise Architecture: An Evidence-Based Review", *Journal of Enterprise Architecture*, Vol. 12, No. 1, pp. 29-37.

Kotusev, S. (2016f) "One Minute Enterprise Architecture", British Computer Society (BCS), URL: https://www.bcs.org/content-hub/one-minute-enterprise-architecture/.

Kotusev, S. (2016g) "Six Types of Enterprise Architecture Artifacts", British Computer Society (BCS), URL: https://www.bcs.org/content-hub/six-types-of-enterprise-architecture-artifacts/.

Kotusev, S. (2016h) "Two Worlds of Enterprise Architecture", Melbourne, Australia: Unpublished manuscript.

Kotusev, S. (2017a) "Conceptual Model of Enterprise Architecture Management", *International Journal of Cooperative Information Systems*, Vol. 26, No. 3, pp. 1-36.

Kotusev, S. (2017b) "Critical Questions in Enterprise Architecture Research", *International Journal of Enterprise Information Systems*, Vol. 13, No. 2, pp. 50-62.

Kotusev, S. (2017c) "Eight Essential Enterprise Architecture Artifacts", British Computer Society (BCS), URL: https://www.bcs.org/content-hub/eight-essential-enterprise-architecture-artifacts/.

Kotusev, S. (2017d) "Enterprise Architecture on a Single Page", British Computer Society (BCS), URL: https://www.bcs.org/content-hub/enterprise-architecture-on-a-single-page/.

Kotusev, S. (2017e) "Enterprise Architecture: What Did We Study?", *International Journal of Cooperative Information Systems*, Vol. 26, No. 4, pp. 1-84.

Kotusev, S. (2017f) "The Relationship Between Enterprise Architecture Artifacts", British Computer Society (BCS), URL: https://www.bcs.org/content-hub/the-relationship-between-enterprise-architecture-artifacts/.

Kotusev, S. (2018) "TOGAF-Based Enterprise Architecture Practice: An Exploratory Case Study", *Communications of the Association for Information Systems*, Vol. 43, No. 1, pp. 321-359.

Kotusev, S. (2019a) "Enterprise Architecture and Enterprise Architecture Artifacts: Questioning the Old Concept in Light of New Findings", *Journal of Information Technology*, Vol. 34, No. 2, pp. 102-128.

Kotusev, S. (2019b) "Fake and Real Tools for Enterprise Architecture: The Zachman Framework and Business Capability Model", Enterprise Architecture Professional Journal (EAPJ), URL: https://eapj.org/fake-and-real-tools-for-enterprise-architecture/.

Kotusev, S. (2020a) "Enterprise Architecture: Forget Systems Thinking, Improve Communication", British Computer Society (BCS), URL: https://www.bcs.org/content-hub/enterprise-architecture-forget-systems-thinking-improve-communication/.

Kotusev, S. (2020b) "The Hard Side of Business and IT Alignment", *IT Professional*, Vol. 22, No. 1, pp. 47-55.

Kotusev, S. (2020c) "What Is Agile Enterprise Architecture?", British Computer Society (BCS), URL: https://www.bcs.org/content-hub/what-is-agile-enterprise-architecture/.

Kotusev, S., Kurnia, S., Dilnutt, R. and Taylor, P. (2020) "Can Enterprise Architecture Be Based on the Business Strategy?", In: Bui, T. X. (ed.) *Proceedings of the 53rd Hawaii International Conference on System Sciences*, Maui, HI: University of Hawaii at Manoa, pp. 5613-5622.

Kotusev, S., Singh, M. and Storey, I. (2015a) "Consolidating Enterprise Architecture Management Research", In: Bui, T. X. and Sprague, R. H. (eds.) *Proceedings of the 48th Hawaii International Conference on System Sciences*, Kauai, HI: IEEE, pp. 4069-4078.

Kotusev, S., Singh, M. and Storey, I. (2015b) "Investigating the Usage of Enterprise Architecture Artifacts", In: Becker, J., vom Brocke, J. and de Marco, M. (eds.) *Proceedings of the 23rd European Conference on Information Systems*, Munster, Germany: Association for Information Systems, pp. 1-12.

Kotusev, S., Singh, M. and Storey, I. (2016) "Enterprise Architecture Practice in Retail: Problems and Solutions", *Journal of Enterprise Architecture*, Vol. 12, No. 3, pp. 28-39.

Kotusev, S., Singh, M. and Storey, I. (2017) "A Frameworks-Free Look at Enterprise Architecture", *Journal of Enterprise Architecture*, Vol. 13, No. 1, pp. 15-21.

Kriebel, C. H. (1968) "The Strategic Dimension of Computer Systems Planning", *Long Range Planning*, Vol. 1, No. 1, pp. 7-12.

Krishnamurthy, R. (2014) "Architecture Leadership and Systems Thinking", In: Saha, P. (ed.) *A Systemic Perspective to Managing Complexity with Enterprise Architecture*, Hershey, PA: Business Science Reference, pp. 192-215.

Kruchten, P. (2003) *The Rational Unified Process: An Introduction (3rd Edition)*, Boston, MA: Addison-Wesley Professional.

Kuruzovich, J., Bassellier, G. and Sambamurthy, V. (2012) "IT Governance Processes and IT Alignment: Viewpoints from the Board of Directors", In: Sprague, R. H. (ed.) *Proceedings of the 45th Hawaii International Conference on System Sciences*, Maui, HI: IEEE, pp. 5043-5052.

Lagerstrom, R., Sommestad, T., Buschle, M. and Ekstedt, M. (2011) "Enterprise Architecture Management's Impact on Information Technology Success", In: Sprague, R. H. (ed.) *Proceedings of the 44th Hawaii International Conference on System Sciences*, Kauai, HI: IEEE, pp. 1-10.

Lange, M., Mendling, J. and Recker, J. (2016) "An Empirical Analysis of the Factors and Measures of Enterprise Architecture Management Success", *European Journal of Information Systems*, Vol. 25, No. 5, pp. 411-431.

Langenberg, K. and Wegmann, A. (2004) "Enterprise Architecture: What Aspects Is Current Research Targeting?" (#IC/2004/77), Lausanne, Switzerland: Ecole Polytechnique Federale de Lausanne.

Lankhorst, M. (2013) *Enterprise Architecture at Work: Modelling, Communication and Analysis (3rd Edition)*, Berlin: Springer.

Lankhorst, M. M., Quartel, D. A. and Steen, M. W. (2010) "Architecture-Based IT Portfolio Valuation", In: Harmsen, F., Proper, E., Schalkwijk, F., Barjis, J. and Overbeek, S. (eds.) *Proceedings of the 2nd Working Conference on Practice-Driven Research on Enterprise Transformation*, Delft, The Netherlands: Springer, pp. 78-106.

Lapalme, J. (2012) "Three Schools of Thought on Enterprise Architecture", *IT Professional*, Vol. 14, No. 6, pp. 37-43.

Lapkin, A. and Allega, P. (2010) "Ten Criteria for Choosing an External Service Provider for Your EA Effort" (#G00174157), Stamford, CT: Gartner.

Lapkin, A., Allega, P., Burke, B., Burton, B., Bittler, R. S., Handler, R. A., James, G. A., Robertson, B., Newman, D., Weiss, D., Buchanan, R. and Gall, N. (2008) "Gartner Clarifies the Definition of the Term 'Enterprise Architecture'" (#G00156559), Stamford, CT: Gartner.

Lasden, M. (1981) "Long-Range Planning: Curse or Blessing?", *Computer Decisions*, Vol. 13, No. 2, pp. 102-113.

Laudon, K. C. and Laudon, J. P. (2013) *Management Information Systems: Managing the Digital Firm (13th Edition)*, Boston, MA: Pearson Education Limited.

Laverdure, L. and Conn, A. (2013) "Systems Thinking as the Foundation for Architecting the Sustainable Enterprise", In: Gotze, J. and Jensen-Waud, A. (eds.) *Beyond Alignment: Applying Systems Thinking in Architecting Enterprises*, London: College Publications, pp. 91-118.

Le Fevre, A. and Pattison, L. (1986) "Planning for Hospital Information Systems Using the Lancaster Soft Systems Methodology", *Australian Computer Journal*, Vol. 18, No. 4, pp. 180-185.

Leavitt, H. J. (1965) "Applied Organizational Change in Industry: Structural, Technological and Humanistic Approaches", In: March, J. G. (ed.) *Handbook of Organizations*, Chicago, IL: Rand McNally College Publishing Company, pp. 1144-1170.

Lederer, A. L. and Gardiner, V. (1992a) "The Process of Strategic Information Planning", *Journal of Strategic Information Systems*, Vol. 1, No. 2, pp. 76-83.

Lederer, A. L. and Gardiner, V. (1992b) "Strategic Information Systems Planning: The Method/1 Approach", *Information Systems Management*, Vol. 9, No. 3, pp. 13-20.

Lederer, A. L. and Mendelow, A. L. (1986) "Paradoxes of Information Systems Planning", In: Maggi, L., Zmud, R. W. and Wetherbe, J. C. (eds.) *Proceedings of the 7th International Conference on Information Systems*, San Diego, CA: Association for Information Systems, pp. 255-264.

Lederer, A. L. and Mendelow, A. L. (1987) "Information Resource Planning: Overcoming Difficulties in Identifying Top Management's Objectives ", *MIS Quarterly*, Vol. 11, No. 3, pp. 389-399.

Lederer, A. L. and Mendelow, A. L. (1988) "Information Systems Planning: Top Management Takes Control", *Business Horizons*, Vol. 31, No. 3, pp. 73-78.

Lederer, A. L. and Mendelow, A. L. (1989a) "Coordination of Information Systems Plans with Business Plans", *Journal of Management Information Systems*, Vol. 6, No. 2, pp. 5-19.

Lederer, A. L. and Mendelow, A. L. (1989b) "Information Systems Planning: Incentives for Effective Action", *DATA BASE for Advances in Information Systems*, Vol. 20, No. 3, pp. 13-20.

Lederer, A. L. and Mendelow, A. L. (1993) "Information Systems Planning and the Challenge of Shifting Priorities", *Information and Management*, Vol. 24, No. 6, pp. 319-328.

Lederer, A. L. and Putnam, A. G. (1986) "Connecting Systems Objectives to Business Strategy with BSP", *Information Strategy: The Executive's Journal*, Vol. 2, No. 2, pp. 75-89.

Lederer, A. L. and Putnam, A. G. (1987) "Bridging the Gap: Connecting Systems Objectives to Business Strategy with BSP", *Journal of Information Systems Management*, Vol. 4, No. 3, pp. 40-46.

Lederer, A. L. and Sethi, V. (1988) "The Implementation of Strategic Information Systems Planning Methodologies", *MIS Quarterly*, Vol. 12, No. 3, pp. 445-461.

Lederer, A. L. and Sethi, V. (1989) "Pitfalls in Planning", *Datamation*, Vol. 35, No. 11, pp. 59-62.

Lederer, A. L. and Sethi, V. (1992) "Meeting the Challenges of Information Systems Planning", *Long Range Planning*, Vol. 25, No. 2, pp. 69-80.

Lederer, A. L. and Sethi, V. (1996) "Key Prescriptions for Strategic Information Systems Planning", *Journal of Management Information Systems*, Vol. 13, No. 1, pp. 35-62.

Legner, C. and Lohe, J. (2012) "Embedding EAM into Operation and Monitoring", In: Ahlemann, F., Stettiner, E., Messerschmidt, M. and Legner, C. (eds.) *Strategic Enterprise Architecture Management: Challenges, Best Practices, and Future Developments*, Berlin: Springer, pp. 169-199.

Levin, H. S. (1957) "Systems Planning for Computer Application", *The Controller*, Vol. 25, No. 4, pp. 165-186.

Levy, J. D. (1982) "Bridging the Gap with Business Information Systems Planning", *Infosystems*, Vol. 29, No. 6, pp. 82-84.

Levy, M. (2014) "'Shelfware' or Strategic Alignment? An Enquiry into the Design of Enterprise Architecture Programs", In: McLean, E., Watson, R. and Case, T. (eds.) *Proceedings of the 20th Americas Conference on Information Systems*, Savannah, GA: Association for Information Systems, pp. 1-12.

Lewis, B. (2018) "The Dark Secrets of Enterprise Architecture", CIO, URL: https://www.cio.com/article/3277958/the-dark-secrets-of-enterprise-architecture.html.

Lewis, R. F. (1957) "Never Overestimate the Power of a Computer", *Harvard Business Review*, Vol. 35, No. 5, pp. 77-84.

Li, E. Y. and Chen, H.-G. (2001) "Output-Driven Information System Planning: A Case Study", *Information and Management*, Vol. 38, No. 3, pp. 185-199.

Lohe, J. and Legner, C. (2012) "From Enterprise Modelling to Architecture-Driven IT Management? A Design Theory", In: Pries-Heje, J., Chiasson, M., Wareham, J., Busquets, X., Valor, J. and Seiber, S.

(eds.) *Proceedings of the 20th European Conference on Information Systems*, Barcelona, Spain: Association for Information Systems, pp. 1-13.

Lohe, J. and Legner, C. (2014) "Overcoming Implementation Challenges in Enterprise Architecture Management: A Design Theory for Architecture-Driven IT Management (ADRIMA)", *Information Systems and e-Business Management*, Vol. 12, No. 1, pp. 101-137.

Longepe, C. (2003) *The Enterprise Architecture IT Project: The Urbanisation Paradigm*, London: Kogan Page Science.

Lovallo, D. and Kahneman, D. (2003) "Delusions of Success: How Optimism Undermines Executives' Decisions", *Harvard Business Review*, Vol. 81, No. 7, pp. 56-63.

Luftman, J. (2005) "Key Issues for IT Executives 2004", *MIS Quarterly Executive*, Vol. 4, No. 2, pp. 269-285.

Luftman, J. and Ben-Zvi, T. (2010a) "Key Issues for IT Executives 2009: Difficult Economy's Impact on IT", *MIS Quarterly Executive*, Vol. 9, No. 1, pp. 49-59.

Luftman, J. and Ben-Zvi, T. (2010b) "Key Issues for IT Executives 2010: Judicious IT Investments Continue Post-Recession", *MIS Quarterly Executive*, Vol. 9, No. 4, pp. 263-273.

Luftman, J. and Ben-Zvi, T. (2011) "Key Issues for IT Executives 2011: Cautious Optimism in Uncertain Economic Times", *MIS Quarterly Executive*, Vol. 10, No. 4, pp. 203-212.

Luftman, J. and Brier, T. (1999) "Achieving and Sustaining Business-IT Alignment", *California Management Review*, Vol. 42, No. 1, pp. 109-122.

Luftman, J. and Derksen, B. (2012) "Key Issues for IT Executives 2012: Doing More with Less", *MIS Quarterly Executive*, Vol. 11, No. 4, pp. 207-218.

Luftman, J., Derksen, B., Dwivedi, R., Santana, M., Zadeh, H. S. and Rigoni, E. (2015) "Influential IT Management Trends: An International Study", *Journal of Information Technology*, Vol. 30, No. 3, pp. 293-305.

Luftman, J. and Kempaiah, R. (2008) "Key Issues for IT Executives 2007", *MIS Quarterly Executive*, Vol. 7, No. 2, pp. 99-112.

Luftman, J., Kempaiah, R. and Nash, E. (2006) "Key Issues for IT Executives 2005", *MIS Quarterly Executive*, Vol. 5, No. 2, pp. 81-99.

Luftman, J., Kempaiah, R. and Rigoni, E. H. (2009) "Key Issues for IT Executives 2008", *MIS Quarterly Executive*, Vol. 8, No. 3, pp. 151-159.

Luftman, J., Lyytinen, K. and Ben-Zvi, T. (2017) "Enhancing the Measurement of Information Technology (IT) Business Alignment and Its Influence on Company Performance", *Journal of Information Technology*, Vol. 32, No. 1, pp. 26-46.

Luftman, J. and McLean, E. (2004) "Key Issues for IT Executives", *MIS Quarterly Executive*, Vol. 3, No. 2, pp. 89-104.

Luftman, J., Papp, R. and Brier, T. (1999) "Enablers and Inhibitors of Business-IT Alignment", *Communications of the Association for Information Systems*, Vol. 1, No. 3, pp. 1-33.

Luftman, J. and Zadeh, H. S. (2011) "Key Information Technology and Management Issues 2010-11: An International Study", *Journal of Information Technology*, Vol. 26, No. 3, pp. 193-204.

Luftman, J., Zadeh, H. S., Derksen, B., Santana, M., Rigoni, E. H. and Huang, Z. D. (2012) "Key Information Technology and Management Issues 2011-2012: An International Study", *Journal of Information Technology*, Vol. 27, No. 3, pp. 198-212.

Luftman, J., Zadeh, H. S., Derksen, B., Santana, M., Rigoni, E. H. and Huang, Z. D. (2013) "Key Information Technology and Management Issues 2012-2013: An International Study", *Journal of Information Technology*, Vol. 28, No. 4, pp. 354-366.

Luftman, J. N., Lewis, P. R. and Oldach, S. H. (1993) "Transforming the Enterprise: The Alignment of Business and Information Technology Strategies", *IBM Systems Journal*, Vol. 32, No. 1, pp. 198-221.

Lux, J. and Ahlemann, F. (2012) "Embedding EAM into the Project Life Cycle", In: Ahlemann, F., Stettiner, E., Messerschmidt, M. and Legner, C. (eds.) *Strategic Enterprise Architecture Management: Challenges, Best Practices, and Future Developments*, Berlin: Springer, pp. 141-168.

Lynch, N. (2006) "Enterprise Architecture - How Does It Work in the Australian Bureau of Statistics?", In: Spencer, S. and Jenkins, A. (eds.) *Proceedings of the 17th Australasian Conference on Information*

Systems, Adelaide, Australia: Association for Information Systems, pp. 1-14.

Lyzenski, S. (2008) "Making the Business Case for Enterprise Architecture", *Journal of Enterprise Architecture*, Vol. 4, No. 3, pp. 13-27.

Magalhaes, R., Zacarias, M. and Tribolet, J. (2007) "Making Sense of Enterprise Architectures as Tools of Organizational Self-Awareness (OSA)", In: Lankhorst, M. M. and Johnson, P. (eds.) *Proceedings of the 2nd Trends in Enterprise Architecture Research Workshop*, St. Gallen, Switzerland: Telematica Instituut, pp. 61-69.

Mahmood, Z. and Hill, R. (eds.) (2011) *Cloud Computing for Enterprise Architectures*, London: Springer.

Maholic, J. (2013) *Business Cases That Mean Business: A Practical Guide to Identifying, Calculating and Communicating the Value of Large Scale IT Projects*, North Charleston, SC: CreateSpace Independent Publishing Platform.

Mainelli, M. R. and Miller, D. R. (1988) "Strategic Planning for Information Systems at British Rail", *Long Range Planning*, Vol. 21, No. 4, pp. 65-75.

Mangi, L. and Gaughan, D. (2015) "How to Develop a Pace-Layered Application Strategy" (#G00276478), Stamford, CT: Gartner.

Manwani, S. and Bossert, O. (2016) "EA Survey Findings: The Challenges and Responses for Enterprise Architects in the Digital Age", *Journal of Enterprise Architecture*, Vol. 12, No. 3, pp. 6-9.

Marca, D. A. and McGowan, C. L. (2005) *IDEF0 and SADT: A Modeler's Guide*, Auburndale, MA: OpenProcess, Inc.

March, J. G. (1994) *A Primer on Decision Making: How Decisions Happen*, New York, NY: The Free Press.

Marenghi, C. and Zachman, J. A. (1982) "Data Design Key to Systems: IBM Consultant", *Computerworld*, Vol. 16, No. 43, pp. 11-12.

Mariotti, P. (1988) "Commentary: An Anatomy of an Architecture Study", *I/S Analyzer*, Vol. 26, No. 10, pp. 13-14.

Martin, B. L., Batchelder, G., Newcomb, J., Rockart, J. F., Yetter, W. P. and Grossman, J. H. (1995) "The End of Delegation? Information Technology and the CEO", *Harvard Business Review*, Vol. 73, No. 5, pp. 161-172.

Martin, J. (1982a) "An Overall Plan", *Computerworld*, Vol. 16, No. 40, pp. 17-32.

Martin, J. (1982b) *Strategic Data-Planning Methodologies*, Englewood Cliffs, NJ: Prentice Hall.

Martin, J. (1989) *Information Engineering (Book I: Introduction, Book II: Planning and Analysis, Book III: Design and Construction)*, Englewood Cliffs, NJ: Prentice Hall.

Martin, J. and Finkelstein, C. (1981) *Information Engineering (Volumes I and II)*, Carnforth, UK: Savant Institute.

Martin, J. and Leben, J. (1989) *Strategic Information Planning Methodologies (2nd Edition)*, Englewood Cliffs, NJ: Prentice Hall.

Martinsons, M. G. and Hosley, S. (1993) "Planning a Strategic Information System for a Market-Oriented Non-Profit Organization", *Journal of Systems Management*, Vol. 44, No. 2, pp. 14-41.

Masuda, Y., Shirasaka, S. and Yamamoto, S. (2016) "Integrating Mobile IT/Cloud into Enterprise Architecture: A Comparative Analysis", In: Chau, P. Y. K. and Chang, S.-I. (eds.) *Proceedings of the 20th Pacific Asia Conference on Information Systems*, Taiwan, China: Association For Information System, pp. 1-15.

Matthes, D. (2011) *Enterprise Architecture Frameworks Kompendium: Uber 50 Rahmenwerke fur das IT-Management*, Berlin: Springer.

Matthes, F., Buckl, S., Leitel, J. and Schweda, C. M. (2008) "Enterprise Architecture Management Tool Survey 2008", Munich, Germany: Software Engineering for Business Information Systems (SEBIS), Technical University of Munich.

Matthes, F., Hauder, M. and Katinszky, N. (2014) "Enterprise Architecture Management Tool Survey 2014 Update", Munich, Germany: Software Engineering for Business Information Systems (SEBIS), Technical University of Munich.

McConnell, S. (2019) *More Effective Agile: A Roadmap for Software Leaders*, Bellevue, WA: Construx Press.

McFarlan, F. W. (1971) "Problems in Planning the Information System", *Harvard Business Review*, Vol. 49, No. 2, pp. 75-89.

McFarlan, F. W. (1984) "Information Technology Changes the Way You Compete", *Harvard Business Review*, Vol. 62, No. 3, pp. 98-103.

McGregor, M. (2015) "Critical Capabilities for Enterprise Architecture Tools" (#G00274824), Stamford, CT: Gartner.

McGregor, M. (2016) "Magic Quadrant for Enterprise Architecture Tools" (#G00294575), Stamford, CT: Gartner.

McLean, E. R. and Soden, J. V. (1977) *Strategic Planning for MIS*, New York, NY: Wiley.

McNurlin, B. C. (1979) "What Information Do Managers Need?", *EDP Analyzer*, Vol. 17, No. 6, pp. 1-12.

McNurlin, B. C. (1988) "Implementing a New System Architecture", *I/S Analyzer*, Vol. 26, No. 10, pp. 1-16.

Meadows, D. H. and Wright, D. (2008) *Thinking in Systems: A Primer*, White River Junction, VT: Chelsea Green Publishing.

Meiklejohn, I. (1986) "Who Are the IT Strategists?", *Business Computing and Communications*, Vol. 5, No. 5, pp. 47-55.

Mendelson, H. and Pillai, R. R. (1999) "Industry Clockspeed: Measurement and Operational Implications", *Manufacturing and Service Operations Management*, Vol. 1, No. 1, pp. 1-20.

Mentzas, G. (1997) "Implementing an IS Strategy - A Team Approach", *Long Range Planning*, Vol. 30, No. 1, pp. 84-95.

Merrifield, R., Calhoun, J. and Stevens, D. (2008) "The Next Revolution in Productivity", *Harvard Business Review*, Vol. 86, No. 6, pp. 72-80.

Mertins, K. and Jochem, R. (2005) "Architectures, Methods and Tools for Enterprise Engineering", *International Journal of Production Economics*, Vol. 98, No. 2, pp. 179-188.

Meyer, B. (2014) *Agile!: The Good, the Hype and the Ugly*, Zurich, Switzerland: Springer.

Meyer, M., Helfert, M. and O'Brien, C. (2011) "An Analysis of Enterprise Architecture Maturity Frameworks", In: Grabis, J. and Kirikova, M. (eds.) *Proceedings of the 10th International Conference on Business Informatics Research*, Riga: Springer, pp. 167-177.

Miller, D. (1982) "Evolution and Revolution: A Quantum View of Structural Change in Organizations", *Journal of Management studies*, Vol. 19, No. 2, pp. 131-151.

Miller, D. and Friesen, P. H. (1980) "Momentum and Revolution in Organizational Adaptation", *Academy of Management Journal*, Vol. 23, No. 4, pp. 591-614.

Miller, D. and Friesen, P. H. (1984) *Organizations: A Quantum View*, Englewood Cliffs, NJ: Prentice Hall.

Miller, D. and Hartwick, J. (2002) "Spotting Management Fads", *Harvard Business Review*, Vol. 80, No. 10, pp. 26-27.

Miller, D., Hartwick, J. and Le Breton-Miller, I. (2004) "How to Detect a Management Fad - And Distinguish It From a Classic", *Business Horizons*, Vol. 47, No. 4, pp. 7-16.

Min, S. K., Suh, E.-H. and Kim, S.-Y. (1999) "An Integrated Approach Toward Strategic Information Systems Planning", *Journal of Strategic Information Systems*, Vol. 8, No. 4, pp. 373-394.

Mintzberg, H. (1971) "Managerial Work: Analysis from Observation", *Management Science*, Vol. 18, No. 2, pp. 97-110.

Mintzberg, H. (1972) "The Myths of MIS", *California Management Review*, Vol. 15, No. 1, pp. 92-97.

Mintzberg, H. (1973) *The Nature of Managerial Work*, New York, NY: Harper and Row.

Mintzberg, H. (1975) "The Manager's Job: Folklore and Fact", *Harvard Business Review*, Vol. 53, No. 4, pp. 49-61.

Mintzberg, H. (1979) "An Emerging Strategy of "Direct" Research", *Administrative Science Quarterly*, Vol. 24, No. 4, pp. 582-589.

Mintzberg, H. (1994) *The Rise and Fall of Strategic Planning: Reconceiving the Roles for Planning, Plans, Planners*, New York, NY: The Free Press.

Mintzberg, H. (2009) *Managing*, San Francisco, CA: Berrett-Koehler Publishers.

Mintzberg, H., Ahlstrand, B. and Lampel, J. (1998) *Strategy Safari: A Guided Tour Through the Wilds of Strategic Management*, New York, NY: The Free Press.

Mocker, M. (2012) "2012-07 Enterprise Architecture Research at MIT", MIT Sloan CIO Symposium, Boston, MA, URL: https://www.youtube.com/watch?v=9IGQm4-HheA.

Molnar, W. A. and Proper, H. A. (2013) "Engineering an Enterprise: Practical Issues of Two Case Studies from the Luxembourgish Beverage and Tobacco Industry", In: Harmsen, F. and Proper, H. A. (eds.) *Proceedings of the 6th Working Conference on Practice-Driven Research on Enterprise Transformation*, Utrecht, The Netherlands: Springer, pp. 76-91.

Moody, D. L. (2000) "Building Links Between IS Research and Professional Practice: Improving the Relevance and Impact of IS Research", In: Orlikowski, W. J., Ang, S., Weill, P., Krcmar, H. C. and DeGross, J. I. (eds.) *Proceedings of the 21st International Conference on Information Systems*, Brisbane, Australia: Association for Information Systems, pp. 351-360.

Moynihan, T. (1990) "What Chief Executives and Senior Managers Want from Their IT Departments", *MIS Quarterly*, Vol. 14, No. 1, pp. 15-25.

Munro, M. C. and Wheeler, B. R. (1980) "Planning, Critical Success Factors, and Management's Information Requirements", *MIS Quarterly*, Vol. 4, No. 4, pp. 27-38.

Murer, S., Bonati, B. and Furrer, F. J. (2011) *Managed Evolution: A Strategy for Very Large Information Systems*, Berlin: Springer.

Murphy, J. (2020) "Capabilities Models for Business Advantage", Cutter Consortium Advisor, URL: https://www.cutter.com/article/capability-model-practice-2-scenarios.

Nadler, D. A. and Tushman, M. L. (1980) "A Model for Diagnosing Organizational Behavior", *Organizational Dynamics*, Vol. 9, No. 2, pp. 35-51.

NASCIO (2003) "NASCIO Enterprise Architecture Maturity Model, Version 1.3", Lexington, KY: National Association of State Chief Information Officers (NASCIO).

Nath, R. (1989) "Aligning MIS with the Business Goals", *Information and Management*, Vol. 16, No. 2, pp. 71-79.

Nicolini, D., Mengis, J. and Swan, J. (2012) "Understanding the Role of Objects in Cross-Disciplinary Collaboration", *Organization Science*, Vol. 23, No. 3, pp. 612-629.

Niederman, F., Brancheau, J. C. and Wetherbe, J. C. (1991) "Information Systems Management Issues for the 1990s", *MIS Quarterly*, Vol. 15, No. 4, pp. 475-500.

Niemann, K. D. (2006) *From Enterprise Architecture to IT Governance: Elements of Effective IT Management*, Wiesbaden: Vieweg.

Niemi, E. (2007) "Enterprise Architecture Stakeholders - A Holistic View", In: Hoxmeier, J. A. and Hayne, S. (eds.) *Proceedings of the 13th Americas Conference on Information Systems*, Keystone, CO: Association for Information Systems, pp. 3669-3676.

Niemi, E. and Pekkola, S. (2017) "Using Enterprise Architecture Artefacts in an Organisation", *Enterprise Information Systems*, Vol. 11, No. 3, pp. 313-338.

Nikpay, F., Ahmad, R. B., Rouhani, B. D., Mahrin, M. N. r. and Shamshirband, S. (2017) "An Effective Enterprise Architecture Implementation Methodology", *Information Systems and e-Business Management*, Vol. 15, No. 4, pp. 927-962.

Nolan, R. and McFarlan, F. W. (2005) "Information Technology and the Board of Directors", *Harvard Business Review*, Vol. 83, No. 10, pp. 96-106.

Nolan, R. L. and Mulryan, D. W. (1987) "Undertaking an Architecture Program", *Stage by Stage*, Vol. 7, No. 2, pp. 1-10.

Nowakowski, E., Farwick, M., Trojer, T., Hausler, M., Kessler, J. and Breu, R. (2017) "Enterprise Architecture Planning: Analyses of Requirements from Practice and Research", In: Bui, T. X. (ed.) *Proceedings of the 50th Hawaii International Conference on System Sciences*, Big Island, HI: Association for Information Systems, pp. 4847-4856.

Nurmi, J., Penttinen, K. and Seppanen, V. (2018) "Examining Enterprise Architecture Definitions - Implications from Theory and Practice", In: Norstrom, L., Vartiainen, K., Muller, S. D. and Nielsen, J. A. (eds.) *Proceedings of the 41st Information Systems Research Seminar in Scandinavia*, Aarhus, Denmark: Association for Information Systems,

O'Donnell, G. and Casanova, C. (2009) *The CMDB Imperative: How to Realize the Dream and Avoid the Nightmares*, Upper Saddle River, NJ: Prentice Hall.

O-AA (2020) "Open Agile Architecture: A Standard of The Open Group" (#C208), Reading, UK: The Open Group.

Obitz, T. and Babu, M. (2009) "Infosys Enterprise Architecture Survey 2008/2009", Bangalore, India: Infosys.

OGC (2017) *Managing Successful Projects with PRINCE2 (2017th Edition)*, London: The Stationery Office.

Olsen, D. H. (2017) "Enterprise Architecture Management Challenges in the Norwegian Health Sector", In: Hammoudi, S., Smialek, M., Camp, O. and Filipe, J. (eds.) *Proceedings of the 19th International Conference on Enterprise Information Systems*, Porto, Portugal: SciTePress, pp. 637-645.

OMB (2007) "Federal Enterprise Architecture Program EA Assessment Framework 2.2", Washington, DC: Office of Management and Budget.

OMB (2009) "Enterprise Architecture Assessment Framework v3.1", Washington, DC: Office of Management and Budget.

Orsey, R. R. (1982a) "Business Systems Planning: Management of Information", *Computer Decisions*, Vol. 14, No. 2, pp. 154-158.

Orsey, R. R. (1982b) "Clarifying BSP", *Computer Decisions*, Vol. 14, No. 7, pp. 173-173.

Orsey, R. R. (1982c) "Methodologies for Determining Information Flow", In: Goldberg, R. and Lorin, H. (eds.) *The Economics of Information Processing (Volume 1: Management Perspectives)*, New York, NY: Wiley, pp. 57-70.

Osterle, H., Brenner, W. and Hilbers, K. (1993) *Total Information Systems Management: A European Approach*, Chichester, UK: Wiley.

Osterwalder, A. and Pigneur, Y. (2010) *Business Model Generation: A Handbook for Visionaries, Game Changers, and Challengers*, Hoboken, NJ: Wiley.

Oviatt, B. M. and Miller, W. D. (1989) "Irrelevance, Intransigence, and Business Professors", *Academy of Management Perspectives*, Vol. 3, No. 4, pp. 304-312.

Palmer, S. D. (1993) "A Plan That Cured Chaos", *Datamation*, Vol. 39, No. 1, pp. 77-78.

Paper, D. (2001) "Future IS Research: The Criticality of Relevance", *Journal of Information Technology Case and Application Research*, Vol. 3, No. 3, pp. 1-6.

Parker, C. M. (1990) "Developing an Information Systems Architecture: Changing How Data Resource Managers Think About Systems Planning", *Data Resource Management*, Vol. 1, No. 4, pp. 5-11.

Parker, M. M., Trainor, H. E. and Benson, R. J. (1989) *Information Strategy and Economics: Linking Information Systems Strategy to Business Performance*, Englewood Cliffs, NJ.

Parker, T. and Brooks, T. (2008) "Which Comes First, Strategy or Architecture?", *Journal of Enterprise Architecture*, Vol. 4, No. 4, pp. 46-57.

Parker, T. and Idundun, M. (1988) "Managing Information Systems in 1987: The Top Issues for IS Managers in the UK", *Journal of Information Technology*, Vol. 3, No. 1, pp. 34-42.

Parsons, G. L. (1983) "Information Technology: A New Competitive Weapon", *MIT Sloan Management Review*, Vol. 25, No. 1, pp. 3-14.

Pavlak, A. (2006) "Lessons from Classical Architecture", *Journal of Enterprise Architecture*, Vol. 2, No. 2, pp. 20-27.

Pavri, F. and Ang, J. S. (1995) "A Study of the Strategic Planning Practices in Singapore", *Information and Management*, Vol. 28, No. 1, pp. 33-47.

Penrod, J. I. and Douglas, J. V. (1988) "Strategic Planning for Information Resources at the University of Maryland", *Long Range Planning*, Vol. 21, No. 2, pp. 52-62.

Pentland, A. (2012) "The New Science of Building Great Teams", *Harvard Business Review*, Vol. 90, No. 4, pp. 60-69.

Peppard, J. and Ward, J. (1999) "Mind the Gap: Diagnosing the Relationship Between the IT Organisation and the Rest of the Business", *Journal of Strategic Information Systems*, Vol. 8, No. 1, pp. 29-60.

Peppard, J. and Ward, J. (2004) "Beyond Strategic Information Systems: Towards an IS Capability", *Journal of Strategic Information Systems*, Vol. 13, No. 2, pp. 167-194.

Peppard, J., Ward, J. and Daniel, E. (2007) "Managing the Realization of Business Benefits from IT Investments", *MIS Quarterly Executive*, Vol. 6, No. 1, pp. 1-11.

Periasamy, K. P. (1993) "The State and Status of Information Architecture: An Empirical Investigation", In: DeGross, J. I., Bostrom, R. P. and Robey, D. (eds.) *Proceedings of the 14th International Conference on Information Systems*, Orlando, FL: Association for Information Systems, pp. 255-270.

Periasamy, K. P. (1994) *Development and Usage of Information Architecture: A Management Perspective*, PhD Thesis: University of Oxford, UK.

Periasamy, K. P. and Feeny, D. F. (1997) "Information Architecture Practice: Research-Based Recommendations for the Practitioner", *Journal of Information Technology*, Vol. 12, No. 3, pp. 197-205.

Perks, C. and Beveridge, T. (2003) *Guide to Enterprise IT Architecture*, New York, NY: Springer.

Perroud, T. and Inversini, R. (2013) *Enterprise Architecture Patterns: Practical Solutions for Recurring IT-Architecture Problems*, Berlin: Springer.

Pervan, G. P. (1994) "Information Systems Management: An Australian View of the Key Issues", *Australasian Journal of Information Systems*, Vol. 1, No. 2, pp. 32-44.

Pettey, C. and van der Meulen, R. (2016) "Gartner Says Global IT Spending to Reach $3.5 Trillion in 2017", Gartner, URL: https://www.gartner.com/en/newsroom/press-releases/2016-10-19-gartner-says-global-it-spending-to-reach-3-trillion-in-2017.

Peyret, H. and Barnett, G. (2015) "The Forrester Wave: Enterprise Architecture Service Providers, Q1 2015", Cambridge, MA: Forrester.

Pfeffer, J. (1981) *Power in Organizations*, Cambridge, MA: Ballinger Publishing Company.

Pfeffer, J. (1994) "Competitive Advantage Through People", *California Management Review*, Vol. 36, No. 2, pp. 9-28.

Pfeffer, J. and Sutton, R. I. (2006a) "Evidence-Based Management", *Harvard Business Review*, Vol. 84, No. 1, pp. 63-74.

Pfeffer, J. and Sutton, R. I. (2006b) *Hard Facts, Dangerous Half-Truths and Total Nonsense: Profiting from Evidence-Based Management*, Boston, MA: Harvard Business School Press.

Pfeffer, J. and Sutton, R. I. (2006c) "Management Half-Truths and Nonsense: How to Practice Evidence-Based Management", *California Management Review*, Vol. 48, No. 3, pp. 77-100.

Pham, T., Pham, D. K. and Pham, A. (2013) *From Business Strategy to Information Technology Roadmap: A Practical Guide for Executives and Board Members*, Boca Raton, FL: Productivity Press.

Pheng, T. E. and Boon, G. W. (2007) "Enterprise Architecture in the Singapore Government", In: Saha, P. (ed.) *Handbook of Enterprise Systems Architecture in Practice*, Hershey, PA: Information Science Reference, pp. 129-143.

Pinsonneault, A. and Rivard, S. (1998) "Information Technology and the Nature of Managerial Work: From the Productivity Paradox to the Icarus Paradox?", *MIS Quarterly*, Vol. 22, No. 3, pp. 287-311.

Plessius, H., van Steenbergen, M. and Slot, R. (2014) "Perceived Benefits from Enterprise Architecture", In: Mola, L., Carugati, A., Kokkinaki, A. and Pouloudi, N. (eds.) *Proceedings of the 8th Mediterranean Conference on Information Systems*, Verona, Italy: Association for Information Systems, pp. 1-14.

PMI (2017) *A Guide to the Project Management Body of Knowledge (PMBOK Guide) (6th Edition)*, Newtown Square, PA: Project Management Institute.

Polanyi, M. (1966) *The Tacit Dimension*, Chicago, IL: University of Chicago Press.

Porter, M. E. (1980) *Competitive Strategy: Techniques for Analyzing Industries and Competitors*, New York, NY: The Free Press.

Porter, M. E. (1985) *Competitive Advantage: Creating and Sustaining Superior Performance*, New York, NY: The Free Press.

Potts, C. (2013) "Enterprise Architecture: A Courageous Venture", *Journal of Enterprise Architecture*, Vol. 9, No. 3, pp. 28-31.

Poutanen, J. (2012) "The Social Dimension of Enterprise Architecture in Government", *Journal of Enterprise Architecture*, Vol. 8, No. 2, pp. 19-29.

Premkumar, G. and King, W. R. (1991) "Assessing Strategic Information Systems Planning", *Long Range Planning*, Vol. 24, No. 5, pp. 41-58.

Preston, D. S. and Karahanna, E. (2009) "Antecedents of IS Strategic Alignment: A Nomological Network", *Information Systems Research*, Vol. 20, No. 2, pp. 159-179.

PRISM (1986) "PRISM: Dispersion and Interconnection: Approaches to Distributed Systems Architecture", Cambridge, MA: CSC Index.

Pulkkinen, M. (2006) "Systemic Management of Architectural Decisions in Enterprise Architecture Planning. Four Dimensions and Three Abstraction Levels", In: Sprague, R. H. (ed.) *Proceedings of the 39th Hawaii International Conference on System Sciences*, Kauai, HI: IEEE, pp. 1-9.

Rabaey, M. (2014) "Complex Adaptive Systems Thinking Approach to Enterprise Architecture", In: Saha, P. (ed.) *A Systemic Perspective to Managing Complexity with Enterprise Architecture*, Hershey, PA: Business Science Reference, pp. 99-149.

Rackoff, N., Wiseman, C. and Ullrich, W. A. (1985) "Information Systems for Competitive Advantage: Implementation of a Planning Process", *MIS Quarterly*, Vol. 9, No. 4, pp. 285-294.

Radeke, F. (2010) "Awaiting Explanation in the Field of Enterprise Architecture Management", In: Santana, M., Luftman, J. N. and Vinze, A. S. (eds.) *Proceedings of the 16th Americas Conference on Information Systems*, Lima: Association for Information Systems, pp. 1-10.

Radeke, F. and Legner, C. (2012) "Embedding EAM into Strategic Planning", In: Ahlemann, F., Stettiner, E., Messerschmidt, M. and Legner, C. (eds.) *Strategic Enterprise Architecture Management: Challenges, Best Practices, and Future Developments*, Berlin: Springer, pp. 111-139.

Rance, S., Rudd, C., Lacy, S. and Hanna, A. (2011) *ITIL Service Transition (2nd Edition)*, London: The Stationery Office.

Rauf, A. (2013) "Leveraging Enterprise Architecture for Reform and Modernization", *Journal of Enterprise Architecture*, Vol. 9, No. 1, pp. 89-93.

Rawson, A., Duncan, E. and Jones, C. (2013) "The Truth About Customer Experience", *Harvard Business Review*, Vol. 91, No. 9, pp. 90-98.

Rayner, N. (2012) "Applying Pace Layering to ERP Strategy" (#G00227719), Stamford, CT: Gartner.

Rees, A. (2011) "Establishing Enterprise Architecture at WA Police", *Journal of Enterprise Architecture*, Vol. 7, No. 3, pp. 49-56.

Reese, R. J. (2008) *I/T Architecture in Action*, Bloomington, IN: Xlibris Corporation.

Reese, R. J. (2010) *Troux Enterprise Architecture Solutions: Driving Business Value Through Strategic IT Alignment*, Birmingham, UK: Packt Publishing.

Reich, B. H. and Benbasat, I. (2000) "Factors that Influence the Social Dimension of Alignment Between Business and Information Technology Objectives", *MIS Quarterly*, Vol. 24, No. 1, pp. 81-113.

Remenyi, D. (1991) *Introducing Strategic Information Systems Planning*, Manchester, UK: NCC Blackwell.

Renaud, A., Walsh, I. and Kalika, M. (2016) "Is SAM Still Alive? A Bibliometric and Interpretive Mapping of the Strategic Alignment Research Field", *Journal of Strategic Information Systems*, Vol. 25, No. 2, pp. 75-103.

Reponen, T. (1993) "Information Management Strategy - An Evolutionary Process", *Scandinavian Journal of Management*, Vol. 9, No. 3, pp. 189-209.

Rerup, N. (2018) "The Parallels Between Architecture and the Building Industry", *Architecture and Governance Magazine*, Vol. 14, No. 2, pp. 7-9.

Richardson, G. L., Jackson, B. M. and Dickson, G. W. (1990) "A Principles-Based Enterprise Architecture: Lessons from Texaco and Star Enterprise", *MIS Quarterly*, Vol. 14, No. 4, pp. 385-403.

Rico, D. F. (2006) "A Framework for Measuring ROI of Enterprise Architecture", *Journal of Organizational and End User Computing*, Vol. 18, No. 2, pp. i-xii.

Ridgway, A. O. (1961) "An Automated Technique for Conducting a Total System Study", In: Howerton, P. W. and Jackson, T. G. (eds.) *Eastern Joint Computer Conference*, Washington, DC: ACM, pp. 306-322.

Rigdon, W. B. (1989) "Architectures and Standards", In: Fong, E. N. and Goldfine, A. H. (eds.) *Information Management Directions: The Integration Challenge (NIST Special Publication 500-167)*, Gaithersburg, MD: National Institute of Standards and Technology (NIST), pp. 135-150.

Rivera, R. (2007) "Am I Doing Architecture or Design Work?", *IT Professional*, Vol. 9, No. 6, pp. 46-48.

Rivera, R. (2013) "The PRISM Architecture Framework - Was It the Very First Enterprise Architecture Framework?", *Journal of Enterprise Architecture*, Vol. 9, No. 4, pp. 14-18.

Robertson, B. (2010) "Use Analogies to Market Enterprise Architecture" (#G00129426), Stamford, CT:

Gartner.

Robertson, D. (2007) "2009 Robertson Enterprise Architecture Speech (What to Tell the Management)", Seminarium om Affarsdriven SOA, Stockholm, URL: https://www.youtube.com/watch?v=aZha3iL-TJA.

Robey, D. and Markus, M. L. (1998) "Beyond Rigor and Relevance: Producing Consumable Research About Information Systems", *Information Resources Management Journal*, Vol. 11, No. 1, pp. 7-15.

Rockart, J. F. (1979) "Chief Executives Define Their Own Data Needs", *Harvard Business Review*, Vol. 57, No. 2, pp. 81-93.

Rockart, J. F. (1988) "The Line Takes the Leadership - IS Management in a Wired Society", *MIT Sloan Management Review*, Vol. 29, No. 4, pp. 57-64.

Rockart, J. F. and Crescenzi, A. D. (1984) "Engaging Top Management in Information Technology", *MIT Sloan Management Review*, Vol. 25, No. 4, pp. 3-16.

Rockart, J. F., Earl, M. J. and Ross, J. W. (1996) "Eight Imperatives for the New IT Organization", *MIT Sloan Management Review*, Vol. 38, No. 1, pp. 43-55.

Rockart, J. F. and Scott Morton, M. S. (1984) "Implications of Changes in Information Technology for Corporate Strategy", *Interfaces*, Vol. 14, No. 1, pp. 84-95.

Rodrigues, L. S. and Amaral, L. (2013) "Key Enterprise Architecture Value Drivers: Results of a Delphi Study", In: Soliman, K. S. (ed.) *Proceedings of the 21st International Business Information Management Association (IBIMA) Conference*, Vienna: IBIMA, pp. 1-12.

Roeleven, S. (2010) "Why Two Thirds of Enterprise Architecture Projects Fail", Darmstadt, Germany: Software AG.

Rohloff, M. (2005) "Enterprise Architecture - Framework and Methodology for the Design of Architectures in the Large", In: Bartmann, D., Rajola, F., Kallinikos, J., Avison, D. E., Winter, R., Ein-Dor, P., Becker, J., Bodendorf, F. and Weinhardt, C. (eds.) *Proceedings of the 13th European Conference on Information Systems*, Regensburg, Germany: Association for Information Systems, pp. 1659-1672.

Ross, J. W. (1999) "Surprising Facts About Implementing ERP", *IT Professional*, Vol. 1, No. 4, pp. 65-68.

Ross, J. W. (2003) "Creating a Strategic IT Architecture Competency: Learning in Stages", *MIS Quarterly Executive*, Vol. 2, No. 1, pp. 31-43.

Ross, J. W. (2004) "Maturity Matters: How Firms Generate Value from Enterprise Architecture", Cambridge, MA: Center for Information Systems Research (CISR), MIT Sloan School of Management.

Ross, J. W. (2005) "Forget Strategy: Focus IT on Your Operating Model", Cambridge, MA: Center for Information Systems Research (CISR), MIT Sloan School of Management.

Ross, J. W. (2011) "Gaining Competitive Advantage from Enterprise Architecture (Executive Seminar: Enabling IT Value Through Enterprise Architecture)", Case Western Reserve University, Cleveland, OH, URL: https://www.youtube.com/watch?v=ScHG63YmJ2k.

Ross, J. W. and Beath, C. M. (2001) "Strategic IT Investment", Cambridge, MA: Center for Information Systems Research (CISR), MIT Sloan School of Management.

Ross, J. W. and Beath, C. M. (2002) "Beyond the Business Case: New Approaches to IT Investment", *MIT Sloan Management Review*, Vol. 43, No. 2, pp. 51-59.

Ross, J. W. and Beath, C. M. (2011) "Maturity Still Matters: Why a Digitized Platform Is Essential to Business Success", Cambridge, MA: Center for Information Systems Research (CISR), MIT Sloan School of Management.

Ross, J. W. and Beath, C. M. (2012) "Maturity Matters: Generate Value from Enterprise Architecture", *Journal of Enterprise Architecture*, Vol. 8, No. 1, pp. 22-26.

Ross, J. W., Beath, C. M. and Goodhue, D. L. (1996) "Develop Long-Term Competitiveness Through IT Assets", *MIT Sloan Management Review*, Vol. 38, No. 1, pp. 31-42.

Ross, J. W., Beath, C. M. and Mocker, M. (2019) *Designed for Digital: How to Architect Your Business for Sustained Success*, Cambridge, MA: MIT Press.

Ross, J. W., Mocker, M. and Sebastian, I. (2014) "Architect Your Business - Not Just IT!", Cambridge, MA: Center for Information Systems Research (CISR), MIT Sloan School of Management.

Ross, J. W., Sebastian, I. M., Beath, C., Mocker, M., Fonstad, N. O. and Moloney, K. G. (2016) "Designing and Executing Digital Strategies", In: Fitzgerald, B. and Mooney, J. (eds.) *Proceedings of the 37th International Conference on Information Systems*, Dublin: Association for Information Systems, pp. 1-17.

Ross, J. W. and Weill, P. (2002a) "Distinctive Styles of IT Architecture", Cambridge, MA: Center for Information Systems Research (CISR), MIT Sloan School of Management.

Ross, J. W. and Weill, P. (2002b) "Six IT Decisions Your IT People Shouldn't Make", *Harvard Business Review*, Vol. 80, No. 11, pp. 84-95.

Ross, J. W. and Weill, P. (2002c) "Stages of IT Architecture: Pursuing Alignment and Agility", Cambridge, MA: Center for Information Systems Research (CISR), MIT Sloan School of Management.

Ross, J. W. and Weill, P. (2005) "Understanding the Benefits of Enterprise Architecture", Cambridge, MA: Center for Information Systems Research (CISR), MIT Sloan School of Management.

Ross, J. W. and Weill, P. (2006) "Enterprise Architecture: Driving Business Benefits from IT (Selected Research Briefings)", Cambridge, MA: Center for Information Systems Research (CISR), MIT Sloan School of Management.

Ross, J. W., Weill, P. and Robertson, D. C. (2006) *Enterprise Architecture as Strategy: Creating a Foundation for Business Execution*, Boston, MA: Harvard Business School Press.

Rosser, B. (2000) "IT Planning: How to Elicit a Business Strategy" (#TU-11-8194), Stamford, CT: Gartner.

Rosser, B. (2002a) "Architectural Styles and Enterprise Architecture" (#AV-17-4384), Stamford, CT: Gartner.

Rosser, B. (2002b) "What Is an Architectural Style?" (#COM-17-7016), Stamford, CT: Gartner.

Roth, S., Hauder, M., Farwick, M., Breu, R. and Matthes, F. (2013) "Enterprise Architecture Documentation: Current Practices and Future Directions", In: Alt, R. and Franczyk, B. (eds.) *Proceedings of the 11th International Conference on Wirtschaftsinformatik*, Leipzig, Germany: Association for Information Systems, pp. 911-925.

Roth, S., Zec, M. and Matthes, F. (2014) "Enterprise Architecture Visualization Tool Survey 2014: State-of-the-Art and Future Development", Munich, Germany: Software Engineering for Business Information Systems (SEBIS), Technical University of Munich.

Rowley, J. (1994) "Strategic Information Systems Planning: Designing Effective Systems", *Business Executive*, Vol. 8, No. 50, pp. 154-155.

Rush, R. L. (1979) "MIS Planning in Distributed Data-Processing Systems", *Journal of Systems Management*, Vol. 30, No. 8, pp. 17-25.

Sabherwal, R., Hirschheim, R. and Goles, T. (2001) "The Dynamics of Alignment: Insights from a Punctuated Equilibrium Model", *Organization Science*, Vol. 12, No. 2, pp. 179-197.

Saint-Louis, P., Morency, M. C. and Lapalme, J. (2017) "Defining Enterprise Architecture: A Systematic Literature Review", In: Halle, S., Dijkman, R. and Lapalme, J. (eds.) *Proceedings of the 21st IEEE International Enterprise Distributed Object Computing Conference Workshops*, Quebec City, Canada: IEEE, pp. 41-49.

Saint-Louis, P., Morency, M. C. and Lapalme, J. (2019) "Examination of Explicit Definitions of Enterprise Architecture", *International Journal of Engineering Business Management*, Vol. 11, No. 1, pp. 1-18.

Sakamoto, J. G. (1982) "Use of DB/DC Data Dictionary to Support Business Systems Planning Studies: An Approach", In: Goldberg, R. and Lorin, H. (eds.) *The Economics of Information Processing (Volume 1: Management Perspectives)*, New York, NY: Wiley, pp. 127-136.

Sakamoto, J. G. and Ball, F. W. (1982) "Supporting Business Systems Planning Studies with the DB/DC Data Dictionary", *IBM Systems Journal*, Vol. 21, No. 1, pp. 54-80.

Salmans, B. (2010) "EA Maturity Models", In: Kappelman, L. A. (ed.) *The SIM Guide to Enterprise Architecture*, Boca Raton, FL: CRC Press, pp. 89-95.

Sambamurthy, V. and Subramani, M. (2005) "Special Issue on Information Technologies and Knowledge Management", *MIS Quarterly*, Vol. 29, No. 1, pp. 1-7.

Santos, J. and Allega, P. (2018) "Hype Cycle for Enterprise Architecture, 2018" (#G00340337), Stamford, CT: Gartner.

Sarno, R. and Herdiyanti, A. (2010) "A Service Portfolio for an Enterprise Resource Planning", *International Journal of Computer Science and Network Security*, Vol. 10, No. 3, pp. 144-156.

Sauer, C. and Willcocks, L. P. (2002) "The Evolution of the Organizational Architect", *MIT Sloan Management Review*, Vol. 43, No. 3, pp. 41-49.

Scheer, A.-W. (1992) *Architecture of Integrated Information Systems: Foundations of Enterprise Modelling*,

Berlin: Springer.

Schein, E. H. (1996) "Three Cultures of Management: The Key to Organizational Learning", *MIT Sloan Management Review*, Vol. 38, No. 1, pp. 9-20.

Schekkerman, J. (2004) *How to Survive in the Jungle of Enterprise Architecture Frameworks: Creating or Choosing an Enterprise Architecture Framework (2nd Edition)*, Victoria, BC: Trafford Publishing.

Schekkerman, J. (2005a) *The Economic Benefits of Enterprise Architecture: How to Quantify and Manage the Economic Value of Enterprise Architecture*, Victoria, BC: Trafford Publishing.

Schekkerman, J. (2005b) "Trends in Enterprise Architecture 2005: How Are Organizations Progressing?", Amersfoort, The Netherlands: Institute for Enterprise Architecture Developments (IFEAD).

Schekkerman, J. (2006a) "Extended Enterprise Architecture Framework Essentials Guide, Version 1.5", Amersfoort, The Netherlands: Institute for Enterprise Architecture Developments (IFEAD).

Schekkerman, J. (2006b) "Extended Enterprise Architecture Maturity Model Support Guide, Version 2.0", Amersfoort, The Netherlands: Institute for Enterprise Architecture Developments (IFEAD).

Schekkerman, J. (2008) *Enterprise Architecture Good Practices Guide: How to Manage the Enterprise Architecture Practice*, Victoria, BC: Trafford Publishing.

Schlosser, F., Beimborn, D., Weitzel, T. and Wagner, H.-T. (2015) "Achieving Social Alignment Between Business and IT - An Empirical Evaluation of the Efficacy of IT Governance Mechanisms", *Journal of Information Technology*, Vol. 30, No. 2, pp. 119-135.

Schlosser, F. and Wagner, H.-T. (2011) "IT Governance Practices for Improving Strategic and Operational Business-IT Alignment", In: Seddon, P. B. and Gregor, S. (eds.) *Proceedings of the 15th Pacific Asia Conference on Information Systems*, Brisbane, Australia: Association for Information Systems, pp. 1-13.

Schmidt, C. and Buxmann, P. (2011) "Outcomes and Success Factors of Enterprise IT Architecture Management: Empirical Insight from the International Financial Services Industry", *European Journal of Information Systems*, Vol. 20, No. 2, pp. 168-185.

Schneider, A. W., Gschwendtner, A. and Matthes, F. (2015a) "IT Architecture Standardization Survey", Munich, Germany: Software Engineering for Business Information Systems (SEBIS), Technical University of Munich.

Schneider, A. W., Reschenhofer, T., Schütz, A. and Matthes, F. (2015b) "Empirical Results for Application Landscape Complexity", In: Bui, T. X. and Sprague, R. H. (eds.) *Proceedings of the 48th Hawaii International Conference on System Sciences*, Kauai, HI: IEEE, pp. 4079-4088.

Schoenherr, M. (2008) "Towards a Common Terminology in the Discipline of Enterprise Architecture", In: Feuerlicht, G. and Lamersdorf, W. (eds.) *Proceedings of the 3rd Trends in Enterprise Architecture Research Workshop*, Sydney, Australia: Springer, pp. 400-413.

Schulte, W. R. (2002) "Enterprise Architecture and IT 'City Planning'" (#COM-17-2304), Stamford, CT: Gartner.

Schwartz, M. H. (1970) "MIS Planning", *Datamation*, Vol. 16, No. 10, pp. 28-31.

Scott, J. (2009) "Business Capability Maps: The Missing Link Between Business Strategy and IT Action", *Architecture and Governance Magazine*, Vol. 5, No. 9, pp. 1-4.

Scott Morton, M. S. (1991) "Introduction", In: Scott Morton, M. S. (ed.) *The Corporation of the 1990s: Information Technology and Organizational Transformation*, New York, NY: Oxford University Press, pp. 3-23.

Searle, S. and Allega, P. (2017) "Critical Capabilities for Enterprise Architecture Tools" (#G00319167), Stamford, CT: Gartner.

Searle, S. and Kerremans, M. (2017) "Magic Quadrant for Enterprise Architecture Tools" (#G00308704), Stamford, CT: Gartner.

Segars, A. H. and Grover, V. (1996) "Designing Company-Wide Information Systems: Risk Factors and Coping Strategies", *Long Range Planning*, Vol. 29, No. 3, pp. 381-392.

Segars, A. H. and Grover, V. (1999) "Profiles of Strategic Information Systems Planning", *Information Systems Research*, Vol. 10, No. 3, pp. 199-232.

SEI (2010) "CMMI for Development, Version 1.3" (#CMU/SEI-2010-TR-033), Pittsburgh, PA: Software Engineering Institute (SEI), Carnegie Mellon University.

Senge, P. M. (1990) *The Fifth Discipline: The Art and Practice of the Learning Organization*, New York, NY: Currency Doubleday.

Senn, J. A. (1992) "The Myths of Strategic Systems: What Defines True Competitive Advantage?", *Information Systems Management*, Vol. 9, No. 3, pp. 7-12.

Seppanen, V., Heikkila, J. and Liimatainen, K. (2009) "Key Issues in EA-Implementation: Case Study of Two Finnish Government Agencies", In: Hofreiter, B. and Werthner, H. (eds.) *Proceedings of the 11th IEEE Conference on Commerce and Enterprise Computing*, Vienna: IEEE, pp. 114-120.

Sessions, R. (2007) "A Comparison of the Top Four Enterprise-Architecture Methodologies", Microsoft, URL: http://web.archive.org/web/20170310132123/https://msdn.microsoft.com/en-us/library/bb466232.aspx.

Sessions, R. and de Vadoss, J. (2014) "A Comparison of the Top Four Enterprise Architecture Approaches in 2014", Redmond, WA: Microsoft.

Shank, M. E., Boynton, A. C. and Zmud, R. W. (1985) "Critical Success Factor Analysis as a Methodology for MIS Planning", *MIS Quarterly*, Vol. 9, No. 2, pp. 121-129.

Shanks, G. (1997) "The Challenges of Strategic Data Planning in Practice: An Interpretive Case Study", *Journal of Strategic Information Systems*, Vol. 6, No. 1, pp. 69-90.

Shanks, G. and Swatman, P. (1997) "Building and Using Corporate Data Models: A Case Study of Four Australian Banks", In: Gable, G. and Weber, R. (eds.) *Proceedings of the 3rd Pacific Asia Conference on Information Systems*, Brisbane, Australia: Association for Information Systems, pp. 815-825.

Shepherd, J. (2011) "How to Get Started With a Pace-Layered Application Strategy" (#G00211245), Stamford, CT: Gartner.

Short, J. and Burke, B. (2010) "Determining the Right Size for Your Enterprise Architecture Team" (#G00206390), Stamford, CT: Gartner.

Shpilberg, D., Berez, S., Puryear, R. and Shah, S. (2007) "Avoiding the Alignment Trap in Information Technology", *MIT Sloan Management Review*, Vol. 49, No. 1, pp. 51-58.

Sia, S. K., Soh, C. and Weill, P. (2016) "How DBS Bank Pursued a Digital Business Strategy", *MIS Quarterly Executive*, Vol. 15, No. 2, pp. 105-121.

Sibony, O., Lovallo, D. and Powell, T. C. (2017) "Behavioral Strategy and the Strategic Decision Architecture of the Firm", *California Management Review*, Vol. 59, No. 3, pp. 5-21.

Sidorova, A. and Kappelman, L. (2011a) "Realizing the Benefits of Enterprise Architecture: An Actor-Network Theory Perspective", In: Hammami, O., Krob, D. and Voirin, J.-L. (eds.) *Proceedings of the 2nd International Conference on Complex Systems Design and Management*, Paris: Springer, pp. 317-333.

Sidorova, A. and Kappelman, L. A. (2010) "Enterprise Architecture as Politics: An Actor-Network Theory Perspective", In: Kappelman, L. A. (ed.) *The SIM Guide to Enterprise Architecture*, Boca Raton, FL: CRC Press, pp. 70-88.

Sidorova, A. and Kappelman, L. A. (2011b) "Better Business-IT Alignment Through Enterprise Architecture: An Actor-Network Theory Perspective", *Journal of Enterprise Architecture*, Vol. 7, No. 1, pp. 39-47.

Siegel, P. (1975) *Strategic Planning of Management Information Systems*, New York, NY: Petrocelli Books.

Sillince, J. A. A. and Frost, C. E. B. (1995) "Operational, Environmental and Managerial Factors in Non-Alignment of Business Strategies and IS Strategies for the Police Service in England and Wales", *European Journal of Information Systems*, Vol. 4, No. 2, pp. 103-115.

Silver, B. (2012) *BPMN Method and Style: With BPMN Implementer's Guide*, Aptos, CA: Cody-Cassidy Press.

Simon, D., Fischbach, K. and Schoder, D. (2013) "An Exploration of Enterprise Architecture Research", *Communications of the Association for Information Systems*, Vol. 32, No. 1, pp. 1-72.

Simon, D., Fischbach, K. and Schoder, D. (2014) "Enterprise Architecture Management and Its Role in Corporate Strategic Management", *Information Systems and e-Business Management*, Vol. 12, No. 1, pp. 5-42.

Slater, D. (2002) "Strategic Planning Don'ts (and Dos): As You Write Your Company's Next IT Strategic Plan Don't Repeat These Classic Mistakes", *CIO Magazine*, Vol. 15, No. 16, pp. 84-93.

Smelcer, J. B. and Carmel, E. (1997) "The Effectiveness of Different Representations for Managerial

Problem Solving: Comparing Tables and Maps", *Decision Sciences*, Vol. 28, No. 2, pp. 391-420.

Smith, H. A. and Watson, R. T. (2015) "The Jewel in the Crown - Enterprise Architecture at Chubb", *MIS Quarterly Executive*, Vol. 14, No. 4, pp. 195-209.

Smith, H. A., Watson, R. T. and Sullivan, P. (2012) "Delivering an Effective Enterprise Architecture at Chubb Insurance", *MIS Quarterly Executive*, Vol. 11, No. 2, pp. 75-85.

Smolander, K., Rossi, M. and Purao, S. (2008) "Software Architectures: Blueprint, Literature, Language or Decision?", *European Journal of Information Systems*, Vol. 17, No. 6, pp. 575-588.

Sobczak, A. (2013) "Methods of the Assessment of Enterprise Architecture Practice Maturity in an Organization", In: Kobylinski, A. and Sobczak, A. (eds.) *Perspectives in Business Informatics Research*, Berlin: Springer, pp. 104-111.

Somogyi, E. K. and Galliers, R. D. (1987) "Applied Information Technology: From Data Processing to Strategic Information Systems", *Journal of Information Technology*, Vol. 2, No. 1, pp. 30-41.

SOP (1961) "IBM Study Organization Plan: Documentation Techniques" (#SC20-8075-0), White Plains, NY: IBM Corporation.

SOP (1963a) "Basic System Study Guide" (#SF20-8150-0), White Plains, NY: IBM Corporation.

SOP (1963b) "IBM Study Organization Plan: The Approach" (#SF20-8135-0), White Plains, NY: IBM Corporation.

SOP (1963c) "IBM Study Organization Plan: The Method Phase I" (#SF20-8136-0), White Plains, NY: IBM Corporation.

SOP (1963d) "IBM Study Organization Plan: The Method Phase II" (#SF20-8137-0), White Plains, NY: IBM Corporation.

SOP (1963e) "IBM Study Organization Plan: The Method Phase III" (#SF20-8138-0), White Plains, NY: IBM Corporation.

Sowa, J. F. and Zachman, J. A. (1992a) "Extending and Formalizing the Framework for Information Systems Architecture", *IBM Systems Journal*, Vol. 31, No. 3, pp. 590-616.

Sowa, J. F. and Zachman, J. A. (1992b) "A Logic-Based Approach to Enterprise Integration", In: Petrie, C. J. (ed.) *Proceedings of the 1st International Conference on Enterprise Integration Modeling*, Austin, TX: MIT Press, pp. 152-163.

Sowell, P. K. (2000) "The C4ISR Architecture Framework: History, Status, and Plans for Evolution", In: Burns, D. (ed.) *Proceedings of the 5th International Command and Control Research and Technology Symposium*, Canberra: CCRP Press, pp. 1-21.

Spencer, R. A. (1985) "Information Architecture", *Journal of Systems Management*, Vol. 36, No. 11, pp. 34-42.

Spewak, S. H. and Hill, S. C. (1992) *Enterprise Architecture Planning: Developing a Blueprint for Data, Applications and Technology*, New York, NY: Wiley.

Spewak, S. H. and Tiemann, M. (2006) "Updating the Enterprise Architecture Planning Model", *Journal of Enterprise Architecture*, Vol. 2, No. 2, pp. 11-19.

Sporn, D. L. (1978) "Designing an ADP Planning Process", *Long Range Planning*, Vol. 11, No. 1, pp. 43-46.

Star, S. L. (2010) "This is Not a Boundary Object: Reflections on the Origin of a Concept", *Science, Technology and Human Values*, Vol. 35, No. 5, pp. 601-617.

Star, S. L. and Griesemer, J. R. (1989) "Institutional Ecology, 'Translations' and Boundary Objects: Amateurs and Professionals in Berkeley's Museum of Vertebrate Zoology, 1907-39", *Social Studies of Science*, Vol. 19, No. 3, pp. 387-420.

Statland, N. (1982) "The Relationships Between Data Flow and Organization Management", In: Goldberg, R. and Lorin, H. (eds.) *The Economics of Information Processing (Volume 1: Management Perspectives)*, New York, NY: Wiley, pp. 84-95.

Stecher, P. (1993) "Building Business and Application Systems with the Retail Application Architecture", *IBM Systems Journal*, Vol. 32, No. 2, pp. 278-306.

Stegwee, R. A. and van Waes, R. M. C. (1990) "The Development of Information Systems Planning: Towards a Mature Management Tool", *Information Resources Management Journal*, Vol. 3, No. 3, pp. 8-22.

Stevens, W. (2018) "How the TOGAF Standard Serves Enterprise Architecture", InfoQ, URL:

https://www.infoq.com/articles/TOGAF-enterprise-architecture/.

Sullivan, C. H. (1985) "Systems Planning in the Information Age", *MIT Sloan Management Review*, Vol. 26, No. 2, pp. 3-12.

Sullivan, C. H. (1987) "An Evolutionary New Logic Redefines Strategic Systems Planning", *Information Strategy: The Executive's Journal*, Vol. 3, No. 2, pp. 13-19.

Swanton, B. (2012a) "How to Differentiate Governance and Change Management in Your Pace-Layered Application Strategy" (#G00237513), Stamford, CT: Gartner.

Swanton, B. (2012b) "Use a Pace-Layered Application Strategy to Clean Up ERP During Upgrades and Consolidation" (#G00230527), Stamford, CT: Gartner.

Swanton, B. and van der Zijden, S. (2019) "Use TIME to Engage the Business for Application and Product Portfolio Triage" (#G00382785), Stamford, CT: Gartner.

Sweeney, R. (2010) *Achieving Service-Oriented Architecture: Applying an Enterprise Architecture Approach*, Hoboken, NJ: Wiley.

Swindell, A. (2014) "Business Capability Models: Why You Might Be Missing Out on Better Business Outcomes", *Architecture and Governance Magazine*, Vol. 10, No. 2, pp. 3-7.

Syynimaa, N. (2017) "The Quest for Underpinning Theory of Enterprise Architecture: General Systems Theory", In: Hammoudi, S., Smialek, M., Camp, O. and Filipe, J. (eds.) *Proceedings of the 19th International Conference on Enterprise Information Systems*, Porto, Portugal: SciTePress, pp. 400-408.

Szulanski, G. (1996) "Exploring Internal Stickiness: Impediments to the Transfer of Best Practices Within the Firm", *Strategic Management Journal*, Vol. 17, No. S2, pp. 27-43.

TAFIM (1996a) "Department of Defense Technical Architecture Framework for Information Management, Volume 1: Overview (Version 3.0)", Arlington County, VA: Defense Information Systems Agency.

TAFIM (1996b) "Department of Defense Technical Architecture Framework for Information Management, Volume 4: DoD Standards-Based Architecture Planning Guide (Version 3.0)", Arlington County, VA: Defense Information Systems Agency.

Tallon, P. P. (2007) "A Process-Oriented Perspective on the Alignment of Information Technology and Business Strategy", *Journal of Management Information Systems*, Vol. 24, No. 3, pp. 227-268.

Tallon, P. P. (2011) "Value Chain Linkages and the Spillover Effects of Strategic Information Technology Alignment: A Process-Level View", *Journal of Management Information Systems*, Vol. 28, No. 3, pp. 9-44.

Tallon, P. P. and Pinsonneault, A. (2011) "Competing Perspectives on the Link Between Strategic Information Technology Alignment and Organizational Agility: Insights from a Mediation Model", *MIS Quarterly*, Vol. 35, No. 2, pp. 463-486.

Tambo, T. and Baekgaard, L. (2013) "Dilemmas in Enterprise Architecture Research and Practice from a Perspective of Feral Information Systems", In: Bagheri, E., Gasevic, D., Halle, S., Hatala, M., Nezhad, H. R. M. and Reichert, M. (eds.) *Proceedings of the 8th Trends in Enterprise Architecture Research Workshop*, Vancouver, Canada: IEEE, pp. 289-295.

Tamm, T., Seddon, P. B., Shanks, G., Reynolds, P. and Frampton, K. M. (2015) "How an Australian Retailer Enabled Business Transformation Through Enterprise Architecture", *MIS Quarterly Executive*, Vol. 14, No. 4, pp. 181-193.

Tan, F. B. and Gallupe, R. B. (2006) "Aligning Business and Information Systems Thinking: A Cognitive Approach", *IEEE Transactions on Engineering Management*, Vol. 53, No. 2, pp. 223-237.

Tarafdar, M. and Qrunfleh, S. (2009) "IT-Business Alignment: A Two-Level Analysis", *Information Systems Management*, Vol. 26, No. 4, pp. 338-349.

Taylor, J. W. and Dean, N. J. (1966) "Managing to Manage the Computer", *Harvard Business Review*, Vol. 44, No. 5, pp. 98-110.

TEAF (2000) "Treasury Enterprise Architecture Framework, Version 1", Washington, DC: Department of the Treasury.

Teo, T. S. and Ang, J. S. (1999) "Critical Success Factors in the Alignment of IS Plans with Business Plans", *International Journal of Information Management*, Vol. 19, No. 2, pp. 173-185.

Teo, T. S., Ang, J. S. and Pavri, F. N. (1997) "The State of Strategic IS Planning Practices in Singapore",

Information and Management, Vol. 33, No. 1, pp. 13-23.

The Open Group (2016a) "TOGAF Users by Market Sector", The Open Group, URL: http://web.archive.org/web/20151121161238/http://www.opengroup.org/togaf/users-by-market-sector.

The Open Group (2016b) "TOGAF Worldwide", The Open Group, URL: https://web.archive.org/web/20181112131651/http://www.opengroup.org/subjectareas/enterprise/togaf/worldwide.

Theuerkorn, F. (2004) *Lightweight Enterprise Architectures*, Boca Raton, FL: Auerbach Publications.

Thomas, R., Beamer, R. A. and Sowell, P. K. (2000) "Civilian Application of the DOD C4ISR Architecture Framework: A Treasury Department Case Study", In: Burns, D. (ed.) *Proceedings of the 5th International Command and Control Research and Technology Symposium*, Canberra: CCRP Press, pp. 1-21.

Thompson, L. A. (1969) "Effective Planning and Control of the Systems Effort", *Journal of Systems Management*, Vol. 20, No. 7, pp. 32-35.

ThoughtWorks (2017) "ThoughtWorks Technology Radar", ThoughtWorks, URL: https://www.thoughtworks.com/radar.

Thummadi, B. V., Khapre, V. and Ocker, R. (2017) "Unpacking Agile Enterprise Architecture Innovation Work Practices: A Qualitative Case Study of a Railroad Company", In: Strong, D. and Gogan, J. (eds.) *Proceedings of the 23rd Americas Conference on Information Systems*, Boston, MA: Association for Information Systems, pp. 1-10.

Tittle, E. and Lindros, K. (2018) "Best Enterprise Architect Certifications", Business News Daily, URL: https://www.businessnewsdaily.com/10758-best-enterprise-architect-certifications.html.

TM Forum (2017) "Business Process Framework (eTOM)", TM Forum, URL: https://www.tmforum.org/business-process-framework/.

TOGAF (2018) "TOGAF Version 9.2" (#C182), Reading, UK: The Open Group.

Toppenberg, G., Henningsson, S. and Shanks, G. (2015) "How Cisco Systems Used Enterprise Architecture Capability to Sustain Acquisition-Based Growth", *MIS Quarterly Executive*, Vol. 14, No. 4, pp. 151-168.

Tozer, E. E. (1986a) "Developing Plans for Information Systems", *Long Range Planning*, Vol. 19, No. 5, pp. 63-75.

Tozer, E. E. (1986b) "Developing Strategies for Management Information Systems", *Long Range Planning*, Vol. 19, No. 4, pp. 31-40.

Tozer, E. E. (1988) *Planning for Effective Business Information Systems*, Oxford, UK: Pergamon Press.

Tozer, E. E. (1996) *Strategic IS/IT Planning*, Boston, MA: Butterworth-Heinemann.

Treacy, M. and Wiersema, F. (1993) "Customer Intimacy and Other Value Disciplines", *Harvard Business Review*, Vol. 71, No. 1, pp. 84-93.

Treacy, M. and Wiersema, F. (1997) *The Discipline of Market Leaders: Choose Your Customers, Narrow Your Focus, Dominate Your Market*, Reading, MA: Addison-Wesley.

Trevino, L. K., Lengel, R. H. and Daft, R. L. (1987) "Media Symbolism, Media Richness, and Media Choice in Organizations: A Symbolic Interactionist Perspective", *Communication Research*, Vol. 14, No. 5, pp. 553-574.

Trionfi, A. (2016) "Guiding Principles to Support Organization-Level Enterprise Architectures", *Journal of Enterprise Architecture*, Vol. 12, No. 3, pp. 40-45.

Tucci, L. (2011) "Two IT Gurus Face Off on Value of Enterprise Architecture Frameworks", TotalCIO, URL: https://web.archive.org/web/20171206151129/http://itknowledgeexchange.techtarget.com/total-cio/two-it-gurus-face-off-on-value-of-enterprise-architecture-frameworks/.

Ugwu, K. (2017) "Understanding the Complementary Relationship Between Enterprise Architecture & Project Management", *Architecture and Governance Magazine*, Vol. 13, No. 2, pp. 3-6.

UML (2015) "Unified Modeling Language (UML), Version 2.5", Object Management Group (OMG), URL: http://www.omg.org/spec/UML/2.5/.

Vacca, J. R. (1983) "BSP: How Is It Working?", *Computerworld*, Vol. 17, No. 12, pp. 9-18.

Vacca, J. R. (1984) "BSP IQA: IBM's Information Quality Analysis", *Computerworld*, Vol. 18, No. 50, pp. 45-47.

Vacca, J. R. (1985) "Information Quality Analysis", *Infosystems*, Vol. 32, No. 12, pp. 60-61.

Vail, E. F. (2005) "CMM-Based EA: Achieving the Next Level of Enterprise Architecture Capability and Performance", *Journal of Enterprise Architecture*, Vol. 1, No. 2, pp. 37-44.

Valacich, J. and Schneider, C. (2011) *Information Systems Today: Managing in the Digital World (5th Edition)*, Boston, MA: Prentice Hall.

Vallerand, J., Lapalme, J. and Moise, A. (2017) "Analysing Enterprise Architecture Maturity Models: A Learning Perspective", *Enterprise Information Systems*, Vol. 11, No. 6, pp. 859-883.

Valorinta, M. (2011) "IT Alignment and the Boundaries of the IT Function", *Journal of Information Technology*, Vol. 26, No. 1, pp. 46-59.

van't Wout, J., Waage, M., Hartman, H., Stahlecker, M. and Hofman, A. (2010) *The Integrated Architecture Framework Explained: Why, What, How*, Berlin: Springer.

van der Raadt, B., Bonnet, M., Schouten, S. and van Vliet, H. (2010) "The Relation Between EA Effectiveness and Stakeholder Satisfaction", *Journal of Systems and Software*, Vol. 83, No. 10, pp. 1954-1969.

van der Raadt, B. and van Vliet, H. (2008) "Designing the Enterprise Architecture Function", In: Becker, S., Plasil, F. and Reussner, R. (eds.) *Quality of Software Architectures. Models and Architectures*, Berlin: Springer, pp. 103-118.

van Rensselaer, C. (1979) "Centralize? Decentralize? Distribute?", *Datamation*, Vol. 25, No. 7, pp. 88-97.

van Rensselaer, C. (1985) "Global, Shared, Local: At Hewlett-Packard, Information Systems Come in Three Flavors", *Datamation*, Vol. 31, No. 6, pp. 105-114.

Vanauer, M., Bohle, C. and Hellingrath, B. (2015) "Guiding the Introduction of Big Data in Organizations: A Methodology with Business- and Data-Driven Ideation and Enterprise Architecture Management-Based Implementation", In: Bui, T. X. and Sprague, R. H. (eds.) *Proceedings of the 48th Hawaii International Conference on System Sciences*, Kauai, HI: IEEE, pp. 908-917.

Venkatesh, V., Bala, H., Venkatraman, S. and Bates, J. (2007) "Enterprise Architecture Maturity: The Story of the Veterans Health Administration", *MIS Quarterly Executive*, Vol. 6, No. 2, pp. 79-90.

Venkatraman, N. (1991) "IT-Induced Business Reconfiguration", In: Scott Morton, M. S. (ed.) *The Corporation of the 1990s: Information Technology and Organizational Transformation*, New York, NY: Oxford University Press, pp. 122-158.

Veryard, R. (2011) "The Sage Kings of Antiquity", Architecture, Data and Intelligence, URL: https://rvsoapbox.blogspot.com/2011/06/sage-kings-of-antiquity.html.

Veryard, R. (2013) "EAST Meeting Report", *Journal of Enterprise Architecture*, Vol. 9, No. 3, pp. 7-8.

Vessey, I. (1991) "Cognitive Fit: A Theory-Based Analysis of the Graphs Versus Tables Literature", *Decision Sciences*, Vol. 22, No. 2, pp. 219-240.

Vessey, I. (1994) "The Effect of Information Presentation on Decision Making: A Cost-Benefit Analysis", *Information and Management*, Vol. 27, No. 2, pp. 103-119.

Vessey, I. and Galletta, D. (1991) "Cognitive Fit: An Empirical Study of Information Acquisition", *Information Systems Research*, Vol. 2, No. 1, pp. 63-84.

Vial, G. (2019) "Understanding Digital Transformation: A Review and a Research Agenda", *Journal of Strategic Information Systems*, Vol. 28, No. 2, pp. 118-144.

Viswanathan, V. (2015) "Four Questions: Vish Viswanathan", *Journal of Enterprise Architecture*, Vol. 11, No. 2, pp. 15-17.

Vitale, M. R., Ives, B. and Beath, C. M. (1986) "Linking Information Technology and Corporate Strategy: An Organizational View", In: Maggi, L., Zmud, R. W. and Wetherbe, J. C. (eds.) *Proceedings of the 7th International Conference on Information Systems*, San Diego, CA: Association for Information Systems, pp. 265-276.

Vogel, D. R. and Wetherbe, J. C. (1984) "University Planning: Developing a Long-Range Information Architecture", *Planning and Changing*, Vol. 15, No. 3, pp. 177-191.

Vogel, D. R. and Wetherbe, J. C. (1991) "Information Architecture: Sharing the Sharable Resource", *CAUSE/EFFECT*, Vol. 14, No. 2, pp. 4-9.

von Halle, B. (1992) "Leap of Faith", *Database Programming and Design*, Vol. 5, No. 9, pp. 15-18.

von Halle, B. (1996) "Architecting in a Virtual World", *Database Programming and Design*, Vol. 9, No. 11, pp. 13-18.

Wagner, H.-T., Beimborn, D. and Weitzel, T. (2014) "How Social Capital Among Information Technology and Business Units Drives Operational Alignment and IT Business Value", *Journal of Management Information Systems*, Vol. 31, No. 1, pp. 241-272.

Wagner, H.-T. and Weitzel, T. (2012) "How to Achieve Operational Business-IT Alignment: Insights from a Global Aerospace Firm", *MIS Quarterly Executive*, Vol. 11, No. 1, pp. 25-36.

Wagter, R., van den Berg, M., Luijpers, J. and van Steenbergen, M. (2005) *Dynamic Enterprise Architecture: How to Make It Work*, Hoboken, NJ: Wiley.

Wahi, P. N., Popp, K. and Stier, S. (1983) "Applications Systems Planning at Weyerhaeuser", *Journal of Systems Management*, Vol. 34, No. 3, pp. 12-21.

Walker, P. D. and Catalano, S. D. (1969) "Where Do We Go from Here with MIS?", *Computer Decisions*, Vol. 1, No. 9, pp. 34-37.

Walsham, G. (1997) "Actor-Network Theory and IS Research: Current Status and Future Prospects", In: Lee, A. S., Liebenau, J. and DeGross, J. I. (eds.) *Information Systems and Qualitative Research*, Boston, MA: Springer, pp. 466-480.

Ward, J. and Daniel, E. (2008) "Increasing Your Odds: Creating Better Business Cases", *Cutter Benchmark Review*, Vol. 8, No. 2, pp. 5-31.

Ward, J., Daniel, E. and Peppard, J. (2008) "Building Better Business Cases for IT Investments", *MIS Quarterly Executive*, Vol. 7, No. 1, pp. 1-15.

Ward, J. and Peppard, J. (1996) "Reconciling the IT/Business Relationship: A Troubled Marriage in Need of Guidance", *Journal of Strategic Information Systems*, Vol. 5, No. 1, pp. 37-65.

Wardle, C. (1984) "The Evolution of Information Systems Architecture", In: Nunamaker, J., King, J. L. and Kraemer, K. L. (eds.) *Proceedings of the 5th International Conference on Information Systems*, Tucson, AZ: Association for Information Systems, pp. 205-217.

Waterman, R. H., Peters, T. J. and Phillips, J. R. (1980) "Structure Is Not Organization", *Business Horizons*, Vol. 23, No. 3, pp. 14-26.

Watson, R. T. (1989) "Key Issues in Information Systems Management: An Australian Perspective - 1988", *Australian Computer Journal*, Vol. 21, No. 3, pp. 118-129.

Watson, R. T. and Brancheau, J. C. (1991) "Key Issues in Information Systems Management: An International Perspective", *Information and Management*, Vol. 20, No. 3, pp. 213-223.

Watson, R. T., Kelly, G. G., Galliers, R. D. and Brancheau, J. C. (1997) "Key Issues in Information Systems Management: An International Perspective", *Journal of Management Information Systems*, Vol. 13, No. 4, pp. 91-115.

Weill, P. (2004) "Don't Just Lead, Govern: How Top-Performing Firms Govern IT", *MIS Quarterly Executive*, Vol. 3, No. 1, pp. 1-17.

Weill, P. and Aral, S. (2003) "Managing the IT Portfolio (Update Circa 2003)", Cambridge, MA: Center for Information Systems Research (CISR), MIT Sloan School of Management.

Weill, P. and Aral, S. (2004a) "IT Savvy Pays Off", Cambridge, MA: Center for Information Systems Research (CISR), MIT Sloan School of Management.

Weill, P. and Aral, S. (2004b) "Managing the IT Portfolio: Returns from the Different IT Asset Classes", Cambridge, MA: Center for Information Systems Research (CISR), MIT Sloan School of Management.

Weill, P. and Aral, S. (2005a) "IT Savvy Pays Off: How Top Performers Match IT Portfolios and Organizational Practices", Cambridge, MA: Center for Information Systems Research (CISR), MIT Sloan School of Management.

Weill, P. and Aral, S. (2005b) "IT Savvy: Achieving Industry Leading Returns from Your IT Portfolio", Cambridge, MA: Center for Information Systems Research (CISR), MIT Sloan School of Management.

Weill, P. and Aral, S. (2006) "Generating Premium Returns on Your IT Investments", *MIT Sloan Management Review*, Vol. 47, No. 2, pp. 39-48.

Weill, P., Aral, S. and Johnson, A. (2007) "Compilation of MIT CISR Research on IT Portfolios, IT Savvy and Firm Performance (2000-2006)", Cambridge, MA: Center for Information Systems Research (CISR), MIT Sloan School of Management.

Weill, P. and Broadbent, M. (1998) *Leveraging the New Infrastructure: How Market Leaders Capitalize on Information Technology*, Boston, MA: Harvard Business School Press.

Weill, P. and Broadbent, M. (2002) "Describing and Assessing IT Governance - The Governance Arrangements Matrix", Cambridge, MA: Center for Information Systems Research (CISR), MIT Sloan School of Management.

Weill, P. and Johnson, A. (2005) "Managing the IT Portfolio (Update Circa 2005): Where Did the Infrastructure Go?", Cambridge, MA: Center for Information Systems Research (CISR), MIT Sloan School of Management.

Weill, P. and Ross, J. W. (2004) *IT Governance: How Top Performers Manage IT Decision Rights for Superior Results*, Boston, MA: Harvard Business School Press.

Weill, P. and Ross, J. W. (2005) "A Matrixed Approach to Designing IT Governance", *MIT Sloan Management Review*, Vol. 46, No. 2, pp. 26-34.

Weill, P. and Ross, J. W. (2008) "Implementing Your Operating Model Via IT Governance", Cambridge, MA: Center for Information Systems Research (CISR), MIT Sloan School of Management.

Weill, P. and Ross, J. W. (2009) *IT Savvy: What Top Executives Must Know to Go from Pain to Gain*, Boston, MA: Harvard Business School Press.

Weill, P. and Woerner, S. L. (2010) "What's Next: Learning from the Most Digital Industries", Cambridge, MA: Center for Information Systems Research (CISR), MIT Sloan School of Management.

Weill, P. and Woerner, S. L. (2018) *What's Your Digital Business Model?: Six Questions to Help You Build the Next-Generation Enterprise*, Boston, MA: Harvard Business School Press.

Weill, P., Woerner, S. L. and McDonald, M. (2009) "Managing the IT Portfolio (Update Circa 2009): Infrastructure Dwindling in the Downturn", Cambridge, MA: Center for Information Systems Research (CISR), MIT Sloan School of Management.

Weill, P., Woerner, S. L. and Rubin, H. A. (2008) "Managing the IT Portfolio (Update Circa 2008): It's All About What's New", Cambridge, MA: Center for Information Systems Research (CISR), MIT Sloan School of Management.

Weinberg, G. M. (2001) *An Introduction to General Systems Thinking (Silver Anniversary Edition)*, New York, NY: Dorset House.

Weiss, D. and Rosser, B. (2008) "Focus Enterprise Architecture Metrics on Business Value" (#G00155631), Stamford, CT: Gartner.

Weiss, S., Aier, S. and Winter, R. (2013) "Institutionalization and the Effectiveness of Enterprise Architecture Management", In: Baskerville, R. and Chau, M. (eds.) *Proceedings of the 34th International Conference on Information Systems*, Milan, Italy: Association for Information Systems, pp. 1-19.

Weldon, L. and Burton, B. (2011) "Use Business Capability Modeling to Illustrate Strategic Business Priorities" (#G00217535), Stamford, CT: Gartner.

Wenger, E. (1998) *Communities of Practice: Learning, Meaning, and Identity*, New York, NY: Cambridge University Press.

Westerman, G., Bonnet, D. and McAfee, A. (2014) *Leading Digital: Turning Technology into Business Transformation*, Boston, MA: Harvard Business School Press.

Westfall, R. (1999) "An IS Research Relevancy Manifesto", *Communications of the Association for Information Systems*, Vol. 2, No. 1, pp. 1-55.

Wetherbe, J. C. and Davis, G. B. (1982) "Strategic Planning Through Ends/Means Analysis", Minneapolis, MN: Management Information Systems Research Center (MISRC), University of Minnesota.

Wetherbe, J. C. and Davis, G. B. (1983) "Developing a Long-Range Information Architecture", In: Smith, A. N. (ed.) *Proceedings of the 1983 National Computer Conference*, Anaheim, CA: ACM, pp. 261-269.

Whisler, T. L. and Leavitt, H. J. (1958) "Management in the 1980's", *Harvard Business Review*, Vol. 36, No. 6, pp. 41-48.

White, S. A. and Miers, D. (2008) *BPMN Modeling and Reference Guide: Understanding and Using BPMN*, Lighthouse Point, FL: Future Strategies.

White, S. K. (2018a) "12 Certifications for Enterprise Architects", CIO, URL: https://www.cio.com/article/

3318124/12-certifications-for-enterprise-architects.html.

White, S. K. (2018b) "What Is Enterprise Architecture? A Framework for Transformation", CIO, URL: https://www.cio.com/article/3313657/enterprise-architecture/what-is-enterprise-architecture-a-framework-for-transformation.html.

White, S. K. (2018c) "What Is TOGAF? An Enterprise Architecture Methodology for Business", CIO, URL: https://www.cio.com/article/3251707/what-is-togaf-an-enterprise-architecture-methodology-for-business.html.

White, S. K. (2020a) "What Is an Enterprise Architect? A Vital Role for IT Operations", CIO, URL: https://www.cio.com/article/3539988/what-is-an-enterprise-architect-a-vital-role-for-it-operations.html.

White, S. K. (2020b) "What Is the Zachman Framework? A Matrix for Managing Enterprise Architecture", CIO, URL: https://www.cio.com/article/3535909/what-is-the-zachman-framework-a-matrix-for-managing-enterprise-architecture.html.

Wiegers, K. E. (2005) *More About Software Requirements: Thorny Issues and Practical Advice*, Redmond, WA: Microsoft Press.

Wiegers, K. E. and Beatty, J. (2013) *Software Requirements (3rd Edition)*, Redmond, WA: Microsoft Press.

Wierda, G. (2015) *Chess and the Art of Enterprise Architecture*, Amsterdam: R&A.

Wierda, G. (2017) *Mastering ArchiMate (Edition III): A Serious Introduction to the ArchiMate Enterprise Architecture Modeling Language* Amsterdam: R&A.

Wijgunaratne, I. and Madiraju, S. (2016) "Addressing Enterprise Change Capability, a Constraint in Business Transformation", *Journal of Enterprise Architecture*, Vol. 12, No. 3, pp. 52-63.

Williams, T. J. (1994) "The Purdue Enterprise Reference Architecture", *Computers in Industry*, Vol. 24, No. 2, pp. 141-158.

Winter, K., Buckl, S., Matthes, F. and Schweda, C. M. (2010) "Investigating the State-of-the-Art in Enterprise Architecture Management Methods in Literature and Practice", In: Sansonetti, A. (ed.) *Proceedings of the 4th Mediterranean Conference on Information Systems*, Tel Aviv, Israel: Association for Information Systems, pp. 1-12.

Winter, R., Legner, C. and Fischbach, K. (2014) "Introduction to the Special Issue on Enterprise Architecture Management", *Information Systems and e-Business Management*, Vol. 12, No. 1, pp. 1-4.

Wiseman, C. (1988) *Strategic Information Systems*, Homewood, IL: Irwin.

Wisnosky, D. E. and Vogel, J. (2004) *DoDAF Wizdom: A Practical Guide to Planning, Managing and Executing Projects to Build Enterprise Architectures Using the Department of Defense Architecture Framework*, Naperville, IL: Wizdom Press.

Withington, F. G. (1974) "Five Generations of Computers", *Harvard Business Review*, Vol. 52, No. 4, pp. 99-108.

Wyman, J. (1985) "Technological Myopia - The Need to Think Strategically About Technology", *MIT Sloan Management Review*, Vol. 26, No. 4, pp. 59-64.

Yayla, A. A. and Hu, Q. (2012) "The Impact of IT-Business Strategic Alignment on Firm Performance in a Developing Country Setting: Exploring Moderating Roles of Environmental Uncertainty and Strategic Orientation", *European Journal of Information Systems*, Vol. 21, No. 4, pp. 373-387.

Ylimaki, T. and Halttunen, V. (2006) "Method Engineering in Practice: A Case of Applying the Zachman Framework in the Context of Small Enterprise Architecture Oriented Projects", *Information, Knowledge, Systems Management*, Vol. 5, No. 3, pp. 189-209.

Ylinen, M. and Pekkola, S. (2020) "Jack-of-All-Trades Torn Apart: Skills and Competences of an Enterprise Architect", In: Newell, S., Pouloudi, N. and van Heck, E. (eds.) *Proceedings of the 28th European Conference on Information Systems*, Marrakech, Morocco: Association for Information Systems, pp. 1-13.

Zachman International (2012) "Zachman International Closes Acquisition of the FEAC Institute", Zachman International, URL: https://www.zachman.com/press/97-zachman-international-closes-acquisition-of-the-feac-institute.

Zachman, J. A. (1977) "Control and Planning of Information Systems", *Journal of Systems Management*, Vol. 28, No. 7, pp. 34-41.

Zachman, J. A. (1982) "Business Systems Planning and Business Information Control Study: A

Comparison", *IBM Systems Journal*, Vol. 21, No. 1, pp. 31-53.

Zachman, J. A. (1987) "A Framework for Information Systems Architecture", *IBM Systems Journal*, Vol. 26, No. 3, pp. 276-292.

Zachman, J. A. (1988) "A Framework for Information Systems Architecture", In: March, S. T. (ed.) *Proceedings of the 6th International Conference on Entity-Relationship Approach*, Amsterdam: North-Holland Publishing, p. 7.

Zachman, J. A. (1989) "The Integration of Systems Planning, Development, and Maintenance Tools and Methods", In: Fong, E. N. and Goldfine, A. H. (eds.) *Information Management Directions: The Integration Challenge (NIST Special Publication 500-167)*, Gaithersburg, MD: National Institute of Standards and Technology (NIST), pp. 63-122.

Zachman, J. A. (1996) "Concepts of the Framework for Enterprise Architecture: Background, Description and Utility", Monument, CO: Zachman International.

Zachman, J. A. (1997) "Enterprise Architecture: The Issue of the Century", *Database Programming and Design*, Vol. 10, No. 3, pp. 44-53.

Zachman, J. A. (2001) "You Can't "Cost-Justify" Architecture", Monument, CO: Zachman International.

Zachman, J. A. (2003) "The Zachman Framework for Enterprise Architecture: Primer for Enterprise Engineering and Manufacturing", Monument, CO: Zachman International.

Zachman, J. A. (2006) "Enterprise Architecture: Managing Complexity and Change", In: von Halle, B. and Goldberg, L. (eds.) *Business Rule Revolution: Running Business the Right Way*, Cupertino, CA: Happy About, pp. 33-43.

Zachman, J. A. (2007) "Foreword", In: Saha, P. (ed.) *Handbook of Enterprise Systems Architecture in Practice*, Hershey, PA: Information Science Reference, pp. xv-xviii.

Zachman, J. A. (2010a) "Architecture Is Architecture Is Architecture", In: Kappelman, L. A. (ed.) *The SIM Guide to Enterprise Architecture*, Boca Raton, FL: CRC Press, pp. 37-45.

Zachman, J. A. (2010b) "John Zachman's Concise Definition of the Zachman Framework", In: Kappelman, L. A. (ed.) *The SIM Guide to Enterprise Architecture*, Boca Raton, FL: CRC Press, pp. 61-65.

Zachman, J. A. (2015) "A Historical Look at Enterprise Architecture with John Zachman", The Open Group, URL: https://blog.opengroup.org/2015/01/23/a-historical-look-at-enterprise-architecture-with-john-zachman/.

Zachman, J. A. and Ruby, D. (2004) "Erecting the Framework, Part I ", Enterprise Architect Online, URL: http://archive.visualstudiomagazine.com/ea/magazine/spring/online/druby/default_pf.aspx.

Zachman, J. A. and Sessions, R. (2007) "Exclusive Interview with John Zachman, President of Zachman International, CEO of Zachman Framework Associates", Austin, TX: Perspectives of the International Association of Software Architects.

Zahra, S. A. and George, G. (2002) "Absorptive Capacity: A Review, Reconceptualization, and Extension", *Academy of Management Review*, Vol. 27, No. 2, pp. 185-203.

Zani, W. M. (1970) "Blueprint for MIS", *Harvard Business Review*, Vol. 48, No. 6, pp. 95-100.

Zimmermann, A., Schmidt, R., Sandkuhl, K., Wisotzki, M., Jugel, D. and Mohring, M. (2015) "Digital Enterprise Architecture - Transformation for the Internet of Things", In: Halle, S. and Mayer, W. (eds.) *Proceedings of the 19th IEEE International Enterprise Distributed Object Computing Conference Workshops*, Adelaide, Australia: IEEE, pp. 130-138.

Zink, G. (2009) "How to Restart an Enterprise Architecture Program After Initial Failure", *Journal of Enterprise Architecture*, Vol. 5, No. 2, pp. 31-41.

推荐阅读

写给架构师的Linux实践
设计并实现基于Linux的IT解决方案

数据安全架构设计与实战

企业级业务架构设计
方法论与实践

微服务架构设计模式

软件架构理论与实践

企业级大数据平台构建架构与实现

架构真经
互联网技术架构的设计原则

系统架构
复杂系统的产品设计与开发

架构即未来
现代企业可扩展的web架构、流程和组织